suhrkamp taschenbuch 2441

Das Faszinierende an Amerika: Es ist immer wieder neu zu entdecken, es wird immer wieder neu entdeckt. *Blue Highways* ist ein Entdekkungsbuch besonderer Art, ein Beweis dafür, daß Kolumbus aufs neue und vielleicht immer noch unterwegs ist. William Least Heat Moon umgeht das laute, das lärmende, selbstzerstörerische Amerika und fährt mit seinem Auto, das er »Geistertanz« getauft hat, über die Wege und Abwege der amerikanischen Provinz, über die »Blue Highways«, die so heißen, weil sie auf den alten Straßenkarten blau eingezeichnet waren.

Ob auf der abenteuerlichen Suche nach dem Grab eines Vorfahren, der in den Kolonialkriegen von den Engländern erschossen wurde, ob bei den geradezu unheimlichen Gesprächen mit Schwarzen in Selma, Georgia, ob als kritisch staunender Gast in einem Trappistenkloster, ob auf den langen einsamen Pfaden durch die texanische Wüste – immer ergeben sich Szenen, die spannender, eindringlicher, vor allem menschlicher sind als alle vordergründigen Abenteuer der gängigen Art.

William Least Heat Moon
Blue Highways

Eine Reise in Amerika

Aus dem Amerikanischen von
Dieter Hildebrandt

Suhrkamp

Titel der Originalausgabe:
Blue Highways. A Journey into America.
Little, Brown and Company, Boston/Toronto 1982
Umschlagfoto: Stephan Erfurt

suhrkamp taschenbuch 2441
Erste Auflage 1995

Lizenzausgabe mit freundlicher Genehmigung des
Insel Verlags, Frankfurt am Main
Suhrkamp Taschenbuch Verlag

Druck: Ebner Ulm
Printed in Germany
Umschlag nach Entwürfen von
Willy Fleckhaus und Rolf Staudt

1 2 3 4 5 6 – 00 99 98 97 96 95

Dieses Buch ist
der Frau des Häuptlings gewidmet –
und auch dem Häuptling selbst.
In Liebe.

Inhalt

Und man sagte zu ihm:
Bedenke, was du gesehen hast;
Denn alles Vergessene
Verfällt dem wirbelnden Wind.

Aus einem Windgesang der Navajos

Die Reiseroute

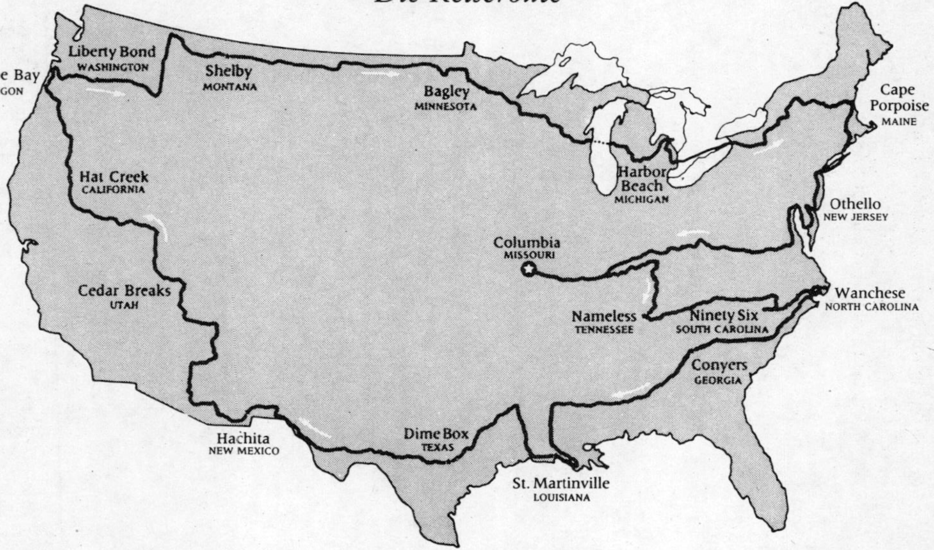

Blue Highways

Auf den alten Landkarten Amerikas waren die Hauptstrekken rot gezeichnet und die Nebenstraßen blau. Jetzt ändern sich sogar die Farben. Aber in den Augenblicken kurz vor Morgengrauen und kurz nach der Abenddämmerung – Zeiten, weder Tag noch Nacht – geben die alten Straßen dem Himmel noch einmal etwas von ihrer Farbe zurück. Dann liegt auf ihnen ein seltsamer Schimmer von Blau, und dies ist auch der Moment, da der Sog des blauen Highways am stärksten ist; da die offene Straße Verlockung wird und Fremde, ein Ort, wo der Mensch sich verlieren kann.

Kapitel I
Ostwärts

1

Vorsicht mit Gedanken in der Nacht: Die haben keinen richtigen Kurs, kommen verquer, ohne Sinn und Maß, stammen wer weiß woher. Zum Beispiel die Idee vom 17. Februar: Ein Tag abservierter Erwartungen. Der Tag, an dem ich erfuhr, daß es mit meinem Job als Englischlehrer am College wegen sinkender Studentenzahlen aus war; der Tag, an dem ich meiner Frau, von der ich seit neun Monaten getrennt lebte, diese Nachricht durchtelefonierte; der Tag, an dem sie was von ihrem Freund rausließ – Rick oder Dick oder Chick. So ähnlich.

An jenem Morgen, eh' all diese Ereignisse zu rumoren anfingen, sagte Eddie Short Leaf, der ein Stück Uferland am Missouri bewirtschaftet und auf den Gehwegen des College den Schnee wegpflügt, zu mir, wenn die strenge Kälte nicht bald nachlasse, würden die Bäume durch und durch vereisen und explodieren. Klar doch.

In jener Nacht, als ich dalag und mich fragte, ob ich schlafen würde oder explodieren, kam statt dessen die Idee. Ein Mensch, der es nicht fertigbrachte, daß die Dinge richtig liefen, konnte wenigstens selbst laufen. Schluß mit dem Versuch, dem Leben aus dem Weg zu gehen. Routine satt. Raus aus der Enge, in die einen die Umstände getrieben hatten. Eine Frage der Selbstachtung.

Das Resultat: Am 19. März, in der letzten Nacht des Winters, lag ich wieder wach im zerwühlten Bett, diesmal mit Zweifeln an der überspannten Idee, einfach so abzuhauen, Zweifeln an dem ganzen Plan, der bei Tagesanbruch beginnen sollte –: aufzubrechen zu einer langen (fast eine halbe Erdumrundung weiten) Tour über die abgelegenen Straßen der Vereinigten Staaten. Einen Kreis beschreiben würde einen Sinn haben – runde Sache sozusagen –, während irgendein Geradeaus das nicht hätte. Und ich wollte das tun, indem ich mich auf der Ladefläche eines Kleintransporters häuslich einrichtete.

Aber wie fängt man einen Anfang an?

Ein seltsames Geräusch unterbrach mein Gewühle. Ich ging

zum Fenster, die kalte Luft gegen meine Augen. Zuerst sah ich nur das Leuchten der Sterne. Und dann waren sie da: Hoch oben in der März-Schwärze zwei verschwisterte Strähnen von Schnee- und Blaugänsen auf dem Flug nach Norden, eine wogende W-förmige Konfiguration quer über den tiefen Himmel, die weißen Bäuche elfengleich glänzend vom Widerschein der Stadtlichter, die Hälse vorgestreckt. Dann kam schon der nächste Schwarm aus welchem Süden auch immer vorbeigeflogen, um zu brüten und sich zu erneuern. Ein neuer Beginn. Antwort: Zieh los und folge dem Frühling wie sie – dunkel, mit vorgestrecktem Hals.

2

Die Tag- und Nachtgleiche kam grau und fahl heran, ein seltsam stiller Morgen, nicht Winter, nicht Frühling, Pause im Kreislauf. Und weil die Dinge ja auch ein Wörtchen mitreden, wurde aus meinem Frühstart ein Morgenaufbruch und der dann zu einer Nachmittagsabfahrt. Endlich stieg ich in den Wagen, kurbelte das Fenster herunter, warf einen letzten Blick auf das gemietete Appartement. Aus einer toten Ulme, die jedes Jahr von Sperbern bewohnt wird, kam ein hohes Zirpen: die Jungen verlangten mehr Futter. Ich ließ den Motor an. Wenn ich zurückkam in ein paar Monaten – wenn ich wirklich zurückkäme –, würden diese piepsenden Kreaturen längst flügge sein.

In Gesellschaft einer kleinen grauen Spinne, die über das Armaturenbrett krabbelte (töte eine Spinne, und es regnet), fuhr ich los auf die Straße, um die Ecke, hinaus auf die Kreuzung, über die Brücke und dann auf den Highway. Mein Ziel waren jene kleinen Orte, die nur – wenn überhaupt – auf die Karte kommen, weil irgendein Kartograph eine leere Stelle ausfüllen muß: Remote (Oregon), Simplicity (Virginia), New Freedom (Pennsylvania), New Hope (Tennessee), Why (Arizona), Whynot (Mississippi), Igo (Kalifornien) – auf dem Weg von Ono.* Also Bahn frei!

* Die Städtenamen auf Deutsch etwa: Abgelegen, Einfachheit, Neue Freiheit, Neue Hoffnung, Warum, Warum nicht, Ich geh', O nein. (A. d. Ü.)

3

Abgemacht: In diesem Kapitel red' ich von mir. Danach kein Wort mehr über dieses Thema. Nenn mich Least Heat Moon.* Mein Vater heißt Heat Moon, mein älterer Bruder Little Heat Moon. Ich, der letzte, bin also Least. Es dauerte lange, bis ich den Namen kapierte. Für die Sioux ist der Mond der Hitze der 7. Monat, eine Zeit, die auch als Blutmond bekannt ist – ich nehme an wegen seiner rotdunstigen Mittsommerfärbung.

Ich habe noch andere Namen: Buck**, das tat mal weh – trotz meines angelsächsischen Aussehens. Dann Bill Trogdon. Dieser Familienname stammt von einem Vorfahren vor acht Generationen, einem William Trogdon, der aus Lancashire nach North Carolina ausgewandert war, dann von den Tories getötet wurde, weil er seine aufständischen Landsleute mit Proviant versorgt hatte, und dessen Name darum auch in Band 4 von »Sie machten Amerika« erwähnt wird. Aber der indianischen Mentalität ist ein Mensch, der mit dem Neuen Frieden macht, indem er das Alte zerstört, nicht ehrenvoll. Sagt man.

Einmal im Sommer, als Heat Moon und ich unterwegs waren in der Gegend unserer Vorfahren, der Osage, in der Nähe des gleichnamigen Flusses im westlichen Missouri, sprachen wir von Abstammungen. Er sagte: »Alle Menschen, von überall her, wenn du nur weit genug in sie hineinblickst, haben rotes Blut und ein rotes Herz. Das ist eine Hoffnung.«

Dennoch: Ein Mischling – wo auch immer er sein Herz hat – ist ein befleckter Mensch, dem weder Rot noch Weiß vertrauen. Diese Haltung geht auf eine lange Geschichte von »Halbblut«-Verrätern zurück, von Männern, die von Natur aus die Wahl treffen mußten gegen eine ihrer Herkünfte. Was mich betrifft: Ich werde nach Herz und Geist entscheiden, nie nach dem Blut.

Ein letztes Wort über Abstammung: Meine Frau, der Typ eines sehr deutlichen Halbbluts, kommt von den Cherokesen. Unsere Kräche nannten wir, meine Cherokesin und ich, die Indianerkriege.

Aus solchen Gründen habe ich auch meinen Wagen GEISTER-

* Heatmoon = Hitzmond, Least Heatmoon = Kleinster Hitzmond.

** Spottname für Indianer. (A. d. Ü.)

TANZ genannt. Dieser pompöse Name bezieht sich auf Zeremonien in den neunziger Jahren, bei denen die Indianer der Großen Ebene, gekleidet in bizarr gemusterte Hemden, die sie unverwundbar machen sollten, einen Tanz vollführten, mit dem sie die Rückkehr der Krieger und Büffel beschwören wollten und jener alten Lebenskraft, die die neue Art zu leben auslöschen sollte. Geistertänze waren, trotz aller Auferstehungsrituale, die Todesrasseln eines Volkes, dessen letzte Bastion die Selbsttäuschung war – so ziemlich alles, was den Indianern in ihrer Hoffnungslosigkeit geblieben war.

Ein letztes Detail: Am Morgen meines Aufbruchs hatte ich 38 Blutmonde erlebt, war also in einem Alter, das seine eigene Verrücktheit und Hoffnungslosigkeit in sich trägt. Mit einem fast verzweifelten Gefühl von Alleinsein und dem wachsenden Verdacht, daß ich in einem fremdgewordenen Land lebte, begab ich mich auf die offene Straße, begab ich mich auf die Suche nach Orten, wo Veränderung nicht Ruin hieß und Zeit und Mensch und Tun noch eins waren.

4

Der erste Highway: Interstate 70 von Columbia, Missouri, Richtung Osten. Die Straße hier folgt mehr oder minder dem Booneslick-Trail, dem Einstieg zum Oregon-Trail; läuft auch parallel zum südlichen Rand des letzten großen Gletschers im zentralen Missouri wie auch zur nördlichen Grenze des Osage-Stammes. Die Cherokesin und ich hatten die Strecke zehn Jahre lang in Missouri und Illinois abgegrast, und die Erinnerung machte die Fahrt an jenem ersten Frühlingstag reichlich schwer. Aber es war die schnellste Route aus den heimatlichen Gefilden ostwärts. Wenn die Erinnerung überhand nimmt, halt dich ans Auge.

Etwa: ein grünes und griesiges und ausgelaugtes Eis auf den Teichen.

Etwa: Amseln, wie vom Sturm verwehte Blätter, über den Baumwipfeln schwebend, als hielte sie ein unsichtbarer Wille in Bewegung.

Etwa: Scheunendächer mit der Aufschrift: Besucht Rock City – Aussicht auf sieben Staaten. Sieben auf einen Streich. Die Leute liebten so was.

Etwa: entwurzelte Zaunhecken aus Osage-Orangen (sogenannte Heckenäpfel, obwohl sie zur Familie der Maulbeeren gehören). Die Osage-Indianer machten Bogen und Keulen aus den Ästen; die Stämme, mit natürlichem Pilzschutz, trugen die ersten Telegraphenleitungen; und die Wurzeln produzierten Farbe, mit der Uniformen olivgrau gemacht wurden. Jetzt verschwanden die Osage-Bäume, damit größere Traktoren größere Furchen ziehen konnten.

In High Hill ließen zwei Jungen grellbunte Schmetterlingsdrachen steigen, die hart an den Schnüren zerrten. Ohne Fessel kein Flug. High Hill, aufgereiht an einer einzigen Hauptstraße, die mit ihren Häusern aus der Zeit um die Jahrhundertwende eine Parallele zur Fernstraße bildete, lag vergoldet in einem Stück Sonne, das durchbrach. Niemand bewegte sich auf der Straße, und die Dinge wirkten so still und alt, daß die Stadt wie ein Museumspanorama aussah.

Achtzig Meilen weiter begann der Regen gegen die Windschutzscheibe zu klopfen, und die Straße wurde zu verwischten Scheinwerfern und grünen Autobahnschildern für diese Abfahrt, jene Abfahrt. LETZTE ABFAHRT NACH ANDERSWO. Ich überquerte den Missouri nur wenig stromaufwärts von der Stelle, wo Lewis und Clark an einem nassen Frühlingstag aufbrachen zu Mr. Jeffersons »terra incognita«. Dann lag da im Südosten, unter einer glühenden Schädeldecke aus verpesteter Luft, St. Louis. Und dann fuhr ich über den Mississippi, der seine Stundenfracht von vierzig Tonnen Erdreich ins Louisiana-Delta schwemmte.

Endlich war der Tumult von St. Louis hinter mir, der Illinois Superwide ruhig bis auf den Regen, und ich wendete mich nach Süden auf die Staatsstraße 4, eine Abkürzung zur I-64. Wenn ich auch die hinter mir hatte, sollten die 42 500 Meilen mehrspuriger und direkter Autobahnen von mir aus zur Hölle führen: Ich würde mich an die drei Millionen Meilen der kurvenreichen und schmalen Landstraßen mit ihren zwei Fahrbahnen halten, an die Straßen nach Podunk und Toonerville. Auf ins Unterholz, ins

Dickicht, in die Nester, in die Gottverlassenheiten, zu den einsamen Flecken an der Straße, den Städten, die man schon verpaßt, wenn man nur mal mit den Augen blinzelt. Auf zu jenen Orten, wo man sagt: »Mein Gott! Wenn man hier leben müßte!« Mitten hinein ins Nirgendwo.

Die frühe Dunkelheit kam auf. Meine Scheinwerfer schnitten nur eine Zwanzig-Meter-Schneise aus dem Regen, und die Lichter am Armaturenbrett glühten geisterhaft. Ein Wetterleuchten hinter dem Horizont aus Bäumen ließ den Himmel wie ein großes, ausgebleichtes orangenes Tuch erscheinen, das umhergewirbelt wird; dann sog die Dunkelheit das Licht auf, und einen Moment lang war ich blinder als zuvor.

In den entgegenkommenden Scheinwerfern sahen die auf die Straße klatschenden Regentropfen wie winzige Leuchtbojen aus. Ich beugte mich übers Steuer, um mich dicht an der Trennlinie zu halten. Ein Frosch, langbeinig und grün, hüpfte quer über die Straße dorthin, wo die Sümpfe besser waren. Das Land, obwohl noch kalt und winterlich, war schon voller Leben, das auf die Ankunft des Frühlings vertraute.

Weiter durch Libanon, ein Dorf mit Backsteinstraßen, wo Charles Dickens eine Nacht im Mermaid-Inn verbracht hat; weiter über die Straßen von Illinois – Straßen, die einen krank und verdrossen machten, weil (so ging der Witz) man dauernd Schlaglöchern ausweichen mußte, deren Umfahren nach einer Rechnung von TIME die Amerikaner 626 Millionen Dollar an Extra-Benzin kosteten. Dann auf die Interstate 64, eine neue Autobahn, die quer durchs südliche Illinois und durch Indiana schneidet und keine einzige Stadt berührt. Wenn da draußen eine Welt lag, war sie weit von mir entfernt. Weiter und Weiter. Hinter mir nur ein rotes Gesprühe von Schlußlichtern.

In Grayville, am Wabash-Fluß, suchte ich mir auf der Northstreet einen Platz für die Nacht und parkte vor dem alten Kino. Eine Schrift verkündete TRAVELOGUE TODAY, nur fehlten ihr die Os. Ich hätte in ein Café gehen und mit ein paar Leuten reden sollen; statt dessen wankte ich hinten in meinen Wagen, zog mich aus, schloß den Schlafsack und sah zu, wie alles dunkel wurde. Ich kämpfte gegen die Verlorenheit und wirre Gedanken an die Indianerkriege.

Erste Nacht unterwegs. Ich habe gelesen, daß Hirschkälber keinen Geruch haben, so daß Räuber sie nicht aufspüren können. Mir schien, als hörte ich die Vergangenheit irgendwo ganz nah herumschnüffeln.

5

In der Nacht kam der Regen wieder, wanderte weiter nach Osten und hinterließ einen bedeckten, kühlen Morgen. In Wells Restaurant sagte ich zu einem Mann, dessen Mütze mit einer Düngemittel-Reklame verziert war:

»Sie haben aber eine hübsche kleine Stadt hier.«

»Grayville ist 'ne Riesenschau, wenn bloß die Ölfritzen uns nicht so eingedreckt hätten«, sagte er. »Ich selbst hab' kein Öl, hab' nicht mal eine Bohrung versucht.« Er zeigte mit dem Daumen himmelwärts. »Der hat mir's gutgehen lassen; aber wenn ich an die normalen Dürrezeiten gekommen wär', hätt' ich vielleicht auch aufs Öl gesetzt.« Er rückte seine Mütze zurecht. »Und was ist Ihr Job?«

»Hab' keinen.«

»Und was tut man da?«

»Da tut man nichts, und da tut sich nichts.«

Er grunzte und wandte sich wieder seinem Kaffee zu. Der Mann hielt mich für einen Tagedieb. Das nächste Mal würde ich sagen, ich verkaufte Aluminium-Markisen mit Ventilator oder reparierte Klärkreisel für Whirlpools. Jetzt störte ihn meine Gegenwart. Nachdem er dreimal mit seiner Tasse gekippelt hatte, versuchte er mich auszuholen, indem er fragte, wo ich herkäme und warum ich so weit gereist sei. Dabei hatte ich noch keine dreihundert Meilen hinter mir. Ich erzählte ihm, ich wollte auf den kleinsten Straßen, die ich fände, im Land herumfahren.

»Verdammich«, sagte er, »wenn jetzt nicht auch in dieser Stadt die haarsträubendsten Dinge passieren. Das ganze Land ist gleich.« An diesem zweiten Tag der neuen Saison war ich wohl für ihn das haarsträubendste Ding.

Wieder unterwegs: Altschnee, den die Sonne nicht erreichte, lag da in schmutzigen Haufen, aber die Autobahn war frei von

Granulat und Streusalz, die Wassergräben schmatzten von Matsch und Schlamm, und ihr Strom, der sich in Mäandern auf die tiefer gelegenen Maisfelder ergoß, füllte den alten Boden mit neuem Reichtum auf.

Während ich in meiner kleinen mobilen Schachtel durchs frischgewaschene Land fuhr – ein »Grundstück auf Rädern« hatte ein Mechaniker das Auto genannt –, fühlte ich mich sauber und einigermaßen gelöst. Ich hatte, was ich fürs erste brauchte, das meiste davon unter der hölzernen Schlafkoje verstaut:

1 Schlafsack samt Decke
1 Kühlbehälter (leer bis auf eine Dose Leberhaschee, die mir ein Freund geschenkt hatte, damit *immer* etwas zu essen da wäre)
1 Rubbermaid und ein Plastikeimer (die Spüle)
1 Tragbare Toilette (Modell Sears, Roebuck)
1 Gaskocher Marke Optimus (kaum größer als eine Dose Bohnen)
1 Beutel mit Küchengeräten, Topf, Pfanne
1 Seesack der US-Marine mit Anziehsachen
1 Werkzeugkasten
1 Mappe mit Notizbüchern, Stiften, Straßenatlas und einem Kassettenrecorder
2 Nikonkameras F2 35 mm und fünf Objektive
2 Vademekums: Whitmans »Grashalme« und Neihardts »Der Schwarze Elch spricht«

In meiner Brieftasche waren vier Kreditkarten für Benzin und sechsundzwanzig Dollar. Versteckt unterm Armaturenbrett die Reste meines Sparkontos: 428 Dollar.

GEISTERTANZ, ein 1975er Halbtonner »Econoline« (der kleinste Transporter, den Ford damals machte), hatte also alles mit, wenn er nur selbst mitmachte. Das hoffte ich. Er hatte zwei abgefahrene Hinterreifen und ein ominöses Klopfen in der Wasserpumpe. Ich hatte den Wagen aus einer klappernden Metallbox in einen Raum verwandelt, der auf zweimal drei Metern gleichzeitig Schlafzimmer, Küche, Bad und Salon war.

Alles einfach und leicht: Keine Plüschsessel, keine Weinregale, kein eingebauter Fernseher. Ein Gefährt ohne alle Extravaganzen, und es fuhr wie das, was es war: ein Mini-Lastwagen. Modell für Klempner.

Der Wabash River teilt das südliche Illinois von Indiana. Auf dem östlichen Ufer setzte sofort ein Gefühl des Unbekannten, die Hingerissenheit des Unterwegsseins ein. Abrupt kam der Pokeberry Creek und war auch schon vorbei, ehe ich ihn sehen konnte. Die Autobahn führte in bequemer Trasse durch das Hoosierland, so bequem, daß man kein Gefühl bekam für das Auf und Ab der Landschaft; schlimmer noch: sie versteckte die Menschen. Leben spielt sich nicht an Autobahnen ab. Ist gegen das Gesetz.

An der Ausfahrt Huntingburg bog ich ab in Richtung Ohio River. Indiana 66, eine so gewundene Straße, daß man sie in die Politik hätte schicken können, führte mich in hügelige Felder mit »Chew Mail Pouch«-Scheunen*, vorbei an der katholischen Kirche von Christ-of-the-Ohio, durch die Schweizer Stadt Tell City mit ihrem Denkmal für Wilhelm Tell, samt Armbrust und ängstlichem Sohn. Dann vorbei an den alten steinernen Ufer-Gebäuden in Cannelton, am Ohio entlang, dessen schlammige Uferbänke manchmal nicht drei Meter von der Straße entfernt waren. Das braune Wasser rollte und gurgelte. An einer baumbestandenen Uferböschung hielt ich an und streckte mich im Immergrün aus. Am Rande eines Feldes blubberte unter einer Schicht alten Laubes eine Schwefelquelle empor. Die Shawnee-Indianer glaubten einst an die Heilkraft des Wassers, und Siedler füllten es sogar auf Flaschen ab. Ich machte mir die kleine Quelle für eine Kostprobe frei: So schlimm, daß es gegen irgendwas gut sein mußte.

Ich überquerte die Zeitgrenze zur Eastern Time und dann den Blue River, der ein brauner Bach war. Blau, Grün, Rot, ja – aber wer hätte je von einem braunen Fluß gehört? Aus irgendeinem Grund werden die Namen, je weiter westlich der Fluß läuft und je weniger Wasser er führt, immer ehrlicher: Stinking Water Branch, Dead Horse Fork, Cutthroat Gulch, Damnation

* Schuppen mit einer Kautabakreklame. (A. d. Ü.)

Creek.* Vielleicht spekulierten die alten Fährtensucher und Goldschürfer darauf, daß die Siedler es nicht so eilig hätten, sich an einem Fluß mit Namen Calamity niederzulassen.

Weiter ging's durch das, was von White Cloud übriggeblieben war, durch die alte Stadt Corydon mit ihrem Statehouse – ich wollte Meilen zwischen mich und mein Zuhause legen. Daniel Boone zog weiter, wenn er Rauch aus dem Schornstein eines neuen Nachbarn aufsteigen sah. Ich zog vor meinem eigenen Rauch davon. Wenn die Vergangenheit sich auch nicht wiederholt, so reimt sie sich doch, sagt Mark Twain. Sowie meine Sorgen nur noch die alten direkten Sorgen der Straße wären – Wann hört der Regen auf? Wer könnte in so einer Gegend die Wasserpumpe reparieren? Wo gibt's die beste Pie am Ort? –, würde ich den Fuß vom Gas nehmen.

Ich überquerte den Ohio an der nächsten Brücke, bei Louisville, kurvte um die Stadt herum, dann ins Pewee-Valley und weiter nach La Grange, wo täglich sieben Güterzüge auf der Strecke von Louisville nach Nashville direkt über die Main Street fuhren.

Kurvenreich und seitlich abfallend, im Bemühen, einem Fluß zu folgen, machte die Staatsstraße Kentucky 53 den Eindruck, als müßte ihr mal jemand den Schlendrian austreiben. An diesem grauen Spätnachmittag floß der Creek voll und klar zwischen den Felsbänken dahin, aus denen noch das letzte Schmelzwasser kam. Obwohl hier und da noch Haufen von Schnee lagen, pflanzte eine Frau schon den Trieb eines Baumes, ein Mann mulchte seinen Garten, ein anderer mistete ein Vogelhaus aus.

In Shelbyville hielt ich an zum Essen und Schlafen. Knapp außerhalb des Ortes und von Rindern und Weiden umgeben, war Claudia Sanders Dinner-Haus, ein Flachbau, der einem alten Farmgebäude aus Backstein mit rotem Dach angefügt war. Mir sagte der Name Sanders nichts, bis ich drinnen auf einem Paneel eine Reihe von Kaffeetöpfen mit einem lachenden Colonel Harlan Sanders** Claudia war seine Frau, und der Colonel

* etwa: Stinkwasserarm, Pferdeaas-Gabelung, Kehlenschlitz-Schlucht, Verdammungs-Bach. (A. d. Ü.)

** Harlan Sanders ist so etwas wie der Brathähnchenkönig Amerikas. (A. d. Ü.)

hatte früher mal die Farm bewirtschaftet, eh' die großen Neon-Füllhörner ihren goldenen Überfluß an extraknusprigen Brathähnchen ausschütteten. Das Dinnerhaus hatte sich auf Kentucky-Schinken und Gemüse »vom Land« spezialisiert.

Ich wartete auf einen Tisch. Ein Mann in einem Anzug mit scharfer Bügelfalte und seine Frau, mit einem Jackett so akkurat wie die linke Randlinie eines Buchhalters, fragten, ob ich nicht bei ihnen Platz nehmen wolle. »Sie können nicht so trübselig sein, wie Sie aussehen«, sagte sie. »Wird Hunger sein, haben wir beschlossen.«

»Es ist Hunger«, sagte ich.

Wir redeten, und ich saß da und wartete auf die Frage. Sie kam noch vor den Oliven und dem Sellerie. »Was machen Sie?« fragte der Mann.

Ich kam mit meiner Lüge, machte einen Witz daraus und gab dann eine zu lange Antwort. Während ich redete, brachte der Mann zwei Gabeln, einen Löffel und ein Messer in ein Hebelsystem, das sich in zwei verschiedene Richtungen bewegte, ehe es seinen Salatteller anhob.

Er sagte: »Mir fällt auf, daß Sie Arbeit und Job wie ein und dasselbe nehmen. Sollten Sie nicht. Beim Job geht's um Geld, aber man muß sich dazu zwingen. Bei der Arbeit braucht man sich zu nichts zwingen. Es gibt eine Menge Jobs in diesem Land, und das ist gut, weil es die Leute beschäftigt. Deswegen heißen sie auch ›Beschäftigungen‹.«

Die Frau sagte: »Cal arbeitet bei General Electric in Louisville. Als Ingenieur für Metallurgie.«

»Ich *arbeite* hier nicht, ich bin hier angestellt«, sagte er zu ihr. Dann zu mir: »Eigentlich sollte ich kein Ingenieur sein, sondern ein *Imagineur*, aber der Job geht nicht so sehr darum, daß was Neues gemacht wird. Geht mehr darum, daß es *aussieht*, als machten wir was Neues. Wissen Sie, was meine Arbeit ist? Wissen Sie, worum ich mich kümmere? Meine Spuren verwischen. Bißchen Schau, Spuren verwischen, und wieder einen Tag durchstehen. Das ist meine Arbeit. Imaginieren ist mein Job.«

»So schlimm ist es nicht, Lieber.«

»Ist nicht so schlimm für 'nen Blödian. Was ich tu', ist nicht von Belang. Nicht das kleinste bißchen Zukunft in dem, was ich tu', und die Rückständigkeit der Routine meine ich nicht mal. Was ich tu', geht los und hört auf, jeden Tag. Keine Übereinstimmung zwischen dem, was ich weiß und dem, was ich tu'. Und noch weniger mit dem, was ich gern wissen möchte.«

Jetzt lupfte er den Salatteller seiner Frau und rollte ihre Kirschtomate herum. »Du hast 'ne Menge gelernt«, sagte sie.

»Einfach 'ne Menge.«

»Soviel hab' ich gelernt, Twinkie: Wenn Amerika aus diesem Ingenieurkram rauswächst, dann kann's langsam losgehen.«

6

Am nächsten Morgen machten die Amseln Aufruhr. Schwarm auf Schwarm segelte über GEISTERTANZ und fiel ein in die großen Eichen, um die Morgendämmerung zu beobachten. Sie schienen irgendeinem alten Vogel-Zeremoniell für die Frühlingssonne zu folgen. Neuankömmlinge flatterten aufs Geratewohl in die Äste, nur um sich gleich, wie die übrigen, dem warmen Licht entgegenzuwenden. Wie Sonnenblumen drehten sie alle ihre Köpfe nach Osten. Die Vögel schwatzten inmitten der dicken Knospen, ihr kehliges Quietschen klang nach tausenden ungeölter Räder. Heatmoon sagt, die Amseln kämen zur Zeit der Saat. Aber knapp nach Sonnenaufgang verschwand das warme und goldene Licht, als wenn die Schwärze in den Bäumen es aufgesogen hätte, und erst Tage danach sah ich die Sonne wieder.

Ein Gang über die Main Street in Shelbyville in Kentucky ist ein Abstieg in drei Jahrhunderte amerikanischer Architektur: Rohgezimmerte Balken, Backstein nach dem Bürgerkrieg, viktorianisches Fachwerk, und die Glasfronten der fünfziger Jahre. 1792 gegründet, ist dies eine alte Stadt für diesen Teil des Landes.

Am westlichen Ende der Hauptstraße nahm ein Mann die Seitenverkleidung von einem zweistöckigen kleinen Haus und brachte ein Blockhaus zum Vorschein. Ich blieb stehen und sah zu, wie er die Haustür austarierte. Um eine bessere Perspektive zu kriegen, kam er auf den Bürgersteig, besah sich die Oberkante, blickte auf mich: »Ist schief, nicht?«

1. Bob Andriot, Tony Hardin, Kirk Littlefield in Shelbyville, Kentucky

»Bißchen Schlagseite, ja, aber damit können Sie leben.«

»Ich will es genau.« Er ging zur Tür, setzte einen Flaschenzug an, maß nach, dann zog er. Die Balken krachten und rückten hoch. Er schob ein paar Strebhölzer hinter die Türleiste, um sie auf Termin zu halten, dann ließ er den Zug locker. »Gucken Sie rein«, sagte er. »Nach hundertfünfzig Jahren wird es nicht gerade heute zusammenkrachen.«

»Das ist noch aus der Zeit, ehe die Leute mit so was rumgepfuscht haben.«

Das Innere, ohne Plastik und Furnierzeug, hatte einen starken Duft nach altem Holz. Größer als Eisenbahnschwellen, waren die Balken durch Zargen verbunden, alles sorgfältige Arbeit, die nur mit Axt, Breitbeil, Spaltmesser und Feile ausgeführt worden war. Der Mann, Bob Andriot, fragte, was ich davon hielte. »Ein Prachtstück. Wie lange haben Sie dran gearbeitet?«

»Zehn Tage. Wir wollen am 1. April einziehen.«

»Sie werden hier wohnen?«

»Meine Frau und ich haben einen Laden für Bilderrahmungen und Inneneinrichtung. Der kommt aus unserer Wohnung hierher. Wir haben dies gerade gekauft.«

»Wußten Sie, daß das Blockwerk unter dem Verputz war?«

»Wir hielten's für möglich. Der Umriß des Hauses und die niedrigen Fenster sprachen dafür. Wir wußten, daß ein paar von der Sorte auf der Main Street standen.« Er ging zur Tür. »Das kleine Haus querrüber. Könnte auch so eins sein unterm Verputz. Viele Blockhäuser sind noch unter Asphaltschindeln begraben, und keiner weiß es. – Hab' gehört, Kentucky hätte mehr Blockhäuser als jeder andere Staat.«

Ein vierschrötiger Mann stieg durch ein rückwärtiges Fenster. Andriot sagte: »Tony hier hat sich auch eins an Land gezogen, in Spencer County.«

»Aber ich wußte, was ich krieg'«, sagte Tony. »War ohne Verputz. Ein paar Burschen, die da einen Acker planierten, debattierten gerade, ob sie die Hütte verbrennen oder in die Grube kippen sollten. Wir waren auf der Suche nach einem Haus, also haben wir's gekauft und abtransportiert. Nur ungefähr fünf Zentimeter windschief, und ich weiß genau, daß es da schon seit 1807 gestanden hat. Das hält noch mal ein paar hundert Jahre.«

»Tonys Hölzer sind Kastanie und viel resistenter gegen Termiten als diese Pappelbalken hier«, sagte Andriot. »Irgendwer hat mal einen Abfluß in der hinteren Ecke lange Zeit tropfen lassen, und die Ameisen kamen hoch in dem nassen Holz. Jetzt ist diese Ecke wie ein verfaulter Zahn, nur daß wir ihn nicht ziehen können. Muß ausbetoniert werden.«

Er führte mich hinüber zur Ostseite. »Sehen Sie mal.« Er wies auf eine ausgefranste römische Eins, die zwischen Axtspuren in den untersten Balken eingeschnitten war. Die achte Lage oben trug eine VIII. »Die sind numeriert, und wir wissen nicht warum. Glaub' nicht, daß das Haus je versetzt worden ist. Vielleicht nach einem Plan vorgekerbt.«

»So was wie ein Fertigblockhaus aus dem 19. Jahrhundert?«

»Nehme nicht an, daß es ursprünglich ein Wohnhaus war. Nach alten Dokumenten war dies eine Ausspannstation auf der alten Straße nach Louisville, so um 1829, aber es ist vermutlich älter. Main Street war immer auch die Landstraße.«

»Was ist mit den Lücken zwischen den Balken?«

Andriot stieß eine Brechstange zwischen zwei Hölzer und stemmte einen Steinbrocken heraus, der mit genauso hartgewordenem Mörtel paniert war. »Die haben das mit Steinen und Lehm ausgefüllt, aber so authentisch wollen wir nicht sein. Die Steine lassen wir, aber wir gießen sie mit Beton aus.« Er stieß die Brechstange hinter einen hölzernen Pflock, dessen Farbe viel heller als die der Balken war, und zog ihn hervor. »Handgeschnitzte Eiche. Riechen Sie.« Der Stab roch nach frischgeschnittenem Holz. »Sie schnuppern an einem Baum von 1776.« Andriot faßte sich an die Nase. »Gibt einem ein richtiges Gespür von Geschichte. Nehmen Sie's mit.«

Er wollte wissen, woher ich komme. Tony hörte zu und fragte, ob ich je die *Wanderung durch Missouri auf einem Maulesel* gelesen hätte.

»Nie von gehört, aber der Titel gefällt mir.«

»Handelt von so einem alten Knaben, der vor hundert Jahren quer durch den Staat getrampt ist. Hat's auch selber geschrieben. Liest sich gut.«

Ein Kopf erschien im Fenster. »Hey Kirk«, sagte Andriot, »Coke-Zeit.«

»Ich war gestern dran.«

»Und heute«, sagte Andriot.

Kirk ging über die Straße zur Tankstelle hinüber und kam mit drei Coke-Dosen und einer Büchse Kickapoo-Freuden-Juice zurück.

»Cola war komplett alle«, sagte er.

Es gab eine Diskussion darüber, wer die »Injaner-Pisse« trinken sollte. »Ich kenn' das nicht«, sagte ich, »laßt mich mal probieren«.

»Der kommt nun nie wieder nach Kentucky«, sagte Kirk.

Wir saßen auf den Fußbodenbrettern und redeten. »Weißt du«, sagte Andriot, »dies alte Haus verändert eine Menge hier. Für uns natürlich, aber über kurz oder lang auch für den Ort. Ich spür's mehr, als daß ich es erklären könnte. Weiß nicht, aber irgendwie habe ich mit der Rettung dieses Hauses was Dauerhaftes geschaffen. Und die Menschen hier sollten sich wirklich diese alte Dame vor Augen führen. Sich erinnern.«

»Alte Dame? Gestern noch hast du sie anders genannt.«

»Das war gestern. Sie wird besser, je älter sie wird.«

Die Männer wollten wieder an die Arbeit, und wir schüttelten uns reihum die Hände. Als ich draußen auf dem Gehweg war, rief Kirk mir nach: »Was ist mit der Injaner-Pisse?«

Ich überlegte, dann: »Die Rache des roten Mannes.«

Ich fuhr weiter nach Osten. Ich dachte daran, wie Bob Andriot eine Vergangenheit wiederaufbaute, die er sehen und riechen und mit seinen Händen formen konnte. Und er tat das, um etwas Neues zu bauen. Ich beneidete ihn darum.

7

Die Bundesstraße U.S. 60, die von Norfolk (Virginia) nach Los Angeles führt, war mal eine der Haupt-Ost-West-Routen. Aber die Autobahn Interstate 64 hat jetzt den schweren Verkehr übernommen und die 60 mit ein paar Farm-Autos und Kindern auf Pferden alleingelassen. Für den Reisenden auf den »blauen« Highways ist die Entlastung solcher Straßen genau der Sinn der Autobahnen. Obwohl es nur ein Prozent des amerikanischen Straßennetzes ausmacht, hat das Autobahn-System eine Menge Straßen für den Bummler freigemacht. Und eine Menge Blickfeld: die Reklameschilder sind dem Verkehr gefolgt. Das Verkehrsministerium erwartet, daß die Interstates zu Beginn der Achziger bereits ein Viertel des gesamten Verkehrs aufnehmen; diese Statistik hat mehr als alle Reklameverordnungen die abgelegenen Strecken der Vereinigten Staaten leergeräumt.

Ich kam zu einer Bruchbude, die sich Smitty's Handelsplatz nannte. Smitty war Trödler. Er hatte einen städtischen Bus aus Frankfort in Kentucky auf Lager, der seine letzte Dienstfahrt durch die Shively Street hinter sich gebracht hatte, oder einen Eiskremwagen, der mal ein Golfkarren gewesen war, oder einen gebrauchten Bulldozer oder ein verbogenes Hufeisen. Ich hielt an, um mich umzusehen. Eine buntscheckige Promenadenmischung lag flach wie ein Bettvorleger auf dem Boden und stierte mich, zu faul den Kopf zu heben, mit einem Auge an. Ich rüttelte an der verschlossenen Tür, starrte durch die Fenster, die verrußt waren wie Schutzbrillen von Bergleuten, aber ich konnte Smitty nicht finden. Ein Lieferwagen kam angeklappert. Ein Mann mit einer Geschwulst über dem Auge sagte: »Smitty 's nich' da.«

»Wo ist er denn hin?« – Nur, um was zu sagen.

»Kommen Sie wegen dem Pferdegeschirr?«

»Hab' schon eins.«

»Was wollen Sie denn dann?«

»Weiß nicht. Um das rauszukriegen, müßt' ich mit Smitty reden.«

»Den Spruch hab' ich noch nicht gehört«, sagte er.

8

Frankfort ist die Geschichte zweier Städte. Einst nannten es die Bürger Frank's Fort nach Stephen Frank, einem Pionier, der 1780 von Indianern in der Nähe einer Furt im Kentucky getötet worden war. Als die Stadt wuchs, fanden die Leute den Namen zu provinziell. Weil sie nun auf einmal ihre ganze Geschichte umkippen wollten, kam es zu Frankfort, obwohl wahrscheinlich mehr Bostoner als Deutsche in der Stadt lebten. Kosmetisch hatte das vielleicht seine Richtigkeit, aber historisch nicht, und die Leute hatten zwischen sich und ihren Anfängen etwas zertrennt.

Wer von Westen her kommt, sieht nicht das Geringste von der Stadt, weil die Straße abrupt einen Steilhang hinabtaucht bis in ein tiefes, gewundenes Flußtal, das selbst die hohe Kuppel des Kapitols verbirgt. Wer nach dem verborgensten Statehouse in Amerika sucht, braucht nicht weiter zu fahren als bis Frankfort.

Der Fluß windet sich von den Ostfelsen zu den Westfelsen und wieder zurück, eine Schlange zwischen alten Gebäuden, die aus der Stadt fast so etwas wie ein Klein-Venedig macht. Bis vor etwa dreißig Jahren wäre Frankfort eine durch ihre Architektur außerordentliche Hauptstadt gewesen mit Straßen von kraftvoll schlichten, ästhetisch ehrlichen Häusern und Läden. Aber der Impuls, die Geschäftsgebäude aus dem 19. Jahrhundert zu »modernisieren«, ein Impuls, der den Einkaufsvierteln fast jeder Stadt im Lande den Garaus gemacht hat, entstellte Frankfort. Die harmonischen, proportionierten historischen Strukturen der Gebäude trugen jetzt Verkleidungen aus Kacheln, Zederfolie, Marmorimitation, gehämmertem Aluminium, geriffeltem Stuck und Betonplatten. Und die Straßenebene war zu einem Laufsteg zwischen reißerisch-rabiaten Schaufensterfronten geworden. Doch im zweiten oder dritten Stockwerk waren noch anmutige Muster in Ziegel oder Stein übriggeblieben; und wenn man vom Sperrholz in den Fenstern der oberen Etagen absah, hatte man unrenovierte Geschichte. Frankfort oder Frank's Fort, ganz nach Wunsch.

Das alte Frankfort tat nichts, mich auf das neue Frankfort vorzubereiten, das sich auf der östlichen Anhöhe breitgemacht hatte: Hier führte die Straße auf einmal an einem ganzen Jahrmarkt von plastiküberdachten Kettenläden und Kiosken vorbei. Es war kurz nach zwölf, und ich hätte an zwei Dutzend Bratbuden essen können, ohne auch nur zu merken, daß ich tausend Kilometer von zu Hause weg war. Vielleicht sollte sich Amerika ein Kentucky-Brathuhn zum Wappentier wählen und das Bild Ronald McDonalds auf die Dollarnoten drucken. Schließlich haben diese Fritten-Filialen im vergangenen Jahr beinah 300 Milliarden Dollar umgesetzt. Und das wäre ja nicht weiter schlimm, wenn die Kettenläden nicht die einheimischen Cafés und Grills und Fischlokale mit ihrer hausgemachten, oft nach Geheimrezepten gekochten Kost außer Kurs setzten. Früher, wenn man in Frankfort aß, wußte man auch, daß man in Kentucky aß. Man kriegte nicht einmal dasselbe Essen in Lompoc oder Weehawken. Ein Professor an der Universität von Kentucky, Thomas D. Clark, berichtet von einem alten Geologen, der die Gerichte genau lokalisieren und sogar sagen konnte, ob etwas östlich oder westlich des Kentucky gekocht war.

Aber die Kettenrestaurants verkaufen ja ihre 33 Milliarden Hamburger kaum in den Städten an den blauen Highways, wo sich die Eßlokale ihre Kunden eher durch gleichbleibende Qualität als durch landesweite Reklame sichern müssen. Ich hatte nichts als diese Ketten zu verlieren, und hoffte, auf den Landstraßen Ma über ihrem Bohnentopf und Pa an seinem Grill zu finden, beide seit dreißig Jahren am selben Platz und immer noch das gute gemächliche Essen servierend. So richtige Wo-Kommen-Sie-denn-her-Lokale.

9

Nicht nach Plan, sondern weil sie vor mir lag, fuhr ich in Richtung Bluegrass-Region. Ich nahm eine alte Straße, eine »Pike«, wie es in Kentucky heißt, weil da die ersten Highways Zollstraßen waren und mit Drehschranken versperrt, die »turn pikes« hießen. Ich folge dem alten Weg, heute Route 421, auch wieder nicht nach Plan, sondern weil er gemütlich aussah – eine Straße mit weißen Zäunen um Vollblutgestüte herum. Viele der Zaunlatten allerdings waren mit Karbolineum behandelt und würden wohl die Farbe verkohlter Stummel behalten, bis irgendwer eine Zaun-Streich-Maschine erfände.

An der Leestown Street, in der Nähe eines alten weißgetünchten Brunnenhauses, das von der zentralen Wasserversorgung außer Dienst gestellt war, machte ich Mittagspause. Unterhalb der Quelle, da wo man früher Butter gekühlt hatte, unter sich schälenden Sykomoren, lief das klare Rinnsal um Büsche frischer Wasserkresse. Ich holte die Zutaten für einen Sandwich aus meinem Proviantbeutel: Münsterkäse, ein Stück Salami, Vollkornbrot, Rettich. Ich schnitt etwas Kresse ab und legte sie auf, dann aß ich langsam und ließ das Gluckern des Wassers und das gutturale Trillern der rotflügligen Amseln Konversation machen. Eine laut sirrende Mücke, die sich zwischen meinem Sandwich und meinem Ohr nicht entscheiden konnte, leistete mir Gesellschaft.

Wäre ich auf einen besonderen Platz aus gewesen anstatt auf irgendeinen, dann hätte ich nie diese Quelle unter den Sykomoren gefunden. Seit meiner Abreise fühlte ich mich zum erstenmal geborgen. Ganz dem Augenblick hingegeben, übte ich mich in der irrwitzigen Schwierigkeit, nur aufmerksam zu sein. Es ist eine Behauptung von Heatmoon – der auch glaubt, daß jeder Reisende, wenn er das Unterwegssein versäumt, nahezu alles versäumt –, daß sich der Mensch aus seinen Aufmerksamkeiten bildet. Seine Beobachtungen und seine Neugier – sie machen ihn aus und machen ihn neu.

Etymologie: Das englische Wort für neugierig, curios, mit dem Kurieren verwandt, hieß mal »sorgfältig beobachtend«. Vielleicht würde ein Neugier-Tonikum meinem dumpfen Gefühl abhelfen, daß das Leben unvermeidlich dem Absurden zukriecht. Absurd kommt übrigens von einem lateinischen Wort, das eigentlich »taub, abgestumpft« heißt. Vielleicht könnte die Straße eine Therapie durch die Beobachtung des Alltäglichen und Normalen bieten, ein Mittel, durch das vom äußeren Auge das innere geöffnet würde. STOP, SCHAU, HÖRE warnten früher die Schilder an den Eisenbahnübergängen. Whitman nennt das »die profunde Lektion der Wahrnehmung«.

Neue Sehweisen können neue Dinge bloßlegen: Das Radioteleskop offenbarte Quasare und Pulsare, und das forschende Elektronenmikroskop zeigte die Barthaare der Staubmilbe. Aber umgekehrt gefragt: Verhelfen neue Dinge auch zu einem neuen Sehen?

10

Ein alter Streitfall hier: Ist Bluegrass heimisch in Kentucky, oder ist es zufällig nach Amerika gekommen als Polsterung für Geschirr, das von England antransportiert wurde? Was das Gestein unter dem Gras angeht, da gibt's kein Vertun: Das Wasser, das durch den weichen Kalkstein rinnt, laugt Kalzium und Phosphor aus, die beide für die kräftigen und doch leichtgebauten Rennpferde sorgen, deren Wirbel- und Beinknochen die dichte Körnigkeit von Elfenbein haben – im Vergleich zu dem poröseren Knochenbau von Pferden, die in anderen Gegenden weiden.

Und es ist eben diese Kalkstein-Filterung, die auch den guten hausgemachten Bourbon hervorbringt. Schließlich ist auch »100 Proof« zur Hälfte Wasser. Bourbon mit geklärtem Wasser zu brauen, wie es heute die Destillerien wegen der gleichbleibenden Qualität tun müssen, heißt, Kentucky aus dem Whiskey zu nehmen. Womit wieder ein alter Streitfall aufkommt im Bluegrass-Gebiet, nämlich, wer den ersten Straight Bourbon gemacht hat. Ein paar Leute meinen – und ihre Beweise sind nicht schlechter als andere –, daß es ein Baptisten-Prediger war.

In Lexington kam ich an ganzen Reihen von Tabakschuppen und Auktionslagern vorbei auf meiner Fahrt in die tausend Quadratmeilen der Bluegrass-Ebene, die man mal Gottes Fußschemel genannt hat, ein fruchtbares Land, wo Kürbisranken so rasch wachsen, daß die Früchte in ihrem Schlepptau verkümmern müssen. Sagt man.

Geistertanz lehnte sich in den leichten Kurven hin und her – Richtung Ost, West, Süd –, und ich steuerte einen Kurs über die Wogen von Land. Der Kapitän an seinem Kompaß. An kreosotgetünchten Tabakscheunen mit silbrig verzinkten Dächern vorbei, vorbei an weißen Farmhäusern, vorbei an schwarzen Linien von Bretterzäunen, die in rechten Winkeln aneinanderhingen und die Landschaft wie mit einem Kreuzworträtselgitter umgaben.

Es war später Nachmittag, und Stuten und Fohlen kamen heran, um aus den kleinen Tränken zu saufen, die in die Kalksteinmulden eingekerbt waren. Diese alten Felsen hatten das Material für die Meilen von mörtellosen Feldstein-Mauern geliefert, die vor mehr als einem Jahrhundert gerade hier in dieser Region von Sklaven aufgeschichtet worden sind. Zusammengehalten nur durch die jeweils zueinanderpassenden Profile der einzelnen Steine, bestanden diese Mauern aus flachen Felsplatten, die bis zu einer Höhe von etwa einem Meter aufgetürmt waren und obenauf eine Kappe aus kleineren, spitzigen Steinen hatten. Die Neuengländer sind so stolz auf ihre Trockenmauern, aber mit denen von Kentucky können sie in puncto Präzision nicht konkurrieren. Nur wo Autos mal von der Straße abgekommen und gegen die Wälle gekracht waren, hatte man die Steine dilettantisch wieder eingesetzt. So wie es Sklaven nicht mehr gab, gab es auch die Fertigkeit und die Muße für den Bau einer guten Steinmauer nicht mehr.

Zwischen Catalpa-Bäumen und schwarzen Kirschen plötzlich

ein Schild, das eine karminrote Sonne zeigte, von der Strahlen ausgingen; über dem ganzen ein Kreuz. Darunter stand: DENK DARAN. Das tat ich, und ich fand das Evangelium in so marktschreierischer Freiluftreklame ekelhaft. Aber andererseits ist es auch wieder diese Mischung aus wiedererwachter Religion, Bourbon-Whiskey, Bluegrass-Farmen, Burley-Tabak und Vollblütern, die das wirkliche Kentucky-Gefühl ausmacht.

Die Straße fiel ohne Vorwarnung plötzlich von dem Plateau mit den grünen Weiden hinab in eine waldige und felsige Schlucht. Tiefer, tiefer, absturzgleich tiefer bis an den Kentucky River. Am nördlichen Felshang hingen mannshohe Eiszacken am Gestein. Dann senkte sich die Straße noch einmal, bis sie bei Brooklyn Bridge den Fluß überquerte. Die Schlucht, von der Hochebene so lange verborgen und nun völlig unerwartet, nannte sich: die Palisaden. Im Grunde war gerade genug Platz für den Fluß und einen schmalen Streifen weidengesäumtes Uferbankett.

Häuser auf Stelzen und ein paar Zweifamiliengebäude stiegen aus der feuchten Ebene wie Pilze auf. Neben einem Wohnwagen stand ein unfertiges Boot aus Stahl, das länger als der Anhänger war. Ich kehrte um, hielt an der Palisades-Tankstelle, einem Gebäude mit einem Schornstein aus runden Flußkieseln, und fragte, wie man zu dem Boot hinkäme. Drinnen konnte man Hirse und Honig in handetikettierten Gläsern, Pfauenfedern und gerahmte Renoirdrucke kaufen. An den Wänden, auf den Theken, Türen, von oben bis unten, waren Schilder: NICHT AUFS GLAS LEHNEN, KEIN PUMP, KEINE SCHECKS, KEINE TIERE, DRAUSSEN BLEIBEN. Neben einer Fensterreihe, die aufs Wasser hinausging, panierte eine Frau Flußbarsche in Maismehl und ließ sie in einen Bräter fallen. Ich vergaß, warum ich angehalten hatte, und sagte, ich würde gern einen Fisch essen.

»Da haben Sie es aber auf unser Essen abgesehen. Aber ich kann Ihnen einen Sandwich im Mikrowellenherd heißmachen.«

Die trockenen Sandwiches, in Plastik verpackt, hatten angefangen, sich wie altes Holz zu krümmen. »Eigentlich«, sagte ich, »wollte ich bloß ein paar Fragen fragen.«

»Fragen?« Aus irgendeinem Grunde drehte sie sich um.

»Wie komme ich zu dem Stahlboot, das da oben am Fluß gebaut wird?«

»An den Pumpen vorbei und den Feldweg runter. Sie sagten: Fragen.«

»Was ist denn in der Höhle da los jenseits der Straße – die abgesperrt ist, mit den Regierungsschildern?«

»Da haben Sie mal ein Gewehr getestet für unsere Soldaten in Vietnam. Hab' ich gehört. Aber davor war es eine Tankstelle mit Imbiß. Hatten sogar Spielautomaten hinten drin. In der Höhle war allerhand los.« Ich folgte dem Weg zum Boot. Der große Bug, eine glatte Haut aus Stahl, zusammengeschweißt wie die Nähte eines Chirurgen, hockte auf Betonklötzen wie in einem Trockendock. Die Tür des Wohnwagens ging auf und ein Mann trat heraus. Er sah selbst aus wie aus geschnittenem und geschweißtem Stahl. Ich sagte: »Ich suche den Schiffsbauer.«

»Den haben Sie vor sich.«

11

Bill Hammonds erstes Boot war eine Eiswaffel auf dem Wabashfluß bei Peru in Indiana, wo er aufgewachsen ist. In den Dreißigern war er fasziniert von den Hausbooten der Muschelfischer, diesen Leuten, die ihre Kähne den Wabash rauf- und runterstakten und auf dem Wasser lebten, Kinder kriegten und starben, während sie nach Muscheln gruben, die sie an Knopfmacher verkauften. Obwohl sie ohne Landbesitz waren und zu den Ärmsten im nördlichen Indiana zählten, besaßen sie doch ihre Boote und nahmen sie überallhin mit. Hammond hat die Gemeinschaft dieser freien und mobilen Menschen nie vergessen.

»Hab' Ihr Boot von der Straße aus gesehen«, sagte ich. »Ich habe meine Marinezeit nicht besonders gemocht, aber ich liebe Schiffe. Macht's Ihnen was aus?«

Sein Ausdruck entspannte sich. »Sie rennen weg, eh' ich's leid werde, von Schiffen zu reden. Dies hier ist Bluebill. Neunzehn Meter dreißig lang. Fast so lang wie die Santa Maria.«

»Haben Sie alles allein gebaut?«

»Bug, Deck, Aufbauten, und jetzt fang ich mit dem Innenausbau an. Gekauft haben wir nur die Motoren, die Schraube und ein paar Spezialausrüstungen. Rosemary, meine Frau, hilft mir bei allem. Mach' jetzt gerade die Wasser- und Stabilisierungstanks fertig. Wenn Sie mal reinsehen wollen, steck' ich Sie in den Frischwassertank und lasse sie die Betonschicht auftragen.«

»Beton?«

»Das einzige, was dem Trinkwasser keinen Beigeschmack gibt. Teer schmeckt vor, Plastik schmeckt vor, Stahl schmeckt rostig, und rostfrei ist zu teuer.«

»Sind Sie Bootsbauer? Ich meine – leben Sie davon?«

»Rosy sagt, ich lebe *dafür*. Ich bin Bauleiter, kümmere mich darum, daß die Bauarbeiten nach den Plänen ausgeführt werden. Aber im Krieg war ich Schiffsausrüster in der Navy. Da hab' ich gelernt, Stahl zu schneiden.«

»Und dann sind Sie ein Magier im Schweißen. Der Rumpf sieht wie aus einem Guß aus.«

»So ist es.« Er blinzelte. »Na ja. Zehn Fuß länger als unser Wohnanhänger und doppelt soviel Rauminhalt. Und in jedem Detail besser gebaut. Sie ist ein wirklich mobiles Haus.«

Eine Frau winkte vom Trailer aus. »Zeit zum Essen«, sagte er. »Kommen Sie mit rein und stecken Sie die Füße unter den Tisch.« Rosemary Hammond, eine fröhliche Frau, war früher mal Lehrerin, aber jetzt tätig als Bibliothekarin in Danville. Hammond nannte sie den »Grips«. Sie tischte gebackenes Huhn, Spinat, Kartoffelbrei, Rettich, Gurken und heißen Tee auf. Über dem Tisch war ein Schild angebracht, das ich laut las: »Ein Boot ist ein Loch im Wasser, umgeben von Holz, in das man Geld hineinsteckt.«

»Und sein Leben«, fügte Mrs. Hammond hinzu.

»Wir haben mit dem Bau vor sechs Jahren angefangen«, sagte Hammond, »und ich habe damals gedacht, ich wäre in zwei Jahren fertig. Dreimal länger als ich gerechnet hatte, und noch immer ein paar Jahre vor mir. Hab' nach den Sternen gezielt, aber ich glaub', getroffen habe ich den Mond.«

»Wochenenden, Ferien, Feierabende – immerzu hat er gearbeitet. Wann immer wir uns doch mal für ein Weilchen freima-

2. Rosemary und Bill Hammond in Brooklyn Bridge, Kentucky

chen können, halten wir Ausschau nach Bootszubehör. In Louisiana haben wir genau die richtige Schraube mit der richtigen Stärke gefunden. Verbogen, aber für eine Schiffsschraube billig. Manchmal allerdings frage ich mich, ob die Bluebell je fertig wird.« Sie schaute hinaus in den dunkler werdenden Himmel. »Aber eines schönen Jahres im April, wenn die Judasbäume in Blüte stehen, werden wir diesen ollen Trailer verkaufen und mit Bluebill aus diesem Tal herausschippern.«

»Wir wären beinah schon im April 72 losgefahren, noch eh' ich überhaupt mit dem Bau begonnen hatte«, sagte Hammond. »Der Kentucky stieg und stieg, flutete unter den Trailer – diesen hier – und hob ihn von den Klötzen. Wir standen oben auf der Straße und sahen ihn davontreiben. Ich hatte damals schon die Idee, Bluebell zu bauen, aber spätestens beim Anblick des schwimmenden Trailers wäre sie mir gekommen.«

»Wir hatten gerade ein wunderschönes Haus oben am Herrington-See verkauft, um hier ans Ufer zu ziehen, damit wir dicht bei einem Boot sein konnten, das ja nur erst in Bills Kopf existierte. Ich sah unsern Trailer wegschwimmen und dachte: Was habt ihr bloß getan?«

»Wie fängt man an bei einem so großen Boot?«

»Aufs Geratewohl, probieren geht über studieren, kein fester Plan. Wir hatten etliche Jahre vorher einen Zweisitzer, fünf Meter lang, aus einem Bastelsatz gebaut. Und davor hatten wir in den Fünfzigern ein laminiertes Kanu umgebaut. Und einmal fing ich mit einem Segelboot an, das ich aber sein ließ, als ich nicht einmal mehr das Geld hatte für zwei Stücke seetüchtiges Sperrholz. Aber ich glaube, der wahre Grund war: ich hatte das Interesse verloren.«

»Und das Interesse für Bluebell – das hat sich sechs Jahre lang gehalten?«

»Fragen Sie lieber, wie er das Interesse an seinem eigentlichen Job bewahrt hat. Er lebt und schläft mit dem Boot. Schneidet Stahl in seinen Träumen und wacht erschöpft auf.«

»Ein siebenundsiebzigtausend Pfund schwerer Traum?«

»Ein siebenundsiebzigtausend Pfund schweres Leben«, verbesserte sie. »Auf große Fahrt gehen, Anlegehäfen, an Deck sitzen mit Angelruten – das ist der Traum, der erst noch kommen soll.« Mr. Hammond sagte: »Ist einfach schön hier im Frühling.« Er dachte an das, was mal kommen würde. »Unsere erste Fahrt geht drei Meilen den Fluß hinauf nach Lock Seven. Später ein 113-Meilen-Rutsch zum Ohio hinunter. Vom Ohio können wir an den Golf, die Großen Seen, den Atlantik, zu den Rokkies. Wir könnten sie sogar auf einen Frachter hieven und ans Mittelmeer verfrachten.«

»Alte Seeleute sterben nie«, sagte Mrs. Hammond. »Sie werfen nur den Anker.«

»Und der Name Bluebell? Hat Bill gearbeitet, bis er blau im Gesicht war?«

»Das sah mehr schwarzblau aus«, sagte sie. »Nein, wir haben sie nach einer Segeljacht genannt, die wir mal, da waren wir jung verheiratet und es war im Zweiten Weltkrieg, in Rhode Island auf einem Trockendock gesehen haben. Da begann der Traum.«

»Müßte eigentlich Red Rosy heißen«, sagte Hammond. »Rosy kriegt immer rote Füße, wenn wir schweißen. Alle Monat hab ich mal eine Kurve oder einen Winkel, den ich allein nicht richtig passig bekomme fürs Schweißen. So stellt sich

Rosy auf die Platte oder stemmt sie mit den Füßen in die Höhe. Und der Stahl heizt ihr dann ganz schön ein.«

»Wir haben eine Menge Sandalen verbraucht – Sandalen und Salben.«

»Wie wollen Sie wissen, ob Ihr Vierzig-Tonnen-Loch im Wasser überhaupt schwimmt?«

»Bluebell ist von einem Architekten in Lexington, C. A. Coleman, entworfen worden, und ein bekannter New Yorker Schiffsbauer, Joseph Knobel, hat die Pläne geprüft und noch ein paar Details geändert.«

»Die Antwort heißt Gottvertrauen«, sagte Mrs. Hammond.

»Hieß Gottvertrauen. Wir hatten einen Kran gemietet, um sie umzudrehen. Ich hatte den Rumpf so gebaut, daß er auf dem Kopf stand. Nicht lange nach der Kranaktion hob das Hochwasser sie von den Klötzen. Sie schwamm noch besser als unser Trailer.«

»Es war ja nicht viel mehr als Rumpf und Deck damals, aber sie sah so schön aus in dem schmutzigen Wasser«, sagte Mrs. Hammond. »Da wußte ich, weshalb wir unser Leben darauf gebaut haben, ein Boot zu bauen.«

Hammond und ich gingen hinaus in die Dunkelheit und an Bord der Bluebell. Charley, der orangefarbene Kater, schoß die Leiter empor, um seine Seetüchtigkeit zu zeigen. Der gußeiserne Franklin-Ofen war schon installiert, und Kabinen, Ruderhaus und Kombüse waren unterteilt; im übrigen mußte ich mir die fertige Bluebell noch vorstellen. Durch vereinzelte Wolken schwankte das Mondlicht auf die stillen Strudel des Flusses, und Schatten legten sich auf die hohen Pfähle am andern Ufer. Vom Westen kam ein sachtes Rumoren von Donner, und irgendwo zwischen den ferneren Bäumen jaulte ein Hund und zerrte an seiner Kette. Ich fragte, ob der Fluß groß genug wäre für Bluebell.

»Vor Jahren, eh' die Eisenbahnen kamen, gab es hier Paketboote, 25 Meter und länger, die transportierten Tabak, Hanf, Whiskey, Mais. Und Sklaven und Touristen. Die Shaker, die oben auf dem Hügel lebten, mochten die Boote sehr. Dieser Kentucky-Fluß war die Hauptverkehrsstraße.« Er sah wieder auf den Fluß. »Da gibt's allemal genug Wasser für das Boot. Aber vielleicht nicht genug Platz für mich.«

»Träume brauchen viel Platz?«

»Soviel Platz, wie man ihnen gibt.«

12

Soweit ich beurteilen kann, war es aber dann rein zufällig, daß ich am nächsten Morgen, Karfreitag, mir mein Frühstück suchte in der Trustees-Hall der Vereinigten Gesellschaft jener Gläubigen, die an das zweite Erscheinen Christi glauben, eine Siedlung barmherziger Leute, die etwas spöttisch als die »Shaker« bezeichnet werden. Lange vor den utopischen Träumen von Charles Fourier, Robert Owen, Brook Farm und der Oneida-Gemeinschaft, bereiteten sich die Shaker (die Erfinder der hölzernen Wäscheklammern) auf ihr tausendjähriges Reich vor und wurden Amerikas erfolgreichste Utopisten. Sie lebten für sich, aber nicht abgesondert, und machten sich (laut William Dean Howells, der sie im Jahre 1875 in Shirley, Massachusetts, besucht hat) nicht allein durch ekstatische Gottesverehrung einen Namen, sondern auch durch lebhaften Handel mit Apfelmus, Besen und pünktlich keimendem Samen. Der letzte dieser im Zölibat lebenden Kentucky-Gläubigen starb 1923, aber eine gemeinnützige Gruppe von Leuten restaurierte das aus dem Jahre 1805 stammende Dorf der Gesellschaft bei Pleasant Hill und gab einzigartige Mahlzeiten nach Rezepten der alten Kentucky-Küche aus. Reisende, die von der Sekte »Leute der Welt« genannt wurden, hatten fast anderthalb Jahrhunderte lang hier Rast gemacht, um zu essen und zu übernachten.

An einer für die Shaker typischen abgelegenen Straße stand die dreistöckige Trustees-Hall aus dem Jahre 1839, ein Bau von karger und harmonischer Konstruktion, den die Gläubigen als Verwaltungsbüro und als Gasthof benutzt hatten. Reiche Gäste zahlten eine bescheidene Summe, die Armen gar nichts. Ein Shaker sprach sogar mal von Tramps, die aussahen, als wenn »die Hölle sie ausgespien hätte«, und die einfach blieben – besonders bei kaltem Wetter; wegen ihrer Auslegung der Schrift sagte die Gesellschaft zu ihnen allen: »Wir heißen euch freundlich willkommen.«

Vom Büffet holte ich mir ein Frühstück aus Rührei, dickgeschnittenem Schinken, Wurst, Grütze, Pfirsichen, Feigen, Pampelmuse, Tomatensaft, Milch und Kürbiskuchen. Ein unangemessener Ort für Völlerei, aber ich verlor meine Zurückhaltung. Von meinem Tisch aus sah ich durch die langen Fenster auf ein Tomatenbeet vom Vorjahr. Eine Wiesenlerche ließ im Dunst eine Art von klagendem Gesang los, und ich hatte plötzlich das Gefühl, als wäre ich schon einmal hier gewesen.

Nach dem Frühstück machte ich einen Gang durch die gewissenhafte Einfachheit der alten Hallen. An der Eingangstür wand sich eine breite Doppeltreppe mit einem geschlängelten Handlauf hinauf bis zum dritten Stock. Generationen von Händen hatten das Holz so fein wie Pflaumenhaut poliert. In einem der weißgetünchten Räume saß eine Frau inmitten der stillen Ökonomie ihrer Umgebung und starrte durch das Gewölk ihrer Zigarette hindurch in das Grau des Märzes. Auf einem Stuhl lag eine Zeitschrift »Successful Marketing«. Die Frau sah aus, als wenn ihr Fleisch in ihr gestreiftes Kleid hineingeschüttet worden wäre, so wie man Getreide in einen Futtersack schüttet. Sie spottete der dürren Linien der Shaker. Ich stellte sie mir vor in der Gesellschaft von Mrs. Butterworth und Betty Crocker und Mr. Coffee, nur daß sie jetzt allein war.

Von einem Fenster im dritten Stock aus, wo gestrenge Wächter für die Shaker-Sittsamkeit gesorgt hatten, sah ich weit im Osten die gelbe Schmiere aus dem Schornstein eines Elektrizitätswerkes. Einige Historiker führen den Verfall der Vereinigten Gläubigen auf ihre unnatürlichen Ansichten über Fortpflanzung zurück und zitieren das Shaker-Lied:

> Komm Leben, Shakerleben,
> Du ewig Leben komm!
> Durch Schütteln und durch Beben
> Jag ich das Fleisch davon.

Aber da die Shaker von Kentucky genau zur Zeit der sich ausbreitenden Elektrifizierung verschwanden, war es vielleicht auch die Verlockung eines Lebens mit 110 oder 220 Volt, die neues Blut von Pleasant Hill ferngehalten hat. Schließlich hatten selbst diese erfindungsreichen Leute (Kreissäge und Waschmaschine) ihre Liebe zu genial-nützlichen Instrumenten im Zaum zu halten und sich zu wappnen (wie Howells sagt) gegen »den Impuls der Epoche hin zum wissenschaftlichen, sinnlichen, zum ästhetischen Leben.« Der gelbe Himmel gab mir das Gefühl, als ob die Shaker recht hätten und als ob ich in diesem 139 Jahre alten Gebäude mitten in der Zukunft stünde. Weil sie sich mehr darum kümmerten, mit dem Kosmos im Einklang zu sein als mit einer von allen Hemmungen befreiten Gesellschaft, konnten die Shaker – wie der rote Mann – die praktischen Dinge lieben und dennoch der Gefahr entgehen, je Materialisten zu werden.

13

Der Highway führte mich durch Danville, wo ich ein Haus mit schönem Säulenvorbau sah nebst einem Trailertreff auf dem Vorgartenrasen. Route 127 führte durch ein langes Tal aus Wiesen und Feldern, das von niedrigen, felsigen Steinklippen eingefaßt und von einem Fluß in der Farbe einer Beutelmelone gespalten wurde. In der Ferne erhoben sich die Ausläufer des Appalachen-Gebirges, der alten Berge, die einst den Atlantik von dem flachen Binnensee trennten, der jetzt die Mitte Amerikas ist. Rinnsale kamen aus den Hügeln, die Felder wurden kleiner, und es gab kleine Sägemühlen, wo man Hartholz zu Transportpaletten, Kistenholz und Zaunpfählen zerschnitt. Auch die Häuser wurden kleiner, und ihre Farbe wandelte sich von Weiß zu Pastell über Mischmasch bis zu gar keinem Anstrich. Die Vorgärten gingen von grünen Rasenflächen zu dünnen Schwingelgrashalmen und schließlich zu festgestampftem Dreck mit Einsprengseln von Glassplittern über, und die entsprechenden Dekorationen machten einen Abstieg von Vogelbecken über Plastikflamingos bis hin zu kaputten Autos mit offenen Kühlerhauben, die wie Grabmale aussahen.

Auf den Veranden standen staksige Wringmaschinen und zerfetzte Sofas, und neben den Vordertüren hingen Waschkessel wie Wappenschilder. Ein kalter Nieselregen fiel, während ich den Kurven in die Cumberland-Berge folgte. Wolken wie schmierige Holzkohle schwärzten den Nachmittag zur Dämmerung, und der einzige Lichtblick war ein Fiddler im Radio, der »Turkey Bone Buzzer« hinfetzte.

In Ida annoncierte ein Schild vor einer Kirche den Oster-Gottesdienst. »Ein Willkommen allen Gotteskindern: Dieben, Lügnern, Tratschern, Frömmlern, Ehebrechern, Kindern.« Ich fühlte mich willkommen. In Ida gab es auch einen dieser Straßenpfosten in Gestalt eines sich duckenden livrierten Boys, der die Hände hochhebt, um die Zügel des Herrn zu ergreifen; aber das Gesicht dieses eisernen Negers war weiß übermalt, und seine Augen blickten nordisch blau. Ida, am Südrand der Appalachen, ein Ort, wo (wie man mir sagte) Veränderungen langsam kommen oder nie, hatte eine Kirche, die jedermann willkommen hieß, und eine Familie, die ihre Rasendekoration als Integrationsmodell hinstellte.

In Bug, Kentucky, ließ mich das Tageslicht im Stich, und an einer Straßengabelung mit drei ramponierten Lokalen fuhr ich über die Grenze nach Tennessee. Seit meiner Abreise aus Lexington war ich durch Gegenden Kentuckys gefahren, die »trocken« sind und es durch ein ungeschriebenes Übereinkommen zwischen Bibel Belt-Fundamentalisten und Schwarzbrennern auch bleiben. Wobei in zwei dieser trockenen Counties der halbe Polizeibericht in den Zeitungen aus Fällen von öffentlicher Trunkenheit bestand. Ein Mann, mit dem ich sprach, machte aber nicht die Schwarzbrenner dafür verantwortlich, sondern meinte, das Problem liege bei Schnapsschmugglern, die den Whiskey aus der Fabrik mitnähmen. Besoffenheit war nicht das Schlimmste daran; die Leute müssen wissen, wo sie Schmuggelware herkriegen, und das erforderte die Kooperation offizieller Stellen. Die Lösung, sagte der Mann, wären staatliche Schnapsläden; dann wäre Schluß mit dem Schmuggel und Schluß mit der Korruption, ohne daß der langen Tradition der Schwarzbrenner der Garaus gemacht würde – ziemlich fleißiger Leute, die einem Geschäft nachgehen, das älter ist als die Bundes-Finanzbehörde. »Die haben eine Menge Geld für die Collegebildung in diesen Hügeln spendiert«, sagte er, »aber kommen Sie mir nicht mit diesem Schmuggelkram.«

Highway Tennessee 42 hielt sich meist an den Kamm der Steilfelsen, und die Straße schlängelte sich wie die Ranken von wildem Wein. Einige der Kurven waren so scharf, daß ich aus dem Seitenfenster sehen mußte, um sie zu durchfahren. Endlich öffneten sich die Berge, und ich kam nach Livingston in Tennessee, in eine gemütliche Stadt. Alles war geschlossen bis auf einen Laden an der Landstraße, wo ich an den fluoreszierenden Regalen eher zur eigenen Unterhaltung als aus Bedarfsgründen vorbeiging. Hätte ich nach Schmalz gesucht, wäre ich gerade richtig gewesen: sieben Sorten in fünf Größen, darunter eine Trommel von 38 Pfund.

Ich fuhr zum Platz zurück und parkte zur Nacht vor dem Overton County-Courthouse. Jugendliche kreuzten in aufgemotzten Fahrzeugen hin und her; ein Mann richtete den Fernseher im Schaufenster eines Elektrogeschäfts; eine Katze strich gegen mein Bein; die Fenster wurden nach und nach dunkel. Ich glaube, irgendwer hat sogar das rote Blinkwarnlicht ausgestöpselt, nachdem ich zu Bett gegangen war. Und so verbrachte ich meinen Abend in Livingston, Tennessee.

14

Hätte es an jenem Morgen auf dem Platz von Livingston nicht so stark geregnet, ich hätte nie von Nameless in Tennessee gehört. Während ich darauf wartete, daß der Regen aufhörte, lag ich in meiner Koje und studierte den Atlas, mehr um zu lesen als um zu sehen, wo ich hinfahren könnte. In Kentucky gab es Orte mit schönen Namen wie Boreing, Bear Wallow, Decoy, Subtle, Mud Lick, Mummie, Neon; Belcher war nur ein Stück weg von Mouthcard, und Minnie nur zehn Meilen von Mousie entfernt.

Ich sah mir Tennessee an. Turtletown acht Meilen von Ducktown. Ferner: Peavine, Wheel, Milky Way, Love Joy, Dull, Weakly, Fly, Spot, Miser Station, Only, McBurg, Peeled Chestnut, Clouds, Topsy, Isoline. Und das Beste von allen: Nameless, Namenlos. Und wie logisch: Ich wollte nach Osten, und Namenlos lag 45 Meilen Richtung Westen. Ich beschloß, doch dahin zu fahren. Der Regen hörte auf, alles sah gesättigt aus, sogar die Ziegelsteine. In Gainesboro, einer hügeligen Stadt, deren Platz am Gerichtsgebäude von Läden umgeben ist, hielt ich an: Informationen und Frühstück. Es gibt eine fast untrügliche Methode, anständiges Essen zu vernünftigen Preisen im Amerika der blauen Highways zu finden: Man zähle die Wandkalender in Lokalen.

Kein Kalender: Genau wie eine Autobahnraststätte.

Ein Kalender: Vorgefertigtes Zeug, in New Jersey verpackt.

Zwei Kalender: Nur, wenn auch Fisch-Trophäen dahängen.

Drei Kalender: Frühstück wie bei Muttern.

Vier Kalender: Da muß man auch die selbstgebackene Pie probieren.

Fünf Kalender: Nicht verraten, sonst werden die von einer Ladenkette geschluckt.

Einmal, in den Ozarks, fand ich sogar ein Café mit sechs Kalendern, wo man Brathähnchen, Pfirsich-Pie und Schokoladenspeise serviert bekam, so gut, daß ich seither immer nach einem anderen Café dieser Art gefahndet habe. Einem 7-Kalender-Lokal bin ich nicht begegnet. Aber alterfahrene Reisende – die unterwegs waren zu einer Zeit, als die Autos noch Trittbretter hatten und die Restaurantfenster noch AIR COOLED mit blauen Lettern annoncierten, die wie Eiszapfen tropften –, solche Reisenden haben mir die goldenen Legenden der Lokale mit sieben Kalendern erzählt.

Dem Benutzer von Nebenstraßen und Seitenwegen zeigt sich der Ton, ja die Stimme eines kleinen Ortes nirgends schneller als an den Frühstücksgrills oder den Abendlokalen. Da wird vieles von dem sichtbar, was die Leute tun und glauben und gemeinsam machen. Das City-Café in Gainesboro hatte drei Kalender, wie ich von draußen sehen konnte. Drinnen gab es auch nicht die Autobahn-Vertriebenen mit vollen Blasen und leeren Tanks, keine wildglotzenden Kinder, die gerade aus der gläsernen Zelle eines Caravanrücksitzes entlassen worden waren, keine Fernfahrer, die sich in CB-Codes unterhielten. Da saßen nur Leute vom Ort in Overalls oder in Versandhausanzügen mit entsprechenden Schlipsen oder in Uniform. Das heißt, da hockten Farmer und Fabrikarbeiter, Bankangestellte, der Mann vom Textilgeschäft, ein Polizist und das Empfangsmädchen des Chiropraktikers. Da es ein Samstag war, gab es auch Mütter mit Kindern.

Ich bestellte mein Standardfrühstück für unterwegs: Zwei Spiegeleier, Bratkartoffeln, Tomatensaft. Die Kellnerin, deren blasse, fast durchsichtige Haut in dem grauen Licht die Tönung wechselte wie ein Stück Perlmutt, brachte das Essen. Neben den Eiern lag ein Biskuit mit einem kleinen Sticker, der oben ein lachendes Mondgesicht hatte. Sie sagte: »Sind Sie aus'm Norden?«

»So kann man's nennen.« Wer aus Missouri kommt, gewöhnt sich daran, daß die Südstaatler in ihm einen Yankee sehen, die aus dem Norden ihn für verrückt halten, die aus dem Westen sich über seine müden Ostküstenmanieren mokieren und die aus dem Osten ihn zum Cowboy erklären.

»Und was machen Sie hier in den Bergen?«

»Mit den Leuten reden. Paar Fotos. Vor allem: rumgucken.«

»Wonach?«

»Nach einem Drei-Kalender-Café, das Smiley-Sticker zu den Biskuits serviert.«

»Sie brauchten ein Lächeln. Nein, aber mal ehrlich?«

»Ich weiß nicht. Im Moment halt' ich Ausschau nach etwas Marmelade, nachdem Sie mir nun schon den Biskuit gebracht haben.«

Sie kam mit Traubengelee zurück. Im Lande des Quittengelees, der Apfelbutter, der Aprikosenmarmelade, von Blaubeer-, Birnen- und Zitronen-Konfitüre, kriegt man immer Traubengelee. »Also, wonach gucken Sie?«

Wie jedermann geniere ich mich, vor den Augen eines Beobachters zu essen, besonders, wenn ich noch ausgefragt werde. »Wollen Sie nicht eine Tasse Kaffee mittrinken?«

»Kann jetzt nicht. Verraten Sie's mir?«

»Weiß nicht, wie ich's Ihnen beschreiben soll. Sagen wir mal Harmonie.«

Bißchen mehr hatte sie schon erwartet. »Das ist alles?« Jemand rief sie in die Küche. Als sie wieder zurückkam, war ich fast fertig. Sie saß am Rand meiner Nische. »Als ich mein Leben anfing, fand ich alles blöd, aber dann kam's über mich. Vielleicht geht's Ihnen auch mal so.« Sie sah zu, wie ich die Marmelade aufstrich. »Hab' Ihren Wagen gesehn.« Sie sah zu, wie ich den Keks aß. »Schlafen Sie da drin?« Ich sagte ja. »Das würde ich rasend gern tun, aber ich würde mich zu Tode graulen.«

»Macht mir nichts aus, mich zu Tode zu graulen. Ab und zu.«

»Würde rasend gern mal abhauen, quer durchs Land, schau' mir gern andere Nummernschilder an. Aber ein Hund müßte mit. Haben Sie einen Hund?«

»Keine Hunde, keine Katzen, keine Piepmätze. Es ist eine Ein-Mann-Kampagne, um den Amerikanern vorzuführen, daß eine Person auch ohne Haustier reisen kann.«

»Könnte nicht ohne Hund reisen.«

»Ich mache die Sachen gern auf die harte Tour.«

»Mann! Ich brauchte den Hund zum Reden. Und zum Schutz.«

»Das ist aber nicht Reisen, wenn man durchs Land fährt und mit seinem Mops redet statt mit den Leuten, die man trifft. Außerdem: Wer allein reist, ist viel offener, jemanden kennenzulernen, wenn er wo Rast macht. Man wird geselliger durchs Alleinsein.«

Sie sah wieder hinaus zum Wagen. »Bis ich die Nerven hab' für so eine Fahrt, ist das Benzin unbezahlbar.«

»Schon möglich. Dann ginge es meinem Karren wie dem Dampfboot.« Mir fiel ein, weshalb ich nach Gainesboro gekommen war. »Kennen Sie den Weg nach Namenlos?«

»Namenlos? Hab' davon gehört. Aber fragen Sie lieber den Krankenwagenfahrer da in der Ecknische.« Sie heftete mir den Sticker ans Jackett. »Vielleicht treff' ich Sie mal irgendwo unterwegs. Der heißt übrigens Bob.«

»Der mit dem Krankenwagen?«

»Das Mondgesicht. Ich geb' allen meinen Smileys Namen – sonst sehen sie ja alle gleich aus. Ich würde mit ihm sprechen, eh' sie losfahren.«

»Mit Smiley?«

»Nein, mit dem Fahrer.«

Also machte ich mich auf die Suche nach Namenlos in Tennessee mit einem Smiley-Sticker namens Bob.

15

Ich weiß nicht, ob ich Ihnen die genaue Richtung sagen kann«, meinte der Krankenwagenfahrer, »Ich glaub', es gibt ein Namenlos auf der Straße nach Shephardsville.«

»Wenn ich nach Shephardsville komme, bin ich dann schon zu weit?«

»Shephardsville gibt's nicht.«

»Und wie weiß ich, daß ich da bin?«

»Kann ich nicht genau sagen.«

»Und wie sieht Namenlos aus?«

»Keine Ahnung mehr.«

»Ist die Straße gepflastert?«

»Möglich ist alles.«

Das waren die Hinweise. Ich war auf der Suche nach einer nichtnumerierten Straße, die nach einer nichtexistierenden Stadt benannt war und mich zu einem Ort Namenlos bringen sollte, von dem niemand sicher war, daß es ihn gab.

Büsche von wildem Knoblauch säumten die Landstraße, von der ich hoffte, daß es die Shephardsville Road war. Sie spielte Katz und Maus mit den Bergen beim Versuch, oben auf den Kämmen zu bleiben. Die Abhänge waren so steil und dicht mit Eichen bewachsen, daß ich das Gefühl hatte, einem Trail durch die dunstigen Wipfel zu folgen. Hühner, mit den Hälsen mehr als mit den Beinen beschäftigt, liefen quer über die Straße und dann verschwanden sie, halb springend, halb fliegend, mit einem Flügelschlag in den tieferen Zweigen der Eichen. Ein bösartiges Paar nicht ganz reinrassiger Schäferhunde jagte neben mir her und versuchte die Reifen zu fressen. Nach meilenlanger Fahrt entschied ich, daß ich den Ort verpaßt hatte – immer in der Annahme, daß es ein Namenlos in Tennessee wirklich gab. Es wäre nicht das erste Mal gewesen, daß ich mich für den Preis dessen qualifiziert hätte, der auf alles reinfällt. Ich hielt an neben einem großen Mann, der Geräte in einen Lieferwagen lud. »Ich glaub', ich hab' mich verfahren.«

»Wo sind Sie denn von Ihrer Straße abgekommen?«

»Weiß nicht. Irgendwo in der Nähe von Eins-neun-sechs-fünf.«

»Highway 56 meinen Sie wohl?«

»Da bin ich ja hergekommen. Ich glaub', ich hätte an der letzten Kreuzung abbiegen sollen.«

»Das einzige, was es auf *dem* Weg gibt, sind Baumstümpfe und Heidelbeeren, und die Beeren selbst sind auch nicht da im März. Wo *möchten* Sie denn hin?«

»Namenlos. Wenn es so einen Ort gibt.«

»Sie werden Thurmond Watts nicht kennen, aber der hat da so'n Laden die Chaussee weiter runter. Das ist Namenlos – bei seinem Laden. Ist immer noch da, aber morgen könnt' ich's schon nicht mehr beschwören.« Er kam zu meinem Wagen herüber. »Beim Militär, da habe ich Namenlos, Tennessee, als Geburtsort auf alle meine Papier geschrieben, obwohl ich doch auf dieser Seite des Kamms lebe. Alle diese Hügel und Mulden haben ihre eigenen Namen. Das da drüben ist Steam Mill Holler. Benannt nach der Dampfmaschine in der Kornmühle. Der Müller hatte nur noch einen Arm, aber tüchtige Arbeit gemacht.«

»Und was machen Sie?«

»Bin eigentlich Farmer, aber jetzt arbeite ich in Cookeville in einer Fabrik für Heizelemente. Mußte in die Stadt wegen meines schlimmen Rückens.« Er wies auf ein hölzernes Gebäude, kaum größer als sein Lieferwagen. An der schiefen Eingangspforte hing ein verblichenes Cola-Schild mit der Aufschrift J M Wheeler Store. »Das war mal mein Geschäft – das bin ich – Madison Wheeler. Eines Tages kam einer. Bursche aus Detroit. Er wollte das Schild kaufen, weil er auch so hieß wie ich. Aber ich hab's ihm nicht verkauft. Möchte, daß mein Name stehenbleibt.« In langen ruhigen Zügen rauchte er an einer Zigarette. »Hatte ein ganz gutes Geschäft fünf Jahre lang, aber zuviel lief über Kredit. Dann machten in Cookeville die Supermärkte auf, und ich kaufte teurer ein als die verkauften. Bei diesen festen Straßen jetzt kommen die alle aus ihren Winkeln, zum Einkauf und zur Arbeit. Hält keinen mehr hier drin. Diese Teerstraße unter meinen Schuhen hat mein Geschäft kaputtgemacht, und sie wird wahrscheinlich auch Namenlos kaputtmachen.«

»Hätten Sie's gern noch wie früher?«

»Ich habe jetzt keine Schulden. Meine zwei Jungs sind groß, und sie waren nie in Schwierigkeiten. Ich habe ein Steinhaus und

3. Madison Wheeler in der Nähe von Nameless, Tennessee

etwas Mais und Tabak und ein paar Schweine und Rinder. Einen guten Bullen. Der Bulle sorgt für besseres Blut als ich es kann. Ein wirklich großzügiger Mann in der Stadt ließ meine Kuh von seinem Zuchtbullen decken. Den Preis für diese Rasse hätte ich nie zahlen können.« Er tat wieder einen langen, nachdenklichen Zug an seiner Filterzigarette. »Wenn man zufrieden ist, was will man mehr? Ich sag' Ihnen, Leute von überall in Amerika – Florida, Mississippi – kommen hierher und setzen sich zur Ruhe, weil es ein gutes Land ist. Nur unsere Jungen, die bleiben nicht. Bleibt auch nicht viel übrig, wovon man hier leben könnte. Nehmen Sie mich. Ich hab' mein Leben lang mit diesen Stumpen gekämpft und versucht, aus diesen Hügeln Farmland zu machen. Die lassen nicht so leicht locker. Dauernd im Clinch mit Steinen und Gestrüpp. Eine meiner ersten Erinnerungen: wie ich eine Hagebuttenhacke schwinge, das Blatt aus einer alten Säge gefeilt. Jetzt kommen sie mit ihren Rodemaschinen und schaffen eine Weide in einem Tag. Trotzdem, ist ein widerspenstiges Land – wie der Kürbis. Muß man wüst beschimpfen, den Kürbissamen, heißt es, damit er aus dem Boden herauskommt.«

Während der ganzen Zeit, in der wir uns unterhielten, stand mein Wagen in der Mitte der rechten Fahrspur, und der Scheibenwischer bearbeitete den Nebel. Niemand sonst kam oder ging. Wheeler sagte: »Fabrikarbeit ist leichter für den Rücken, und macht mir nichts aus, verstehen Sie, aber ein Mann wird, was er tut. Muß da aufpassen. Drum mach' ich auch mit der Farm weiter, obwohl, was man auch anbaut, – viel kommt nicht bei raus. Aber daß man's tut, das ist wichtig.« Er sah plötzlich auf. »Entschuldigung, bitte. Ich habe gar nicht gefragt, was Sie machen, daß Sie hier aufkreuzen.«

Ich sagte es ihm. Ich war erst sechs Tage unterwegs, aber mein Reisebericht ging schon wie geschmiert.

Er nickte. »Zufriedenheit ist, wenn man macht, was für einen selbst wichtig ist. Der Mensch sollte andere Leute ehren, aber ehren muß er auch, woran er selber glaubt.«

Als ich den Motor anließ, sagte Wheeler: »Wenn Sie auf dem Rückweg hier lang kommen, halten Sie an und besuchen Sie mich. Paar Bohnen und Bollen und ein kleines Stück Fleisch ist immer da.«

Auf dem Weg hügelab überlegte ich, warum immer die Leute einen zum Essen einladen, die selbst nicht viel haben.

16

Namenlos in Tennessee war eine Stadt von etwa neunzig Seelen, wenn's hochkommt, einem Dutzend Häuser entlang der Straße, zwei Scheunen, ebensoviel Kirchen, einem Laden für alles inklusive Fire Chief-Benzin, und einem Gemeindezentrum mit beleuchtetem Volleyball-Platz. Hinter dem Zentrum war eine oben offene, rostige Metalltoilette mit der Inschrift »Gib's mir« an der Tür; am Fuß einer Eiche, dicht dabei, lag eine volle Pintflasche Whiskey, Marke Jack Daniels Black Label. Aus den Häusern kam der Geruch von Kohlenrauch.

Neben einer roten Tabakscheune stand der Laden für alles mit einem Plakat von Senator Albert Gore jr.; lächelnd klebte er in einem Fenster. Ich klopfte. Die Tür öffnete sich einen Spalt. Ein großer, dünner Mann sagte: »Geschlossen. Für immer«, und wollte die Tür wieder zumachen.

»Will gar nichts kaufen. Nur eine Frage an Mr. Thurmond Watts.« Der Mann starrte durch die schmale Öffnung. Er taxierte mich.

»Und was für 'ne Frage wär' das?«

»Wenn dies Namenlos, Tennessee, ist, könnte er mir sagen, wie es zu dem Namen kam?«

Der Mann wandte sich zurück in den Laden und rief: »Miß Ginny! Hier will einer wissen, wieso Namenlos Namenlos genannt wurde.« Miß Ginny kam bis an die Tür vor und nahm mich und meinen Lieferwagen in Augenschein. Die Mißbilligung war deutlich. Sie sagte: »Das weißt du genausogut wie ich, Thurmond. Laß ihn da nicht bei der Nässe auf der Schwelle stehen, um ihm das zu erklären.« Miß Ginny, stellte sich heraus, war Mrs. Virginia Watts, Thurmonds Frau.

Ich trat ein, und beide fingen an mit ihrer Geschichte, der eine hier ein Detail ergänzend, die andere dort einen Fakt korrigierend, beide lächelnd über den Blödsinn des Ganzen. Wie es schien, war die Siedlung auf dem Berg jahrelang ohne Namen ausgekommen. Dann erklärte eines Tages die Postverwaltung den Leuten, wenn sie da oben hin Post empfangen wollten, dann müßten sie dem Ort auch einen Namen geben, an den man Briefe adressieren könnte. Die Gemeinde traf sich; es waren nur eine Handvoll Menschen, aber sie fingen an zu debattieren. Einige wollten patriotische Namen, andere Namen aus der Natur, einer schlug allen Ernstes seinen eigenen Namen vor. Sie konnten sich nicht einig werden, und dann gingen ihnen die Namen aus. Schließlich wurde ein Mann die Sache leid; der hatte sowieso nichts mit der Post, die er bekam, im Sinn. »Vergeßt das verdammte Postamt«, sagte er, »dies hier ist ein namenloser Ort, wenn ich je einen gesehen habe, lassen wir's dabei.« Und genau das taten sie.

Watts zeigte aus dem Fenster. »Wir hatten sonst Schilder an der Straße, aber beim Halloween-Jux reißen die Jungs sie immer ab.«

»Sie denken, Namenlos ist ein komischer Name«, sagte Miß Ginny.

»Ich seh' es deutlich in Ihren Augen. Na, dann fahren Sie mal ein Stückchen Richtung Norden nach Difficult oder Defeated oder Shake Rag. Das sind wirklich alberne Namen.«

Der alte Store, nur von drei Fünfzig-Watt-Birnen beleuchtet, roch nach Kohlenöl und Brotbacken. In der Mitte des rechteckigen Raums, wo der Eichenfußboden ein bißchen abgesackt war, stand ein eiserner Ofen. Rechts davon stand ein hölzerner Tisch mit einer angespielten Schachpartie und ein Hocker, der aus einem Apfelbaumstumpf gemacht war. Auf Regalen rings an den Wänden standen irdene Krüge mit Stöpseln aus Maiskolben, ein paar Konserven, und etliche der zweitausend alten Uhren und Uhrwerke, die Thurmond Watts besaß. Nur eine tickte; die andern waren nur zum Anschauen. Ich fragte ihn, wie lange er schon seinen Laden betrieb.

»Fünfunddreißig Jahre, aber wir haben am ersten Tag dieses Jahres dichtgemacht. Wir hoffen, es an ein Ehepaar verkaufen zu können. Kirchgänger, ordentliche Leute. Keine Atheisten.«

»Haben Sie dies Haus auch gebaut?«

»Dieses ja, aber es ist schon das dritte Geschäft auf demselben Grundstück. Fürchte, es ist das letzte. Ich find' das gar nicht komisch. Früher mal konnte man sich hier einen Topf Farbe holen, eine Gurke, ein Paar Schuhe und eine Dose Mais.«

»Oder Hustenbonbons«, sagte Miß Ginny, »oder Korsetts oder Salben. Wir hatten Hustensaft und lauter so Zeugs für den Körper. Wenn Saison dafür war, haben wir Brombeeren verkauft und Walnüsse und Kastanien, eh' der Mehltau drankam. Und draußen hat Thurmond Mais gemahlen und Pflugschare geschärft. Manchmal hat er sogar ein Pferd beschlagen.«

»Haben alles versorgt: Ob Pferd oder Mann oder ein Baby.«

»Thurmond, erzähl' ihm mal, daß wir früher sogar einen Doktor hier oben hatten.«

»Wir hatten früher sogar einen Doktor hier oben. So gut wie irgend ein Doktor heute. Der schnitt einen eingewachsenen Zehennagel oder leistete Geburtshilfe. Seit ein paar Jahren tot.«

»Ich hatte mal verdorbenen Schinken gegessen«, sagte Miß Ginny, »und mußte kotzen. Einen ganzen Tag, eine ganze Nacht. Schon beim Totengräber auf der Schippe. Ich sagte zu Thurmond, Thurmond, wenn du nicht willst, daß ich abkratze, hol den Doktor.«

»Ich hatte mich doch informiert.«

»Von wegen. Du hast ihn ja auch geholt. Der kam auch rüber und tat drei Tropfen Jod in ein halbes Glas Brunnenwasser. Ich trank es runter, und das Kotzen hörte mit dem letzten Schluck auf. Hätten Sie das für möglich gehalten, mit Jod?«

»Er hat Miß Ginny einen Teelöffel Salmiakgeist in Brunnenwasser verordnet, für ihre Nerven. Bis heute noch das beste Mittel für sie.«

»Beruhigt mich wie die Hand des Herrn.«

Hilda, die Tochter der Watts, kam aus dem Hinterzimmer. »Ich kann mich an ihn erinnern«, sagte sie. »Ich war noch ein Baby. Ihr habt alle mit ihm geredet, und er hob mich auf die Theke und gab mir einen Lutscher und ein Stück Käse.«

»Der kannte die alten Rezepte«, sagte Watts. »Die einzige Apotheke, die er brauchte, war ein guter Küchenschrank. Nichts mit Antibiotika, die alles nur noch schlimmer machen. Eine vorbei'ne Kunst, die alten Rezepte, weil sie ja an Jod nichts verdienen.« Miß Ginny ging zurück in ein Seitenzimmer, wo sie und ihre Schwester eine Entenfedermatratze auseinandernahmen, um Kissen zu machen. Sie blieb am Fenster stehen, um noch einen Blick auf »Geistertanz« zu werfen. »Wie schlafen Sie nur in dem Ding? Sind Sie nicht ganz verkrumpelt und verfroren?«

»Wie schläft die Muschel in ihrer Schale«, kam Watts mir zu Hilfe.

»Thurmond, hol dem Jungen ein Stück Buttermilch-Pie, eh' er weiterzieht.«

»Hilda, hol ihm etwas Buttermilch-Pie.« Er sah mich an. »Mögen Sie gute Musik?« Ich sagte ja. Er zog einen alten Edison-Phonographen auf, das Modell mit der großen Trichterwinden-Blüte als Lautsprecher, und setzte einen Wachszylinder ein. »Das hier ist ›Das Gebet meiner Mutter‹«, sagte er.

Während ich Buttermilch-Pie aß, betätigte sich Watts als Discjockey von Namenlos in Tennessee. »Jetzt kommt ›Mountain-Rose‹«. Es war einer der Augenblicke, von denen man sofort weiß, daß man sie sein Leben lang nicht mehr vergißt: die süße Pie, der hagere Mann mit seiner alten Musik, die Kohlen im Ofen in ihrer orangefarbenen Glut, der Geruch von Kerosin und hei-

4. Die Watts: Marylin, Thurmond, Virginia und Hilda
in Nameless, Tennessee

ßem Brot. »Hier, die ›Abend-Rhapsodie«. Die Musik war so wildromantisch, daß wir beide lachten. Ich dachte: Für so was bin ich gekommen.

Mit Federn bedeckt und kichernd, kam Miß Ginny aus dem Nebenzimmer. Sie wußte, welch toller Anblick sie war. »Thurmond, gib ihm noch was vom Lunch. Er sieht immer noch hungrig aus.«

Hilda nahm von den Vorräten auf dem Holzofen im Hinterzimmer: hausgeschlachtete und eingemachte Schweinswurst, eingemachtes Apfelkompott, Rübenkraut, Krautsalat, Kartoffeln, Füllung, heißes Maisbrot. Alles köstlich.

Watts und Hilda saßen da und redeten, während ich aß. »Schade, daß Sie nicht mitessen.«

»Wir haben schon«, sagte Watts. »Geht nichts über einen Holzofen, wenn's schmecken soll.«

Er erzählte mir, daß er in einem hundertfünfzig Jahre alten Holzhaus aufgewachsen war, das immer noch in einem der Täler stand. »Wieviele gibt's schon noch«, sagte er, »die in einer Blockhütte großgeworden sind. Ich bin sicher nicht der letzte, aber ich rücke auf der Liste rauf.«

Hilda räumte den Tisch ab. »Ihr Watts-Frauen könnt aber wirklich prima kochen.«

»Sie geht zur Schwesternschule am Tennessee-Technikum. Letztes Jahr bin ich auch mal nach Coevul rübergefahren, zu einem Football-Spiel.« Um Cookeville zu sagen, läßt man das Wort in sich selbst zusammenfallen, so daß »Coevul« herauskommt. »Mögen Sie Football?« fragte ich.

»Weiß nicht. Ich saß so weit oben im Stadion, daß ich meine Augen gar nicht aufgemacht habe.«

Watts ging nach hinten und kam mit einem dicken spiralgefaßten Notizbuch wieder, das er auf den Tisch legte. Sein Ausdruck hatte sich verändert. »Miß Ginny's *Totenbuch*.«

Ich war bestürzt. War es etwas, in das ich mich eintragen sollte? Er schlug es auf, sagte aber nichts. Da waren Reihen von Namen in einer ordentlichen Schrift eingetragen, wobei der Kugelschreiber die Seiten so durchfurcht hatte, daß sie sich kräuselten. Chronologisch hatten sich die Namen gestapelt: Ehefrauen, Großeltern, ein totgeborenes Kind, Verwandte, nahe und ferne Freunde. Namen über Namen. Nach jedem das Datum des Ungewissen, das zuletzt gewiß und eingetragen worden war. Der letzte Eintrag trug das Datum vom Tag vorher. »Das schreibt sie jetzt seit zwanzig Jahren auf. Jeden Tag hört sie sich den Krankenhaus-Report im Radio an und setzt die Namen ein. Die Leute kommen zu uns, um sich über die Daten zu informieren. Oder sie blättern die Bücher einfach durch. Lesen sie wie Notizbücher.«

Hilda sagte: »Wie Petrus die Namen an die Himmelstür schreibt.«

Watts nahm mich am Arm. »Kommen Sie mit.« Er führte mich zum Vorratskeller unter dem Laden. Als wir die Treppe hinabstiegen, sagte er: »Ein neugeborenes Kind muß man immer erst die Treppe rauftragen, eh' man mit ihm treppab geht, sonst kriegt es einen Hang nach unten.«

Der Keller war trocken und voller Spinnweben, und da stand Glas neben Glas mit Eingemachtem, nach Art eines Händlers sortiert: Wurst, Kürbis, süße Gurken, Tomaten, Essig-Mais, Brombeeren, Peperoni, Saft, Gelee.

Er streckte eine Hand aus nach den staubigen Flaschen: »Unsere Zukünfte.«

Wieder oben, sagte er: »Hoffe, daß ich das Geschäft an die richtigen Leute verkaufe. Obwohl mir natürlich klar ist, daß es nicht jemand von hier oben ist. Hab' mich damit beschäftigt, und vielleicht ist es ganz Schluß.« Er stocherte in den Kohlen. »Dieser Laden reicht so eben, reich wird man nicht damit. Aber nur so gerade hinlangen ist für die Leute wie Würfelspiel. Mir hat nie einer meinen Tag garantiert.«

Als es Zeit zum Gehen war, sagte Watts: »Wenn Sie irgend jemanden unterwegs treffen, der einen guten Laden sucht – an der Straße zum Cordell Hull See –, erzählen Sie dem von uns.«

Ich sagte, das würde ich tun. Miß Ginny und Hilda und Marilyn kamen mit raus, um good bye zu sagen. Es war kalt und nieselte wieder. »Das Wetter kann einem schon an die Nieren gehen«, murrte Watts. »Wo geht's denn hin von hier aus?«

»Ich weiß nicht.«

»Dann können Sie sich wenigstens nicht verirren.«

Miß Ginny sah sich wieder mein Gefährt an. Es hatte sie von Anfang an beunruhigt, genau wie meine Mutter. »Hoffe nur, daß Sie da nicht Ihr Leben riskieren, wenn Sie mit dem verflixten Ding im Land rumkutschieren.«

»Kommen Sie wieder, wenn die Hügel trocken sind«, sagte Watts. »Dann gehen wir mal und suchen ein paar der runden Steine, die innen ganz glänzig sind.«

Ich überlegte einen Moment. »Drusen?«

»Genau die. Die Gegend ist voll davon.«

17

Cookeville: Ostermorgen und kalt wie der Grund von Dantes Hölle. Der Winter war von irgendwo zurückgekommen, pfiff dünne bläuliche Schneeflocken über den Boden und bog die Narzissen. Ich konnte nicht warm werden. Die Nacht war voller Träume gewesen, die sich durch meinen Schlaf bewegten wie Schwärme von Seefischen, die hierhin schnellen, plötzlich eine andere Richtung nehmen und nie stillstehen. Ich taumelte in den alten Tiefen herum, und die Strömungen beugten und beutelten mich, wie es das Meer mit den Algen macht.

Route 62 führte durch das Tagebaugebiet des Cumberland-Plateaus und dann wieder in die Berge hinein. Reklameschilder gab es hier nicht, statt dessen kleine, falsch buchstabierte, handgeschriebene Tafeln: GEBRAUCHTE MÖBL, HEISSE SANDWITSCH, TRUTHAHN-JACHT SONAMD (KEIN ALKOHL). Es war, als wenn man jemandem beim Schreiben über die Schulter sah.

Wartburg, am Ende der düsteren Cumberlands, war eingenieselt von einem kalten Nebel, der aus den Bäumen herabtroff. Da alle Cafés zu hatten, blieb mir nichts übrig, als mich wieder auf die nasse Bergfinsternis einzulassen. Unter mächtigen Wänden aus schwarzem Schiefer, die wie Drohungen über der Straße hingen, wurde die Strecke in Höhe des Staatsparks Frozen Head vollends scheußlich: Wo immer es Parkmöglichkeiten mit Mülltonnen gab, standen ausgeweidete Sofas oder Sessel, umwölkt von ekelhaftem, beißendem Qualm aus schwelendem Müll. Goldener Styropor-Rauch aus großen Hamburger-Containern dampfte umher, als wenn Zeus soeben Danae vergewaltigt hätte. Nieder mit den ›Frikadelinquenten‹!

Die Berge öffneten sich, und unten lag Oak Ridge, eine Stadt, die während des Zweiten Weltkriegs von der Bundesregierung in den südlichen Appalachen quasi versteckt worden ist, um ihr eine Zukunft aus Pechblende zu modellieren. Hier hatten Wissenschaftler, die am Manhattan-Projekt arbeiteten, Plutonium hergestellt. Im Buchladen des Museums für Atomenergie gab es so brave Sachen wie »Kompendium für das Heizen mit Holz« oder »Ich baue mir mein eigenes preiswertes Blockhaus«.

Wieder hinein ins Gebirge, erneutes Kurbeln am Lenkrad, hin und her, immer wieder erster Gang, immer wieder Nebel, der alles naßmachte und nichts sauberwusch. Der schmale, bankettlose Highway 61 sah aus, als wenn ein Teereimer auf der Paßhöhe umgekippt und in einem torkeligen Lauf nach unten geflossen wäre. Eine wahre Strecke für weiße Fingerknöchel.

Ich hätte in Tazewell Halt machen sollen, eh' das Licht ganz weg war, aber nein. Ich war den Bergen wie verfallen. Über den Clinch River und ins Clinch-Gebirge; ein Schild dämmerte heran: IHRE STRASSENSTEUERN AN DER ARBEIT, und dann noch eins im deprimierenden Umleitungs-Orange: ACHTUNG BAUARBEITEN. Es hätte lauten sollen: DER DU HIER EINTRITTST, LASS ALLE HOFFNUNG FAHREN. In der Annahme, daß es zum Umkehren schon zu spät war, gab ich weiter Gas. Der Asphalt hörte auf, und die Straße wurde ein schlaglöchriger Sumpf aus schotterverstärktem Matsch, der meinen Geistertanz bei fünfzehn Stundenkilometern so durchschüttelte, daß mein Fuß mehrmals vom Gaspedal rutschte. Andere Fahrer, im Bemühen, sich auf der Trasse zu halten, steuerten auf mich zu, kurbelten im letzten Augenblick zur Seite und machten mich mit hochgeschleudertem roten Kies blind. Zähne zusammengebissen, die Hände ums Lenkrad geklammert. Clinch-Gebirge. Noch weiter oben kamen mir die Scheinwerfer eines Autos entgegen, das mit mir in derselben Richtung fuhr – von Westen nach Osten. An jeder Haarnadelkurve schienen meine Lichter in die Wolken hinauf, die die Straße in einen höllisch-himmlischen Highway verwandelten. Es war, als ob ich gestorben wär' – wie im Kino, wo einer seinen letzten Atemzug tut und immer noch denkt, er lebt.

Diese Gebirgsfahrt wurde zu einem schaurigen Abenteuer, auf das ich nicht vorbereitet war. Ich versuchte, an andere Dinge zu denken. Helen Keller, die nie durch die Clinch Mountains gefahren ist, sagt, das Leben sei ein kühnes Abenteuer oder es sei nichts. Abenteuer – das heißt: wo hinkommen. Aber kein Kommen ohne Gehen. Tod und Wiedergeburt. Antithetische Vorgänge, die nah beieinanderliegen, wie auf einem Globus der 360. neben dem 1. Längengrad. Vergangenheit und Zukunft.

Die Straße erreichte den Paß, fiel rasch ab, dann ein gesegnetes

ENDE DER BAUARBEITEN, der Asphalt kam wieder, und der Nebel wurde zum Regen, der endlich die Windschutzscheibe sauberwusch. Bergwelt ade!

Ich kam zu einer langen Ansammlung von Geschäften in Blechgebäuden: Autopolsterei, Bremsenservice, Getriebereparatur, Kühlerdienst, Auspufferneuerung. Nichts für die Rekreation eines Menschen. Über den Holston River (weit und schwarz wie der Styx) und in die rußige Fabrikstadt Morristown, von der es heißt, daß ihr Rauch in den Himmel fließt. Schlimm gejagt von den Plagegeistern der Seele, zuckelte ich noch lange umher auf der Suche nach einem ruhigen Platz für die Nacht. Schließlich gab ich auf und fuhr auf den Parkplatz einer Bank. »Sollen Sie mich rausfahren oder anfahren. Scheißegal.« Mit dieser Verwünschung ging ich zu Bett.

18

Ich will mal ruhig zugeben, daß ich mich am nächsten Morgen im qualmenden Morristown gefragt habe, was denn verdammt noch mal ER sich da leistete. Eine Woche unterwegs – eine Woche aus Wolken, Regen, Kälte. Und jetzt schneite es auch noch. Ein Grad über Null im Wagen, Eis auf der Windschutzscheibe, Schmerzen in der linken Schulter: ich hatte falsch gelegen. »Es ist das Erwachen, das uns tötet«, sagte Sir Thomas Browne vor drei Jahrhunderten. Lustlos, nur mit Willenskraft, kroch ich aus dem Kokon meines Schlafsacks und goß eine Schüssel mit kaltem Wasser voll. Ich wollte mich wieder lebendig machen.

Die Leute draußen sahen entgeistert aus und krümmten sich wie geballte Fäuste. Wie ein Leichentuch lag der Schnee über der Stadt, und schwarze Stare flatterten um die rußigen Schornsteine. Während ich die Fenster abkratzte, fragte ich mich, warum ich bloß in diesen Ort gekommen war, und überlegte, ob ich umkehren sollte. Konnte ich denn?

Ich ließ die träge Maschine an. Vierspurige bequeme Autobahn von Morristown nach Missouri. Ein Tag. Der Motor zündete, spuckte, sprang an. Ich lauschte wie jeden Morgen. Er lief glatt bis auf das Klopfen der Wasserpumpe. Ich fuhr los. Eine rote Ampel an der Autobahn U.S. 11 Richtung Osten. Links ging's nach Hause, rechts nach Werweiß. »Ein Mann wird, was er tut«, hatte Madison Wheeler gesagt. Ich nahm Werweiß.

Schnee bedeckte die Hinweisschilder, und ich hielt mich an den Kompaß und schätzte. Die Strecke nach Jonesboro über Whitesburg und Chuckey wand sich um kleine Hügel mit schneebedeckten Bäumen und Häusern mit qualmenden Schornsteinen. Es war, als wenn man durch ein monochromes Bild von Currier und Ives führe. Wiesenlerchen, die mit gesträubtem Gefieder auf Zaunpfosten saßen, bettelten mit ihrem Gesang um Sonne. Ein geborstenes Schild: EISKALTE WASSERMELONE!

Diese Straße war einmal berühmt für ihre vielen Gasthöfe, aber die Gebäude, die dem Bürgerkrieg standgehalten hatten, überlebten die wirtschaftlichen Verhältnisse dieses Jahrhunderts nicht. Östlich von Bulls Gap flatterten die Wimpel der Landvermesser im Wind. Wieder eine blaue Straße, die fällig war. Tavernen und kümmerliche Kramläden (zwei Zapfsäulen und eine Promenadenmischung davor) würden straßenschnittigen Mini-Supermärkten weichen. Das Rinnsal, das unter der Straße hin und her lief, müßte natürlich begradigt werden, damit es den Winkeln und Abmessungen der Ingenieure entspräche.

Der Highway als Analogie: Sozialingenieure zeichneten Blaupausen, um die verräterischen und unnützen Aus- und Abwege von Menschen mit ihren alten, krummen Meinungen geradezubiegen; Tabu-Ingenieure legten bundesweit geprüfte Rohrleitungen, um den Überfluß der Leidenschaften aufzufangen; Intellekt-Ingenieure setzen Planierraupen gegen das Auf und Ab der Geister an, um Flachköpfe zu produzieren. Whitman:

> O du freie Straße, du deutest mich
> besser als ich mich zu deuten vermag.
> Du sollst mir mehr sein als mein Gedicht.*

* Nach der »klassischen« Übersetzung von Johannes Schlaf. (A. d. Ü.)

19

Der vierzehnte Staat in der Union, der erste, der nach den ursprünglichen dreizehn gegründet wurde, war Franklin mit der Hauptstadt Jonesboro. Der Staat hatte einen Gouverneur, ein Parlament, Gerichte und eine Miliz. 1784, nachdem North Carolina sein Land im Westen an die Bundesregierung abgetreten und damit diese Region ohne Verwaltung gelassen hatte, hielten die Bürger eine verfassunggebende Versammlung ab, um einen eigenen Staat zu bilden. Aber die Geschichte ist eine wacklige Affäre, und jetzt ist Jonesboro mit seinen zwei Jahrhunderten nichts weiter als der Sitz von Washington County, das auch mal was ganz anderes war – nämlich der gesamte Staat Tennessee. Aber es ist alles zum Besten. Chattanooga in Franklin, das spricht sich einfach nicht gut.

Die Hauptstraße in Jonesboro, solide eingefaßt von treppengiebligen Häusern aus der Zeit vor dem Bürgerkrieg, lief auf ein kleines Tal parallel zu einem Fluß hinaus; Häuser und Kirchtürme erhoben sich über die umgebenden Anhöhen. Nach dem Frühstück ging ich durch die verschneite Main Street zum Chester Inn, einem Holzgebäude mit einer doppelbögigen Galerie, wo Andrew Jackson beinah geteert und gefedert worden wäre, weiß nicht warum. Charles Dickens hat hier mal eine Nacht verbracht, so wie Jackson auch, James Polk und Martin Van Buren (in dessen Biographie nie von seiner Frau die Rede ist).

Das Haus ist jetzt die Bücherei, und ich vertiefte mich in die Knicks der Geschichte von Jonesboro. Ein Sheriff hat einmal die Backen eines Pferdediebs mit den Buchstaben H und T* gebrandmarkt, bevor er ihn mit den Ohren an einen Pfahl genagelt hat; später, um ihn freizulassen, schnitt er sie ihm ab. Und dann gab es einen Pionier namens Russell Bean, der bei der Rückkehr von einer zweijährigen Geschäftsreise erleben mußte, daß seine Frau ein Baby stillte; um die Identität seiner richtigen Söhne kenntlich zu machen, biß er dem Kleinen die Ohren ab.

Als ich aus dem Weg aus der Stadt war, sah ich eine Bankreklame: SIND SIE BESSER SIND SIE GRÖSSER. Das freundliche kleine Jonesboro strafte diese Behauptung Lügen. Noch immer

* Für »Horse Thief«.

fiel Schnee, aber die Flocken kamen jetzt jede für sich herunter. Die Route 321 war wegen Bauarbeiten gesperrt, eine Umleitung von 50 Meilen folgte dem Little Doe River, einem Fluß mit klaren Wasserfällen, durch Felder mit Heuhaufen, die von Hand gestapelt waren. Dann stieg die Straße an, überquerte den Iron Mountain und brachte mich nach North Carolina hinunter. Die dunstigen Blue Ridge Mountains lagen hinter mir, der Schnee hörte auf, und ich fuhr zwischen sanften Hügeln dahin. Gerade tausend Meilen hatte ich geschafft.

Kapitel II
Ost-Südost

1

Was weiter passierte, geschah wegen eines dicken Kindes, das hinten auf der Ladefläche eines Kombiwagens einen Cracker aß. Das Mädchen starrte mich mit trüben Augen an. Als ich überholte, starrte mich die Fahrerin, eine dicke Frau, die einen Cracker aß, mit trüben Augen an. O Vererbung, o Blut!

Blut. Mir fiel ein, daß ich gewissermaßen den Weg meiner weißen Sippschaft von North Carolina nach Missouri zurückverfolgt hatte, des Clans eines Mannes aus Lancashire, der sich im 18. Jahrhundert in der Gegend von Piedmont angesiedelt hatte. Als Junge hatte ich, wieder und wieder, mir eine verschwommene, sepiafarbene Fotografie angesehen, die einen schräg geneigten Grabstein tief in den Carolina-Hügeln zeigte. Ich hatte mir geschworen, eines Tages das Grab des alten eingewanderten Müllers zu finden.

Der Highway 421 wurde zur Autobahn I-85 und peitschte mich um Winston-Salem und Greensboro herum. Ein paar Meilen weit hatte ich die Tyrannei der Schnellstraße zu ertragen und konzentrierte mich auf hintere Stoßstangen und die Schmutzfänger der Lastwagen. Sobald ich konnte, nahm ich die Staatsstraße 54 nach Chapel Hill, einer Stadt mit vielen Bäumen, wo ich hoffte, in der Universitäts-Bibliothek einen weiterführenden Hinweis auf den Müller zu finden. Alles, was ich wußte war: William Trogdon (1715-1783) hatte während des Revolutionskrieges mehrere Jahre lang die Miliz von Carolina mit verschiedenen Dingen versorgt; letztendlich fanden ihn die Engländer unter Führung von David Fanning, als er sein Pferd am Sandy Creek nicht weit von seiner Getreidemühle tränkte, und erschossen ihn. Seine Söhne beerdigten ihn, wo er gefallen war. Fanning terrorisierte die Piedmont-Region durch seine Standardmethode, jeden Mann, ob weiß oder rot, der den Patrioten half, zu erschießen; und er war bekannt dafür, daß er das Haus eines solchen Rebellen in Brand steckte, auch wenn Frau und Kinder drin waren. Schneller als König Georg bekehrte Oberst Fanning die Leute aus Carolina zur Revolution.

Nachdem ich in der Bibliothek aufgegeben hatte, stieß ich durch reinen Zufall, den ich aber als Omen nahm, in einem Buchladen auf eine Karte aus dem Jahr 1856, die eine Siedlung namens Sandy Creek östlich von Asheboro verzeichnete. In der Nacht rechnete ich mir die Chancen aus, in den Wäldern ein beinah zweihundert Jahre altes Grab zu finden. Sie waren miserabel.

Am nächsten Morgen kehrte ich um und fuhr in Richtung Asheboro, vorbei an den Straßen nach Snow Camp und Silk Hope, über den Haw River, durch Hügel mit Mischwald und rotem Boden, durch Felder mit Winterweizen und an verfallenden Mühlenwehren aus Stein vorbei. Ramseur, ein aus dem 19. Jahrhundert stammender Flecken mit Baumwollspinnereien, abgeschieden im Tal des Deep River, war die erste Stadt im Randolph County, an die ich geriet. Irgendwo mußte ich beginnen. In der Hoffnung auf einen zweiten Anhaltspunkt hielt ich an der Bücherei, um nach Sandy Creek zu fragen. Wieder ein Treffer. »Klar doch«, sagte der Bibliothekar, »Sandy Creek ist bei Franklinville. Paar Meilen nach Westen. Fließt bei der Spinnerei in den Deep River. Die Stadt selbst krebst nur noch so rum. Sie sollten sich mit Madge vom Textilgeschäft unterhalten. Sie kennt die County-Geschichte besser als eine Schildkröte ihren Panzer.«

Madge Kivett war nicht in der Stadt, aber ein Angestellter brachte mich über die Straße zum Wasserbeauftragten, Kermit Pell, dem der Lebensmittelladen gehörte und der etwas Ahnung hatte von Lokalgeschichte. In Pells Geschäft wog man das Gemüse noch auf einer Messingwaage mit Metallgewichten; der Metzgerklotz war in der Mitte so abgenutzt, daß man einen Eimer Wasser darauf hätte schütten können, ohne daß mehr als ein Liter weggeflossen wäre.

Pell, ein ergrauender, dickbauchiger Mann mit Augenbrauen wie Groucho Marx, malmte Kaugummi und setzte unentwegt seine Brille auf und ab. Förmlich verschanzt hinter Geschäftsbüchern und Quittungsblocks, konnte er nicht ans Telefon, so daß ich es ihm anreichen mußte bei den sechs Malen, als es klingelte. Zwischen den Anrufen kriegte ich in einer Stunde soviel raus: Das einsame Grab des Müllers war jetzt überdeckt von einem neuen, 127 Morgen großen Wasser-Reservoir (die Stadt hatte das

Grab zweimal gekauft, als zwei Leute Besitzansprüche anmeldeten – das war immer noch billiger als ein Prozeß). Den alten Grabstein, der schon von Grabräubern zerbrochen worden war, hatte man ins Museum geschafft; und dann hatte man noch, zum Andenken, ein paar Schaufeln voll Erde und eine Markierung aus Bronze und Beton einige Schritte von der alten Grabstelle aufgestellt. Die Asheboro *Courier Tribune* sprach in einem Artikel, der auf den Tag genau zwei Jahre alt war, von dem gefährdeten Grab, das eine eilige archäologische Recherche in Gang gesetzt habe, bei der sowohl ein Stück Kolonialgeschichte wie auch Überreste aus tausend Jahren indianischer Lager zutage gekommen seien. Die Stelle, hieß es in dem Ausschnitt, »obwohl den Historikern bekannt, ist tief in den Wildnissen des Flusses«.
»Das muß ich sehen«, sagte ich.

»Höllisch schwer, dahinzukommen. Sie sollten wissen, worauf Sie sich einlassen, eh Sie in das Gehölz gehen. Ich meine, es ist wirklich ganz tief drin.«

»Können Sie mir den Weg zeigen?«

»Ich wüßte nur eine Person, die Ihnen weiterhelfen könnte – wenn sie will. Noel Jones drüben in Franklinville kann Sie vielleicht hinführen. Hat sein Lebtag am Fluß gelebt. Ist nicht mehr der Jüngste, aber Sie können ja an der Mühle nach ihm fragen.«

2

Dickes Modderwasser kreiselte im alten Flutgang der Randolph Mills in Franklinville, sachte drohend wie eine schmierige Mokassinschlange, die gleich losschnellen will. Die Fabrik wurde jetzt mit Elektrizität betrieben, und der Flutgang war eine Sackgasse – was reinkam, floß nicht wieder hinaus. Drinnen drehten sich riesige Schwungräder und ließen die hölzernen Böden und Stege dröhnen, aber kein Mensch war da. Es sah aus wie eine Gespenstermühle, betrieben vom Deep River. Ich klopfte an die hölzernen Türen; ich faßte an ein schmutziges Fenster und drückte mich dicht heran, um hineinzusehen. Auf der anderen Seite guckte ein altes, mißgestaltetes Gesicht zurück und ließ mich aufspringen.

»Suche nach Noel Jones«, rief ich.

Das Gesicht verschwand und erschien in einer Tür wieder. Es sagte: »Nach Haus gegangen. Eine Straße weiter«, und war wieder weg. Ich suchte die Straße, fragte noch einmal und fand Jones im letzten Haus.

»Ich kenn' die Stelle, nach der Sie suchen«, sagte er, »aber im Moment ist mir nicht danach, mit Ihnen dahinzugehen. Hab' einen Backenzahn, der mich ganz mürbe macht.«

»Seh' ich ein, aber vielleicht könnten Sie mir den Weg beschreiben.« Er nahm seine Mütze ab und fuhr mit der Hand über den Kopf. »Es ist möglich, den Weg zu machen. Nicht so weit, daß es nicht geht. Aber ihn zu beschreiben, dürfte schwer sein. Tut mir leid, daß ich Sie nicht bringen kann.« Er setzte seine Mütze wieder auf. »Also ich sag' Ihnen was. Steigen Sie in meinen Lastwagen und ich zeig' Ihnen, wo es losgeht. Werd' nicht an den Backenzahn denken. Aber eins laß dir gesagt sein, mein Sohn: du hast ein Stück Arbeit vor dir. Und wenn man den Weg nicht kennt, hat man noch ein Extraproblem.«

Ein warmer Nachmittag. Wir folgten einem Feldweg, bis er sich in einen Graspfad verwandelte, der so schmal war, daß die Büsche gegen die Scheiben kratzten. An einer kleinen Lichtung hielt er an. »Das ist mein alter Familienbesitz«, sagte er. »Unten am Fuß des Hügels kannst du Sandy Crick sehen. Eure alte Mühle müßte da irgendwo gelegen haben. Ich zeig' dir mal noch was anderes.« Wir gingen zu einer Blockhütte hinüber, von der nur noch die Rückwand stand. Daran hing ein verquollener Küchenschrank, der mit Lagen von Zeitungspapier gefüttert war. »Juli 36 auf diesem Blatt«, sagte Jones. »Hab' das damit ausgestopft, damit der Wind nicht durch die Ritzen pfiff. Schlimm. Aber sehen Sie sich den Preis für Schuhe an.«

Er nahm eine kaputte Kaffeetasse aus dem Schrank, sah sie finster an und stellte sie zurück. »Als ich ein Junge war, lebte hier im Haus ein alter Feldarbeiter. Eines Abends, als mein Vater mit mir hier vorbeikam, lag er im Sterben, Lungenentzündung, und ich beobachtete ihn durchs Fenster. Der Mann war vor Fieber nicht bei Sinnen, und er prügelte sein Bett. Er dachte, er wäre mit seinem Maulesel John beim Pflügen. ›Nun mal zu, John! Bißchen dalli, John!‹ Die ganze Nacht hörten wir ihn und seinen

Maulesel pflügen. Morgens war er tot. Mein Vater sagte, er hätte sich über Nacht zu Tode gearbeitet. Sagte, wenn er nur den Pflug gelassen hätte, wäre er vielleicht noch am Leben. Das Leben war schwer, damals, und das Sterben nicht leichter. Man brauchte dreizehn Monate pro Jahr, um Tabak anzubauen.« Wir gingen weiter über einen bewaldeten Buckel und kamen wieder an eine Lichtung, wo mehrere Tabakschuppen mit verfallenden Dächern und ein altes Räucherhaus standen.

»Die alten Buden, wo sie den Tabak getrocknet haben. Seit Jahren nicht mehr benutzt, aber den Tabak kann man immer noch riechen.« Wir gingen zu einer hinüber. »Sehen Sie. Der Herd hier hat als Deckel die Kühlerhaube eines Ford T, die der Schmied zurechtgehämmert hat. Kein Mensch hat je von Schrott gehört, damals. Schrott ist 'ne moderne Erfindung.« Wir gingen durch die niedrige Tür. Die Pfähle, zwischen denen die Frauen früher die Tabakblätter auffädelten, waren immer noch an ihrem Platz unter dem Dach.

Jones erklärte das Trocknen: Um die »Farbe zu fixieren«, hingen die Blätter von den gekreuzten Stäben, drei Tage und drei Nächte lang wurden sie in der Hitze des Feuers getrocknet. Die Kunst, eine gute Farbe zu erzielen, konnte über Verlust und Gewinn entscheiden. In seiner Kindheit war er ganze Nächte aufgeblieben mit den Männern, die die Öfen versorgten. »Die ganze Nacht haben sie Geschichten erzählt. Meist wahre Geschichten und meist davon, daß der Kummer tausend Gestalten hat.«

Wir gingen den bewaldeten Abhang zum Sandy Creek Reservoir hinab. »Hier muß die Mühle Ihres Großvaters gewesen sein. Eh' der Damm kam, konnte man den Fluß entlanglaufen und kaum die Sonne sehen, so dicht wuchsen die Bäume. Tiere gab's auch. Wildkatzen, Füchse, Wiesel, Rehe, Wildenten. Guter Boden am Rand des Flußbetts. Deshalb waren die Indianer auch so hinter her. Hatten alles, was sie brauchten: Wasser, Fleisch, Beeren, Schutz.«

»Das ist ein großes Reservoir für so eine kleine Stadt.«

»Vor ein paar Sommern war es trocken – eine richtige Dürre –, und das alte Stadtreservoir unten, wo der Damm ist, ist jetzt schon fast ausgetrocknet. Paar Leute kriegten's mit der Angst.

5. Noel Jones bei Franklinville, North Carolina

Aber ich hab' auch sagen hören – weiß nicht, ob's wahr ist –, daß hier ein paar notwendige neue Fabriken herkommen. Die Spinnereien produzieren nicht mehr so wie früher. Randolph Mills haben mal Rohbaumwolle zu Tuch verarbeitet. Heute machen wir nur noch die Endverarbeitung. Bleichen, Filzen und Bedrucken, meist auf Baumwollflanell. Jetzt sind wir Drucker.«

Er saß auf einem Felsen und starrte über das flache, schweigende Wasser hinaus auf einen planierten Hügel. »Ich nehm' nicht Partei, ich erzähl's Ihnen nur, aber manche Leute sagen, daß es im alten Reservoir Wasser genug gegeben hat. Sie sagen: ›Wer braucht denn ein größeres Reservoir?‹«

»Neue Industrie heißt, daß mehr Leute Kleider kaufen und Sparkonten eröffnen.«

»Ich kümmere mich um meine Sachen.« Er sah zum Damm

hinüber. »Schon ein Riß im Oberlauf. Kriegen sie offenbar nicht repariert. Ich möcht' nicht wissen, wie lang dieser Fluß ertränkt bleibt...« Er stand auf. »Gutes Fischen im Sandy. Waren keine Dollbregen drin, aber es war kühl hier und das Wasser war in Bewegung. Jetzt kann man von Gesetzes wegen nicht mal eine Angel in den See reinhalten. Kein Schwimmen, kein gar nichts. Es ist ein See zum Anschauen, weil das das einzige ist, was man noch gerade darf.« Wir gingen die Anhöhe wieder hinauf und in den Wald. Auf halbem Wege hielt Jones an und steckte seinen Schuh in eine kleine Kuhle. »Ist jetzt ausgetrocknet, aber dies war mal eine Quelle, wo die Frauen hinkamen, um ihre Wäsche in eisernen Töpfen zu waschen. Einmal, heißt es, war eine Frau da, die einen Fetzen mit einem Stock sauberschlug. Hatte ihre Tochter mit. Das kleine Mädchen verschwand, aber die Frau nahm an, sie spielt nur Verstecken. Die Mutter schlägt noch immer auf ihre Decke ein, die anfängt rot zu werden. Wird wütend auf das Kind, weil es Johannisbeeren in der Decke versteckt hat. Sie faltet sie auseinander, um den Flecken auszuwaschen, und ihr kleines Mädchen rollt heraus. Hatte sich unter der Decke versteckt. Die Frau rannte los durch den Wald und schrie: ›Ich hab' mein Kind erschlagen! Ich hab' mein Baby totgeprügelt!‹ Am nächsten Abend kam sie hierher und hängte sich mit einem Bettuch an einer großen Eiche auf. Das Laken, heißt es, hat inmitten der Bäume geblüht, bis es weggefault ist. Hat manch einen entsetzt, der nachts hier vorbeikam.«

Als wir wieder auf der Straße waren, zeigte mir Jones den Pfad, der mein Einstieg sein sollte. »Das Grab ist da drüben, stur geradeaus, aber die Hügel und das Wasser sind im Weg. Das Unterholz wird verdammt dicht bei dem ersten Buckel dort, und wenn Sie sich an das Reservoir halten, sind Sie die meiste Zeit im Wasser oder im Matsch. Das Grab sitzt auf einer winzigen Landzunge etwa zwei Meter über dem Wasserspiegel.«

»Ich versuche es durch's Gehölz. Und kümmern Sie sich um Ihren Backenzahn.«

»Ich glaube, ich muß zum Zahndoktor. Kommen Sie morgen mal vorbei, wenn alles klappt. Am besten warten Sie bis morgen, sonst machen Sie den ganzen Weg lang die Schatten verrückt.«

3

Aber ich wartete nicht bis zum nächsten Morgen. Der Duft in den Tannen war süß, die Frühlingspfeifer sangen, und der Pfad über den ersten Hügel war leicht. Ziegenmelker stießen unentwegt scharfe Rufe gegen das frühe Dunkel aus, und eine Zwergohreule zersprengte die Nacht. Dann verschwand der Pfad in drahtigem Gesträuch. Ich begann Gespenster zu sehen: geblähte Nüstern und eingerollte Wesen mit Augen. Im Bemühen, über das, was da vielleicht im Weg lag, hinwegzusteigen, nahm ich lange Schritte.

Plötzlich wurde der Wald so still, als wenn ihn jemand erstickt hätte. Ich wurde den Gedanken an Umkehr nicht los, aber das Gefühl, daß das Grab ja gleich jenseits des nächsten Hügels wäre, zog mich immer tiefer hinein. Quellen plätscherten in den See und verwandelten die Buschmulden in Matsch und füllten die Luft mit einem schlanken, stechenden Geruch. Ich mußte um das Wasser herumlaufen, dann um den Matsch – fast dreihundert Meter, um eine Bucht von zwanzig Schritten zu bewältigen. Etwas Schweres und vor mir Fliehendes stob durchs Gebüsch davon.

Als ich ein Kind war, machte meine Mutter mir immer die Realität von Gefahr dadurch klar, daß sie Schlagzeilen erfand, die von den Folgen unbedachter Handlungen berichteten. Ich konnte sie hören: ÜBERRESTE EINES EINSAMEN WANDERERS GEFUNDEN. Sie würde auch Details der Geschichte bringen: »... nur die Feldflasche war nicht gefressen worden.«

Common sense hieß mich umkehren; aber ein altes Gefühl im Blut war stärker. Ein Kompromiß: noch einen Hügel. Den gab es nicht. Oben auf dem letzten Anstieg kroch ich plötzlich über etwas Hartes. Beton. Wäre das Grab offen gewesen, ich wäre hineingefallen. Eine Messingtafel wies darauf hin, daß das eigentliche Grab gerade jenseits der Uferlinie lag. »Wer kennt das Schicksal seiner Knochen?« fragte Sir Thomas Browne. Was immer von dem alten Müller übrig war, was immer der rote Boden und die Grabräuber und die städtischen Beamten verpaßt hatten, war nun drei Meter tief unter dem Wasser des Sandy Creek. Selbst so weit ab in der Undurchdringlichkeit hatte das zwanzigste Jahrhundert ihn aufgespürt. Und jetzt tranken die Leute aus seinem Grab.

Ich saß lange da, bis der Himmel klar wurde und einen vollen Mondaufgang vorführte. Ich versuchte mir den Vorfall hier auszumalen, versuchte, mir den aufrührerischen alten Müller vorzustellen, wie er dalag und auf dem weißen Piedmont-Kies verblutete, und überlegte, ob er wußte, daß er für etwas starb, das größer war als er selbst.

Das glatte dunkle Wasser spiegelte die Sterne als glänzende Lichtpunkte wider – ein Spiegel hätte kein schärferes Bild werfen können. Ich ging hinab und wusch Schweiß und Dickichtstaub ab. Durch mein Geplantsche zerbrach ich das Sternenlicht. Und dann trank auch ich aus dem Grab.

4

Im Mondlicht sah ich besser, und der Rückweg schien genau so lang, aber nicht so schwer. Das Brüllen der Ochsenfrösche führte mich am Ufer entlang, bis ich aus den dunklen Bäumen und zu meinem Wagen kam. Ich fuhr zu einer Lichtung in der Nähe des Damms. Zehn Uhr dreißig. Ich hatte nichts gegessen, doch jetzt war ich zu müde, um irgend etwas anderes zu machen als in meinen Schlafsack zu kriechen.

Im Augenblick des Einschlafens hörte ich etwas, das sich im nahen Unterholz bewegte und von da über die Lichtung zum Wagen. Ein langsamer Schritt. Ich wußte nicht mehr, ob ich alle Türen abgeschlossen hatte. Aber es waren nicht die Schritte, die mir Sorge machten; es war deren Langsamkeit, die schleichende Annäherung. Weiter heran. Dann legte es sich auf die Lauer.

Ich lag vollkommen still, überlegte aber, ob ich die Handbremse angezogen hatte, und hoffte nur, daß die Ford-Fabriken bei der Dicke der Stahlwände nicht allzusehr geknausert hatten. Ich hatte das Gefühl, daß sich draußen, in der Nähe meines Kopfes, irgend etwas hingekauert hatte. Ein sachtes Streifen am Wagen entlang – eine Hand, ein Körper –, dann ein greifbares Schweigen. Es bewegte sich wieder, und ich versuchte herauszufinden, wieviel Beine sich wegbewegten.

Es gab sicher eine rationale Erklärung für das, was da los war, aber ich hatte nicht die Nerven, sie zu finden. Statt dessen begann ich, an eine erhängte Frau zu denken, die sich mit einem Laken um den Hals auf die Suche nach ihrem toten Kind macht. Ich stellte mir einen blutenden Müller vor, der die Männer jagt, die ihm eine Musketenkugel einverleibt hatten, oder jene, die sein Grab ertränkt hatten.

Es gibt zwei Arten von Abenteurern: Diejenigen, die wirklich ausziehen in der Hoffnung, Abenteuer zu bestehen, und solche, die insgeheim hoffen, daß sie ausbleiben. Mitternacht. Ich zwang mich aus dem Ball heraus, zu dem ich mich in meinem Schlafsack zusammengerollt hatte, und war voll Angst, meine Zehen könnten irgend etwas berühren, was nicht ins Innere des Autos gehörte. Die Ochsenfrösche, im kalten Wasser hockend, legten wieder los. Es klang, als ob sie von der guten alten Zeit des schnellen schmalen Flusses redeten. Sie sagten: »Wie tief?« »Knietief.« »Wie tief?« Wieder und wieder.

Um drei Uhr schnellte ich empor. Ich hatte keine Idee, wo ich war, aber ich hatte gerade einen kurzen Schrei gehört, und die Wände von Geistertanz pulsierten wie rotes Blut. Ich sah aus dem hinteren Fenster und direkt hinein in ein Paar rötliche, oszillierende Augen. Jemand schrie. Ich kletterte barfuß hinaus, nur in Unterhosen, und humpelte zimperlich zu dem Streifenwagen. »Stimmt was nicht?«

Mit einem Carolina-Tonfall sagte der Polizist: »Hier ohm wird nich geschlafen.«

»Das habe ich gerade gemerkt.«

Ein Sprenkel gelber Farbe von einem Bleistiftstummel hing an seiner Lippe und bewegte sich auf und ab, während er redete. »Wir machen den Dammbezirk bei Sonnenuntergang dicht.« »Morgen früh bin ich eh weg.« Er starrte mich an. »Ich könnt' mich aber auch anziehen und jetzt losfahren.« Er sagte nichts. »Ich bin gerade aus Missouri gekommen, und das schlimme Bein, das ich mir in der US-Marine geholt hab', fängt an wehzutun, wenn ich's nicht ruhiglege. Verletzt im Kampf gegen den Kommunismus.«

»Ihr Name bitte.«

Ich war drauf und dran, Standing Bull zu sagen. Einige Indianer glauben, wer seinen Namen sagt, begibt sich in die Gewalt eines Fremden. Aber da er ja vielleicht schon mein Kennzeichen überprüft hatte, sagte ich die Wahrheit. Er sprach den Vornamen wie »Wim« aus.

»Wim, ich hab' Ihren Wagen notiert. Vielleicht sind Sie unschuldig, aber schon, daß Sie in der Nähe des Damms sind, macht Sie verdächtig, wenn heute Nacht irgendwas passiert.«

»Passiert? Was meinen Sie mit passiert?«

»Hier um den Damm herum gibt's immer Ärger. Irgendwelches Zeug wird in das Becken geworfen, Benzinfässer umgekippt. Und immer nach Einbruch der Dunkelheit.«

»Um Mitternacht habe ich irgendwas gehört – weiß nicht was.« Er sah einen Augenblick abwägend vor sich hin. »Eins kann ich Ihnen garantieren, Wim. Ich persönlich würde hier nicht zwischen den Rumlungerern ohne mein Ruhekissen schlafen.«

»Ruhekissen?«

»Ruhekissen.« Er tappte mit dem Daumen auf das Ende seiner Pistole. »Also los, dann bleiben Sie diese Nacht. Aber ich würde die Türen trotzdem sichern.« Ehe ich wieder einschlief, dachte ich an die Indianer, die rückwärts gingen und ihre Spuren verwischten, so daß keine Seele ihnen folgen konnte.

5

Als ich die Seitentür meines Gefährts öffnete, war es da, überall – in den Bäumen, am Boden, auf dem Wasser: Sonnenlicht. In Chapel Hill hatte ich einen Auto-Aufkleber gesehen: WENN GOTT NICHT AUS CAROLINA STAMMT, WIESO IST DER HIMMEL CAROLINA-BLAU? Aus einer großen Ulme schmetterte eine Spottdrossel ganze Wahnsinnsarien. Ich nahm Handtuch und Seife, ging zum Sandy Creek unterhalb des Damms und kniete mich auf einen Felsen, der ins Wasser tauchte, und wusch mich. Man fühlt sich nie besser, als wenn man anfängt sich wohlzufühlen, nachdem man sich schlecht gefühlt hat. Im Auto tischte ich mir dann ein Frühstück aus Brot, Käse, Rosinen und Tomatensaft auf.

Dann auf die Straße. In Siler City füllte ich meine Vorräte auf;

der Lebensmittelladen hatte 22 Sorten Kautabak: Bluthund, Browns Maulesel, Rotes Schlitzohr, Rotes Pferd, Roter Fuchs, Roter Saft, Schwarze Maria, Großer Mann, Kanonenkugel, Schuß ins Schwarze (»ein Volltreffer«); außerdem fünfzehn Sorten Schnupftabak in drei Größen, wovon die dickste groß genug war, um das ganze County zum Niesen zu bringen.

Highway 421 fiel aus den Piedmont-Hügeln zur breiten Küstenebene ab, wo die Kiefern größer waren und die Äcker eher braun als orange, und wo Schwarze mit Treckern immer wieder große quadratische Felder mit Tabak und Baumwolle umrundeten, um Furchen in die Erde zu pflügen. Inmitten einiger Felder gab es kleine eingezäunte Friedhöfe unter einer großen Kiefer. Den ganzen Tag lang kreisten die Farmer um die Äcker; die weißen Grabsteine waren eine Achse für die Pflanzer, während die Baumwurzeln die Augenhöhlen und Brustkörbe in den alten Kästen unten erreichten.

In der Nähe von Dunn, Nordkarolina, hielt ich bei einem Friedhof an, um in der warmen Luft Mittag zu essen. Familiennamen wie Smith und Barefoot und Bumpass auf den Steinen. Überall begannen die Knospen, noch nicht mehr als winzige Fäuste, ihre enge Umhüllung aufzubrechen und sich zu entfalten. Eine Frau von stattlichem Alter und Ausmaß, mit weißen, blaugeäderten Beinen wie italienische Marmorsäulen, bückte sich, um einen Kreis von Sprößlingen anzuhäufeln, die im hohlen Inneren einer großen, aber an Herzfäule gestorbenen Eiche wuchsen.

Ich dachte an Rumlungerer in der Nacht und daran, wie auch sie eine Mitgift der Straße waren in ihrem Verstoß gegen die Ordnung, dem Zerbrechen beklemmender Sicherheit; sie waren eine Herausforderung, auszusteigen und das eigene Skelett wider die Welt zu schütteln.

Highway 13 ging durch Felder, die flach wie eine Flunder dalagen, aufgebrochen nur durch breite Kiefernquadrate. Unbemalte Erntehütten rutschten von ihren Fundamenten, und obwohl einige von Bungalows mit Ziegelfurnieren ersetzt worden waren, blieben selbst neben den neuen Häusern noch Kohlfelder übrig. Tabakschuppen, mit Dachpappe und Asphaltschindeln gedeckt, jeder mit einer Propangasbombe für den Trocknerofen, standen überall in den Feldern, und verblichene Schilder neben der Straße machten Reklame für Mehl oder Düngemittel oder einen längst verstorbenen Baumwollhändler. Felder und Felder. Wären die Kiefern nicht gewesen, die hellglänzenden Tabak-Plantagen wären wie Wellen bis weit an die Küste gebrandet.

Neben der Straße hatten Generationen von Füßen schmale Ausbuchtungen in die Bankette getreten. Auf diesem Pfad waren Frauen und Kinder unterwegs, und alle trugen sie etwas: eine Frau ein Kind, ein Kind einen Sack Zucker. Ein alter Schwarzer in Mantel und Overall trat, mit steifem Rücken, in die Pedale eines klappernden Fahrrads, im Lenkerkorb eine Batterie Bananen. Die Vorbeikommenden hielten an, um mit den Männern zu sprechen, die, krummgebeugt wie Torbögen, Dorngestrüpp aus den Bewässerungsrinnen hackten. Ich hörte Stimmen und Gelächter, und manchmal winkten die Leute auch. Whitman sah es schon:

> Ihr ausgetretenen Pfade in den Senken neben dem Weg:
> Ich spüre euch voll von unsichtbaren Existenzen ...
> Mit Lebendigen und Toten ist euer fühlloser Staub bevölkert,
> Und ihre Geister wollen sich zutraulich mir offenbaren.

In Greenville machte ich für die Nacht Rast auf dem Campus der Universität von Ost Carolina. Fern im Westen verdunkelte in aller Plötzlichkeit eine Wolkenbank wie ein Felshang die Sonne, und ein heftiger Wind wirbelte den feinen sandigen Boden zu stürmischer Erosion auf. Dann legte sich der Wind, Regentropfen schwemmten den Sand wieder an Ort und Stelle, die Wolken verzogen sich zur See hin, und die niedrige Sonne schien wieder. Die ganze Demonstration dauerte zwanzig Minuten.

An jenem Abend leistete ich mir eine heiße Dusche in einem Studentenheim. Das kostete mich einen Dollar und ein halbstündiges Gespräch über einen Autoaufkleber ICH HAB'S, das hauptsächlich dazu dienen sollte, die Ungläubigkeit aus meinem roten Herzen zu vertreiben und mich sicher zum Großen Weißen Busen zu bringen. Nehmt das Land, nehmt die alten Gebräuche, ihr christlichen Soldaten, aber laßt mir, verdammt noch mal, meine Seele.

6

Ich schlief tief, bis mich ein fürchterliches Krachen an der Rückfront meines Autos aufschreckte. Ich erwachte dumpf wie ein Stein. Geistertanz war von einem heißen, gelben Licht erfüllt, das sich um meinen Kopf zu winden schien. Noch ein Krachen und ein heftiges Rütteln und Schütteln. Ich hob die hinteren Vorhänge hoch. Ein eingefallenes, blasses Gesicht, nur ein paar Zentimeter entfernt, starrte auf die rasselnde Kette eines Abschleppwagens. Ich sprang heraus – wieder mal – ohne Schuhe und Hose, Carolina-Sand kalt zwischen den Zehen.

»Nicht abschleppen!«

Hinter mir sagte ein Mann mit Korporalsstreifen: »Sie schlafen da drin?«

Mir war, als hätte man mich in einem Schlafsaal für Mädchen erwischt. Die einfache Wahrheit schien unangebracht: »Ruh' mich nur ein bißchen aus.«

»Wußte nicht, daß Sie drinnen waren. Ich werd' den Strafzettel von der Scheibe nehmen.«

»Was ist mit dem Wagen? Könnten Sie zusehen, daß die ihn runterlassen?«

»Wenn Sie sich morgen einen Besucherschein besorgen. Laß ihn runter, Ronnie.«

»Schon am Haken«, sagte das eingefallene Gesicht.

»Das seh' ich selbst. Hak ihn ab. Du kannst den Chevrolet auf den Haken nehmen.«

Ronnie fluchte Geistertanz zurück in den Sand. Der Korporal sagte: »Tut mir leid, daß wir Sie aufgescheucht haben. Sind jetzt auch mit unserm Stoßstangengeklapper so gut wie fertig.«

»Danke.« Ich hoffe, er wird General. Als ich wieder im Bett war, fragte ich mich, ob die Polizei mich nun durch Amerika verfolgen werde. Da lob' ich mir das leise Anschleichen der Rumlungerer.

7

Außerhalb von Greenville, auf der Route 32, nur wenig nordöstlich der Straße nach Pinetown, pickten Möwen in der umgepflügten Erde nach Käfern, und der Ostwind brachte den Geruch von Meer mit sich. Die Leute hier nennen die dunkle Erde die »Blacklands«. Planierende Bulldozer machten die Felder für Tabakplantagen frei und schoben die Kiefern zu großen Haufen zusammen. Der Seewind blies den Rauch von den brennenden Bäumen wie Bodennebel zum Highway hinüber. Die Bäume verbrannten, damit Tabak wachsen konnte, damit Tabak verbrennen konnte. Aber dort, wo noch die großen Koniferen standen, warfen sie Hundert-Meter-Schatten in den Morgen, und die kühle Luft roch nach Balsam.

In Plymouth sah ich in einer Tankstelle ein Schild: DIESEL-ÖL UND AUSTERN ZUR SAISON. Ein Mann, mit Augen wie ein Tarnnetz aus grünen und braunen Punkten, die weißen Haare im Wind, füllte den Tank und sagte: »Na, wie gefällt Ihnen das Wetter?«

»Heute prima. Aber es war mies.«

»Schlechtes Wetter macht gutes Holz. Wie ist euer Missouri-Wetter?«

»Schlecht.«

»Yessir« (in einem Wort), »deshalb war euer Harry Truman aus so gutem Holz. Zäher als Eiche. Keine Bäume bei euch dahinten?«

»'Ne Menge Bäume. Eiche vor allem.«

»Aber flach, oder?«

»'Ne Menge Hügel. *Dies* hier ist flaches Land.«

»Das kann man wohl sagen! Dies Land hier geht nicht mehr in die Höhe, als ein Junge eine Sumpfschildkröte in die Luft werfen kann. Aber es ist Gottes Land. Und eine gute Stadt. Wär' noch 'ne bessere Stadt, aber die Yankees haben sie zur Hölle geschossen. Die Kanonenboote der Union waren dran, Sir. Kann man sich heute schwer vorstellen, Kanonenboote draußen bei Roanoke. Heftige Kämpfe am Fluß. Die mußten Särge aus Kirchenstühlen von der Grace Church machen. Haben die Leute in ihren eigenen Kirchenstühlen begraben. Gar nicht so spaßig für uns.«

Als er die Kreditkarten-Quittung ausschrieb, sagte ich: »Scheint, jetzt verwandeln sie die Wälder in Tabakfelder.«

»Der Gouverneur trabt an und erschießt Sie persönlich, wenn Sie in diesem Staat was gegen den Tabak sagen. Ich habe dreißig und noch ein paar Jahre lang geraucht. Hab' meine Pflicht erfüllt und kann mitreden. Wahr ist, man kriegt keine richtige echte Zigarette mehr. Deshalb nennen sie sie so – wollen einem einreden, was nicht da ist. Richtig. Echt. Keine Spur. Sie schneiden sie lang, sie schneiden sie schlank, sie malen sie rot und grün an und stopfen sie mit Menthol und Kampfer und Eukalyptus voll. Verdammt noch mal, sie machen nur Spielzeug. Wetten, daß irgend so ein heller Junge in Winston-Salem noch mal eine Zigarette erfindet, die man in die Steckdose tun muß. Nosir (in einem Wort), ihr Holz kommt runter für lauter Spielzeug.«

»Jetzt rauchen Sie nicht mehr?«

»Warum rauchen, was keinen Geschmack hat? Genau wie das leichte Bier und der Whiskey: kein Aroma. Die Amerikaner haben einfach Angst, was zu schmecken. Und wenn Sie mich fragen: mit dem Öl fing es an. Oder vielleicht ist die Bevölkerung über dies Mäusekaugummi so erschreckt, wo sie der Maus mit der Nadel eine Substanz einspritzen, bis sie an Krebs stirbt. Nosir, mein Rat ist, das Leben zu leben.«

»Ein solider Rat.«

»Und schwerer zu beherzigen als man denkt. Nehmen Sie mich. Ich setzte mich zur Ruhe, und am Ende zitterte und sorgte ich mich um mich selbst, um meine Gesundheit. Dann habe ich diese Tankstelle gekauft, um mir selbst zu entkommen. Mein eigener größter Feind. Ich brauch' nicht das Geld, was reinkommt, – ich brauch' die Leute, die reinkommen. Aber was mir aufgefallen ist letzthin: Die Leute hören nicht mehr zu wie früher.«

»Das habe ich auch bemerkt.« Ich war schon wieder unterwegs, als mir einfiel, daß ich vor dem Ansturm seiner Meinungen die Austern vergessen hatte. Na, es würde schon noch welche geben.

Die Oberfläche der vom Tidenwasser erfaßten Halbinsel zwischen dem Sund von Albemarle und dem Pamlico River zeigte sich jetzt deutlich: Zypressen, die ihre riesigen Stümpfe in sauberem Flutwasser kühlten, das aber von der Farbe ihrer Wurzeln schwarz war; die Straße, die gerade und eben verlief und auf jeder Seite eingefaßt war von »Borge-Gräben«, in denen Wasser stand; aus ihnen hatte man Erdreich zum Bau der Straße genommen. Gräben, Straße, Bäume – alles in rechten Winkeln angeordnet. Der Pflanzenwuchs im Überflutungsgebiet war zu dicht, als daß man mit einem kleinen Kanu hätte durchpaddeln können; und obwohl es keine Blätter gab, ließ das dichte Astwerk die Sonne nicht bis zum Wasser durch.

Dann hörte, ganz jäh, die Vegetation auf, und die breite Flußmündung des Alligator Rivers öffnete sich für Weite und Wind. Schaumkronen brachen aus dem seltsam burgunderfarbenen Wasser hervor. Als ich die lange Brücke über die Mündungsbucht befuhr, leistete mir eine Heringsmöwe Gesellschaft, mit schimmerndem Gefieder, ohne die Schwingen zu rühren, eine Flügelspitze knapp zur Linken von Geistertanz, den ganzen Weg bis hinüber.

Dare County, so benannt nach dem ersten weißen Kind (sagt man), das in Amerika geboren wurde, ist eine kuriose Gegend mit viermal soviel Wasser wie Land und nur zwei Landstraßen und vier Städten – davon zwei auf dem Festland und zwei auf der Insel Roanoke. Wobei »Festland« nicht zutrifft: denn auch dieser Teil Dares ist eher wie ein Schwamm, ein Sumpf, der bis vor kurzem auch die Entwicklung gehemmt hat. Aber jetzt waren Männer mit Zirkel-Händen und Parallelogramm-Köpfen überall im Lande am Werk und vermaßen die Salzmarsch und versuchten, sie »zurückzugewinnen« – ein irreführendes Wort, weil dieses Wattgebiet immer der See gehört hat.

Eine zweite lange Brücke führte über den Croatoan-Sund zur Roanoke-Insel, eine flache Erhebung, ein bißchen größer als Manhattan, und knapp innerhalb der merkwürdigsten geographischen Erscheinungen im Lande gelegen: den Outer Banks. Wie eine spillrige Kette erstrecken sich diese Sandbänke fast dreihundert Kilometer entlang der Küste von North Carolina. Auf Roanoke gibt es kein bleibendes Symbol für die erste »dauerhafte« englische Siedlung in Amerika, wie zum Beispiel Plymouth-Rock in Massachusetts. Anstelle eines Symbols hat Roanoke ein Geheimnis. Hier wurde Virginia Dare geboren, um neun Tage später spurlos wieder aus der Geschichte zu verschwinden. Der Wald, eine dicke Matte aus Gestrüpp und Bäumen, sah stellenweise wohl noch so wie zu der Zeit aus, als die Dares, mit Raleighs dritter Roanoke-Expedition, hier an Land gingen. Vielleicht ist es gerade das Fehlen eines so faßbaren Symbols wie es der Plymouth-Felsen ist, was Roanoke vor der Zerstörung dieser Zeit hat bewahren helfen.

Die Straße führte wieder in die dunklen Bäume hinein und durchquerte jene Stelle, wo die englischen Kolonisten verschwanden, die letzte Gruppe unter Hinterlassung der berühmtesten Mystifikation Amerikas – des Wortes *Croatoan*, das in einen Pfahl eingekerbt war. Die Insel Roanoke gab einem ein schattenhaftes Gefühl für jene ältere Zeit, wie es Plymouth, mit Stein und Stahl gepanzert und geschützt, verloren hat. Ein Mann sagte mir: »Draußen in Roanoke können Sie die Anfänge *spüren.*«

8

Am Fuß der Königin-Elisabeth-Avenue, der Main Street von Manteo, North Carolina, da, wo sie auf den Sund stößt, stand eine Statue, die Figur eines englischen Höflings, die man aus einem gut drei Meter hohen Zypressenstamm geschnitzt hatte. Ein Specht hatte mit ungewöhnlicher Akkuratesse ein Loch in Sir Walter Raleighs hölzernen Hosenboden gebohrt, und jetzt gab es die fälligen Witze in Manteo über das Loch und Sir Walters Specht. Manteo ist der Verwaltungssitz von Dare County und eine der wenigen Gerichtshof-Städte (wie die Leute aus Carolina sagen) auf einer Insel im Atlantischen Ozean. Nicht so abgelegen wie Key West oder so groß wie Newport auf Rhode Island oder so berühmt wie Nantucket oder so etepetete wie Edgartown auf Martha's Vineyard, zeigte sich Manteo als ein angenehmer Ort: kleiner, bescheidener, stiller. Die Docks, die früher den Hafen umrandet hatten, waren bis auf drei verschwunden, und die muschelgepflasterten Straßen waren jetzt asphaltiert wie überall sonst. Das Verwaltungsgebäude, ein Ziegelbau aus der Zeit um die Jahrhundertwende, sah auf den Hafenkai hinaus, wo früher eine Flotte aus Post-, Fracht-, Passagier- und Fischerbooten festgemacht hatte. Jetzt dümpelten die Motorboote der Sportfischer in Rot, Gelb und Blau in dem kleinen Becken; alle mit einer langen Peitschenantenne, die ihnen das Aussehen von Wasserkäfern gab. Aber immer noch sah Manteo so aus, als gehörte es mit seinem Gesicht in den Wind des Atlantiks.

An Raleighs riesigen hölzernen Schuhen, zu »Füßen« der Statue, arbeitete ein Mann emsig im frischen kalten Wind: er strich sie mit einem Holzschutzmittel. Er war einer der städtischen Angestellten, die an der Restaurierung der alten Hafenkais von Manteo arbeiteten. Zwischen zwei großen Öltanks, die von ihren Besitzern aufgegeben worden waren, hatte die Stadt einen Park angelegt, der bis in das Becken jenseits des Sunds reichte.

Er sprach mit dem alten Londoner Akzent, der hier auf den »Banks« üblich ist und von dem einige Leute glauben, es sei der Tonfall der Elisabethaner. »Vielleicht können wir einen der Tanks für unser neues Abwässersystem gebrauchen«, sagte er. »Wenn nicht, kommen sie weg. Diese Statue steht im Brennpunkt des neuen Aufputzes der Elisabeth-Avenue. Die neuen Brücken haben die meisten der Arbeitsboote stillgelegt, aber es sind die Brücken, die uns jetzt die Touristen bringen. Man hat uns sechs Millionen Dollar Bundesmittel für die nächsten zwei Jahre bewilligt. Wenn wir fertig sind, erkennen Sie Manteo nicht wieder.«

Auf der anderen Seite des Sunds, bei Nag's Head, durchbrach ein Hochhaus den flachen Horizont der Banks, wo nur kleine niedrige Gebäude standen. »Ich hoffe, Sie bauen hier nicht auch Hochhäuser hin«, sagte ich.

»Gehört zur Hotelkette Ramada.«

»Überwältigt alles da draußen – nicht die geringste Harmonie zwischen dem Bau und dem Land. Architektur ohne Sinn für Ort und Geschichte. Wie an der Küste von Jersey, wenn Sie mich fragen.«

»Die See vergißt nie, wo sie war, und sie ist schon viele Male über dem Land da draußen gewesen. Wir haben seit fast zwanzig Jahren keinen richtigen Hurrikan mehr gehabt, während es uns früher alle paar Jahre hart getroffen hat. Die neuen Leute wissen das nicht. Sie kommen her und sehen den offenen Strand und denken, sie haben auch offenes Land. Aber die Banks sind nicht normale Inseln, und deshalb hat man sie in Ruhe gelassen. Die Leute waren nicht gewohnt, viel zu bauen, was nicht auch wieder weggespült werden konnte; denn früher oder später wird da draußen das meiste weggespült. Ich weiß das – ich habe da gelebt. Es war immer ein rauher Ort. Landpiraten, Seepiraten. Blackbeard wurde da hinten in Ocracoke getötet, wo meine Familie herkommt. Einer meiner Vorfahren war auf dem arabischen Schiff, das da Schiffbruch erlitt und die Ponies zurückließ, die dann auf den Banks frei herumliefen.«

»Jetzt nicht mehr?«

»Vom Park Service eingezäunt. Sie vermehrten sich zu sehr und fraßen das Strandgras so kurz, daß es abstarb. Sie stampften Löcher in den Sand, um frisches Wasser zu haben, und sie verursachten Erosion – das Problem Nr. 1 auf den Banks. Die Leute sind in Harnisch geraten wegen der Einzäunung – aber die Pferde gehören ja nicht von Natur aus zur Insel. Klar, das Gras auch nicht. Oder die Menschen. Die Indianer haben auf den Banks gejagt, aber ich glaube nicht, daß sie da gelebt haben. Die Inseln sind Barrieren. Teile ihres Landes bewegen sich bis zu sechs Metern im Jahr nach Süden. Es ist ein natürlicher Prozeß, weil die See den Sand von der Küstenseite der Inseln wegspült und an der Sundseite ablagert. Aber die Männer vom Ingenieur-Corps und vom Park Service haben Buhnen und Grasdünen gebaut, so daß der Sand jetzt nicht mehr weggewaschen werden kann. Sie haben versucht, einen natürlichen Prozeß zu stoppen, und jetzt hat man die Erosion im Osten und kein Schwemmland im Westen.«

»Das ist typisch Corps: Die Natur ummodeln und stabilisieren.«

»Heute haben wir Brücken über Land, und Straßen, die im Wasser enden. Man hat Millionen von Dollar ausgegeben, um die Banks festzupinnen. Sie reden von dem Ramada. In Wrightsville Beach wird ein Hotel über einer kleinen Bucht gebaut. Jetzt müssen sie Sand drunterpumpen, damit das Gebäude stehenbleibt. Ein Architekt muß was verstehen vom natürlichen Gleichgewicht der Veränderungen, die die Dinge – auf die Dauer – fast unverändert lassen. Das ist nicht Stabilität, das ist

Balance. Wenn man auf den Banks lebt, lernt man den Unterschied sehr schnell.«

»Klingt, als wenn jemand was behalten will, was ihm nicht gehört.«

»Neunzig Prozent der amerikanischen Küste gehört Privatleuten. Es ist nicht leicht, sein Land wegzugeben – nicht mal an den Ozean.«

9

Buck's Fischhaus in Manteo (»Tag und Nacht geöffnet«) saß auf Pfählen, die Rückfront im Wasser. Es roch passend: nach Fisch. Auf Bergen von Eis lagen Jimmy Crabs, junge Venusmuscheln, Quakfische, Meeräschen und Goldmakrelen.

Ich wurde hungrig und ging zum Restaurant »Herzogin von Dare« auf der Budleigh Street, einer Straße, die sich Mühe gab, so auszusehen wie London im sechzehnten Jahrhundert. Der Mann von der Stadtverwaltung hatte mir gesagt, hier gäbe es gute Fischgerichte. Die Herzogin war eine müde mütterliche Frau mittleren Alters, die schon seit halb sechs Uhr morgens in ihrem altenglischen Schweizer Chalet gekocht, gewaschen, geputzt und über Geschäftsbüchern gesessen hatte. Der Wind vom Meer rüttelte an den Fenstern, und neben mir an der Theke saß die Herzogin und trank Kaffee aus einem schweren Krug.

»Jetzt nennen sie mich Herzogin, aber vor dreißig Jahren war ich Doris Walker von Walker's Diner mit dreizehn Hockern. War umgebaut aus einem ausgedienten Marinebus. Dreizehn ist meine Glückszahl. Später baute ich noch einen Flügel an, da hatten 45 Platz. Dann wieder ein Umbau, für 85 Leute. Es ist so erfolgreich, weil ich immer gearbeitet habe.«

An einer holzgetäfelten Wand sprang ein unnatürlich blauer Schwertfisch über einen Formica-Tisch. Die Herzogin hatte im Zuge der verschiedenen Umbauten und durch dekorative Elemente wie mexikanische Leuchter aus Schmiedeeisen versucht, ihre Diner-Vergangenheit loszuwerden. Aber der alte Speisewagen schien an ein paar Stellen immer noch durch: Über dem Weinregal kleine Dosen mit Frühstücksflocken, in der Nähe der

Ölgemälde des maurischen Spanien ein Automat für Kaugummi-Kugeln.

»Der Diner«, sagte ich, »der richtige Diner der guten alten Zeit stirbt aus, müssen Sie wissen. Dreizehnsitzige ausrangierte Marinebus-Diner sind rar.«

»Sie sind rar, weil man davon heute nicht mehr leben kann.« Sie nickte zum großen runden Tisch unter dem vorderen Fenster hinüber. »Sehen Sie das?«

Auf der Ablage oberhalb des Tisches lagen Männermützen: ein orangefarbener Hut, eine marineblaue Kappe, eine schmutzige Segelmütze, ein Försterhut. Wie bei einem nächtelangen Pokerspiel änderte sich an der Runde am Tisch wenig: ab und zu stand einer auf, kam einer dazu.

»Das sind Freunde und Stammkunden. Ich brauch' sie, und sie brauchen mein Lokal, aber es ist schwer, nur mit Kaffee sein Geld zu verdienen. Zuerst, als ich aufmachte, war ich schon froh, wenn ich ein Dutzend Tassen am Tag verkaufte. Heut' wär' das nichts mehr. Manteo hat die meisten Arbeitsboote verloren. Heute halten uns die Touristen und die County-Verwaltung über Wasser. Die Touristen wollen keinen Marinebus – sie wollen die gute alte Zeit mit allem Komfort. Ich, ich brauche eine dicke Saison um zu überleben. Wenn Sie das wirkliche Gestern wollen, gehn Sie nach Wanchese. Die haben dort bis heute noch kein Neonlicht gesehen.«

Die Herzogin ging in die Küche zurück, und die Kellnerin servierte mir meine Platte aus gebratenem frischen Fisch, gegrillten Kartoffeln und Kohl. Ein einfaches Gericht, auch ohne Kochkunst wohlschmeckend, von der Herzogin und ihrer Tochter persönlich zubereitet.

Vielleicht hatte sie recht: Daß die Touristen halbgezimmerte Fassaden mögen und Butzenscheiben aus Plastik; vielleicht mögen sie eine elisabethanische Stadt, auch wenn das wirkliche Manteo mal Teerholz und Schindeln war. Fortschritt, Rückschritt – die Herzogin kannte sich am besten aus. Aber was mich anging, so machte ich mich auf den Weg in die Stadt, die noch kein Neonlicht gesehen hatte.

10

Im Jahre 1584 kamen Philip Amadas und Arthur Barlowe, die Anführer der ersten kolonialen Entdeckungs-Expedition Raleighs, mit Tabak, Kartoffeln und einem Paar rüstiger Indianer, die zu Dolmetschern erzogen werden sollten, aus Roanoke nach London zurück. Deren Namen waren Manteo und Wanchese. Die jungfräuliche Königin und ihre Höflinge in den Spitzenmanschetten waren von den roten Männern fasziniert. Monate später, als die Indianer an den Sund zurückkehrten, war Manteo, der übrigens als erster von den Briten in Amerika getauft wurde, schon im Begriff, ein echter englischer Gentleman zu werden. Aber Wanchese, nachdem er London gesehen hatte, kam als Feind der »zivilisierten« Gesellschaft wieder.

Wanchese, ein Ort, der nach Fisch und Seewind roch, lag am unteren Ende von Roanoke. Generationen hindurch hatten die Fischkutter die Oregon-Passage in den Banks passiert, um an den kleinen, aufgestelzten Piers von Wanchese festzumachen. Das taten sie noch, allerdings operierte die Flotte von hier aus nur noch im Winter. Die Boote, etwa hundertfünfzig an der Zahl, kamen aus dem Norden – Massachusetts und Rhode Island, New York und New Jersey –, um hier in milderen Gewässern auf Flunderfang zu gehen und die Austermuscheln mit Schleppnetzen aus dem moddrigen Grund zu holen. Im Frühling folgten die Kutter dann dem Fisch nach Norden, und die Ausflugsboote und ein paar Jachten legten statt dessen an.

Die Stadt besaß jetzt einen Andenkenladen, dessen Angebot aber hauptsächlich aus zersplitterten Pfählen, verbogenen Gangways und Fischtonnen bestand. Die kleinen Häuser, von Seeleuten gebaut, die auf engstem Raum zu arbeiten gewohnt waren, wurden noch kleiner gemacht durch den Wildwuchs von Marschgras und Gestrüpp, das sich räkelnd bis an den Sund ausbreitete. Rostende Boiler und Kräne und zerbrochene Schiffsrümpfe erhoben sich wie Bojen aus dem wogenden Gras; auf den Rasenflächen unter der rötlichen Vehemenz der Kamelien hatten die Fischer Anker plaziert, die bis zur Bröckligkeit verrostet waren, oder anderes Schiffszubehör, das rot, weiß und blau gestrichen war.

Aus jedem der Häuser konnten die Bootsleute auf den Hafen blicken und die weißen Ruderhäuser mit den schwarzen Rändern sehen und die Ausleger mit Tauen und Netzen, die wie Algen tropften.

Die Sonne war gerade verschwunden, es war die Zeit, die man in Carolina »Tagunter« nennt. Ich ging über den Pier und las die Namen der Kutter: Country Cousin, Brother's Pride, Blue Chip. Ich kam zu einem hölzernen Schuppen mit zwei Fenstern, die wie Katzenaugen in der Nacht glänzten. Ein Schild über der Tür: JAMES GRIGGS' GROSSHANDEL. Als ich vorbeiging, kam ein leises, gedämpftes Wispern von außerhalb des Hauses, und ein schattenhafter Arm hielt mich fest. »Hey, Freund. Bißchen laden helfen?« Es war ein kleiner, kompakter Mann ohne Alter. Er fixierte mich mit dem linken Auge, während das milchige rechte wie ein Mondstein schimmerte.

Dann ein Räuspern aus dem Schuppen: »Bring ihn rein, Balford, und laß uns verdammt noch mal in die Gänge kommen.« Balford winkte mir, ihm zu folgen. In der Tür blieb er hinter mir stehen und sagte: »Hier, Griggs.«

Der Raum, der von gelben Funzeln erleuchtet war und nach Fisch und Dieselöl roch, war vollgepackt mit Kisten voller Krabben. Die Tiere klapperten mit ihren knochigen Scheren und steckten sie durch die Ritzen zu meinen Augen hin. Griggs, ein Weißer, nahm einen kräftigen Zug aus einer Bierdose. »Unser dritter Mann kommt nicht. Können Sie arbeiten? Für Geld.« Warum nicht, dachte ich. Ich sagte, ich könnte. »Starker Junge?«

»Kann mein eigenes Gewicht heben, wenn zwei Mann helfen.«

»Wieviel wiegst du denn, Prachtjunge?«

»Etwa einsfünfunddreißig.«

»Sieh mal an. Diese Kisten hier wiegen auch einsfünfunddreißig. Paar sind 'ne Idee schwerer.«

Also fingen wir an. In Wahrheit waren sie alle eine Idee schwerer. Balford und ich schoben die Kisten auf die Waage, ich wog sie, und dann wuchteten wir sie auf den Lastwagen, wo Griggs stand. Es waren mehr Krabben als Kisten, und die Viecher hüpften immerzu aus den allzuvollen Kisten wie Popcorn aus einer heißen Pfanne. Der Boden war voller Gezappel, als sie in ihrer schrägen Gangart in die nächste dunkle Ecke flüchteten. Sie krabbelten und klapperten, und wir zertraten sie zu einem gelben, panischen Matsch, als wir mit den Kisten weitermachten. Ich fing an zu schlurfen, um nicht auf sie zu treten.

»Das sind Krabben, keine Eier-Pies«, sagte Grigg. Ein Tier warf sich hoch und klammerte sich an mein Hosenbein und hangelte mit mir hin und her, bis wir fertig waren. Ich mußte die Scheren zerbrechen, um mich zu befreien.

Der Lieferwagen, weit übers zulässige Ladegewicht hinaus bepackt, hatte Schlagseite zum Hafen hin. Ich fragte Grigg, wie weit er damit fahren müsse. »Rüber nach Belhaven, paar Stunden Fahrt.« Er gab Balford und mir ein Bier, lehnte sich gegen den Schuppen und holte seine Brieftasche hervor. Seine Finger fummelten zwischen den Scheinen und zogen einen Fünfer raus. Er sagte: »Hier, für dich.«

Aus der Dunkelheit kam ein Mann mit Beinen wie Masten und Armen wie Spieren und großen, bläulich-schwarzen Lippen heran. Griggs nannte ihn »Großer Mann«. Nie hatte ich eine Sprache wie seine gehört. »Wahn wech seit jestahn. Ham mindstens elfhunnert Fund Zeuch.«

Er hatte seinen normalen Lieferwagen verpaßt und wollte nun, daß Griggs seine Krebse mitnähme. Griggs wies auf die hoch aufgestapelten Kisten auf seinem Wagen. »Wär ja 'n Stück Geld, wenn es klappte, aber es geht bestimmt nicht.«

Der Große Mann sagte, na dann müßte er eben seinen Fang wieder in den Sund fahren und reinkippen. »Kommt ma aba ganz schön schweah an.«

Griggs tat es leid. »Sieh mal zu, vielleicht kann das Fischhaus sie auf Eis tun.« Er gab dem Großen Mann ein Bier. Der Dieselmotor seines Kutters blubberte am Kai, und Griggs Krebse klapperten und rasselten in den Kisten, und die Männer überlegten eine Lösung. Dann zog der Große Mann ab zum Fischhaus, Griggs und Balford fuhren los nach Belhaven, und ich spazierte zu meinem Wagen.

Später in der Nacht, kurz ehe ich einschlief, hörte ich das Boot des Großen Manns ausfahren, und ich wußte, daß die Fahrt zum offenen Wasser ging, um dort eine halbe Tonne Blaukrabben auszuschütten. Er hatte gesagt: »Die meisten ham keine Schanx für aufm Grund mehr; gefunnes Fressen für die großen Füsche.« Für mich war es ein prima Tag gewesen.

11

Ich begegnete Thomas Harriot, der im Jahre 1621 gestorben ist, am nächsten Morgen, weil ich die roten Hosenträger anhatte, die ich unterwegs trage. Ich war gerade mit meinem Frühstück fertig, das ich am Rande des Hafens von Wanchese einnahm, die Beine über die Pier baumelnd, während ich den Fischern zusah, wie sie sich den Schlaf aus den Augen rieben, in die Sonne blinzelten und auf den Docks hin- und herliefen.

Ein Mann setzte sich neben mich, nickte und klappte seine Brille auf; auf dem Gestell war ein eingeprägtes Plastikschild: NAH. Er nahm die Brille ab, die er trug, FERN, und setzte NAH auf. Ein Mensch offenbart sich schon darin, wie er eine Orange schält. Einige reißen sie zackig mit den Fingern auf, andere schlitzen sie mit dem Daumennagel, ein paar schneiden Spiralen drum herum, während andere sie die Länge nach angehen. Dieser Mann nahm ein Taschenmesser heraus und vierteilte sie von unten nach oben, so daß die Frucht in Stücken herauskam. Als er mit der Prozedur fertig war, lag die Schale, unten noch zusammengehalten, wie eine offene Blüte auf der Pier.

Es war kein junger Mann. »Ich hab' früher auch Hosenträger benutzt«, sagte er. »Wir alle. Ich weiß nicht mal, fürchte ich, warum ich sie weggetan habe. Und das ist komisch, weil alte Leute die schon aus Tradition tragen. Sie sind überraschend bequem. Ist das wohl der Grund, weshalb Sie sie tragen?«

»Zum Teil. Wenn ich unterwegs bin, trag' ich mein Zeug in mehreren Schichten übereinander, falls die Temperaturen wechseln. Jackett, Khakihemd, Rollkragenpulli und T-Shirt. Ich muß die Hosen eine Nummer größer kaufen, um alles verstauen zu können.«

»So daß Sie sich auspellen wie unsere Freundin, die Zwiebel?«

»Oder einpuppen. Man fühlt sich wohl von 40 Grad bis Null.«

»Und alles Baumwolle.«

»Hundert Prozent.«

»Sie können sich vorstellen, daß wir hier in North Carolina, mit unserm Erbe, nicht gerade für Plastikfaser sind. Wir glauben, Baumwolle ist das zivilisierteste Gewebe. Wir, und die alten Ägypter. Wenigstens war es so, bis wir den Tabak hier zum einheimischen Gewächs gemacht haben. Na, und was soll das Militärhemd?«

»Armeeprodukt. Schwerer Köper. Knautscht nicht so sehr.«

Er fing an zu lächeln. »Würden Sie sagen, daß dieser Aufzug Ihnen steht?«

Ich lachte mit ihm. »Ich habe vor nicht langer Zeit gelesen – erwähne das, weil ich Ihr Nummernschild am Auto gesehen habe –, daß es in Missouri eine Bank gibt, die nach Jesse James heißt. Ist da was Wahres dran?«

»Das ist da in der Nähe, wo James gelebt hat.«

»Na schön, dann will ich mal sagen, daß es die einzig ehrlich benannte Bank im Land ist, ja?« Wir lachten wieder. »Nicht, als ob ich mich für meinen Mangel an Respekt vor den Bankern entschuldigen will – und ich spreche nicht von denen da draußen.« Er zeigte in Richtung Bodie Island Light auf den äußeren Banks. »Sie werden sich nicht an das Farm-Pacht-System erinnern können, das nach dem Bürgerkrieg aufgekommen ist, aber es waren die Banker – und ich spreche von Menschen, nicht Institutionen –, die Hand in Hand*schuh* mit den Landbesitzern arbeiteten – manchmal war es ein und dieselbe Person –, um die Menschen hier am Erwerb von Besitz zu hindern. Wer in den Farmgegenden Amerikas lebt und kein Land besitzt, der hat keine Stärke.« Eine Orangenscheibe lang schwieg er. »Darf ich sagen, wie es meiner Meinung nach dazu kam, daß Jimmy Carter aus dem sogenannten ›Nirgendwo‹ zur Präsidentschaft emporstieg?«

»Sie dürfen.«

»Weil er uns zeigte, daß er vom Land kam. Für einen Amerikaner ist Land Solidität, Güte und Hoffnung. Die amerikanische Geschichte geht um Land.«

Ich schwieg, er war mit seiner Apfelsine fertig und wischte sich an einem Papiertaschentuch sorgfältig die Finger ab. »Erinnere mich an die Pächter-Familien. Mein Vater war fürs County tätig. Das Pacht-System war aus dem Plantagen-System hervorgegangen, ohne daß das Prinzip von Schutz und Verantwortung des Patrons für seine Arbeiter übernommen wurde. Farmer – Schwarze und Weiße – wurden wirtschaftlich zu Heloten, zu Leuten zweiter Klasse. Das Pacht-System hat allerdings jetzt ausgespielt, aber dafür kommen jetzt mit Tempo die Genossenschaftsfarmen auf, und durch deren System und Maschinen werden die Menschen noch ein Stück weiter enteignet. Der angeheuerte Helfer kriegt das Gesicht seines Bosses nicht zu sehen – außer er geht nach Hartford und liest sich mal die Ausführungsbestimmungen durch.«

Er steckte die Apfelsinenschale in seine Tasche. »Muß mich beeilen. Wenn man so langsam wird wie ich, muß man viel Zeit drangeben, sich zu beeilen. Komm' zu spät zum Frühstück, und meine Tochter erwartet mich. Hat's nicht gern, wenn ich allein am Wasser bin. Nicht meine Sorge. Ausgetrocknete alte Männer schwimmen wie Stöcke. Hab' mich mit ihr auf eine Art Arbeitsteilung eingelassen. In diesen Zeiten nehmen die Eltern die Kinder bei sich auf.«

Er wechselte zu FERN und erhob sich umständlich. »Manchmal vermisse ich meine Gelenkigkeit.« Er strich seinen Mantel glatt. »Zwei Dinge – denken Sie an das Land und besuchen Sie Fort Raleigh. Thomas Harriot ist der größte unbekannte Elisabethaner.«

12

Fort Raleigh – die zweite Gruppe von Siedlern nannte es optimistisch »the cittie of Ralegh« – ist zugleich mehr und weniger als es einst war. Die strohgedeckten Hütten, Vorposten und Palisaden sind dahin, aber dazugekommen sind ein Amphitheater, Verwaltungsgebäude, Museum, Parkplatz und ein »Elisabethanischer Garten«. Und es gibt mehr Bäume um das Fort herum als vor vierhundert Jahren. Was gewonnen, was verloren. Zu Beginn dieses Jahrhunderts waren die hochgeschanzten Erdwälle der Fortbastionen wieder in den Burggraben zurückgeschwemmt; zurück blieb buckliger Boden, auf dem Eichen und Stechpalmen wuchsen. Die Restaurierungsarbeiten begannen 1950, und jetzt ist der Umriß des Forts deutlich.

Wegen seiner Lage im dichten Gehölz, wegen seines Alters, seines Croatoan-Geheimnisses und als einsames Relikt des ersten englischen Versuchs, in Amerika eine Siedlung zu gründen, ist Fort Raleigh faszinierend. Aber es ist auch das Monument der Krankheit einer alten Welt, die beim Versuch, ein neueres Land auszubeuten, müde und korrupt geworden ist. Der ganze häßliche europäische Prozeß steckt hier wie in einer Geschichtskapsel: England, getrieben von dem Wunsch, dem finanziellen Erfolg Spaniens bei der Ausplünderung der Neuen Welt nachzueifern (ohne irgend etwas aus den Fehlern der Spanier bei der Behandlung der Indianer zu lernen) und gleichzeitig bemüht, die Ausdehnung des kolonialen Spanien über Florida hinaus zu begrenzen, schickte eine Gruppe von Männern, meist nichts anderes als Edel-Piraten, die man »Kaperer« nannte, die eine Kolonie gründen und England mit marktgängigen Gütern bereichern sollten.

Viele der Abenteurer waren, als sie kamen, von der europäischen Haltung gegenüber Amerika infiziert, wie sie von keinem Geringeren als John Donne ausgedrückt wurde, der Virginia (das damals North Carolina einschloß) als »eine Milz, die üble Säfte aus dem Körper zieht« bezeichnete. Die Privateers kamen nicht, um eine neue Gesellschaft aufzubauen, denn Raleigh war kein Utopist wie Thomas Moore oder Roger Williams; er war eher und lediglich ein intelligenter Mann, der die Fortführung der elisabethanischen merkantilen Gesellschaft im Auge hatte. Sie kamen, wie es Raleigh als der führende Förderer der Roanoke-Expeditionen selbst gesagt hatte, »auf der Suche nach neuen Welten für Gold, Preis und Glorie«. Und John Smith, der auf Raleighs Fehlschlägen aufbaute, schrieb in seiner *Allgemeinen Geschichte von Virginia*, es habe nichts gegeben, »kein Gespräch, keine Hoffnung noch Arbeit, nur Gold graben, Gold waschen, Gold einschmelzen«. Es gab, selbstverständlich, kein Gold weit und breit.

Obwohl Edmund Spenser Sir Walter den »Hirten des Ozeans« genannt hat, entsprang doch Raleighs Hauptgrund für die Kolonisierung der Insel Roanoke den niedrigsten Motiven, und die »Cittie« hatte ihr Schicksal verdient. Die zweite Expedition, die von 1685, bei der Wanchese und Mateo zurückkehrten, wurde von einem Vetter Raleighs, Sir Richard Grenville, geleitet. Gewiß gab es Engländer, die noch weniger als Grenville geeignet waren, eine Kolonie zu gründen, aber sie fallen einem kaum ein. Als Seemann war er auf hoher See ein Teufel; als Kolonisator war er ein Räuber. Er verkörperte gegenüber den Indianern, deren Hilfe die neue Kolonie verzweifelt nötig hatte, eine Haltung, über die die Neue Welt noch immer nicht völlig hinweg ist. Gewiß, Arthur Barlowe hatte Raleigh schon vorher berichtet, daß die Indianer »gutaussehende und freundliche Menschen« seien und »in ihrem Benehmen so artig und manierlich wie irgendeins in Europa«. Gewiß, Granganimeo, der Bruder des Häuptlings Wingina, begrüßte die Engländer durch »Zeichen der Freude und des Willkomms, seinen Kopf und seine Brust berührend und nachher die unsrigen, um zu zeigen, daß wir alle eins waren; lächelnd ließ er, so gut es nur ging, das Beste an Liebe und Familiarität aufscheinen«. Gewiß, die Eingeborenen grüßten die Weißen »mit aller Liebe und Freundlichkeit und mit soviel Großzügigkeit, wie sie sich nach ihrer Art nur ausdenken konnten«. Aber auch Columbus hatte ja Berichte über die indianische Freundlichkeit heimgebracht – das half ihm, bei seiner zweiten Reise sechzehnhundert indianische Sklaven mit nach Spanien zu nehmen.

Trotz der günstigen anglo-indianischen Beziehungen bei der ersten Raleigh-Expedition, sah Grenville die Indianer immer noch als Wilde an und ignorierte ihre Zutunlichkeit. Die Manitowocs pflanzten Getreide und stellten Fischfallen für die Kolonisten auf, Indianerfrauen wuschen englische Strümpfe; aber wenn ein Eingeborener eine Silbertasse stahl, steckten Grenvilles Männer ein ganzes Dorf in Brand und »verdarben« den Mais der Indianer – Mais, den die weißen Freibeuter selbst im nächsten Winter brauchen würden. Da sie keine Lust hatten, die Felder zu bestellen oder ihren Fisch selbst zu fangen, fingen sie an, von den Eingeborenen zu stehlen. Während der Scharmützel, die in den nächsten Monaten folgten, begnügten sich Grenvilles Leute nicht damit, die Roten zu erschießen – sie köpften sie nach alter europäischer Art. Kommandant Ralph Lane eröffnete sogar eine Attacke mit der Losung: »Christ unser Sieg!«. Feste drauf. Whitman sagt:

Ach, wie wenig blieb da von der Neuen,
wieviel von der Alten, Alten Welt!

Aus diesen Gründen ist Thomas Harriot, der Grenville begleitete, um so bemerkenswerter. Harriot, der Wissenschaftler der Expedition, schrieb einen gründlichen botanischen, zoologischen und anthropologischen Bericht über die Region von Pamlico und Albemarle unter dem Titel *Ein kurzer und wahrer Bericht über das neugefundene Land Virginia*. Sein Buch mit den verblüffenden Aquarellen seines Schiffsgefährten John White, des Großvaters von Virginia Dare, ist das wichtigste historische Dokument aus dem Küstengebiet Amerikas vor der eigentlichen Koloniegründung.

Harriot, seiner Zeit voraus, sah in den Manitowocs ein bewundernswertes Volk, dem zwar entwickelte Zivilisation fehlte, nicht aber Intelligenz oder Anstand. Sie waren für ihn fröhliche Menschenkinder »ohne jegliche Habsucht ... ein Volk frei von der Sorge, Reichtümer für die Nachkommen aufzuhäufen, zufrieden mit dem, was sie haben und sind«. Von den Manitowocs, die kein Interesse und keinen Bedarf an der Entdeckung einer neuen Welt hatten, schrieb er:

»... bedenkt man den Mangel an Mitteln, wie wir sie haben, erscheinen sie geradezu ingeniös; denn obwohl sie keine solchen Werkzeuge und Geräte, Wissenschaften und Künste haben wie wir, so beweisen sie doch bei allem, was sie tun, eine ganz ausgezeichnete Geschicklichkeit ... Was zu der Hoffnung Anlaß gibt, daß sie, wenn man sie nur in guter Weise anleitet, schon in kurzer Zeit der Zivilisation und den Segnungen unserer wahren Religion zugeführt werden können.«

Seine Idee war, einen Austausch herbeizuführen: Die Kenntnisse der Indianer vom neuen Land und dessen Produkte gegen europäische Technologie und »wahre« Religion.

Harriots Arbeit sollte der Jamestown-Kolonie eine Generation später zum Erfolg verhelfen. Und dennoch sollte das Unvermögen der neuen Leute, den Indianern mit einem vergleichbaren Respekt zu begegnen – nicht nur auf Roanoke, sondern über den ganzen Kontinent und über vier Jahrhunderte hinweg –, mehr als jeder andere Grund eine Kluft zwischen den

Roten und den Weißen aufreißen, einen Graben, der bis heute nicht geschlossen ist.

13

Wegen des Pamlico-Sunds, des größten inselumrandeten Salzsees an der Atlantikküste, hat North Carolina mehr Wasseroberfläche als alle andern Staaten, bis auf die zwei unmittelbar angrenzenden. Die Dimensionen täuschen hier! Von Kap Hatteras im atlantischen Westen bis nach Hot House in den Appalachen sind es fast achthundert Kilometer.

Am Rande des Highways 264, der den Sund entlangführt, standen Gebüsche aus Weihrauchkiefern, Mooreichen, Pimentbäumen und Lorbeer.

Abseits des offenen Wassers war der Tag warm, und in Pocosins, die von kleinen Kanälen und natürlichen Sumpflöchern entwässert wurden, krabbelten Sumpfschildkröten, deren Panzer schwarz waren wie das Wasser, hinauf in die Wärme halbversunkener Holzstämme.

Die Straße ging durch die Fischerstadt Engelhard, dann am Lake Mattamuskeet entlang (den man in den dreißiger Jahren, um Farmland zu gewinnen, trockengelegt hatte, der aber jetzt wieder voller Wasser und Getier war), nach Swanquarter, um den Hell Swamp (Höllensumpf) bis Bath. Es war hier in Bath, wo Edna Ferber im Jahre 1925 an Bord eines schwimmenden Palast-Theaters ging, um sich eine Showboat-Vorstellung anzusehen – die einzige in ihrem Leben.

Ich wollte nicht dieselbe Strecke nehmen, auf der ich am Tag vorher gekommen war, also fuhr ich zur Fähre über den Pamlico oberhalb der Einmündung in den Sund. Zwei Stunden später schlug die Fähre, mit lautem Gebrüll des Rückwärtsgangs, gegen den Anlegesteg; zwei Leute stiegen mit mir ein, und wir starteten in einem Wirbel von Motoren, Wasser, Dieselqualm und Vögeln. Lachmöven stürzten vom Himmel, schwebten über dem Schraubengischt, stießen ihr Wahnsinnsgekicher aus (Whitman empfand es als beinah menschenähnlich), ehe sie aus sieben Meter Höhe wie Steine ins kalte, salzige, aufgewirbelte Wasser fielen; einige mit dem Schnabel zuerst, andere mit aufgespannten Flügeln, aber alle der ersten folgend, auf der Jagd nach einem Bissen, den es gab oder auch nicht.

Ein Junge, der eine Kappe der Atlanta Braves schief auf dem Kopf trug, war von diesem Schauspiel so hingerissen, daß er beinah ins Wasser gefallen wäre; ich mußte ihn zweimal zurückreißen.

Die andere Seite des Flusses war wärmer, das Land hoch, und es gab ein ebenes Feld nach dem andern. New Bern am Neuse River bestand aus wohlerhaltenen georgianischen Häusern, die noch vor dem Bürgerkrieg gebaut waren. Die militärische Verwüstung – die wechselnde Besetzung einer Stadt durch Unionstruppen oder die Konföderierten im Hin und Her des Kriegsglücks –, die so vielen anderen Städten im Süden widerfuhr, ist an New Bern vorübergegangen. Konföderierte Soldaten besetzten die Stadt bei Beginn des Krieges und hielten sie bis zur Kapitulation. Später, als der Eisenbahnbau in North Carolina fortschritt, verlor New Bern seine Bedeutung als Hafenstadt, und der »Fortschritt« wurde langsamer, alte Gebräuche hielten sich länger. Vor allem bewahrten sich die Leute das Interesse an der Kontinuität ihrer Vergangenheit, und sie erreichten, daß das Neue sich mit dem Alten vermischte. So kam es, daß New Bern eine architektonisch interessante Stadt ist, wo der alte Süden sich noch immer in den Straßen und nicht im Museum zeigt.

Es war Nachmittag. Vielleicht hätte ich in New Bern Station machen sollen, aber ich verletzte eine Spielregel des Unterwegsseins und fuhr nach Süden im Gefühl, ich müsse immer weiter. Die Karte zeigte Städte an: Comfort, Beulaville, Chinquapin. Entweder verpaßte ich diese Orte oder es waren Ansammlungen abgesperrter Gebäude. Weiter ging's durch ansteigende Felder, meist mit Erdbeeren. Jetzt war ich nicht mehr im atlantiknahen, jetzt kam ich in den sogenannten tiefen Süden. Die Sonne ging mit blendendem Glanz unter, und ich konnte keinen Rastplatz finden, der mir gefiel.

Schließlich, in Wallace, gab ich auf. Und zwar konnte ich unter zwei Städten wählen: Eine lange erleuchtete Passage aus Schnellimbissen und Supermärkten an der Fernstraße 117 oder die alte Stadt mit Ziegel- und Steinhäusern; da war aber alles schon zu. Ich parkte neben den Eisenbahnschienen, gegenüber dem verlassenen Bahnhof. Ich hatte mich auf eine Unterhaltung in einem Café oder in einer Kneipe gefreut, aber die Cafés waren nicht offen, und Kneipen gab es nicht. Es war der erste von mehreren Abenden im Süden, an denen ich meinen Durst mit nichts als einer Limonade stillen und Konversation nirgendwo sonst machen konnte als am Softeis-Stand.

Auf einem Parkplatz hockten sechs Jungen um eine Harley-Davidson-Maschine und redeten, wobei sie eine Dose Bier herumgehen ließen. Bis auf ihr Äußeres hätten sie auch Beduinen sein können, die um ihr abendliches Lagerfeuer herumsitzen. Ich fragte einen, der ein T-Shirt mit der Aufschrift ICH MACH' DIE HÖLLE LOS trug, was man am Freitagabend unternehmen könnte. »Hier?« Alle lachten. »Da haben Sie Auswahl. Sie können sich das Nachtlicht an der Eisbude ansehen. Das ist das eine. Oder sie können einen Sechserpack auftun und sich in die Büsche schlagen. Das ist das zweite. Und drei ist Ihre linke Hand, der beste Freund eines Jungen.«

»Vielleicht gibt's eine Erweckungspredigt im Zelt oder so was.«

»He! Wie wollen Sie Tote erwecken?«

Ich ging zu meinem kleinen Bus zurück, wusch mir die Erdbeerfelder ab, aß einen Sandwich mit irgendwas, öffnete eine Dose Bier, die ich noch vom letzten »nassen« County mit hatte, und sah durch die Windschutzscheibe. Autos und Lastwagen fuhren vorbei. Einige waren laut, andere nicht. Manchmal flog eine Bierdose aus einem Autofenster. Einmal schrie jemand aus einem Lieferwagen. Ein Hund pinkelte an einen Briefkasten.

Ich sehnte mich nach einer Eckkneipe mit Neon und hölzerner Theke, aber ich wäre auch mit einer Bierpinte in einem Betonblock zufrieden gewesen. Ich verfluchte eine Heuchelei, die die Leute dazu brachte, im Laderaum von Lieferwagen zu trinken. Ich hatte Lust, in die Kirchen zu gehen und mit den Gemeinden so wüst zu schimpfen, als wenn es Kürbis-Samen wären.

14

Hätte Stephan Foster seine Meinung nicht geändert, wäre der Pee Dee River viel bekannter, als er es heute ist. Die erste Fassung seines berühmten Songs über das Heimweh nach dem Süden begann: »Weit unten auf dem Pee Dee River, weit, weit, entfernt.« An einem Morgen mit lauter linken Füßen überquerte ich den Pee Dee und hätte ihn beinah nicht gesehen.

Seit Tagesanbruch hatte ich nach einem guten Drei- oder Vier-Kalender-Café gefahndet. Nichts in Tomahawk oder White Lake. Elizabeth Town, nein. Ich fuhr über den Cape Fear River, hielt Ausschau in Lumbertown und fand nichts Rechtes. Dann schoß ich über einen Abzweig hinaus und wurde auf die Autobahn I-95 gesogen. Aus den Auspuffrohren der Dieseltrucks kam schwarzer Qualm, Vollgasfanatiker rasten an mir vorbei, als würde ich von dressierten Rennmäusen gezogen; Camper eilten mit Motorbooten dem Samstag entgegen, und mit ihnen Kombiwagen, in deren Fenstern sich Bälle, Pappkartons und Babys stapelten.

Ich entkam der Verdammnis bei der Ausfahrt nach Dillon und fand die Staatsstraße 34 (South Carolina), eine angenehme Straße wie ein Damm inmitten des tiefen Wattlandes. Das Land lag wieder still da, bis auf den Wind über dem Autodach und den sich dazugesellenden Gesang der Vögel. Die Leute aus der Pee Dee-Gegend winkten von Aluminiumsitzen auf der Ladefläche von Lieferwagen, und es roch eher nach Kühen als nach Auspuffgasen. Jetzt fuhr ich wieder und wurde nicht gefahren. Aber hungrig war ich noch immer.

Dann Darlington, eine Stadt mit Porticos und Giebeln, eisernen Zäunen, großen Bäumen und einem alten Courthouse-Platz, der aussah, als hätte ihn eine deutsche V-Rakete renoviert. Aber auf der Westseite des Platzes stand das Café Deluxe. Die Zeiten hatten es verschont. Das Frontfenster sagte AIR CONDITIONED in Eislettern, über der Tür war Neon, und innen hing der Kalender einer Versicherung und noch der von einer Firma für Autozubehör. Ferner gab es an den Wänden die Gettysburg-Address, die Unabhängigkeitserklärung, das Allianz-Versprechen, das Bild eines geflügelten Jesus, der zwei Kinder wie aus einem Lausbubenfilm an der Hand hält, und ein Litho des obligatorischen Wasserfalls. Aber das Tollste: kleine, weiße, sechseckige Bodenfliesen. Zwei alte Männer, die Arme auf dem Rükken zusammengelegt, blieben stehen, um sich mit einem sachten, femininen Antippen der Fingerspitzen zu begrüßen, eine Geste, die die Dauer ihrer Freundschaft anzeigte. Guter Dinge ging ich rein. Ich erwartete eine Großmutter, die, sich die Hände an einer gestreiften Baumwollschürze abwischend, aus der Küche käme. Statt dessen fand ich Brenda. Jung, mißmutig, rosa Uniform, Glubschaugen und ihren Bestellblock benutzend wie ein Polizist seine Bußzettel. Auf der Speisekarte stand, jedes Frühstück werde mit Hafergrütze, Toast und Konfitüre serviert. Ich bestellte zwei leicht überbackene Spiegeleier. »Ist das alles?«

»Gibt's nicht ein paar andere Sachen dazu?«

»Ja doch, wenn Sie wollen.«

»Ich will den ganzen, kompletten Service. Von oben bis unten.«

Ihr Block schnappte zu, beinah ein. Ich wartete. Ich las den Rest der Karte, die Gettysburg-Address, las auf vier Zuckertüten über berühmte Amerikanerinnen, las ein Streichholzheftchen und die Aufschrift auf dem Geschirr. Ich zählte gerade die Reiskörner im Salzstreuer (dies *war* der Süden), als Brenda mir das Frühstück hinschubste, wobei der Rechnungsbon margarinegetränkt zwischen den Toastscheiben steckte. Das Essen war gut und die Atmosphäre des Lokals prima, aber Brenda war wohl mehr der Typ für einen Autobahn-Schnellimbiß. Früh in ihrem Leben muß sie das Talent entwickelt haben, einem Kunden das Gefühl zu geben, er hätte sich lieber umbringen als sie belästigen sollen.

Highway 34 führt gleich hinter Darlington an einer Gerümpelstrecke von Stahl und Beton vorbei, wo in einer Woche eine Rallye für Rebel-500-Modelle sein sollte. Ich hielt an und fragte einen Mann, der sich auf eine Harke lehnte, ob ich mir den Kurs ansehen könnte. Er sagte mir, wie ich reinkäme. In Wahrheit hatte ich wenig Interesse an einer Arena, wo Leute mit einem einzigen Talent – ein Auto schnell zu fahren – auftraten. Ich wollte nur etwas hinter die Kulissen sehen. Das riesige Asphaltoval lag wie zum Backen in der trägen Hitze, und ich spazierte herum. Als ich zurückkehrte, sagte der Mann mit der Harke: »Ist das Ihr Hochzeitsauto?«

»Das ist mein Lastwagen.«

»Glaub', Sie können die Damen da stapeln wie Brennholz.« Er wurde ganz aufgeregt, und seine Augen gingen abwechselnd auf und zu wie ein altes Blinklicht mit zwei Birnen. Er war ein biederer Kerl, und das Blinken half nicht.

»Habe nichts gestapelt«, sagte ich. »Bin rumgefahren.«

»Allein unterwegs! Jemals bange allein?« Ich zuckte mit den Schultern. »Ich, ich bin nie bange«, sagte er. »Guck mal.« Aus seiner linken Brusttasche nahm er eine zerbeulte Kugel: eine .22 Long-Rifle. »Ich habe im Krieg eine scharfe 44er-Munition mit mir rumgetragen und bin nie getroffen worden, Freund oder Feind. Trag' das immer mit mir über dem Herzen und hab' keine Bange, weil, wenn ich sterbe, kommt es davon. Und schnell. Dafür sorgt der liebe Gott, – wenn meine Zeit 'ran ist.«

»Sie meinen, Sie tun es in ein Gewehr und erschießen sich?«

»Das wär' ja eine Sünde, oder?« Er wartete auf eine Antwort.

»Ja, so wird es wohl gesehen.«

»Pustekuchen, diese kleine Lady geht von selber los, so oder so. Wenn meine Zeit 'ran ist. Werd's selber nicht wissen.«

»Und wenn sie durch Zufall losgeht – vor Ihrer Zeit?«

»Du hörst nicht zu. Es gibt keine Zufälle im Plan des lieben Gottes. Wenn sie losknallt, wird mein Billett geknipst. Solltest dir selbst eins besorgen. Das macht den Menschen richtig ruhig.«

Die Sonne war wie Schläge auf die Schulter. Vielleicht hätte ich noch länger mit dem Fatalisten reden sollen, der darauf bestand, ein Fatalist zu bleiben, aber ich gab auf wegen der Sonne. Als ich wieder auf der Straße war, fragte ich mich, ob es Zeiten gab, wo er die Kugel nicht in die Tasche tat, Tage, an denen er dieses Extrarisiko scheute. Früher oder später trägt ja jeder Mensch die Saat seiner Zerstörung bei sich selbst, aber so eine Saat hatte ich noch nicht gesehen.

Im heißen Wind trieben staubige kleine Wolken über die puderigen Tabakfelder, die Kiefernnadeln sahen trocken und gebleicht aus, und die Knospen der Laubbäume gaben noch keinen Schatten. In einem Tümpel stand ein Pferd bis zum Bauch in rostfarbenem Wasser. Mir blieb nichts übrig, als in die Sonne hinein weiterzufahren. Ich hatte vergessen, die Wasserbehälter aufzufüllen, und so blieben mir nur ein paar Schlucke von warmem, abgestandenem Wasser von gestern. Ich hoffte auf einen Wasserkiosk oder eine Limonadenbude, aber die Straße war nichts als trockene Felder und Sonnengeflimmer, und sie zog sich und zog sich. Dann, wie eine Fata Morgana ein Schild: ARTESISCHER BRUNNEN. Ich kehrte um. In einem kühlen Gehölz aus Weihrauchkiefer floß aus einer senkrechten L-förmigen Röhre vom Durchmesser einer Untertasse, inmitten von Farn und Moos, ein silberner Schwall Wasser. Es sprudelte in meine Kannen, füllte sie im Nu und schlug mir eine fast aus der Hand. Ich trank erst einmal das meiste weg, gierig schluckend und sabbernd, soff die Kälte so lange, bis ich außer Atem war. Ich steckte meinen Kopf unter den Katarakt, und die Kraft bog mich nieder. Ich schüttelte das Wasser ab.

Jemand lachte. Hinter mir stand ein Schwarzer mit weißen Haarbüscheln an den Schläfen. »Hatte mal einen Hund, der das immer machte«, sagte er. Aus dem Rücksitz seines Ford Galaxie luden er und seine Frau 46 leere Plastikmilchkannen. Er füllte jede Gallone, setzte den Deckel auf und verstaute sie auf dem Sitz, den seine Frau mit einem Öltuch abgedeckt hatte; dann öffnete er den Kofferraum, nahm sechs große Schmalzeimer heraus und füllte auch die. In zehn Minuten war er fertig.

»Brauchen Sie das Wasser für den Garten?«

»Wir brauchen es für uns.« Sie lebten drei Meilen weit weg, hatten kein fließend Wasser und kamen jeden Samstagmorgen zum Brunnen, um sich 76 Gallonen »Süßwasser« zu holen.

»Was macht es süß?« sagte ich.

»Nichts in diesem Wasser als Wasser. Kommt hundertdreißig Meter weit hoch und wird den ganzen Weg runter und den ganzen Weg rauf geklärt. Natürliche Brunnen hat's hier früher überall gegeben, aber die neuen, gebohrten Brunnen haben sie ausgetrocknet. »Nur dieser, der ist zu tief.« Der Mann klappte den Kofferraum zu und half seiner Frau in den Wagen. »Kam einer vonner Regierung, wollte uns 'n Brunnen beim Haus bohren. Ich sagte ihm, alles was wir damit machen würden, wäre Klospülen, aber wir hätten kein Klo. Ich sagte: ›Und wie soll denn das Wasser zu mir hochkommen?‹ Er sagte, mit 'ner elektrischen

Pumpe. Ich sag: ›Wir trinken Wasser, was freiwillig hochkommt.‹«

Als ich noch einmal zur Quelle ging, änderte sich der Wasserdruck, offenbar als Reaktion auf einen Wechsel im Grundwasserspiegel tief unten. Ich fragte mich, wie alt das Wasser war, wie lange es gebraucht hatte, um nach unten und wieder hinauf zu gelangen. Ich habe nie Gletscherwasser aus Schnee getrunken, der vor tausenden von Jahren gefallen ist, aber ich glaube nicht, daß es besser schmeckt als dieses South Carolina-Wasser, das freiwillig hochkam.

Außerhalb der Kiefern war es zehn Grad heißer. Ein Wagen kam vorbei, der Fahrer unters Lenkrad gerutscht; den linken Fuß hatte er, ohne Schuh und Strumpf, aus dem Fenster gestreckt. Südlicher Komfort. Vier Worte beschreiben die Geschichte der letzten drei Jahrhunderte hier: Indigo, Reis, Baumwolle, Tabak. Eine Frucht wich der anderen als Folge wirtschaftlicher, gesellschaftlicher, wissenschaftlicher und landschaftlicher Veränderungen. Allein in der letzten Generation haben Erosionskontrolle, Fruchtwechsel, Düngemittel und Pestizide das Gesicht des Südens verwandelt, und das zeigte sich am Leben der Leute. Am Rande der Straße standen Überbleibsel eines Rekonstruktions-Südens: Pächter-Hütten. Viele sind, wie die in North Carolina, aufgegeben worden zugunsten grüner Fertigbaracken; doch nicht alle. Auf einer schiefen Veranda arbeitete eine Frau an ihrer Waschmaschine, und ein Mann saß mit einer Fliegenklatsche auf der Lauer. Der alte Süden verschwindet. Doch diese Hütten, einst das Emblem eines Landes und einer Lebensweise, waren etwas, das man in Provo oder Fort Wayne nicht sehen konnte. Nur aus humanitären Gründen kann der Durchreisende die fürs ganze Land standardisierten Wohncontainer, die sie ersetzen, gutheißen.

Ich überquerte den Wateree River, der weiter südlich sich mit dem Congaree trifft und dann den Santee bildet. In South Carolina liebt man die Flüsse mit den indianischen Doppelvokalen: Die beiden Pee Dee (großer und kleiner), der Combahee, Keowee, Tugaloo, Ashepoo. Im County Kershaw begann das Land wieder anzusteigen: die Straße führte in die östlichen Ausläufer der Appalachen. Ich war wieder zum Piedmont Plateau gekommen. Die Leute nennen es das Oberland und die Küstenebene das Unterland. Eichen und Kiefern bedeckten die Hänge, bis auf die Stellen, wo man Bauholz geschlagen oder eine Weide angelegt hatte. In den sonnigen Ebenen hatte Kudzu vom vergangenen Jahr sich mit trockenen, braunen Blättern an Bäumen und Telefonmasten hochgerankt. Ganze Gebäude sahen aus, als wären sie eingewickelt. Das Kudzu, in den dreißiger Jahren aus Japan eingeführt als Mittel gegen die Erosion, die 85 Prozent des bebaubaren Landes beschädigt hatte, hat seinerseits ganze Felder aufgefressen, und niemand hat bisher eine gescheite Methode gefunden, es zu stoppen. Kudzu und die Wasserhyazinthe, auch ein Japan-Import, sind durch Dixieland getobt mit noch weniger Rücksicht als Sherman.

Die Hitze hielt an bis zum Sonnenuntergang in Newberry. Dort gab ich auf, zerschlagen von den 36 Grad, dem grellen Licht, dem Tosen des Windes. Newberry erwies sich als eine Stadt mit Gebäuden aus dem 19. Jahrhundert, mit alten Bäumen, Säulenhäusern mit schmiedeeisernen Gittern und Gärten hinter niedrigen Ziegelmauern. Eine schmucke Stadt. Alte Leute wandelten über die alten Trottoirs oder harkten das Laub aus alten Blumenbeeten; sie saßen auf den alten Veranden und schüttelten die Abendzeitung in die gehörige Ordnung, oder sie schaukelten gleichmäßig wie alte Perpendikel und sahen auf die alte Straße hinaus, wie wenn sie dort etwas läsen. Sie lebten den Rest einer Ära zu Ende.

15

Bis um 10 Uhr am nächsten Morgen wußte ich nicht, daß Captain George Chicken, der berühmte Indianer-Krieger, im Jahre 1716 in Ninety Six, South Carolina, einen Büffel getötet hatte. Nicht im neuen Ninety Six am Highway 34, das 1855 gegründet wurde, einer lebhaften Stadt neben den Eisenbahnschienen, sondern im alten Ninety Six – von 1769 –, zwei Meilen südlich auf der Route 248, einer Straße aus dem 18. Jahrhundert.

Ich hielt neben einem Lieferwagen unter den Bäumen. Über einen Kotflügel gebeugt, halb in der Nockenwelle vergraben, fummelte und fluchte ein Mann. Ich rief ihm zu: »Ist dies das alte Ninety Six?« Er kam zum Vorschein. Er trug die Uniform des National Park Service. »Diese Karre läuft ungefähr so gut wie die Regierung. Haben Sie einen Engländer?« Ich ging an meinen Werkzeugkasten wegen des Schraubenschlüssels. »Würden Sie reinspringen und ihn anlassen?« Der Motor drehte sich schwer, dann stotterte er, und ich gab kräftig Gas, um ihn durchzupusten. Der Mann klappte den Kühler zu. »Also, was wollten Sie wissen?«

»Ist dies das alte Ninety Six?«

»Beinah. Tatsächlich ist es hinten im Wald. Dies hier war mal Cambridge. Das alte Ninety Six war einst Verwaltungssitz, aber sie verlegten es nach dem Unabhängigkeitskrieg hierher und benannten es um. Gab sogar ein College. Dann wurde das Courthouse zwei Meilen nach Norden versetzt, wo die Eisenbahn durchgeht, und hier brach eine Epidemie aus. Alles das gab Cambridge den Rest, aber es bewahrte das alte Ninety Six vor der Überbauung. Heute ist es lebendig, weil es vor hundert und etlichen Jahren gestorben ist. Aber von Cambridge ist nichts übrig, wie Sie sehen.«

»Was ist mit der Blockhütte?«

»Die haben wir hergebracht als vorläufiges Touristenzentrum. Das alte Ninety Six ist die neueste historische Stätte innerhalb des Park Service. Grad' im letzten Jahr dazugekommen, und immer noch ein bißchen zurückgeblieben. Wollen Sie's anschauen? Habe heute noch keine Tour gemacht.«

Sein Name war Rocky Durham oder so ähnlich. Er hatte zwei Jahre im alten Ninety Six gearbeitet, das damals noch zum Greenwood County gehörte. Es war Zeit für die Morgenrunde, darum brachen wir mit dem olivgrünen Dienstwagen zu einer holperigen und krachenden Fahrt durch Kiefern und Brombeergestrüpp auf. Ich drehte das Fenster hoch, damit meine Augen nicht zerkratzt würden.

»Vor achtzehn Monaten hat das County das Land dem Park Service übergeben«, sagte er. »Seither hat die Regierung einen Parkplatz angelegt, die Pfade gekiest und mit archäologischen Untersuchungen am Star Fort und an der alten Palisadenstadt, die Ninety Six war, begonnen.«

»Keine Ahnung, was ich zu sehen bekomme. Ich kam nur her, weil mir der Name gefiel.«

»Der Name meint die Entfernung – oder was früher die Händler dafür hielten – von Keowee, einem alten Indianerdorf – bis hierher über den Cherokesen-Pfad. Keowee war so was wie das Rom der Cherokesen. Alle Entfernungen wurden von da aus gerechnet. Die Händler benannten alle möglichen Stellen des Trails auf diese Weise: Sechs-Meilen-Branch, Zwölf-Meilen-Creek. Wenn Sie auf Namen aus sind: Stück nach Norden ist Gluck und Due West und Thicketty.«

Durham bremste, öffnete die Tür und sammelte eine leere Bierdose ein, alles in einer Bewegung. »Die Leute denken, es ist immer noch County-Land. Die kommen abends hierher und jagen, trinken; manchmal geben sie sogar eine Party im Fort, so wie sie es wer weiß wie lange gemacht haben. Jetzt ist das natürlich verboten.«

»Was ist das Star Fort?«

Durham kam mit der Geschichte. Hunderte von Jahren hindurch hatten die Indianer einen langen Trail benutzt, der vom Fuß der Appalachen bis ans Meer bei Charleston lief. Hernando de Soto hat wahrscheinlich diesen Pfad benutzt ebenso wie jeder andere auf dem Weg vom oder zum Up Country: Händler, Soldaten, Siedler. Aufgeputscht von der Unabhängigkeitserklärung, schrieben die englandtreuen Loyalisten eine Abhängigkeitserklärung, und den ganzen Trail entlang kam es zu Zusammenstößen zwischen Patrioten und Tories.

Unmittelbar nördlich der Siedlung Ninety Six, die mit ihren Pfählen buchstäblich rittlings auf dem Cherokee-Pfad saß, bauten die Patrioten ein Fort, das wie ein achteckiger Stern aussah, um das Hin und Her von Gütern und Nachrichten zu kontrollieren. Um 1780 hatten die Briten und die Tories es genommen. Im Frühling 1781 rückte General Nathanael Greene mit tausend Mann Infanterie an, um den Vorposten zurückzuerobern. Aber Greene hatte Schwierigkeiten, denn ihm fehlte schwere Artillerie für einen Beschuß; zu seinem Glück fehlte sie auch dem Feind. Er probierte andere Mittel aus, das Fort und die Verschanzung aufzubrechen. Erst leitete er den Strom um, der das Wasser lieferte; die Briten konterten mit einem Brunnenbau innerhalb des

Forts; er blieb aber trocken, und sie schickten nachts Schwarze von der dunkelsten Hautfarbe aus, um Wasser von einem nahen Fluß zu holen.

Als nächstes versuchte Greene, einen Tunnel zur Festung hin zu graben, um sie dann in die Luft zu sprengen. Ein polnischer Ingenieur und Soldat namens Thaddeus Kosciuszko leitete die Grabungen, aber er nahm den Einstieg für die Doppeltunnel zu nah am Fort. Die Verteidiger reagierten mit einem ingeniösen Warngerät: ein Lederriemen führte von einer Lanze, die man außerhalb der Befestigung in den Boden gesteckt hatte, zu einer Trommel, die alle Erdvibrationen verstärkte. Und auf das Dröhnen des Trommelfells achtend, wußten die Loyalisten, wann sie Scharfschützen aufstellen mußten, um die Tunnelbauer wie Murmeltiere abzuschießen.

Während die Soldaten schossen, verstärkten die loyalistischen Frauen innerhalb der eingepfählten Stadt die Mauern mit Sandsäcken, die sie aus ihrer Unterwäsche genäht hatten.

Achtundzwanzig Tage hindurch – die längste Belagerung von seiten der Kontinentalarmee – versuchten die Truppen Greenes, den Feind herauszutreiben. Mehr als zweihundert Menschen starben – mehr an der Hitze als durch Schüsse – in diesem vergeblichen Gefecht. Eine Bagatellverletzung erlitt Kosciuszko, der, wie ein Zeitgenosse schrieb, in den »Sitz der Ehre« getroffen wurde.

Im Juni marschierten zweitausend britische Berufssoldaten Richtung Ninety Six, und Greene zog sich zurück. Das Fort ist nie gefallen, aber Greenes dauernder Druck im Up Country zwang die Engländer, ihre Stellung in Charleston zu schwächen, und kurz nach der Belagerung evakuierten sie die Loyalisten von Carolina und gaben sowohl Fort wie Stadt auf. Obwohl der Konflikt um diesen letzten britischen Vorposten im Landesinnern eine Schlacht war, die beide Seiten gewonnen und verloren hatten, ließen die britischen Rotröcke vier Monate später in Yorktown alles im Stich.

»Wir hatten hier ein paar Leute aus Nova Scotia«, sagte Durham. »Ihre Vorfahren lebten hier, ehe die Engländer sie nach Kanada aussiedelten. Die meisten, die herkommen, kommen aus bestimmten Gründen. Nicht nur zum Sightseeing. Aber wenn die Regierung erst mit den Entwicklungsplänen zum Zuge kommt, sieht das anders aus. Dann kriegen wir Urlauber, die von Nationalpark zu Nationalpark reisen wegen der Landschaft, und andere Touristen.«

Wir kamen zu einem kleinen See. Ein Mann saß im Gebüsch mit einer Angelrute. »Fischen ist jetzt verboten«, sagte Durham, »aber er hockt hier wahrscheinlich am Teich, seit er in den Vierzigern gebaut wurde. Kann sein, daß ein Karpfen alles ist, was er heute zu essen bekommt. Die alten Knaben schleichen hier immer noch in der Nacht herum, um Angeln auszulegen. Für sie wird es immer offenes County-Land bleiben.«

Niemand war aufgetaucht, als wir zur Hütte zurückkehrten. »Ich zeig' Ihnen das Star Fort.« Ein bizarr aussehender Hund namens Hector wies den Weg in das Gehölz. »Der ist hier schon länger als irgendeiner von uns, der wird auch noch hier sein, wenn wir versetzt werden. Wenn seine Nase ein Gehirn wär', wäre er der Experte für Ninety Six.«

Die Kiefern hatten alles mit schwefelfarbenen Pollen bedeckt, und unsere Stiefel explodierten wie kleine gelbe Wolken. Wir kreuzten den Cherokesen-Pfad. Etwa einen Meter tief ins Erdreich eingetreten und vier Meter breit, war der Trail, trotz Bäumen und Gebüsch, deutlich zu erkennen.

»Da ist er«, sagte Durham. »Vielleicht tausend Jahre alt. Die alten Cherokesen-Häuptlinge, Old Hop und Hanging Maw, sind hier langgegangen. De Soto. General George Chicken. Millionen von Füßen. Der Park Service plant hier ein Besucherzentrum und Straßen und weitere Restaurierung. Die haben sogar schon Kanonennachbildungen angefahren. Wenn ich diesen Platz zu verwalten hätte, dann würde ich ihn allerdings ziemlich so überwachsen lassen, wie er in den letzten zweihundert Jahren war. Vielleicht den Chirokesen-Trail für Wanderer freimachen, aber das wär' schon alles. Ich liebe diesen Ort zu sehr, um ihn zu ändern. Aber eines Tages werden wir hier Pflaster haben, damit die Damen mit den hohen Hacken und die Herren mit dem Übergewicht die paar Schritte zum Star Fort tippeln, was sehen, das sie nicht verstehen, ein paar Schnappschüsse von sich selbst machen und weitereilen können. Ohne Bäume und die Einsamkeit verliert sich das Geheimnis.«

Jenseits des Trails lag die Festung. Unter den Eichen war eine Vertiefung wie für einen Wassergraben, die von einem achteckigen Hügel überragt wurde. Bäume wuchsen aus der Erhebung und innerhalb der Erdwälle; einer kam sogar aus einer Grube, die den Engländern als Brunnen hatte dienen sollen. Knapp nördlich des Forts gab es winklige Dämme und Gräben: die frisch rekonstruierten Belagerungsanlagen der Patrioten. Die originalen Schanzstücke, hastig aufeinandergesetzt, waren schon bald wieder in die Gräben gefallen. Dennoch war nach all den Jahren der Geist des Ortes – seine Ausstrahlung – immer noch stark.

»Das ist alles so nah beieinander«, sagte ich. »Wenn man so im Nahkampf aufeinander schießt, wie konnte Greene da noch Gräben und Tunnel ausheben?«

»Er baute einen Hochstand, so daß die Scharfschützen den Feind in Schach halten konnten. Aber Sie haben mit der Distanz recht – die hätten sich auch mit Erdklumpen oder Katapulten bekämpfen können. Es gibt einen Roman von Kenneth Roberts, Oliver Wiswell, da wird die Belagerung beschrieben. Vor allem faszinierend, weil es vom Standpunkt der Loyalisten gesehen ist.«

Ein Mann humpelte aus dem Wald. Er hatte früher hier gelebt und war zurückgekehrt, um mal nachzusehen. Er fragte Durham, was mit den Tunnels passiert wäre. »Wir haben die Eingänge zugeschüttet, aber sie sind noch da. Sie stehen über einem.«

»Wir haben als Kinder darin rumgetobt«, sagte der Mann. »Ich kann Ihnen sagen, dieser Platz hier hat allerhand erlebt – Hahnenkämpfe, sogar ein Duell innerhalb des Forts.« Ein gebrochenes Lächeln auf seinem Gesicht. »Ich kann euch Jungs noch was verraten: Da war'n auch paar Mädchen, denen hat man die Höschen ausgezogen in den Tunnels.«

Durham sagte ruhig zu mir: »Die Historie spricht.«

Eine Frau kam auf den Mann zu und fragte, ob er gefunden habe, was er suchte. Er nickte. Als sie abzogen, sagte er: »Hier draußen haben wir's ganz schön schlimm getrieben, Honey«. Er sah aufgekratzt aus.

»Ich bin froh, daß Kosciuszko's Tunnelbau nicht umsonst war.«

»Das ist unsere Art von Besuchern – einer, der Ninety Six von früher kennt, oder Geschichtsfans, die herkommen, um im Geist die Schlacht zu rekonstruieren. Die machen eine bessere Führung als ich. Wir haben jetzt tausend Leute im Jahr, aber wenn alles ausgebaut ist, rechnet man mit fünfzigtausend. Vor zwanzig Jahren haben alle Nationalparks zusammen siebzig Millionen Besucher aufgenommen. Jetzt sind es dreihundert Millionen. Ninety Six wird standardisiert werden müssen. Kann nicht einfach ausscheren.«

»Sagen Sie ihnen, sie sollen es in Ruhe lassen.«

»Nicht möglich, nicht jetzt, wo es der Bundesregierung gehört. Manches an der Arbeit der Behörden ist aber auch gut. Die Archäologen haben bei ihren Ausgrabungen die Stellen gefunden, wo das Gefängnis und das Gerichtsgebäude waren. Sie haben mehrere Biwaks aufgetan, mit Hilfe von Magnetometern, die Säure von den alten Latrinen im Boden entdeckt haben. Wir wissen jetzt über Ninety Six mehr als vor zwei Jahren, und sie haben so viele alte Sachen ausgegraben, daß wir sie unmöglich alle auf einmal ausstellen können.«

Die Hitze war voll da, als wir zurückgingen, und sie lockte die Mokassinschlangen hervor. Als ich mir den Trail ansah, bemerkte ich was auf dem Boden. Ein Körnchen geschmolzenes Glas.

»Vielleicht eine alte Flasche«, sagte Durham. »Einer hat Uniformknöpfe von jedem Regiment gefunden, das hier gedient hat – einfach nur mit den Füßen gestochert. Jetzt ist es verboten, hier irgendwas mitzunehmen.«

Durham erzählte von einem alten Mann, der im achtzehnten Jahrhundert hier in der Nähe gelebt und einen Bericht über die hiesigen Indianer geschrieben hatte, um zu beweisen, daß sie von einem untergegangenen Stamm Israels herkämen. Ein irres Buch, aber seine Beschreibung ihres Lebens habe wichtige Details der Geschichte vor dem Untergang bewahrt.

»Was wird nun aus Ninety Six. Verschwindet es jetzt, wo es erschlossen wird?«

»Ein paar hundert Jahre lang«, sagte er, »ist es von den Leuten des County erhalten worden, durch eine Art freundlicher Vernachlässigung. Sie benutzten es, aber sie wußten, was hier passiert war, und ließen es weitgehend in Ruhe, außer daß sie mal ein Souvenir mitnahmen, wenn sie darauf stießen. Die Häuser sind voll von Tomahawks und Pulverhörnern. Einer hat vor Jahren sogar mal eine Kanone im Wald gefunden. Aber sie liebten den Ort. Jemand schrieb im Jahre 1850 in einem Brief, die Leute hier betrachteten die Bäume und Büsche des Schlachtfeldes als zu heilig für eine Molestation – das war sein Ausdruck: Molestation. Aber was wird jetzt unter dem Service? Der Boß sagt, und er war zwanzig Jahre im Innenministerium, wenn die Bundesregierung das Gelände der Nationalparks je für einen anderen Zweck braucht – Bauholz, Bergwerke – dann, klar doch, hat es ausgespielt.«

»Vielleicht hat es dann jetzt schon ausgespielt?«

»Kann sein, aber für einen Historiker hatte es schon von Anfang an sachte ausgespielt.«

16

Im Lande des »Coca-Cola« war es heiß und trocken. Schluß mit artesischem Wasser. Unterwegs auf dem Highway 72, eine Stunde westlich von Ninety Six, versuchte ich, nicht nach einer Quelle Ausschau zu halten: Ich wußte, ich würde keine finden, aber ich probierte es weiter. Der Savannah, zu einer unnatürlichen Breite verdammt, lag da unten, naß und kühl. Ich war jetzt in Georgia. Die Sonne schien auf die Straße zu drücken, und drinnen im Wagen ließ der Chrom das heiße Licht aufflammen wie eine Fackel. Dann sah ich, wonach ich nicht Ausschau zu halten versuchte: in einem Unterholz stand eine Pumpe mit langem Schwengel.

Ich stoppte und nahm meine Gefäße mit zur Quelle. Ein kleines Schild: KEIN TRINKWASSER. Ich wurde schlaff wie warmer Talg. Welches Fungizid, Herbizid, Nematicid, Räuchergift oder Reguliermittel – Arzneien, die der Landwirtschaft des Südens wieder aufgeholfen haben – war da wohl in das Grundwasser eingesikkert? In den alten Westernfilmen gibt es meist eine Szene, wo ein verdurstender Mann sich durch eine Wüste schleppt und endlich an ein Wasserloch kommt; er legt sich flach, um das warme Zeug zu trinken. Gerade, als seine Lippen das Wasser berühren, sieht er auf der anderen Seite einen Stierschädel. Ich fuhr durstig weiter, doch ich fühlte mich als Teil einer mythischen Geschichte.

Der Durst erlosch, als der Hunger die Oberhand gewann. Seit dem Morgen nichts gegessen. Der Sonnenuntergang war westlich von Oglesby zur Stelle, und die Luft kühlte ab. Dann ein Straßenschild:

Swamp Guinea's Fisch-Hütte
Essen soviel man kann!

Ein Pfeil wies auf eine kleine Nebenstraße. Ich würde mich überfressen. Einen Rekord aufstellen. Die würden mich rauswerfen. Eine peinliche Sache für alle.

Die Straße durch die orangefarbene Erde des nördlichen Georgia führte an einem alten dreistöckigen Haus vorbei, aus dessen Fenstern überall dünne schwarze Kinder hingen, fast wie eine Illustration zum »Märchen von der alten Frau, die in einem Schuh wohnte«; weiter in die Hügel, und schließlich war Swamp Guineas Lokal da, ein Potpourri von hölzernen Schuppen und Anbauten, das vom Geruch feuchten Kiefernholzes überzogen war.

Drinnen hatte man, wo immer eine Kuriosität oder ein Stück Natur hängen konnte, so was aufgehängt: den ausgestopften Rumpf eines Hirsches, Schneeschuhe, eine alte Flinte, ein Hornissennest. Das Lokal sah aus, als wenn eine Pfadfinder-Gruppe es dekoriert hätte. So ungefähr dreißig Leute, schwarz und weiß, saßen an den Tischen, die unter der Last aufgetürmter Teller mit Essen fast zusammenbrachen. Ich nahm Platz neben der Reproduktion eines Holzschnitts aus dem 17. Jahrhundert, der irgendein Rabelaisisches Bankett an einer überquellenden Tafel zeigte.

Die Gäste waren meist Farmer aus der roterdigen Gegend hier. Im Georgia-Tonfall sprachen sie über ihre Landwirtschaft in Begriffen wie Regen und Stickstoff und Hoffnung. Eine gewaltige Frau, deren Hemd mit dem Bild eines am Angelhaken hängenden Barsches bedruckt war, sagte: »Ich werd' noch ganz krank, soviel hab' ich verdrückt.« Ich sah mich nach all den andern Leuten um und bemerkte die Kellnerin nicht, die still neben mir stand. Ihre Stimme war tief und sanft wie Wassergemurmel in einer Höhle. Ich bestellte das Spezialgericht für 4.50 Dollar. Nach ein paar Minuten schob sie einen Servierwagen heran und begann, das Essen abzuladen: Schinken und Eier, gebratenen Katfisch, kleine Flußbarsche, gebackene Shrimps, Stücke von gegrilltem Rind, Brathuhn, Pommes, Hushpuppys, eine große Schüssel mit Krautsalat, eine andere mit Zitronen, ein großes Glas mit Eistee, ein weiteres mit Eis, und einen ganzen Laib fabrikverpacktes weißes Brot. Der Tisch war voll.

»Rufen Sie mich, wenn Sie noch was wollen.« Es war kein Scherz. Ich stillte den Durst und dann – sachte – machte ich mich ans Essen. Ich mußte aufstehen, um an all die Platten zu kommen, aber ich hatte vor, diese Mahlzeit zu bewältigen. Es war alles nach Art des Südens zubereitet und gut, bis auf den südlich-süßen Eistee; trotzdem trank ich ihn aus. Während ich aß und mich für entgangene Mahlzeiten entschädigte, flammte das Haus der alten Frau im Schuh vor mir auf, ein Blitz in der Dunkelheit. Ich hatte kein moralisches Recht, so viel zu essen. Aber ich tat es. Schlagzeile: REISENDER TROTZ MAGENPUMPE GESTORBEN.

Der Laib Brot war noch unausgepackt, als ich schließlich meine Schlemmerei aufgab. An der Kasse bezahlte ich bei einem Mann, der aussah, als wäre er aus Feuersteinknolle geschnitzt. Er sprach von sich selbst in der dritten Person wie der Zauberer von Oz. »Der Swamp Guinea* kennt nur Stammkunden.«

»Ich wär' einer, Mr. Guinea, wenn ich nicht in Missouri lebte.«

»Sind richtig aus dem Norden? Hier, ich hab' was für Sie.« Er ging ins Büro und kam mit einer Single-Platte zurück. »Meine Tochter, die singt da. Bißchen Reklame für uns. Nehmen Sie's mit.« Später hörte ich eine rauhe Georgia-Stimme mit einem hausgemachten Song über das Menü bei Swamp Guinea:

Für anderthalb Dollar
Stopfst du dich immer noch voller.
Sag, was wäre toller?

Und dann wurden die Gerichte im einzelnen durchgesungen. Als ich ging, sagte der Swamp Guinea, ein früherer Antiquitätenhändler, der eigentlich Rudell Burroughs hieß: »Der Spitzname soll nichts bedeuten. Einfach nur so. Sollte aber gut klingen, daß wir ihn eines Tages als Markenzeichen eintragen können.«

* Soviel wie Hillbilly, Hinterwäldler, Waldheini. (A. d. Ü.)

Die Frösche, oben und unten, quiekten und quakten aus Bäumen und Teichen. Es war kühl auf der Fahrt nach Athens, einer Stadt, die an einem schlimmen Fall von Wucherung leidet. Auf dem Campus der Universität von Georgia versuchte ich Swamp Guineas Abendessen mit einem Verdauungsspaziergang zu zähmen. Überall hielten sich Paare umschlungen wie die Ranken von Ochsenblumen, jedes in Erwartung der Blüte, die sich nur einmal öffnet.

17

Die Baptisten haben es mit den Kirchennamen im Süden. Die Ausfallstraße von Athens aus führte an der Baby-Farm-Kirche vorbei, und in den letzten paar Tagen hatte ich Baptistenkirchen gesehen, die Sinking Creek, Little Doe und Sweet Home hießen. An den blauen Highways gab es nur wenige Kirchen, und die sahen wie Banken (Erste Kirche von Wasauchimmer, Vereinigte Kirche von Soundso) oder wie Sportstadien aus (Memorial Park-Kirche von Etcetera).

An jenem Morgen, auf der Route 20 in der Nähe von Conyers, Georgia, während ich auf dem Friedhof der Smyrna Presbyterianischen Kirche mein Frühstück aß, las ich die schottischen und irischen Namen auf den Grabsteinen und hörte Radio. Eine Stimme wie Buntglas, die bei 95.6 Megahertz pro Sekunde den Ungläubigen die Reue einpeitschte, war wohl nicht ohne Einfluß auf den weiteren Gang der Dinge. Als ich weiterfuhr, sah ich einen altertümlichen Wasserturm – einen von denen auf Stelzen mit einem rundgewölbten Deckel – und mit einem Kreuz obendrauf. Selbst im Bibel-Belt war *das* fehl am Platze. Dann sah ich, daß der Tank auf dem Gelände des Klosters zum Heiligen Geist stand. Ich bog in die Auffahrt mit den Magnolienbäumen ein.

In eine hohe Mauer eingebettet, gleich neben dem gebogenen Eingangstor, war ein kleiner Buchladen. Und da gab es Bücher, aber auch Marmelade und Gelee, Brot, Sandgußornamente, Fenstergehänge, religiöse Bilder, Rosenkränze und Plaketten mit der Aufschrift: »Erkennst du ihn nicht in den Dingen, die er geschaffen hat?« Ein Mönch von etwa sechzig Jahren, mit der weißen Tunika und dem schwarzen Skapulier der Trappisten, sah zu, wie ich den »Berg der sieben Stollen« durchblätterte, die Autobiographie von Thomas Merton, dem Gründer der Trappisten. Vor Jahren hatte ich es einmal angefangen, aber bald wieder beiseitegelegt. »Das sollten Sie lesen«, sagte er mit einer Stimme wie ein Lastwagen im ersten Gang.

»Sind Sie Merton je begegnet?«

»Merton *begegnet*?« Der Ton war sowohl rauh wie belustigt, derb und einladend. »Ich *kannte* Merton. Ich habe angefangen im Kloster Ghethsemane in Kentucky, wo Merton das Buch geschrieben hat. Von da kam ich 1947 hierher, um hier beim Bau mitten in Weiden und Wäldern zu helfen. Wir haben alles neu hingestellt, was Sie hier sehen, bis auf die alte Scheune, die war da. Wir bauten, wie wir's konnten. Haben alle Arbeiten selbst gemacht, bis auf ein bißchen Hilfe in Architektur und Elektroinstallation.«

»Waren Sie ein Zimmermann ode sonst irgendwie vom Bau?«

»Vom Bau schon. Aber meiner hieß Wallstreet. Ich war zwanzig Jahre lang Börsenmakler an der Wallstreet.«

Das bedeutete, daß er fast achtzig sein mußte. Er war wie eine Figur aus *Der Verlorene Horizont*. »Und warum haben Sie Wallstreet aufgegeben und sind ein Mönch geworden?«

Er räusperte sich und sprach leiser. »Sieh mal – dies Reden über geistliches Leben ist viel unnützes Zeug. Man muß es leben.« Unbekümmerte Touristen müssen ihn mit dieser Frage dreißig Jahre lang belästigt haben. Ich fühlte mich einfältig und beschämt. »Warum gehst du nicht hinein ins Haus der Einkehr und sagst dem Besuchs-Oberen, er soll dich zum Lunch einladen? Da drin kannst du ja deine Frage noch mal stellen.«

»Lunch?« Ich hatte gedacht, die Tore grenzten einen verbotenen Bezirk ab, wo ein geheimes und mittelalterliches Leben weiterging. »Geh, sag's ihm. Er heißt Pater Francis. Durchs Tor durch, dem Weg nach.«

»Lunch?« fragte ich noch einmal.

»Wie heißt du, Junge?« Beinah hätte ich Lunch gesagt, aber ich kriegte es noch hin. Er sagte: »Mein Name war auch mal Bill.« Auch mal. Es hörte sich seltsam an, wie wenn er gesagt hätte: »Ich war auch mal so ein Bill.« Später merkte ich, daß er genau das gemeint hatte. Alle Mönche waren mal etwas anderes gewesen. »Jetzt bin ich Bruder Pius.«

Also ging ich hinüber auf die andere Seite der Mauern. Pius! Was war los mit Bruder Pius? Ich fühlte mich schuldig. Ich war aus Neugier hier, ein geistlicher Voyeur, ein kirchlicher Fenstergucker. Und obendrein fand ich solche klösterliche Frömmigkeit verdächtig. Irritiert von Menschen, die nach Unwandelbarkeit suchten, damit sie von Ungewißheit und Aufruhr erlöst würden, stellte ich einen Glauben in Frage, der sich durch illusorische Unverletzlichkeit schützen muß. Eingeschüchtert von meiner Ahnungslosigkeit, was den Glauben der Trappisten angeht, fühlte ich mich höchst unbehaglich bei der Vorstellung, wie es in einem Kloster wohl zuging. Ich meine, ich habe Chaucer gelesen. Klöster, wußte ich, sind Relikte des finsteren Zeitalters – sterbende Zeugnisse der Mittelalterlichkeit –, und Mönche waren religiöse Atavismen. Warum sollte ein vernünftiger Mensch sich einschließen? Der Welt entsagen? Wie konnte er einer Religion dienen, die soviel hermacht von der Liebe unter den Menschen, und sich dann auf sich selbst beschränken? Dennoch wollte ich die seltsamen Riten sehen, die da drinnen passieren mußten. Aber warum sollten sie gerade mich einlassen?

Ich fand das Haus der Einkehr. Ein Mann, klein und grau, in den Fluren hin- und hergehend, verschwand in einer Tür, kam durch eine andere heraus, tauchte hier auf, und war wieder weg wie das Kaninchen in Alices Wunderland. Und irgendwie stand er auf einmal hinter mir. Er sprach, wie er sich bewegte: pfeilschnell. »Sind Sie hier zum Lunch?«

»Ich würde gern.«

»Jaja. Gut. Sehr gut. Ja.«

Er eilte ein paar Schritte davon, dann wieder zurück. »Da ist ein Leseraum. Machen Sie sich's bequem. Ich muß nur dem Koch sagen, daß Sie mitessen. Sehr gut.« Schon war er durch die Tür, den Flur hinunter.

Auf einem Pult sah ich ein Blatt mit dem Titel: Sag dich los – eine Zeitlang. Sag dich los. Im Leseraum gab es nur ein Regal mit zerlesenen Büchern, aber ich fand den Merton und nahm ihn auf den Balkon mit, der auf einen kleinen, umschlossenen Garten ging. Still und kühl. Keine Stimmen, keine Schritte, nichts als ein

Fink im Gebüsch, der eine Monotonie von Lied sang. Sag dich los.

Ich saß und starrte in die Bäume, das Buch aufgeschlagen auf meinen Beinen. Die Mönche hatten gesprochen, als wenn sie mich vor langer Zeit getroffen hätten, als ob ich vor Jahren gesagt hätte: »Eines Tages bin ich da. Nicht drauf warten.« Ich fing an im »Berg der sieben Stollen« zu lesen. Hier ist Mertons Reaktion auf seinen ersten Besuch in einem Trappistenkloster:

»Die Logik des Zisterzienserlebens war damals das völlige Gegenteil zur Logik der Welt, wo sich ja die Menschen hervortun, so daß der Beste der ist, der sich auszeichnet, sich über die andern erhebt, Aufmerksamkeit auf sich zieht.

Aber was war die Antwort auf dieses Paradox? Einfach dies, daß der Mönch, indem er sich vor der Welt verbirgt, keine geringere Person, sondern eine stärkere Person wird, und wahrhafter und vollkommener er selbst: denn seine Persönlichkeit und Individualität werden in ihrer wahren Ordnung ausgebildet, der geistlichen inneren Ordnung einer Einheit mit Gott, dem Prinzip aller Vollkommenheit.«

Die Passage brachte mir etwas zurück, etwas von ganz früher: drei Mal hatte ich erlebt, daß Heat Moon verschwand, wenn er nach der tiefsten Versenkung strebte. Hier war kein Whitman, der sich selbst feierte und kein schöneres Fleisch kannte als das an den eigenen Knochen.

Eine Stunde später rief mich Bruder Francis zum Lunch. Das Essen war eine seltsame Kombination aus mönchischer Kargheit und einem Picknick der Baseball-Jugendliga: auf einem einfachen weißen Teller gab es gekochten Kohl, eine gekochte Kartoffel, Feigen, Roggenbrot und ein Würstchen; zum Trinken Johannisbeersaft. Kein Nachschlag. Swamp Guinea war Welten weg.

Ich war der einzige Nicht-Katholik unter den vier anderen Gästen und den drei Mönchen am Tisch. Während die Konversation über päpstliche Enzykliken und die Aussichten der Atlanta Braves gingen, beobachtete ich die Mönche aufmerksam: Sie mochten ja ganz gut in Sport-Gesprächen sein, aber früher oder später würden sie sich in ihrer Mittelalterlichkeit doch verraten und ins Lateinische oder in ein Gebet fallen. Alles, was ich zu tun hatte, war zusehen. Sie würden versuchen, mir die Ketzerei auszutreiben oder mir einen Ablaß zu verkaufen. Aber sie aßen ihre Würstchen mit Ketchup oder Senf und ihre Lippen wurden vom Obstsaft blau wie meine auch. Dann, wie auf einen Glockenschlag, den nur sie hörten, erhoben sie sich und verschwanden, die übrigen Gäste mit ihnen.

Wieder allein.

Auf dem Balkon las ich weiter im Merton, bis Pater Anthony Delisi, ein Mann mit einem dunklen, südlichen Gesicht, fragte, ob ich mir das Kloster anschauen wollte. Als wir umherspazierten, beantwortete er meine Novizenfragen über den Orden. Die Zisterzienser hatten sich im Jahre 1098 vom Benediktinerorden getrennt im Bemühen, zu einer radikalen Einfachheit zurückzufinden. 1664 hatten die Trappisten, die noch näher an die kargste Notwendigkeit und schlichteste Frömmigkeit heranwollten, einen eigenen Orden innerhalb der Zisterzienser gebildet.

Das Terrain und die Gebäude des Klosters offenbarten den Wunsch der Trappisten nach der Direktheit klarer Linienführung, nach Offenheit, nach Aufgeräumtheit. Es erinnerte mich an das Shaker-Dorf. Die Bauten waren aus Beton mit Einschüben von Ziegeln, Steinen, und unbearbeitetem Holz, alles ganz frei von Dekoration, bis auf die Geometrie der Buntglasfenster in der Kapelle.

»Manche finden unsere Anlage streng«, sagte Pater Anthony.

»Dann mag ich Strenge.«

»Der Sinn ist Freiheit – für Körper und Geist. Einfachheit ist flexibel. Und hält lange vor. Wo so viele Dinge nicht da sind, haben wir mehr Zeit.«

Er zeigte mir die »Produktionszweige« des Klosters: Aufzucht von Black Angus-Rindern, Anbau von Gras und Gemüse und Zimmerpflanzen und Bonsai-Bäumchen, Brotbacken. Vor kurzem hatten die Brüder auch mit der Fabrikation von Buntglasfenstern für Kirchen und Synagogen begonnen, nachdem die Mönche sich bei der Konstruktion ihrer eigenen Kapellenfenster in das Handwerk eingearbeitet hatten.

»Arbeiten die Brüder ohne alle Hilfe von außerhalb?«

»So gut wie. Die Mehrheit übt irgendein Handwerk aus als Teil der täglichen Routine. Natürlich ist das geistliche Leben unsere wahre Arbeit. Aber wir brauchen auch Bäcker und Klempner und Leute, die Heu machen. Wir stehen um 3.45 Uhr auf und gehen um 8.30 Uhr abends ins Bett. Dazwischen halten wir Gottesdienste, essen, leisten vier Stunden lang praktische Tätigkeit und haben immer noch Zeit für die härteste Arbeit – Reflexion.«

»Ich dachte, das Trappistenleben wäre außerordentlich strikt. Geradezu hart.«

»Wie Sie sehen, sind wir keine Disco-Priester, die auf die Straße gehen. Aber einige Einschränkungen sind gelockert worden. Als ich hierher kam, lebten wir noch unter dem Gebot des Schweigens und verständigten uns nur durch Zeichensprache.«

»Welche? Ich kenne ein paar Zeichen der Plains-Indianer.«

»Ich habe jetzt die meisten vergessen. Die Worte, die ich noch weiß, waren Bilderzeichen. Hier, was sage ich damit?« Seine rechten Finger bewegten sich über dem linken Handballen.

»Lauf den Hügel hinauf und hole einen Eimer Wasser.«

»Nein, nein. ›Der Hund hat die Katze in die Kirche gejagt‹.«

»Ich glaube, Sie haben *Hund* falsch buchstabiert. Er hat vier Daumenwedel, nicht zwei. Aber dann kann sich ja jeder komplizierte Gedankenaustausch nur zwischen Mensch und Gott und nicht zwischen den Mönchen abgespielt haben.«

»Vielleicht. Aber man unterhält sich ohnehin nicht soviel, wenn man die Finger benutzen muß. Auch heute noch machen wir nicht viel Worte. Im Refektorium zum Beispiel bewahren wir, bis zu einem gewissen Grad, immer noch klösterliches Schweigen. Aber jetzt liest uns ein Bruder was vor, während wir essen.«

»Aus der Schrift oder Bibelkommentare? Heiligengeschichten?«

»Wir haben gerade ›Nicholas und Alexandra‹ beendet. Vor kurzem fingen wir ›Understanding Media‹ an; haben aber bald dagegen gestimmt. Wir stimmen nämlich über die Bücher ab, die wir lesen; dann wieder nach einem Drittel und nach zwei Dritteln, um festzustellen, ob wir weiterlesen sollen. War schwierig, mit McLuhan klarzukommen.«

Während wir durch die Klosteranlagen gingen, stellte Pater Anthony mir die Mönche vor. Sie waren auf schlichte und offene

Weise freundlich, unzeremoniell, und sie taten nicht fromm. Sie machten einen nicht, wie Whitman sagt, »krank mit der Erörterung ihrer Pflichten gegenüber Gott«; noch waren sie, um Mertons Wort zu benutzen, »desinfizierte« Männer. Doch schienen die älteren ein Jahrzehnt oder mehr jünger zu sein als gleichaltrige Männer, die ich sonst kannte. Kaum verrunzelte oder hängende Gesichter. Und in der Art, wie die Alten sich langsam bewegten, war ein Leben, ein besonderer Geist. Ich merkte, daß ich mir Mühe gab, in ihren Gesichtern etwas aufzuspüren, was ich außerhalb der Mauern nicht sehen würde – etwas Verborgenes, Transzendentes, sogar Mystisches. Aber ich gewahrte nur eine Gelassenheit, und auch die spürte ich mehr, als daß ich sie sah.

Ich bat, mir einen Schlafraum zu zeigen. Er antwortete nicht sofort. Statt dessen hob er ein Blatt auf und wirbelte es herum. »Nicht, daß die Räume geheim wären, aber einige der Brüder wollen keine Störung. Die Gelegenheit zu nicht unterbrochener Andacht und Meditation ist der Grund, weshalb viele hier sind. Monastisch heißt ja *allein lebend*«. Es war, als ob er sich entschuldigte. »Die Brüder, denen Sie begegnet sind, waren die, deren Pflichten sie mit Besuchern zusammenführen. Aber andere ziehen die Einsamkeit vor. Einer lebt ganz für sich im Wald. Er will es so. Ein paar halten sich noch immer ans Schweigegebot. Sie müssen die Bedeutung der Stille für uns verstehen.«

»Kann der Lärmende Gott nicht hören?«

»Darauf würde ich mir keine Antwort anmaßen.«

»Dann gäbe es etwas anderes – etwas, das ich gern täte, wenn es erlaubt ist.«

»Wir schreiben keine Manuskripte mehr von Hand.«

»Ich weiß – Sie haben einen Bruder, der Kopiermaschinen repariert. Nein, etwas anderes. Ich würde mich gern mit einem Bruder unterhalten, darüber, warum er hier ist. Sie können wahrscheinlich diese Frage nicht mehr hören, aber ich würde sie dennoch gern stellen.«

»Bleiben Sie über Nacht?«

»Daran hab' ich noch gar nicht gedacht.«

»Nach dem Abendessen will ich versuchen, Ihnen jemanden zu schicken. Das ist nicht leicht.«

Die Mahlzeit bestand aus Gemüsesuppe, Erbsen, Reis, Brot, Vanillepudding. Wieder: gerade genug. Bei Tisch wandte sich das Gespräch hauptsächlich einem Besucher aus Savannah zu, der sich von einer Bypass-Operation am Herzen erholte und seinen Sohn besuchte, der hier Novize war. Obwohl die Unterhaltung abwechselnd ernst und heiter war, bewegte uns alle die ruhige Gegenwart des Mannes und der bevorstehende Abschied zwischen Vater und Sohn. Wieder das schweigende Geläut. Diesmal erhob ich mich mit den andern.

Pater Anthony sagte, ich könnte zur Vesper mitkommen. Auf dem Weg zur Kapelle sprachen wir nicht. Ich nahm an, er bereitete sich vor. Ich dachte an meine Kluft mit den Hosenträgern. »Mein Aufzug«, sagte ich.

Er verhielt nicht den Schritt und wendete nicht den Kopf. »Was soll daran schlimm sein? Aber nicht richtig singen wär' schlimm. Können Sie?«

»Hab's nie gekonnt.«

»Dann bitte nicht laut. Gott macht es nichts aus. Aber mir.«

Die Mönche fanden sich geräuschlos in dem großen, offenen Heiligtum ein und saßen einander auf beiden Seiten des Kirchenchors gegenüber. Auf ein Zeichen, das ich nicht bemerkte, erhoben sie sich und begannen mit ihrem antiphonischen Unisonogesang. Nur die Jüngeren und ich sahen in die Gesangbücher. Die fünfundsechzig Mönche erfüllten die Kirche mit einem schönen und tiefen Klang ihres Cantus planus, und die untergehende Sonne erwärmte das bunte Glas. Es hätte das Jahr 1278 sein können.

Ich sah in die Gesichter. Was brannte in diesen Männern, das in mir nicht brannte? War es ein Unterschied im Fokus oder etwas außerhalb meiner selbst? Ein Mangel oder ein Überfluß von irgend etwas? Zu meiner Rechten saß ein Mönch völlig gebannt, mit aufgerissenen Augen, und seine Lippen, die winzigsten, die ich je bei einem Mann gesehen habe, bewegten sich nie. Ich dachte, wenn ich wüßte, wo er jetzt war, dann verstünde ich diesen Ort.

Es gab nichts als Gesang und Schweigen. Keine Predigt, keine Heilsversprechung, kein Drohen mit der Verdammnis, keine Ermahnung zu besserer Lebensführung. Ich bin weiß Gott keine

Autorität, aber wenn es einen Weg gibt, dem Schöpfer in den Ohren zu liegen – wenn er denn Ohren hat –, so muß es am besten durch Musik und Schweigen geschehen.

Nachher ging ich wieder auf den Balkon. Leer bis auf die Geräusche der nahenden Dämmerung: Baumfrösche, Ziegenmelker, Grillen. Ich habe gelesen, daß die Hindus bis zu dreihundertdreißig Millionen Götter zählen. Dabei geht es nicht um die Genauigkeit der Zählung, sondern um die Vielfältigkeit der Gottheit. An diesem Abend, wenn man hinhörte, schien sie überall zu sein. Ich saß da und starrte und fühlte »auf mich eindringen«, wie Whitman sagt, »das Leben, das sich nicht zur Schau stellt«. Jemand hinter mir, jemand Großes, sagte meinen Namen.

18

Früher war er Streifenpolizist Patrick Duffy. Jetzt war er meist nur Bruder Patrick. Ein Name besagte ja ohnehin nicht viel. Kantig, sehnig, roter Bart, Kahlkopf, weiße Tunika. Mittelalterliche Erscheinung trotz der Wanderschuhe mit Riffelsohlen. Eine unakademische, unfeierliche Energie ging von ihm aus – die Art, wie sie auch die Männer gehabt haben müssen, die das Christentum gemacht haben. Durchaus in der Lage, die Schlangen aus Irland zu vertreiben, oder wo immer sonst.

»Ich höre, Sie haben Fragen«, sagte er. Nichts da von dem üblichen Vorfühlen, ehe eine Unterhaltung über ein heikles Thema beginnt. Ein Mann des frontalen Angriffs.

Ich ging darauf ein. »Sagen Sie mir, warum ein Mann Trappisten-Mönch wird. Die Antworten, die ich heute gehört habe, klangen wie ein tausendmal zitierter Katechismus.«

»Es ist keine einfache Frage – wenigstens ist die Antwort nicht leicht.«

»Erzählen Sie mir, wie es bei Ihnen war. Wie Sie hierher kamen?«

»Ich bin seit fünf Jahren hier. Ich war Polizist in Brooklyn – Bedford-Stuyvesant, genau gesagt. Auf dem Weg, ein Ghetto-Bulle zu werden. Hab' das sieben Jahre gemacht. Vorher war ich

Sanitäter in der Army. Habe halbtags das St. Francis College besucht und in der öffentlichen Bücherei von Brooklyn gearbeitet. Und mich auch noch auf andere Weise gebildet. 1957 bin ich im Land herumgetrampt, und 58 noch mal. Auf der zweiten Tour bin ich nach Mittelamerika gegangen und eine Weile in Honduras geblieben.«

»Jack Kerouac? *On the Road*?«

»So ungefähr, ja. Ich kam zurück nach New York und arbeitete als ein Sandschwein – schachtete U-Bahn-Tunnels in Manhattan aus. Dann bekam ich Seemannspapiere, um in die Handelsmarine zu gehen – hören Sie, solche Papiere sind schwer zu kriegen. Ich mußte um sie kämpfen, aber dann habe ich sie nie benutzt.«

»Wieso?«

»Interessierte mich für Polizeiarbeit, aber war immer noch nicht seßhaft. Angst davor, auf einem Schiff hockenzubleiben. Angst vor der Plackerei. Ich liebe die Abwechslung.«

»Abwechslung? Gerade hier? Abwechslung, denk' ich mir, ist so ziemlich das Letzte, was man hier finden kann.«

»Ich meine Wachsen und einen Wechsel der Gangart. Ich arbeite vier Stunden als Assistent eines Elektrikers. Vorsicht, dies wird jetzt philosophisch, aber man könnte eine Art Analogie aufstellen zwischen einem Elektriker und einem Mönch – bei beiden fließt Energie von einer größeren Quelle zu kleineren Ausgängen. Trotzdem ist die Arbeit als Elektriker von der geistlichen Arbeit verschieden, selbst wenn ich versuche, sie überein zu bringen.«

»Aber zwei Dinge allein sind noch nicht viel Abwechslung.«

»Ich bin dann auch noch so etwas wie der Förster des Klosters. Sie nennen mich »Smokey* der Mönch«. Ich kümmer' mich um den Waldbestand bei uns. Versuche, die Bäume gesund zu erhalten. Nur so aus Jux habe ich alle Wildblumen hier katalogisiert. Wir haben etwa zweihundert Arten identifiziert, die blauen Unbekannten und die rosa Geheimnisse nicht gerechnet. Jetzt gerade kommt das Unterholz dran. Und dann habe ich mich auf die Beobachtung von Vögeln verlegt. Ich verbringe viel Zeit im Wald mit Lesen und Nachdenken. Dabei gibt's dann viel Abwechslung.«

»Was lesen Sie?«

* »Smokey der Bär« ist das Maskottchen der amerikanischen Forstbeamten.

»Im Wald etwas Naturgeschichte, etwas Thoreau. Und immer die Bibel und Theologie. Gerade jetzt lese ich über die charismatische Bewegung.« Einen Moment lang schwieg er. »Erklärt das ein bißchen, warum ich hier bin?«

»Ist wohl alles Teil einer Antwort.«

»Jahrelang war ich fasziniert von intensiven geistlichen Erfahrungen dieser oder jener Art. Als ich siebzehn war – jetzt bin ich zweiundvierzig – dachte ich schon daran, Mönch zu werden. Ich bin nicht sicher warum, es sei denn, daß ich eine Unvollständigkeit in mir selber empfunden habe. Aber nach einer Weile schien der Wunsch zu erlöschen. Damals fing ich an zu reisen. Ich lernte zu reisen, dann reiste ich, um zu lernen. Später, als ich mit meinem Funkwagen durch Brooklyn fuhr, kam der Wunsch auf nach einem Leben – und einer Moralität –, die nicht so sehr auf Zwang gegründet waren als vielmehr auf den Hang zu einem tieferen religiösen Leben. Das war verdammt beunruhigend. Ich dachte daran, zum Psychiater zu gehen, aber nach ein paar Monaten hörte ich einfach auf, darüber nachzudenken, ob ich verrückt war.«

»Wie kam das?«

»Weiß nicht genau. Vielleicht war ich kuriert, als ich halbtags bei den Franziskanern in New York zu arbeiten anfing. Sie leisten eine Menge Gemeindearbeit, richtig auf der Straße, und das gab mir eine Chance, in diesen ›Affenladen‹, wie ein Freund das nennt, hineinzuschauen. Ich schloß mich zwei Jahre lang dem Dritten Orden der Franziskaner an, um zu prüfen, ob ich wirklich in ein Kloster eintreten wollte – obwohl deren Arbeit eher weltlich als monastisch ist. Dann arbeitete ich mit den Kleinen Brüdern des Evangeliums zusammen. Sie leben in enger Gemeinschaft und großer Einfachheit, in der Bowery. Das half mir bei meiner Entscheidung. Ich mochte, was ich vom Religiösen mitbekam. Ich begann einzusehen, daß mein Problem mangelndes Selbstvertrauen war – daß ich Angst vor dem hatte, was ich wirklich wollte.«

Er zog seine Tunika hoch und kratzte sich am Bein. »Verstehen Sie, das mit dem Streifenwagen war ja nicht falsch, obwohl ich die blutenden und erschossenen und aufgeschlitzten Menschen, die ich bandagieren mußte, satt hatte. Als ob ich wieder

Sanitäter war. Oder Kinder auf dem Rücksitz des Polizeiautos zur Welt bringen. Dreizehn Stück. Die Armen warten bis auf die letzte Minute, dann rufen sie die Polizei.« Er schwieg. »Wovon wollt' ich eigentlich reden.«

»Selbstvertrauen.«

»Besser gesagt: Mangel an Selbstvertrauen. Schon als Kind habe ich immer nach etwas jenseits von mir gesucht, etwas, das Harmonie bedeuten und den Dingen einen Sinn geben könnte. Was immer auch meine Einsicht in dieses »Etwas« sein mag, ich glaub', sie begann während dieses Polizeijobs und mehr noch, als ich den Franziskanern in New York half. Ich bewegte mich von den Dingen und von mir selbst weg zu Problemen hin, die größer waren als ich und meine Wehwehchen, aber die Harmonie fand ich erst, als ich hierher kam. Ich will damit nicht behaupten, daß ich eine völlige und immerwährende Harmonie besitze; ich sage nur, daß ich sie hier mehr empfinde als irgendwo sonst.« Eine Weile schwieg er still. »Heute abend kann ich Ihnen zehn Gründe sagen, warum ich Mönch bin. Morgen seh' ich vielleicht zehn neue. Ich habe keine Antwort ein für allemal. Hoffe, das enttäuscht Sie nicht.«

»Und wenn Sie zu sagen versuchten, was Ihnen am Leben hier gefällt?«

»Ich war immer angezogen vom Einsiedlerleben – nicht von einem menschenscheuen Leben –, aber nur für kurze Perioden. Ich ziehe mich allein in den Wald zurück, aber ich komme wieder. Hier fragt niemand: ›Was war denn mit Ihnen? Wieder mal von der Schiene?‹ Hinter dieser Mauer leben – sie umschließt uns übrigens nicht –, hier leben bedeutet nicht, abgesperrt zu sein. Dies ist kein Vakuum. Wir hatten da einen neuen Jungen hier. Er verließ uns, ehe er sein Gelübde ablegte, weil er die sogenannte Stabilität nicht fand – Stabilität sollte ›kein Wechsel‹ heißen. Ich sagte ihm, dieser Ort sei lebendig. Die Menschen reifen hier. Die Brüder können hier womöglich Sprößlinge und Blüten treiben. Es ist auch kein Platz, um vor sich selbst davonzulaufen, weil man immer noch man selbst ist. Ja, die persönlichen Probleme können sogar größer werden. Unsere enge Gemeinschaft und das meditative Leben tendieren zum Blow up.«

»Wie haben Sie denn schließlich Ihre Entscheidung zum ›Beiseitetreten‹ gefällt?«

»Der Vater eines Freundes sagte zu mir: ›Wenn du nicht machst, was du willst, solange du noch jung bist, wirst du es nie machen.‹ Also hörte ich auf, die volle Gewißheit abzuwarten.«

»Ein Fünf-Jahres-Experiment. War es das Richtige?«

»Richtig? Es ist *eins* von den richtigen Dingen. Das *beste* richtige Ding. Ich glaube genug daran, um im Oktober mein permanentes Gelübde abzulegen.«

»Und Sie haben keine Bedenken im Hinterkopf?«

»Noch und noch und noch. Ich gehe so weit, wie ich es verstehe. Und ich habe kleine Zeichen bekommen. Etwas Beethoven hören. Ich habe Beethoven geliebt. War zwei Jahre hier, und eines Tages ging ich an den Apparat und knipste die Stereoanlage aus. Beethoven war, nehme ich an, für mich zu kompliziert. Mein Geschmack hatte sich zu einfacheren Dingen hin entwikkelt. Merton nennt das ›die Gnade der Einfachheit‹. Aber von Vivaldi habe ich mich noch nicht losgesagt.«

Ich wollte eine Frage stellen, aber sie schien unerlaubt. Ich fragte doch. »Ich würde gern etwas wissen, teils aus Neugier, und teils, weil ich versuche, mich selbst als Mönch zu sehen.«

Er lachte nicht, aber ich. »Meine Frage wäre, also sagen wir so, ich wüßte gern, wie Sie es ohne Frauen aushalten.«

»Ich halte es nicht aus, ich will es so.« Er schwieg wieder. »Manchmal, wenn ich den Smokey-Förster spiele, treffe ich ein Pärchen beim Picknick und so weiter. Wann immer das geschieht, wenn ich daran erinnert werde, wo ich mal war, dann sacke ich ein wenig zusammen. Ich fühle eine Leere. Nicht so sehr für eine Frau als für ein Kind – ich hätte gern einen Sohn gehabt. Das ist die Leere.« – »Und was tun Sie?«

Jetzt kamen seine Antworten langsam. »Ich versuche, das Verlangen und die Erinnerungen an einen Menschen – zerstörerische Fälle – aufzunehmen und ihnen ihren Lauf zu lassen. Sie abwarten. Ohne Panik. Dabei dann ist die Leere ganz spürbar.«

»Und damit hat sich's?«

»Das ist der Anfang. Dann verwandele ich den Schmerz der Abwesenheit in ein Opfer an Gott. Manchmal ist das alles, was ich anzubieten habe.«

6. Bruder Patrick (Duffy) im Klostergarten bei Conyers, Georgia

»Sie meinen, was Sie aufgegeben haben?«

»Sieht das so aus, als gäbe ich nichts her?«

»Es sieht wie das Geschenk eines aufgegebenen Geschenks aus. Denn er hat Gott so geliebet, daß er aufgab seinen einzigen ungeborenen Sohn.«

Bruder Patrick lächelte. »Sagen Sie nur, daß ich das Potential der Zerstörung in eine nützliche Kraft zu verwandeln versuche. Auf diese Weise ist die Attraktion von außen eine Verstärkung. Eine andere Art, näher zu Gott zu kommen.«

»Noch jemand heute hat diese Wendung von ›näher zu Gott‹ gebraucht. Es klingt wie bei den Hindus, die der Welt entsagen und von der Realität, auch ihren eigenen Begierden, abrücken, damit sie näher zu Gott gelangen.«

»Einfachheit bringt die universalen Dinge zum Vorschein, unter denen wir alle leben. Die materiellen Güter können die Wahrnehmung der größeren Ereignisse verstellen. Hier bei uns geht es um das Bemühen, sich von Blindheit, Arroganz und Selbstsucht zu befreien.«

Die Glocken läuteten zum Komplet. Es war so dunkel, daß ich Duffy mehr hörte als sah. Er sagte: »Ich beginne mit dieser brüchigen Wahrheit, die ich bin. Ich gehe von dem ganzen brüchigen Menschen aus – ganz, aber voll. Dann arbeite ich daran, leer zu werden. Und voll. Auf der Suche nach Wegen zu Gott finden sich Teile von mir wieder zusammen. In dieser Vereinigung finde ich Regeneration.«

»Hört sich nach spiritueller Biologie an.«

»Warum nicht?« Nach einer Pause sagte er: »Wer hierherkommt, folgt dem Ruf, still zu sein. Wenn ich still werde, höre ich nicht mehr mich selbst und fange an, die Welt draußen zu hören. Und dann höre ich etwas sehr Großes.«

Kapitel III
Süd-Südost

1

Inmitten eines Gescheppers von Glocken, mitten in der Nacht, begannen die Brüder ihren Tag. Ich hörte ihr Geschlurf über die Gänge, als sie zu ihren Morgengebeten gingen. Voller Bewunderung für Menschen, die für einen Tag Dank sagen können, der erst in zwei Stunden hell wird, ließ ich mich wieder in mein Bett und in tiefen Dämmerschlaf zurücksinken.

Nach dem Frühstück packte ich mein Zeug zusammen, hinterließ einen Obolus und schüttelte einer erstaunlichen Vielzahl von Leuten die Hand, ehe ich durch das große Tor wieder zurückging. Als ich meine Karre bestieg, dachte ich einen Moment, ich wäre im falschen Wagen. Er wirkte klein und eng wie eine Zelle – nicht die Zelle eines Mönchs, sondern die eines Gefangenen. Selbst die einfachsten und nötigsten Utensilien schienen fremd. Sperrmüll.

Auf der Georgia 155 überquerte ich den Troublesome Creek und fuhr durch Gehölze mit Pecano-Bäumen, die wie Zaunpfähle nebeneinander standen. Das Grün der Weiden schimmerte fast blau, und in den Teichen stand sirupiges Wasser von der Farbe eines staubigen Sonnenuntergangs. Rund um die Farmhäuser waren, hoch über dem Boden, an Drähten ausgehöhlte Kürbisse aufgehängt, die als Schwalbennester dienten.

Auf der anderen Seite des Chattahoochee River stieg das Land wieder an, und der Highway 34 hielt sich auf der Kammhöhe, von wo man in alle Richtungen weit über die Hügel sehen konnte. Dies hier war das Steißbein des Rückgrats der Appalachen, sein allmählicher Abfall zum Golf hin. Kurz vor der Staatsgrenze Alabamas standen ein paar Bars »Zur letzten Chance!« – diese gottverlassenen Schuppen, die mehr Krakeel machen müssen als Pinten, die richtig in den Umkreis einer Stadt gehören; es ist etwas Unnatürliches an solcher Lage im Abseits, an der Distanz zu normaler, alltäglicher Geschäftigkeit. Weiter nach Talapoosa County und Alexander City (gleich hinter einem Ort mit dem Namen Our Town), wo ich mich für die Nacht neben den Tennisplätzen des örtlichen Colleges einrichtete. Dieser Abend sollte meiner Reise eine andere Richtung geben.

2

Die Frau war eine Autorität. Was immer es gab, sie wußte es. Ihr Gesicht, blaß wie eine halbgare Kartoffel, sah aus, als wäre es mit einem Schälmesser geschnitzt. Sie war eine stadtbekannte Matrone in Alexander City. Zwei andere Frauen, braungebrannt vom Golfplatz, saßen neben ihr auf einer Bank bei den Tennisplätzen, während ihre Töchter bei Flutlicht Trainerstunden nahmen. Das Gespräch auf der Bank ging über Tupperware. »Als Hochzeitsgeschenk gibt's überhaupt nichts besseres als ein Pak-N-Stor«, hatte die Kartoffel gerade gesagt. Eine andere erzählte, daß ihre Älteste einen Kühlschrank mit Stapeln von Boxen für ihre Lebensmittel bekommen habe, ein Geschenk der Walkers.

»Da fällt mir ein«, sagte die Dritte, »wie geht's Mildred?«

»Wie soll's einem gehen, der Kobalt kriegt?« antwortete die Autorität.

Eine Tochter mit perlmuttfarbenem Lippenstift lief auf einen schmucken Mann zu, der am Spielfeldrand stand. Auf seinem Hemd lachte sich ein berühmtes kleines Krokodil über irgendwas kaputt. Die Bluse der Spielerin und ihre Shorts saßen ihr so knapp wie Tätowierungen. Sie ließ sich meinen Blick gefallen. »Kauf mir 'ne Cola, Daddy.«

Ein sonnverbrannter Mann am Ende der Bank sagte: »Die kriegt auch die Nase nie voll. Geht im Norden zur Schule. Hier kommt doch keiner an sie ran.«

»Norden, Süden«, sagte ich, »was ist da der Unterschied?«

Er sagte nichts. Die Mädchen spielten weiter, der Vater postierte sich wieder am Spielfeld, und die Frauen sprachen über hochmontierte Swimmingpools. Der sonnverbrannte Mann fragte: »Ist das Ihr Wagen?« Ich nickte, erklärte ihm, daß ich mich im Süden ein bißchen umsehen wolle. Er fragte: »Kommen Sie durch Atlanta?«

»Halt' mich lieber aus den großen Städten raus.«

»Dann sehen Sie nichts vom Süden. Kehren Sie um.« Er rutschte näher. Ich roch die Fahne. »Ich war fünf Jahre auf der Emory University. Hab' mein Studium verdient als Busfahrer in Atlanta.« Während er vor sich hinredete, sah ich den Tennisspielern zu. Er sagte was von einem »Marter-Bus«.

»Was ist ein Marter-Bus?«

»M-A-R-T-A. Metropolitan Atlanta Rapid Transit Authority, auch bekannt als Macht Afrikanern Rasch Trab in Atlanta.«

»Versteh' ich nicht.«

»Die Schwarzen – Sie wissen, die Domestiken, die in diesem verdammten Ghetto Buttermilk Bottom hausen – die nehmen die Busse in die Vororte, die putzen da.«

»Kapiere.«

»Keine Spur. Du beglotzt die Kleine in ihren tollen Shorts. Hör mir mal zu. 'Ne Kirche in Atlanta, unten in der West Peachtree, die hatte ein großes Schild. Dicke Lettern: WO DIE MENSCHEN FREUNDLICH SIND. Dieselbe Kirche, die einen schwarzen Prediger auf einer weltweiten Methodisten-Konferenz nicht sprechen lassen wollte.«

»So was gibt's doch nicht nur im Süden.«

Er hörte mir nicht zu. Er war dabei, mich zu überzeugen. »Ich erzähl' dir mal von einem Laden in Underground Atlanta, da hat man kleine Axtstiele aus Plastik verkauft, mit der Unterschrift eines früheren Gouverneurs. Selbst du als Yankee wirst ja wohl von Lester Maddox gehört haben, wie der vor seinem Pick-Rick Restaurant stand mit einem gottverdammten Axtstiel in seinen gottverdammten Händen. Ich meine, er wurde zum Gouverneur gewählt, weil er fotografiert wurde mit einem gottverdammten Axtstiel. Zu der Zeit war ich nicht bei MARTA, aber wenn, hätte ich meinen Bus mitten rein in Lesters Eiskrem-Scheiße gefahren.«

Der Mann mit dem blauen Krokodil wandte sich an uns. Er sagte: »Sachte, Marlin, hier sind Damen. Wir haben das jetzt oft genug gehört. Die Zeiten haben sich geändert für solche Ideen.«

»Geändert?« Er sah auf den größeren Mann. »Von wegen Veränderung!« Er drehte sich wieder mir zu, rot unter der Sonnenbräune. »Hier ist 'ne Veränderung: ein Denkmal für den Rüsselkäfer in Enterprise, Alabama, weil er König Baumwolle das

Genick gebrochen und Platz gemacht hat für Bohnen und Mais. Oder noch was Neues! Atlanta Klan Kampagne, Klan wie in Kuklux-Kacke, ein oder zwei Jahr' her. Kleines Inserat in der Constitution mit Hinweis auf den Umzug. Ganz unten steht: Garderobe selbst mitbringen. Die Organisation hat sich geändert: sie liefert die stinkenden Bettlaken nicht mehr selbst.«

Der gutaussehende andere Mann, mit Blick auf mich, legte eine Hand auf Marlins Schulter. »Du bist's, Marlin, der Veränderung nötig hat. Als nächstes fängst du wieder an und spuckst dicke Töne über deinen Urgroßvater im Steinbruch von Sylacauga, wie er den Marmor schneidet für den Obersten Gerichtshof. Hör doch zu: alles Schnee von gestern.«

Zu mir sagte Marlin: »Ich hab' einen Bus gesteuert, und er steuert ein Grundstücksbüro. Kannst du dir selbst ausrechnen, Yankee.«

Er stand auf, schlug die Hand des Mannes von seiner Schulter und kam mit seinem Gesicht dicht an meins. In einem spöttischen Tonfall, mit dem Akzent der Leute aus *Vom Winde verweht*, sagte er: »Warum nehmt ihr denn nich' alle eure geilen Augen von den lieben kleinen Mädchentitten und geht mal rüber nach Selma. Und seht was Uncle Remus zu sagen hat seit es zappenduster ist mit seinem Cakewalk.«

Er stieg den kleinen Hügel hoch. Und weg war er.

3

Am Vormittag fuhr ich auf der Route 22, der ich seit der Alabama-Grenze folgte, Richtung Selma. Auf den Nummernschildern der Lastwagen stand »Heart of Dixie«, und ich war auf dem Weg mitten ins Herz. Westlich des gerölligen Coosa River sah ich einen alten Mann beim Pflügen eines alten Feldes mit einem alten Pferd, und wieder einmal war ich nicht sicher, ob das das Ende oder ein Anfang war. Dann gab es einen Ausbruch von Winken – erst in Maplesville, wieder in Stanton, wieder in Plantersville; Leute winkten von Balkonen und Gehsteigen. Wo halt Leute freundlich sind.

Später Nachmittag in Selma, und die großen Bäume entlang

der Broad Street, einer properen und gepflegten Allee, warfen ihre Schatten. Nachbarn fegten ihre Veranden, redeten über Hecken hinweg.

Am unteren Ende der Avenue führte die Edmund Pettus Bridge in hohem Bogen über den Alabama. Die Brücke, nach einem Gefreiten des Bürgerkriegs benannt, der zuletzt Brigadegeneral für die Konföderierten war, ist die Stelle, wo berittene Truppen dem ersten Versuch Martin Luther Kings ein Ende setzten, nach Montgomery zu marschieren. Aber an dem Nachmittag, als ich die Brücke sah, schien sie silbrig und ruhig, mehr normal als historisch.

Water Avenue war eine Querstraße, die auf der oberen, nördlichen Seite parallel zum Fluß lief. Eins der Häuser war ein aufgetürmtes Gebäude mit dorischen Säulen und einer in Stein gemeißelten Inschrift: Harmony Club. Etwas weiter ab standen zwei- und dreistöckige Backsteinbauten mit ornamentierten Gußeisen-Galerien, die der Straße etwas vom Aussehen des Vieux Carré in New Orleans gaben. Das bißchen, das von Selmas alter Geschäftsarchitektur übriggeblieben war – Gebäude, die Walker Evans während der Depression fotografiert hat –, fand sich hier.

Ich sah mich in der Broad Street nach einem Bier um, gegen die Hitze und um Gesellschaft zu haben. Zwei Häuser schienen Bars zu sein, aber die Schilder draußen waren vage. Die Water Avenue, dort, wo die Schiffsbauer der Konföderierten Panzerschiffe gebaut hatten, um Farragut an der Mobile Bay zu bekämpfen, war ruhig bis auf ein altes Baumwoll-Lagerhaus mit einem blinkenden elektrischen Reklameschild: Mickey's Place. Ein zweites Schild darüber zeigte ein Champagnerglas, ein Pluszeichen und eine menschliche Figur, die entweder tanzte oder tot umfiel.

Mickey's Place war tatsächlich eine Kneipe und das Schild eine Hieroglyphe des Bibel-Belts, die genau dies besagte. Ich war der einzige Gast. Das Mädchen an der Bar, Anfang Zwanzig, trug eine bis zur äußersten Grenze des Anstands durchsichtige Bluse; in der Mitte hatte sie eine rote Plastikrose – Made in Taiwan – angesteckt, deren Gegenstück aus schwarzen Spitzenhöschen hervorsah, die an die Wand genagelt waren. Sie kam mir einsam vor, wie sie dastand und mit Hilfe eines Cocktailglases Stapel von Papierservietten so drehte, daß sie wie kleine Ziggurats aussahen.

Im Halbdunkel gab der Spiegel hinter der Bar, obwohl nur knapp ein paar Meter entfernt, kein Gegenbild, und ich tastete, ob ich meine Sonnenbrille anhatte. Ich nicht, aber sie. Parfümgeruch an der nassen Bierflasche, die sie hinsetzte. »Was soll denn das Zeichen da draußen?« sagte ich. »War nicht sicher, ob dies ein Lokal ist.«

»Können Bars und Schnaps in der Stadt nicht annoncieren? Eh'stens geht noch ›kalte Getränke aller Art‹.«

Vier neue, »antike« Brauereilampen von Pabst Blue Ribbon hingen, Kopf nach unten, hinter der Bar, der Name war verschmiert.

»Und die Lampen?«

»Das is' Reklame.«

»Aber auf meiner Flasche kann ich Pabst lesen, nur an der Wand nicht.«

»Kapierst schnell. Wo kommst du her? Chicago?«

Ich sagte es ihr. Sie nahm ihre Sonnenbrille ab, um besser zu sehen oder gesehen zu werden, und setzte sie wieder auf, als ein Mann reinkam und nach einer Flasche Bier außer Haus verlangte. Sie rollte sie sorgfältig in eine Papiertüte, aber der Umriß war ja klar. Sah aus wie eine Mumie.

»Und woher sind Sie?«

»Von hier«, sagte sie. »Selma, immergeliebtes Alibabaalbama, Herz von Dixieland.« Ich lächelte. »Lach nich', Chicago. Der einzige Ort, wo ich je war, ist hier, und ein bißchen Montgomery. Und Biloxi, mal als Kind. Aber bald geht's ab nach New Orleans. Dies Mäuschen macht 'ne Sause. Ade, schöne Gegend!« Sie nahm ihre Brille ab. »Na, und was macht Mr. Chicago in Selma?«

»Mr. Chicago kriegte einen Tip, sich mal drum zu kümmern, was den Marsch ins Aus brachte.«

»Welchen Marsch?«

»Kings Marsch.«

Sie sprach jetzt leiser. »Scheißthema, Chicago. Du bist zwei Blocks von Browns Kapelle. Da, wo alles anfing.«

»Noch immer so schlimm? Wie lange ist es her?«

»Weiß nicht. War noch ein kleines Kind.«

»Kommen Schwarze jetzt hier rein?«

»*Hier*? Die haben ihre Clubs, wir haben unsre.«

»Hört sich nicht an, als hätte sich groß was geändert.«

Sie wandte sich einem scharfkantigen Mann zu, der sich gerade gesetzt hatte. Laut sagte er: »Könnte ich einen Tom Collins haben oder ist Süßholzraspeln alles, was hier läuft?« Sie mixte seinen Drink und redete mit ihm. Immer wieder richtete er seine kleinen, runden Augen auf mich. Sie kam wieder an mein Ende der Bar.

»Vor dreizehn Jahren, sagt Ray, war der Marsch. Noch was?«

»Klar, wenn Sie ein Bier meinen.«

»Warum reden Sie nicht mit Ray? Er hat das zweimal gesehen.«

»Ray sieht nicht gerade wie ein Kumpel aus.«

»Er ist ganz in Ordnung, meistens. Ich kann Ihnen nichts erzählen.« Sie blickte auf den Mann. »Hey, Ray, ich hab' dem Chicago hier erzählt, wie einen Abend diese Neger reinkamen und keinen von ihrer Sorte hier sahen und abhauten.«

»Na und?«

»Na und, weil er wissen will, ob sich die Dinge geändert haben.«

Ray, ein grobschlächtiger Mann, setzte sich neben mich und sah die Frau starr an. Er sagte: »Was geht ihn das denn an?«

Immer noch mit ihr redend, drehte er sich zu mir um, spendierte mir ein Lächeln vom Charme eines Klappmessers. »All diese Jungs aus dem Norden wollen wissen: Wie ist euer Nigger-Problem? Können die nicht kapieren, daß uns das krank macht. Gibt's nicht mal was Neues zu reden?«

»Gestern abend hat mir jemand vorgeworfen, ich weiche dem Problem aus.«

»Okay, Jungchen. Ich sag' dir eine Veränderung!« Es kam heraus wie eine Drohung. »Veränderung hat die Stadt ruiniert. In der Bar, aus der ich gerade komme, saßen drei von ihnen da, faul wie die Sünde. Vor fünfzehn Jahren hätte sich da ein Neger nicht mal für Geld reingetraut. Du redest von Veränderung, und ich sage: Geh zum Teufel.«

Kein Kommentar. Ich sah schon die Schlagzeile: YANKEE-HALBBLUT ERDOLCHT!

Er wartete, dann weiter: »Und noch eins. Die Probleme, die

wir haben, kommen gar nicht so sehr von den Negern. Die kommen viel eher von den Klugscheißern aus dem Norden, die sich hier in unsere Angelegenheiten reinhängen. Uns erklären, wie wir zu leben haben. Das ist, was uns hier stinkt, selbst den Negern. Bist du Reporter?«

»Nur auf der Durchreise. Wollte mal sehen, was sich verändert hat in Selma.«

»Unsere Geschäfte haben sich verändert. Zum Miesen hin. Aber der Geist nicht. Hier lebt jeder, wie er will. Zum Beispiel Bernita hier. Wenn's ihr Spaß macht, auf die Bar zu klettern, einen Strip hinzulegen und uns zu zeigen, was sie zu bieten hat, da wird sie keiner aufhalten.«

»Würde irgend jemand einen Farbigen aufhalten, der hier ein Bier bestellte?«

»Immer wieder dieselbe Kacke. Ich hab' das alles hinter mir. Es macht mich krank.« Er wandte sich weg und sprach mit Bernita. Sie ging, um an einem der Tische zu servieren, und er sah jetzt mich wieder an. »Komm' nicht klar, was du eigentlich willst.«

»Einfach mal sehen, wie die Dinge stehen. Alles was ich weiß, ist aus Büchern oder aus der Röhre.«

»Da haben wir's. Der ganze Marsch war ein Fernsehbluff. Die Nigger wußten, was hier passieren würde. Deshalb gerade sind sie gekommen. Kaum einer war von hier. Sie wußten, daß der Sheriff eine ziemliche Reputation hatte. Den haben sie ausgewählt, nicht die Stadt. Nun, sie haben gekriegt, was sie haben wollten. Macht mich krank, immer die ollen Kamellen.« Er ging zur Toilette. Als er zurückkam, bestellte er noch ein Bier. »Weiß immer noch nicht, worauf du hinauswillst.«

Ich antwortete nicht. Er selbst kam immer wieder auf das Thema zurück, als würde ich ihn darauf festnageln. Er wollte es weiterbereden, und mir gab er die Schuld.

»Diese Marschierer fuhren ihr eigenes Geschütz auf, und wir waren angeschmiert. Is' echt nicht schwer, George Wallace anzuschmieren.«

»Was sagen Sie da?«

»Ich sag', daß es ein verdammter Mangel an Unverstand war, die Hunde loszulassen und die Nigger zusammenzuschlagen.

Sonst wären die Kameras hübsch im Kasten geblieben. Das hat uns ruiniert – die Fotografen und die Reporter. Genau wie mit dem Klan. Irgend so ein Großprotz kommt hervorgekrochen aus seinem stinkenden Mustopf, schon gehen die Kameras los und das Gezeter über den armen Süden.« Er starrte in den dunklen Spiegel. »War mal so, daß jeder blieb, wo er war. Das ist, was jetzt alles so durcheinander bringt. Mir wird schlecht, davon zu reden.«

»Nicht, daß Sie was falsches denken«, sagte Bernita, »Selma ist eine nette Stadt. Wir haben Farbige im Stadtrat und sonstwo. Was ich bloß nicht ausstehn kann, sind Leute mit zwei Gesichtern – erst freundlich, und dann sieht man die Wahrheit.«

Ray sagte: »Weiß überhaupt nicht, was der eigentlich will. Verdammt, ich hatte doch selbst Nigger, die für mich arbeiteten drüben in meinem Geschäft. Stell sie ein, und die rennen weg.«

»Was für Arbeit?«

»Autowaschen.«

»Durften sie auch mal eins verkaufen?«

»Weißt du was? Dann wäre ich jeden meiner Kunden los.«

»Sieht aus, als hättet ihr euch ziemlich im Clinch. Einer müßte mal loslassen.«

Er lehnte sich auf seinem Hocker zurück. »Ja, ja, ja. Jetzt kommen die guten Ratschläge, klar doch. Du hast doch keine blasse Ahnung. Schaut mal auf einen Tag rein und weiß die Antwort. Hoffnungsloser Fall. Hast du schon mit 'n paar Niggern gesprochen?«

»Nicht hier.«

»Nicht hier. Hat ein Bild im Hirn wie'n gemachtes Bett. Kennt man alles. Wir haben unsere Städte nie in Brand gesteckt.«

»Wer sagt denn, daß es ein Südstaaten-Problem ist? Ist ein Weltproblem.«

»Na, das ist doch wenigstens mal etwas.«

Während wir redeten, fiel das Wort Nigger immer weniger, als wenn er das Gift für eine Weile ertränkt hätte. Er wurde aber nicht weich; er drückte sich jetzt nur anders aus, obwohl er niemals seinen Standpunkt auch nur zu kaschieren versuchte. Ein Mann mit mehr Sorge und Verdruß als Haß. Er war eher leer als böse.

4

Was früher die Sylvan Street gewesen war, hieß jetzt Martin Luther King Drive. Einige Weiße in Selma sagten immer noch Sylvan Street. Es ist die Hauptverkehrsader durch das sogenannte Projekt – eine typische, mit Bundesmitteln geförderte Wohnsiedlung –, und es war die Straße, auf der die Southern Christian Leadership Conference damals die Marschierer versammeln ließ, wobei der Block unterhalb des hohen Turms von Brown's Chapel der Ausgangspunkt war. Die ersten Marschierer gingen die Sylvan Street (damals noch) hinunter, dann die Water Avenue hinauf, wendeten sich links und begannen die Pettus Bridge zu überqueren. Eine halbe Meile weit. Am andern Ende der Brücke standen Polizisten und Berittene, riefen den Leuten zu, daß der Marsch nicht genehmigt sei, und drängten sie zur Water Street zurück. Aber diesmal waren Gesänge und Plakate und Füße bessere Waffen, als sie der Staat aufbieten konnte. Whitman, der Mann der Gleichheit, sagte es ein Jahrhundert zuvor:

> Ich mache ein Lied für den Präsidenten, voller Waffen
> mit drohenden Spitzen,
> zahllos hinter den Waffen die Gesichter der Unzufriedenen.

Als King die Marschierer zwei Wochen später wieder versammelte, hatte er nicht nur eine Genehmigung, er hatte sogar den Schutz – wenn auch spärlich – von Nationalgardisten, die von Präsident Johnson aufgeboten waren, dem Mann mit den großen Ohren. Die Menschen versammelten sich wieder an der Brown's Chapel und zogen fünfzig Meilen weit bis nach Montgomery. Diese beiden Demonstrationen erregten Washington mehr als jede frühere Aktion der SCLC, und wenige Monate später verabschiedete der Kongreß den Federal Voting Rights Act.

Es war dunkel, kein Mond, als ich nach Brown's Chapel Ausschau zu halten begann. Ich wollte nur dran vorbeifahren, aber ich hielt in der Nähe einer großen Backsteinkirche, die so aussah, und fragte einen Farbigen, ob das die Kapelle wäre. »Das ist sie«, sagte er. »Aber was macht das für einen Unterschied?« Ohne es zu ahnen, hatte er mich die Frage gefragt, deretwegen ich nach

Selma gekommen war. »Hat hier nicht der Marsch mit King begonnen?«

»Sagt man. Aber was soll's?«

Ich stand auf dem Trittbrett des Wagens. »Ich versuch' herauszufinden, ob sich die Dinge seit dem Marsch verändert haben.«

»Sag's Ihnen in drei Worten: Nischt hat sich geändert.«

»Lassen Sie mich eine andere Frage fragen. Würden Sie heute abend in Mickeys Kneipe einen Drink bekommen?«

»Fragen Sie mich, ob ich da rein will, und ich sag' Ihnen, die können mich da nicht raushalten, weil ich da nicht rein will.«

»Verstehe, aber könnten Sie?«

»Klar könnt' ich, aber da wär' gerade geschlossene Gesellschaft.«

»Ich war da gerade, aber keine Rede von geschlossener Gesellschaft.«

»Ihre Gesellschaft ist leicht erkennbar – genau wie meine.«

Etliche Teenager standen um uns herum. Ich hatte die falsche Farbe auf der falschen Straße, aber niemand sagte etwas. Der Mann, den ich angesprochen hatte, hieß James Walker, hier im Selma Wohnprojekt geboren und aufgewachsen, und er war nach vier Jahren in der Air Force gerade entlassen worden. »Sind jetzt fast auf den Tag genau zehn Jahre, daß King erschossen wurde«, sagte er, »und die Bewegung ist genau so lange tot. Rutscht alles weg. Der Schwarze verliert wieder an Boden. Meine Mutter hat Angst mit einem Weißen zu reden, und meiner Großmutter ist es egal. Sorgt sich nur um die Kinder.«

»Hat der Marsch in Ihren Augen nicht irgend etwas geschafft?«

»Was denn? Letzte Woche wollte ich meinen Führerschein abholen. Zwölfdreißig. Mittagspause. An der Tür ein Schild, daß sie um eins wieder aufmachen. Ich wollte drinnen warten, zog an der Tür. Kommt der Trooper raus und sagt: ›Was'n los, Dummi? Kannst nicht lesen? Hau ab von der Tür, sonst komm' ich beim nächsten Mal raus und schiess'.‹ Da haben Sie Ihre Veränderung.«

»Wieso?«

»Vor zehn Jahren hätte er schon beim ersten Mal geschossen.«

»Und was passierte?«

»Nichts, Kumpel. Nicht auf den Kopf gefallen, dieser hier. Weiß, wann ich die Klappe halten muß, und wann zu reden ist. Dieser hier weiß, wann seine Chance gekommen ist.«

Ein Polizeiwagen kreuzte vorbei. Ein Teenager sagte: »Schon das zweite Mal.« Ein Buick hielt an und Walker stieg ein. Er sagte: »Sie machen die Leute nervös, wenn Sie hierherkommen. Haben nicht die richtige Farbe. Passen Sie gut auf sich auf heut' nacht.« Der Wagen ruckte an, setzte noch einmal zurück: »Wenn Sie nicht um die Kirche rumhängen, kommen Sie morgen früh mal auf den Basketball-Platz.«

Ich fuhr hinaus zum George Corley Wallace Community College, einer von drei neuen Schulen im Staat, die diesen Namen trugen. Irgendwann nach Mitternacht wackelte mein Geist-Auto ein bißchen, und ich wurde wach. Wieder das Wackeln. Ich kroch zum Trennvorhang. Ein Mann stand auf der Stoßstange und leuchtete mit einer Taschenlampe über die Sitze. Als ich gerade die Tür aufmachte, kletterte er in einen Streifenwagen. »Was ist los?« rief ich ihm zu.

»Nur 'n kleiner Check, Nachbar.« Er fuhr rasch davon.

Ich verriegelte die Tür und kroch zurück ins Bett. Check? Wofür, verdammt noch mal?

5

Um zehn Uhr am nächsten Morgen war ich wieder am King Drive, einen Block weit ab von der Kreuzung Jefferson Davis Avenue. Auf dem Basketball-Platz war Walker und trainierte allein. »Hey, da sind Sie ja!« Zum ersten Mal sah ich ihn lächeln. »Halt mich ein bißchen in Form, bis die Schule wieder losgeht. Zum Frühjahrssemester hab' ich's wegen der Air Force nicht mehr geschafft.«

»Welche Schule?«

»Die Alabama Lutherische hier in Selma. Nur Schwarze, so wollte ich's. Hab' das Aufeinanderhocken mit Weißen satt. Air Force hat gereicht.«

»Wollen Sie nicht in den Norden oder den Westen?«

»Als Minderheit? Das ist nicht mein Land.«

»Und was wollen Sie hier?«

»Sozialberatung. Ich bleibe, wo ich was ausrichten kann. 55 Prozent von Selma sind Schwarze. Wir sind ein Potential. Aber erst mal müssen meine Brüder sehen, was auf der andern Seite der Pettus Bridge ist, sehen, wo man von hier aus hinkann.«

»Was heißt das?«

»Neuer Kurs heißt das. King sagte, haltet die andere Backe hin. Malcolm X sagte, Schuß gegen Schuß. Das will ich nicht. Aber wir müssen den Brüdern zeigen, daß sie mehr tun können als abhängen wie Fleisch im Gefrierfach.«

»Vielleicht hat sich nichts geändert, weil keiner sich fürs Projekt interessiert.«

»So leicht sollten Sie's sich nicht machen. Niemand sollte es so schwer haben, überhaupt erst mal fair behandelt zu werden. Müssen Sie sich dauernd um ihre faire Chance sorgen?«

»Normalerweise nicht.«

»Und wieso die hier? Klar, die Freunde hier könnten mehr tun, und würden es auch, wenn sie nicht so viel Zeit brauchten, einen Job zu finden und zu behalten. Macht'n Menschen fertig. Hört nie auf. Wenn ein Bruder eine Stellung kriegt und sich dann engagiert – schon ist der Job weg, wegen dem er sich ein Bein abgerissen hat.«

»Man kann aber keinen entlassen, wenn er nicht gerade in der Arbeitszeit rumredet.«

»Die feuern ihn auch nicht – nicht so direkt. Machen ihn an – soll sich doch keinen Ärger machen wegen neuer Ideen. Bleiben am Ball, bis er aufhört. Ein Gelegenheitsarbeiter kann sich nur halten, wenn es an Fachkräften fehlt. Sonst ade schöne Gegend.« Ein Freund von Walker kam dazu. »Hab' Sie gestern abend hier gesehen. Wir kriegen nicht viel Besuch von euch Leuten.« Sein Name war Charles Davis. Er arbeitete in der Mittelschicht einer Batteriefabrik. »Also mit Jobs ist das so: Wenn ich meinen leid bin und geh' rüber zur Arbeitsvermittlung, drücken sie mir eine Schippe in die Hand oder schicken mich zum Apfelsinenpflükken nach Florida. Ich kann mehr als ein Loch graben oder Gras schneiden.«

»Menge Leute hier im Projekt denken, sie sind bloß Nullen.«

Das war Walker: »Ich? Ich denke, ich kann Präsident der Vereinigten Staaten sein.«

»Scheiße, Mann«, sagte Davis, »die Armee hat dir wohl 'n kleinen Dachschaden verpaßt.«

»Ich weiß, daß sich die Dinge nicht verändert haben, aber sie werden sich verändern.«

»Jung und blöd und große Klappe«, sagte Davis.

»Ich bin vierundzwanzig und er ist einunddreißig. Ich komm' wirklich von nirgendwo. Ich red' über Zukunft. Übrigens, dieser Mann hier möchte was über den Marsch wissen.«

»Glaub', ich war fünfzehn«, sagte Davis. »Hab' beide Märsche mitgemacht. Heißt ja, wir hätten unsere Zeit vergeudet, aber die Dinge sind besser. Bißchen immerhin.«

»Hat sich nichts geändert, was sich nicht ändern mußte«, sagte Walker.

»Paar Sachen, doch, waren wichtig genug. Aber oft geht's genauso lang wie immer. Gestern zum Beispiel. Ich steck' einen Quarter in den Soda-Automaten an der Tankstelle. Geld kommt zurück, immer wieder. Zwei Tankboys sitzen da, glotzen. Ich frag', ob die Maschine kaputt ist, da sagt einer, die nimmt jetzt 30 Cent. Auf dem Automaten steht aber 25. Dann sagt er: Wollten mal sehen, wann du's endlich kapierst. Konnte mir einfach nicht sagen, daß sie's geändert hatten. Ich sagte: Dauert nicht lange, dich zu kapieren, und zog los. Sagt der andere: Soll ich den Nigger auspeitschen? Vor fünf Jahren hätte ich mich mit ihm geschlagen. Jetzt versuch ich's zu ignorieren. Aber mal, da war ich für Malcolm X.«

»Ich meine so«, sagte Walker, »das Staatsmotto von Alabama ist ›Verteidigung unserer Rechte‹. Und genau das tun wir. Andauernd.«

»Das Motto meint nicht gerade dich, James.«

»Höchste Zeit.«

»Hey, wir haben übrigens endlich einen schwarzen Weihnachtsmann im Einkaufszentrum bekommen. Bloß, er hat den kleinen schwarzen Kindern fürchterlich Angst gemacht. Träumen lieber von einer weißen Weihnacht.«

»Erziehungssache«, sagte ich.

»Ja, aber Sie sehen, wie weit das geht. Teufel steckt im Detail.

Immer den Rücken hochrecken müssen, drückt einen nieder, genau wie gewünscht. Hier noch ein Fall: Sechs Leute sind im Bereich des Projekts im vergangenen Jahr getötet worden, und noch niemand ist wegen Mord vor Gericht. Erwischt es einen weißen Typen, dann schnappen sie einen in drei Wochen. Vielleicht den Falschen, aber einer kommt dran. Das Gesetz kümmert sich nicht drum, was wir uns selbst antun. Schwarze gegen Schwarze, das ist jenseits ihres Gesetzes.«

»Keine schwarze Polizei?«

»Die wär'n schlimmer als so ein weißer Drecksack. Diese schwarzen Bullen drehen dich durch die Mangel. Nichts als Schokominze – außen schwarz, innen weiß.«

»Alles, was das Honky-Gesetz will, ist einen Mann einsperren, damit sie wissen, wo er ist.«

»Aber die Weißen hier am Drücker haben gar nichts gegen eine kleine schwarze Puppe, dann und wann. Das ist ihr Beitrag zur Gleichheit – bespring eine Negerin.«

»Ja, aber laß nur mal einen schwarzen Kerl neben einer weißen Frau die Straße langspazieren, und in sechs Monaten haben sie dich dran. Pflanzen dir ein bißchen Stoff ins Auto oder in die Wohnung. Setzen ein weißes Flittchen auf dich an und lassen sie dann um Hilfe rufen. Mit irgendwas kommen sie dir bei. Sie wollen unsere besten Frauen, aber du selbst bist schon hinter Gittern, wenn du bloß mal ›Hey‹ zu 'ner weißen Tante sagst, die sie nicht mal mit 'ner Kohlenschippe anrühren würden.«

Wir gingen ein paar Schritte zu einem kleinen, fensterlosen Backsteinkiosk, der einem Blinden namens Louie gehörte. Davis kaufte drei Zigaretten, steckte eine an und tat zwei unter seinen Hut. Ein weißer Süßwarenhändler kam herein. Louie fragte, wieviel von dem und dem er bringe. Der Handel lief auf Treu und Glauben ab.

Davis sagte: »Der sahnt ganz schön ab bei dir, Louie.«

»Keine Spur. Der Zuckermann sahnt beim alten Louie nicht ab.«

Walker und ich tranken Nehi-Traubensaft. Er sagte: »Louie, erzähl dem Mann hier mal, wie das war, als wir alle den Marsch gemacht haben.«

»Louie hat das Geschäft seines Lebens gemacht.«

»Also war's nur ein Geschäft für dich, nicht, Louie?«

»Geschäft ist Geschäft.« Als wir draußen waren, sagte Davis: »Ich erzähl' Ihnen was Komisches. Letzte Woche, ich kuck beim Baseball zu. Paar von uns sitzen auf dem Kotflügel eines Pontiac. Kommt ein kleiner weißer Bengel an, zieht einen Baseballschläger hinter sich her. Kann noch nicht richtig sprechen. Sagt aber: Ihr Nijjer ab von Papis Auto! Konnte Nigger noch nicht mal aussprechen. Wir lachten. Dann kommt Papi an, setzt den Wagen beiseite und sagt kein einziges Wort. Das Kind konnte ja nichts dafür. Wir wissen, wo's herkommt.«

Ein Mann in Uniform fuhr mit einem Lastwagen der Telefongesellschaft vorbei. Walker nickte Davis zu: »Das ist Nr. 4 heute. Gestern abend 2.«

»Was soll das?« sagte ich.

»Der Stellvertretende Sheriff. Ihr Tarnfahrzeug.«

»Tolle Tarnung mit der Uniform«, sagte ich. »Warum beobachten die euch?«

»Die beobachten nicht uns, mein Lieber – die beobachten dich.«

»Mich? Wieso mich? Denken die, ich agitiere?«

Walker und Davis lachten höhnisch. »Die scheißen auf so was. Die denken, du bist der Mann mit dem Stoff.«

»Ein Dealer? Wie kommen die auf so was?«

»Holzauge sei wachsam. Weißer Typ abends beim Projekt, mit einem Lieferwagen, Kennzeichen aus dem Norden. Klar, Mann, da mußt du ja ein Dealer sein.«

»Wenn nicht, stecken sie dir ein bißchen Stoff zu, falls du nicht kusch bist.«

»Ein Polizist hat letzte Nacht den Wagen inspiziert.«

»Informationen. Wie sie dich anfassen sollen. Wenn sie dich kassieren, wirst du dich wundern, was die alles von dir wissen, bis zur Größe deines Slips.«

»Wenn du irgendwelchen Stoff hast, versteck ihn gut oder schmeiß ihn weg. Bloß jetzt nicht mehr verkaufen.«

»Ich hab' Bier und ein bißchen Bourbon. Rein wie 'n Engel.«

»Bis sie dich anhalten und deine Karre durchsuchen.«

»Bleib noch ein Weilchen, und sie kriegen dich – bißchen zu schnell gefahren, vergessen zu blinken, irgendwas.«

7. James Walker und Charles Davis in Selma, Alabama

»Für die bist du jetzt schlimmer als ein Nigger.«

Davis mußte zur Arbeit, und Walker hatte eine Verabredung. Ich fuhr die Broad Street hinauf – die saubere, propere Broad Street. Ich war für ein paar Stunden ins »Projekt« gegangen, und schon fühlte ich mich gebrandmarkt. Ich war verdächtig. Nur Paranoia, klar.

Auf meiner Fahrt aus der Stadt kam ich an drei Polizeiautos vorbei, die an Kreuzungen standen. Aber vermutlich hatten sie nur wegen der Vorfahrt gehalten, denn keins kam mir nach. Aber ich fuhr unter dem Geschwindigkeitslimit, kam an jeder Ampel und jedem Schild penibel zum Stehen und blinkte immer schon einen Block im voraus. Und ich ließ meine Augen kaum einmal vom Rückspiegel. Welch ein Abgang!

6

Uniontown, Demopolis. Der Tombigbee River und der blaue Highway 28. Ich verpaßte den Abzweig nach Sucarnochee, und so kam ich auf Route 16, über Scooba, nach Mississippi hinein, eine Strecke mit Bäumen und Farmhäusern. Das waren nicht die Farmen mit weiten umlaufenden Veranden, steilen Dächern und langen Fenstern wie früher, sondern eher neue Gebäude, die sich von den Nullachtfünfzehn-Modellen der Suburbs nicht unterschieden.

Dann Philadelphia, Mississippi. Hier, wieder, die alte, traurige Geschichte. Die Stadt, wie andere auch in dieser Gegend, war auf dem Grund eines alten Choctaw-Dorfes gebaut worden. Der Choctaw-Stamm, dessen Land fast das ganze heutige Mississippi umfaßte, machte sich einen Namen durch sein Geschick in Gartenbau und Diplomatie. Es waren vernünftige Leute, deren Häuptlinge ihre Stellung durch Verdienst erwarben. Anfang des 19. Jahrhunderts lernten sie vom Weißen Mann und begannen Schulen zu bauen und auf ihren Farmen auch Vieh zu halten. Später pflegten die Weißen von ihnen als einem der »fünf zivilisierten Stämme« zu sprechen. Trotzdem mußten die Choctaw unter dem zunehmenden Druck der weißen Siedler der Regierung ein Stück Land – jeweils eine Million Morgen – nach dem andern abtreten. Vertreter der Bundesregierung bedrängten die Stämme mit Hilfe von Mischlingen, die man mit Whiskey oder Glasperlen bestochen hatte, Verträge zu unterschreiben; sie versprachen den Indianern Leibrenten, Landschenkungen und Reparationen, von denen so gut wie nichts geleistet wurde. Präsident Andrew Jackson machte sich auch nichts daraus, daß Offiziere der Choctaw wie Ofahoma an seiner Seite gegen die rebellierenden Creek-Indianer gekämpft hatten; Jackson trieb seine landverschlingenden Verträge immer weiter. Mit dem Vertrag vom Dancing Rabbit Creek, der in den Wäldern nordöstlich von Philadelphia geschlossen wurde, gaben die Choctaw ihr letztes Stück Land auf und willigten widerstrebend ein, Mississippi für immer zu verlassen. Sie gingen in das dürre Indianer-Territorium, wo sie ihre eigene Republik just nach dem Modell jener Regierung errichteten, die sie gerade enteignet hatte.

Es ist eine traurige Geschichte, nicht wegen des Zustroms von Siedlern – schließlich hatten sich ja die Indianer selbst über Tausende von Jahren hinweg auch nicht in Ruhe gelassen. Es ist eine traurige Geschichte wegen der schäbigen Art, in der die neuen Leute mit den eingeborenen Amerikanern umgingen: und damit sind nicht nur die Lügen gemeint, sondern auch der totale Unwille, sich in ein so riesiges Land zu teilen.

Dennoch blieben tausend und ein paar Choctaw heimlich in Mississippi, um das versprochene Land zu reklamieren, obwohl nur wenige erlebten, daß ihnen auch nur ein Acre zurückgegeben wurde. An diesem Nachmittag kauften ihre Nachkommen am Platz in Philadelphia ein, aßen einen Hotdog am Pow Wow Drive-In, hatten sich für ein paar Stunden von ihrem Reservat westlich der Stadt beurlaubt. Während sie sich an das symbolische Landgeschenk hielten, konnten sie die Städte beobachten, die die weißen Männer seither errichtet hatten: Verbesserung, Unternehmungsgeist, Wachstum, Energie, Fortschritt. Und was das Land in der Umgebung der Städte produzierte, konnten sie auch beobachten.

Highway 16 ging durch grüne Felder, blaue Teiche, Kiefern-Wäldchen; überquerte den Yokahockana River, ein Name, der zu einer ganzen Gesellschaft von Flüssen mit besonderen Namen in Mississippi gehört: Yazoo, Chickasawhay, Yalobusha, Little Flower, Noxubee, Homochitto, Bogue Chitto, Skuna, Singing River.

In Ofahoma fuhr ich auf den Natchez Trace Parkway, eine zweispurige Straße, die von Natchez bis in die Nähe von Nashville führt und einem fünfhundert Meilen langen Trail folgt, der zuerst von Büffeln und Indianern gebahnt worden ist. Die Chickasaw nannten ihn den »Pfad des Friedens«. Um 1810 war der Trace der Hauptrückweg für die Händler im Ohio Valley; anstatt sich mit den Strudeln des Mississippi abzuplagen, verkauften sie ihre kiellosen Boote in Natchez als Gebrauchtware und wanderten auf dem alten Pfad heim. Die Armen reisten manchmal nach einer Methode, die »Ritt und Seil« genannt wurde: Zwei Männer kauften sich einen Maulesel; einer ritt bis zum Mittag, band das Tier an einen Baum und ging zu Fuß weiter, bis sein Partner ihn reitend abends einholte. Um die Mitte des letzten Jahrhunderts machten Dampfboote den anstrengenden und gefährlichen Treck unnötig, und der Trace verschwand in den Bäumen.

Jetzt hatte die neue Straße die Wälder wieder geöffnet und verlief zwischen Judaspalmen und den weißen Blüten des Hornstrauchs, ein Kurvenband unter einer kühlen immergrünen Decke. Meilenweit keine Überlandleitungen oder Reklameschilder. Nur Baum, Fels, Wasser, Gebüsch und Straße. Der neue Trace folgte wie ein Fluß den natürlichen Konturen und rückte das Land ins rechte Licht; es brachte die Schönheit so zur Geltung, daß jeder Straßenplaner im Land hier entlangfahren und sehen sollte, daß ein Highway die Landschaft nicht schänden muß.

Nordöstlich von Tougaloo hielt ich an und ging zu Fuß einem Pfad nach, der in einen schwarzen Sumpf mit Tupelos und Zypressen führte. Die Sonne drang nicht durch den dichten Baldachin aus Knospen und Zweigen, und das träge Wasser bewegte sich düster. Im Schlamm begannen sich die Kaulquappen zu regen. Es war Frühling hier und in den Stämmen und Stengeln stieg der Saft; Blätter, dicht gefesselt in ihren Hülsen, begannen sich zu befreien und dem Licht zu öffnen; in dem Brei rührte sich die Natur, das Wasser blubberte vom Schaum aus Sperma und Laich, und das ganze Moor lag üppig und geil da, dick und dampfend vom Geruch nach Fortpflanzung. Dinge, die lange eng eingeklemmt, eingeschlossen waren, Dinge, die darauf warteten, etwas anderes, etwas größeres zu werden, hielten sich bereit.

In mir war ein ganz starkes Gefühl: So also sah das aus, wenn das Leben damit beschäftigt war, sich selbst weiterzuleben. Spitze phallische Triebe kamen aus dem Schlamm hervor, grüne Gemüsesprößlinge steckten die Köpfe aus dem Sumpf wie auf der Suche nach verwandter Vegetation. Stabil und unaufhaltsam erhoben sie sich unter der Peitsche der ältesten Rhythmen. Die Dinge wuchsen so schnell, daß ich die Hitze ihres Werdens nahezu spüren konnte: Das sanfte Reiben des Blatts gegen die umgebende Hülse, Blumenblatt gegen Blumenblatt. Eine Zeitlang stand ich zwischen den hohen Mysterien des Seins, die den Verfall des alten Lebens in sich aufhoben.

Dann ging ich zum Trace zurück und folgte der Dämmerung

über etliche Jackson Highways, deren Pflaster wie Krampfadern aufgebeult war und deren Schilder mit Erdbeer-Sirup-Pfannkuchen, märchenhaften Motelbetten und Super-Käsepizzas lockten. Über den Pearl River und dann nach Clinton, einem Flekken, den Sherman geplündert, aber immerhin nicht gebrandschatzt hat. Alles am Ort war zu. In der Nähe des Campus des alten Mississippi College suchte ich mir einen Parkplatz für die Nacht und aß eine Dose Thunfisch und drei gekochte Karotten. Keine Lust auf das Leberhaschee. Ich aß nur, weil ich nicht wußte, was ich sonst tun sollte. Ich hatte das Autobahn-Amerika links liegenlassen und zahlte nun den Preis. Insgeheim gierte ich nach einer standardisierten Pastete aus gen-gesteuertem Rind.

7

Vor anderthalb Jahrhunderten hatten die Gründer des Mississippi College gehofft, es werde die Staats-Universität werden. Aber dazu kam es nicht, und so überließen sie es den Presbyterianern. Die Baptisten interessierten sich, und das College kam auf seine eigene ruhige Art voran und brachte sogar drei Gouverneure hervor. Tatsächlich haben all die verschiedenen Veränderungen gar nicht viel ausgemacht. Ein Student erzählte mir, daß alle Leute in der Stadt Baptisten seien, selbst die Presbyterianer.

Ich aß mein Frühstück in der Cafeteria. Ein Student mit Bürstenschnitt und Trainingsanzug setzte sich mit einem hohen Stapel Pfannkuchen zu Tisch. Er war ein methodischer Bursche. Nach einem Gebet, das etwa eine Minute dauerte, nahm er aus seiner Aktentasche eine Bibel, einen Buchständer, Klemmen, um das Buch offenzuhalten, einen Filzstift in Grün, einen in Rosa, einen in Gelb; als nächstes kam eine Spritzflasche mit flüssiger Margarine, eine Flasche mit Syrup, die in Plastik gewickelt war, eine Leinenserviette und eins dieser kleinen zitronengetränkten Erfrischungstücher. Die ganze Geschichte sah nach der alten Zirkusnummer aus, bei der zwölf Leute aus einem Auto von der Größe eines Mülleimers aussteigen.

Eine Frau mit dem Lächeln einer Buttermandel setzte sich mir gegenüber. Ihr Haar, frisch aus dem Lockenwickler, fiel in lokkeren Wellen von der Farbe polierten Nußbaumholzes herab, und ihre Brüste, die Schatten warfen auf die Taille, drängten sich voll gegen ein glänziges Kleid, das wie naß aussah. Ein goldenes Kreuz pendelte sacht dazwischen, und eng um ihren hohen Hals hing ein kleines Amulett mit dem Tierkreiszeichen der Fische. Wir nickten uns zu, und sie sagte im weichen Mississippi-Tonfall: »Sie waren sehr interessiert an Jerrys Pfannkuchen.«

»Es war die Tasche. Ich dachte, als nächstes holt er noch einen Water-Pik-Apparat und die Bundeslade hervor.« »Er ist ein netter Junge. Seine Parameter sind einfach nicht wie Ihre.« Sie hätte mich nicht mehr überrascht, wenn sie etwas wie Atzventzkrantzkertzenantzünder gesagt hätte. »Die Grundlinie ist immer parameterbedingt, wie auch immer der Input aussieht.«

»Lassen Sie mich was Verrücktes raten: Sie haben mit Computerprogrammierung zu tun.«

»Ich arbeite im Büro, aber mein Bruder ist Programmierer in Jackson. Durch ihn interessier' ich mich dafür. Er spielt mit dem Computer nach Feierabend. Hat im letzten Jahr seine Weihnachtskarten auf einem IBM 36158 gemacht und seine Hochzeitsanzeige vor zwei Jahren auch. Aber wir sind verschieden kanalisiert. Ich möchte den Computer zur Bereicherung des religiösen Lebens benutzen. Vielleicht Gebete in den Computer geben wie die Gesellschaft in Kalifornien, die sie programmiert. Für zwei Dollar schicken die Ihr Gebet eine Woche lang zweimal am Tag hinauf. Die senden bis zu zehntausend pro Monat.«

»Und wenn Gott kein FORTRAN versteht?«

»Ach, hören Sie mal! Da sind die Leute kritisch, aber über Gebetsmühlen und Rosenkränze machen sie sich nicht lustig, und das sind wirklich nur Maschinen.«

»Kriegt Gott auch den Ausdruck?«

»Hören Sie auf! Sie kriegen den Ausdruck. Können Sie sich rahmen lassen. Lassen Sie Ihr Lächeln!«

»Pardon, aber Sie sagten, sie schicken die Gebete ›hinauf‹, und ich fragte mich nur, wie das nun wohl konkret aussieht.«

»Sie sind ein Oberschlauer. Kommt doch alles auf die Modalitäten an. Das Gebet muß immer noch aus einem Herzen kommen. Die Japaner schreiben Gebete auf Papierfetzen und binden sie an Zweige, so daß der Wind sie gewissermaßen verbreitet. Genau so hier – die Menschen versuchen, die Funktion des Gebets zu maximieren.«

»Sind Sie ein Fisch?«

»Würde ein Steinbock ein Fisch-Amulett tragen?«

»Wie können Sie an Astrologie glauben und ein Kreuz tragen?«

»Mr. Oberschlau! Wer hat die Sterne gemacht. Die Astrologie ist doch auch nur eine andere Modalität.« Sie nahm eine Computer-Karte aus ihrem Notizbuch. »Ich muß jetzt zum Kurs, aber hier haben Sie *noch* eine Modalität. In Indien beten die Leute beim Essen – als wenn jedes Kauen ein Gebet wäre. Versuchen Sie's mal. Selbst miesepetrige Oberschlaue mögen das.«

Sie gab mir die Karte und stob davon. Und das war der Text, Wort für Wort:

Bibelkuchen

2 Becher Sprüche 30,33
3 Becher Exodus 29,2
3 Becher Jeremias 6,20
2 Becher 1. Buch Samuel 30,12
2 Becher Nahum, 3,12
½ Becher Buch der Richter 4,19

1 Becher Schöpfungsgeschichte 43,11
6 Jesaiah 10,14
2 Eßlöffel Korintherbrief 5,6
1 Eßlöffel Samuel 14,25
Würzen mit Buch der Könige 10,10

Nachtisch 3. Buch Moses 24,5

Mit Liebe servieren ... Sally

8

Ich fuhr wieder auf den Trace und folgte ihm durch Weiden und Pecano-Gehölz und bebaute Felder; wilde Blumen und Klee drängten dicht heran, und von den Bäumen hingen lange purpurne Dolden von Fuchsien wie Weintrauben; an einem Teich eine Kolonie von Bisamratten. Ich bog bei Learned ab und fuhr bei Vicksburg über den Mississippi. In der Nähe der Stadt aß ich ein Sandwich, dort, wo Befestigungsanlagen aus dem Bürgerkrieg sich auf einem Felsen hoch über dem Fluß erhalten hatten. Von diesen Zinnen aus hatten die Kanoniere Granaten auf die Kanonenboote der Union unten auf dem Fluß hinabgeworfen. Alles – ob Stein oder Stock –, was aus solcher Höhe fiel, muß mit einer furchtbaren Wucht getroffen haben.

Das Westufer des Stroms war Louisiana, und die Hügel von Mississippi wichen den niedrigen und ebenen Baumwollfeldern, wo feuchte Hitzewellen sich zusammenbrauten und die staubwirbelnden Traktoren flimmernd verschwimmen ließen. Die Temperatur stieg auf 35 Grad. Früher einmal hatte eine große Eiche oder ein Eukalyptus-Baum in der Mitte der Felder gestanden, und darunter hatte der Farmer sein Essen gegessen, das Gespann abkühlen lassen und seinen Mittagsschlaf gehalten. Jetzt, da man mit vollklimatisierten Traktoren die Äcker pflügte, waren nur noch wenige der großen Bäume übriggeblieben.

Der Verkehr auf der Bundesstraße 80 war von der Autobahn I-20 übernommen, und die zweispurige Straße beförderte nur Farm-Laster und Traktoren, die große Kanister mit flüssigem Dünger hinter sich herzogen. Wie die meisten dieser Bundesstraßen, die ich kannte, war sie viel schlechter als die Staats- oder County-Straßen; also fuhren wir alle langsam, trödelten durch die Hitze.

Jemand wie ich, der seine Reise der Straße überläßt, trifft immer wieder auf unvorhergesehene Dinge, die seiner Unternehmung Form verleihen. »Die Fruchtbarkeit des Unerwarteten« nannte es Proudhon. Der Brathähnchenstand in Monroe, wo ich zum Tanken hielt, bestimmte die Richtung für die nächsten paar Tage. Er nannte sich ›Cajun-Kiosk‹.

Ich war nicht an Nullachtfünfzehn-Hühnchen interessiert, aber das Wort Cajun brachte einen Geruch von Gumbo (Okrasuppe), Hot Boudin und Reis mit sich. Monroe ist weit weg vom Cajun-Land, aber während der Tank vollief, entschloß ich mich, nach Süden zu fahren und richtige Cajun-Küche zu genießen.

Auf der andern Seite der Pumpe wartete ein Mann, mit Armen so dick wie meine Oberschenkel, auf den Einfüllstutzen. Er sagte: »Auf der Durchreise, oder?«

»Auf dem Weg in den Süden.«

»Wollen Sie etwas Fleisch?« Es klang aggressiv wie: »Wollen Sie eine Abreibung?«

»Wie bitte?«

»Wollen Sie Fleisch haben? Ich fliege heute nachmittag von Shreveport aus. Kann die Steaks nicht mitnehmen. Wurde gerade nach Memphis beordert. Wenn sie sich selbst bekochen, dann nehmen Sie sie nur. Entweder Sie oder die Mülltonne.«

Er hatte seine besondere Redeweise.

»Bring ihm die Steaks, Roger.« Ein Junge, etwa zehn, kam heran und überreichte mir vier hübsche Lendenschnitten, die noch gefroren waren. Ich dankte dem Mann.

»Was hast du für deinen Ford bezahlt?« sagte der Junge.

»Dreitausend ganz genau.«

»Und wieviel für die Einbauten?«

»Paar hundert Dollar.«

»Und das selbstgebaute Bett? Könnt' ich's mal probieren?« Ich öffnete die Tür, er sprang in die Koje, streckte sich aus und gab ein lautes Schnarchen von sich. Träumte von fernen Orten. Seine Augen klappten auf. »Die Inflation hat zwölf Prozent draufgeschlagen. Diese Modelle kommen jetzt teurer. Wie ist der Benzinverbrauch?«

»Rund elf Liter auf Hundert.«

»Kann nicht wahr sein!«

»Kann wahr sein, und ist es. Handschaltung, keine Extras außer Nackenstützen, Leichtbau, und ich fahr um die 80.« Dieser kleine Mann von einem Jungen deprimierte mich. Zehn Jahre alt und schon scharf auf Zinsberechnung und Entwertung statt auf den Preis des Abenteuers. Sein Vater gab mir einen Laib Brot.

»Schönen Dank«, sagte ich, »aber ich mach' mir nichts aus weißem Brot.«

»Dann lassen Sie's an der Autobahn für Opossums und Nigger.« Er gab es mir wieder.

Mit den Steaks und dem weißen Brot (wäre gut zu Leberhaschee) fuhr ich Richtung Süden, zum flachen, nassen Dreieck von Mittel-Louisiana, das man Cajun-Land nennt. Die Straße schüttelte den Geistertanz und rüttelte mich so durch, daß mein

Kopf wie der eines jener Plastikhunde wackelte, die man in den Rückscheiben von Autos sieht. Die Hitze machte mich groggy, ich konnte sie nicht abschütteln, und ich wollte nicht anhalten. Nach einer Weile schien die Straße wie ein Kontinuum aus gelbgestricheltem Beton, ein Möbiussches* Band, über das ich mich hinbewegte, weder vor noch zurück, sondern rundherum und auf und nieder zu allen Punkten des Kompasses, doch immer auf derselben Ebene langrollend.

Meine Augen waren fast zu. Dann starrte ein dunkles Gesicht hinein. Mein Kopf schnellte zurück, und ich steuerte den Wagen von der linken Fahrbahn. Ein Anhalter. Ich stoppte. Seine Haut glänzte wie nasser Schlamm aus dem Delta, und sein Lächeln blitzte wie eine Handvoll neuer Münzen. Er war auf dem Heimweg nach Coushatta, nachdem er zwei Tage lang trampend auf der Interstate 20 von Birmingham verbracht hatte, wo er nach einem Job als Maschinist gesucht hatte. Und nichts fand. Meist wurde er über weite Strecken mitgenommen, wenn er auf den Autobahnen erst mal aufgepickt wurde; aber für einen Schwarzen war es leichter, auf den kleinen Straßen mitzufahren, wo mehr Neger am Steuer saßen. Manchmal wurde er sogar zum Essen und Übernachten eingeladen, aber vergangene Nacht hatte er in einer Beton-Röhre geschlafen. Ich fragte, wo er seinen Beruf gelernt hätte.

»In der Armee. Specialist 4.«

»Waren die Jobs alle besetzt in Birmingham?«

»Das haben sie jedenfalls gesagt. Weiß nicht.«

»War es eine Frage von Schwarz oder Weiß? Was glauben Sie?«

Er bewegte sich ungemütlich in seinem Sitz. »Kann man nicht immer sagen. Leicht, das zu behaupten.«

»Und jetzt?«

»Fahr' ich nach Hause und warte, daß was frei wird.«

Wir fuhren gemächlich, das ebene Land lag grün und still. Er war ein scheuer Mann und schien unsicher, was er sagen sollte. Ich füllte etwas Schweigen aus, und dann sagte er: »Scheint, als ob die Dinge, die ich erwarte, nicht kommen, und als ob die, die ich mir vorbeiwünsche, anhalten und dableiben.«

* Der Mathematiker Möbius ist der Erfinder der Endlos-Schleife.

»Ich bin selbst zwischen zwei Jobs. Warte auch, daß was frei wird.«

»Hoffe, daß ich nur zwischen zwei Jobs bin. Ich ging in die Armee, um ein Handwerk zu lernen. Dachte, ich hätte ein gutes gefunden, für hinterher. Jetzt steh' ich da wie mein Onkel. Er hatte nur einen guten Job in seinem Leben. Gut jedenfalls zu seiner Zeit. Fuhr einen Aufzug im Roosevelt Hotel in New Orleans. Dann haben sie automatische Lifts eingebaut. Er sagt, er sei mit seinem alten Aufzug hunderttausend Meilen gefahren. Er kam nach Coushatta zurück und hat ein bißchen Feldarbeit gemacht, dann wollte er sich in Dallas einen besseren Job ergattern und wurde erschossen. Früher dachte ich, er war ein Rumtreiber. Jetzt seh' ich's anders.« Der Rest der Fahrt verlief schweigend. »Ich steig' hier aus«, sagte er zuletzt.

»Ein Mann gab mir ein paar Steaks. Meine Kühlbox reicht nicht dafür in dieser Hitze. Wollen Sie nicht welche mitnehmen?« Ich nahm mir ein Steak heraus und gab ihm die übrigen. »Dies Brot habe ich auch geschenkt bekommen. Falls Sie mögen.«

Er tat die Steaks in seinen karierten Koffer, mußte aber das Brot in der Hand tragen. »Darf ich Sie was fragen? Warum haben Sie mich mitgenommen?«

»Ich war am Wegdämmern. Sie haben mich aufgeweckt.«

Er schüttelte den Kopf. »Vielleicht. Wird ein schöner Abend zu Hause. Mama mag Steaks.«

Und er ging die Straße lang, den Daumen ausgestreckt, in die getönten Windschutzscheiben lächelnd. Der Jäger kehrt heim, heim von den Hügeln; der Seemann kehrt heim, heim von der See. Und wie stand's mit dem Specialist 4, heim aus Birmingham?

9

Den ganzen Weg nach Opelousas dachte ich an den Maschinisten, dessen Namen ich nie erfuhr. Er war ausgezogen und zurückgekehrt, um nur die eine Veränderung zu erleben: daß er älter war. Manchmal gleicht die Erfahrung eines Menschen dem Sekundenzeiger einer Uhr: in der Umdrehung jeden Punkt berührend und doch die Bewegungsbögen immerzu wiederholend.

In der Nähe von Ville Platte eine Szenerie aus drei Farben: Neben einem schwarzen Angus-Rind, auf einer grünen Weide, ein weißer Reiher, der auf Würmer wartete, die von der Kuh aufgeschürft würden. Das unwahrscheinliche Paar schien sich gut zu kennen; nah beisammen stehend, sahen sie in verschiedene Richtungen. Ich weiß nicht, was der Reiher getan hat, ehe er in die Neue Welt flog; ich nehme an, daß er mit seinen langen stelzigen Beinen ins seichte Wasser gegangen ist und ein paar Millionen Jahre lang den Boden abgepickt hat, immer ein Vogel nach dem andern, bis sich die neue Lebensweise ergab.

Ich knipste das Radio an und drehte an den Sendern. Irgendwo zwischen einer Reklame für eine Spar- und Darlehenskasse und einer anderen für Erlösung fand ich eine wilde Musik: teils Kentucky-Fiddle, teils Texas-Gitarre, teils Hillbilly-Harmonika. Cajun-Stimmen sangen ein altes verschliffenes Französisch, teils Englisch, teils unentzifferbar.

Auf der Suche nach Cajun-Musik live, hielt ich in Opelousas an der Plantagen-Lounge. Auf allen Barhockern saß jemand; aber ein kleiner Mann, der den Fremden sah, sprang herunter, schüttelte meine Hand und bestand darauf, daß ich mich auf seinen Platz setzte. Mit dem schnellen Zungenschlag des Cajun-Englisch sagte er, dies sei der Gast-Hocker und gehörte mir zu Recht. Die Kellnerin, eine Frau mit umrandeten Augen, brachte ein Jax-Bier. »Gibt es heute abend Cajun-Musik?« fragte ich.

»Jukebox ist unsere Musik heut' abend«, schnappte sie.

Ein Mann, der Walt genannt wurde, mit dunklem Haar, das pomadisiert und nach alter Fasson zurückgeklatscht war, drängte sich neben mich. »Wenn Sie auf französische Musik aus sind, dann müssen Sie sich an Lafjett halten.«

»Was heißt das?«

»Verfrachten Sie Ihren Corpus nach Lafjett. Größte Coonass-Stadt von der Welt.«

»Lafayette?« Ich wagte es dreisilbig.

»Kapiert, Junior, aber wir sagen nicht: Lah-fay-ett.«

»Und wo sollte ich hin in Lafjett?«

Er holte eine Karte raus, die so detailliert war, daß ich fast die Schlaglöcher in den Straßen sehen konnte. »Nennt sich Eric's. Eins von vielen. In Lafjett haben sie alles, was man will: Musik, Schnaps, Mädchen, Schlägereien, alles.« Er reichte mir die Erdnußschale rüber. »Übrigens, Junior«, fragte er beiläufig, »hast du schon mal eine Cajun-Frau gehabt?«

Seine Frage brachte die Bar zum Schweigen. »Glaube nicht.«

»Dann geb' ich dir einen guten Rat – falls du ihn mal brauchst.«

Es war nun die stillste Bar, in der ich je gewesen bin. Ich fragte so leise, daß kein Ton rauskam und ich neu ansetzen mußte. »Welchen Rat?«

»Nimm deinen Gürtel ab, bevor du sie besteigst und schnall deinen Yankee-Arsch fest, denn dann geht ein Ritt los. Wände rauf, Wände runter.«

Jetzt starrte die ganze Bar, vermutlich um zu taxieren, ob mein Yankee-Arsch das Anschnallen wert war. Ein vertrockneter Alter sagte: »Der Junior hat keinen Gürtel.«

Walt sah meine Hosenträger an, zog an einem und ließ ihn zurückschnappen. »Mein lieber Mann«, sagte er, »bind dich damit fest, und dich fetzt es raus wie mit 'ner Schleuder.«

Die Männer schlugen auf die Theke und erstickten fast über ihrem Dixie-Bier. Einer fing an zu husten, man mußte ihm auf den Rücken klopfen. Zwei wiederholten den Witz.

Walt rief nach der Kellnerin: »Noch ein Jax für Junior.« Zu mir sagte er: »Nimm nie krumm, was ein Coonass sagt. Wir sind alle Narren im Garten Gottes. Außer beim Wetten. Da wird's ernst. Diese Jungs wetten auf alles, was sich bewegt oder Punkte zählt und sogar paar Sachen, die keins von beidem tun. Charles hier zum Beispiel wettet, daß er die Flecken auf einem Dalmatiner bis auf vier raten kann. Ich wette auf was sich bewegt, denn ich versteh' nichts von Hunden, und Punktspiele gibt's nicht so viele. Aber alles bewegt sich – früher oder später. Sogar Berge. Der alte Chicksaw hat mir das beigebracht.«

10

Wer Longfellow gelesen hat, kann das Cajun-Land nicht verpassen, wenn er erst einmal bis zu dessen Herz vorstößt: Evangeline Downs (Pferde), Evangeline Speedway (Autos), Evangeline Thruway (Lastwagen), Evangeline Drive-In, und, so hatte gerade jemand gesagt, das Süße Evangeline Freudenhaus.*

Ich fand meinen Weg durch die Evangelines bis in ein Industrieviertel von Lafayette, ein Zubehör-Areal für Bohrprojekte in den Bayous und vor der Küste. Entlang den Straßen gab es Geschäfte für alles, was mit Ölförderung zu tun hat, alles nach Stahlsektionen geordnet: Röhren, Rahmen, Leitern, Kräne, Rammpfähle, Kabel, Bojen, Tanks. Rohöl hatte das ländliche Louisiana erschlossen wie nichts vorher im Laufe von dreihundert Jahren, und es schien, als bliebe selbst in den Cajun-Nestern nicht mehr viel zu finden, die einst nichts als bewohnte Pfützen waren.

Eric's Lokal, am Rande des Zubehörlagers, war eine fensterlose Betonbox mit Stahltür und kaputtem Neon und einem Parkplatz voller Lieferwagen, Cadillacs und El Caminos (»Cowboy Cadillacs«). Aber keine französische Musik.

Ich trank ein Bier, aß Erdnüsse von der Theke und fragte das Mädchen hinter der Bar, wo ich »Chanky-chank« hören könnte – so nennen die Cajuns ihre Musik. Sie holte auch eine Karte raus, aber sie gab auf, ehe sie fand, was sie suchte. »Nennt sich Tee's. Ist in einer dieser Straßen, aber die sehen da draußen für mich alle gleich aus.«

»Da draußen?«

»Ist auf dem Land. Halten Sie sich an meine Karte, und dann sind Sie bis auf ein paar Kilometer ran.«

Als ich ging, wünschte sie mir Glück. Dem Reisenden sollte es eine Warnung sein, wenn man ihm Glück wünscht. Ich folgte ihrer Karte, bis die Lichter von Lafayette nur noch ein glühender Horizont und das Land schwarz war. Ich kurvte herum, überquerte drei identische Brücken oder überquerte dieselbe Brücke

* Bezieht sich auf das epische Gedicht »Evangeline« von Henry Wadsworth Longfellow. Wird vom Autor auf Seite 174f. näher erklärt.

dreimal. Ich gab auf und versuchte, den Weg zurück in die Stadt zu finden, aber auch das gelang nicht.

Dann ein roter Schein wie ein Lagerfeuer. Ein Bierschild. Deftige Musik kam aus der offenen Tür einer kleinen Pinte, und aus dem Schornsteinrohr dampfte ein Geruch nach siedendheißen Pepperoni. Ich hatte Tee's gefunden. Drinnen, unter einer Girlande von gelben Funzeln, schmetterten ein Akkordeon (das Herz einer Cajun-Band), eine Fiddle, Gitarre und ein Tingaling (Triangel) ihr Chanky-chank. Der Akkordeonspieler annoncierte die Nummern als Songs von *Amour* oder *Joie*, und die Gäste jubelten; aber als er ein »Chanson de marriage« ansagte, wurde er ausgebuht. Viele Male schrie er das Motto der Cajuns heraus: »Laissez les bons temps rouler!« Während die guten Zeiten dahinrollten, saß ich an der Bar neben einem Mann, der nach einem Gespräch lechzte. Er und ich waren die einzigen Yankee-Ärsche am Ort. Sein Name war Joe Seipel und sein Tonfall die Großen Seen. Ich fragte ihn:

»Sind Sie aus Wisconsin?«

»Minnesota. Aber ich war sieben Jahre da, als ich für P.H.I. gearbeitet habe.«

»Was ist P.H.I.?«

Er stellte seine Flasche hin und sah mich mit übertrieben weit aufgerissenen Augen an, den Mund offen, zum Zeichen meiner Ignoranz. »Sie machen Witze!«

»Witze, wieso?«

»Petroleum Helicopters Incorporated.« Er schüttelte den Kopf.

»Jesses!«

»Ah, schon klar. Und was für 'ne Art Hubschrauberei ist das?«

Ich versuchte, nur zwischen den Gesangsnummern zu reden, aber er war nicht zu bremsen.

»Ich fliege nicht. Bin Mechaniker. Aber Stoney hier fliegt zu den Bohranlagen vor der Küste. Bringt Material hin, Besatzungen, verstehen Sie.«

Der Pilot, etwa in den Fünfzigern, trug Cowboy-Stiefel und einen flotten avocadofarbenen Overall. Er war gerade mit einem routinierten Brücken-von-Toko-Ri-Machismo bei einer ballonbusigen Frau beschäftigt, die sich ein Paar roter Lippenbögen aufgemalt hatte, wie sie das wirkliche Gesicht des weiblichen Geschlechts nie gekannt hat.

Seipel sagte: »Ich war genau wie Sie, als ich hierherkam – höllisch blöd. Aber ich habe nachgelesen über Louisiana. Und in dem gelben Buch was über Coonasses rausgekriegt.«

»Welches gelbe Buch?«

»Was da jeden Monat rauskommt.«

»*National Geographic*?«

»Genau. Die hatten einen Bericht über Coonasses.«

»Haben sie auch den Namen ›Coonass‹ erklärt?«

»Nee, das wohl nicht.«

Ein kleiner, O-beiniger Mann mit einem Seidenhemd, auf dem ein Pelikan abgebildet war, zog eine umgekippte Waschwanne neben die Band und kletterte hinauf. Ich glaube, er hatte sein Gebiß rausgenommen. Ein Mopstiel war mit einer Strippe an der Wanne befestigt, und er bewegte den Stock zum Rhythmus der Musik und zupfte die Schnur, was etwa den Ton eines Kontrabasses ergab.

»Das ist Dee Paul am Wascheimer«, sagte Seipel. »Er gehört nicht zur Band.«

Nach etlichen Nummern auf der Wanne hüpfte der Mann vom Podest und tanzte, ganz allein, auf dem Boden herum, mit flatternden Handgelenken, dabei scharfe, schnelle Klick-Geräusche produzierend, die von vier großen dominoähnlichen, elfenbeinfarbenen Plättchen herrührten.

»Das sind Knochen«, sagte Seipel. »Eine Art Cajun-Kastagnetten.«

Als die Band Feierabend machte, hielt sich der kleine Kerl an die erleuchtete Muxikbox, angezogen wie eine Motte, und klackte mit den Knochen in schöner Synkopierung, wobei seine rote Zunge rausschnellte, als wolle sie ihm dabei helfen, und sein kahlgeschnittener kugeliger Schädel dunkel glühte. Seipel rief ihn rüber.

Er zeigte, wie man die Knochen zu beiden Seiten der Mittelfinger festhielt, dann schlenkerte er mit dem Handgelenk, als wollte er Wasser abschütteln, und erzeugte ein Geräusch wie das Klatschen einer Peitsche. »Nimm's mal selber in die Hand.«

Die Knochen waren glatt wie altes Jade. Ich klemmte die knapp zehn Zentimeter langen Plättchen umständlich zwischen meine Finger und schleuderte mein Handgelenk. *Kluck-Kluck*. »Lausig«, sagte Seipel. Ich versuchte es wieder. Kluck-Kluck. Nasse Schwämme hatten mehr Resonanz. Seipel schüttelte den Kopf, und ich gab sie ihm. Er legte sie an, schleuderte einen Arm, und einer der Knochen segelte durch den Raum.

»Ihr Jungs kapiert's nicht«, sagte Dee Paul, seine Worte rollten nach Cajun-Manier. Dee Pauls Name war in Wirklichkeit Paul Duhon. Er hatte die Klappern aus einem bestimmten Beinstück eines Stiers geschnitten und sie auf das richtige Format und die genaue Stärke zurechtgeschnitzt. »Man muß den richtigen Knochen haben, sonst gibt's nur 'nen muffen Klang. Und der Stier muß groß genug sein für die guten Klangknochen.«

Ich versuchte es noch mal. Kluck-Kluck. »Ich arbeite da vierzig Jahre lang dran«, sagte Duhon, »und jetzt erst hab' ich's richtig raus. Seh'n Sie mich an, wird alt und jetzt erst wird er gut. Darum spielen nur alte, alte Männer das Knochenspiel gut.«

»Wo haben Sie gelernt, wie man sie macht?«

»Alter Farbiger, Bahnarbeiter. Hatte nichts, aber liebte Musik, also spielte er Knochen. Spielte öffentlich bei Minstrelshows mit. Eines Tages hatte er den ›Mister Bones‹ weg, und Mister Bones selbst hat mir das Schnitzen beigebracht. Jetzt kommen die Leute an und sagen: ›Komm, spiel mit deinen Knochen in Shreveport.‹ Aber die Knochen sind nur Spaß.«

»Dee Paul will hoch hinaus«, sagte Seipel. »Will ins Guinness Buch der Rekorde.«

»Nicht so sehr hoch hinaus, aber lange. Eines Tages sollen sich die Leute an Duhon erinnern. Ich möchte, daß ›Duhon‹ aufgeschrieben wird.«

Duhon ging nach Haus. Alle gingen nach Haus. Die Kellnerin sah uns müde an. »Okay«, sagte sie, »kommt mal nach hinten auf ein paar scharfe Sachen.«

»Kann man hier vielleicht rauskriegen, warum ihr euch selbst ›Coonass‹ nennt?« fragte ich, und wir lachten und hielten uns aneinander fest.

»Also gut, Jungs, macht's euch bequem.« Sie führte uns – nicht in ein Schlafzimmer, sondern in eine große Küche mit

Betonfußboden und einem großen Picknicktisch unter einer gelb fluoreszierenden Leuchtröhre.

Wir setzten uns, und ein junger Mann namens Michael reichte ein langes Baguette herum. Die Frau stellte zwei Schüsseln auf das Öltuch und schaufelte Gumbo hinein. Nun, ich habe schon oft von dieser dicken scharfen Suppe gegessen, aber so etwas wie dieses Gumbo hatte ich noch nicht erlebt: die Austern waren frisch und fett, die Shrimps saftig, die gewürzte Wurst fleischig, das Okra süß, der Reis weich und die Rouille – die Essenz – war genau richtig. Wir hätten fast unsere Löffelstiele senkrecht reinstecken können.

Die Wurzeln der Cajun-Küche lagen in der Bretagne und haben keine Ähnlichkeit mit der Pariser Cuisine und nicht einmal viel mit den kreolischen Gerichten von New Orleans. Das sind Rezepte der haute cuisine und der Großstadt, und das Essen der Cajun gehört zum Land, wo über Generationen hin die Sachen sich vermischt haben. Niemand weiß überhaupt, woher das Wort Gumbo kommt. Manche sagen, es stamme vom afrikanischen Wort für Okra, *Chinggombo*, während andere es für eine Verhunzung des indianischen Wortes für Sassafras halten, Kombo, das Hauptgewürz.

Die Frau zog sich zurück, und so aßen wir Gumbo und stippten das Brot, und keiner redete. Eine graue Katze sprang auf die Bank zwischen Seipel und mir und beobachtete jeden Bissen, den wir aus den beiden Schüsseln aßen. Auf der andern Seite des Raums bewegte sich eine dicke lederfarbene Maus über die Herdplatte und stöberte nach Krümeln aus dem großen Topf. Die Katze sah ab und zu hinüber, bewegte sich aber nicht von unseren Schüsseln weg. Seipel sagte: »Heut' abend habe ich mich wie der Teufel amüsiert«, und er legte der Katze eine kleine Garnele hin. Weiter wurde nichts gesprochen. Wir alle hielten uns ans Gumbo, jeder einzelne: Katze, Maus, Minnesota, Cajun oder Missouri.

11

Irgendwann in der Dunkelheit des Morgens fing der Regen an. Erst pickte, dann prasselte er, dann fiel er in gleichmäßig sachtem Platschen auf das Stahldach von Geistertanz, und mein Schlaf war ohne Schatten.

Um 6 Uhr dreißig war der Himmel noch dunkel, und immer noch fiel der Regen. Eine Stunde später: Regen. Zwei Stunden später: dasselbe. Ich stand auf, wusch mich, aß ein paar Früchte und etwas Käse. Ich machte es mir in der Koje bequem und las, gelegentlich hinausblickend in den grauen verschleiernden Regen, dem Donner zuhörend (der den Zucker ins Rohr treibt) und das Spanische Moos betrachtend (verwandt mit der Ananas), das wie zerrissene, schmutzige Bettwäsche in den Bäumen hing. Um 10 Uhr dreißig fiel der Regen ganz senkrecht wie aus einer Leitung; ich konnte die vorderen Scheiben halb offen lassen. Ich wußte das damals nicht: aber im Küstengebiet von Louisiana wartet man nicht auf das Ende des Regens, außer man hat den ganzen Tag und die Nacht Zeit. Was ich hatte.

Ich las die Notizen von meiner Reise – Bilder, Gesprächsfetzen, Ideen – und suchte nach einer Struktur der Ereignisse, aber die Regel war Beliebigkeit. Draußen, im Schutz einer immergrünen Eiche, webte eine Spinne ihr Netz. Kann so ein Getier die Komposition seiner Arbeit wahrnehmen, das Muster der konzentrischen Kreise, das über den ausstrahlenden Linien lag? Als der mystische junge Schwarze Elch auf den Gipfel des Harney Peak stieg, um die Gestalt der Dinge zu erkennen, sah er hinab auf den großen einigenden Ring der Völker. Ich sah hinab und sah Fragmente. Aber später an jenem Nachmittag kam mir eine Taktik in den Sinn, die wir bei Nachtmanövern in der Marine benutzt hatten: Um in tiefer Dunkelheit sehen zu können, sieht man nicht direkt aufs Objekt – man sieht nach links; man schaut anderswo hin, um das zu sehen, was man sehen will. Versetzter Blick.

Um halb sechs abends hörte der Regen auf. Ließ nicht nach, hörte schlicht auf. Ich spazierte durch das westliche Ende von Lafayette, wo ich für die Nacht geparkt hatte – und, wie sich herausgestellt hatte, auch für den Tag. Die Nässe vertiefte die

Tönung der Gegenstände, als wenn der Regen aus Farbtropfen bestanden hätte. Von den Azaleen fielen blutrote Blüten, aus den Kamelien sickerte es karminrot. Der sumpfige Boden schmatzte unter mir. Die Wolkenbank bewegte sich wie eine graue Wolldecke, die weggezogen wird, nach Osten, und die Sonne kam niedrig unter einem Gekräusel von Wolken zum Vorschein. Und dann gab es einen Sonnenuntergang, einen grellen polychromen Himmel – violett, kirschrot, purpurn –, so prachtvoll, daß ich die Augen nicht abwenden konnte.

Unter einem Eingangsportal, das von einer Turbulenz blühender Pflanzen geradezu bedroht war, stand ein Mann vor einem Grill, aus dem der geisterhafte blaue Qualm wie Weihrauch aufstieg. Sein Bauch ein ausgebeulter Sack, sein Gesicht wabblig, sah er zu, wie die Kohlen zu Glut verbrannten. Der hatte viele Feuer hinter sich. Die dumpfe Starrheit des Mannes verstörte mich.

Du mußt weiter, dachte ich, eilte zu meinem Auto und fuhr nach Breaux Bridge, in »die Krebs-Metropole der Welt«. Ein richtiges Krebsessen ansteuernd. Breaux Bridge, am Bayou Teche, regte sich sachte mit neuem Sinn für altes Leben. Codofil, eine Organisation mit dem Ziel, Tradition und Sprache des Cajun zu bewahren, hatte Schilder in die staubigen Schaufenster gestellt, Sache wie SOYONS FIERS DE PARLER FRANÇAIS oder PARLEZ FRANÇAIS – C'EST DE L'ARGENT EN POCHE. Ich fragte einen Mann, der gerade seinen Laden abschloß, wo man Krebse essen könne. Er schickte mich über den Bayou hinüber nach Osten, durch Uferstücke mit Weiden und hängendem Moos, vorbei an kleinen Wegrandschildern, die Evangeline Maid-Brot anpriesen, vorbei an Schreinen mit der Jungfrau Maria, vorbei an Höfen, die mit Fisch-Ausrüstungen vollgestapelt waren. In Henderson fand ich ein hölzernes Gebäude, das über dem Bayou Peyronnet hing, grad' unterhalb des steilen Westhangs, den hier das Becken des Atchafalaya River bildet. Die schwere Luft roch nach Meereskreatur und Schlamm und Pepperoni. Auf dem Dach von Pat's Restaurant saß ein zwei Meter hohes rotes Plastikmodell des Cajun-Totems: ein gekochter Lobster.

Die Speisekarte besagte, daß der Katfisch frisch sei, denn er habe die Nacht zuvor noch im Atchafalaya geschlafen. Alles gut und schön, aber ich war ja auf kleine Krustentiere aus. Wie der Journalist Calvin Trillin einmal gesagt hat: die Atchafalaya-Mündung ist für Panzerkrebse, was die Serengeti für Löwen ist. Die Kellnerin hatte ein Gespinst von Falten wie Chantilly-Spitzen auf ihrer Stirn und sprach ihr Englisch in raschen, runden Cajun-Rhythmen. Sie brachte ein blechernes Biertablett voll mit gekochten ganzen Krebsen, die in der Farbe von Feuersauce aus Louisiana glühten. Ich arbeitete mich durch den Berg hindurch. Das Fleisch war weich und pikant, süßer als Shrimps, aber für das butterähnliche gelbe Fett, das die Cajuns aus den Schalen sogen, hatte ich nicht den Magen.

Die Kellnerin sagte: »Na, haben sie geschmeckt wie die Todsünde?« und blinzelte mit einem trägen Augenlid. »Sie wissen, die Cajun nennen sie manchmal Schlammkäfer. Aber das sag' ich den Gästen erst, wenn sie rundum voll sind. Doch der Krebs, er lebt lächelnd im Schlamm, das ist mal sicher.«

»Das sind einfach Miniatur-Lobster. Sind Sie eine Cajun?«

»Wissen Sie das noch nicht, cher?«

»Benutzen Sie Ihr Französisch?«

»Von Zeit zu Zeit, nicht so wie meine alte Tante. Die spricht kein Englisch, außer wenn der Tod anklopft, und dann hört sich's an wie ihr Französisch. Leute in Ihrem Alter verstehens, aber sprechen es nicht mehr viel, jetzt. Und die Kinder? Die können Französisch nicht von Eskimo unterscheiden. Die Schule stellt Hunderte Lehrer ein, daß die Kleinen Französisch lernen. Aber die unterrichten Französisch, wie es in Paris gesprochen wird. Himmel, wir hier sprechen Cajun. Die Lehrer mokieren sich über Cajun, was soll's? Ich sorg' mich um das Cajun. Wir, wir sind die Letzten. Aber als ich ein Mädchen auf dem Schulhof war und sie den Tag begannen mit Flaggenhissen, da sangen wir die Marseillaise – wir dachten, es war das Lied Amerikas.«

In der warmen Nacht, die aufkam und die Farben des Tages ablöste, fuhr ich durch das felsenlose, sumpfige Land, am Bayou Teche entlang nach St. Martinville, einem verfallenden Flecken, wo die Vergangenheit Zukunft war.

12

Kleiner Beitrag zum Thema Dreifaltigkeit: In St. Martinville steht die Bronzestatue einer sitzenden jungen Frau in Holzschuhen, die Hände friedlich gefaltet, den Kopf zum Bayou gewandt –, eine Statue, die zu ein und derselben Zeit an Emmeline Labiche, Evangeline Bellefontaine und Dolores del Rio erinnert. Das Monument steht im Friedhof Poste de Attakapas hinter der großen katholischen St. Martinskirche. Nach dem Bayou sind Kirche und Friedhof die ältesten Dinge in der Stadt. Das kreuzförmige Gebäude, voller flackernder Kerzen, blutbemalter Kruzifixe, schmerzvoller Kreuzweg-Bilder und Gips-Heiligen mit Stab und gezücktem Schwert, enthält in einem Flügel eine vier Meter hohe Replik der Grotte von Lourdes. Obwohl die Messe jetzt auf Englisch zelebriert wird, bleibt die Stätte mit ihren altertümlichen Leidensgeschichten doch auf alte Weise französisch.

Die Bronzefrau sitzt, buchstäblich, auf dem Grab von Emily Labiche, die, wie die Cajuns erzählen, im 18. Jahrhundert das primitive Amerika durchstreifte auf der Suche nach ihrem Liebhaber, Louis Arcenaux, von dem sie während des erzwungenen Exodus der Acadier (Le Grand Derangement) aus Nova Scotia getrennt worden war. Beim Armee-Vorposten am Teche fand sie endlich ihren Louis – verlobt mit einer anderen. Emmeline, von ihrer Wanderschaft erschöpft, wurde durch den Schock über seine Treulosigkeit wahnsinnig und starb kurze Zeit später. Sie begruben sie hinter der Kirche. *Das ist Geschichte*.

Aber der Name auf der Statue über Emmelines Grab ist Evangeline. Die Cajuns glauben, Longfellow habe seine umherziehende Heldin nach Emmeline modelliert, und das hat er wohl auch, obwohl der Dichter Louisiana nie besucht, sondern sich statt dessen auf Informationen verlassen hat, die ihm Nathaniel Hawthorne und ein Anwalt aus St. Martinville lieferten; der war mal Longfellows Student in Harvard. Um sich die Landschaft vorzustellen, besichtigte er Banvards »Laufendes Diorama« des Mississippi – ein fünf Kilometer langes Leinwand-Gemälde aus der Sicht eines Bootsfahrers. Longfellow sagte, der Fluß sei zu ihm gekommen. Er ergänzte das mit

Details aus Darbys Geographischer Beschreibung Louisianas und aus seiner eigenen Fantasie zu einer Geschichte mit anderem Ausgang: Im hohen Alter findet Evangeline ihre Liebe auf dem Totenbett in einem Armenhaus in Philadelphia wieder. *Das ist die Dichtung*.

Und dann ist da noch Hollywood. Das Gesicht der Statue, sanft und schön und unberührt von Wahnsinn oder den Jahren des Umherziehens in der Wildnis, ist das von Dolores del Rio, der aus Mexiko gebürtigen Schauspielerin, die die Trinität komplettierte, als sie 1929 die Evangeline in einem Film spielte, der in der Nachbarschaft, am Lake Catahoula, gedreht wurde. Um den Leuten der Stadt zu danken, spendeten die Schauspieler eine Statue von Evangeline-Emmeline, für die Miß del Rio Modell stand. Die Diva, sagten Zyniker, nahm die Chance wahr, ihre Schönheit in etwas Dauerhafterem als Zelluloid verewigt zu sehen. Wenn viele Bürger auch nicht mehr den Namen wissen, das Gesicht kennen sie.

St. Martinville war reinstes Cajun Bayou-Gebiet, auf eine runtergekommene Weise markant und denkwürdig. Holz- und Eisengalerien waren gebrechlich, die Backsteinbauten bröckelig, die Wellblechdächer rostig. Die Kirche stand am zentralen Platz, das Courthouse unten an der Main Street. Auf der oberen Seite des Platzes kamen in Maurice Oubres Bäckerei die letzten Croissants und Baguettes dieses Vormittags aus dem Ofen, und auf der Westseite, in Thibodeaux' Café und Frisiersalon, war Mr. Thibodeaux schon seit fünf Uhr morgens mit Haarschneiden beschäftigt. Auf der anderen Straßenseite wurden Kneipen ausgefegt, und der Geruch des Biers von gestern vermischte sich mit Thibodeaux' dickem schwarzen Kaffee, Oubres Croissants und der dämpfigen Luft des Teche.

Im Andenkenladen des Museums mit dem Namen Petit Paris de l'Amerique, gleich neben der Kirche, bat eine gepuderte alte Dame den Priester, eine Kerze zu segnen, die sie gerade als Souvenir erstanden hatte; er fuhr mit seiner Hand darüber und sagte: »Möge Gott diese Kerze segnen und alle, die sie benutzen, im Namen des Vaters, des Sohnes und des Heiligen Geistes.« Über seinem Kopf, über dem Coca-Automaten, ein Schild: LADENDIEBSTAHL IST EIN VERBRECHEN UND EINE SÜNDE! GOTT

SIEHT ALLES UND BEHÄLT ES!!! Sünde war dreimal unterstrichen.

13

Wegen eines kaputten Scheinwerfers und Zatarains Kreolen-Mostrichs, eines vorzüglichen einheimischen Senfs, traf ich Barbara Pierre. Ich war gerade mit vier Senfgläsern aus Dugas Lebensmittelladen gekommen, und wir prallten beinah auf dem Bürgersteig zusammen. Sie sagte: »Sie sind nicht aus St. Martinville, nicht? Ganz bestimmt nicht.«

»Ich bin aus Missouri.«

»Was um alles in der Welt wollen Sie hier? Haben Sie einen kleinen Huck Finn in sich?«

»Bin nur dem Bayou gefolgt. Jetzt suche ich nach einer Ford-Vertretung.«

»Zufall. Ich arbeite da. Ich zeig' Ihnen den Weg.«

Sie war Sekretärin in der Agentur und besuchte Kurse an der Universität von Südwest-Louisiana in Lafayette, wenn sie konnte. Ich fragte sie was über St. Martinville, aber ihre Arbeit begann, ehe wir viel reden konnten.

»Hab 'ne Idee«, sagte sie. »Kommen Sie um die Mittagszeit vorbei, und wir können bei mir zu Hause essen. Ich wohne in dem Projekt auf der andern Seite des Bayou.«

Ich holte sie um 12 Uhr ab. Sie erkundigte sich nach meiner Reise, besonders nach Selma und wie ich die Dinge dort sah. »Ein Weißer meckerte über die Veränderungen, und ein Schwarzer sagte, es gebe nicht genug Veränderung, um darüber zu mekkern.«

»Wie bei uns. Was wir wollen ist: langsam kommen lassen – wenn's überhaupt kommt. Die älteren Schwarzen hier haben Angst vor den Weißen und haben nicht viel mit Veränderung im Sinn, wenn das ein Risiko bringt. Andere kümmern sich nicht, solange alles von seiten der Weißen mit Höflichkeit übertüncht ist. Die jungen Schwarzen sehen die Heuchelei – selbst wo es keine gibt. Aber zu viele von ihnen sind drogenabhängig, und da braucht die Stadt unsere Hilfe.

»Versuchen die Weißen nicht zu helfen?«

»Einige, aber wenn ein Weißer sich zu sehr ins Zeug legt, wird er von den andern geschnitten oder ausmanövriert und zahlt am Ende fast den Preis wie wir. Sicher, wir haben gute Weiße – wenn sie sich nicht aus dem Engagement rausschrecken lassen.« Auf der Margaret Street zeigte sie zu ihrem Appartement in einem kleinen einstöckigen Backsteinhaus. Sozialer Wohnungsbau. Als wir zur Tür gingen, beobachtete uns ein schattenhaftes Gesicht hinter einem Chintzvorhang in einer andern Wohnung.

»Haben Sie gesehen? Könnte der Anfang von Schikanen sein.«

»Vielleicht sollte ich gehen. Ich will Ihnen keinen Ärger machen.«

»Zu spät. Außerdem lebe ich hier mein eigenes Leben. Laß mich nicht rumschubsen. Aber das kommt schon noch zurück. Freche Bemerkung, Hohn. Eine alte weiße Dame tritt mich immer in der Bibliothek. Pendelt mit den Füßen unter dem Tisch, weil sie Leute wie mich da nicht drin haben will. Ich könnte sie entzweibrechen, so gebrechlich ist sie. Die schlägt aus wie ein Kalb, wenn sie hiervon Wind bekommt.«

Bücherstapel auf dem Sofa – sonst war die Wohnung ganz aufgeräumt.

»Sie sehen, ich benutze die Bibliothek auch trotz des Ärgers. Die kickende Hexe versteckt Bücher, die ich zurückbringe, so daß ich Mahnungen krieg' und die Rückgabe beweisen muß. Ich erklär' denen, was vor sich geht, aber nichts ändert sich. Und Schwierigkeiten hat man schneller als alles andere.«

»Das habe ich in Selma auch gehört.«

»Ich bin nicht allein, aber manchmal scheint es wie eine Verschwörung. Besonders in den kleinen Orten. Tratsch und Frömmelei – und das mit Leib und Seele.«

»Die Person, die da eben aus dem Fenster sah, war das eine Weiße?«

»Spinnen Sie? An diesem Ende der Margaret Street gibt's keine Weißen. Das meine ich damit, daß wir Schwarzen nicht zusammenarbeiten. Die halbe Stadt ist schwarz, und wir haben nur einen gewählten schwarzen Beamten. Entschuldigen Sie den Ausdruck, aber bei allem, was er für diesen Teil des Bayou Gutes tut, ist er doch nur ein unnützer schwarzer Scheißer.«

»Warum tun Sie nichts? Ich meine, Sie selbst?«

»Tu' ja was. Aber wenn ich was tu', krieg' ich's von beiden Seiten. Inklusive der eigenen Familie. Wo immer ich hingehe, bin ich früher oder später in einem Gerichtssaal. Zweischneidigkeit – das ist mein Dilemma. Ich habe mehr als einen Gerichtssaal aufgescheucht.«

Wir setzten uns an ihren kleinen Tisch. Ein Exemplar von Catch 22 war aufgeschlagen.

»Etwas, was vor ein paar Jahren passiert ist, geht mir nicht aus dem Kopf. Als ich in Norristown bei Philadelphia lebte, nahm ich stark zu und ging zu einer Ärztin. Sie gab mir Diät-Tabletten, ohne mir zu sagen, daß sie im Grunde »Stoff« waren, und so baute sich ein kleines Drogenproblem bei mir auf. Ich ging ins Krankenhaus, und die Nonnen sagten, sie könnten mich nicht aufnehmen, wenn ich nicht gewisse Papiere unterschriebe. Also unterschrieb ich, und sie steckten mich in die geschlossene psychiatrische Abteilung. Hat mich zwei höllische Wochen gekostet zu beweisen, daß ich da nicht hingehörte. Gott, ist das leicht, jemanden als verrückt zu adjudizieren.«

»Adjudizieren?«

»Kennen Sie das Wort nicht, oder dachten Sie, ich kenne es nicht?«

»Das richtige Wort. Weiter.«

»Also, weil ich versucht habe, dreißig Pfund abzunehmen, bearbeiten die Leute meine Persönlichkeit. Aber wenn ich lange genug stillhalte, beruhigt sich alles wieder. Trotzdem, es ist die alte Geschichte: jeder Neger, den man nicht kontrollieren kann, ist verrückt.«

Als wir unsere Sandwiches aßen und Ingwerbier dazu tranken, fragte sie, ob ich durch Natchitoches gekommen wäre. Ich sagte nein. »Die hatten da mal eine Statue auf der Main Street. Hieß ›Das gute Negerlein‹. Es war ein alter Schwarzer mit hängenden Schultern, großem Lächeln, als wenn er ein Tier verschlingt, Hand am Hut. Vor ein paar Jahren haben die Schwarzen darauf bestanden, daß es wegkommt. Die Weißen verstanden das nicht. Konnten die Zweischneidigkeit in der Figur nicht sehen – das Zweischneidige auf *beiden* Seiten. Allmächtiger Gott! Soviel versprech' ich denen: so sanfte Negerlein wird's nicht mehr geben, die am Ufer vor sich hin singen.«

8. Barbara Pierre in St. Martinville, Louisiana

Ich lächelte, weil sie in einen Mammy-Ton gefallen war, aber sie schüttelte den Kopf. »In den Sechzigern wünschte ich mir, sie würden die Statue kaputtsprengen. Jetzt ist sie in Baton Rouge, in der Louisiana Staats-Universität, im falschen Gebäude. Sollte im Capitol stehen und die Leute erinnern. Bewahrt werden, damit niemand vergißt. Vergeben, o.k. – aber nicht vergessen.«

»War das schlimm für Sie als Kind?«

»Komische Sache. Ich bin 41 geboren und hier aufgewachsen, aber ich kann mich nicht an Ressentiments erinnern. Meine Kindheit war warm und glücklich – besonders, wenn ich las. Vielleicht war ich zu jung, um was zu erkennen. Weiß nicht. Ich tu' mich schwer mit der Stadt, aber ich liebe sie. Hab' meine Zeit in Großstädte gesteckt, – New Orleans, Philadelphia. Aber der schlimmste Südstaaten-Knacker ist immer noch besser als ein Liberaler aus dem Norden, besonders in Fragen der Zweischneidigkeit; da weiß man nämlich von vornherein, wann der Knacker zu platzen beginnt. Beim Nordlicht weiß man's erst, wenn es drauf ankommt, das heißt, wenn sie deine Seele bearbeiten.«

»Ich hab's lieber, wenn einer seine Vorurteile für sich behält.«

»Sie sind nicht getäuscht worden. Nehmen Sie meinen Job. War froh, ihn zu bekommen. Dachte, es ist ein Durchbruch für mich und die anderen Schwarzen hier. War da jetzt drei Wochen, und nächsten Mittwoch ist mein letzter Tag.«

»Was ist denn passiert?«

»Zweischneidigkeit – das ist passiert. Ein Weißer aus der Werkstatt bekam einen schlimmen Rücken, sie steckten ihn ins Büro. Weil er länger da ist, kriegt er meinen Job. Ich seh' wie's läuft – irgendwer im Geschäft wurde unter Druck gesetzt, mich loszuwerden.«

»Werden Sie die Stadt verlassen?«

»Ich bleibe da. Das ist mein Punkt. Mir ist St. Martinville immer noch lieber als das, was ich anderswo gesehen habe. Ich bleibe hier, um für mich und meinen Sohn ein Leben aufzubauen. Werd' auch wieder heiraten. Zusammenhalt schaffen.« Sie stand auf und ging ans Fenster. »Weiß nicht, vielleicht tu' ich der Stadt Unrecht. Auf 'ne schlitzohrige Art klappt das ja hier – vor allem weil die alten Schwarzen die Weißen zu nehmen wissen. Also sind sie gute Negerlein? Die haben ihre eigenen Häuser. Sie leben nicht in einem rattenverpesteten Ghetto. Eine Art Zufriedenheit. Verwurzelung statt Aufruhr.« Sie schwieg plötzlich und lächelte. »Sogar deutsche Soldaten, die hier in Gefangenschaft waren und in den Zuckerrohrfeldern arbeiteten, wollten da bleiben.«

Wir räumten den Tisch ab und gingen ins Vorderzimmer. An der Wand eine Plakette:

Gott, hilf mir diesen Tag
Meine große Klappe zu halten.

Auf einem Bücherregal neben dem Fenster war eine zweibändige Ausgabe des Oxford English Dictionary, der winzige Mikro-Druck, der zusammen mit einer Lupe verkauft wird.

»Ich liebe das«, sagte sie. »Sonderangebot für Mitglieder des Book-of-the-Month-Club. Siebzehn Dollar fünfzig. Hab's aber noch nicht abbezahlt.«

»Das einzige in der Stadt?«

»Glaub' ich nicht. Hier gibt's Köpfe. Nachdem die Aristokratie Paris während der Revolution verlassen hatte, ließen sich viele in St. Martinville nieder, und wir wurden als Klein-Paris bekannt. Können Sie sich vorstellen, daß dieser kleine Ort mal ein kulturelles Zentrum war, gleich nach New Orleans? Die Stadt rutschte ab, als die Eisenbahn die Bayou-Dampfer aus dem Geschäft warf, aber die Kirche, da sieht man noch, was wir hatten.«

»Wenn Sie die College-Kurse hinter sich haben – was dann?«

»Ich würde gern Grundschullehrerin werden. Wenn das nicht geht, als Aushilfslehrer arbeiten. Aber – und das ist ein großes Aber – wenn ich genug Geld verdiene, will ich Kinderbücher schreiben. Wir brauchen schwarze Autorinnen, und ich habe Kurse in Journalismus und Französisch belegt. Was auch dabei rauskommt, ich hoffe, ich werde nicht dümmer davon.«

Sie machte sich an den Abwasch. Ich nahm eines ihrer Bücher heraus: *El Señor Presidente* von Miguel Asturias, dem guatemaltekischen Schriftsteller. Auf Seite 85 hatte sie zwei Sätze unterstrichen: »Die Hauptsache ist, Zeit zu gewinnen. Wir müssen Geduld haben.«

Auf dem Weg zurück zur Agentur sagte sie: »Ich sag' Ihnen was, woran ich lange rumgerätselt habe – aber ich weiß, wie man Schluß macht mit den Rassenproblemen.«

»Ist das ein Witz?«

»Mag sein. Man müßte ein Mittel finden, daß es den Leuten langweilig wird, sich zu hassen, statt sich zu helfen.« Sie lachte. »Darauf läuft es hinaus.«

14

Das Ingenieur-Corps nennt es das Flutwasser-System des Atchafalaya-Beckens. Die Einheimischen nennen es: die Papiertiger in der Pampe. Der Atchafalaya, obwohl nur zweihundert Kilometer lang, hat eine Wasserkapazität, die mehr als zweimal so groß wie die des Mississippi ist, obwohl das Zuflußgebiet nicht einmal ein Fünftel so ausgedehnt und obwohl der Große Schlammpapst fast zwanzigmal so lang ist. Dennoch bildet der Atchafalaya das größte Mündungsdelta-Gebiet in Nordamerika, und ehe daraus ein Flut-Kanalisierungs-System wurde, war es ein Sumpfgebiet und biologisch mindestens ebenso reich und vielfältig wie die Everglades. Vielleicht gilt das noch, trotz der Beschwerden der alten Cajuns, daß das Tierleben längst nicht mehr das ist, was es war. Dennoch glauben einige Ornithologen, daß die Sümpfe vielleicht noch den letzten Elfenbeinschnabel beherbergen.

Nach der großen Flut von 1927 baute das Corps Hunderte von Kilometern an Schutzdämmen am oberen Atchafalaya und das ganze Flußbecken hinab, um eine Notventil-Route für den Mississippi und den Red River zu schaffen. Das Corps behauptete, wenn es den Atchafalaya nicht befestigt hätte, hätte sich der Mississippi – der ja immer seinen Lauf verändern wolle – etwa sechzig Meilen nördlich von Martinville ein neues Bett gesucht und New Orleans mit einem riesigen Wassertümpel hinterlassen.

Das Problem ist: Die Ingenieure haben so unklug gebaut, daß der Sumpf sich mit einigen der Millionen Tonnen Sand auffüllt, den die großen Ströme täglich abladen; und daß jene Cajun-Leute, die im Watt-Gebiet davon gelebt haben, daß sie Fische, Krebse, Frösche fingen und Moos ernteten, ihre Gründe verlassen und Arbeit in der Fabrik aufnehmen müssen. Das Corps hat nicht nur den Atchafalaya und ein großes Sumpfgebiet verändert, sondern auch eine der ethnisch bemerkenswertesten Bevölkerungsgruppen in Amerika.

Mag sein, daß das Sumpfgebiet ohnehin verloren ist, da ja die Bayous ausgebaggert und Gräben gezogen werden, damit das Öl- und Erdgas-Rohrsystem verlegt werden kann, und da die Zypressen und Tupelo-Bäume ohnehin weggerodet werden. Die

Ackerbaufarmer – eine Minderheit – sind natürlich happy. Am nördlichen Zipfel des Beckens hat man sechzigtausend Morgen Sumpfwälder für Viehweiden und Sojabohnen abgeholzt.

Jetzt, um ihren Irrtum wiedergutzumachen, wollen die Leute vom Corps ständige Kontrolle über das Becken, und zu allem Überfluß unterstützen viele Umweltschützer ihren Plan. Alle glauben, was Bagger und Bulldozer hinbringen, das können sie auch wieder wegschaffen. Aber ein Einheimischer namens Cassie Herbert sagte mir, eher könne man von einem Wildschwein einen Nerz erwarten.

Einige Cajuns glauben nur an eins – an den Mississippi. Herbert sagte: »Dem Atchafalaya sein Weg zum Golf ist kürzer als dem Mississippi seiner. Corps oder nicht, der große Fluß kommt noch rüber zu uns. Eines Tages fängt es zu regnen an und bleibt dran wie früher mal. Und wenn's vorbei ist, ist der Mississippi 150 Kilometer westlich von New Orleans, und St. Martinville ist Seehafen. Und's wär' ja nicht das erste Mal, daß der Fluß der Dame N'Orleans wegläuft.«

Eine indianische Legende erzählt von einer riesigen Schlange, die im Becken des Atchafalaya lebte; als Chitimacha-Krieger sie erschlugen, hat sie in ihren rasenden Todeswindungen den Teche Bayou ausgehöhlt. Teche mag ein indianisches Wort für Schlange sein, und die Cajuns sagen, der große Fluß werde eines Tages die Schlange rächen. Wir brauchen nur zu warten.

Das Teche-Gebiet, am Westrand des Beckens und parallel zum Atchafalaya verlaufend, ist von der Sanierung verschont geblieben, die man dem Fluß angetan hat, obwohl der kleine Teche-Fluß – und nicht der Atchafalaya – die Hauptverkehrsader vom Golf ins Innere von Louisiana gewesen ist. Die Hälfte der Siedlungen in diesem Staat lagen im 18. Jahrhundert am Ufer oder in der Nähe des Teche: St. Martinville, Lafayette, Opelousas, New Iberia. Der Teche war mehr als hundertfünfzig Kilometer weit schiffbar. Die Indianer befuhren ihn mit Einbäumen; die spanischen Abenteurer und französischen Entdecker benutzten Boote aus Zypressenstämmen (manche mit 50 Tonnen Wasserverdrängung); die Siedler ließen sich in Kielbooten von Maultieren oder Sklaven ziehen; Waren wurden mit Raddampfern transportiert; und während des Bürgerkriegs fuhren Kanonenboote den Teche hinauf, um die fruchtbaren Zuckerrohrfelder an den Ufern zu sichern. Und all dies auf einem Wasserweg, der kaum breiter als eine Kriegskanone, nicht tiefer als Mannesgröße und nicht schneller als eine Sumpfschildkröte ist.

Die blaue Straße 31, die bei Opelousas einsetzt, folgt dem Teche durch Zuckerrohr, unter Zypressen und immergrünen Eichen nach New Iberia. St. Martinville hatte am Bayou seit zweihundert Jahren dahingedämmert. Nicht so New Iberia. Im Westen reihten sich die Läden an der Straße, und das Stadtzentrum an der kleinen Zugbrücke war sauber und hell. Kein Dämmerschlaf. Die Front zum Bayou hin vermittelte den Eindruck, als wäre das Neue alt und das Alte neu gemacht worden: Heutige Architektur, die alte Muster eher interpretierte als imitierte; ein restauriertes altes, klassizistisches Gebäude, Schatten auf dem Teche; und hundertjährige Eichen leisteten ihm Gesellschaft; eine Marmorstatue des Kaisers Hadrian aus dem zweiten Jahrhundert signalisierte eine Sparkasse. New Iberia kokettierte mit Cajun-Geschichte, aber St. Martinville lebte sie.

Ich nahm Louisiana 14: eine Straße mit blühenden Disteln, Friedhöfen mit dichtgedrängten Gräbern, Zuckerfeldern unter den hohen Qualmwolken aus den Zuckerfabriken, später Salzstock-Landschaft, und in Delcambre dann Krabbenkutter. Meine letzte Chance für Cajun-Essen war Abbeville, eine Stadt mit zwei Plätzen: einem für die Kirche, einem für das Courthouse. Auf dem Gehsteig neben Blacks Austernbar ein mit Kreide geschriebenes Schild: FRISCHE GESALZENE AUSTERN! Drinnen, neben einem ausgestopften Mini-Alligator, hing ein Foto von Paul Newman, der mal das ganze Ensemble von The Drowning Pool zu Blacks eingeladen hatte, als er in der Nähe von Lafayette filmte. Da ich das für eine Empfehlung hielt, bestellte ich ein Dutzend Austern und ein gebratenes Austern-Sandwich (Austern und Pepperonigarnierung zwischen Scheiben französischen Brots). Gut genug, um gleich noch ein Garnelen-Sandwich für unterwegs mitzunehmen.

Als ich weiterfuhr, wünschte ich mir, die Engländer hätten mehr Acadier nach Amerika umgesiedelt, und sei es nur wegen ihrer Kochkunst. Irgendwo gibt es vielleicht auch einen schlechten Cajun-Koch, wie es irgendwo wohl auch noch den letzten

Elfenbeinschnabel geben wird. Was mich angeht, so werde ich keinem der beiden begegnen.

Die Reisfelder begannen in der Nähe von Kaplan, wo das Land nicht höher als sechs Meter über dem Meer liegt, das hier fünfzig Kilometer weit ab ist, und der Reis begleitete mich den ganzen Weg nach Texas hinein. Die Lake Arthur Bridge machte einen langen geschwungenen Aufstieg in den Himmel, während sie sich über das Wasser spannte: Bei Lake Charles gab es noch eine weitere dieser parabelförmigen Brücken, eine luftige Spirale, die sich so hoch wand, daß ich bei der Auffahrt einen Blick auf die Unterseite hatte. Die Stadt erstreckte sich unten in einem Dunst von Chemiewerken und Docks. Ich kam nur mit Mühe durch und steuerte die Staatsstraße 27 an. Als ich von zu Haus abgereist war, hatte ich einen Besuch, früher oder später, bei einer Cousine in Shreveport angekündigt. Ich hoffte auf Post. Bundesstraße 171 war Gerase, Rauch, Hitze; böse Gesichter. Ich setzte ein böses Gesicht auf und fuhr. Rosepine, Anacoco, Hornbeck und Zwolle – alphabetisch die letzte Stadt im Straßenatlas von Rand-McNally (Abbeville, etwas südlich, ist die erste).

Ein gelber Schimmer von grellem Dunst wölbte sich über Shreveport wie ein Deckel. Ich hielt an einer Pinte, um meine Cousine anzurufen. Keiner zu Haus. Ich setzte mich an die Bar. Charlies Bar war so eine Art Hobby-Selbstbau nach dem Kegelklub, die Decken so niedrig, daß man im Stehen drankam. Nach zehn Minuten konnte ich in der kühlen Dunkelheit wieder sehen. Neben der Bar hing eines jener Bilder, wo Hunde Poker spielen und sich auf hündische Weise immerzu geschickt reinlegen. Der Notausgang Richtung Westen ging plötzlich auf, und Sonnenlicht brach ein; wie Dracula vor dem Kreuz schrien wir auf und bedeckten unsere Augen.

Neben mir hatte eine Dame um die Siebzig eine weiße Handtasche abgestellt, die groß genug war für einen Revolver. Sie trug eine schwarze Perücke. Ihr auf Teufel komm raus aufgetragener Lippenstift war abgebröckelt und verwischt; ihre Nagellackschichten abgeblättert wie Farbe auf einem alten Fischerboot; und ihre Hände lagen in zwei Haufen auf der Theke, die fahle Haut plump aufgeschwemmt. Was das Parfüm anging,

Dschungel-Gardenia, so war es nur eine Frage der Zeit, bis die Tsetse-Fliegen zuschlugen.

Sie reichte hinüber und hob meine Dose Jax an, wie um das Gewicht zu testen. Dann drehte sie sich um, sah mich, sprang hoch: »O Gott! Haben Sie mich erschreckt. Tut mir leid. Ich dachte, sie wären weg und hätten ihr Bier übriggelassen. O Gott!«

»Kann ich Ihnen eins spendieren?«

»O Gott, nein! Bier – da kenn' ich mich nicht wieder. Ich schau' nur nach den Mädchen.«

»Sind Sie verwandt?«

»O nicht doch, nein. Nur eine Bekannte. Mach' mir nur Sorgen mit diesen Cowboys.«

Die ›Mädchen‹ waren die Kellnerin und eine Billardspielerin, die beide so aussahen, als ob sie mit den Drehstuhl-Cowboys ganz gut fertig würden (Shreveport ist mehr Dallas als New Orleans). Die an der Bar war, schlicht gesagt, eine fette Nutte. Eine Schlangenhaut sitzt nicht enger als die in ihre Bluejeans paßte. Die am Billardtisch, eine Frau mit schlanken Beinen, trug ein Sonnentop und Hotpants, die von einem Maximum strategischen Abschnippelns zeugten. Sie spielte mit acht Kugeln, aber eigentlich war sie nur auf spektakuläres Hantieren aus – und wenn auch die Kugel mal in einem Bierglas landete.

Nach jedem Stoß stöhnte sie auf und reckte sich ausführlich aus ihrer kokett gekrümmten Haltung empor. »Krieg' heute keinen verdammten Stoß hin«, sagte sie. Wer hatte schon auf ihre Stöße geachtet, wenn man wie wir nur ihre Figur betrachtete. Ihre Bierdose stand auf einem Bündel feuchter Dollarnoten. So schlecht sie spielte, so schaffte sie's doch, die Louisiana Cowboys zu schlagen, die mit der Herzlichkeit einer Bierreklame lachten. Sie verstanden sich auf gute Unterhaltung, wenn sie eine sahen.

Die überreife Süßlichkeit von Dschungel-Gardenien umhüllte mich wieder. »Wer ist Ihr liebster Filmschauspieler?« fragte sie.

»Weiß nicht. Alan Bates. Jimmy Stewart. Chief Dan George.«

»Meiner ist Franchot Tone.«

Es folgte eine lange Aufzählung von Filmtiteln, Handlungsbrocken, Dialogfetzen. Während sie redete, legte sie ihre Finger in einer sanften Wölbung über mein Handgelenk; es war nicht so sehr eine Geste der Freundschaft als eine Vergewisserung, daß ich da war, ein Festhalten ihres Publikums. Einmal hatte sie gehört, daß Mr. Tone in seinen späteren Jahren ein Korsett getragen habe, aber sie wußte, daß das nicht wahr sein konnte. Die Dame muß mehr von Franchot Tone gewußt haben als irgendwer sonst auf der Welt. Was immer ihr Leben an leeren Stellen offengelassen hatte, das war von ihr mit Träumen einer flimmernden Vision ausgefüllt worden. So wie Jesus oder Mozart oder Crazy Horse die Hohlstellen bei andern ausfüllen, so tat es Franchot Tone bei dieser Dame, die von Dschungel-Gardenia troff.

Ich rief meine Cousine wieder an, ließ mir den Weg beschreiben und fuhr zu ihr nach Hause. Die Sonne war untergegangen, als sich die Familie zu Tisch setzte. Ein paar dicke Motten polterten gegen die Scheibe, und wir aßen gegrillte Hühnchen. Es war lange her, daß ich beim Essen unter bekannten Gesichtern gewesen war, und ich wußte, daß es schwer sein würde wegzufahren.

Kapitel IV
Süd-Südwest

1

Kein Brief war dagewesen von der Cherokesin. Jetzt streckte sich der Highway 79 unter einem niedrigen grauen Himmel wie eine tote Schlange aus. Ich sah auf die leere Straße und haßte die Einsamkeit. Die Gefahr für den Reisenden ist die Gemütlichkeit. Ein Wochenende in Shreveport, in der Umgebung von Freunden, und schon hatte mich Geborgenheit wie mit einem warmen Sog erfaßt, umhüllt, und der Wunsch nach der Straße schien Aberwitz. So war es nur die Erinnerung an Augenblicke unterwegs, da der Duft des Unbekannten ganz stark war, was mich wieder auf den Highway zog.

William Carlos Williams: »Erinnerung ist eine Art Errungenschaft.« Vielleicht. Und vielleicht ist es zuletzt sogar die einzige Sache, die man wahrhaft sein eigen nennen kann. Erinnerung ist jedermanns eigener letzter Maßstab und bei manchen die einzige Lebensleistung.

Nach Texas hinein. Ich habe erlebt, wie Amerikaner sich streiten, wo der Westen beginnt. Für Texaner ist es der Brazos River; in St. Louis ist es der Mississippi, und sie haben sogar ein sehr kostspieliges »Eingangs-Tor« gebaut, um das zu beweisen; in Philadelphia spricht man von den Alleghenies; in Brooklyn ist es der Hudson, und auf dem Beacon Hill in Boston beginnt er gleich nebenan. Aber der wirkliche Westen beginnt natürlich mit den westlichen Grenzlinien von Louisiana, Arkansas, Missouri, Iowa und Minnesota. Es ist eine Linie, die fast einer Geraden gleichkommt und vom Golf von Mexiko bis nach Kanada führt. Nur etwa einhundertfünfzig Kilometer von der geographischen Ost-West-Teilung der binnenländischen Staaten entfernt, liegt sie nahe am hundertsten Meridian, an der Fünfzig-Zentimeter-Regenlinie und an der Siebzig-Meter-Konturenlinie –, was alles von verschiedenen Geographen als Scheide zwischen Ost und West angesehen wird. Wenn man östlich dieser Staaten steht, ist man im Osten; geht man hinüber, ist man im Westen. Es ist einfach und klar. Ich bin da Autorität, weil meine Familie nur knapp hundert Meter von der Stelle entfernt wohnt, wo diese

Linie durch Kansas City verläuft. Ich habe viele Homeruns* in Hinterhöfen gemacht, die von Osten nach Westen führten. Kansas City, Missouri, ist die letzte östliche Stadt und Kansas City, Kansas, – beide nur durch Hecken, eine Straße und ein Stück Fluß getrennt – ist die erste im Westen.

Das Land westlich dieser Linie war mal als die Große Amerikanische Wüste bekannt, aber jetzt benutzen wohl nur noch die Geographen diesen Begriff. Mit »Wüste« meinen sie ein hochgelegenes Land (siebenhundert Meter und mehr), gewöhnlich trocken (weniger als fünfzig Zentimeter Regen im Jahr), mit Bergen, immergrünen Wäldern, Präriegras und sogar etwas Sand. Sie meinen nicht weglose Sahara-Dünen und Palmen-Oasen.

Der wahre Westen unterscheidet sich vom Osten auf eine große, durchdringende, wirkungsvolle und ehrfurchtgebietende Weise: durch Weite. Die grenzenlose Offenheit verändert Straßen, Städte, Häuser, Farmen, Anbau, Maschinerie, Politik, Wirtschaft und, natürlich, die ganze Mentalität. Wie auch anders! Die Weite westlich der Linie ist zu spüren, ja oft zu schmecken, besonders wenn sie leer erscheint, und es ist diese offenkundige Leere, die die Materie so allein, verloren und disparat aussehen läßt. Diese Weiten machen den Menschen klein und reduzieren seine Blindheit auf die Riesigkeit des Universums; sie drängen ihn zu einem stärkeren Rückhalt bei sich selbst, und, gleichzeitig, zu einem größeren Bewußtsein der anderen und dessen, was sie tun. Aber während die Weite den Menschen kleinmacht nebst allen seinen realen Konstruktionen, macht sie sie – paradoxerweise – auch desto wahrnehmbarer. *Die Dinge zeigen sich hier draußen.* Niemand, nicht einmal der Durchreisende, kommt ungeschoren davon. Man entgeht dem nicht, indem man die Sicherheitsscheiben hochdreht und durchrast, weil die schrecklichen Entfernungen die Geschwindigkeit verschlucken. Selbst die Dämmerung braucht fast eine Stunde, nur um Texas zu überqueren. Trotzdem rasen die Fahrer dahin; aber wenn man's genau besieht, sind es Leute, denen vor der Weite graut.

Auf der Westseite des Sabine River wurde das Land hügelig

* Homerun: Beim Baseball Lauf um sämtliche Male mit einem Schlag. (A. d. Ü.)

und grün von Laubbäumen und auf eine Weise offen, wie es Louisiana nicht war. Der weite Horizont gab einen Eindruck von Ebenheit, aber in Wahrheit waren es breitkuppige Hügel, die von der Entfernung komprimiert wurden.

Die Städte: Carthago, Mount Enterprise, das alte Nacogdoches (nicht zu verwechseln mit Natchitoches in Louisiana; Nacogdoches spricht sich, wie es dasteht, aber Natchitoches klingt wie Nackutesch). Alto am Highway 21, etwa eine Stunde westlich von der großen Linie, war eine reine Westernstadt: die Straßen breit und in rechten Winkeln angelegt, überdachte Bürgersteige, falsche Ladenfassaden, und die Geschäfte alle an einer einzigen langen Straße aufgereiht, statt um eine Kreuzung herum konzentriert. Wobei Geschäft hier in der einen oder andern Form auf Rancharbeit und Holzfällerei hinauslief. Den blauen Highway 21 zu befahren, heißt der Geschichte von Texas zu folgen. Älter als der menschliche Geist, begann er mal als Büffelpfad (Büffel bewegen sich in erstaunlich gerader Richtung vorwärts); dann kamen die Indianer dahin, um die Büffel zu jagen. 1691 legten die Spanier einen tausend Meilen langen camino real an, eine königliche Straße, die San Antonio mit Mexiko, Französisch-Louisiana und Spanisch-Florida verbinden sollte; die Spanier sagten sich, daß die Indianer es am besten wüßten und markierten ihren Weg nach dem alten Pfad (oft war der camino nur ein Wegzeichen). Da zogen Abenteurer, Padres, Händler, Schmuggler, Armeen, Siedler lang. Und so kam es, daß umherwandernde Bisons, zu einer Zeit, da noch nicht einmal die Indianer das östliche Texas erreicht hatten, eine Route festlegten, der eine Nation, deren Forscher Tangenten an den Planetenbahnen vorbeisteuern, immer noch folgt. Und alle Reisenden, die zur rechten Zeit kommen, sehen die orangenen und roten Knospen von Kastillea-Büschen im Frühlingswind dahinwehen.

Schilder: New Boggy Baptist Church. New Energy Baptist Church. Farm-Eier. Dafür hielt ich an. Ein mißgestalteter Hund, mit einem so verqueren Stammbaum, daß er wie der erste Hund auf Erden aussah, hockte sich neben der Wagentür hin und gab ein langes, leises, böses Knurren von sich. Eine Frau, auch sie aus den Fugen geraten, die Finger zu gichtigen Krallen verkrümmt, kam aus dem Haus; von einem Hieb ihres Stockes wurde der Köter jaulend in die Flucht gejagt. Sie schob ihren alten Kopf ins Fenster. Wäre ihr Gesicht aus Stoff geschnitten gewesen, es wäre zerfetzt. »Bist du der Fernseh-Repratör?« Wie wenn ein Vorhang aufging, verzogen sich die Fetzen zu einem Lächeln.

»Würde gern ein paar Eier kaufen.«

»Oh.« Die Fetzen fielen. »Sieh mal, meine Hennen sind krank gewesen über Winter, da hab' ich nichts über.« Der Hund war wieder in knurrende Nähe gekrochen. »Sicher, daß du nicht der Fernsehfritze bist? Sieht doch aus wie so'n Repratur-Auto. Mußt dir wegen der verrückten Töhle nicht in die Hosen machen.« Ich sagte ihr, das würde ich nicht, ließ aber die Augen nicht von dem Ungeheuer, als es mich auf die Straße zurückknurrte. Aber die Einsamkeit fiel von mir ab, nachdem ich ihre gesehen hatte.

Der Himmel nahm die Farbe von Schornstein-Ruß an. Ein massiver, quadratischer Berg, ganz verschieden von den Hügeln rundherum, erhob sich aus einem flachen Tal; er war vor tausend Jahren der Mittelpunkt eines Caddo-Indianerdorfs gewesen. Ich nahm ein Sandwich mit und kletterte hinauf, um im niedrigen Gebüsch wilder Brombeeren zu essen. Da saß ich – ein Zeitgenosse von Corned beef, bleifreiem Benzin und Reißverschlußtaschen – auf einem tausendjährigen Versammlungsplatz.

Die Aura von Zeit, die über der Halde lag, schien jeder Vorstellung von Wandel und Fortschritt zu spotten – wie sie aus Eimern zusammengeschaufelter Erde zum hochgelegenen Zentrum der Caddo-Indianer und dann wieder zu einem Brombeerhügel geworden war. Mein freischweifendes Philosophieren wurde aber bald von der Gewohnheit in die Enge getrieben, Erfahrung auf Sinn und Zusammenhang zu reduzieren, wobei die Verworrenheit der Dinge die Freude an ihrem Mysterium störte. Wenn man darauf bestand, daß sorgfältige Überlegung zu einem Verständnis des Wandels führte, engte man das Leben aufs bloß Begreifbare ein.

Die zackige Fackel eines Blitzes – Feuerstrahl aus dem Auge des Donnervogels – fuhr in die schwarzen Wolken. Ein langes Getöse. Ehe das Grummeln aufhörte, klatschten Regentropfen in die Brombeerblüten, und ich rannte zum Geistertanz. Warm und trocken, beobachtete ich, wie das Unwetter gegen den alten Berg anrannte und dabei war, die Anhöhe wieder flachzuspülen. Der Wind kehrte die weiße Unterseite der Blätter nach oben, bog kleine Bäume zu Bögen und ließ sie wie Kutscherpeitschen zurückschnellen, und der Donner klang wie splitterndes Holz. Es war ein schöner, lauter, fulminanter, krachender Sturm.

Als er vorbei war, ging ich noch einmal hoch, um zu sehen, was ich versäumt hatte. Auf meinem Weg wieder hinunter sah ich im Gebüsch einen großen, weißen Körper. Eine kackende Frau. An der Straße saß ein Negermädchen neben einem Kleinbus, die Hände zwischen den Knien, eine Zigarette zwischen den Lippen. Ich fragte, wie ihr der Indianer-Berg gefiele. Sie hob die Hände, beide, um die Zigarette wegzutun. Sie war in Handschellen. »Welcher Berg?«

Die Frau aus dem Gebüsch kam zurück. »Steig ein, Karen.«

»Ich muß auch mal.«

»Und wie stellst du dir das Abwischen vor mit den Handschellen?«

Das schwarze Mädchen sah mich an. »Hau doch die Trine auf den Kopf und nimm mich mit.«

»Mach kein' Quatsch, Charley, du wirst es bereuen.«

Sie fuhren davon. Ich setzte mich auch in Gang und kam, auf dem Weg nach College Station, durch North Zulch. Ich hatte eine Stunde in der Geschichte des Caddo-Bergs erlebt. Der schwarze Elch, als er vom Harney-Gipfel auf das umschlingende Band der Welt hinabblickte, verstand mehr als er sah. Bei mir war es umgekehrt.

2

Dime Box* in Texas ist nicht der komischste Stadtname in Amerika. Traditionsgemäß gehört diese Ehre Intercourse in Pennsylvania. Ich bevorzuge Scratch Ankle, Alabama, Gnawbone, Indiana, oder sogar Humptulips in Washington. Trotzdem ging mir Dime Box als Name ins Ohr, und dahin war ich am nächsten Morgen von College Station aus unterwegs.

* Etwa: Groschenbüchse; der Name wird auf Seite 198 erklärt. (A. d. Ü.)

Während der feuchten Nacht hatten die Fenster innen wie Höhlenwände getropft. Auf der 21 rollte ich sie runter und ließ die warme Luft die Nässe wegtrocknen. Westlich der Brazos war das Land noch weiter zum blauen Himmel hin offen. Jetzt war der Horizont nicht zwanzig oder dreißig Kilometer weg, sondern fünfzig oder sechzig. Auf den Telefonleitungen saßen Fliegenschnepper, deren seltsam lange Schwänze wie Stelzen unter ihnen hingen. Die wilden Blumen am Straßenrand, darunter Nachtkerzen, waren so üppig wie die Nutzpflanzen, und wo es größere Flächen mit Kornblumen gab (die man mal Büffelklee, mal Wolfsblume und mal, bei den Spaniern, »Kaninchen« nannte), da war die Straße von ihrem Duft voll. Über dem ganzen Land lag eine intensive Helligkeit, als wenn selbst die kleinen Dinge Licht gäben.

Jenseits des Yegua River zeigte ein Straßenschild Richtung Süden nach Dime Box. Über langgestreckte Hügel, über weite Grünflächen hin, die sich unter Zedern und Eichen hinzogen, kam ich in ein Tal, wo ich Dime Box fand, im Grunde eine Stadt aus drei Straßen. Gemüsegärten und Blumenbeete lagen neben, hinter und vor den Häusern. Quer zur Durchfahrtsstraße gingen zwei Straßen nach Osten und Westen: eine mit ramponierten Backsteingebäuden gegenüber den Gleisen der Southern Pacific, die andere eine Doppelreihe aus falschen Fassaden und hölzernen Gehsteigen. Von einer unpassenden neuen Bank abgesehen, hätte Dime Box eine Originalszenerie für einen MGM-Western abgeben können.

Ohne Klappern geht man keinen hölzernen Gehsteig lang, also klapperte ich hin zu Ovcariks Café und durch die Schwingtür, die zuknallte, wie sie das immer tun. Geruch von Schinken und Bohnen. Vier Kalender. An langen Kabeln brannten drei nackte Birnen, aber trotzdem funzlig. Alles aus Holz, nur der Heizofen und der Coca-Automat nicht. Neben der Tür wies ein Anschlag über der Fliegenklatsche und bei der Machete darauf hin, daß das Mitbringen von Waffen an Orte, wo Schnaps ausgeschenkt wird, mit zehn Jahren Gefängnis bestraft wird.

An der Theke trank ich ein Royal Crown-Bier; die Kellnerin warf meinen Quarter in die Registrierkasse, eine Zigarrenschachtel mit dem Bild von König Edward. Hinter einer Nische im Hintergrund das Klappern von Messern und Gabeln. Es war zu viel. Ich bestellte ein Essen.

Sie stellte mir einen länglichen Teller mit Schinken, Bohnen, Roten Beeten und brauner Sauce hin. Ich würzte das alles mit Essig-Pepperoni. Aus der Nische kam ein Klopf-Klopf, wie wenn eine leere Bierflasche auf den Tisch geschlagen würde. Die Kellnerin nahm zwei Lone Star-Bierdosen aus dem ausgebleichten Kühlschrank; Schaum lief über ihre Finger, als sie sie wieder zurücktrug. Während der ganzen Zeit, als ich da war, hörte ich von da hinten nur einmal eine Stimme: »Ich sag' dir, der kann den Ball direkt schmettern.«

Ein Mann kam aus der Küche, setzte sich neben mich und fing an, Zahnstocher durch die kleinen Löcher der Tabasco-Flaschen, die als Aschenbecher dienten, fallenzulassen. Am anderen Ende der Theke sagte ein Bursche mit trüben Augen: »Heut' Dienstag?« Die Kellnerin nickte, und alles fiel wieder in Schweigen bis auf das Klappern des Bestecks. Nach einer Weile ein einzelnes Klopfen, und sie brachte eine einzelne Flasche Lone Star. Die Eingangstür öffnete sich; eine Frau, alt und groß, trat in das Dämmerlicht, Stock voran, den sie hin- und herschwang. Sie krächzte laut: »Kann nichts sehen, verdammt noch mal.«

Eine Frau in mittleren Jahren sagte: »Nur zu, Mutter, so dunkel ist es nicht.« Sie half der Alten, an einem der Tische Platz zu nehmen. Sie bestellten was zu essen.

»Geht nicht mehr. Hab' ihm gerade das letzte Gericht verkauft.« Ihm war ich. Sie drehten sich um und kuckten. »Laß uns gehen, Mutter.« Die große Frau erhob sich, furzte dabei. »Sachte, Mutter.«

»Du läßt mich noch verhungern«, krächzte sie und stampfte aus der Tür.

Der Mann mit den Tabasco-Flaschen sagte zu niemandem genau: »Glaub' nicht, daß das alte Mädchen noch Bohnen brauchte.«

Wieder eine lange Stille. Dann sagte der, der sich nach dem Tag erkundigt hatte, zur Kellnerin: »Hab 'ne überfahrene Katze gesehen heute auf dem Highway. War es deine?«

Sie wendete den Zahnstocher mit der Zunge um. »Welche

Farbe?« Er konnte sich nicht erinnern. »'Ne Orangen-Katze ist mir weggelaufen. Habe Peewee seit 'ner Woche nicht gesehen.«

»Habe zuviel davon«, sagte er. »Zahl' jedem einen Quarter, der eine davon umbringt.«

Das brachte eine Diskussion in Gang über Methoden, mit Katzen Schluß zu machen, und von da kam man auf Methoden, Feuerameisen zu killen. Der Mann neben mir setzte eine Flasche mit Zahnstochern hin. Hatte seine Zeit gedauert, bis sie voll war. Er sagte: »Hab' das beste Mittel, Feuerameisen zu töten, aber weder Zuschütten noch Gift.« Niemand hörte zu. Schließlich murmelte er: »Benzin rein in den Haufen.« Niemand sagte etwas.

»Zünden Sie's an?« fragte ich.

»Was anzünden?«

»Das Benzin?«

»Ach was, nix mit Anzünden.« Er zeigte einen großen gefurchten Handballen und deutete auf einen kleinen Knoten. »Wurde da letztes Jahr von einer Feuerameise gebissen. Wenn man das Gift nicht rauspickt, bleibt eine Beule für zwei oder drei Jahre.«

Der andere Mann erzählte von einem Onkel, der in seiner Speisekammer Zuckerameisen hielt und sie mit Melasse fütterte. »Als sie fett waren, tat er sie auf ein Butter-Sandwich. Die Butter hinderte sie daran, vom Brot zu laufen.« Es war so still im Lokal, daß man fast die Hitze auf dem Blechdach hören konnte. Ob ihm jemand zuhörte, konnte ich nicht sagen. »Behauptete, die Melasse hätte den Ameisen den richtigen Geschmack gegeben.«

Klopf-Klopf. Die Frau wandte sich von dem kleinen Fenster ab, mit leeren Augen, und holte zwei weitere Flaschen Lone Star-Bier aus dem Kühlschrank.

Ich ging zur Post und kaufte Briefmarken. Die Frau dort erklärte mir den Namen der Stadt. Vor hundert Jahren pflegte man einen Brief und zehn Cents für Briefmarken in den Briefkasten zu tun. Das war im alten Dime Box oben an der Straße nach San Antonio, jetzt Texas 21. »Was ist aus dem alten Dime Box geworden?« »Gibt noch 'n paar Häuser da«, sagte sie, »aber 1913 wurde die Eisenbahnlinie gebaut, drei Meilen weiter südlich, und da haben sie die Stadt an die Schienen gelegt, hierher. Jetzt ist's auch mit der Bahn so gut wie aus. Paar Güterzüge, das ist alles.«

»Ich habe tschechische Namen an den Geschäften gesehen.«

»Wir liegen zwischen Giddings und Caldwell. Giddings ist hauptsächlich deutsch und Caldwell hauptsächlich tschechisch. Bei uns ist's halbe-halbe. Unter den Weißen, heißt das. Ein Drittel von Dime Box sind Schwarze.«

»Und wie kommen die verschiedenen Gruppen miteinander aus?«

»Ganz gut. Es gab in den sechziger Jahren mal einen Hick-Hack über den integrierten Unterricht, aber meist zwischen den weißen Gruppen, die sich nicht einigen konnten, wer die Schule leiten sollte. Einige Eltern ließen ihre Kinder eine Zeitlang woandershin bringen, aber das war nur Ärger.«

»Schulbusse in Dime Box?«

»Die Leute aus der Stadt denken, in einem Ort wie Dime Box passiert überhaupt nichts Wichtiges. Stimmt auch, außer man nimmt Konflikte für wichtig. Oder Liebe oder Babys oder Sterben.«

3

Der große Fisch hatte ein paar Hörner, und darunter saß der Friseur von Dime Box und döste in seinem Stuhl. Er wachte auf, als ich vor den langen offenen Fenstern anhielt und mir seine Trophäe an der Wand betrachtete. »Texas Bullen-Basse«, sagte er. »Mehr Bulle als Basse«. Es war so geschickt zusammengesetzt, daß ich nicht sehen konnte, wie er es gemacht hatte. »Ich habe den Fisch gefangen und auf die Stierhörner gesetzt. Die Kinder kommen rein und glotzen. So schön gruselig. Weiß nicht, warum die Natur den Fischen nie Hörner gibt.«

»Oder den Texanern Schuppen?« Ich brauchte einen Haarschnitt. »Nur die Spitzen weg.«

»Ja ja, so 'n Ohne-Ohren-Schnitt. Hab' vor einer Woche ein Ohr abgeschnitten – konnt' es nicht sehen.«

Ich vertraute darauf, daß es ein Witz war. Seit zehn Jahren hatte ich nicht mehr anderthalb Dollar für einen Haarschnitt bezahlt. Die alte Uhr in Claud Tylers Friseurladen war um 2 Uhr 10 stehengeblieben, und in der Mitte des Raums stand ein eiserner Holzofen, dem jetzt eine kleine Gasheizung Gesellschaft leistete. Über dem Spülbecken standen Flaschen mit Haarwasser, Marke Lucky Tiger. Haarwasser hatte ich ganz vergessen.

»Wo kommst du'n her, Kleiner?«

»Von da, wo Ihr Lucky Tiger gemacht wird.«

Er trat vom Stuhl weg, um mich genau zu besehen. »Hast du je einen Burschen namens Wendell Thompson gekannt, von oben in Missouri? Wurde ›Hop‹ genannt?«

Hatte ich nicht. Noch ein paar Male fragte er, ob ich So-und-So von da oben gekannt habe, jedesmal mit den Spitznamen: Beep, Cherry, Pard, Tinbutt.

»Hop hat mal 'ne Weile hier in der Gegend gelebt. Ich und er waren in der Vereinigung der Fuchs- und Wolfjäger. Das war eine tolle Sorte Kerle. Besaß mal die Geschichte der Vereinigung. Toll interessant. Die Schwiegermutter hat's verbrannt.«

Er nahm ein gerahmtes Panorama-Foto von der Wand, das eine Gruppe von Männern in Jägertracht zeigte, und legte es mir auf den Schoß. Das Bild war fast einen Meter lang, und es waren mindestens hundert Männer, die da standen oder knieten, und hier und da ein Jagdhund. »Kannst du mich rausfinden?«

Ich versuchte es vier oder fünf Mal. Ich glaube, es betrübte ihn, daß ich den jüngeren Tyler nicht erkannte. »Hab' ich mich so verändert?« Er zeigte auf sich und brachte dann ein abgegriffenes Exemplar eines texanischen Jagd-Magazins an mit Fotos von Männern, die am Lagerfeuer saßen. Ich sah es mir genau an und versuchte es auf gut Glück.

»Verdammt, das ist Raymond Mueller. Nannten ihn ›Dipper‹. Hier, der bin ich.«

»Jetzt seh' ich's. Wie konnte ich diesmal nur danebentippen. Hab' ein schlechtes Auge.«

»Blödsinn. Das war, ehe ich abgebaut habe. Mir haben sie 'ne Geschwulst rausoperiert, und bin nicht mehr der, der ich war. Kann's aushalten, aber du zum Beispiel, du bist ein Fremder, und alles was du siehst, ist ein Mann von sechsundsiebzig Jahren. Ich war nicht immer so. Das tut einem weh – die Leute vergessen, was man mal war.« Er trat wieder vom Stuhl weg. »Hör mal

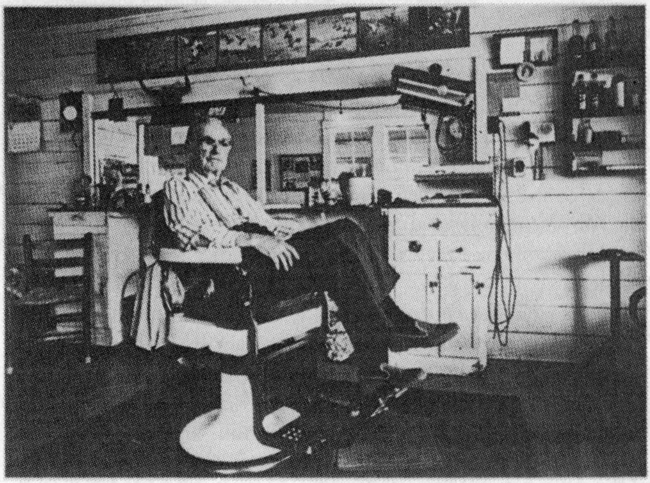

9. Claud Tyler in Dime Box, Texas

zu. Früher habe ich den ganzen Tag Haare geschnitten und Anzüge gebügelt, und dann bin ich losgezogen und hab' die halbe Nacht gejagt. Jetzt red' ich bloß noch ein'n großen Stiebel. Das einzige, was nicht nachläßt, ist der Mund.«

»Wieso Anzüge gebügelt?«

»Komm mal.« Ich folgte ihm in ein kleines Hinterzimmer, das gestreifte Frisiertuch noch um den Hals, das Haar halb geschnitten. Er zeigte auf eine alte Plättmaschine.

»Hab' den Trockenreiniger verkauft, aber an diesem Ding hab' ich eine Million Falten in Hosen gebügelt. 1925 habe ich angefangen. Kam einer rein, wollte Rasur, Haarschnitt, Hosenbügeln. Alles für 35 Cent. Dieser Laden war so gut wie irgendeiner in Texas. Und das Geschäft lief. Hab' mir eine Million Geschichten angehört, während ich diesen alten Heinis die Haare schnitt. Unter den Leuten, die am meisten belogen werden, kommt der Friseur als dritter.«

»Wer ist der erste?«

»Die Frau eines Mannes, überall in der Welt. Und dann kommt der Priester.«

Wir gingen zum Stuhl zurück, und er schnippelte weiter. »Früher hatte ich meinen Laden gegenüber. Neben Sonny's. Solltest dir mal die Klapperschlangen-Häute da drin ansehen.« Er wies Richtung Süden, und einen Moment lang dachte ich, ich müßte mit halbgeschorenem Kopf über die Straße, um mir Sonnys Klapperschlangen anzusehen. »Bin in diesem Laden seit den Vierzigern. Hab' ihn selbst gebaut. Wieviel Friseure gibt's noch, die ihr eigenes Geschäft gebaut haben?«

»Ich habe ein paar erlebt, ich glaube drei – Sie nicht mitgerechnet.«

Tyler lächelte. »Komm mal.« Ich folgte ihm zum Seitenfenster, wo eine große Sykomore unter dem Rand des hölzernen Gebäudes hervorwuchs. Sie hatte den Boden hochzustemmen begonnen. »Der Baum ist so alt wie der Bau. Habe ihn einmal im Jahr runtergeschnitten, sechs Jahre hindurch. Dann habe ich's gelassen. Ich bin hin, bevor er die ganze Chose umkippt. Als ich den Laden baute, habe ich die Westseite mit Flußsand aufgefüllt. Muß einen Samen mit eingebuddelt haben.« Wieder zurück zum Stuhl. »Der Baum wuchs, und ich bin drüber alt geworden. Der ist so verrückt stur, sich seinen Weg zu bahnen, hab' schon daran gedacht, den Laden abzureißen, damit er Platz hat. So 'ne Art lebendes Denkmal fürs Barbieren unter schattigen Bäumen. Friseur ist nicht gerade das Dringendste hier in Dime Box. Die Leute wandern immer mehr ab in die größeren Städte.«

»Aber viele kleine Städte kommen wieder auf die Beine.«

»Könnte uns auch passieren. Die haben hier einen großen Haufen Öl entdeckt, tiefes Öl, ganz unten. Da hat einer bißchen Land gekauft, wegen Abschreibung und so, dreht sich um und entdeckt Öl. Jetzt glauben die Leute, das Öl bringt die alten Zeiten hierher zurück. Ich sag': Hoffen ist prima, aber man sollte sich lieber auf was anderes einstellen: Wie gewonnen, so zerronnen. Wer hört drauf? Die Leute haben auch gedacht, die Eisenbahn würde nie ausgespielt haben. Deshalb haben sie ja auch die Stadt hierher verlegt. Man könnte sich darauf verlassen, weil sie nicht vom Wetter abhängt und die Termiten keinen Stahl fressen. Na Kleiner, und wie findest du unsern Bahnhof?«

»Hab' ich noch nicht gesehen.«

»Abgerissen, darum nicht. Aber die alten Fords standen mal

Schlange auf der Straße zum Bahnhof. Autos, Züge, Mädchen mit großen Hüten. Da war was los in Dime Box.«

»Aber Güterzüge kommen immer noch durch, ja?«

»Vom Tuten und Pfeifen kann man nicht leben, außer man frißt Dampf. Aber zum Teufel, es gibt ja nicht mal mehr Dampf. Wir halten uns jetzt über Wasser mit Viehzucht, Ackerbau und mit den Leuten, die auf dem Weg zum künstlichen See hier Rast machen.« »Künstlich?« Ich stellte mir ein riesiges Plastikbecken vor nach Art der Illusionslandschaften im Disneyland.

»Lake Somerville. Einer von diesen Stauseen.« Er wischte das Haar mit seiner kleinen weißen Bürste weg. »Eh' das Rindergeschäft hier in großem Stil losging, haben wir Baumwolle angebaut – hatten sogar eine Weberei. Alles weg. Als ich noch so ein Luftikus war, sah ich mir die Baumwollfelder an und fragte mich, welche Kapsel wohl mal mein Hemd werden würde. Jetzt sind die Hemden Polyester, das aus Öl gemacht wird. Aber ich glaube, wenn wir das Öl raufpumpen, wird Dime Box wieder ins Hemdengeschäft einsteigen, und sie werden das Fortschritt nennen.« Er fing an, mich mit Lucky Tiger einzureiben. »Laß es bitte erst trocknen. Ihr jungen Leute verderbt einem jeden Spaß am Friseurberuf. Vor dreißig Jahren hätte man mich für so einen Haarschnitt aus der Stadt gejagt.«

Für mich war es der beste Haarschnitt, den ich je in Dime Box, Texas, bekommen hatte.

4

Der hölzerne Fußboden knarrte, die Theke war in der Mitte aufgequollen; die Schlangenhäute an der Wand, der ausgestopfte Luchs und die Hirschtrophäen, alles sah verdorrt aus. Sogar die Deckenbalken, geschälte Zedernstämme mit abgekappten Ästen, waren in der trockenen texanischen Luft gesplittert. In Sonny's Lokal stand ein staubiges Klavier, staubig, weil die Unterhaltung hier nicht in Musik bestand, sondern in Domino. Von den sechs Dominotischen, jeder mit einem Stapel abgegriffener Steine, war an diesem Nachmittag nur der neben der Bar in Aktion. Ein Mann mit gelber Mütze, auf der zweimal

CAT stand, verkündete, dies sei nun seine letzte Runde; er sagte es beim nächsten Spiel und dann wieder beim übernächsten.

Ein großer, alter Kerl kam herein, begrüßte jeden, setzte sich an die Bar, bestellte ein Glas Bier, trank es in zwei Zügen aus, leckte den Schaum von seiner Oberlippe, sah mich an, lächelte, daß seine Backen an den Ohren hängenblieben, und sagte »Gut!« Ich nickte. Er beobachtete mich, und ich merkte, daß er im Begriff war, auf seine Weise nach meiner Version der Menschheits-Saga zu fragen. Als wenn er in einem alten Western mitspielte, sagte er doch wirklich: »Und was bringt dich nach Dime Box?« Ich erzählte ihm, daß ich auf einer langen Autoreise sei, aber da er ein bißchen schwer hörte, mußte ich es zweimal wiederholen, ehe ich die richtige Lautstärke raus hatte. Die ganze Kneipe wurde zu Ohren; vielleicht spielte der alte Gentleman seine Schwerhörigkeit nur, damit die andern alles mitbekamen – schließlich war eine neue Geschichte hier im Lokal einiges wert. Ich kam mir wie ein Radio vor, aber ich gewöhnte mich an das kleine Publikum am Dominotisch.

Der Name des Mannes, soweit ich verstanden habe, war Valca, und er war im vergangenen Jahrhundert in Dime Box geboren. Einige der Stimmen, die ich in Dime Box gehört hatte, erinnerten mit ihrem Akzent leicht an die Alte Welt, aber bei ihm war das unverkennbar. Alle Ws kamen wie ›weh‹ heraus und seine Lippen hatten nie ein ›th‹ geformt. Seine Eltern waren aus der Tschechoslowakei ausgewandert, und Englisch hatte er erst in der Schule gelernt. Er schwärmte von seiner slawischen Vergangenheit.

»In dem Großen Krieg gegen die Deutschen, du weißt ja, wir Amerikaner kämpfen mit die Polen und die Russen gegen das Ibel«, sagte er. »Hier war ich, armer Junge aus Dime Box, Texas, sprich mit die fremde Soldaten in ihre Sprach. Die Stadtjungen – Chicago und Cleveland – sogar die waren iberrascht. Wir Slawen verstehen uns alle. Ohh! Wir hatten viel gute Zeit, ich und driben die Slawen. Wir spielen Karten, nicht die Dominos, und wir trinken Slivowitz. Das war'n Krieg!«

Früher war er mal Textilkaufmann gewesen. »Aber ich hätt' ooch andere Sachen können machen.« Er trank ein zweites Bier, diesmal langsamer. »Bist du Phielosoph?«

»Zu gefährlich. Das ist was für Dickköpfe.«

»Ist egal. Ich gib dir ein einfaches Problem. Ich leg drei Dinge auf'n Boden – Gewehr, Hacke, Angelzeug. Nimm eins und bring dich ein Jahr lang damit durch. Welches nimmst du?«

Während ich nachdachte, kam ein Mann mit einem T-Shirt rein. Von allen wurde er nacheinander mit einem »Hallo, Pater« begrüßt. Er war der Priester von Dime Box. Er setzte sich rittlings auf einen Stuhl, legte seine Arme auf die Lehne, trank eine Orangenlimonade und beobachtete das Dominospiel. Der Mann mit der CAT-Mütze sagte, es sei seine letzte Runde. Seine Frau würde sich sonst wundern.

»Du brauchst so lange fir zum antworten, du mußt Phielosoph sein. Ich sag' dir – das Gewehr nimmst du nicht.«

»Woher wissen Sie?«

»Jäger machen schnelle Entscheidung, wie Kugel. Peng!«

»Okay, ich nehm' die Angel.«

»Nu, und warum?«

»Sie haben nichts von Munition gesagt, und ich wäre tot, eh' die ersten Früchte wüchsen. Ich häng' den Angelhaken raus und hab' sofort was zu essen.«

»Ah. Die Antwort verrät den Mann.«

»Und was nähmen Sie?« Es war die Frage, auf die er gewartet hatte.

»Ich! Ich nimm das Gewehr.«

Ein Dominospieler sagte: »Das einzige, was bei dir je zum Schießen war, sind deine Geschichten.«

»Nein? Nein, sagt ihr? Nu, ich denk' dariber nach seit achtzig Johr. Und ihr wißt nichts iber den Krieg. Ich schiess' die Deutschen links und rechts. Mäh' sie weg wie Heu.«

Alle in der Bar lachten, einige mit deutschem Akzent. Zu mir sagte er: »Die denken, ich kann nur Hosen verkaufen.« In den Raum sagte er: »Ich sag' euch, der Lauf war heiß wie Feuerhaken. Nur Wochenenden nicht, da trinken wir Slivowitz.« Sie alle lachten wieder. Als ich aus Sonny's wegging, hatte sich das Dominospiel in zwei identische Muster geteilt, wie eine Kartoffelzelle, und die kleinen Steine fielen sacht auf die alten Tische, und der CAT-Mann spielte mal wieder sein letztes Spiel. Seine Frau würde sich schon wundern.

5

Bei Austin, auf einem Hügel westlich des Colorado River – nicht *des* Colorado, sondern jenes Flusses, der in der Nähe der New Mexico-Grenze entspringt und zum Golf fließt – begann die Wüste. Wüste wie: dürr, steinig, endlos. Da gab es keinen allmählichen Übergang – der kam klipp und klar. Kaum eine Meile, und die Kornblumen verschwanden wie weggeblasen, der Boden wurde braun und körnig, und die mickrigen Bäume wurden mit jedem Kilometer mickriger, als ob sie sich nicht zu weit von ihren tiefen, feuchten Pfahlwurzeln entfernen wollten. Highway 290, der auf dem Edwards-Plateau von Felssockel zu Felssockel führte, stieg an, fiel wieder ab, kletterte erneut, bis ich vierhundert Meter über der Höhe von Dime Box war. Von den Anhöhen der Hochebene konnte ich das leere Straßenband kilometerweit verfolgen bis zum krummsäbligen Horizont, der in jeder Himmelsrichtung sichtbar war. Es war schön, die Rundungen des alten blauen Erdballs zu sehen.

Johnson City war wahrhaft eine schlichte Stadt. Hier steht das »Lyndon B. Johnson-Vaterhaus«, angenehm schlicht; und die Geschäftshäuser am Platz waren schlicht und gemütlich. Das beste Stück, die aufgemöbelte Johnson City Bank aus rohbehauenem Naturstein, war wahrscheinlich die einzige Bank in Amerika, die man restauriert und nicht für einen Provinz-Mischmasch aus Hazienda und Tudor-Schloß wegplaniert hatte.

Die Straße führte direkt in einen Sonnenuntergang wie auf einem Turner-Bild. Farben, Struktur, die Staffelung des Horizonts waren echter Turner. Ich hätte nie gedacht, daß er ein Realist ist. Das Land, hier wuchsen jetzt Rinder und Pfirsiche, war nicht mehr so schroff und trocken wie die großen Felsgegenden, die ich gerade hinter mir hatte. Westlich von Stonewall sah ich das letzte Stück Dämmerung, und unter dem großen Nachthimmel der Wüste fuhr ich in der kleinen Geborgenheit meiner Scheinwerfer weiter, bis mich Sonny's Bier anhalten ließ. Während ich dastand, kam ein ungewöhnlich starkes Geräusch aus dem Gebüsch. Was immer es war, ich fühlte mich verletzlich und wollte schnell weg. Viel Mondlicht gab es nicht, aber was ich ausmachen konnte, sah nach einem ausspähenden Armeehelm aus. Ich retirierte, bis ich kapierte, daß es ein Armadillo war, eins jener kleinen gepanzerten Gürteltiere. Ich blieb stehen, es watschelte weiter, witterte mich im letzten Augenblick und wechselte ohne Eile die Richtung.

Die Konquistadoren haben den Armadillo benannt (»den kleinen Gepanzerten«), aber die Texaner nennen sie »Digger«, wegen der Neigung der Tiere, nach Larven und Würmern zu kratzen, besonders in der weichen Erde frischer Gräber. Trotz der Meinung, daß die Armadillos sich von Leichen ernähren und besonders anfällig für Lepra sind, wurden sie während der Depression von den armen Weißen zusammen mit Gemüse und Maisbrot gegessen: als »Hoover-Schweine« oder »Texas-Puten« (am Weihnachtstisch); auch jetzt noch grillen die armen Schwarzen das weiche Fleisch der »Dillas«, wie sie die Tiere nennen. Aber schon die alten Mayas weigerten sich, sie zu essen, weil sie glaubten, daß die Aasgeier nicht sterben, sondern die Flügel abwerfen und sich in einen Armadillo verwandeln. Heute stehen die Dinge für eine Kreatur, die sich seit ihren zenozoischen Vorfahren kaum verändert hat, ein bißchen besser. Das texanische Gesetz schützt sie vor der wirtschaftlichen Ausbeutung, was konkret bedeutet, daß es heutzutage schwerer ist, eine Lampe oder ein Portemonnaie aus Armadillo-Panzer zu kaufen.

Als ich zum Auto zurückkam, spürte der Bursche gerade dem Highway nach, auf der Suche nach Käfern, die von den Autos kaputtgedrückt waren – ein Grund, weshalb in der warmen Jahreszeit so viele Armadillos wie Fossilien in den warmen Asphalt gequetscht werden. Ich scheuchte das Tier wieder von der Straße und fuhr nach Fredericksburg, wo ich mir hinter dem alten Courthouse einen Platz für die Nacht suchte und dann Ausschau hielt nach Kalendern an den Wänden der Cafés. Das einzige offene Eßlokal war ein großes geschupptes Ding, das sich Hofhaus oder Meisterhof oder Braumeister nannte – oder so ähnlich. Da man nach Nummern auswählen mußte, war ich auf alles gefaßt. Ich wählte Nummer Soundso, was auf drei graue Wurst-Leichen in einem Sauerkraut-Nest hinauslief, die beim Kauen wie Gummibänder quiekten, und auf einen bayrischen Kartoffelsalat, der sich in Matsch aufgelöst hatte. Mit gegrilltem Hoover-Schwein wäre ich besser bedient gewesen.

6

Die Geschichte neigt dazu, bloße Kuriosität in Bedeutung umzuwandeln. Etwa, wenn man das alte Nimitz-Hotel in Fredericksburg als Beispiel nimmt. Nicht das wiederaufgebaute Nimitz-Hotel, das ich sah, sondern die alte Fassung von 1852. Ein deutscher Einwanderer, Charles H. Nimitz, der sich auf den Wert markanter Architektur verstand, fügte seinem Hotel, das lange den Schutz der Komantschen genossen hatte, einen Anbau in Form eines Dampfers hinzu, dessen Bug mitten in die Main Street hineinragte. Das Ding, mit Sturmdeck, Ruderhaus und Krähennest, war einzigartig, und das Essen genauso. Nimitz machte ein gutes Geschäft, und einer seiner Gäste war Robert E. Lee, der in einem Sprungfederbett hier schlief. Charles Nimitz war der Großvater des Oberbefehlshabers der amerikanischen Pazifikflotte im Zweiten Weltkrieg, Chester W. Nimitz. Das einzig Schiffsähnliche, das der junge Nimitz in der texanischen Ebene sah, war das Dampfer-Hotel, und alles, was er von der See wußte (mal abgesehen von den Meeresfossilien im heimatlichen Sandstein), waren die Erzählungen seines Großvaters von der deutschen Handelsmarine. Kein Wunder, daß Chester bei seinem ersten Kommando auf See seinen Zerstörer auf Grund setzte und von einem Kriegsgericht verurteilt wurde; das war nur zu natürlich für einen Jungen, der in seiner Jugend ein Hotel durch die Prärie gesteuert hatte. Trotzdem befehligte dieser Sohn der Großen Amerikanischen Wüste später den Sieg in der größten Seeschlacht, die je ausgefochten worden ist. Ich habe niemanden in der Stadt die Theorie äußern hören, daß das Schiffshotel des alten Charlie Nimitz im Zweiten Weltkrieg eine entscheidende Rolle gespielt hätte, aber irgendeiner wird schon früher oder später darauf kommen.

Soviel ich weiß, ist die Main Street in Fredericksburg die breiteste in ganz Amerika. Sie war so breit, daß ich mir beim Überqueren immer merken mußte, warum ich das tat, damit ich auf der andern Seite nicht schon den Grund vergessen hatte. Und diese Breite beschränkte sich nicht auf ein paar Blocks, sondern hielt drei Kilometer durch. Siedler aus den engen Dörfern am Rhein haben diese Straße ausgemessen, damit die Ochsengespanne darin wenden konnten. Ein Geschäftsmann sagte: »Wir sagen nicht mehr: einer ist blöd wie ein Ochse, weil wir vergessen haben, wie blöd das ist. Wir sagen, ein Kerl ist blöd wie ein Armleuchter, obwohl wir auch nicht wissen, wie blöd das ist. Wie auch immer: einem Ochsen kann man nicht beibringen, rückwärts zu gehen. Beim Pferd ist das möglich, aber bei einem Ochsen kann man das vergessen. Die Main Street ist breit, weil ein Ochse blöd ist.«

Leute, die glauben, die Vergangenheit lebe in Sturbridge Village oder Mystic Seaport weiter, haben Fredericksburg nicht gesehen. Die Dinge leben hier auf die einzige Weise weiter, wie die Vergangenheit je lebt – indem sie nicht sterben. Es war nicht eine Stadt, die man vom Rande der Geschichte zurückgebracht hatte – sie war vielmehr erst auf dem langsamen Weg dorthin. Und das meiste an dieser alten Lebensweise vollzog sich weitgehend unbewußt.

Etwa: Otto Kolmeier & Co., ein Eisenwarengeschäft mit gebohnertem Dielenboden und Regalen, für die man eine Roll-Leiter brauchte, ein Laden, wo man eine gußeiserne Pfanne kaufen konnte oder Steintöpfe für Proviantwagen, oder Hufeisen in verschiedenen Größen, einen Kohleneimer, eine Coyoten-Falle oder einen Messingspucknapf; der Zinnschmied (und dieser war kein simpler Blechklopfer), falsch vor sich hin pfeifend, konnte seine Werkzeuge aus einem galvanisierten Zinnbecken nehmen.

Etwa: Ein steinerner Gehsteig, der bis zur Glätte von Marmor blankgescheuert war.

Etwa: Gebäude aus dem neunzehnten Jahrhundert, aus behauenem und verziertem Kalkstein errichtet, der von der Sonne zu einem weichen Gelb patiniert war; deutsche Siedler hatten das gebaut, nachdem die Komantschen sie lange genug in Frieden gelassen hatten. Der Stein in jedem dieser Häuser war so akkurat geschnitten, daß es war, als ob das Klicken von Hammer und Meißel immer noch in der Straße vibrierte.

Etwa: Eine Agave, deren stahlharte Stacheln von Wind unablässig gegen einen Felssockel gedrückt wurden und tiefe Kerben wie von einer Bärentatze hinterließen.

Etwa: Ein Natursteingebäude, einfach und direkt wie ein texanisches Tafelplateau, über der Tür ein Relief aus weißem Stein, das einen Elefanten darstellte. Weiße Elefanten waren einmal das Symbol der Gastfreundschaft, aber hier konnte man schon lange nicht mehr einkehren; die Kneipe war schon zu der Zeit geschlossen, als man hier Hudson- und Essex-Autos verkaufte. Jetzt war es ein deutscher Souvenirladen, wo man Münchner Bierkrüge, bayrische Kuckucksuhren und teutonischen Tineff kaufen konnte. Und so kam die Zukunft denn auch nach Fredericksburg, ein bißchen hier, ein bißchen dort.

Eine landläufige Meinung der Soziologie geht dahin, daß die Amerikaner das Vertrauen in die Zukunft verlieren, weil sie die Vergangenheit aus dem Blick verlieren. Was wunder, wenn die guten Orte, die noch von der Vergangenheit zeugen, so schwer zu finden sind. Aber in Fredericksburg hatten einige Amerikaner damit begonnen, den zivilisierenden Einfluß historischer Kontinuität zu respektieren. Sie hatten das alte Gerichtsgebäude in eine Bibliothek und ein Gemeindezentrum verwandelt; neben der Anmut dieser Pionier-Architektur sah das neuere Courthouse wie eine Turnhalle aus.

7

Außerhalb von Fredericksburg humpelte ein kleiner brauner Mann, der sein rechtes Knie nicht beugen konnte und einen Papiersack unter dem Arm trug, auf der Straße nach Hedwig's Hill dahin. Er sah mich direkt an, lächelte und schwenkte unbeholfen seinen Daumen. Als ich vorbeifuhr, winkte er mir nach. Da kapierte ich, daß er mitgenommen werden wollte. Ich hielt an.

»Gracias«, sagte er mit leiser Stimme, die einen merkwürdigen Akzent hatte. »Fahr' gern mit Trucks.«

Ich habe nicht alles von dem verstanden, was er mir in den nächsten Stunden erzählte, aber so viel kriegte ich raus, daß er an diesem Morgen in Corpus Christi aufgebrochen war, um einen kranken Bruder in Big Spring zu besuchen. Er war schon vierhundert Kilometer weit von nur zwei Fahrern mitgenommen worden – einmal von einem Lastwagenfahrer, das andere Mal von einem Texas Ranger (beide nicht gerade dafür bekannt, daß sie Anhalter mitnehmen).

»Ich hab' nur diese 35 Cent«, sagte er und zeigte zum Beweis die Münzen vor. »Das ist alles. Der Polizist hat mir einen Kringel und einen Kaffee ausgegeben, das war mein Essen. Bin eine Meile gelaufen, eh' das nächste Auto hielt. Während ich gewartet habe, habe ich eine große Klobba erschlagen.«

»Eine größe was?«

»Klobba.« Er trillerte mit der Zunge und bewegte seine Hand in einer Spirale.

»Eine Klapperschlange?«

Er nickte und sagte ja mit einer hohen, ziehenden Stimme. »Sehr große Klobba.« Er rollte seine Hand zu einem Kreis, um die Stärke vorzuführen. »Groß.«

Mit einem Stein wie eine Melone so groß hatte er die Schlange zermalmt. Das Töten hatte ihm Spaß gemacht, und er redete eine ganze Weile davon. Es war gut, Klapperschlangen zu vernichten, die den Menschen zu nahe kamen. Er sagte, die Cowboys nähmen die Giftzähne der Schlangen und trügen sie als Schutz gegen Fieber um den Hals.

»Mein Vater war ein vaquero. Richtiger Cowboy. Machte viele Dinge mit seinen Händen. Am liebsten hatte er Roßhaar. Webte Schwanzhaar, machte Sachen daraus. Meine Mutter war eine Apachin. Bin eine Rothaut.« Darüber lächelte er.

»Wie ist dein Name?« Ich dachte, er sagte »Perfidio«, aber so würde ja niemand sein Kind nennen. »Perfidio?« fragte ich, und er nickte, und ich wiederholte und buchstabierte. Er nickte, und ich schüttelte den Kopf. Er holte seine Brieftasche heraus, ein verschmiertes Ding voller kleingefalteter Zettel, und hielt seine Sozialversicherungskarte hin: Porfirio Sanchez.

»Ah, Porfirio. Nicht Perfidio.«

»Ja.« Zwischen den Zetteln fischte er ein Schulfoto eines Mädchens heraus. »Enkelin. Ich habe sieben Jungen und neun Mädchen von fünf Frauen. Jetzt Enkel. Aber Eheleben – gut davon weg zu sein.« Bei Grit wendeten wir uns nach Westen auf der Route 29, – eine Straße, die einen strammen schmalen Kurs direkt ins Herz der Texas-Wüste einschlug. »Ganz schönes Land hier«, sagte er. Über Meilen hinweg wiederholte er das, und die Art, wie er es sagte – leise – klang, als wüßte er Bescheid, als habe er viele Arten Land gesehen.

Das Land bestand aus Weidepfählen und Dornengestrüpp, aber auch das war selten. Meistens waren die Äcker für die Ziegen da, die hier das Haupterzeugnis liefern: Mohair. Es war das Land des San Saba Rivers, eine Route mit verlassenen steinernen Kavallerie-Forts, die hier vor sechs Generationen errichtet worden waren, um den »Indianer-Aufruhr« unter Kontrolle zu bringen. 1861 stand der Posten in Manson unter der Leitung eines Oberstleutnants, der von Präsident Lincoln plötzlich nach Washington berufen wurde, wo er jene Truppen kommandieren sollte, die sich auf einen Bürgerkrieg vorbereiteten. Der Offizier lehnte ab, und Fort Mason wurde seine letzte Aufgabe in der amerikanischen Armee. Robert E. Lee vergaß die einsame Station nie.

Zu Sanchez sagte ich: »Bist du ein Cowboy?«

»Ich arbeite auf der Ranch. Mach' viele Jobs. Fahr' Trucks in Dallas. Müll-Trucks. Aber jetzt bin ich 67 und habe keine Arbeit. Krieg' jeden Monat ein' Scheck von der Regierung, aber ich geb' das meiste Geld meinen Babys, den Enkeln.« Plötzlich streckte er einen Arm zur Wüste hin aus. »Ohren!« Genau über einem Gebüsch verrieten ein paar lange, aufgerichtete Ohren, die im Nachmittagslicht rosa schimmerten, das Versteck eines Eselhasen. »Wenn du große Kaninchen jagst, kuck nach großen Ohren. Mr. Rabbit versteckt alles, nur die Ohren nicht. Die kann er nicht verstecken, dann ist er taub.«

»Der Eselhase heißt so wegen seiner Ohren?«

»Ja.« Sanchez tippte mich ans Knie. Ich war auf die linke Straßenseite geraten. Es machte nichts – wir hatten seit zwanzig Minuten kein Auto gesehen und waren meilenweit keiner Ranch begegnet.

»Nicht viel' Leute hier draußen.«

»Nicht viel' Leute, aber gutes Land.«

»Würdest du gern hier leben?«

10. Porfirio Sanchez in der Nähe von Eldorado, Texas

»Kein Land für einen Armen. Braucht' viel Land zum Leben. Tiere brauchen hunderte von Morgen fürs Futter. Ich mag Dallas. Würden Sie gern hier leben?«

»Ja.« Das kam mir seltsam vor. Hier war ein Mann, dessen Vorfahren als die unbezähmbarsten und wildesten der Indianer im Südwesten galten, ein Volk, das in diesem harten Landstrich zehntausend Jahre lang gelebt hatte; und der wollte die Stadt. Und hier war ein anderer Mann, dessen Ahnen Städte gebaut hatten, und der wollte die Wüste.

»Vielleicht sieht das anders aus, wenn Sie hier leben«, sagte Sanchez.

Vielleicht. Aber die Namen auf den Ranch-Toren hießen Wilson und Martin und Howard.

»Ich nehm' mir ein Bier«, sagte ich. »Wie steht's mit dir?« Er öffnete die Dosen, und wir tranken, redeten wenig. Als das Schweigen spürbar lange wurde, sagte er: »Ziemlich gutes Land.« Die Gegend stieg an und das Gebüsch wurde größer. Dann ein paar Bäume, einige von Misteln umschlungen. Ich zeigte es ihm, aber er verstand nicht, was ich meinte.

Die ganze Zeit hatte er sein rechtes Bein ausgestreckt gehalten. Ich fragte ihn danach, und er zog ein Hosenbein hoch und zeigte mir ein paar böse aussehende Narben am Knie. Erst verstand ich, daß er es sich im Krieg verletzt habe, aber später dachte ich, er habe wohl von einem Arbeitsunfall gesprochen.

»Hast du dir dein Knie im Krieg oder bei der Arbeit kaputtgemacht?«

»Ja.«

»Warst du im Zweiten Weltkrieg?«

»Marine.« Er wies auf eine Narbe an seiner Hand und eine andere, die vom Ohr die Backe hinunter lief. »Narben töten einen nicht.« Er lächelte. »Männer sollten Narben haben. Frauen sollten Wunden haben, ohne Infektion.« Er lachte. Es war eine Obszönität. Plötzlich rief er aus: »Paisano!« und zeigte voraus auf einen langbeinigen Vogel mit gesträubtem Gefieder, der am Straßenrand clownesk und steif daherstelzte.

»Ein Erdkuckuck.«

Als wir an dem Vogel vorbeikamen, schrie er aus dem Fenster: »Andale, paisano! Aqui viene el coyote!« Der Kuckuck hüpfte ins Gesträuch und verschwand. »Ziemlich gutes Land hier.« Und es war ein gutes Land und wurde noch besser durch die Gesellschaft eines Mannes, der in dem Alter war, wo andere bei Kreuzworträtseln oder in Supermarkt-Cafeterias landen, ein Mann, der ein Bein nicht bewegen konnte und achthundert Kilometer durch die Wüste von Texas trampte und seine Sachen in einer Einkaufstüte bei sich trug. Er war der einzige Apache, Mestize oder nicht, mit dem ich je gesprochen hatte. Man sehe mir die romantische Anwandlung nach, aber ich dachte, daß das alte Blut zum Vorschein kam.

In Eldorado am Highway von Del Rio nach San Angelo stieg er aus. Ich sah ihn noch, wie er mit seinem komischen kleinen Stelzschritt weiterging und mit der unbeholfenen Geste den vorbeirasenden Autos zuwinkte. Ein Jahr zuvor, wäre ich an seiner Stelle gewesen, hätte ich noch gedacht, daß ich es zu nichts gebracht hätte. Jetzt sah ich es nicht mehr so. Überhaupt nicht.

8

Geradlinig wie die Gesichtszüge eines Häuptlings lag die Straße vor mir, selbst die Kurven waren so langgezogen und unmerklich, daß nur die Karte sie zeigte. Auf einer Strecke von hundertfünfzig Kilometern westlich von Eldorado nicht eine einzige Stadt. Es war jenes Texas, das einigen Leuten beim Durchfahren als eine endlose Öde vorkommt, der Teil, den sie später an der Motelbar als »Nichts« beschreiben. Sie sagen: »Da draußen ist nichts.«

Auf der Fahrt durch die Meilen von Nichts beschloß ich, diesen Begriff auf die Probe zu stellen und hielt irgendwo im westlichen Crockett County auf der Höhe eines breiten Rückens an, dicht neben dem Highway Texas 29. Auf die Entfernung sah das Land so felsig und trocken aus, daß ein frommer Mann hätte glauben können, der liebe Gott habe bei seiner Schöpfung dieses Stück vergessen. Trotzdem hatte sich jemand dazu aufgerafft, es mit Stacheldraht zu umzäunen.

Keine Pflanze wuchs höher als mein Kopf. Eine Zeitlang hörte ich nur den meilenweiten Wind um meinen Geistertanz. Aber als das Pfeifen in den Ohren nachließ, hörte ich meinen eigenen Atem, dann einen Vogelton, einen Antwort-Ruf, noch eine Vogelstimme, und wieder eine. Spottdrossel, Trauertaube, ein Enigma. Ich hörte das Sirren von Fliegen in der Farbe grauen Flanells und das tiefe Brummen einer blauen Hummel. Ich legte eine Liste von lauter Nichts an:

1. Spottdrossel
2. Trauertaube
3. Enigma-Vogel (gehört, nicht gesehen)
4. graue Fliegen
5. blaue Hummel
6. zwei kreisende Bussarde (noch nicht, Jungs)
7. rote Ameisen
8. schwarze Ameisen
9. rot-schwarze Ameisen (was war da passiert?)
10. drei Arten Spinnen
11. Opossum-Schädel

12. Eselhase (kaute Kaktus)
13. Hirsch (hinterläßt Kot)
14. Coyote (hinterläßt Spuren)
15. Kleiner Nager (Bau voller Samenhülsen unterm Felsen)
16. Schlange (Haut auf Kaktusstacheln aufgespießt)
17. Stachliger Birnenkaktus (gelbe Blüten)
18. Igelkaktus (orangene Blüten)
19. Barrel-Kaktus (rote Blüten)
20. Teufels Nadelkissen (keine Blüten)
21. Katzenkralle (kein besserer Name)
22. Zwei Sorten Gras (keins grün, aber lebendig)
23. Gelbe Blumen (Blüten kleiner als Pfefferkörner)
24. Salbei (weist auf alkalifreien Boden hin)
25. Mesquit-Strauch (meterhohe Pflanzen mit dreißig Meter langen Wurzeln, die ans Wasser von zweitausend Jahre altem Regen reichen)
26. Fettholz (o ja)
27. Tannenart (aus deren eingeweichten Stämmen man den Brigham Young-Tee macht)
28. Erde
29. Himmel
30. Wind (immer)

Das war all das Nichts, was ich zu der Zeit identifizieren konnte, aber wenn ich bis zur Dunkelheit gewartet hätte, wenn die Wüste wirklich zum Leben erwacht, wäre viel mehr herausgekommen. Es ist nicht richtig zu sagen, da draußen sei nichts; man kommt der Wahrheit näher, wenn man sagt, daß die Wüste mit allem außer Raum und Licht, Stein und Erde geizt.

Ich fuhr weiter. Die niedrige Sonne verwandelte die Felskämme in Silhouetten, eckig und bizarr und unirdisch; hätte mir einer gesagt, die Rückseite des Saturns sähe so aus, ich hätte ihm geglaubt. Die Straße fiel zum Pecos River ab, der jetzt zu solcher Subalternität eingedämmt ist, daß ich mir nicht vorzustellen vermochte, wie er einmal die westliche Grenze einer rudimentären weißen Zivilisation bilden konnte. Sogar die alten Planwagenfahrer spürten die ungemütliche Isolation, wenn sie den Pecos überquerten, einen kleinen, aber einst ernstzunehmenden Fluß, der schon viele Namen gehabt hat: Rio de las Vacas (Fluß der Kühe – vielleicht ein Hinweis auf Bisons), Rio Salado (Salziger Fluß), Rio Puerco (Dreckiger Fluß).

Westlich des Pecos erhob sich ein merkwürdig geformter Kegelstumpf aus dem Tal. In dem schrägen Abendlicht sah die Silhouette wie ein Maya-Tempel aus, so perfekt war die Symmetrie. Ich stoppte wieder, begann zu klettern, Eidechsen stoben in Panik davon. Von oben sah das steinige Land unten – mit Straßen und ausgetrockneten Flußbetten durchädert und wegen der Dunkelheit ohne jedes Relief – wie eine Straßenkarte aus.

Die Wüste zeigt, mehr als jede andere Landschaft, ihr Alter, ihre Zeit, weil so wenig Vegetation die uralten Erosionen von Wind und Sturm bedeckt. Was man sieht, ist ockerfarbener Kies, der mal Stein war; und Stein, der zu Kies zerkrümelt. Überall Fels, die älteste Sache der Welt. Selbst die Wüstentiere stammen aus einer Zeit, die viel älter als die der Waldtiere ist, und sie haben, als Reaktion auf die Unwirtlichkeit ihre prähistorischen Schilde aus Chitin und Schuppenpanzern bewahrt, ebenso wie die primitiven Verteidigungswaffen von Stachel und Dorn, Fangzahn und Gift, Schild und Klaue.

Die Nacht sog Schatten und Details auf und wischte das Gesicht der Wüste in eine einfache, undefinierbare Schwärze, bis es nur noch drei Dinge gab: Land, Wind, Sterne. Ich war auch da, aber meine Gegenwart fühlte ich mehr, als daß ich sie sah. Es war, als wäre ich zu bloßem Geist, zu einem äußersten Rand von Bewußtsein reduziert. Menschen, Asketen, sind in allen Zeitaltern in die Wüste gegangen, um sich zu verlieren – Jesus, der heilige Antonius, der heilige Basilius und zahllose Medizinmänner – vielleicht weil ein solches Sichverlieren hier fast von selber kommt, wenn man sich ihm überläßt. Die Sioux sangen einmal: »Weit über dem Himmel ruft eine heilige Stimme.«

Im Dunkel bewegte sich Wild, nur Schattenbilder, zu den Wüstenweiden in den feuchten Niederungen. Stephen Vincent Benet:

> Wenn Daniel Boone die Nacht durchstreift
> Erhebt sich auch das Geisterwild:
> In seinem Auge brennt das Bild
> Des wilden, jetzt verlornen Lands.

Von einer anderen hohen Mesa-Platte aus: zwölf Meilen westlich in der flachen Talsohle blinkten die Lichter von Fort Stockton weiß, blau, rot und gelb in der Hitze wie eine Fata Morgana. Wie kommt es, daß Wüstenstädte in der Nacht so schön und so groß aussehen? Wohl deshalb, weil so wenig verborgen ist. Das Glänzen da vor mir hätte auch eine goldene Stadt von Cibola sein können. Aber die Realität von Stockton bestand in Sperrholz, Beton und Plastikschildern für einen Holiday Inn und Mobil Oil. Die Wüste hatte mir einen Appetit gemacht, daß mir Aasgeier mit Gestrüppfüllung als gutes Gericht vorkam. Ich fand ein mexikanisches Café aus Lehmziegeln, getünchter Balkendecke, einem Kamin aus Flußkieseln und einer Musikbox mit Mariachi-Musik. Es war wie eine Baracke. Ich aß Burritos, Chili-Schoten und Bohnen, alles mit einer feinen, scharfen Sauce übergossen, die die Farbe von Resten einer alten Öltrommel hatte. Am Nachbartisch saßen drei große, dicke Männer: ein Indianer mit einem silbernen Kopfband, ein Chicano mit einem hängenden Bart à la Pancho Villa und ein Neger in ausgebleichten Overalls. Ich fragte mich, welche Litanei an Plagen dieser Tisch erzählen könnte. Aber je länger ich hinsah, um so mehr glaubte ich, daß sie irgendeine Vision des Westens verkörperten, die Vision von jemandem, der für Levy-Brot Reklame machte, die früher mit den Worten begann: »Sie brauchen kein Jude zu sein.«

9

Hier draußen haben sie einen Namen für den Wind, sie nennen den Wind Maria. Sie sollten ihn besser Hundesohn nennen. Die Wüstenböen ließen mit der Dunkelheit nach und gingen in ein gleichmäßiges Blasen über, das meinen Wagen die ganze Nacht hindurch wiegte und die Geräusche der Menschen und die Laute und Schreie der Wüste hereintrug und sie fortwehte in die Weite hinein, kommend und gehend, über die Dinge und um sie herumgleitend und alles mit sich nehmend, das keinen Halt hatte: Gräser, Sand, die feuchten Absonderungen des Lebens.

Mit der Morgendämmerung kam auch der Nordwind wieder

stärker auf, wehte die staubigen Mesa-Kuppen in die bewässerten Täler und drückte meine kleine Kutsche vom Bankett gegen die Mittelstreifen, bis meine Arme steif waren vom Gegensteuern. Weit im Süden hielten die langen purpurnen Rücken der Glass Mountains den Ansturm des Windes in die Chihuahua-Wüste etwas auf, aber nichts war groß genug, ihn ganz abzufangen. Im Radio wurde vor Böen bis zu achtzig Stundenkilometern am Nachmittag gewarnt.

Das Land stieg ständig an, und bei Balmorhea dann gingen die Hochland-Mesas in die östlichen Ausläufer der Rocky Mountains über. Die Interstate 10, der einzige Weg Richtung Westen, unterschied sich hier von einer zweispurigen Straße nur durch zusätzliche Betonstreifen – es gab praktisch keine Städte, die zu umgehen gewesen wären. Und wie eine Lokomotive fraß Geistertanz die Meilen über die Apachen-Berge und den Devil Ridge hinweg und weiter. Die Käfer, die an der Windschutzscheibe zerplatzten, hinterließen nur eine klare Flüssigkeit anstelle der pollenprallen Schmiere von Waldinsekten; es war, als hätten sie ihre farblose Essenz direkt aus dem Wüstenwind gesogen.

Irgendwo in der Nähe von Eagle Flat, vor einem Cinemascop-Himmel für den Reiter am Horizont, hielt ich an, um auszuruhen vom ständigen Druck des Seitenwinds. Der jährliche Niederschlag betrug hier weniger als zwanzig Zentimeter, und der Rio Grande im Süden war oft schon trocken, ehe er die Wüste durchquerte. Spindeldürre Ocotillo-Stämme, manche acht Meter hoch und gerade orangefarben erblühend, bogen sich unter dem Nordwind. Kreosot-Büsche hatten tote Zonen um sich her geschaffen, indem ihre Wurzeln eine giftige Substanz absonderten: auf diese Weise sicherten sie sich alle Feuchtigkeit, die sie kriegen konnten. Was die Kreosot-Blätter anging, so gab es wohl nur ein Tier, das sie fraß: das Kamel. Die Texaner hatten das während des Bürgerkriegs herausgefunden, als sie im Zuge erfolgloser Experimente mit der Kavallerie in Fort Bliss die Tiere zu Wüstenpatrouillen einsetzten.

Zwischen dem Kreosot und steinigen Knubbeln, die vom sandigen Wind stromlinienförmig geschliffen waren, wuchs Gras in geschlossenen Klumpen und Kakteen, kompakt wie geschlossene Fäuste. Alles so karg und mager wie ein Coyoten-Lauf.

Unter dieser Weite von Himmel und Raum ließ das minimale Land alles, was in ihm vorkam, klein werden und bot sich so dürftig dar, als könne es nichts hervorbringen als Einfachheit. Aber es war eine Einfachheit der Form – nicht des Inhalts.

Geistertanz schnellte über die glatte Straße mit einem Tempo, von dem die alten Waggonführer geträumt haben müssen. Im Süden lag der schmale grüne Streifen des mittleren Rio Grande-Tals, wo im siebzehnten Jahrhundert die Spanier Missionen errichtet hatten; in der Nähe der Ysleta-Station hatten die Leute dasselbe Stück Land alle Jahre seit 1681 bebaut. Jenseits des Flusses war Mexiko, voll von den schroffen Gipfeln der Sierra Madre. Die Berge öffneten sich bei El Paso, wo die Sonne in den letzten fünfzehn Jahren nur an dreißig Tagen nicht geschienen hat, und sie ließen den Rio Grande und die Straßen passieren. Auf der mexikanischen Seite erhoben sich steile, steinige Hügel mit Lehmziegelhäusern, kleine erbärmliche Dinger, rosa und blau bemalt. Auf dem anderen Ufer das amerikanische Äquivalent: rosa und blaue Wohnwagen.

Der Rio Grande lag da: sicher in Beton gebettet und mit einem Kettenzaun abgesperrt, den man »Tortilla-Vorhang« nannte. Die Mexikaner kannten den Rio Grande als Rio Bravo, den wilden Fluß, aber er sah, kläglich wie er nun ist, weder bravo noch grande aus. Der Fluß ist »gerichtet« worden, weil er die Niederungen früher überschwemmte – und fruchtbar machte; das war der Grund, weshalb man einen Acker dreihundert Jahre lang bewirtschaften und immer noch was ernten konnte. Aber schlimmer als die Überschwemmungen war, daß der Rio Grande, wie ein streunender Esel, ohne Vorwarnung seinen Lauf änderte und mal eine Scheibe von Texas abschnitt und sie den Mexikanern gab und mal ein Stück Chihuahua samt Bewohnern den Amerikanern zuschlug. Was sollten die Einwanderungsbehörden mit einem Peón anfangen, der das Land in einer Lehmhütte betrat, die sich überhaupt nicht von der Stelle bewegt hatte?

El Paso war eine angenehme Stadt, aber ich hatte das Gefühl, als wäre ich schon seit Wochen in Texas gewesen, und fuhr nach Westen weiter, durch den natürlichen Einlaß in den Rockies, der der Stadt ihren Namen gibt – über denselben Paß, den die Indianer, die Konquistadoren und die Butterfield-Wanderbühne benutzt hatten – fuhr um den bröckelnden Comanche Peak herum und wieder am Rio Grande entlang. Am anderen Ufer war jetzt nicht mehr Mexiko, sondern New Mexico. Ich überquerte den Fluß. Nach Osten hin riegelten die brüchigen Organ Mountains das Land der White Sands ab. Der Highway führte gerade und eben in eine Gegend mit Touristen-Kiosken, wo gelbe und schwarze Reklameschilder wie ein Stotterer wiederholten: Kaktusgelee, mexikanische Samtmalerei, Indianerpuppen, Kupferarmbänder, Kirschsaft, Onyxschnitzereien, Stierpeitschen, Kaktusbonbons, Stierhörner, versteinertes Holz, Zuni-Silber, Navajo-Teppiche, Honig aus Wüstenblüten.

Zum Norden hin waren die Berge wie eingedellte Kissen; aber in der anderen Richtung schnitten die Floridas mit heimtückischen Zacken in die sanften Bäuche der Wolken. Diese wüste Erbschaft an Feindseligkeit, die zu etwas anderem als dem Menschen gehörte, wollte auch nichts mit ihm zu tun haben: keine Straßen, keine Hochspannungsleitungen, keine Parabol-Antennen, keine einbetonierten Initialen von Wüstenstädten. Diese Berge wiesen den Menschen in seine Schranken. Als ich in Deming, New Mexico, anlangte, bedeckten sich die Floridas mit den langen Schatten der Nacht, die es als einzige fertigbringen, sie ganz zu umfassen.

10

Fußboden, Wände, Theke, Kellnerkleidung – alles bis auf die Gesichter – war weiß im Manhattan Café in Deming. Von irgendwoher kam mir die Schönheit der Kellnerin bekannt vor, aber mir fiel es nicht ein. Später merkte ich, daß sie die strenge Priesterinnen-Schönheit mit hohem Nasenrücken, vollen Lippen und schrägen Augen hatte, die man auf den Tempelwänden der Maya in Palenque finden kann.

Sie brachte mir einen Stapel ungewärmter Frikadellen, Butter, und eine Schüssel mit einer grünen wäßrigen Feuersoße, die selbst den Augen des Quetzalcoatl Licht entlockt hätte. Was immer die Texaner sagen, aber es gibt nirgends eine heiße amerikanische Chili-Sauce, grün oder rot, die so wie die New Mexico-Versionen ist, wobei nicht zwei Rezepte auch nur gleich sind bis auf die pyrotechnischen Veranstaltungen, die sie begleiten. Die Saucen aus New Mexico lassen das Wasser in Mund, Augen und Nase zusammenlaufen; sie sind Rachen-, Schlund- und Magenputzer, und wie Spinnenspeichel können sie die Innereien in Flüssigkeit verwandeln.

Ich hatte die Tortillas aufgegessen, als sie mir huevos rancheros mit geschnetzelten nopales (Kaktusfrüchten) auftischte, dazu Reis und ein großes Glas Milch, um die Eingeweide zu löschen. Solides Mittagessen ohne Brimborium. Vielleicht kommt ja die Zeit, aber noch hat die große Vielseitigkeit und die Würze der guten mexikanischen Küche die Vereinigten Staaten kaum erreicht. Zehntausend Taco-Buden bieten Zeugs an, das von irgendeinem Kerl zusammengebraut wird, der die Ls in Tortilla mitspricht, und im Südwesten servieren Cafés wie das Manhattan ein gutes, aber schlichtes Grundgericht; doch nur einige wenige Lokale produzieren Genüsse, die einen cocinero auf eine Stufe mit einem französischen Chef stellen.

Sandverkrustet wie ein Leguan, suchte ich nach einem Bad und fand ein Zimmer (das erste, seit ich unterwegs war) für acht Dollar am Rande der Stadt. Ich ging unter die Dusche und sah dann noch den Schluß eines Gary Cooper-Films im Fernsehen. In fließendem, synchronisiertem Spanisch bugsierte sich Cooper durch eine Liebesgeschichte:

Sie: Eres tú libre?
Er: Libre como el viento.

Frei wie der Wind, na klar. Tapfere Hoffnung.

Als es dunkel war, ging ich auf ein Bier in die Stadt. Es gab die Wahl zwischen zwei Bars: das Central, wo man englisch sprach, oder das Western, wo spanisch gesprochen wurde. Auf der Straße vor dem Chicano Saloon war – vor gar nicht allzu langer Zeit – ein Viehdieb gehängt worden, und in einem Keller nebenan war einmal eine Opiumhöhle gewesen. Jetzt gab sich das Western mit Bier und Billard zufrieden. Ehe das Spiel begann, sprach keiner der siebzehn Gäste ein Wort mit mir. Ich verstand die Botschaft, blieb aber doch.

Fünf junge Straßenarbeiter und ihr grauhaariger Vormann, Ruquito, standen um den Pooltisch. Der beste Spieler sprach auch als einziger etwas englisch: laut und angeberisch rief er sich selbst Anfeuerungsworte zu. Er ging geschickt mit dem Queue um und arrangierte seine Kugeln immer in dichten kleinen Gruppen, und seine Freunde gönnten ihm die Überlegenheit. An der Bar standen ältere und fettere Männer, redeten über Arbeit und Frauen, behielten aber das Spiel im Auge. Dann schlug, von irgendwoher, jemand eine Wette vor. Der Señor mit den Anfeuerungen sollte gegen einen knorpligen, mißmutigen Mann um die Fünfzig spielen. Der Ältere machte ein paar Einspielstöße, die ihm gelangen. Ein Arbeiter stöpselte die Musikbox aus, ein anderer hängte das Licht über dem Tisch richtig, und El Señor sprach rasch, aber nur auf spanisch. Ruquito nahm ihn beiseite, um ihm Schultern und Arme zu massieren, und flüsterte die ganze Zeit wie wild auf ihn ein. Zwei alte Kameraden hinkten hastig hinaus, ergriffen das Hasenpanier.

Ein Mann mit drei oder vier silbernen Schneidezähnen, die seinem Mund den Anschein einer Stahlfalle gaben, sagte zu mir: »Wieviel wetten Sie?« Ich sagte, ich sei zu arm, um zu spielen. Er reagierte mit höhnischem Lachen. »Ach so, nur da, uns Mojados zu beobachten?«

»Okay. Ich hab' zwei Dollars. Die zwei auf den jungen Señor.«

»Sie sind ein Narr.«

Ruquito schubste alle außer den beiden Rivalen aus der Umgebung des Tisches weg, und es wurde still im Raum, bis auf das scharfe Klick der Bälle auf dem Filz. Mit der Präzision kleiner Haubitzenschüsse fanden die Bälle ihre Löcher und verschwanden vom Tisch. El Señor gewann ohne weiteres.

»Na, vielleicht wetten Sie jetzt richtig, Sir Gringo?«, sagte der Stahlmund.

»Laßt's gut sein. Ich hab' nicht mehr.« Ich kehrte meine Taschen um.

Wieder das höhnische Lachen. BILLARD-WETTE ENDET TÖDLICH. Entweder wurde ich reingelegt, oder Señor Großmaul hatte seine Stöße nicht unter Kontrolle. Er verlor fünfmal hintereinander. Da hätte ich eher die Flecken auf einem Dalmatiner raten können.

11

Daß eine von Hand gedrehte Kaffeemühle den Alten Westen mit kleingekriegt hat, hat sich noch nicht recht herumgesprochen. Fünftausend Meilen weit war ich zwischen Zäunen hindurchgefahren, aber entlang der New Mexico 81 gab es zum erstenmal keine. Zu guter Letzt war ich in die offene Landschaft gekommen, etwas, das rascher verschwindet als der Kondor.

Im Jahre 1874 erhielt Joseph Glidden aus Illinois das erste Patent für einen Stacheldraht, den er auf einer zweckentfremdeten Kaffeemühle herstellte. Die Rancher nannten das Zeug »des Teufels Hutschnur«, aber sie sahen ihre ökonomische Zukunft darin: Der neue Zaun erlaubte die Kontrolle der Rinderzucht und damit eine Zuchtauswahl, und er machte es möglich, daß man mit einem einzigen Brunnen eine ganze Herde tränken konnte. Ehe der Stacheldraht aufkam, hatte der Westen wenige lange Zäune, weil es für sie nicht Holz genug gab und weil die Rinder die Holzzäune sowieso niedertrampelten. Es gab keine Alternative zu offenen Weiden und Cowboys. Aber ein Stacheldrahtzaun war billig zu kaufen, anzulegen und zu erhalten, gerade bei den riesigen Flächen, wie sie der Westen erfordert, und das Vieh, nachdem es erst einmal dagegen gerannt war, hatte davor Respekt. Um 1870 herum hatten sich einige Tiere daran tödlich verletzt, und ein Rancher sagte, daß er zuerst Mühe hatte, eine Kuh zwischen zwei Pfosten hindurchzutreiben. Aber Gliddens Erfindung bot noch etwas Wichtigeres: ein Mittel, Besitzansprüche geltend zu machen, besonders auf solchem Land, das nominell der Bundesregierung gehörte. Die Rancher zäunten Claims ein, um sie als ihr Eigentum zu markieren, und ganze Städte waren schließlich von Stacheldraht umgeben oder vom Zugang zum öffentlichen Terrain abgeschnitten. Nachbarn rissen sich gegenseitig die Zäune ab, und Präsident Cleveland setzte die Armee ein, um illegale Umzäunungen wegzuschaffen. Es war zu spät. Was als »Weide-Privileg« begann, wurde zu einer ungesetzlichen Landnahme, die wiederum Grundlage für viele der großen Rinder-Imperien bildete.

Und so kamen nach dem Prototyp aus der Kaffeemühle die Nachfolger, die den Westen unterteilt und für immer verändert haben: Gliddens gedrehter Oval-Draht, Briggs Sieh-Dich-vor, Alissens Sägezahn, Scutts Pfeilspitze, Brinkerhoffs genieteter Spleiß. Krampen und Kneifzangen wurden wichtiger als Kugeln und Pistolen, und der Cowboy ritt nicht mehr die Herde ab, sondern den Zaun, und er ölte die Lager der Windmühlen. Man brauchte auch nicht mehr das Vieh zu den Weidegründen und zur Tränke zu treiben oder eine Herde auszusondern; der Cowboy war im Begriff, Fütterungsgehilfe zu werden, und ein Stück amerikanischer Geschichte wandelte sich zur Legende. Und als dann das Vieh mit Lastwagen zum Markt geschafft wurde, war der Wechsel komplett.

Nach fünfzehn Meilen freien Weidelandes entlang der Staatsstraße 81 sah ich neben den Banketten Bänder, die wie Quecksilberfäden glänzten: Stacheldraht. Binnen einer Woche würde es also auch mit diesem Stück Offenheit vorbei sein.

Ostwärts jagte eine wirbelige Staubwolke, die von der Hitze erzeugt worden war, über Büsche und Disteln. Die Menschen des Alten Testaments hörten die Stimme Gottes in den Wirbelwinden der Wüste, aber die Indianer des Südwestens sahen in diesen Windkreiseln böse Geister und sangen laut, wenn einer ihren Weg kreuzte; deshalb heißen die kleinen Thermalwinde in New Mexico und Arizona noch heute »Staubteufel«.

Weiter zum Süden hin lagen die Great Hatchet Mountains, die Bergrücken gegen die Wüsten von Mexiko gekehrt; unter ihnen saß fast quadratisch die kleine Hatchita-Tafel auf der kontinentalen Scheide, die Ost und West auseinanderdividiert. Vor dem Gadsden-Erwerb im Jahre 1853 gehörte dieses neueste Stück der angrenzenden Staaten dreihundert Jahre lang zu Spanien und Mexiko. Der Anblick der Blechdächer von Hatchita, wie sie da in der frühen Sonne blinkten, erleichterte mich; obwohl ich den Tank vor einer Stunde in Deming vollgemacht hatte, mußte ich dauernd auf den Benzinanzeiger sehen, mußte ich immerzu auf das Klopf-Klopf der Wasserpumpe hören.

Hatchita, einer aufgegebenen Eisenbahnstrecke und einer

Wasserpumpe für Lokomotiven gegenüberliegend, stellte sich als eine Ansammlung von Lehmziegeln, Holz und Aluminium heraus. Auf Sandstücken zwischen tristen Wohnwagen und Lehmhütten mumifizierten alte Autos in der trockenen Luft. Zwei Geschäfte am Ort: ein kleiner Lebensmittelladen und die »Wüstenhöhle«, eine Bar und Tankstelle.

Das war wirklich noch ein echter urwüchsiger Western-Saloon, ein Ort, wo früher mal die Rinderzüchter ihre Geschäfte und Amouren abgewickelt hatten. Der Ichthyloge, der als erster den fossilen Fisch Coelacant entdeckt hatte, konnte keine größere Befriedigung empfunden haben als ich, der ich hier auf einen jener strebgestützten Lehmziegel-Saloons stieß, die doch längst hätten ausgestorben sein sollen.

Es war ein länglicher Raum mit einem Billardtisch, einem runden Pokertisch und neun Hockern an einer L-förmigen Bar. Reklame an der Westwand, Geweihe und dilettantische Ölbilder an der Ostwand, während Kalender, Bierschilder, ein altes Nummernschild und alles mögliche aufgestapelte Zeug den Spiegel hinter der Bar verdeckten. Der Tresen war voll kleiner Kuhlen, wo man mal Silberdollars hineingelegt hatte, und größere Löcher, die für Türkisfunde gedient hatten. Jetzt gab es nur noch ein paar abgewetzte Pesos und Malachitstückchen.

Der Laden gehörte Virginia Been. In Oklahoma geboren, war sie nicht weit von Hatchita aufgewachsen. Ihr Mann, George, arbeitete im Straßenbau und überließ ihr meist die Arbeit in der Wüstenhöhle. Jede Woche fuhr sie einmal die hundert Kilometer nach Deming, um Bankdinge zu erledigen und Vorräte einzukaufen. Ihre Mutter Iva saß am Pokertisch mit einer Tüte Tortilla-Chips neben sich und starrte ins grelle Licht der leeren Straße hinaus. Sie sagte nichts.

»Ich hätt' gern ein Bier«, sagte ich, »aber es ist wohl noch zu früh.«

»Nicht in der Wüste.« Mrs. Been stellte eine Flasche hin.

»Toller alter Laden, dies hier.«

»Mal ist einer gekommen, Fotograf von National Geographic, hat Bilder gemacht, aber ich hab' sie nie in der Zeitschrift gesehen.«

»Wie alt ist Ihre Bar?«

»Älter als der Staat. Ende letztes Jahrhundert. Wir haben Ausschank-Lizenz Nummer 27. Eine der ältesten im Staat. Wir waren schon hier, eh' Pancho Villa das Land überfiel. Wir haben immer eins garantiert – die beste Bar am Platz. Wem's hier nicht paßt, braucht nur fünfzig Meilen zur nächsten fahren.«

»Nach so was hab' ich seit meinem ersten Western gesucht.«

Sie pfiff einem Spatzen, der durch die Tür hüpfte und den sandigen Holzfußboden abpickte. »Hier draußen geht nichts verloren, was man essen oder trinken kann. Wir haben eine nette Stadt – soviel davon übrig ist. Hält sich in Grenzen. Heute kriegte man uns alle in einem Rinder-Truck unter, aber wir waren mal an die tausend.«

»Wo?«

»Na hier! Die Southern Pacific-Eisenbahn hatte vor fünfzig Jahren einen Lokomotivschuppen direkt über die Straße. Ungelogen. Wir lagen an der Strecke zwischen El Paso und den Minen bei Douglas, Arizona. Einen Lokomotivschuppen! Aber die Bahnleute machten die Linie dicht und bauten alles ab, Schienen, Schwellen, was auch immer. Der Wassertank für die Lokomotiven und die Viehgehege sind alles, was von der SP übriggeblieben ist. Ich glaub', die wollten nicht mal mehr an uns hier bei der Grenze erinnert werden.«

»Wie weit ab ist die Grenze?«

»Zehn Meilen Luftlinie, fünfzig Meilen mit dem Wagen. Ich glaub', die Eisenbahn hat zu schnell aufgegeben. Vor sechs Jahren machte nach Westen zu eine Kupferhütte auf, wo der Qualm über die Grenze abzieht. Als die im Bau war, gab's mächtig Betrieb hier im Ort – randvoll mit Leuten.« Sie zeigte mir ein Foto von sich, an einem improvisierten Kassenschalter, den sie neben der Bar aufgebaut hatten. »Wir haben Lohnschecks eingelöst. Die Höhle war die Lokal-Bank. Das Geld wehte rein wie der Wind. Kupfergeld.«

»Leben die Hüttenarbeiter immer noch hier?«

»Die Gesellschaft hat eine neue Stadt direkt neben der Hütte gebaut. Wir haben hier keinen guten Fernsehempfang, und die Leute ziehen nicht her. Ich hab' keine Zeit für die Glotze, mir ist es egal. Ehrlich gesagt, ich bin froh, daß die nicht hiergeblieben sind. Hätt's nicht gern, wenn Hatchita größer würde: ich mag's, wie es ist. Möchte auch nicht woanders leben. Mir macht's auch nichts aus, wenn nicht viel zu tun bleibt außer arbeiten.«

»Ich habe das Gefühl, daß ich im letzten Winkel der Vereinigten Staaten bin. Abgelegen – das ist das Wort für euren Ort.«

»In dieser Richtung ist es das Ende der Welt. Hier hört sie auf.«

Ein Kerl mit einem so öligen Gesicht, daß er eine Menge Kilometer damit hätte fahren können, setzte sich, trank ein Bier wie Eiswasser aus und legte mit einem Lamento über die Elektrizitätsgesellschaft los, die ihm 48 Dollar für ein Haus berechnet hatte, das er besaß, aber gar nicht bewohnte. »Verdammt«, sagte er, »das Ding ist seit zehn Jahren mit Brettern vernagelt. Muß vielleicht mal eure Decke abräumen«.

An der Decke des Saloons hingen, wie Spinnen, Dollarnoten, auf das Format von Briefmarken zusammengefaltet. »Was soll denn das Geld da oben?« fragte ich.

»Vor Jahren war mal ein Vertreter da«, sagte Mrs. Been, »der wettete, er könnte einen Dollarschein an die Decke werfen, so, daß er hängenblieb. Klar, daß einer dagegen wettete – den gibt's immer. Also holte er ein paar Quarters raus, die schweren silbernen, und einen Heftzwecken. Faltet den Geldschein um die Münzen und den Heftnagel, so daß der durch das Papier ragt. Er wirft das Ganze hoch, und es bleibt stecken wie ein Pfeil. Hat 'ne ganze Menge Geld gemacht den Abend. Die Decke auch. Man soll nie gegen die Spezialtricks von jemand wetten. Ab und zu kommt mal ein Dollar runter. Einer piekte sich mal in dem Stiefel eines Mannes fest. Art Sterntaler.«

Ein kleiner Mann schlenderte herein, gespannter, sehniger Typ, die Muskeln um seine Knochen gewunden wie Kupferdrähte um eine Armatur, die Augen blasses Türkis.

»Jetzt machen die Straßenbauer einen Zaun hin an der 81«, sagte er.

»Was soll der Zaun?« fragte ich.

»Die Leute fahren die Rinder kaputt«, sagte er. »Die Bergleute rasen wie auf 'ner Rennstrecke. Wir hier waren ja gewohnt, abzubremsen, wenn Vieh auf der Straße stand, aber diesen Kupferkerlen imponiert ja nichts, was kleiner als ein Löffelbagger ist.

11. Die Desert Den Bar in Hatchita, New Mexico: Iva Sander, Virginia Been und ein Gast

Immer auf Touren. Haben Schiß, sie könnten hier irgendwie vertrieben werden.«

»Diese Stadtbubis wollen nicht glauben, was passieren kann, wenn sie auf einen Stier prallen; aber wenn so eine halbe Tonne Hamburger über den Kühler haut, ist der Ofen aus. Der Zaun ist für die Menschen, nicht für die Rinder.«

»Die Regierung baut doch immer wieder nur Mist«, sagte der kleine Mann.

Mrs. Been wandte sich an mich: »Er ist ein richtiger Cowboy. Pferd, Lasso, Brandeisen.«

»Nicht mehr viele von uns da, außer man rechnet die, die sich selbst Cowboys nennen. Davon gibt's jetzt viele. Ich reit' seit dem Krieg.«

»Warst du nicht oben in Alamogordo, als sie die Bombe getestet haben?« fragte der Mann mit dem Benzingesicht. »Hab' doch so was läuten hören?«

»War westlich von Elefant-Butte, Stück weg vom Rio Grande. Noch ein Greenhorn damals, schlief im Freien, neben der Herde. Juli fünfundvierzig. War ein heftiger Wind die Nacht, und Regen, kriegte nicht viel Schlaf. Kauerte mich gegen einen großen Felsen, als Windschutz. War noch in meinem Schlafsack bei Tagesanbruch, da kommt so ein gottverdammicher Blitz. Ich spring' hoch und denk', einer von den Jungs hat ein Blitzlichtfoto von mir gemacht: pennt bei der Arbeit! Dabei hatte keiner eine Kodak. Paar Minuten später fängt der Boden zu grummeln an. Wir hatten schon eine Menge TNT von Almagordy aus hochgehen gehört, aber so ein Geräusch wie dies noch nie. Das brüllte immer weiter. ›Herrjeh‹, sagte ich, ›was in aller Welt haben die denn jetzt angestellt?‹ Den Monat drauf haben wir gesehen, wo sie Hirosaiki* in Japan bombardiert hatten. Wir wußten nicht, was eine Atombombe war, aber das wußten wir: dieser eine Blitz war nicht nur so eine TNT-Sprenggeschichte.«

»Der Tag, als die Sonne in der verkehrten Richtung aufging«, sagte der andere Mann. »Die haben die Soldaten, die 45 in Alamogordo stationiert waren, auf radioaktive Strahlung hin untersucht, Sie wissen, daß die Rinder da oben weiß geworden sind?«

»Fühl' mich prima. Ein Doktor hat mir mal gesagt, wie gut das war, daß ich hinter dem Felsen war. Er meinte, der Wind hätte mich gerettet, aber die Frau sagt, wegen der Bombe hätten wir nie Kinder gehabt. Sagt, die hätte das ganze Gen-Zeugs weggebrannt.«

»Kann man nie wissen.«

»Wobei, mit den Genen hat's bei uns in der Familie immer gehapert. Dad hatte auch nie Kinder.«

»Ihr Vater hatte keine Kinder?« fragte ich.

»Nicht ein einziges. Deshalb hat er mich adoptiert.« Er trank sein Bier aus. »Sie wissen, wie die Spanier das Tal nannten, wo die Bombe losgegangen ist?«

Das Benzin-Gesicht schaute auf: »Hab' ich nie gehört.«

»Die Reise des Todes«, sagte der kleine Cowboy. »Journey of Death, heißt es auf englisch.«

* So verballhornt im Original. (A. d. Ü.)

12

Etwas an der Wüste ist dem Menschen feind, etwas, das seine Nestinstinkte verhöhnt und seine Vorkehrungen schwächlich und vergänglich erscheinen läßt. Aber es ist eben diese Unwirtlichkeit, die einem Menschen, der nach solcher Art von Disziplinierung verlangt, die karge Felsigkeit, die widerborstigen und giftigen Plätze so kostbar macht.

An der blauen Straße 9 in den Little Hatchett Mountains – nur Wüstenkuppen hier – hielt ich an, um einen Spaziergang durchs Gestrüpp zu machen. Immer wieder blieb ich stehen, um zu lauschen. Wie ein Vakuum. Pascal hätte dieses Schweigen studieren sollen. Ich gellte meinen Namen hinaus, und die Wüste nahm den Ruf auf, als wäre sie lüstern nach irgendeinem Lebenszeichen.

Beim Weg zurück zur Straße sah ich einen Streifen Sand, der sich zu einem körnigen S lockerte und bog und über die Böschung wand. Ich blieb wie angewurzelt stehen. Ein Seitenwinder, der dem Sand so ähnlich war, daß nur sein gewellter Schatten ihn verriet. Und das ist noch etwas an der Wüste: Täuschung. Die kann Hitze wie Wasser aussehen lassen, lebende Pflanzen tot, meilenweit entfernte Berge ganz nahrücken und gepanzerte Röhrchen aus Gift in Kringel aus warmem Sand verwandeln. So offen, so versteckt.

Zum vierten Mal an diesem Tag kreuzte ich die Kontinentalscheide, die an dieser Stelle nur aus ein paar zusammengewürfelten Hügeln bestand. Der Highway war so plan, daß die Berge vor mir auf mich zuzukommen schienen. Entlang der Straße kleine grelle und staubige Orte: Plays, ein Sammelplatz für Trailer plus einem Ein-Raum-Massage-Salon (35 Minuten für 3 Doller, sagte ein Schild); und Animas, wo auf einem Schulhof Indianerkinder spielten, deren blauschwarze Köpfe wie Geschützrohre in der Sonne glänzten. Dann machte die Straße einen Bogen und lief direkt auf eine riesige Bergwand zu, die zu überqueren unmöglich und zu umfahren unwahrscheinlich schien. Es waren die Chiricahuas, so benannt nach dem gleichnamigen Apachenstamm, der dieses Land hier besaß, ehe die Konquistadoren kamen.

Ich überquerte die Staatsgrenze nach Arizona und folgte einer nichtnumerierten, schotterigen Straße. Ein schmales, hölzernes Schild mit einem Pfeil Richtung Westen

PORTAL
PARADISE

Inmitten der flachen Wüste machte die Straße ohne ersichtlichen Grund auf einmal Kurven, als sie auf die Chiricahuas zulief. Es mußte eine Straße sein, die nicht weiterging – es konnte keine Öffnung in dieser schieren Steinsperre geben, in diesem Gebirgsmassiv, das aussah, als wenn es aus den Sierra Madres ausgeschert wäre, die Wüste von New Mexico gesehen und auf seinem präkambrischen Weg plötzlich angehalten hätte.

Die Straße machte noch einen rechtwinkligen Knick, und in der vertikalen Front der Chiricahuas öffnete sich ein tiefer Riß, der erst im letzten Moment sichtbar wurde. Wie konnte es so etwas geben? Immer scheint die Wüste noch irgendwas in petto zu haben. Der Einschnitt des Canyons war gerade weit genug für die Straße und den Fluß, dessen Ufer mit Zederzypressen, Kiefern, Sykomoren und Weißer Eiche bewachsen waren. Die Bäume ragten über Wasser und Straße hinweg und schirmten die Nachmittagshitze ab. Wo das Blätterdach sich öffnete, konnte ich die Canyonwände aus gelben und orangenen Felsspitzen und Steintürmen sehen, kanneliert und gewunden, alles mehrere hundert Fuß hoch. Noch eine Täuschung: Inmitten der flachen, heißen Wüstenkargheit ein kühler, feuchter Wald zwischen Felsformationen, die dem Geist eines Antonio Gaudi entsprungen sein könnten. Meine Überraschung hätte nicht größer sein können, wäre ich nach der letzten Biegung direkt in Jersey City gelandet. Und das Schönste war: Ich hatte nie von den Chiricahuas gehört. Ich war auf nichts gefaßt.

Portal, das waren ein paar Felsgebäude, ohne eine Menschenseele. Drei Meilen den Canyon aufwärts überquerte ich an einer seichten Stelle den Cave Creek und hielt unter Zedern und Sykomoren. Geistertanz war so geparkt, daß meine Koje am Rand des Wassers stand, denn ich wollte in der Nacht das Rauschen hören und die Highway-Plagen wegspülen. Ich nahm einen Apfel und ging zum Creek. Eine Dornröschen-Szenerie. Ich saß an der

Nordoststrecke der großen Sonora-Wüste, während zu meinen Füßen ein paar Wasserwanzen in langsamem Tandem dahinschwammen, jede der Schatten der andern. Immergrün duftete in der Luft, und gebleichte Wolken bewegten sich hoch oben über drei rhyolithischen Steinsockeln, ausgekerbt aus dem Auswurf eines alten Vulkans, für den die Chiricahua eine Art Grabstein sind. Lange vor den Menschen war der Wind da und hatte den Fels beschrieben, und Wasser hatte ihn geprägt, aber wer sollte diese Inschriften heute entziffern?

Ich war an einem der merkwürdigsten Orte der Topographie, die ich je gesehen hatte, an einem Ort, der alle meine bisherige Fantasie überstieg. Was ist das im Menschen, das lange Zeit unbekannt und ohne Anschauung in ihm ruht, um dann eines Tages aufzutauchen und ihn zu einem neuen Land des Auges, einer neuen Region des Geistes zu treiben, an einen Ort, von dem er nicht einmal geträumt hat? Vielleicht ist es wie die Kraft in den Sporen, die ruhig unter dem Asphalt liegen, bis sie eines Tages einen weichen, knolligen Pilzkopf direkt durchs Pflaster treiben. Und die dann von nichts aufzuhalten sind.

13

Der Sonnenuntergang nahm dem Land die Farbe, tünchte sie noch kurze Zeit niedrig an den westlichen Himmel – dann war sie auch dort verschwunden. Als die Luft abkühlte, machte ich ein kleines Feuer, kochte ein paar Eier und Würstchen, brühte Kaffee und schoß Bourbon dazu. Von der andern Seite des Flusses witterte ein Javelina und sah zu. Der Wald war voller kleiner Geräusche, die sich mit dem Geriesel des Cave Creek vermischten, und vom Feuer löste sich eine dünne Säule blauen, harzigen Rauchs, die sich um mich legte, ehe sie in den schwarzen Himmel aufstieg; ab und zu krachte ein glühendes Kohlenstück in den Strom hinaus, der es mit einem Zischen löschte.

Noch immer auf der Suche nach einem Muster, nach einem Anhaltspunkt in dem, was mir widerfuhr, ließ ich ein Band mit den Vorkommnissen der letzten Tage abspielen und machte

Notizen. Nach einer Weile gab ich die Wörter auf und versuchte es mit Diagrammen, in der Hoffnung, ein Bild werde eine Idee freisetzen. Ich cogitierte, ergote, sumte, doch nichts kam dabei heraus.

Eine plötzliche Bewegung in der Dunkelheit. Eine Stimme: »Schreiben Sie ein Buch?« Ich sprang auf, verschüttete Kaffee. Ich konnte nichts sehen über den Umkreis des Feuers hinaus. »Tut mir leid, Sie erschreckt zu haben. Dachte, ein alter Häuptling wie Sie würde mich kommen hören.«

Ein Mann um die Vierzig trat ins Licht. Er hatte ein weiches, freundliches Gesicht, das dennoch ganz elend aussah, und seine Schultern waren gebeugt wie unter irgendeinem Joch. Er trug geflammte Cowboy-Stiefel und einen Wem-gehört-die-Prärie-Stetson mit einem absurden, fünfzehn Zentimeter hohen Kopf. Er sah mein Notizbuch.

»Treiben Sie Radio-Studien?«

»Das Radio ist mein Leben.«

»Auf der Jagd nach Antworten?«

»Ideen.«

»Ich könnte ein Buch über mein Leben schreiben«, sagte er. »Titel: ›Zehntausend Fehler‹. Ich habe sie alle gemacht: Frau, Kinder, Job, Erziehung. Ich kann mich an die ersten sechstausend nicht mal erinnern.«

»Kann da mitreden«, sagte ich. Ich war froh über die Gesellschaft, obwohl ich eigentlich lieber allein geblieben wäre. »Wie wär's mit etwas Kaffee und Bourbon?«

Sein Gesicht verzog sich, als wollte es aus seiner agonisierten Starre heraus, aber etwas fehlte, etwas an Ausdruck. Er hatte die Miene eines Mannes, der eine nasse Badehose anzieht.

»Sollte nichts trinken. Bin erst diese Woche aus dem Krankenhaus entlassen worden. So 'n Routinetest, an dem die Leute sterben. Die Ärzte vermuteten zuerst Dickdarmkrebs. Dann versuchten sie's mit geschwulstigem Darmkatarrh. Und endeten bei einem rektalen Polyp.«

In der einen Minute unserer Bekanntschaft hatte er zehntausend Fehler eingestanden und eine Führung durch seinen Darmtrakt veranstaltet. Ich fragte mich, wo wir in einer halben Stunde sein würden.

»Wollen Sie sich nicht setzen?«

»Sind Sie auf der Durchreise?«

Ich gab einen kurzen Bericht, um weitere Darmdramen abzubremsen. Als ich durch war, sagte er: »Ihre kleine Sause hört sich gut an – bis Sie zurückkommen.«

»Muß ja nicht zurück als derselbe Typ.«

»Können Sie denn raus aus Ihrer Haut?«

»Mal sehen. Vielleicht ist die Erfahrung wie ein Globus – man kann sich nicht verfranzen, wenn man nur weit genug fährt.«

»Sie landen wieder, wo Sie angefangen haben.«

»Mir geht es um das Wer. Wo – das ergibt sich von selbst. Eine ›kleine Sause‹ kann dem Menschen die Chance geben, einen Wechsel zu akzeptieren, bei sich selbst.« Ich kam mir wie ein bioenergetischer Gruppenführer vor. Ich goß noch einen Bourbon-Kaffee ein. »Wollen Sie wirklich keinen Schluck vom Alten Mr. Obenauf?«

»Hätten Sie vielleicht ein bißchen Milch?« Wir machten uns bekannt. Er war aus Tucson und arbeitete in der Kreditabteilung einer Bank. »Was Sie da erzählt haben, klang nach Eheproblemen«, sagte er.

»Mag sein, aber ich meinte was anderes: nämlich, daß einem immer die Vergangenheit vorgehalten wird, bei allem, was man tun will –, besonders von den andern Leuten. Wenn man reist, ist man, was man hier und jetzt ist. Die anderen können einem nicht mit alten Geschichten kommen. Unterwegs gibt es kein Gestern.« Ich dozierte schon wieder.

Er sah hinter sich in die Dunkelheit. »Sie haben Kinder?« Ich sagte nein, und er nickte, als wäre das eine Art Erklärung. »Ich hab' zwei Mädchen, zwanzig und achtzehn. Als ich zugesargt wurde, vergaß ich ...«

»Zugesargt?«

»Zugesargt. Kaum war ich verheiratet, vergaß ich meine Familie. Jetzt bin ich geschieden und kann sie nicht vergessen. Würde es gern. Haben mich verletzt. Hätte lieber die Mädchen statt ihre Babyschuhe bronziert.«

»Noch 'n bißchen von dem Gebräu in Ihre Milch?« Wir süffelten im Dunkeln und redeten von den kleinen Dingen. Er hatte sich an diesem Nachmittag einen Wohnwagen gemietet und war in die Chiricahuas hinausgefahren, um sich das Krankenhaus aus dem Kopf zu schlagen. Sein Hobby war der Alte Westen, und er trauerte dem Geschichtsprofessor nach, der er gern geworden wäre.

»Ich komm' gern hierher, um Geschichte zu studieren. Diesmal Plutarch. Fahr seit Jahren her. Immer allein. Meine Frau und die Töchter wollten nie mit. Ihr Leben reicht so weit wie die Schnur ihres Haarföns.«

Um ihn von seiner Ehe abzubringen, fragte ich nach seiner Arbeit. Er mochte sie nicht und hatte sich nach andern Sachen umgesehen, aber die Arbeitgeber waren nicht erbaut von Leuten, die sich außerhalb des gelernten Jobs umtun wollten.

»Wenn man erst mal dreißig ist, darf man bloß noch auf seinem Spezialgebiet weiter, Seitenwege nur, wenn's auch nach Fortschritt aussieht. Aber ganz rauswollen ist genauso wie abstürzen. Und nach vierzig denken die, daß die unteren Schichten deines Lebens schon verkohlt sind.«

Die Schwierigkeiten mit dem Job hatten seine Ehe zerstört. Er und seine Frau waren einfach ihre Kämpfe und Niederlagen leid, und hatte der eine mal ein Erfolgserlebnis, war der andere gleich neidisch. Die ganze Geschichte brach endgültig auseinander, als seine ältere Tochter Fotomodell bei einer Werbeagentur wurde und ihr Gesicht nebst nackten Schultern auf Kondom-Automaten überall in der Stadt zu sehen war.

»Sie wissen: die Gefühlssensation. Das ganz neue Liebeserlebnis. Das Foto zeigte nicht wirklich was her. Tatsächlich sah sie eher nach Gähnen aus als nach sonstwas – aber das Kondom – ich meine den Zusammenhang – brachte einen dann doch auf den andern Gedanken. Meine Töchter fanden das auch noch komisch und sagten den Leuten, sie sollten doch mal zur Texaco gehen und sich's ansehen. Meine Frau und ich hatten einen Krach, wie wir reagieren sollten. Danach fiel unsere Familie einfach auseinander.«

Ich sagte nichts. Fragen brachten ihn nur immer wieder aufs selbe Thema, und ich hatte über Ehe nichts zu sagen. Er war dabei, mir Cave Creek kaputtzumachen. Ich goß uns noch was ein. Vielleicht half ihm das. »Wenn Sie fahren, haben Sie da nicht manchmal den Drang, einfach querrüber zu steuern und gegen einen Sattelschlepper, der volle Pulle entgegenkommt?«

»Das Gefühl kenn' ich.«

Er nahm seinen Prärieboß-Hut ab und bürstete ihn sorgfältig mit einem Ärmel ab. »Ich würde auch gern tun, was Sie machen, aber ich bin dazu im Moment zu lahmarschig, buchstäblich.« (Da war er wieder bei seinem Darm.) Er setzte den Stetson auf, genau mit dem richtigen Pfiff. »In letzter Zeit hab' ich mir gewünscht, pleitezugehen, damit ich wirklich kaputt wäre, bankrott, aus. Wünsch' mir die echte Verzweiflung.« Seine Worte kamen, als wenn sie ihn strangulierten.

Hier ist ein Mann, dachte ich, der sein Leben ändern würde, wenn's damit getan wäre, den Hut zu ändern. Vielleicht würde ihm auch eine .22er Long-Rifle-Patrone in seiner Hemdtasche guttun.

»Neulich«, sagte er, »fiel mir was ein, was ich als Kind erlebt habe und damals nicht verstand. Ich war sechs, oder sieben. Mein Dad stopfte mich in so einen Schneeanorak, wie das Eltern machen, erst einen Arm, dann den andern. Als er mich drin hatte, sah er mich so lange an, daß ich Angst bekam. Was immer er sah, machte ihn schaudern.« Der Boß räusperte sich. »Jetzt weiß ich, was es zu bedeuten hatte.«

»Und was?«

»Er wußte, was auf mich zukommen würde.«

»Liebe kann Väter schaudern lassen.«

Noch eine Runde. Das war wohl ein Fehler. Die Unterhaltung flippte aus, als er sich in Krisen zu aalen begann. Er sagte Dinge wie: »Der ganze Krempel ist doch mehr und mehr dasselbe!« und »Die andern machen das Leben so scheißbanal.«

Ich vermutete, daß der Boß eine Krise nach der andern an sich zog, weil sie ihm Bedeutung verlieh, etwas von einer tragischen Figur. Er hatte den Glauben an die Welt da draußen so gründlich verloren, daß er ohne Krise gar nicht mehr wußte, wovon er reden sollte. Und immer weiter offenbarte die Litanei seiner Worte die Fertigkeit, ein Leben zu leben, das ihn verstörte.

Gelegentlich, wenn das Feuer einen Tropfen Harz entflammte, streckten sich unsere beiden Schatten absurd groß gegen den Rand der Nacht, und schrumpften wieder mit der ersterbenden Flamme. Er merkte, daß ich mit meinen Gedanken woanders war, und stellte mir eine Frage, die mich beinah umhaute: »Also Sie sagten, Sie sind nur auf der Durchreise?« So betrunken war er doch nicht; vielleicht war er überhaupt nicht betrunken; vielleicht kam er vor lauter An-Sich-Selber-Denken nicht mehr zum Zuhören. Er machte mich elend.

»Ganz recht«, sagte ich, »ich fahre weiter nach Utica«. Ich wollte ihn aufmöbeln, aufwecken. Er besaß ja die Fähigkeit zu sehen, nur den Mut nicht; er kroch im Gesabber seines Lebens umher aus Angst, sich auf die tieferen Strömungen einzulassen, die an ihm zerrten. Ein Mann in sein eigenes Leben verkrochen, voller Furcht, sich hinauszuwagen, ein Mann, der sich selbst an die Leine legte und zu sehr bemitleidete. »Zeit für'n bißchen Schlaf«, sagte ich und gab ein großes Gähnen von mir. Er stand auf, lehnte sich hin und her. Dann ließ er einen Vortrag los. Ich glaube, er hatte zuviel Plutarch gelesen. Nach ein, zwei Sätzen stellte ich den Recorder an. Hier also die Essenz:

Im Jahre 1885 traf die amerikanische Bundesregierung Maßnahmen, um die Apachen zu hindern, Tiswin zu brauen. Tiswin ist ein bierähnliches Getränk, das die Apachen seit Hunderten von Jahren gemacht hatten. Der große Chiricahua-Apache Goyathlay – der Name heißt soviel wie: der Gähnende – wurde wütend über diesen neuerlichen Eingriff in die indianischen Traditionen und verübte zur Vergeltung verschiedene Überfälle hier und in Mexiko gegen den alten Feind. Bekanntlich hatte sich die Regierung die meisten Jagdgründe der Chiricahuas angeeignet, was hieß, daß die jetzt auf die Verproviantierung durch die Armee angewiesen waren, obwohl das Militär den Apachen selten ihre volle Ration gab und sie zwangen – auch Kinder, Alte und Invaliden –, bis zu zwanzig Meilen weit nach Lebensmitteln zu laufen. Dazu kam, daß skrupellose Weiße, die das Land der Apachen zu Schürfzwecken oder als Viehweiden haben wollten, die Chiricahuas aufwiegelten mit Gerede, sie seien für die Vernichtung vorgemerkt. Sie wußten, daß die sich daraus ergebende Unruhe der Armee einen Vorwand liefern würde, die Indianer aus dem Reservat zu vertreiben. Einsichtige Führer wie General George Crook durchschauten das, aber Washington hörte kaum auf sie, weil der Kongreß sich vollauf mit seinen Vorstellungen von den blutrünstigen Indianern begnügte. Präsident Grover Cleveland gründete sein Urteil auf Schlagzeilen und Revolverjournalismus und wollte Goyathlay hängen sehen. General Crook verstand, daß Goyathlay nicht aus Haß kämpfte, sondern aus Angst und aus Liebe zu seinem Erbe und – was dazu kam –, weil er nichts von Bedeutung mehr tun konnte. Das alles als Fußnote.

»Nach zahlreichen Überfällen und Kapitulationen brachte Goyathlays letzte Kapitulation ihm Einkerkerung im feuchten Florida, wo so viele der Wüstenindianer starben. Der Häuptling erkannte, daß die alten Kriege verlorenes Spiel waren. Die Bereitschaft zu sterben machte einen Mann nicht mehr frei – sie machte ihn dumm. Indem die Chiricahuas so heftig um ihre alte Lebensweise kämpften, setzten sie ihm erst recht ein Ende. Das ist der Punkt. Aber der reaktionäre Goyathlay nahm, nachdem man ihn in die Reservation nach Oklahoma geschafft hatte, ein paar der neuen Gewohnheiten an, wurde dort ein erfolgreicher Farmer, schrieb seine Autobiographie und trat in die Holländisch-Reformierte Kirche ein – in die Kirche, die da betet: Alle meine Werke sind wie dreckige Fetzen vor dem Herrn. Aber ich bin meiner eigentlichen Geschichte vorausgeeilt. Nach den vielen Überfällen Goyathlays in der Wüste floh er oft in diese Berge – genau in diesen Canyon, einen heiligen Ort, wo die Apachen die Stimmen der Toten hörten. Er lagerte an diesem Fluß, und er trank daraus. Wie die Outlaws von Tombstone, die auch hierher flüchteten, war auch Goyathlay ein Desperado – das heißt, ein verzweifelter Mann.«

Er hörte zu reden auf. »Sind wir das nicht alle?« sagte ich und gähnte wieder.

»Der Desperado, der alt und erfolgreich starb, obwohl seiner alten Lebensweise und seiner Heimat beraubt, der Gähnende mit Namen, sie haben bestimmt schon von ihm gehört.«

»Glaub' nicht.«

»Denken Sie mal nach, Landsmann. Die US-Army nannte ihn Geronimo. Sie sehen, für uns alle ist noch Hoffnung.«

14

Der Morgen war einer jener Tage, die den Menschen die Realität des Todes vergessen lassen: warme Sonne, kühle Luft, klares Wasser, Vogelgezwitscher, das aus den Bäumen sprühte wie Funken von einem Amboß. Ich wusch mich und fuhr los, den Canyon hinauf. Nach vier Meilen hörte der Asphalt auf und die Straße wurde zu einer schrecklich steinigen Spur, die sich hart in den Bergwald einfraß. Ein Schild: Unpassierbar für Anhänger. Eine rankünöse Straße. Whitman schreibt:

> O Highway, auf dem ich reise, sagst du mir:
> »Verlaß mich nicht«?
> Sagst du: »Wage nicht – verläßt du mich, bist du verloren«?
> Sagst du: »Ich bin stets vorbereitet; bin wohlbetreten und unbestritten, bleib bei mir«?
> O du öffentliche Straße, entgegne ich, ich fürchte mich nicht, dich zu verlassen.

An diesem Morgen war ich zu allem bereit. Und das widerfuhr mir denn auch.

Die Onion Saddle Road, auf die ich mich eingelassen hatte, verengte sich zu einer einzigen gefurchten Wegspur ohne Wendemöglichkeit; wenn jemand entgegenkam, müßte einer von uns den ganzen Weg zurücksetzen. Je höher ich kam, um so mehr irritierte mich dieser Gedanke – die Straße war schon schlimm genug, wenn man vorwärts fuhr. Der Kompaß pendelte von Punkt zu Punkt, und in jeweils fünf Minuten berührte die Nadel jeden der 360 Grade. Die Kupplung fing zu bocken an, und Furchen, Löcher und Steine ließen das Steuerrad in wilde Zuckungen ausschlagen, die bis in die Wirbelsäule weitergingen. Ich verstand, warum ich am Tag vorher gedacht hatte, es könne keine Straße über die Chiricahuas geben: Es gab keine. Kein Wunder, daß sich Desperados in dieser Unzugänglichkeit verbargen.

Höher und höher die Straße, verwegen am Rand des Berges hängend, wie angeheftet; der Wagen legte sich in den engen Kurven schief, und alles, was ich sehen konnte, waren Himmel und Wolken. Dann, weit über der südlichen Arizona-Wüste, lag Schnee in schattigen Senken. Schließlich, bei etwa 2500 Metern, war ich dann oben. Die Kiefern hier am Westhang waren größer, aber der Weg hinunter war um nichts weniger steinig und steil. Ich dachte: Wenn doch dieser Fluch von einer Straße bloß ein Alptraum wäre! Warum konnte ich nicht aufwachen und mich benommen und warm, wie eine Schnecke zusammengerollt, in meinem Schlafsack finden?

Keine Straßenschilder, keine Anzeichen, daß ich wegkam vom Berg; vielleicht würde die Straße auf einmal ganz aufhören. Ich konnte nur noch der Blue-Highway-Maxime vertrauen: »Ich halt' es nicht mehr aus!« kommt gleich vor: »Mir ist alles egal.« Weg mit den Sorgen, zum Teufel mit den Sorgen. Die Sorgen zerbrechen vor dem Menschen, wenn er es nur abwartet.

Und siehe: aus der einen Spur wurden zwei, aus dem Sand Asphalt, und Pinery Canyon führte auf die Staatsstraße Arizona 186, eine bucklige Straße, die in die Wasserläufe mehr eintauchte als sie überbrückte. Aber sie war über alle Maßen glatt, und Geistertanz fuhr von selbst. Ich hatte es geschafft. Überhaupt keine große Leistung, aber mir kam es wie eine vor. Im Seitenspiegel die gepuderte Visage eines Mannes, den die Wüste umarmt hatte: Ich trug eine staubige Schicht von den Chiricahuas. Was übrigens Paradise anging, so habe ich es nie gefunden.

Die Orte waren Dos Cabezas, eine Gruppe Häuser unter ramponierten Doppelgiebeln, die wie Schädeldecken wirkten, und Wilcox, sauber und proper. Dann wieder mal zwei Straßen zur Wahl: Zwei Tage Fels und Risse durch die Kleinen Drachen-Berge oder Interstate 20. Es war Freitag, und ich wollte Gesellschaft. Ich wurde schwach und nahm die gängige und ganz gewiß öffentliche Straße, die in nordwestlicher Richtung nach Phoenix führte, wo ich einen Mann zu treffen hoffte, der meine Kindheit fast so gut kannte wie ich selbst.

Die Autobahn war eine Erlösung nach den Bergen. Ich lehnte mich zurück. Meine Begegnung vom Abend vorher lag mir seit dem Morgen auf dem Gemüt. Der Boß der Prärie setzte mir zu – ich wußte nicht warum. Alles außerhalb seiner selbst fand er banal und keines Gedankens wert. War es das? Ein leerer Mann, von sich selbst erfüllt? Im Gegensatz zu andern Durchschnittsmenschen, die ich unterwegs getroffen hatte, war er eher abgesondert als dazugehörig. Aber im Unterschied zu ihm hatte deren Durchschnittlichkeit einen Klang. Sie waren Teile eines Ganzen. Nachdem er das Amerika des 19. Jahrhunderts bereist hatte, kam Tocqueville zu der Meinung, ein Resultat der Demokratie sei wohl, daß jeder Mensch sich vor allem mit sich selbst beschäftige.

Die Straße stieg über mehrere Meilen leicht an, dann fiel sie in den irren Texas Canyon ab, ein abruptes und sonderbares Arrangement von Felsen, das aussah, als wäre es in seinen seltsamen Winkeln und Balancerisiken künstlich aufgetürmt. Die Natur hatte den Clown gespielt und die runden Felsen auf närrische und unmögliche Art zusammengefügt, dabei neue Bauprinzipien ausprobiert, mit den alten Gesetzen der Schwerkraft kokettiert und die Theorien der Physiker ausgetrickst. Aber jenseits des Texas Canyons war die Gegend wieder logisch und landläufig rechtwinklig, alles flach oder senkrecht.

Ich dachte wieder an Cave Creek. Der herrliche Platz hatte für mich einen Schatten bekommen, wie wenn der Boß einen Bann darübergelegt hätte. Der Schwarze Elch sagt, Menschen könnten sich in der Dunkelheit ihrer eigenen Augen verlieren, und in der Tat hatte der Boß tausend Möglichkeiten erfunden, um sich vor einer wirklichen Konfrontation mit sich selbst zu schützen. Und mehr: Er hörte der Verzweiflung zu und arrangierte sich dann mit ihr. »Die Hölle unter der Schädeldecke«, nennt es Whitman.

In Tucson tankte ich an einer riesigen vielbahnigen Service-Station, die sie Miracle Mile nennen (eine im Westen beliebte Bezeichnung), und die verstopft war wie asthmatische Bronchien. Dann wieder auf den Highway. Mit dem letzten Licht erreichte ich die Stadt, die ihren Namen von dem Vogel hat, der für immer aus seiner eigenen Asche wiedergeboren ist.

Kapitel V
West-Südwest

1

Ich glaube nicht, daß Saguaro-Kakteen dazu dienen sollen, dem sonst so feierlichen Gesicht der Wüste Komik abzugewinnen, aber sie tun es. Während sie da auf den bröseligen Hängen stehen, imitieren die Saguaros die Menschen, indem sie grüßen, sich verbeugen, tanzen, mit den Armen winken und mit Gesichtern grinsen, die ihnen die Spechte verpaßt haben. Ältere Pflanzen, die sich gegen eine Überlebenswahrscheinlichkeit von 1 zu 60 Millionen behauptet haben, haben auch allen Grund zu lächeln.

Der Saguaro ist zu neunzig Prozent Wasser, und ein großer, zweihundertjähriger Kaktus kann eine Tonne davon fassen – Vorrat für zwei Jahre. Bei solchem Gewicht ist allerdings eine Pflanze, die sich zu neigen beginnt, bald am Boden; eine neuere Theorie besagt, daß die Seitentriebe, die erst nach 40 oder 50 Jahren zu wachsen beginnen, also wenn der Kaktus einige Höhe hat, der Stabilisierung dienen, damit die Pflanze senkrecht stehen bleibt.

An dem Montag, als ich in nordöstlicher Richtung aus Phoenix wegfuhr, standen die Saguaros in Blüte – in vergleichsweise kleinen, grünlich-weißen Blüten, die auf den Stämmen wie winzige Osterglocken kauerten; nachts kamen langnasige Fledermäuse, um sie zu bestäuben. Aber bei Tag gehörte die Schau den Kaktus-Zaunkönigen, Vögeln von fabelhafter Flugfähigkeit, die mit Kamikazestürzen zwischen den zahnstocherdicken Dornen hindurch den Weg in ihre Nesthöhlungen fanden, wo sie vor allem sicher waren außer vor der schwarzen Rennschlange, die sich zwischen den Stacheln mit unglaublicher Wendigkeit hochwand, auf der Jagd nach den Eiern, die sie ganz verschlang.

Es war heiß. Den einzigen Schatten auf der Arizona 87 gab es am Fuß der Felsen. Die Wüste öffnet den Raum, dann schließt sie ihn mit Hitze wieder zu. Nach Osten, im Profil, erhoben sich die Superstition Mountains, die Berge des Aberglaubens, nach Meinung der Pima- und Maricopa-Indianer ein böser Ort, und wer ihn betritt, ist des Teufels. Irgendwo zwischen Granit und

Fettholz war die Goldmine des verfluchten Holländers; nicht mehr wichtig wegen irgendeines Schatzes, den sie vielleicht verbarg, sondern weil sie für einen Traum vom Glück sorgte.

Nördlich des Sycamore River überließen Saguaro, Ocotillo, Paloverde und Cholla die Hügel ganzen Büschen von Feigenkakteen von der Größe eines Menschenkopfs. Die Straße stieg, die Temperatur sank. In Payson, fünfzehnhundert Meter hoch am Nordrand der Mazatzal Mountains, mußte ich mein Jackett überziehen.

Die Siedler hatten sich früher vor marodierenden Apachen zum Schutz nach Payson geflüchtet. Als die Apachen dann Ruhe gaben, versuchten die Bürger wieder mobil zu machen, indem sie Rodeos in der Main Street veranstalteten. Jetzt lag Payson, mit gepflasterten Straßen, ruhig da bis auf das Kreischen der Sägemühlen, die den süßen Geruch von geschnittenem Holz verbreiteten.

Ich hielt an einem alten Blockhaus-Gasthof, um den Wüstendurst zu löschen. Ein Schild an der Tür: KEINE LEBENDEN TIERE! Vermutlich konnte man jede Menge tote mitbringen. Eine Frau schrie: »Kein Service jetzt«. Ihre unbeweglichen Augen, schwer wie aus Blei gegossen, hielten wachsam Ausschau nach einem lebenden Dachs unter meinem Jackett oder einem Wiesel im Hosenbein. »Das ist aber ein feines altes Hotel«, sagte ich. Keine Reaktion. »Darf ich mal auf Ihre große Karte sehen?« Sie zuckte mit den Schultern, trat beiseite, wohl aus Angst vor einer Tierattacke. Ich suchte nach einem Ort, den ich als nächstes ansteuern konnte. Jemand hatte das Hopi-Reservat im Norden rot angestrichen. Warum nicht? Als ich ging, fragte ich sie, wo ich meinen Kanarienvogel tränken könnte. Wieder keine Reaktion.

Highway 266, der sich durch die Kiefernwälder von Zentral-Arizona windet, ließ die Berge den Boß spielen, indem er den Fluchten folgte, die sie freigelassen hatten, Kämme nur dort überquerte, wo es nicht anders ging, und Wasserläufe zwischen runden Felssteinen mit schmalen Brücken unauffällig überspannte. Aber als die 266 den massiven Steilabbruch des Mogollon Rim erreichte, mußte sie gegen die Geographie angehen und die Front erklettern. Runter in den ersten Gang, und Geistertanz wuchtete mächtig. Ein Mann mit einem staubigen, ledrigen Gesicht, faltig wie ein alter Schuh, strampelte auf einem Fahrrad – so ein altes Modell mit Vollgummireifen. Ich sagte Hallo, er sagte nichts. Oben auf der Höhe wartete ich, um zu sehen, ob er es raufschaffte. Tief unten lagen zwei Autos, Blechknäuel. Durch die klare Luft konnte ich neun Staffelungen von Bergen sehen, jede um eine Schattierung grauer und an alte chinesische Holzschnitte erinnernd. Der Mogollon war ein pittoresker Ort; um so mehr als ich noch nicht von endlosen Kodachrome-Fotos betäubt war. Als der Radfahrer vorbeikam, rief ich ihm ein Bravo zu, aber er erwiderte es nicht. Ich hätte gern mit einem Mann gesprochen, der, während seine Zeitgenossen ihre kleinen Imperien absicherten, den Mogollon Rim auf einem Kinderrad hochfuhr. Der kannte sich bestimmt aus mit verzweifelten Männern.

Der Gipfel des großen Steilhangs, etwas über zweitausend Meter hoch, war flach und mit großen Ponderosa-Büschen bedeckt, die zwischen dreckigen Schneewehen und schwarzen Schmelzwasserpfützen standen. Ich begann Heber vorauszuwittern, die nächste Stadt. Einer der besten Momente jedes Tages unterwegs war, gegen Sonnenuntergang, die Vorfreude auf den letzten Halt. In Heber hoffte ich auf ein altes Hotel mit einer kleinen Bar etwas abseits, wo es ein Ia Bier vom Faß unter einem ausgestopften Elchkopf gäbe; oder vielleicht fände ich auch einen Grill, wo sie Steak und Eier auf blaugeränderten Tellern servierten. Ich war auf Leute aus mit guten Geschichten, Leute, die einen manchmal mit nach Haus nehmen, um ihre Sammlung geschnitzter Pfirsichkerne vorzuführen.

Das war die Hoffnung. Aber Heber war nichts als Baracken und eine morsche Sägemühle, ein paar Motels und Tankstellen, ein Café aus Glas und Formica. Heber hatte kein Zentrum, keinen Fokus für Auge und Seele; weder Courthouse noch hohen Kirchturm noch Hotel. Nichts hat dem Kleinstadt-Amerika mehr das Gefühl lokaler Identität und kommunaler Gemeinschaft geraubt als die Abwirtschaftung der alten Hotels durch das Motelgeschäft. Das Hotel war mal der Ort, wo sich die Milieus mischten, wo man Einheimische und Reisende treffen konnte. Nicht so das Motel. Egal wie man das baut, es bleibt die Absteige der Eiligen und Verstaubten, und Stammgäste sind höchstens die Mitglieder der Chamber of Commerce an jedem 4. Dienstag. Wer hätte je erlebt, daß jemand, von der Reise zurück, sich für eins der großen Motels, in dem er war, begeistert hätte? Motels können groß sein; aber niemals grand.

2

Dienstagmorgen: Das Land östlich von Heber war eine Wüste aus Sagebrush, kugelförmigem Wacholder und flachen Flußbetten mit Schildern, die vor plötzlichen Überflutungen warnten. Bei Snowflake, einer Gründung von Erasmus Snow und Bill Flake, bog ich nach Norden ab in Richtung auf die 25000 Quadratmeilen des Navajo-Reservats (fast so groß wie West-Virginia), das nahezu die ganze Nordostecke von Arizona einnimmt. Das Buschwerk hörte so gut wie ganz auf, und nur die fernen Umrisse der roten Fels-Mesas unterbrachen die Leere. Bis auf den Highway war das Land ohne Struktur.

Holbrook war mal eine ruppige Stadt, wo die Jungs von der Hash Knife Ranch auf die Pauke hauten. Heute, beiderseits der I-44 (ehemals Route 66) gelegen, war Holbrook ein Touristenhalt für Frauen mit Sofortbild-Kameras und Männer mit Metalldetektoren; nicht mehr Rinder waren das große Geschäft, sondern Felsstücke und Edelsteine.

Nördlich der Autobahn fuhr ich ins Reservat ein. Obwohl das Gebiet seit fünfhundert Jahren Teil des Heimatlandes der Navajo gewesen ist, hatten die Siedler unter Führung von Kit Carson die Navajos zur Vergeltung für ihre Angriffe auf Weiße wie auch auf andere Indianer vertrieben. Ein paar Jahre später waren die Überlebenden des berüchtigten »langen Marsches« zurückgekehrt, um wieder Besitz von ihrem Land zu ergreifen. Heute gehört den Navajos das größte Reservat in den Vereinigten Staaten, und die 150000 Abkömmlinge der siebentausend Überlebenden bilden den bei weitem stärksten Stamm. Ihr Reservat ist das einzige im Land, das größer geworden ist – fünfmal so groß –, seit es zuerst angelegt wurde; ihr Besitz nahm vor allem deshalb zu, weil die Weißen das Navajo-Land für wertlos hielten. Aber tatsächlich gibt es da Kohle, Öl, Gas, Uran,

Helium und Bauholz; diese Resourcen erklären wohl auch, warum die Navajos erst 1972 die volle Kontrolle über ihr Land bekommen haben.

Schnapsflaschen, Bierdosen, gelegentlich ein ausgeweidetes Auto säumten den Straßenrand. Weit ab vom Highway, am Fuße der Mesas, standen kleine Häuser aus Beton oder Holz, jedes mit Fernsehantenne, Lieferwagen, Klo-Kabuff, dem zeremoniellen Hogan aus Stein, Adobe und Zeder. Immer gingen die Hogan-Türen nach Osten hinaus.

Klassische Szene: Ein Junge auf einem gescheckten Pony trieb eine Herde von Schafen und Ziegen quer über den Highway. Ein paar Meilen weiter führte ein Mann mit Strohstetson und Röhrenjeans zwei Pferde, die nach Indianerart am Hals zusammengebunden waren, an einem Drahtverhau vorbei. Jetzt, da der weiße Mann das Geschäft mit den Rindern aufgibt, sah es so aus, als wenn die alten Typen des Cowboys und des Indianers verschmolzen; wer auch immer der letzte wahre Cowboy in Amerika sein mag: wahrscheinlich ist es ein Indianer.

Im Zentrum des Reservats lag das Hopi-Gebiet, ein großes Rechteck, über dessen Grenzen sich die Stämme nicht einigen können, weil ein Teil der Landnahme der Navajos auf Kosten der Hopis gegangen ist. Ein abschreckendes Schild im Behördenjargon:

SIE BETRETEN DAS EXKLUSIVE
GEBIET DES HOPI-RESERVATS:
MIT IHREM EINTRITT UNTERWERFEN
SIE SICH DER JURISDIKTION DES
HOPI-STAMMES UND SEINER
GERICHTE.

Obwohl die Hopis hier weit länger als irgendein anderes überlebendes Volk ansässig sind und ihren meilenhoch gelegenen Platz aus Fels und Sand, Wind und Sonne als Zentrum des Universums betrachten, sind sie jetzt, durch amerikanische Verordnung, von ihren alten Feinden, den Navajos, umgeben; einem Volk, das sie als Nachzügler ansehen. 1880 besaßen die Hopis zweieinhalb Millionen Morgen Land; heute ist es nur noch eine halbe Million.

Das Festhalten an ihrem Land ist für die Hopi ein langer Kampf gewesen. Aber für einen Stamm, dessen Name »wohlgesittet« bedeutet, für Indianer ohne Kriegstänze, für eine Gruppe, deren erste Verteidigung gegen die Konquistadoren aus Linien ausgestreuten heiligen Maismehls bestand, für ein Volk, das sich gegen die Korruption der Priester (die sich mit Hopi-Frauen einließen und die Männer auspeitschten) einfach dadurch wehrte, daß sie ein paar Padres in aller Ruhe über die Felsen kippten, – für einen solchen Stamm haben die Hopis sich nicht schlecht behauptet. Doch neuerdings haben sie gegen die Ausbreitung der Navajos vor den Bundesgerichten prozessiert, und das ist ein merkwürdiger Kasus: daß die, die zuerst dort gesiedelt haben, im Kampf gegen die späteren Besiedler vor die Gerichte derer ziehen, die ganz zuletzt gekommen sind.

Weil die Navajos weit auseinanderliegende Clan-Behausungen lieben, hatte ich seit über hundert Kilometern nichts gesehen, was auch nur einer Dorfsiedlung ähnlich war. Aber der Hopi-Ort Polacca machte fast den Eindruck einer Westernstadt, trotz einiger indianischer Einsprengsel hier und da: neben einem geblümten Laken hing auf einer Wäscheleine eine Coyotenhaut und neben Kastenhäusern gab es Brotöfen aus Adobe, die wie Bienenkörbe geformt waren. Der Navajo hing an seinem Hogan, der Hopi an seinem Ofen. Solche Dinge blieben.

Wie knochige Finger reichten drei Mesas von der größeren Black Mesa hinab in die Mitte des Hopi-Landes; vor nicht allzulanger Zeit noch waren Griffkerben in den steilen Felswänden der einzige Weg dort hinauf. Von den Höhen blicken die Hopis hinaus auf tausende Meilen Landes. Im Herzen des Reservats, topographisch wie kulturell, lag die zweite Mesa. Aus Tradition leben die Hopis, genau wie die Adler, die sie heilighalten, gern an Steilhängen; und so haben sie das Hopi-Kulturzentrum nicht weit vom Rande der zweiten Mesa gebaut. In der Galerie gab es Zeichnungen von Hopi-Kindern, die es auch fertigbrachten, Jahrhunderte und Kulturen zu verschmelzen, indem sie groteske Kachinapuppen, mit großen Terrakott-Masken und Kürbisgesichtern, auf Raumschiffen mit Darth Vader und Artoo Detoo tanzen ließen.

Im Center aß ich Nokquivi, einen guten Maiseintopf mit

Chilischoten, aber es gelang mir nicht, ins Gespräch zu kommen. Ich fuhr weiter bis an den Westrand der Mesa. Nicht weit von der Hopi-Garage (NUR FÜR STAMMES-FAHRZEUGE) standen kleine Häuser aus sorgfältig geschnittenen und zusammengesetzten Sandsteinplatten, wie bei den alten Azteken, einem mit den Hopis verwandten Volk. Diese festen Häuser paßten sich der lohfarbenen Landschaft so gut an, daß sie wie ein Teil des gewachsenen Felsens wirkten. Alle standen leer. Die Bewohner waren in Fertighäuser und Doublewides gezogen.

Ich konnte mir nicht vorstellen, wie irgendwer in dieser harten Landschaft auch nur ein Jahr zu überleben vermochte, aber die Hopis, wie alles was in der Wüste lebt, sind geduldig und geschickt und nicht im mindesten verzweifelt; sie haben hier zehn Jahrhunderte überdauert, indem sie winzige Erdterrassen anlegten, die den Frühjahrsregen auffangen und eine wüstenfeste Sorte von blauem Mais hervorbringen, dazu Kürbis, Zwiebeln, Bohnen, Pepperoni, Melonen, Aprikosen, Pfirsiche. Als die Borstenkiefer unter den Indianern leben die Hopis da, wo fast nichts sonst lebt, und gedeihen unter widrigen Bedingungen: schlechter Boden, Trockenheit, extreme Temperaturen, heftige Winde. Denen verdanken Borstenkiefern wie Hopis ihr Leben.

Am südlichen Rand der dritten Mesa hängend das alte Oraibi, die vielleicht älteste, dauernd besiedelte Ortschaft in den Vereinigten Staaten. Irgendwie haben sich Steine und Adobe an dem Steilhang seit dem 12. Jahrhundert gehalten. Über 800 Hopis haben um 1901 in Oraibi gelebt – heute nur noch einige wenige. Auf dem ganzen Weg durchs Reservat hatte ich nicht mehr als ein Dutzend Menschen gesehen, und auf den staubigen Straßen der alten Stadt fand ich nur eine gebückte Frau, die gegen den Wind ankämpfte. Aber irgendwo muß es noch mehr Menschen gegeben haben.

In dieses seltsamste aller amerikanischen Dörfer kam 1776 der Franziskanerpater Tomás Garces aus Tucson mit Geschenken und der »wahren Religion«. Die Hopi erlaubten ihm, in Oraibi zu bleiben, das damals wie heute aussah (bis auf ein paar Fernsehantennen), aber sie wollten weder seine Geschenke noch seinen Gott und schickten ihn am 4. Juli als desillusionierten Mann wieder weg. Bis in unsere Tage hat kein anderer nordamerikanischer Stamm fester an seiner eigenen Religion und Kultur festgehalten. Obwohl die isolierten Hopi keine Ahnung hatten von der Bedeutung der Religionsfreiheit für die neue Nation um sie herum, scherten sie sich mehrere Generationen nicht im mindesten um den »Codex gegen Religionsverletzungen«, – Gesetze, die vom »Büro für Indianische Angelegenheiten« (BIA) geschaffen worden waren, um die alten Rituale und Gebräuche zu zerstören – bis größere administrative Toleranz aufkam, als Herbert Hoover zwei Quäker mit der Leitung des BIA beauftragte.

Ein Hopi-Polizeiwagen kontrollierte meine Geschwindigkeit bei Hołevilla, wo die Straße sich zu einem langen Abstieg von der Mesa senkt. Der Wind frischte auf, Steppenhexe wehte über die Straße und Sand prasselte gegen Geistertanz. West, Ost, Nord, Süd – überall ein anderes Wetter: Sandsturm, Sonne, Regen und bläulicher Schnee auf den San Francisco Peaks, der Heimat der Kachinas, die die geistigen Kräfte des Hopi-Lebens sind.

Tuba City, von Missionaren der Mormonen als Agentur gegründet und nach einem Hopi-Häuptling benannt (obwohl es jetzt hauptsächlich eine Navajo-Stadt war), erwischte den Sturm frontal. Beim Tanken ging ich hinter dem Wagen in Deckung, aber Sandböen peitschten um die Ecken, stachen mich und schlossen mir die Augen. Gerade war die Schule aus, und die Kinder, Hemden über den Kopf gezogen, rannten zum Einkaufszentrum, wo alte Navajos, die draußen gesessen hatten, jetzt Schutz suchten, als der Sand die Luft in Materie verwandelte. Der Laden war eine Mischung aus Supermarkt, Drugstore und Andenkenshop.

Navajofrauen mit fülligen Körpern, in grünlichen Samtblusen und veilchenfarbenen Röcken wie aus dem 19. Jahrhundert, alle behängt mit Armbändern, Halsketten und Ringen aus Silber und Türkis (nicht der Andenkentinnef, sondern leuchtend von der Patina langen Gebrauchs) rollten Mengen von Stoff ab. Die Kinder, wie Schulkinder überall, drängelten sich um die Bonbons; sie sprachen nur englisch. Aber die alten Männer, die jetzt an den Bleiglasfenstern standen und in den braunen Wind hinaussahen, blubberten und bullerten die alten Worte. Ich habe gelesen, daß Navajo, eine Sprache, die mit der der Indianer Alaskas und Nordkanadas verwandt ist, keine Flüche kennt, es sei denn, man halte »Coyote« dafür. Im Vergleich mit anderen Eingeborenen-Sprachen ist es bemerkenswert frei vom Englischen wie vom Spanischen; ein Navajo-Mechaniker hat mehr als 200 Begriffe in reinstem Navajo für Autoteile. Und vielleicht ist es das Navajo-Idiom, mit dem die ersten außerirdischen Ohren vom Planeten Erde gegrüßt werden: An Bord jedes Voyager-Raumschiffs, das an den Rand unseres Sonnensystems fliegt oder darüber hinaus, ist eine goldbeschichtete Langspielplatte; auf eine Arie aus Mozarts »Zauberflöte« und Chuck Berrys »Johnny B. Goode« folgt da ein Navajo-Nachtlied, eine Musik, die schon die Eroberer hörten.

Gehemmt, weil ich ihre Sprache nicht kenne und Scheu hatte vor der Verachtung der Reinrassigen gegenüber Mischlingen, brachte ich wieder kein Gespräch zustande. Als der Sturm nach Osten abgezogen war, folgte ich den alten Männern ins Freie, wo sie schwatzten und zusahen, wie der Tag mit dem Wetter von vor einer Stunde weitermachte. Zu einem mit einem großen runden Kopf wie ein Tontopf sagte ich: »Ist der Sturm vorbei?« Er sah mich an, wendete langsam den Kopf, während die andern irgendwelche Dinge in der Luft anstarrten, die für mich unsichtbar waren.

Ich nahm eine Straße die Mesa hinab in ein Tal der Painted Desert, wo der Wind große Wehen orangefarbenen Sands in Mondfurchen verwandelt hatte. Die U.S. 89 lief neben den Echo Cliffs nach Norden. Ziegen grasten in Stoppeln entlang der Straße, und nach Westen zu trieb ein Reiter seine Schafe. Hier standen die Hogans allein; sie waren nicht Zeremonienkammern, sondern Behausungen. Mehrere Meilen lang standen am Straßenrand kleine Karton- oder Reisigtafeln, jede mit einem windzerzausten Schild, das Schmuck oder Zedernperlen anpries. Zu anderen Zeiten waren Weiße im Planwagen gekommen, um den Indianern Perlen im Tauschgeschäft anzudrehen; jetzt kamen sie in Karawanautos und kauften welche. Die Geschichte mag sich wiederholen; aber manchmal macht sie dabei einen Salto.

3

Irgendwo da draußen lag der Colorado River völlig versteckt in der Weite. Der Fluß war nicht weiter als eine Meile entfernt, aber ich konnte nicht das kleinste Anzeichen von ihm ausmachen in der Wüste, die sich eben und ununterbrochen zwanzig oder dreißig Meilen nach Westen hin erstreckte, obwohl ich nur fünfzig Meilen oberhalb der Stelle war, wo er in den Grand Canyon eintritt. Diese Seite der Colorado-Schlucht war einmal ein wichtiger Hopi-Trail nach Süden und, wie es heißt, der Weg, den die Hopi-Führer nahmen, als sie die ersten weißen Männer zum Canyon führten. Während der trockene Pfad oben dem Rand des Einschnitts folgte, war das Wasser hundertfünfzig Meter tiefer eine Unerreichbarkeit. Typisch aber, wie die flexiblen Hopis mit der Wüste zurechtkamen: Frauen vergruben Kürbisflaschen mit Wasser an strategischen Punkten des Hinwegs für den Gebrauch bei der Rückkehr.

Die Straße machte einen unerwarteten Knick hin zur Navajo Bridge, einer Mixtur aus silbrigen Trägern und Felsklippen. Und plötzlich war er da, weit unten im tiefen und schaurigen Canyon, dessen Seiten so steil und glatt waren, als hätte man sie mit einer Steinsäge geschnitten, war da mit einem unnatürlich grünen Wasser, das vom großen Speicherbecken ein paar Meilen flußaufwärts, dem Glen Canyon Dam, herrührte; keine Spur mehr von jenem Colorado (= rötlich), jener natürlichen Verschlammung, die ihm seinen Namen eingetragen hatte. Navajo Bridge, die 1929 gebaut wurde, als gepflasterte Straßen die Gegend zu erschließen begannen, ist die einzige Brücke über den Colorado zwischen Glen Canyon und dem Hoover-Damm mehrere hundert Meilen flußabwärts.

Westlich der Schlucht lag grünes Weideland, das zum guten Teil für eine Büffelherde da war, die von der Arizona-Wildkommission unterhalten wird; die großen Tiere hoben ihre Köpfe, als ich vorbeifuhr, mit feuchten schwarzen Augen die letzte Sonne einfangend. Nach Norden hin erhob sich, dreihundert Meter hoch, das Endstück der Vermillion Cliffs; die Cliffs waren nicht wirklich vermillion, also zinnoberrot, aber im Kontrast zum grünen Tal und im orangenen Nachmittagslicht wirkten sie so.

Im Jahre 1776, einige Monate, nachdem weißbestrumpfte Männer in Philadelphia die Unabhängigkeit erklärt hatten, irrte eine spanische Expedition unter Führung der Missionare Silvestre Velez de Escalante und Francisco Atanasio Dominguez, die vergeblich nach einem guten nördlichen Weg zu den kalifornischen Missionen gesucht hatten, völlig entgeistert an den Vermillion Cliffs entlang, auf der Suche nach einem Punkt, wo sie die Colorado-Schlucht hätten durchqueren können. Sie suchten zehn Tage lang und waren gezwungen, gekochten Kaktus und zwei ihrer Pferde zu essen, ehe sie eine Passage entdeckten; aber auch die nur, indem sie Stufen in die mehr als hundert Meter hohen Wände schlugen, für den Abstieg wie für den Weg wieder hinauf. Meine Überquerung, im Sitzen vollführt, dauerte 20 Sekunden. Was für mich ein toller Anblick war, sahen die Spanier mit einem Schrecken, der sie fast umgebracht hätte.

Escalantes Kampf gab meiner bequemen Fahrt durch mehr als 6000 Meilen Amerikas eine sonderbare Perspektive. Bis aufs Wetter, ein paar schlechte Straßen, einige pingelige Polizisten waren meine Schwierigkeiten nur welche des Gemüts gewesen. Angesichts dessen, was mir bevorstand, war allerdings mein Schuldgefühl wegen zu leichten Transits pure Ironie.

Ich fuhr eine enorme geologische Auftürmung, das Kaibab Plateau, hoch; mit bestürzender Schnelligkeit wichen die kleinen Wüstensträucher gewaltigen Nadelbäumen: Ponderosafichten, Kiefern, Rottannen. Auf zweitausend Metern lag die Temperatur nur noch bei 15 Grad; ein Sturz von den 32 Grad zehn Meilen weiter unten. Am Nordrand des Waldes ging die Straße in langem gleitendem Gefälle vom Plateau nach Utah hinein. Hier lagen die Counties Kane und Garfield, eine Gegend aus vielfarbigem Fels und barocken Steinsäulen, und unter dem Ganzen das größte noch unerschlossene Kohlegebiet in Amerika. Ein Stück Land, um das sicher noch eines Tages gekämpft wird.

Als es dämmerte, überlegte ich, ob ich nicht in den Coral Sand-Dünen übernachten sollte, aber ich hatte erst mal genug von Wärme und Wüste, also fuhr ich weiter nach Norden Richtung Cedar Breaks in das strenge und schöne Markagunt Plateau. Die Kühle würde mich erfrischen. Sporadische Regenplatscher, nicht genug, um Aufmerksamkeit zu erregen, schlugen gegen die

Windschutzscheibe. Ich bog in die Utah 14 ein, die Bergstraße nach Cedar City. Im schwachen Licht eines gebirgigen Himmels kriegte ich gerade noch ein großes Schild mit:

Paßhöhe 3050 Meter
IN DEN WINTERMONATEN
STRASSE MÖGLICHERWEISE
UNPASSIERBAR

Na und? Es war fast Mai. Der Regen klatschte, hörte auf, klatschte, hörte auf. Die Steigung wurde steiler, und leichter Regen fiel jetzt beständig und rollte roten Wüstenstaub vom Autodach; ich hatte seit dem östlichen Texas keinen Schauer mehr erlebt. Es tat gut. Die angenehme Kühle ging in Kälte über, und ich stellte die Heizung an. Die Scheinwerfer trafen auf Schneewehen, die die Straße mit zunehmender Höhe immer mehr einengten, und der Regen wurde Matsch. Das war der Punkt, als ich mich zu fragen begann, ob ich nicht doch einen Fehler gemacht hatte. Ich hielt Ausschau nach einem Wendeplatz, aber es gab nur diese schmale gewundene Straße. Der Matsch wurde dicker, und die Scheinwerfer drangen nur zehn Meter weit hindurch. Vielleicht konnte ich drüber hinausfahren und aus dem Sturm raus. Bei 2400 Metern kam der Wind richtig auf – ein roher, tückischer Wind, der mich auf der matschigen Straße herumstieß. Lear, als er vom Sturm fordert: »Schlag flach das mächtge Rund der Welt!«, schreit: »Blast Wind', und sprengt die Backen! Wütet! Blast!« Und genau das taten sie.

Ein lauter, phosphorfarbener Blitz rüttelte den kleinen Wagen, dann noch einer, und wieder einer. Noch nie hatte ich Blitz und Donner in einem Schneesturm erlebt. Obwohl es keine Schilder gab, zeigte die Karte einen Campingplatz in der Nähe der Paßhöhe an. Es wäre Selbstmord, zu halten, und vielleicht dasselbe, wenn man weiterfuhr. Der Wind drückte dermaßen gegen Geistertanz, daß ich Angst hatte, über den unsichtbaren Rand geweht zu werden. Hätte nicht der fallende Schnee meine Sicht weggeblendet, ich hätte wohl eine Binde gebraucht, wie sie die Reisenden im Mittelalter trugen, um ihr Entsetzen beim Überqueren der Alpen zu dämpfen. Eine Regel der Blauen Straße: Vorsicht bei der Suche nach dem Abenteuer – es ist lächerlich leicht zu finden.

Dann war ich oben, zehntausend Fuß, 3050 Meter hoch. HOCH. Der Wind war furchtbar. Die Straße schnitt jetzt durch Schneewehen, die höher waren als mein Auto. An der Kreuzung mit der Route 143 wies ein Schild nach Norden zum Cedar Breaks Camping. Ich entspannte. Ich würde am Leben bleiben. Ich warf mich in die Brust als Bergbezwinger.

Nach knapp zweihundert Metern auf der 143 traute ich meinen Augen nicht. Ich stieg aus und ging drauf zu, während der Wind meine Hosenbeine peitschte und an meinen Haarwurzeln riß. Ich konnte es nicht fassen. Da war er, der Streifen der Mittellinie, noch durchscheinend durch den Matsch und dann unter einer zwei Meter hohen Schneewehe verschwindend. Blockiert.

Zurück zum Wagen. Mein Herz fiel wie ein Stein durch neuen Schnee. Da mußte ein Irrtum vorliegen. Ich meine, es war ja nicht 1776. Die Tage Escalantes waren vorbei. Aber der einzige Irrtum war meine Fehleinschätzung. Ich saß auf der 143 fest, und die 143 lag unter Wintereis.

Ich stellte die Heizung auf volle Pulle, ging nach hinten und wickelte eine Decke um den Schlafsack. Ich zog mich schnell aus, kroch in einen Trainingsanzug, stülpte zwei Paar Socken über, Handschuhe, und meine alte Kappe von der Navy. Als ich den Motor abstellte, hatte der Schnee schon die Windschutzscheibe bedeckt. Der Benzintank war nur noch viertelvoll. Solange die Wärme vorhielt, kroch ich rasch in den Schlafsack und zog die Vorhänge beiseite, um zu sehen, wie die Gewitterwolken gegen die Berge wüteten. Dieser Himmel war versessen auf einen Sturm, und ich sollte die Prügel beziehen.

In jedem besonderen Moment seines Lebens kann sich der Mensch sagen, daß alles, was er bisher getan und nicht getan hat, was ihm getan wurde oder nicht getan, ihn bis zu diesem Moment gebracht hat. Wenn er zum Häuptling gewählt wird oder den Nobelpreis empfängt, ist das ein wundervolles Gefühl. Aber wenn er zehntausend Fuß hoch mit einem Schlafsack in einem Schneesturm liegt, mitten auf einem Highway und mit der Aussicht zu erfrieren, dann kann er sich bei dieser Idee verhängnisvoll blöd fühlen.

Ein lautes Geprassel von Hagel schlug auf die Stahlschachtel, und der Wind schien Hände zu haben, so unbarmherzig schüttelte er den Geist. Blitz und Donner suchten mich um die Wette zu erschrecken. Also vor diesen Dingen hatte ich Angst? Nein. Nicht *diese* Dinge. Es war etwas anderes. Ich rechnete fest mit einer Bären-Attacke. Das war, wovor ich Angst hatte.

Der Blitz schlägt jeden Tag etwa acht Millionen Mal auf der Erde ein und tötet jedes Jahr an die hundertfünfzig Amerikaner. Ich weiß nicht, wieviel an Erfrierungen oder Unterkühlung sterben, aber es muß wenigstens eine vergleichbare Zahl sein. Was Bären betrifft, die Leute beim Schlaf in Stahltrucks fressen, so habe ich deren Zahl nicht herausfinden können. Es war ja auch nicht sehr sinnvoll, vor einem Bären Angst zu haben, der in diesem Wetter aus seinem Winterschlaf herauskommen und ein Auto überfallen sollte. Doch lag ich lange und wartete, daß die Bestie, zottelig und riesig, sich durchs Metall pranken würde, den heißen Atem auf meinen Kopf sprühen, mich wie einen Gummipfropfen verschlingen und den Karren über den Abgrund kippen würde.

Vielleicht hielten mich Müdigkeit und Anstrengung davon ab, über die wirkliche Furcht nachzudenken; vielleicht verbarg irgendein geistiger Mechanismus die wahre und unausweichliche Drohung. Was auch immer, ich hatte schließlich das Gefühl, verrückt zu sein. Vielleicht erfror ich ja schon zu Tode. Vielleicht passierte das auf diese Weise. Der Schwarze Elch betet zum Großvater Geist, ihm gegen den Ansturm der Winde zu helfen und beim Gang über die gute Straße bis zu dem Tag der Ruhe. Auch Whitman:

> O ausgeglichen sein vor Widrigkeiten,
> Der Nacht begegnen, Stürmen, Hunger, Unglück, Spott
> und Abweisung, wie Bäume es und Tiere tun.

Ich fragte mich, wie lange ich wohl in den Breaks bleiben müßte, ehe ich runterfahren konnte. Die Kälte machte mir nicht viel Sorgen. Ich hatte das Gefährt selber isoliert und einmal darin geschlafen, als ein Wind von minus 30 Grad pfiff. Ich rechnete mir Überlebenschancen aus, wenn ich hier oben nicht zu lange bleiben müßte. Warum hatte ich nicht auf Freunde gehört, die mir zu einem Funkgerät geraten hatten. Die Schlagzeile stand dunkel da: ERFRORENER IN LAWINE GEFUNDEN. Die ganze Nacht durch schlief ich und wachte auf, schlief und wachte auf, während der

Hagel wie Schrotkugeln fiel und der Donner herumpolterte und Blitze das Eis versengten.

4

Das Morgenlicht, dreckig und hart, hätte auch alter Beton sein können. Zwei Grad minus im Wagen. Ich überlegte, wie ich den Weg bergab fahren könnte, ohne aus dem Schlafsack zu kriechen. Ich war steif – nicht so sehr von der Kälte, als weil ich eingerollt wie eine Raupe geschlafen hatte. Mich rauswindend und Finger und Zehen nach Frostbeulen absuchend, zählte ich leise bis zehn (zweimal), ehe ich laut losschrie und mich in meine Kleider stürzte. Schreien vertreibt die Panik. Unterwäsche, Hosen, Hemd so kalt, daß sie sich naß anfühlten.

Ich stieg aus, um zu pinkeln. Mit dem heißen Strahl schrieb ich ein LIVE in den Schnee. Dann an die Arbeit: Fenster freikratzen. Irgendwo zu Füßen dieses Berges lagen Leute noch warm in ihren Decken, noch keineswegs bereit, aufzustehen und sich ein heißes Frühstück zu machen. Wo sie doch den Tag nur damit zubrachten, bedruckte Kugelschreiber zu verkaufen. Hatten sie die Berge nicht längst hinter sich gelassen?

Runter. Ich mußte es probieren. Und runter ging's, Utah 14 war eine Sequenz von Kurven und Steilstürzen, so daß die Westseite viel rascher abfiel als die östliche. Gut, daß ich das nicht bei Nacht versucht hatte. Nach einer Meile wurde der Schnee auf dem Pflaster Matsch, dann Wasser, und schließlich, in zweitausend Metern Höhe, trockener und sonniger Asphalt.

Cedar City, eine saubere Mormonenstadt, lag am Fuß der Berge, am Rande der Escalante-Wüste. Ah, Wüste! Ich fuhr an eine Tankstelle, während Schnee immer noch von meinem Wagen schmolz. »Seh', Sie haben die Nacht in den Breaks verbracht«, sagte der Tankwart. »Ihr Leute wollt einfach den Schildern unten nicht glauben.«

»Ich glaubte das schon, aber es sagt was von Wintermonaten. Mai ist nicht Winter.«

»Hier oben doch. Ihr Leute aus dem Osten wißt einfach nicht, was ein Berg ist.«

Ich sagte nichts darauf, aber ich wußte, was ein Berg ist: Ein hoher Stapel windgepeitschter Felsen mit Extra-Wetter.

In der Cafeteria des South Utah State College holte ich mir ein Frühstück aus Rührei, Pfannkuchen, Speck, Haferflocken, Pampelmusen, Orangensaft, Milch, und ein Zimtbrötchen. Ein Fest zur Feier meines Lebens. Sieger, der ich war. Am Tisch gegenüber saß ein indianischer Student mit Namen Kendrick Fritz, der Chemie studierte und Arzt werden wollte. Er war in Moenkopi, Arizona, aufgewachsen, gleich hinter dem Highway von Tuba City. Ich sagte: »Bist du Navajo oder Hopi?«

»Hopi. Du kannst es an meiner Größe sehen. Hopis sind kleiner als Navajos.«

Seine Stimme war sanft, seine Sprache überlegt, sein Lächeln schüchtern. Er schien für Fragen offen zu sein.

»Fritz hört sich nicht gerade wie ein Hopi-Name an.«

»Mein Vater hat ihn angenommen, als er im 2. Weltkrieg in der Armee war. Hopis haben meist englische Rufnamen und lange Stammesnamen, die für andere schwer auszusprechen sind.«

Ich erzählte ihm von meiner Schwierigkeit, in Tuba City ein Gespräch in Gang zu bringen.

»Ich kann nicht über Navajos und deren Vorurteile sprechen, aber ich kenne Hopis, die glauben, wir haben die Spanier überlebt, die Missionare, tausend Jahre anderer Indianer, sogar das BIA. Aber Touristen?!« Er lächelte. »Da sind die Pocken noch besser.«

»Glaubst du – du selbst –, daß die meisten Weißen den Indianern gegenüber voreingenommen sind?«

»Etwa halbe, halbe. Die eine Hälfte zeigt Verachtung, weil sie mal eine betrunkene Squaw beim Circle K gesehen haben. Die andere Hälfte hält uns für edle Wilde – die sind womöglich schlimmer, denn wenn ein Indianer einen Fehler macht, hassen sie ihn dafür, daß auch er nur ein Mensch ist. Wer möchte schon gern die Idealgestalt von andern Leuten sein?«

»Mein Großvater sagte immer, die große Vision hätte den Indianer gemacht, aber der weiße Mann hätte ihn erfunden.«

»Die Verhältnisse hier sind okay, aber ich würde sie nicht gut nennen, und dabei bin ich nicht scharf drauf, Vorurteile aufzuspüren. Geb' mir jedenfalls Mühe.«

»Vielleicht bist du toleranter gegenüber dem Anglo-Gehabe als andere es sind.«

»Vielleicht. Ich meine, ich will Arzt werden, nicht Medizinmann. Aber ich bin auch kein Apfelindianer, außen rot, innen weiß. Ich hab' oben in Brigham City, Utah, gelebt, als ich zur Intermountain-Schule ging, die vom BIA betrieben wird. War aber einfach zu leicht. Zuviel Zeit rumzutrödeln. Also wechselte ich nach Box Elder hinüber – das ist eine öffentliche Schule. Da hab' ich was gelernt. Und dann war ich noch ein paar Monate in Dallas. Was ich sagen will: ich hab' in einer Hopi-Region gelebt, und außerhalb. Ich hab' Indianer darüber reden hören, wie sie durch und durch rot sind, und darüber meckern, wie andere sich als Anglos aufführen, und dabei sitzen sie die ganze Zeit in einem Pickup vor einem Autokino. Aber wehe, man kommt ihnen mit dem Vorschlag, den Wagen gegen ein Pferd zu tauschen.«

»Die Spanier haben das Pferd gebracht.«

Er nickte. »Für mich heißt Indianer sein, Verantwortung tragen gegenüber meinem Volk. Mit den besten Mitteln helfen. *Wer* das Penicillin erfunden hat, spielt keine Rolle.«

»Was machst du nach dem Studium?«

»Ich wollte immer aus Tuba weg, aber seit ich da nicht mehr bin, hab' ich erst gemerkt, daß unser Land wirklich unser Heiliger Kreis ist – unsere Stärke. Jetzt möchte ich zurückgehen und praktischer Arzt sein. Im Indianischen Krankenhaus in Tuba, wo meine Mutter und Schwester als Pflegerinnen tätig sind, gibt es keine indianischen Ärzte, und das ist nicht gut. Ich kann Leute nicht leiden, die sich nicht selbst helfen. Im Hopi-Land kann man nicht das große Geld machen, aber das interessiert mich sowieso nicht.«

»Du gebrauchst nie das Wort Reservat.«

»Wir betrachten es auch nicht als Reservat, weil wir da nie hinbeordert wurden. Wir haben es durch Hopi-Prophezeiungen gefunden. Wir fallen aus dem Rahmen, weil wir immer an unserm ursprünglichen Land festgehalten haben – weitgehend, jedenfalls. Einmal hat mir mein Großvater die alten Grenzen gezeigt. Wir waren oben auf einem Felsplateau. Ich hab' den Umkreis vergessen, bis auf die San Francisco Peaks. Aber in den letzten achtzig Jahren hat die Regierung große Stücke unseres Gebietes den Navajos gegeben, und jetzt sind wir dumm dran – achttausend Hopis eingekreist von der 25fachen Überzahl. Nicht als ob ich was gegen die Navajos hätte, aber ich meine, die Hopis sollten an den Entscheidungen beteiligt werden. Vielleicht weißt du, daß der Kongreß den Indianern bis etwa um 1920 nicht einmal Bürgerrechte zugestand. Unglaublich – da lebt man irgendwo tausend Jahre lang und findet sich auf einmal als Fremder.«

»Ich kenne einen Osage-Indianer, der sagt: Amerikanisier mich nicht und ich amerikanisier' dich nicht. Soll heißen, daß jeder im Land mal von irgendwo anders herkam.«

»Hopi-Legenden sind voller Wanderungen.«

»Werden andere Hopis dich beargwöhnen, wenn du als Doktor heimkehrst?«

»Ein paar vielleicht, meine Familie nicht. Aber für eine Menge Hopis ist das schlimmste, was man einem Menschen nachsagt, kahopi, Nicht-Hopi. Heutzutage müssen wir uns alle jedoch entweder für die neue Lebensweise oder für das Hopi-Leben entscheiden, und das hat ganze Dörfer auseinandergebracht. Viele von uns versuchen, von beidem das beste zu bewahren. Wir haben immer von andern Menschen gelernt. Sonst wären wir längst ausgelöscht wie andere Stämme.«

»Medizin ist eine ziemlich gute Überlebenstechnik.«

»Sicher, aber ich mag auch Jethro Tull und die Moody Blues. Und das heißt nicht Überleben.«

»Ist die alte Religion Überlebenstechnik?«

»Wenn man sie lebt.«

»Machst du das?«

»Die meisten Hopis halten sich an unsere Religion, auf irgendeine Art, weil sie uns erinnert, wer wir sind, und weil sie zum Land gehört. Ich sag' dir, in der Regenzeit, wenn die Wüste grün wird, ist es schön hier. Das Land ist auch eine Medizin.«

»Wenn du das erzählen magst – wie sieht eure Religion aus?«

»In einem Punkt wie jede Religion: verschiedene Clans glauben verschiedene Dinge.«

»Aber etwas Gemeinsames muß es doch geben, was alle teilen.«

»Schwer zu sagen.«

»Kannst du's versuchen?«

Er überlegte einen Moment. »Vielleicht die Vorstellung von

Harmonie. Und die Art, wie ein Hopi betet. Ein gutes Leben, ein harmonisches Leben, ist ein Gebet. Wir beten nicht nur für uns selbst, wir beten für alle Dinge. Wir sind berühmt für die Schlangentänze, aber viele Leute wissen nicht, daß diese Zeremonien Gebete sind, um Regen und Ernte, und ums Leben. Wir beten auch um Regen, indem wir dasitzen und an Regen denken. Wir sitzen da und stellen uns nasse Natur wie Flüsse und Wolken vor. Wir sitzen mitten in Bildern.«

Er nahm sein Tablett auf und wollte gehen. »Ich könnte dir einen Geschmack von den alten Hopi-Gebräuchen geben. Aber vielleicht bist du nach diesem Frühstück zu voll. Ißt du immer so viel?«

»Das war nur der Berg.« Ich stand auf. »Was meinst du mit Geschmack?«

»Ich zeig' dir's.«

Wir gingen in seine Studentenbude. Bis auf ein paar Kachinapuppen, die er aus Pappelholz geschnitzt hatte, und das Bild eines Sioux-Kriegers war es wie das übliche Dormitory-Zimmer – vielleicht sauberer als die meisten. Er zog einen Schuhkarton unter seinem Bett hervor und öffnete ihn sorgfältig. Ich muß mit großen Augen zugesehen haben, denn er sagte: »Es sind keine lebenden Klapperschlangen.« Er nahm einen langen, in Wachspapier eingeschlagenen Zylinder aus der Schachtel und hielt ihn, als wolle er ihn nicht berühren. »Willst du das essen? Ist was Besonderes.« Er lächelte.

»Na schön, aber wenn es getrocknete Skorpione sind, werde ich mit gespaltener Zunge reden.«

»Mach die Hände auf.« Er wickelte die Rolle aus und legte mir ganz sanft eine luftige Röhre von der Farbe einer Gewitterwolke in die Handflächen. Sie war etwa zwanzig Zentimeter lang und zwei Zentimeter im Durchmesser. »Da hast du's.«

»Du zuerst.«

»Ich mag im Moment nichts.«

Also biß ich das Ende der blaugrauen Röhre ab. Sie bestand aus vielen ineinandergerollten Schichten von etwas, das substanzloser als ein Schmetterlingsflügel war. Der Bissen zerkrümelte zu Flocken, die auf den Lippen klebenblieben. »Sag mal, was ich da esse.«

»Magst du's?«

»Glaub' schon. Außer daß es wie Zuckerwatte verschwindet, wenn ich's zu kauen versuche. Aber ich denke, ich schmecke Mais raus und wohl auch Asche.«

»Das haben die Hopi gegessen, ehe Pferde nach Amerika kamen. Es ist Piki. Hopi-Brot, sozusagen. Ist aus Blaumaismehl und Asche von Fettholz und Sagebrush. Hat meine Mutter auf einem eingeölten Stein gebacken. Sie schickt mir ab und zu Piki. Das braucht viel Zeit und Geschicklichkeit. Wir nennen es Hopi-Cornflakes.«

»Unglaublich dünn.« Ich legte ein Stück auf eine Seite seines Chemiebuches. Die Buchstaben schienen durch.

»Für uns ist Mais unsere Mutter. Die blaue Sorte ist gewissermaßen unser Kompaß – wo immer die wächst, da können wir hin. Der blaue Mais hat unsere Wanderungen bestimmt. Die Navajos haben eine gelbe Sorte, die weich ist und leicht zu mahlen, aber unserer ist hart. Man pflanzt ihn viel tiefer als die übrigen Maisarten, und er überlebt, wo die eingehen würden. Eine genetische Variante, die die Hopis entwickelt haben.«

»Warum ist er blau? Das muß symbolisch sein.«

»Wir lieben die Farbe Blau. Und Mais ist der wichtigste Bestandteil unserer Riten.«

»Das Piki ist gut, aber es macht mich durstig. Wo ist ein Wasserhahn?«

Als ich zurückkam, sagte Fritz: »Ich sag' dir mal, was nach meiner Meinung das Herz unserer Religion ist – es sind die vier Welten.«

Die nächste Stunde lang erzählte er von der Lebensweise der Hopi und zeigte mir Bilder und Texte aus dem *Buch der Hopi.* Schlüsselwort schien das Hervorkommen zu sein. Eingekerbt in einen Felsen beim Dorf Shipolovi findet sich das alte Symbol dafür:

Mit Varianten erscheint das Symbol auch bei anderen Indianern Nord- und Südamerikas. Seine Linien stellen den Weg dar, dem ein Mensch auf seiner »Lebensbahn« folgt, wenn er durch Geburt, Tod, Wiedergeburt hindurchgeht. Die menschliche Existenz besteht wesentlich aus einer Reihe von Reisen, und das Symbol dafür ist eine Art Landkarte der wandernden Seele, das Abbild eines Prozesses; aber es ist auch, wie die meisten Hopi-Symbole und -Zeremonien, eine Erinnerung an die kosmischen Muster, nach denen sich alle Menschenwesen bewegen.

Der Hopi glaubt, daß sich die Menschheit durch vier Welten hindurch entwickelt hat: die erste ein Schattenreich der Bescheidung; die zweite ein so bequemer Ort, daß die Leute ihre Herkunft vergaßen und materielle Dinge anzubeten begannen. Die dritte Welt war ebenfalls ein angenehmes Land, aber die Menschen, von ihrer Vergangenheit verstört und um ihre Zukunft besorgt, dachten nur an ihre irdischen Pläne. Endlich sagte die Spinnen-Großmutter, die all die Verwandlungen beaufsichtigt, zu ihnen: »Ihr habt vergessen, woran ihr euch erinnern solltet, und jetzt müßt ihr diesen Ort verlassen. Es wird nun schwerer sein.« In der vierten und gegenwärtigen Welt ist das Leben für den Menschen schwierig, und er kämpft um die Erinnerung an seinen Ursprung, weil Materialismus und Eigennutz ihm eine größere Vision versperren. Das Neugeborene kommt in die vierte Welt mit weit offenen Sinnen (wovon die weichen Schädelpunkte zeugen), aber mit zunehmendem Alter schließt sich diese Pforte des Geistes und der Mensch muß sich abmühen, empfänglich für die großen Kräfte zu bleiben. Die großartigste Aufgabe für einen Menschen ist es, dem Bruch mit den Dingen außerhalb seiner selbst zu widerstehen.

»Ein Hopi lernt, daß er zu zwei Familien gehört«, sagte Fritz, »zu seinem natürlichen Clan und zu der aller Dinge. Wenn er älter wird, sollte er sich der größeren Familie annähern. In der

12. Kendrick Fritz in Cedar City, Utah

Hopi-Welt versucht jede Person ihren Platz im Ganzen zu erkennen.«

»Beim Frühstück sagtest du, daß ihr Kaninchen und Tauben und Wanderdrosseln jagt, aber ich verstehe nicht, wie man auf Vögel schießt, wenn man an die Einheit des Lebens glaubt.«

»Ein Hopi-Jäger bittet das Tier, ihm die Tötung zu verzeihen. Nur Leben kann Leben erhalten. Die Wanderdrossel weiß das.«

»Wie schmeckt so ein Vogel eigentlich?«

»Schmeckt gut.«

»Die Religion scheint dann aber nicht viel von einem ethischen Codex zu haben.«

»Es gibt ihn. Wir sehen zu, was die Katchinas sagen und tun. Aber die Spinnen-Großmutter hat in der Tat zwei Regeln aufgestellt. Sie umfassen alles, und sie gelten für alle Menschen, nicht nur für die Hopis. Sie sagte: Lauft nicht umher und tut euch weh, und sie sagte: Versucht, die Dinge zu verstehen.«

»Das gefällt mir, das gefällt mir sehr.«

»Unsere Religion erinnert uns daran, daß wir nicht nur Wille und Gedanken sind. Wir sind auch Sand und Wind und Donner. Regen. Die Jahreszeiten. All diese Dinge. Du lernst alles respektieren, weil du alles *bist*. Wenn du dich selbst achtest, achtest du alle Dinge. Deshalb haben wir soviele Schöpfungslieder, die uns daran erinnern, woher wir gekommen sind. Wenn die vierte Welt das vergißt, werden wir in der Wildnis verschwinden wie die dritte Welt, wo die Leute behaupteten, sie hätten sich selbst geschaffen.«

»Stolz ist die schlimmste der Sieben Todsünden in der alten christlichen Theologie.«

»Es ist kahopi, sich selbst über die Dinge zu setzen: Das führt zu Spaltungen.«

Fritz mußte in die Vorlesung. Als wir über den Campus gingen, sagte ich: »Ich stell' mir vor, daß es schwer ist, ein Hopi in Cedar City zu sein – besonders wenn du Biochemie studierst.«

»Ist überall schwer, ein Hopi zu sein.«

»Ich meine, schwierig, dein Hopi-Erbe in eine so technologische Welt wie die Medizin einzubringen.«

»Erbe? Mein Erbe ist die Hopi-Welt, und das ist eine Welt des Geistes. Der Geist kann überall hin. Er muß sich sogar auf den Weg machen, damit er sich verändern und neu hervortreten kann wie bei den Wanderungen. Das ist die ganze Idee.«

5

Ein Drittel der Landmasse der Erde ist Wüste irgendeiner Art. Nach meinem Kampf mit dem Berg fand ich das eine beruhigende Statistik, als ich mich auf den Weg durch die Escalante Wüste westlich von Cedar City machte. Die Straße Utah 56 ging ernstlich auf die Sagebrush-Flächen zu, ließ sich auf weite Strecken mit ihnen ein, ehe sie sich dann von allem abwandte.

Ein Wagen raste vorbei, der Fahrer essend, ein Beifahrer knipsend. Bewegten sich ohne irgendwo hinzukommen, machten Fahrt, statt eine zu unternehmen. Ich lachte über die Absurdität solcher Fotografien und dann merkte ich, daß ich ja auch müßig dahinrollte und die Windschutzscheibe in eine Kinoleinwand verwandelte, bei der ich, der Betrachter, in Bewegung war und das Subjekt stillhielt. Das war die Versuchung des amerikanischen Highway, der amerikanischen »vacation« (aus dem lateinischen vacare = leeren). Eine Frau in Texas hatte mir erzählt, daß sie oft damit drohte, ein Buch über ihre Familienferien zu schreiben. Ihr Titel: Zoom! Das Drama ihrer Urlaubsfahrten, sagte sie, spiele sich hinter der Windschutzscheibe in einer Familienkrise nach der andern ab. Ihr Mann fuhr an die tausend Meilen, meist mit dem rechten Arm über dem Rücksitz, um eins der Kinder zum Sitzenbleiben zu zwingen. Sie sagte: Unsere Ferien schaffen uns.

Sie sehnte sich nach dem wahren Unterwegssein eines Odysseus oder Gulliver oder Ishmael oder selbst einer Dorothy von Kansas, bei denen die Fahrt durch Raum und Zeit nur eine Metapher für die Bewegung durch das Innere des Seins ist. Eine wahre Reise, egal wie lang sie konkret dauert, hat kein Ende. Ja mehr noch, wie es John le Carré, als er von der Reise des Todes spricht, sagt: »Nichts hat je die Kluft überbrückt zwischen dem Mann, der dahinging, und dem Mann, der zurückblieb.«

Noch innerhalb der ersten Meile nach der Staatsgrenze von Nevada hörten Goldastern und Sagebrush auf und ein Wacholderwald begann, während die Straße in kühlere Luft hinaufkletterte. Wieder einmal, wie schon oft, war ich verblüfft von der Art, wie sich das Land ein oder zwei Meilen nach einer Staatsgrenze verändert.

Ich fuhr auf der U.S. 93 nach Norden, einem leeren Highway, der von Canada bis beinah nach Mexiko führt. Ich vermute das nur; aber bei seiner großen Länge hat er wohl weniger Städte pro Meile als irgendeine andere amerikanische Überlandstraße. Er geht, zum Beispiel, der Länge nach durch Nevada, mehr als fünfhundert Meilen, und führt nur durch siebzehn Orte – und da sind Jackpot und Contact schon mitgerechnet.

Pioche, einer der siebzehn, war reinstes Nevada. Seine Höhe von sechstausend Fuß war zehnmal so groß wie die Bevölkerung; aber auf dem Gipfel des Gruben-Booms vor hundert Jahren waren Einwohner und Fuß-Zahl über dem Meeresspiegel etwa gleich. Die Story von Pioche wiederholt sich in ganz Nevada: Ein Indianer zeigt einem Prospektor einen Berg voll von Metall; der Prospektor trifft auf eine Goldgrube, eine »Bonanza«; die Stadt blüht für ein paar Jahrzehnte mit den vier »S« auf: Schürfausrüstung, Spieler, Schätzchen und Scharfschützen (75 Menschen starben in Pioche, ehe irgendeiner eines natürlichen Todes starb); dann verkümmert die Stadt. Um 1900 war Pioche auf dem Weg, eine Geisterstadt zu werden wie Midas, Wonder, Bullion, Cornucopia. Aber selbst nachdem es mit Silber und Gold aus war, machten die technologischen Veränderungen in den Vierzigern Blei- und Zinkvorkommen wertvoll, und der billige Strom vom Boulder-Damm (wie er damals hieß) hielt Pioche am Leben.

Ein Bürger brüstete sich vor mir mit dem Millionen-Dollar-Courthouse – das ein einfaches, doch gefälliges, hundert Jahre altes Feldsteingebäude hoch auf dem Berghang war –, wenn wohl auch etwas zynisch, denn der Bau hatte nur einen Bruchteil davon gekostet; aber durch Gläubigerzinsen und Neufinanzierungen kam der Preis schließlich doch auf eine Million. Drei Jahre bevor die letzte Hypothek abgetragen war, wurde das Courthouse aufgegeben.

Der Highway führte in ein schmales und ungeheuer langes Tal (Assoziation: Hufgetrappel im Western), dann wandte er sich wie ein Kreidestrich nach Norden und führte zwischen zwei niedrigen Bergketten hindurch, von denen die höhere östliche noch im Schnee lag. Ein Schild: NÄCHSTE TANKSTELLE 80 MEILEN. In der Dämmerung zeigte das Tal keine Spur menschlichen Daseins bis auf Drahtzäune, Highway und gelegentliche Wildwechsel-Warnungen, die nach mittelalterlicher Heraldik aussahen: auf ockerfarbenem Feld ein springender Hirsch und ein Marder. Die Schilder waren von Schützen in Siebe verwandelt worden; aber fast keiner hatte die aufgescheuchten Hirsche getroffen.

Untersetzte Klumpen von weißem Sagebrush, die naß waren von einem Schauer aus den westlichen Bergen, gaben der Luft Süße, und die Schluchten waren noch voll Wasser. Stille lag über der unversehrten Offenheit, und ein feuchter Wind blies alles sauber. Ich sah niemanden. Ich erhöhte meine Geschwindigkeit bis auf neunzig, schaltete die Zündung aus und ging in den Leerlauf. Obwohl Geistertanz die Aerodynamik einer Apfelsinenkiste hatte, segelte er doch mehr als anderthalb Kilometer durch die Ebene. Als er zum Stillstand kam, legte ich den Gang wieder ein und ließ ihn am Straßenrand stehen. Keine Seele sonst. Lauschend ging ich in das Gesträuch. Die Wüste ist nachts am beredtesten; aber an jenem Frühlingsabend bewahrte sie Gottes ungeheures Schweigen; und auch das ist eine Stimme der Wüste.

Ich habe gelesen, daß man mit bloßem Auge sechstausend Sterne in den hundert Milliarden Galaxien sehen kann, aber ich konnte es nicht glauben – war doch der Himmel weiß vor Sternenlicht. Ich sah eine Million Sterne mit einem Auge und zwei Millionen mit beiden. Galilei hat bewiesen, daß die Rotation und die Sonnenbahn der Erde den Sternen ihre scheinbare Bewegung verleiht. Aber in dieser Nacht galt der Beweis nicht. Jeder verständige Mensch, wenn er da zwischen den frischen Blättern des Beifuß im warmen Sand, der schon getrocknet war, auf dem Rücken lag –, jeder hätte sehen können, daß Arkturus und Wega und Beteigeuze gleich dort oben, gar nicht weit weg, um die Erde kariolten. Ihre Bahnen waren Bogen, kein Zweifel daran.

Die Ungeheuerlichkeit von Firmament und Wüste, ihr weites Ausmaß machte mich klein. Es war, als ob ich mich auflöste, und es war beruhigend und reinigend zugleich, von jener Leere aufgesogen zu werden. Whitman sagt:

> O, auszudenken den Raum!
> Den Überfluß aller Dinge, und daß es keine Grenzen gibt!
> Aufzutauchen und eins zu sein mit Firmament, Sonne, Mond
> und eilenden Wolken.

Auf dem Highway kam ein Auto an, fuhr vorbei und hinterließ ein kümmerlich kurzes *Husch*, als es dem dunklen Tal nachjagte. Als ich wieder auf die Straße hinausfuhr, sah ich im Scheinwerfer ein kleines Wüsten-Nagetier über die Straße wirbeln wie auf Rädern; von den Bergen aus muß meine kleine Maschine auch so gewirkt haben. Über mir hing der Große Wagen mit einer Million Galaxien, wie es heißt, in seinem Karren, und auf meiner Backbordseite, oberhalb der westlichen Berge, hielt der Abendstern meilenlang eine feste Position, bis er langsam auf die Stirnseite schwenkte und dann wieder nach Backbord driftete. Ich war einer so langgezogenen Kurve gefolgt, daß ich die Krümmung nicht gesehen hatte. Nur der Stern zeigte die Wahrheit an. Der Highway vereinigte sich mit der U.S. 6 – von Cape Cod nach Long Beach, der längsten Bundesstraße unter einer Nummer, ehe die Interstate-Autobahnen gebaut wurden – und überquerte dann die westlichen Berge. Unten lag die Grubenstadt Ely.

Nicht alles, was in Ely passiert, passiert im Hotel Nevada, aber möglich wär's. Das alte Haus ist drauf eingerichtet. Aber an jenem Abend waren die Blackjack-Tische leer, die Glücksspielautomaten fast auch, und die marmorierten Spiegel reflektierten die Wampe des Barmannes und eine Kellnerin, die ein Gähnen verschluckte. Aber ich sah dies:

Etwa: eine Frau, das Gesicht leer wie ein Nickelstück, die wie bestellt am Hebel eines einarmigen Banditen zog. Sie hatte vor dem Gerät schon so oft gestanden, daß sie selbst zu einem Mechanismus fürs Hochreichen, Einwerfen und Ziehen geworden war. Ihre Augen waren dunkel und unbeweglich, wie ausgestöpselt. Das periodische Geschepper von Münzen in der Gewinnschale brachte sie nur dazu, ohne hinzusehen da reinzufassen und das Geld wieder in den Schlitz zu werfen.

Etwa: ein Mann latschte herein, von Kopf bis Fuß in Leder; während er sich als Cowboy-Macho versuchte, sah er mehr aus wie ein zweibeiniger Fanghandschuh eines Baseballspielers. Bei ihm eine gelangweilte Blondine. »Ich bin ein ehrgeiziger Typ. Ich muß einfach gewinnen«, sagte er, und die Blonde gähnte wieder.

Etwa: in einem Glaskasten hing ein Querschnitt durch eine Borstenkiefer. In der Mitte sagte eine Karte: 3000 vor Christus / BAU DER PYRAMIDEN. Ein Baumsprößling heute könnte im Jahr 7000 noch leben. Das war doch mal eine Perspektive.

Nach dem zweiten Bier betrachtete ich mir die Gesichter, die froh sein konnten, wenn sie noch das Jahr 2000 erlebten. Als ich ging, flüsterte ein Mann mit einem weißen Ziegenbart:

»Keine Spielchen, Cowboy?«

»Bin immer noch dabei, mein erstes zu verlieren«, sagte ich.

6

Tradition hält sich in Nevada. Man kann sie zum Beispiel an den Freudenhäusern von Ely erkennen. In White Pine County ist die Prostitution legal, weil Grubenarbeiter, damit sie tüchtig nach diesem und jenem graben können, traditionsgemäß Huren brauchen.

Am nächsten Morgen ließ ich meinen Tank überlaufen und verschüttete was vom bleifreien Benzin, weil ich Ohrenzeuge einer Unterhaltung über den gängigen Preis einer »Runde« wurde. Ein Mann mit einem weißen Bart (es gibt mehr weiße Bärte pro Kopf der Bevölkerung in Nevada als in irgendeinem andern Bundesstaat außer Alaska) sagte zu einem Touristen mit einem stenzigen kleinen Schnauzer à la mode: »Ich kenn' nicht alle Preise, aber ich hab' gehört, die Mädchen im Big Four kriegen 25 Piepen für 'n Quickie.«

Ein anderer Weißbart sagte: »War mal zehn.«

»Verdammt, es war auch mal fünf. Wir sind gerade zur rechten Zeit alt geworden, was Boyd? Könntest du noch was für auch nur 'n Dollar bringen?«

»Nicht ein Fitzchen bring' ich mehr.«

Ein junger Mann, der am Camaro des Touristen einen Scheibenwischer auswechselte, sagte: »Ein Bächlein ist alles, was ihr zwei beiden noch hinkriegt. Ihr Opas laßt mal eure Jeans schön zu. Letzte Nacht haben ein paar von den Mädchen zum Messer gegriffen, weil eine mehr Stunden auf ihrem Zeitkonto hatte.«

»Ach, Stunden nennen die das neuerdings, ja?« fragte Boyd.

Der Tourist, der sich anbiedern wollte, sagte: »Habe einen Freund in Denver, dem nimmt seine Frau fünf Dollar fürs Bumsen ab. Kauft Möbel davon.«

»Na, das ist echte Hurerei«, sagte Boyd. »Hier die Mädchen versuchen ja nur, ihren Lebensunterhalt zu verdienen. Warum holt Ihr Freund nicht auch noch die Nachbarn über die Hintertür mit ran. Dann könnten die sich auch noch Ferien in Florida leisten.«

Als ich auf die Straße hinausfuhr, verdeckten Wolken die Sonne, und ein feuchter Wind kam von Norden. Die Berghänge parallel zum Highway 50, westlich von Ely, waren durchlöchert von aufgelassenen Grubentunneln, deren niedrige Eingänge von durchhängenden Balken gestützt wurden; aus dieser Art Minen hätte auch Walter Brennan heraushinken können mit seinem verrückten, krächzenden Lachen. Elstern, wie Krähen bei einem Kostümfest, schwebten von Zaunpfahl zu Zaunpfahl und schlugen im Dunst mit den Flügeln. Der Highway war ein langer, silberner Strang aus Nässe. Dann hinauf in die Pancake Mountains, fahrend, fahrend und wünschend, der Tag würde trocken werden – schließlich war das hier Wüste. Aber der Himmel blieb dunkel wie im Dämmerlicht.

Ich sah zum Seitenfenster hinaus. Einen Moment lang dachte ich, die Wüste blicke zurück. Gegen das Glas die Spiegelung eines trüben Gesichts. Ich konnte meine Gedanken nicht von dieser Gegenwärtigkeit, die eher eine Abwesenheit war, ablenken. Whitman:

> Diese weitferne Tiefe und Höhe widerspiegelt mein eigenes Gesicht,
> Gedankenreiches Zusammenströmen meines Ichs und sein Zerfließen auch.

Warum, außer zu seinem Amüsement, sollte ein Mensch vorgeben zu wissen, wohin er geht, oder zu verstehen, was er sieht? In der Hoffnung, wenigstens für einen Moment hinter die Dinge zu kommen, folgte ich dem Highway als einer Bildersequenz, die wie blaue Funken vorbeizog. Nichts sonst.

Die Erfahrung eines Einsiedlers wie des heiligen Antonius ist typisch für Menschen, die in die Wüste ziehen: Hunger, Einsamkeit und Weite erzeugen nicht so sehr Bewußtheit oder Erlösung als vielmehr Phantasmagorie. Unter Wüstengestrüpp sah der Heilige nackte Mädchen, hinter Felsen Drachen und in den Schatten die verzerrten Dämonen Satans. Ich vermute, er erlebte die Konsequenzen seiner eigenen Vorstellungskraft.

Ich hatte es nur mit der Leere eines Gesichts auf dem Fenster zu tun, dagegen kam man wahrscheinlich schon mit einer simplen Scheibe Salami an. Bei Hickinson Summit, einem langen Anstieg, der mal »Fords Fall« genannt wurde (weil ein Auto vom Typ Model T mit richtiger Pferdekraft hochgeschleppt werden mußte), stoppte ich am Straßenrand bei einem kleinen Canyon mit Wacholder- und Sagebrushbüschen. Der Duft der Pflanzen erfüllte den Nebel. Alexander der Große, habe ich gehört, wurde in Honig einbalsamiert, Lord Nelson in Brandy und Jesus in Aloe und Myrrhen. Wenn ich die Wahl habe, nehme ich meine Ewigkeit in einer Essenz aus Sagebrush und Wacholder.

Nach einem Sandwich und etwas Wein kletterte ich den Canyon hinauf. In den immergrünen Büschen ein Piepen unsichtbarer Vögel und das langsame Tropfen des Regens. Die Steine waren durch und durch naß, aber ihre gebleichten Oberflächen glänzten nicht. In der Wüste scheinen selbst die Felsen dazu bestimmt, Feuchtigkeit zu bewahren.

Wind und Wasser hatten die Canyonwand zu eigentümlich suggestiven Formen geschliffen, und auf den von den Elementen ausgesparten Felsen hatten Indianer von vor tausend Jahren heilige Zeichen eingekerbt. Die Behörde für Landverwaltung hatte die Felszeichnungen abgesperrt, aber die Stockfiguren, konzentrischen Kreise und Rechtecke hoben sich deutlich vom feuchten Stein ab. Für den Indianer waren solche Schnitzereien nicht so sehr Bilder oder Objekte als Ereignisse – sie bewahrten das Leben.

Am westlichen Ende, wo der Zaun nahe an ein rituelles Meißelwerk herankam, reichte ich hinüber und fuhr mit meinem Finger über ein eingekerbtes abstraktes Zeichen, das jetzt von Jahren der Berührung glattpoliert war. Eine geheimnisvolle Gravur. Dann sah ich, daß dies alles andere als abstrakt war, sondern die graphische Wiedergabe einer Vulva, eine Glyphe, die schon die Cro-Magnon-Menschen gekannt hatten. Zu einer Zeit, die weit vor aller heutigen Erinnerung lag, hatte ein Indianer seine Sehnsucht oder seine Mannbarkeit oder seine Hoffnung auf Fortpflanzung in den rosa Sandstein geschnitten. Es war, als berührte ich eine andere Dimension – eine lange Kette von Menschen, Ereignissen, Orten. Es war, als hätte ich das Bild aufs neue benutzt.

Ich ging zum »Geist« zurück und fuhr weiter. Der Himmel begann sich zu öffnen und der Nebel zu schwinden. Auf der Karte sah ich, Richtung Süden, eine Thermalquelle. Ich irrte über Nebenwege, ehe Spencers Hot Springs auf einer Hügelkuppe unterhalb der schneebedeckten Toquima Mountains östlich von Austin zum Vorschein kam. Als ich die blauen Becken dampfen sah, gab es gar keine Frage: Bei nur fünf Nevadesen pro Quadratmeile (in Wahrheit weniger, wenn man Las Vegas und Reno abzieht), rechnete ich mir aus, daß ich ungestört davonkäme. Hinter einem Schutz aus Disteln und dürrem Hopfensalbei zog ich mich aus und holte das heiße Wasser heraus, ließ es leicht abkühlen und goß es dann eimerweise über mich. Ich klatschte mich sogar mit heißem, griesigem, blaugrauem Schlamm voll, um die Sehnen zu lockern. Dann spülte ich mich sauber, wie es die Menschen vor Zeiten gemacht haben müssen, mit Wasser, das gewärmt war vom geschmolzenen Herzen der Erde.

7

In Austin, Nevada, haben sie einen Pferdedieb dreimal gehängt, weil der Henker die Länge des Seils nicht richtig hinbekam; aber er war ein gewissenhafter Staatsdiener und probierte so lange, bis es klappte. So ziemlich die einzige Art Diebstahl, die jetzt noch vorkam, bestand darin, Benzin aus Autos abzusaugen, wenn man nachts mit leerem Tank hier liegenblieb und die nächste Tankstelle ein paar Stunden weit ablag.

Austin, in einem Canyon am Westhang der Toiyabe Mountains gelegen, war eine lebende Geisterstadt: vierzig Prozent lebend, fünfzig Prozent Geister, zehn Prozent noch unentschieden. Es war für Lander County – das so groß ist wie Connecticut – der Amtssitz, hauptsächlich wohl, weil man nur noch einen andern Ort, Battle Mountains, wirklich eine Stadt nennen konnte. Aber jetzt wollte Battle Mountains, das dank Autobahn und neuem Elektrizitätswerk sechsmal so viel Einwohner hatte, die County-Verwaltung zu sich herüberholen, zumal dort auch die alten Minen bei steigendem Silberpreis wieder in Betrieb genommen wurden. Die Zeit arbeitete gegen Austin: Wenn der County-Sitz weg war, wäre auch Austin weg. Ein Mann erklärte: »Wir sind dann hier unten so gut wie erledigt. Vor 25 Jahren hat ein Bursche ein Buch über uns geschrieben: *Die Stadt, die lachend starb*. Stecken Sie den Kopf aus dem Fenster und hören Sie sich all das Gelächter an. Wenn Sie mich fragen, ich glaub' kein bißchen an Veränderung.«

An drei Seiten der Stadt waren die Berge von Bohrstollen durchlöchert, aus deren Eingängen Geröll schwappte wie schwärende Wunden. Nach Westen zu, etliche hundert Fuß tiefer, lag ein flaches Wüstental, das in den Shoshone Mountains verschwand. Main Street, zugleich U.S. Highway 50, lief gerade und steil durch Austin, dann den Berg hinab und quer durch jene Wüste. Die Seitenstraßen bestanden aus hartgewalztem, öligem Sand, einige mit solchem Gefälle, daß ein Esel Mühe gehabt hätte, und die ausgetretenen Gehsteige, die den Hang hinabliefen, hatten noch immer die typische Überdachung des Alten Westens. Weil Austin ohne ebene Flächen ist, sind viele Häuser in terrassenförmige Aushöhlungen hineingebaut, so daß die Leute von ihren Veranden auf die Dächer der Gebäude an der Main Street hinabsehen.

Ich mochte Austin. Aus den Schornsteinen der Häuser kamen schmächtige Rauchfahnen (mit dem Duft von Wacholder-Kaminfeuer), und die gesprungenen Ladenfassaden aus Ziegel und Stein waren so belassen worden. Ein Foto von 1890 zeigte, wie wenig sich verändert hatte; nur die Eisenbahn mit einem Waggon, die auf der Mainstreet gefahren war, gab es nicht mehr.

Auch hier wieder die Nevada-Story: 1862 findet ein Pony Express-Reiter auf der Suche nach einem verlorenen Pferd einen Berg, der prallvoll ist mit Silber; 1865 sechstausend Menschen und ebenso viele Minen- und Hüttengesellschaften, hunderte davon nur Schwindelunternehmen; 1878 haben die Minen buchstäblich ausgespielt; ein Jahrhundert später dreihundert Menschen – etwa so viel, wie auch auf dem alten Friedhof am Fuße des Berges liegen; die Namen dort englisch, polnisch, italienisch.

In einem kleinen Hinterzimmer, dessen Wände, Decke und Boden in allen möglichen Winkeln, außer einem von 90 Grad, zueinanderstanden, aß ich einen Hamburger. Nach dem Essen spazierte ich durch die Stadt, aber die feuchte Abendluft setzte mir zu, und ich ging in Claras Golden Club – eine von den sechs Bars –, um was gegen das Frösteln zu tun. Es war ein schönes, abgewetztes Lokal mit Tierköpfen (der staubige Hirsch trug eine Fliege), an einer Wand stand eine hundert Jahre alte Büffetbar, die von vier korinthischen Säulen aus Mahagoni getragen wurde. Das Silber auf dem Spiegel war gesprungen und zerbrach die Gesichter darin, und die Messingstange um die Bar war stellenweise durchgewetzt.

Clara, die ihre Zehen unter einen dösenden Schäferhund gekuschelt hatte, trug einen veilchenfarbenen Schlabberpulli und einen altmodischen Augenschirm, der ihr graues Haar zurückhielt. Sie wickelte am leeren Blackjack-Tisch Münzen ein. Hinter ihr ein Schild:

Niemand unter 21 in Tischnähe!
Mindeststrafe 1 – Höchststrafe 5 Dollar

Die Art, wie sie ihre Schultern über die klimpernden Münzen beugte, rief Madame Defarge ins Gedächtnis, die mit ihren unentwegt klappernden Stricknadeln das Schicksal von Menschen bestimmte.

Ich bestellte ein Bier vom Faß. Alle an der Bar – Rancher, Schafzüchter, Bergleute – trugen die Nevada-Uniform: eine Daunenweste. Ab und zu warf jemand eine Münze oben auf die zweieinhalb Meter hohe Rückwand der Bar. Ich fragte einen Mann, dessen Brauen beim Reden wie ein Akkordeon auf- und zugingen, was das solle.

»Verrückt«, sagte er. »Die machen das schon seit Jahren, soll Glück bringen. Gar nicht zu fassen, wieviel Silberdollars da schon hinter dem Spiegel sind. Und noch was. Früher war mal ein Doppeladler die kleinste Münze, die man in Austin gewechselt hat.«

Er rutschte ran, um zu reden.

»Gehn Sie mal an den Bergrand und schauen Sie sich Stoke's Castle an. Fällt jetzt alles zusammen, aber Sie kriegen 'ne Idee von dem Geld, was wir hier hatten. Haben für 50 Millionen Dollar Silbererz aus den Bergen geholt, ehe sie leer waren.«

Ein Mann namens Vern sagte: »Die Minen kommen schon wieder, Johnny. Sowie der Silberpreis hoch genug steigt.«

»Das reden wir uns nun seit hundert Jahren ein«, sagte Johnny. Er legte seinen Arm um meine Schulter. »Genau hier ist die einzige Mine, die der Rede wert ist – diese Kalifornier und New Yorker. Bergbau und Viehzucht zusammen ergeben nicht mal halb soviel wie diese Jungs dem Staat einbringen. Stand in der Zeitung.«

Eine Frau an einem Spielautomaten kam an die Bar und bestellte einen Rum. Ihr T-Shirt hatte mal eine Aufschrift, aber Seife und Sonne hatten die bis zur Unkenntlichkeit weggebleicht.

»Sie würden nicht da dran spielen, wenn Sie taub wären«, sagte Johnny.

»Ich würde sogar spielen, wenn ich tot wär'.« Ungerührt ging sie wieder an den einarmigen Banditen zurück.

Ich fragte ihn, was er gemeint hatte. »Die Leute spielen an diesen Automaten wegen der Geräusche. Gangschaltung, Geldgeschepper wie in einem alten Trolleybus. Deshalb machen auch die Flipper so viel Krach. Diese einarmigen Banditen kriegten keinen Groschen spendiert, wenn sie nicht rattern und rollen könnten.«

Johnny und Vern nahmen den Barwürfel und spielten darum, wer die Jukebox anstellen sollte. Johnny gewann. »Aber nicht den dreckigen Song, sonst kriegt meine Frau wieder Wind davon.« Vern drückte auf die Wahltasten und zog weiter zur Toilette. Die Musik ging los. Country und Western. Dum, Dum, Dum. »Verdammt noch mal«, sagte Johnny. »Er spielt doch das verdammte Ding. Und dann erzählt er meiner Frau, ich hätte es gedrückt.« Johnny schrie zur Toilette hin: »Verdammt, Vern!« Gelächter an der Bar. Johnny redete nicht während der Musik, ich glaub', er hörte zu. Soweit ich es mitkriegte, war das die dreckige Stelle: »Ich hab' das Pferd, sie hat den Sattel – Dum, Dum, Dum – zusammen reiten, reiten, reiten wir – Dum, Dum, Dum – die ganze Nacht.«

Wir bestellten noch eine Runde. Johnny sagte: »Ein Sack Mehl ist hier mal für eine Viertelmillion Dollar verkauft worden. Deshalb ist auf dem Stadtwappen ein Mehlsack drauf.«

»Wie bitte?«

Er erklärte es mir ausführlich. »In den Bonanzatagen nach dem Bürgerkrieg machte ein Kaufmann mit einem andern Burschen eine Wette, die mit einer Wahl zusammenhing. Der Verlierer sollte einen Fünfzig-Pfund-Sack Weizenmehl durch die Main Street tragen. Dabei ist der Weg schon so eine Strapaze. Der

Kaufmann verlor. Also schleppte er die fünfzig Pfund die Main Street rauf zur Musik von John Browns Body. Er war Südstaatler. Als er oben war, versteigerte er den Sack und gab das Geld für die Notleidenden. Der Ersteigerer setzte die Auktion fort und schenkte das Geld auch her. Und so fort. Zehntausend Dollar kamen zusammen. Später hörte eine andere Stadt davon und wollte mitmachen. Das letzte Mal, daß das Mehl versteigert wurde, war 1904 bei der Weltausstellung in St. Louis. Der verdammte Sack hat mehr als eine Viertelmillion gebracht, und deshalb hat das Stadtsiegel einen Mehlsack. Ist jetzt drüben in Reno.«

»Sie meinen, bei all den großen Naturwundern rund um Austin ist das Symbol der Stadt ein Sack stockiges Mehl?«

»Sagen Sie mir, Mister, was ist ungewöhnlicher, eine Kiefer oder Mehl zu 5000 Dollar das Pfund?«

Wir spendierten uns gegenseitig eine dritte Runde, und Johnny sagte: »Nehm' an, ein smarter New Yorker wie Sie kann eine Religion daran erkennen, wie die Leute ihre Kirche finanzieren.«

»Weiß nicht, was Sie meinen.«

»Drei neue Kirchen wurden in Austin nach dem Bürgerkrieg gebaut, als die Stadt Geld hatte. Methodisten, Episkopalisten und Katholiken. Das ist ein echter Fakt. Eine Kirche bezahlt das Gebäude mit dem Geld, das am Ostersonntag im Klingelbeutel war. Eine zahlt mit gespendeten Bergwerksaktien, die sie im Osten verkauft. Und eine macht die erste Hypothekenzahlung, indem sie Eintritt nimmt. Wer hat wohl was gemacht?«

»Na schön«, sagte ich, »die Katholiken verlangten Eintritt.«

»Okay.«

»Und die Episkopalkirche hatte die Aktien.«

»Falsch. Ich hab' gesagt, die Kirche hat die Aktien geschenkt bekommen. Die Episkopalisten hatten das Bargeld, die Methodisten die Papiere. Die Religion der Geschäftsleute. Sollten Sie wissen.« Kurz ehe ich ging, tat die Frau am Spielautomaten einen glücklichen Griff, und die Maschine spuckte die Quartermünzen in die Metallschale und auf den Boden. Ein Geldstück rollte in weitem Bogen durch den Raum, dicht an der Nase des Schäferhundes vorbei. Das Tier machte die Augenlider halb auf, sah die Münze und döste weiter.

8

Die New Pass Station, unterhalb der Felsklippen der Desatoya Mountains und eine halbe Stunde westlich von Austin, war früher ein Kutschenhalt. An dem kalten Morgen, als ich dahin fuhr, um zu frühstücken, war es eine Bruchbude aus Steinwänden, und das Dach aus Weidengeflecht hatte sich längst in Kompost verwandelt. Die Stationen waren primitive Unterkünfte selbst zu der Zeit, als die Überland-Gesellschaft die Strecke befuhr. Im Jahre 1861 beschreibt ein Reisender Cold Springs, den nächsten Halt Richtung Westen, als einen »miserablen Platz, halbfertig und ganz ohne Dach«. Er verbrachte die Nacht in einem Heuhaufen. Was ich also für eine Ruine hielt, war vielleicht eine Rekonstruktion.

Ich fand meine Kühlbox leer bis auf ein paar Sardinen und die Dose mit Leberhaschee, drum fuhr ich weiter auf der alten Landstraße, die auch mal die Route des Pony Express und sogar die des ersten transkontinentalen Telegraphen gewesen war. Wenn man noch die Trecks der Indianer und der Goldgräber dazurechnet, besteht der Highway 50 aus lauter Kommunikationsschichten übereinander.

Ungeachtet der äußersten Extreme von Wüstenwintern und -sommern trugen die Reiter des Pony Express, wie es heißt, immer nur Hemdsärmel; wenn man an die wirklichen Gefahren des Jobs denkt, erscheint das plausibel. Der Central Overland California and Pikes Peak Express (wie der Pony Express eigentlich hieß) gab Inserate auf, die Muster an ehrlicher Reklame sind. 1860 stand in einer Zeitung in San Francisco folgende Annonce:

GESUCHT

Junge, magere, drahtige Burschen
nicht über achtzehn. Nur für
geschulte Reiter, die bereit sind,
täglich ihr Leben zu riskieren.
Waisen bevorzugt.

Trotz oder wegen solcher Anzeigen gab es nie einen Mangel an Reitern.

Das einzige Gepäck, das die Jungen bei sich hatten – neben der Posttasche – waren ein Beutel mit Weizen- und Maismehl und Speck sowie ein Arzneischächtelchen mit Terpentin, Borax und Weinstein, ein Vorrat, der kaum ausreichte, den Reiter am Leben zu erhalten. Ein Brief kostete 2 Dollar fünfzig pro Unze, und wenn Wetter und Pferd stabil blieben und die Indianer wegblieben, konnte er die 2000 Meilen von Missouri nach Kalifornien in zehn Tagen schaffen, wie im Fall von Lincolns Antrittsrede. Aber der Hauptzweck des Dienstes war nicht die rasche Übermittlung von Nachrichten oder von Korrespondenz; vielmehr stellte der Express einen Teil der nördlichen Verteidigungsstrategie im Bürgerkrieg dar, indem er eine rasche und zentrale Verbindung mit Kalifornien schuf, die durch Überfälle aus dem Süden nicht zu kappen war. Während der siebzehn Monate, in denen der Pony Express bestand, half er, den Austritt Kaliforniens aus der Union zu verhindern; und was mehr bedeutet: dieses letzte der alten Kommunikationsmittel prägte sich tief ins amerikanische Bewußtsein ein. Die Reiter, die mit so wenig so weit kamen, wurden zum Maßstab für Mut und Stärke.

9

Frenchman, Nevada, Einwohnerzahl 4, liegt am Rande eines Bomben-Übungsgeländes der US-Marine. Und als wenn das noch nicht genug wäre, sitzt es auch noch über einer Verwerfungszone, die die seismographischen Instrumente auf Trab hält.

Frenchman war auf meiner Karte als Stadt eingezeichnet, und in der Wüste war es wohl auch eine Stadt mit Imbiß-Tankstelle, Vier-Raum-Motel, Trailer und Wasserturm, das alles zusammengedrängt auf dem ausgetrockneten alkalischen Boden eines einstigen Sees, der wie ein Puzzle in Stücke gesprungen und gerissen war. In einem Staat mit einem Überfluß an unbewohnbaren Plätzen hielt Frenchman die Spitze. Ohne Vegetation, dem unablässigen Wind ausgesetzt wie den extremen Temperaturen, ohne Lebensmittel und Versorgungsgüter im Umkreis von fünfzig Kilometern, ohne medizinische Hilfe außer Mullbinden und Mercurochrom, oft von Bomben oder Erdbeben durchgeschüttelt, überlebte Frenchman dank einer einzigen Verdienstquelle: Durchreisenden.

Etwas östlich der Stadt warnte ein Schild vor Tieffliegern im Dixie Valley. Da Geistertanz nicht mit Fliegerabwehrkanonen ausgerüstet war, nahm ich Zuflucht im Tankstellen-Café, wo rote Neonröhren ICE CREAM verhießen und ein handgeschriebener Zettel Bescheid gab: KEINE WAFFEN IN DER BAR, was man von einem Lokal in solcher Bombenlage ja auch erwarten konnte.

Der warme kiefergetäfelte Raum roch nach heißem Kaffee und frischem Kuchen. Ich bestellte ein Standard-Highway-Frühstück, bemerkte dann den pfefferminzgrünen Mixer – das alte Hamilton-Beach-Drugstore-Modell – und fügte noch einen Schokoladen-Milchshake hinzu. Eine junge Frau goß mir Kaffee ein, ohne daß ich den verlangt hatte. »Tauen Sie erst mal auf. Die kalte Luft macht Sie ganz klamm, wenn Sie dann noch mit 'nem Milchshake nachhelfen. Ich meine, es ist bloß zehn Grad, und Frückstückszeit.«

»Jederzeit ist Milchshakezeit.« Sie starrte mich an. »Das beste ist, wenn das Rührwerk an die Metallschüssel kommt. Bringt das Aroma rein.«

Sie ging in die Küche, und ich hörte sie zu jemandem sagen: »Ich glaub', den Jungen hat die Wüste erwischt.«

Zwei Männer setzten sich. Einer bestellte ein Ei und ein Stück Zitronen-Pie, der andere einen Wodka und Root-Bier. Bei dieser Bestellung zuckte sie nicht mit den Wimpern.

Der Mann mit der Pie war ein Geologe, der ein geländegängiges Motorrad in seinem Lieferwagen mit sich führte, um Claims in den *wirklich* abgelegenen Gegenden, wo man mit dem Wagen nicht hinkam, zu überprüfen. Er erzählte von einem Berglöwen, den jemand in den Toiyabes erschossen hatte, wußte aber nicht, wie lange das schon her war.

Wodka und Root-Bier sagte: »Warum schießt nicht mal jemand einen von den verdammten Mustangs?«

»Typ unten in Tonopah ist freigesprochen worden, als er Mustangs geklaut hat«, sagte die Frau.

»Klar doch. Hat die Pferde wahrscheinlich gerettet. In Idaho gibt's verflucht noch mal 'ne Gegend, wo die wilde Herde sich in sieben Jahren von hundert auf 500 vermehrt hat.«

»Was ist denn das Problem mit den Pferden?« fragte ich.

»Die Mustangs sind krank und verhungern wegen der raschen Vermehrung«, sagte der Geologe. »Die Wüste kann immer nur ein paar Dinge hervorbringen. Fünfzig Morgen reichen gerade für einen Stier, und die Pferde fressen das Gras so kurz, daß es abstirbt. Schlimmer als Schafe. Die Leute regen sich auf wegen der Mustangs, weil sie denken, die gehören zum Wildbestand. Pferdeschitt. Die Hälfte sind Ausreißer – tragen Brandmale. Ist nicht mal wie bei den Coyoten, die immer schon hier waren.«

»Jedes verdammte Bißchen ist jetzt diese Umweltkacke«, sagte Wodka. »Muß man Washington anrufen, wenn man auf dem eigenen Grund und Boden Sagebrush schneiden will. Erschieß ein krankes Pferd, und diese Öko-Freaks kommen mit einer Petition. Erschieß einen Menschen, und sie lächeln.«

»Diese Ostküstengesetze kriechen hier rein«, sagte der Geologe.

»Neun Zehntel dieses Staates gehören der öffentlichen Hand. Da kann man sich doch gegenseitig aus dem Weg gehen, okay, Cowboy?« Ich nickte. »Klar, wir brauchen Gesetze, und wir haben sie. Und ich bin auch nicht für die Schlangenöl-Jungs in Carson City, die Laetril und Gerovital legalisieren wollen, damit sie Nevada zu der Affendrüsen-Metropole von Amerika machen können.«

Die Frau brachte mein Frühstück und mixte dann den Shake. Wodka sagte: »Was zum Teufel geht denn mit dem verdammten Milchshake vor?«

»Der«, sagte sie. Der Geologe fragte sie, was es mit den neuen Stromleitungen von Fallon her auf sich habe. »Die Marine installiert jetzt Fernsehkameras und Computer am Bombenabwurfgelände. Keine Beobachter mehr in den Türmen.«

»Ich würde mich sicherer fühlen, wenn die Marine hier draußen bei mir hocken würde als bloß Kameras«, sagte der Geologe.

»Bringen die immer noch alte Lastwagen als Zielscheiben an?«

»Manchmal, aber die Flugzeuge werfen jetzt mehr Leuchtkugeln als Bomben. Ist billiger. Bei Nachtübungen ist das ganze Tal hell erleuchtet. Tolle Schau. Und genausogut können die uns sehen, schätze ich. Ein Flugzeug hat letztes Jahr 'ne Bombe auf den Highway geworfen und beinah so'n Komiker in seinem Auto gekillt.«

»Auf der Straße explodiert?«

»Ist nur auf den Ashalt aufgeschlagen und weggerollt, aber der Knabe wäre beinah voll rein. Kam danach hierher, weiß wie Salz. Er sagt: Miß, ich habe nicht getrunken, aber ich bin da draußen bombardiert worden. Wir riefen die Navy an, aber die sagten natürlich, es wär nur 'ne Attrappe.«

»Wollten sich rausreden und Sie beruhigen.«

»Mich beruhigen! Wo ein Flugzeug, das sich verfranzt hatte, vor ein paar Monaten Fairview richtig bombardiert hat?«

»Habe nie was in den Nachrichten gehört, daß die Navy eine Stadt bombardierte«, sagte ich.

»Fairview ist eine Geisterstadt auf dem Grat oberhalb des Tals. Nichts als Känguruhratten da oben. Die Navy schickte einen Trupp dahin und schichtete die Wände wieder auf, füllte die Krater zu und sammelte die Bombensplitter ein.«

»Wenn das nicht ein verrückter Staat ist«, sagte der Geologe, »ein Marineflugzeug in der Wüste bombardiert eine Geisterstadt.«

»Die Flugzeuge sind früher von Flugzeugträgern im Pazifik aus gestartet. Ist das zu fassen: im Ozean losfliegen, um Nevada zu bombardieren? Jetzt kommen die meisten vom Luftstützpunkt Fallon. Die haben's jetzt mit der elektronischen Kriegsführung. ›EW‹ nennen sie es. Die Flugzeuge kommen im Tiefflug an, für Abwurfübungen. Kann man fast hochreichen und sie mit dem Stock anpieken. Versuchen sich unterm Radar durchzuschleichen, und davor hab' ich Bammel. Zwei Trainingsflugzeuge sind schon abgestürzt, dies' Jahr. Die Bomben machen mir nichts aus, aber ich hätt' nicht gern einen Jet hier im Laden.«

»Steht der Schnaps wegen der Bomben hinter Hühnerdraht?« fragte ich.

»Nicht so sehr wegen der Bomben, obwohl, wenn die losgehen, alles ziemlich rumspringt, besonders ich. Eine Explosion hat den Riß da gemacht.« Sie zeigte auf einen zwei Zentimeter breiten Spalt in der Wand. »Eine Explosion auf Bravo 17, das ist die nächste Abwurfstrecke hier, die war das. Aber der Hühnerdraht ist für Erdbeben. Das große von 1954 hat alles Geschirr im Haus zertöppert.«

Ein Grubenarbeiter, der vor ein paar Jahren in der Sheelite-Hütte gearbeitet hatte, kam herein. »Ich hätte gern einen Wild Turkey mit Eis«, sagte er laut.

»Gibt's hier nicht.«

»Wieso denn? Ist da'n Gesetz, daß Bergleute nicht bedient werden?« Er kicherte über seinen Witz.

Die Frau sagte entweder: »Hab' keinen Turkey« oder »Hab' keinen, Turkey«. Ich wußte nicht, was.

»Dann eben ein' Beam.« Er schob seinen Hut zurück. »Ich seh', der Sand Mountain ist über die Straße gewandert.«

Wodka und Root-Bier sah auf. »Was zum Teufel sagen Sie da?«

»Was zum Teufel sagen *Sie*. War früher auf der Südseite.«

Der Geologe, der vorher erklärt hatte, dies sei ein verrückter Staat, wandte sich an mich: »Haben Sie das gehört? Jetzt wollen die Jungs einem schon was von einem Berg erzählen, der die Straße überquert.«

Die Männer verstummten, schlürften ihre Drinks, jeder überzeugt, daß der andere sich irrte. Ein Lastwagenfahrer kam rein und wollte einen Kaffee. »Du hast abgenommen, Lex.«

»Ich arbeite doppelte Schicht, um mein neues Auto zu bezahlen. Weiß nicht, ob's das wert ist. Aber für die kleine Frau ist es das wohl. Bin jetzt 32 Stunden auf Achse, zur Küste und zurück. Will einfach heut' noch nach Haus.«

Als er weg war, sagte einer der Männer: »Hoffe nur, daß die kleine Dame weiß, daß Paps auf dem Weg ist. Sie ist eher der Typ für kleine Heimspiele.«

Ich hatte noch keine Lust auf die Straße und blieb, als die andern aufbrachen, und redete mit der Frau, deren Name Laurie Chealander war. Sie hatte zwei Jahre lang die Universität von Nevada besucht und nachts als Fernvermittlerin bei der Nevada-Bell-Telefongesellschaft in Reno gearbeitet, aber die Anrufe von Trinkern und Selbstmordkandidaten hatten sie deprimiert. Auf der Suche nach Veränderung war sie vor vier Jahren mit ihrem

Mann, dessen Eltern der Ort seit 1970 gehörte, nach Frenchman gezogen.

»Als ich geheiratet hab', sagten mir Freunde, da hältst du es nicht zwei Wochen aus. Sie haben gewettet. Jetzt liebe ich Frenchman, vielleicht, weil's keiner sonst tut.«

»Fühlen Sie sich gelangweilt, oder einsam?«

»Lassen Sie's mich so sagen: wir haben nie Fernsehen installiert. Ich arbeite mit meiner Schwiegermutter achtzehn Stunden am Tag. Gibt nicht viele Leute hier in der Gegend, aber von denen sehen wir 90 Prozent. Da passiert immer was, weil dies der einzige Ort ist zum Essen, Trinken, Auftanken für die langen Strecken nach Osten und Westen, und die noch längeren nach Norden und Süden. Wenn es zu öde wird, klettern wir auf den Wasserturm und beobachten die Bombenabwürfe. Eine Bombennacht mit Leuchtspurgeschossen ist besser als die Luftspiegelungen im Tal.«

»Da wär' ich aber nicht gern im Freien, wenn es Bomben hagelt.«

»Das ist sicherer da oben als hier drin, wenn die Bergleute von der Wolframgrube antanzen. Vielleicht schlägt das Zeug irgendwie aufs Gehirn. Wie Tiere. Nicht Gentlemen wie die Cowboys. Als ich schwanger war, ging einer mit einem Billardqueue auf mich los.«

»Und was passierte?«

»Wir jagten ihn weg. Wir haben Waffen versteckt. Muß sein. Der nächste Sheriff ist bei gutem Wetter eine halbe Stunde weit weg. Bis das Gesetz hier ist, ist die Show vorbei.«

»Scheint ein guter Platz für einen Überfall.«

»Alles, was sie kriegten, wären 'n paar Dollar und 'ne Menge Zoff. Müssen ja nach Osten oder Westen weiter. Wenn sie irgendeinen Nebenweg nehmen, sieht man die Staubwolke fünfzehn Meilen weit. Die kommen hier nicht raus. Die Wüste ist unsere Festung. Das einzige, wovor ich wirklich Angst hab', ist, daß der Dieselgenerator ausfällt. Aber ich hoffe, daß wir'n Anschluß kriegen zur neuen Stromleitung.«

»Und dann beißt wieder eine Stadt des Alten Westens ins Gras.«

»Apropos ins Gras beißen, sehen Sie mal.« Sie zeigte mir ein

Foto des »Ortes« aus dem Jahre 1906. Vor dem Gebäude war ein Steinbrunnen; darauf gemalt: WER FÜRS WASSER NICHT ZAHLEN WILL, DER LASS ES IN RUHE. Frau Chealander sagte: »Dies ist das zweite Lokal. Das erste wurde in den 1850ern gebaut. Wir brennen etwa alle dreißig Jahre ab. Unsers ist das fünfte. Das ist ein handgegrabener Brunnen auf dem Bild. Jetzt müssen wir hundert Meter tief, um gutes Wasser zu haben.«

»Hab' geseh'n, daß die Overland Stage und der Pony Expreß auch hier langkamen.«

»Alle, die mal diese Station hatten, bieten das gleiche: Essen, Trinken, und ein Bett. Früher gab es auch Hafer für die Pferde. Wir verkaufen Normal- und Superbenzin. Paiute- und Shoshone-Indianer kamen auf einen Drink rein, tun es noch, nur daß die Paiute sich jetzt auch Shoshone nennen, weil die Shoshone einen guten Namen haben und berühmt sind für ihre gutaussehenden Frauen.«

»Woher kommt der Name Frenchman?«

»Es hieß mal ›Frenchmans Station‹, als hier noch Pferde gewechselt wurden. Gehörte einem Mann mit französischem Namen. Angeblich konnte ihn keiner richtig aussprechen, also nannten sie ihn nur den Franzosen, den Frenchman.«

Margaret Chealander kam aus der Küche. Sie war mit ihrem Mann von San Francisco in die Station gezogen, nachdem er dort bei General Motors aufgehört hatte. Sie sagte: »Wir lebten hier, als mein Mann starb, aber ich wollte nicht mehr weg. Komisch, wie dieser gottverlassene Platz einem ans Herz wächst. Im Sommer ist es 42 Grad; im Winter fast 30 Grad minus. Und regelmäßig werden die Telefonleitungen runtergeweht – jedenfalls ehe das Mikrowellen-Relais da war. Wenn die Leitungen runter kamen, waren wir abgeschnitten, und ab heißt ab. Aber man lernt sich selbst kennen hier draußen – man muß es. Und man lernt auch die andern kennen, weil jeder sich um jeden kümmern muß. Hier draußen brauchen wir alle mal Hilfe. Hilf dir selbst, und hilf den andern. Das Gesetz des Landes.« Sie kam um die Theke herum, um sich zu setzen. »Ich glaub', es ist die Entfernung zwischen uns, die uns so verbindet. Alles hier ist wichtig, weil es nicht viel davon gibt – außer Wetter und Staub. Wenn man das einsieht, ist man nicht einsam.«

13. Margaret und Laurie Chealander in Frenchman, Nevada

»Einsamkeit ist Blindheit?«

»Manche Bar-Schulden bei uns sind drei Jahre alt«, sagte Laurie.

»Eines Tages werden sie bezahlt. Hier kann man sich's nicht leisten, einen abzuschreiben. Letztes Jahr war da 'n Mann – 72 und mit einem Holzbein – kam schon etwas angetütert rein und ließ sich hier vollaufen bis an die Halskrause. Als er dann in sein Auto wollte, sagte ich ihm, ich würde ihm das Bein abreißen. Er maulte, kroch dann aber doch ins Motelbett.«

»Die Isolation –« wollte ich anfangen.

»Man mag sie, oder mag sie nicht«, sagte Laurie. »Callie, unsere Tochter, ist ein Nevada-Kind der vierten Generation. Das ist schon was in einem Staat, wo die meisten Leute irgendwo anders her sind. Ich wollte das Kind auf dem Billardtisch kriegen, aber keiner hörte darauf. Also mußten wir morgens um drei mit hundertfünfzig Sachen nach Reno. Gott, was für 'ne Fahrt!«

»Auf dem Billardtisch?«

»Ich glaub', in hundertfünfunddreißig Jahren ist noch niemand in Frenchman geboren worden.«

»Ein Billardtisch auf einem Bombenübungsgelände?«

»Da hätte sie doch eine Erinnerung fürs Leben gehabt.«

10

Der Streit darüber, ob der Sand Mountain nun die Straße überquert hatte oder nicht, wurde plausibler, als ich das Ding sah – einen einzelnen massiven Hügel aus gelbbraunem Sand, einen welligen Klumpen zwischen zwei größeren Erhebungen aus Gestrüpp und Fels. Es war von einem Umfang, der vielleicht nicht für die gängige Definition eines Berges reichte, aber doch die Größe einer Düne bei weitem übertraf. Die Leute aus Nevada nannten ihn einst den Singenden Sandberg (wegen des angenehmen Summens des verwehenden Sandes), aber niemand hat den Berg mehr gehört, seit man ihn mit Baggern aus Kalifornien tatsächlich über die Straße gebracht hat.

Ich durchquerte die Eight Mile Flat, eine Ebene aus Alkali-Kruste und seichten Schmelzwasserläufen, wo eine Maschine Salzkristalle aufkratzte. Es soll 1907 hier in der Nähe passiert sein, daß ein Lokalbesitzer, der zwei Hühnchen fürs Abendessen vorbereitete, die Mägen voller Goldstaub fand; er schlachtete sofort alle seine Hennen im Hof und fand weitere Nuggets. Weil aber die Ebene selbst kein Gold enthielt, fahndete er nach der Herkunft der Hühner und erfuhr, daß sie, ehe er sie kaufte, auf vier verschiedenen Farmen großgezogen worden waren. Obwohl die Suche Jahre andauerte, war der Hühnermägen-Goldrausch so schnell gestorben, wie er geboren war.

In Salt Wells, bei einem Lokal namens Maxi's, hielt ich an, um ein Bier zu trinken. Wenn noch mehr von Salt Wells da war, als dieses völlig zinnoberrote Gebäude, bekam ich es nicht zu Gesicht. Ein ornamentaler schmiedeeiserner Zaun zog sich an der Stirnseite hin; das Tor war verschlossen. Als ich kehrtmachen wollte, bemerkte ich einen Pfeil, der auf einen Knopf wies. Drück mich. Ich kam mir vor wie Alice im Wunderland. Ich drückte, und ein schwarzes Gesicht starrte durch einen Kreis, der, ebenfalls in Rot, auf ein Fenster gemalt war, das Tor klickte auf, und ich ging hinein, wo die Wände, Decken, Vorhänge und Glühbirnen grellrot waren. Ein Schild:

TANZ MIT DEN DAMEN
50 cent
DREIMAL FÜR EINEN DOLLAR

Darunter war ein Aufkleber: AB ZUR MARINE. Ein Saloon so eigenartig wie die Wüste. Im selben Moment merkte ich, daß es kein Wüsten-Saloon war. Es war ein Wüstenpuff. Klipp und klar, direkt an der U.S. 50, und schreiend rot von oben bis unten.

Sie alle – zwei Indianermädchen, zwei Negerinnen, eine Mexikanerin und der Barkeeper – beäugten mich. Ich schlenderte auf die Bar zu, als hätte ich es immer gewußt. Auf dem Spiegel klebten Hinweise, daß auch Kreditkarten von Visa, Mastercharge und American Express angenommen würden.

»Hey, Joe, wie heißt'n du?« fragte eine. Ich weiß nicht, woher sie stammte.

»Al«, sagte ich.

»Wie wär's mit 'ner Party?«

»Und wie heißt du?«

»Tiffany. Wie gefällt dir das, Al?«

»Prima Name.«

»Nicht der Name, Al-Schätzchen – deine Party. Wie magst du's gern? Heiß?«

Tiffany hatte, mit Verlaub gesagt, eines der am wenigsten begünstigten Frauengesichter, die ich je gesehen habe. Ihre Züge wären schon für einen Mann schlimm gewesen, aber bei einer Frau, die sich mit Liebesdiensten durchschlug, waren sie eine Katastrophe. Aber dafür hatte die Natur, nicht ganz und gar knauserig, sie mit zwei eindrucksvollen Werbestücken ausgestattet, die sie platt auf die Bar legte. »Wie wär's mit 'nem Tanz mit einer Dame? Drei für'n Dollar.«

»Tänze oder Damen?«

»Keine Witze, Allie. Sag, was dir Spaß macht.«

Jetzt also Allie. »Ich hab' nur gehalten, weil ich mal telefonieren muß. Motorschaden an meiner Kiste, verstehst du? Muß dem Dispatcher Bescheid sagen.«

Sie sah mich freundlich an. »Biste schwul, Süßer? Tiffany hat schon hundert von deiner Sorte geholfen. Dein Problem ist so klar wie bei 'ner Hochzeitsnacht-Jungfrau.«

Ich glaube, die Frau hätte einen tollen Verkäufer abgegeben. Sie hatte mich mit drei oder vier Sätzen in eine dialektische Ecke bugsiert und mir nur zwei Auswege gelassen. Entweder mich als Homo zu bekennen oder eben zu zeigen, daß ich in der Lage war, ihrer Einladung zu entsprechen.

Der Barmann rückte näher und übte ein bißchen Druck aus. Tiffany drehte sich auf ihrem Hocker um und eine ihrer Portionen auf der Bar kam mit. Ein anderes Tanzgirl kam herein. Sie war ganz hübsch.

»Das ist Faith«, sagte Tiffany. »Männer haben sie lieber. Du vielleicht auch. Kenn' ich schon. Ich meine, für Tiffany ist das keine Überraschung.« Und gleich wieder ein Pieker: »Ich hoffe nur, daß dein kleines Mädchen, wenn du eins hast, schön ist; ihr Männer macht es jedem so schwer, der nicht wie Debbie Boone aussieht.«

»Debby – ich mein' Tiffany – ich sag' dir die Wahrheit. Ich kam hier rein und wußte nicht – daß es so was war.«

»Wir Mädchen nennen es manchmal ein Freudenhaus.«

»Gut. Wenn ich mit dem Bier fertig bin, muß ich wieder auf die Straße.«

»Also dann sind Sie eben in einem Freudenhaus. Zu schade für Frauengesellschaft, Mr. Allen?«

Die Frau hatte den taktischen Geist von General Patton. Sie blockierte jeden meiner Züge. Der Barmann lehnte sich näher. »Lieber Freund, lassen Sie sich von Tiffany helfen. Die hat schon schlimmere Fälle kuriert. Warum, glauben Sie, heißt sie Tiffany. Reine Klasse. 24 Karat.«

»Mein Fall ist okay. Ich hab' bloß nicht das Geld.«

»Kuck mal, Joe«, sagte Tiffany. »Du redest von Geld? Mich, mich kostet's was hier zu sitzen und andern 'ne schöne Zeit zu machen. Glaubst du, mir macht's Spaß, mit Tunten rumzunölen?«

Ich trank mein Bier aus und nahm meinen Fall mit auf die Straße, durch die bewässerte Ebene bei Fallon, in die Hügel, den Truckee River entlang, unter einer Bank glühender Wolken hinweg, die sich über der City von Reno wölbte, an Schildern vorbei mit der Anpreisung HOCHZEIT BEI KERZENSCHEIN – KEINE WARTEREI – TRAUZEUGEN GRATIS. Ich hielt in der Nähe der Universität von Nevada und brachte meinen Fall zu Bett. Der Geologe hatte recht. Es war ein einziger verrückter Staat.

11

Am nächsten Morgen in der Wüste wurde ich durch das Gekreisch von Möwen geweckt. Ich sah aus dem Fenster. Ich hätte an die Launen der Wüste gewöhnt sein sollen, aber ich war es nicht. Ganz klar: ein paar Möwen über mir.

Während das Radio lief, wusch ich mich.

Die große Nachricht an jenem Sonntag in Reno handelte von einer 73jährigen Kanadierin, die seit zwanzig Jahren dreimal jährlich nach Reno kam. Sie hatte noch nie etwas gewonnen, aber in der letzten Nacht war sie groß rausgekommen: 183000 Dollar Reibach.

Beim Frühstück in der Universitäts-Cafeteria saß ich neben einem Studenten, der, trotz Kieferregulierung, ein Gesicht mit eher entgleisten Zügen hatte. Ich erwähnte den Erfolg der Frau.

»Getürkt«, spottete er. »Es ist zu gut: eine Großmutter, die getreulich jahrelang ins Mekka zurückkommt und schließlich den großen Treffer landet.«

»Warum einen Verlust türken?«

»Die billigste und beste Reklame für ein Casino. Es geht über die Nachrichtenagenturen und wird als Meldung gebracht. Es ist glaubhaft, holt neue Dumme ran und hält die Dauerspieler bei der Stange. Damit können sich die Casinos sehen lassen.«

»Dann hat die Dame gar nicht richtig gewonnen?«

»Sie hat wahrscheinlich gewonnen, weiß aber immer noch nicht wie. Das Casino hat sie rausgefischt – wußte, wie lange sie schon kam. Ich wette, sie hat ein Gesicht so süß wie ein Zuckerbrötchen. Hast du je erlebt, daß einer von den schmutzigen Stinkstiebeln, die da jeden Abend spielen, mal gewinnen würde?«

Ich verließ Reno Richtung Norden, fuhr an einer Kreuzung,

die früher Halleluja Junction hieß (weil man damit in Eurekaland war), nach Kalifornien hinein und wandte mich dann auf der Staatsstraße 70 nach Westen. Beim Beckworth Paß, der nur 1600 Meter hoch und die niedrigste Route über die Sierra Nevada ist, merkte ich kaum, daß ich irgendwas überquert hatte. Aber die Berge stiegen auf der anderen Seite erneut an, und der Tag wurde ein trübes, schmutziges Etwas, feucht ohne Regen. Mies. Das Wetter ging mir durch und durch, und vielleicht war es schuld an dem Anfall von Trübsinn, der über mich kam.

Obwohl ich es nicht geschafft hatte, irgendwelche Fragmente der Reise zu einem Ganzen zu fügen, hatte ich dennoch ein vages Gefühl, daß ich mich von ein paar Dingen weg- und auf andere zubewegte. Aber in der Sierra-Düsternis schien selbst das eine Illusion zu sein, die vom Fahren hervorgerufen wurde, als ob sich die Straße in einem steten Kommen und Gehen, das letztlich Stillstand war, durch mich hindurchbewegte. Ich saß auf einem Riesenrad, bewegte mich dahin, sah ferne Horizonte, kam der Erde nahe, erhob mich wieder, war dauernd in Bewegung und drehte mich noch immerzu im selben Kreis. Der Schwarze Elch sagt: »Alles, was die Kraft der Welt tut, wird in einem Kreis getan.« Eine Hoffnung.

Die Leute aus Missouri sprechen manchmal von einem Ort namens Hacklebearny: von einer nicht existenten Stadt, zu der man hinmöchte, die aber immer gerade hinter der nächsten Kurve oder jenseits des nächsten Berges liegt, von einer Stadt, an die man glaubt, die man aber nie erreicht. Vielleicht ist das Aufklärung – immer der Wahrnehmung etwas voraus.

Die Hindus stellen ihren Gott der Zerstörung, Schiwa, mit den Yoni-Lingam-Symbolen der Regeneration dar, um den ewigen Zyklus des Ins-Leben-Tretens und Aus-dem-Leben-Scheidens anzudeuten. Selbst wenn man die Dauerhaftigkeit aller Dinge bezweifelt, selbst wenn man dem menschlichen Begriffsvermögen mißtraut, ja selbst, wenn man einen Hauch Metaphysik zwischen »kosmisch« und »komisch« wahrnimmt (ein jiddisches Sprichwort: Der Mensch denkt und Gott lacht), sehnt man sich doch immer noch nach Klarheit.

Und dann kam ich gleich hinter Portola über den Humbug Creek. Ich konnte es einfach nicht glauben. Solche Apropos gibt's nicht im wirklichen Leben. Ich hielt an und ging zum Bach zurück, um zu sehen, ob ich richtig gelesen hatte. Humbug Creek. Mir war, als könnte ich das Gelächter von ganz oben hören.

Die Straße machte eine lange Biegung und führte in nordwestlicher Richtung durch ein tiefes Flußtal, das von Nadelbäumen gesäumt war; aus langgestreckten Holzhäusern mit Blechdächern und Ofenrohren statt Schornsteinen stieg der blaue Qualm von Holzfeuern in den Dunst. Apfelbäume standen in Blüte, aber die noch geschlossenen Blätter warteten noch auf den richtigen Elan des Frühlingslichts. Mir wurde klar, daß ich in dieser Gebirgsgegend das Kommen des Frühlings nicht wahrnahm. Zu Hause konnte ich die Jahreszeit am Lichteinfall benennen, an Farbe und Schatten und Klang und Geruch. Aber im Tal des Mittellaufs des Feather River waren Licht und Klang und Duft verschieden.

Quincy war eine saubere Gebirgsstadt, leer und ruhig bis auf eine Kirchenglocke. Es war ein Sonntag mit Aplomb. Sonntag in den Kirchen ja, aber auch Sonntag in den Straßen, Gassen, Feldern, selbst im Herzen der Kiefern. Sonntag ist der Tag, da Glocken läuten und komische Zeitungen erscheinen – und aus gutem Grund. Während die Leute unter gewölbten Decken saßen und mit ihren diversen Göttern und Heilanden sprachen, lag ich im Waschsalon noch immer mit Humbug im Clinch.

Um Mittag, mit lauter frischgewaschenen Sachen, fuhr ich wieder in die Berge hinein. Nördlich von Keddie kam die Straße an einer Quelle vorbei, die aus der Flanke einer abgebrochenen Klippe sprudelte. Ich kippte das Leitungswasser aus meinen Gefäßen und füllte sie mit der Reinheit aus den Felsen, trank ein großes Glas voll, um die Röhren durchzuspülen, dann spazierte ich unter den Bäumen hindurch, um das Gerüttel der Meilen aus den Gliedern zu bekommen. Die Sonne, die hin und wieder durchbrach, warf schräge Lichtbahnen durch den Dunst hinab, und eine Weile lang waren auch die Schwaden von Humbug vergangen.

Die Route 89 folgte dem Indian River, einer gischtend grünen Turbulenz, in die höheren Berge hinauf. Meilenweit gab es als einzige Überbrückung einen rostigen Sessellift und als einzige

Ansicht den Fluß und die großen Tannen und Kiefern des Plumas Forest. Als ich auf die Staatsstraße 36 kam, hatte ich die Wahl zwischen den Weideflächen des Sacramento Valley oder der Weiterfahrt durch die Berge. Ich nahm die Strecke über den Lassen Peak, eine krasse Steigung, die in Wolken verschwand. Auf halber Höhe kamen Schneeflocken von Groschengröße aus der Kälte. Cedar Breaks. Dann ein Schild, das besagte, die Straße sei über den Winter gesperrt. Zentimeterweise rückte ich den Wagen hin und zurück, bis ich wenden konnte, und fluchte die ganze Zeit, daß es keinen Hinweis unten am Berg gegeben hatte. Wieder am Fuß des Lassen-Gipfels angekommen, schlug ich die Umgehungsstraße ein.

Regen fiel, als ich dem Tal entgegenfuhr, aber auf einer Kammstraße zwischen tiefen vulkanischen Einschnitten hörten die Schauer auf, und ein Regenbogen überspannte die Straße von Canyon zu Canyon. Die Hänge waren übersät mit verstreuten »Donner-Eiern« aus dem Krater von Lassen, einem Vulkan, der zuletzt vor sechzig Jahren noch einmal kräftig ausgebrochen war. Ich nahm einen Weg nach Manton, der auf meiner Karte nicht eingezeichnet war. Nirgends gab es ein gerades Stück Straße, aber die Gegend, durch die sie führte, sah wie die Illustration eines Kinderbuchs aus: eine Bizarrerie von Felsformen, ein Kuriosum aus schwammigen Sträuchern, ein Märchenbild aus Bäumen. Zwei springende Hirsche hätten Einhörner sein können, und der Fischer unter einer Brücke ein Troll. Die einzige Realität war, daß jemandem das Land gehörte. Alle 250 Meter hingen Schilder vom Stacheldrahtzaun: BETRETEN VERBOTEN. PRIVATBESITZ!

In Manton hörte das Wunderland auf. Ich hätte mich nach dem Weg nach Viola erkundigen sollen, aber ich tat's nicht; stattdessen jagte ich ihm durch Wälder und neue Weingärten nach. Die Hügel sahen im Gegensatz zu der schroffen Felsigkeit, aus der ich kam, sacht gerundet wie volle Bäuche aus. Als die Straße ein enger Sandweg wurde, wendete ich bei der ersten Gelegenheit und fuhr nach Manton zurück.

Reisende sollten nach dem Weg fragen, aber ich glaubte wieder einmal, ich würde ihn schon finden. Von einem Wegweiser ermutigt, der nach Viola wies, probierte ich es mit einer andern

Straße. Die Sonne war gerade untergegangen, als das Pflaster wieder in die Wälder führte; es verengte sich zunehmend zu einem Paar nasser Rinnen, und Kiefernbüsche schrapten gegen Geistertanz. Nachdem ich aber an diesem Tag schon vor zwei Straßen zurückgewichen war, wollte ich diesmal keinen Rückzieher. Außerdem hätte ich im dichten Wald nicht einmal ein Einrad wenden können. Moddrige Schlaglöcher, in denen ein kleiner Mann auf einem kleinen Einrad hätte versinken können, erschütterten den Wagen heftig, und nichts ließ erkennen, daß ich irgendwohin gelangen würde als nur immer tiefer hinein. Wenn ein Baum über der Straße lag, war ich in der Schwärze eingesperrt – in der Heimat von Sasquatch – die ganze Nacht. Und immerzu das Schleudern und Quietschen. Warum geriet ich immer in solche Situationen? Ich würde doch nie nach Viola kommen – hör doch auf damit. Vielleicht kam ich ja nicht mal aus dem Wald raus – oder nur zu Fuß.

Aber es kam nicht noch schlimmer. Denn nach einer Weile wurden die Löcher flacher, die Zweige kratzten nicht mehr, die Straße wurde breiter, und die Scheinwerfer trafen auf Pflaster mit Mittelstreifen. Wieder Regen. Zehn Minuten später erreichte ich das, was Viola sein mußte, ein paar verdunkelte Häuser. (Hinweis für Kartographen: ohne Tankstelle, Café, Wasserturm und eine Ampel hat man es nicht mit einer Stadt zu tun.)

Ich fuhr weiter, im Zorn, dann in Erschöpfung, und die Augen fielen mir zu. Meilenweit nichts als Dunkelheit, bis plötzlich irgendwas vor meinem Wagen auftauchte und mich zähnefletschend angrinste, ehe ich es zermatschte. Aus Sorge, was es gewesen sein konnte, hielt ich an und lief auf der Straße zurück. Da lag es, zitternd, mit Beinen, die sich noch von der Straße wegbewegen wollten. Mir grauste davor. Was auch immer es war, es war schwarz, dick und naß. Ich leuchtete mit der Taschenlampe. Da: ein unwahrscheinliches Bündel von Piekern, ein großes Stachelschwein, alle seine dreißigtausend Nadeln, die schwach-schläfrigen Augen vom Schock glasiert. Die Beine hörten mit dem Geschiebe auf, und es starb. Ich rollte es von der Straße, während der Bauch von irgendwelchem wässrigen Grünzeug, das das Tier gerade gefressen haben mochte, gluckerte.

Welch ein Tag. Möwen in der Wüste, getürkte Gewinne, Berge, Halleluja Junction, Humbug Creek, ein Vulkan, Märchenland, Weingärten, Wälder, Dunst, Sonne, Regen, Schnee, ein Regenbogen, Zweifel, Hoffnung – und nun ein gottverdammtes totes Stachelschwein. Ich wischte mir den Regen aus dem Gesicht und fuhr weiter. Zehn Uhr, und seit Mittag nichts gegessen. Ich sah ja ein, daß jede Straße früher oder später schlecht werden mußte, aber ich konnte mir immer noch nicht die Hoffnung abgewöhnen, daß eine anfangs gute Straße auch einmal so bleiben würde. Ich vergaß eben immer wieder die Zyklen, den Kreislauf.

Ein hölzernes Schild im Scheinwerfer wies auf einen kleinen Staats-Campingplatz hin. Ich fuhr unter die Ponderosa-Bäume, der Regen klatschte immer noch hart. Ich nahm etwas Brot raus und legte es wieder weg. Zu müde. Der Wagen war so dunkel wie das Innere eines Steins, und ich würde unter einem Vulkan schlafen, der noch vor Menschengedenken ausgebrochen war. Immer noch sah ich das gelbe Grinsen des Stachelschweins vor mir, dessen Schicksal es war, meinen Pfad zu kreuzen und den Tag als blutiger Fleischklumpen zu beenden.

12

Zwei Eichelhäher begannen einen Hick-Hack in den Bäumen. Sie schüttelten ihre großen Schnäbel, krächzten und hüpften und schwebten im Sonnenlicht zu Geistertanz hin und schwirrten wieder ab in die Pinien. Sie gaben nicht eher Ruhe, bis ich ein paar Krümel vom Frühstück hinterlassen hatte; dann fielen sie von den Zweigen wie reife Früchte, schnappten einen Brocken und zogen sich auf die Wipfel der dreißig Meter hohen Bäume zurück. Die Erdhörnchen bedienten sich auch, wobei sie ihr helles Kichern hören ließen, ihre Bröckchen aufpickten, das Brot zwischen den Pfoten drehten und rasch kauten.

Es war 1. Mai, und die warme Luft füllte sich auf mit dem Duft von Pinien und blühender Manzanita. In der Nähe hörte ich Wasser über Felsen rinnen – Hat Creek, der aus dem Schnee des Lassen-Gipfels kam. Ich nahm Handtuch und Seife und ging durch ein Feld aus vulkanischem Gestein und zerbrochenen

Klumpen Lava zu dem Strom, der über die Felsränder kam und sich an Vorsprüngen zerteilte. Unter einem dieser Fälle rotierte ein moussierendes Wasserbecken in der Farbe von Gletschereis. Am Rand bückte ich mich über eine Art Becken, das mit Regenwasser gefüllt war, um zu trinken; dann wusch ich mir das Gesicht. Warum aber nicht baden, von Kopf bis Fuß? Ich machte mich mit Regenwasser naß und seifte mich ein. Nun, ich kenne mich mit Bergbächen etwas aus; ein Sprung in den Hat Creek war bestimmt ein Experiment in tiefkalter Thermodynamik. Ich wußte das, also sprang ich mit Bravour rein. Half nichts. Blitze durchzuckten mein Gehirn. Das Wasser war schlimmer, als ich es für möglich gehalten hatte. Ich kam heraus, Augen so groß wie Kekse, der Kreislauf lief Amok und setzte das eisige Fleisch in Brand. Ich frottierte mich trocken.

Dann begannn ich mich wohl zu fühlen, so wie die alten Navajos, nachdem sie ihr traditionelles Schwitzbad genommen und sich im Schnee gewälzt hatten. Ich zog mich an und setzte mich, um Hat Creek zu beobachten. Ein paar Taucher kamen angeflogen und suchten nach Nahrung. Diese rotkehlchenähnlichen Vögel mit kurzen Schwänzen und großen erstaunten Augen tun das, als wären sie verrückt. Mit zwei oder drei Kniebeugen, als wollten sie sich Mut machen, hüpften sie ins Wasser und liefen stromaufwärts, völlig untergetaucht stöberten und pickten sie auf dem Grund. Dann sprangen sie wieder heraus mit weit aufgerissenen dunklen Augen. Ich mochte Hat Creek. Tat gut nach dem letzten Abend.

Wieder zurück beim Wagen, sah ich, daß ein Camper daneben geparkt hatte. An der Rückfront, neben den festgezurrten Aluminiumstühlen, stand irgendwas wie »Die Wandernden Watkins«. Zeit zum Weiterfahren. Ich kniete mich hin, um einen Reifen zu prüfen. Ein kleines wuscheliges weißes Ding schoß hinter dem Rad hervor, und ich zuckte zusammen. Die Reise sollte sich dadurch verändern.

»So harmlos wie ein Stofftier.« Die Stimme kam vom andern Ende der Leine, an der der Hund hing. »Er ist fast blind, und hören kann er auch nicht viel besser. Kann sich nur noch mit der Nase orientieren.« Der Mann – mit blankpolierten Cowboystiefeln und einer Art Tonsur im weißen Haar, hatte ein so zerfurchtes Gesicht, daß nicht einmal die Boden-Konservierungs-Kommission damit etwas hätte anfangen können. Aber seine Augen hatten einen inwendigen Glanz.

»Sind Sie Mr. Watkins?« sagte ich.

»Was von ihm übrig ist. Der Köter ist alles, was von Bill übrig ist. Ein Pekinese. China-Hund. In Hundejahren ist er sogar noch älter als ich, und das imponiert mir. Wir sind zwei alte Männer. Wie heißen Sie?«

»Genau wie der Hund.«

»Ich wollte ihm einen chinesischen Namen geben, aber die alte Wie-heißt-sie-gleich-noch drüben im Campingwagen wollte es nicht. Sagte, sie könnte chinesische Namen nicht aussprechen. Ich sag': Du kannst nicht Lee sagen? Sie sagt: Du willst einen Hund Lee nennen? Nein, sag' ich, aber was hältst du von White Fong? Nun, sie liest nicht viel außer Illustrierten beim Friseur mit 'ner Kennedy- oder Hepburn-Dame vornedrauf, sie hat den Namen nie kapiert. Sie haben hoffentlich ihren Jack London gelesen. Sie sagt: Als ich klein war, hatten wir ein Pferd, das William hieß, aber der Name wär' zu groß für den klitzekleinen Hund. Nenn ihn einfach Bill. Das war's dann. Sie hat deutsche Vorfahren und einen Dickkopf. Aber wenn der alte Bill und ich allein unterwegs sind, nenn' ich ihn doch White Fong.«

Watkins hatte dreißig Jahre lang in einer Sägemühle gearbeitet und sich dann in Redding zur Ruhe gesetzt; jetzt verbrachte er seine Zeit im Campingwagen, manchmal in Gesellschaft von Mrs. Watkins.

»Ich bliebe ja dauernd auf Achse, aber Wie-heißt-sie-gleich-noch will das nicht.«

Während wir redeten, steckte Mrs. Wie-heißt-sie-gleich-noch immer mal wieder ihren Kopf aus dem Camper, um Watkins oder White Fong Anweisungen zu geben. Eine Frau mit wakkelndem Zeigefinger, voller Befehle für Mann und Tier. Wann immer sie rief, beobachtete ich sie, Watkins beobachtete mich, und der Hund beobachtete ihn. Jedesmal sagte er: »Seht Jungs, da habt ihr's. Direkt aus'm Sattel geschossen.«

»Stört es Sie, wenn ich fluche?« Ich sagte, es störe nicht. »Die alte Trine ist gerade zugange mit ihrem Spezialfrühstück – Zukkerkringel, Brombeermarmelade und ein Schuß Canadian Club im Kaffee. In dieser herrlichen Landschaft sitzt sie da drinnen mit ihren Briefen.«

»Briefen?«

»Ihr Hobby sind Drohbriefe an die Telefongesellschaft, ans Elektrizitätswerk. Wen Sie wollen. Als die Kinder aus dem Haus waren, fing sie an, in Regentonnen reinzuschreien, um sich zu beschäftigen. Man wird so, wenn man nicht aufpaßt. Beschwerte sich heute, daß ich meine schönsten Jahre nur mit Rumfahren vertäte und nichts Konstruktives machte. Weiß nicht, daß es genau das ist, was alte Männer tun sollten: rumstehen und kucken. Ich hab's ihr erklärt. Außerdem, sag' ich, komm mir nicht mit der Schönsten-Jahre-Scheiße – Verzeihung –, ich bin alt, und es war ja alles nicht so leicht. Ich sag' ihr, nenn mich gefälligst alt, wenn du von mir sprichst, verdammt noch mal. Tschuldigung. Wenn Sie je die Wahl haben, mit 'ner deutschen Frau oder mit 'nem Hund zu reisen, machen Sie bloß keinen blöden Fehler.«

Wir sprachen über Lassen, und ich erzählte ihm von meinem Bad im Hat Creek.

»Als ich vor Jahren zum erstenmal hier langkam«, sagte er, »da konnte man noch draus trinken. Vielleicht kann man's immer noch, aber ich hätte Angst, es zu probieren. Könnte einen umbringen.« Er lachte, und die Furchen in seinem Gesicht veränderten ihren Lauf. »Kam aus dem Ersten Weltkrieg ohne einen Kratzer. Hab' ein paar Kumpel durch Schrapnellgeschosse verloren, blieb selbst aber heil. War nur einmal krank da drüben. Wir lagen in Ostfrankreich und holten unser Wasser aus einem Fluß. Richtig hübsches kleines Ding. Dann wurden wir einer nach dem andern krank – krank tief in den Eingeweiden. Paar Tage später fand jemand einen toten Deutschen flußaufwärts. Das Wasser hatte schon das meiste von seinem Haar und seiner Haut weggespült. Was noch an Haut da war, war schrecklich weiß und pellte sich wie Tapete. Seit der Zeit hab' ich nie wieder aus einem Fluß getrunken.«

Mrs. Watkins rief vom Wagen: »Wo ist Bill?« Watkins zog an der Leine, und White Fong gab ein Bellen oder Husten von sich. »Schon gut«, sagte sie.

»Und was für 'ne Arbeit machen Sie?«

Wieder die Frage. »Bin ohne Arbeit«, sagte ich, um es abzukürzen.

»Ein Mann ist nie ohne Arbeit, wenn er irgendwas taugt. Gibt Zeiten, wo er nicht bezahlt wird. Hab' beides erlebt, ohne Bezahlung, und mit. Aber das hat nichts mit Arbeit zu tun. Ein Mann, der arbeitet, tut, was er tun sollte, und deshalb braucht er ab und zu auch mal eine Katastrophe, die ihm zeigt, daß ein Schicksalsschlag nicht das Ende ist, weil so ein Schlag nie die Arbeit eines guten Mannes beenden kann. Ich werd' Ihnen mal meine Lebensphilosophie zeigen.«

Aus seinen gebügelten Jeans zog er eine Brieftasche hervor und reichte mir eine mürbe Geschäftskarte.

»Vorsicht. Die ist sehr alt.«

Die Karte empfahl ein Café in Merced zu der Zeit, als die Telefonnummern noch vierstellig waren. In Anführung ein Motto: »Gute Hausmannskost«.

»Gute Hausmannskost, das ist Ihre Philosophie?«

»Dreh's mal rum, Schlaumeier.«

Man hat mich angeschmiert, beölt, untergebuttert, verbraten, plattgewalzt, ausgestochen, angesteckt, bestochen, ausgequetscht, rangekriegt wegen Kriegssteuer, Umsatzsteuer, Hundesteuer, Aussteuer; für Armenfonds, und Hilfsfonds und Saucenfonds und alle Fonds-perdu; für Rotes Kreuz und Blaues Kreuz und überkreuz; bin zur Hölle gefahren und hab' sie andern heiß gemacht, hab' mich vollaufen lassen und andere vollaufen lassen, hab' alles verloren und werde jetzt, weil ich nichts ausgebe oder verpumpe, was ich bettel', borge oder klaue, beschimpft, beschissen, beredet, überredet, eingewickelt, ausgezogen bis aufs Hemd, bearbeitet, bekniet, beraubt und so gut wie ruiniert. Der einzige Grund, weshalb ich noch da bin: Ich will wissen

Was zum Teufel kommt noch?

»Gefällt mir«, sagte ich.

»Die wahre Arbeit eines Mannes ist, jeden Morgen seine Stiefel anzuziehen. Dafür taugt die Neugier gerad' so gut wie alles andere.« Er wollte sich mein Gefährt mal ansehen, was er denn auch kritisch tat. »Nicht viel da«, sagte er. »Nun, mein Wagen hat fast alles, was man sich nur wünschen kann. Wegen ihr. Sogar ein Tele-Ping-Pong. Sie sagt, wir brauchen das, damit die Urenkel ihren Spaß haben. Ich sag' zu ihr: Warum können die nicht aus'm Fenster kucken?«

Ich lachte.

»Du glaubst, ich mach' Witze. Diese Kinder wollen nichts, wo nicht Drähte rauskommen. Wenn ich eine Verlängerungsschnur im Hosenbein hätte und sie mich einstöpseln könnten, dann hätten sie endlich das Gefühl, einen richtigen Urgroßvater zu haben.«

Mrs. Wie-heißt-sie-gleich-noch pfiff zum Zapfenstreich aus der Wagentür. »Seht, Jungs, da habt ihr's. Soll heißen: trink deinen Sanka und nimm deine Pille. Sanka! Wenn ich nicht aufpasse, läuft es alles darauf hinaus.«

Kapitel VI
West-Nordwest

1

Lassen Peak ist eine Art Buchständer am Fuß der Cascade Range, die sich als eingliedrige Bergkette zur kanadischen Grenze hinzieht, wo Mount Baker das andere Ende markiert. Die bekanntesten Berge dazwischen sind Rainier, St. Helens, Adams, Hood und Shasta. Ihre symmetrischen kegelförmigen Gipfel sind im Durchschnitt an die viertausend Meter hoch und das ganze Jahr mit Schnee bedeckt; was aber mehr ist: sie sind Teil der vulkanisch aktivsten Bergkette zwischen Kanada und Mexiko.

Der Highway 89 kurvte um das vulkanische Gestein, mit dem der Lassen zwischen 1914 und 1917 etwa dreihundertmal das Hat Creek-Tal überschüttet hatte. Gestrüpp überwucherte Asche, Schlacke und Lava – die Unwirtlichkeit belebte sich neu; aber immer noch sah die Gegend schrecklich verwüstet aus. Von der Talsohle kletterte die California 299 empor zum Rand der Pit River-Schlucht, der sie dann folgte. Ich aß ein Sandwich am Rande eines tiefen Spalts, der sich wie ein Kiefer öffnete und Felsen sehen ließ, die so tief unter mir waren, daß sie mehrere hundert Millionen Jahre älter sein mußten als die, auf denen ich saß. Von dieser hohen Warte aus sah ich auf die blanken Rücken der Schwalben, die Hunderte von Metern weit schwebten, ihre Flügel plötzlich wie einen Fächer zusammenlegten und dann in den Abgrund stürzten. Es war ein wilder, irrer, stiller, grünschillernder Sturzflug, der mich schwindeln machte.

Als ich weiterfuhr und über ein holpriges, dürres Plateau steuerte, mußte ich die ganze Zeit an die Irrtümer denken, die mich nach Hat Creek geführt hatten. Das Wort Irren kommt von einem mittelenglischen Wort *erren*, was soviel wie »umherziehen« heißt, wovon auch der fahrende Ritter seinen Namen hat. Das Wort bekam dann die Bedeutung von »sich verirren«, und das wiederum wurde zum Synonym für den »Fehler«. Gestern hatte ich mich geirrt und verirrt, hatte eine falsche Straße nach der andern genommen. Als Ergebnis war ich an einen Ort reiner Schönheit gekommen und auf einen Mann getroffen, der seine

Philosophie auf der Geschäftskarte eines Cafés mit sich herumtrug.

Die Annalen wissenschaftlicher Entdeckungen sind voller Irrtümer, die neue Welten eröffnet haben: Bell arbeitete an einem Apparat, der den Tauben helfen sollte, als er das Telefon erfand; Edison bastelte an einem Telefon herum, als er den Phonographen erfand. Wenn der Mensch wach und phantasievoll genug bleibt, dann ist ein Irrtum eine Möglichkeit, eine Chance zu etwas Neuem; für ihn sind Wandern und Wundern Teile desselben Prozesses, und er verirrt sich erst und begeht den größten Fehler, wenn er das Forschen aufgibt.

Der Boß der Prärie hatte (nachdem er seinen Todeswunsch geäußert hatte) gesagt, daß ihm sein Leben immer mehr als dasselbe Einerlei erscheine, und er nannte die Geschichte seines Lebens Zehntausend Fehler. Er hatte wohl recht. Für ihn war ein Fehler das Abweichen von vorgefaßten Ideen, von Standardlösungen, von ausgetretenen Pfaden. Für ihn bedeutete Veränderung Irrtum.

Die Biochemiker behaupten, daß die Evolution durch zufällige genetische Veränderungen fortschreite – Irrtümer –, und daß jedes Lebewesen ein Experiment innerhalb eines Kontinuums aus Versuch und Irrtum und vorübergehendem Erfolg sei. In der Natur bedeutet *richtig* eine Harmonie, die das Weiterleben zeugt. Immer etablierte Wege, erprobte Gewohnheiten zu verlangen, heißt also, sich an der Essenz des Lebens vergehen; das ist oft das Motiv der Indianer. Aber sich an dem fortwährenden Experiment zu beteiligen, heißt nach Harmonie streben. Hesse schreibt:

> Ich war ein Wurf der Natur, ein Wurf ins Ungewisse, vielleicht zu Neuem, vielleicht zu Nichts, und diesen Wurf aus der Urtiefe auswirken zu lassen, seinen Willen in mir zu fühlen und ihn ganz zu meinem zu machen, das allein war mein Beruf.

Ich war durch Fall River Mills und McArthur gefahren, ohne daß ich irgendwas davon behalten hätte. Wenn ich mich auf einen blauen Highway des Geistes eingelassen hätte, wäre wohl eine Rast fällig gewesen. Nördlich von Bieber folgte ich, aus Jux, der

Straße nach Lookout. Das hochgelegene Tal bestand aus Sumpfland, das voller Schwarzdrosseln, Spieß- und Krickenten und Kanadagänsen war. Und wieder stieg der Highway an zu einer weiteren vulkanischen Region. Mount Shasta, hundert Kilometer in Richtung Westen, einsam in seiner Größe und von Wolken umkränzt, sah aus wie ein Holzschnitt des Fujiyama. Vielleicht ist es die Weite des Raums um den Shasta herum oder die Vielzahl hoher Gipfel im Westen, die einen Berg von solcher Größe und Vollkommenheit den Amerikanern gering erscheinen lassen, aber in beinah jedem andern Land wäre ein so mächtiger und wohlgeratener Vulkan wie Shasta ein Gegenstand nationaler Verehrung – wie er es auch in der Tat einmal für die ersten Menschen war, die unter ihm gelebt haben.

Lookout habe ich nie gefunden. Im trockenen und staubigen Tulelake kaufte ich Lebensmittel, dann fuhr ich über die Staatsgrenze nach Oregon, wo die Cascades im Westen einen Wirbel von Sturmwolken abblockten; wären die Berge nicht gewesen, ich hätte wieder im Regen gesessen. Eine Stadt von nur fünfzehntausend Einwohnern breitete sich irgendwie über die gesamte Fläche eines langen Tals aus; aber da ich schon in Reichweite der Klamath Falls war, fuhr ich weiter. Die U.S. 97 war eine Tortur aus Personenwagen und schweren Lastern. Ich weiß nicht, ob die Oregonier grundsätzlich hupen oder ob sie es nur auf mich abgesehen hatten, aber jedenfalls hupten sie. Später sagte mir jemand, das sei Teil einer Kampagne: »Mach daß du weiterkommst, Fremder.« Ich bog bei der ersten Gelegenheit ins Tal ab, einer Gelegenheit mit der Straßennummer 62, die nach Fort Klamath führte, in eine Stadt, die 1863 als Armeeposten begann; damals galt es, die feindseligen Klamath-Indianer unter Kontrolle zu bringen, die es jahrelang fertigbrachten, Siedler aus ihrem fruchtbaren Tal fernzuhalten. Mach daß du weiterkommst, Fremder.

Ich hielt, wie immer von Neonglanz in der Dämmerung angezogen, an einem hölzernen Café. Keine Kalender, sonst tadellos. Auf dem Vorplatz stand ein Argosy-Geländewagen (von der Sorte, wie man sie auch auf Motel-Parkplätzen sieht) mit einem Airstream-Trailer hinten dran; oben auf dem Argosy war ein Motorboot festgezurrt und vorn und hinten passende Mopeds.

Schon oft hatte ich ja die amerikanische Neigung erlebt, auf den Highway so viele Besitztümer mitzunehmen, wie es der Wagen erlaubt – diesen Hang, von allem wegzukommen, indem man alles mitschleppt –, aber vor dieser Transportleistung mit Namen Ferien stand ich doch verblüfft. Obwohl die Seitenfenster des Argosy aus Spiegelglas bestanden (zum Sehen und Nicht-Gesehenwerden), sah ich im Trailer Pinientäfelung, Schweizer Küchenschränke und einen selbstreinigenden Herd. Da hatte also einer sein Haus auf Räder gesetzt und nicht einmal Garage und Keller zu Haus lassen wollen.

Ein Mann, die Serviette im Gürtel, kam aus dem Café. Eine dickliche Frau, knapp jenseits des mittleren Alters, mit einem erschreckten Gesicht, als ob ihr gerade jemand die Diagnose Schuppenflechte gestellt hätte, sah vom Café aus zu.

»Was'n los, Kumpel?« sagte der Mann.

»Ich konnte diesen Aufbau nicht fassen. Sie sind ja wirklich auf alles vorbereitet. Diese kleine Straße ist aber nicht wirklich groß genug für Sie, oder?«

Er entspannte sich, er nahm es für Sympathie. »Hab' mich auf 'ne verdammte Nebenstraße eingelassen.«

Wir gingen rein, und ich hörte die Frau flüstern: »So'n Typ macht mich nervös.« Sie hatte von Leuten wie mir gelesen und starrte mich auf kesse, verächtliche Weise an, wie sie es, wäre sie allein gewesen, nie getan hätte. Ich versuchte, meiner eigenen Irritation Herr zu werden. Sie war vielleicht gar nicht so schlimm; hatte sicher ihre guten Seiten. Vermutlich hatte sie das Evangelium nach Heloise studiert und kannte routinemäßig die sechs hilfreichen Tips zum Entfernen von Ketchup-Flecken.

Das Essen war mäßig, der Preis hoch, die Kellnerin unangenehm, und obendrein wurde ich noch verachtet von Leuten, die sich ein Leben zu vierzig Litern auf hundert Kilometern leisten konnten. Ich zahlte und ging. Das Paar kam heraus, wuchtete sich in den Argosy und verriegelte sich gegen Typen wie mich. Knapp oberhalb Tempolimit spurteten sie davon, diese Leute, die kein Risiko eingingen, daß ihnen irgendwas – und seien's die eigenen Ideen – abhanden kam. Schließlich lasen sie ja die Zeitungen, sahen fern, und wußten, daß Amerika ein gefährliches Land ist.

2

Mount Mazama ist wohl der größte nichtvorhandene 4600-Meter-Vulkan im Land. Tatsächlich ist er nicht ganz unvorhanden. Vom oberen Ende des Klamath-Beckens kann man immer noch einen massiven, symmetrisch abfallenden Stumpf des unteren Bergteils sehen. Vor zirka sechstausend Jahren, spekulieren die Geologen, flog die Kuppe bei einer Serie verheerender Eruptionen weg, und die Ränder brachen ins Innere ein.

In der Hoffnung auf einen Platz für die Nacht nahm ich eine Straße den Berg hinauf. Nach ein paar Meilen wurde der Weg zu einer Rinne zwischen drei Meter hohen Schneebänken; aber die Sterne leuchteten, also fuhr ich ganz nach oben. Ich stieg aus und sah um mich. Eine herrliche Nacht. Mehr dem Gefühl als dem Auge nach ging ich durch einen Tunnel unter den Schneewehen zum Kraterrand von Mazama. Da lag weit unten im Mondlicht, eisgerändert, ein siebenhundert Meter tiefer See. Die Klamath-Krieger pflegten ihre Tapferkeit auf die Probe zu stellen, indem sie sich über das heimtückische Geröll in den Hexenkessel wagten – wenn sie's überlebten, badeten sie im kalten Wasser des Vulkans und erfrischten Geist und Körper. Auch Medizinmänner auf der Suche nach dem Geheimnis ihrer Vorväter fanden sich an diesem fast perfekten Kreis ein. Einst ein heiliger Ort, ist der Crater Lake jetzt nur noch eine berühmte Touristenattraktion in Oregon.

Am nächsten Morgen, als der Dunst von der Oberfläche des Sees aufstieg (des tiefsten und blauesten in Amerika), bot er den Anblick eines heißen Kessels voll von Mrs. Stewarts Waschblau. Das Ausflugshotel lag immer noch unter etlichen der zwölf Meter Schneefall pro Jahr, und die Abfahrt zur andern Seite des Berges war noch nicht frei, also fuhr ich denselben Weg wieder zurück. Wieder mal. Oregon 30 folgte einem breiten Bergbach namens Muir Creek. Als sich der Morgen erwärmte, hielt ich an der Uferböschung, um eine Schüssel zu füllen und mich zu waschen; nach Hat Creek war das Wasser geradezu wohltuend.

Große, gelbe, haubenförmige Blüten der Stinkenden Zehrwurz breiteten sich über der Böschung aus. Obwohl die Pflanze, was die Form angeht, dem purpurnen Skunk-Kohl des Ostens ähnlich sieht, ist sie eine Verwandte der dreiblättrigen Zeichenwurz, und ihre Blüten sind fast geruchlos. Die Blätter, die keineswegs nach Kohl aussehen, wurden von den Indianern zum Einwickeln von Lebensmitteln verwendet. Die scharfen, pfeffrigen Wurzeln aber zerstießen sie zu einem Mehl, das sie (ebenso wie die Expedition von Lewis und Clark) im zeitigen Frühjahr, ehe es andere eßbare Pflanzen gab, vor dem Verhungern gerettet hat. Selbst heute noch wühlen Elch und Bär beim Stöbern nach den Wurzeln ganze Fladen des Moorbodens auf.

Auf der Oregon 58 überquerte ich die Cascades. Obwohl die Berge nicht besonders hoch waren, verlief die Straße in ziemlich steilem Auf und Ab durch bewaldete Hänge, und die Notrampen für zusammengebrochene Laster sahen aus wie Skischanzen. Auf der Westseite nahm die Feuchtigkeit zu, und der Farn wuchs dick wie Dschungelgestrüpp. Die Wüste konnte ich erst einmal vergessen.

Um Mittag bekam die Fahrt eine Art Seecharakter; das begann, als ich einer alten Holzfällerstraße in die Abgeschiedenheit des Salt Creek folgte, eines Flüßchens, das mächtig losschäumte. Wenn man in Missouri fragt, wo der und der geblieben sei, sagten die Leute: »Er ist ab nach Salt Creek.« Es ist ein Ort, an dem man verschwindet. Vielleicht hätte ich mir das gesagt sein lassen sollen.

Nach einem Sandwich stöberte ich im Gehölz herum und stieß auf ein Stück kriechenden gelben Gelees, fast so lang wie meine Hand. Es war eine Bananenschnecke, so genannt, weil die Molluske wie eine nasse, sich windende Banane aussieht. Ich wollte sie fotografieren, aber es fing an zu nieseln, darum bettete ich sie mit nassem Laub in einen Eimer. Ich wollte aus dem Regen raus und dann das Foto machen.

Dann begannen drei Dinge, die ohne Zusammenhang waren, sich wie Kristalle zu einem Muster zu fügen:

ERSTENS: Den Regen abwartend, studierte ich die Karte. Wie weiter? Südlich lagen zwei Städte mit prima Namen – Lookingglass und Riddle – aber ich hätte fast hundert nasse Kilometer wieder zurückfahren müssen, und schon die Wüstengüsse hatten mich zur Beute des »Oregon Blues« gemacht, dieser Gemütsmisere, die mit den Regenperioden einhergeht und die Selbstmordzahlen merklich ansteigen läßt. Aber Lookingglass! Was für ein Name!

ZWEITENS: Die eine Stadt rief mir eine Zeile von Walter de la Mare ins Gedächtnis: »Die Dinge sind die stummen Spiegel des Geistes.«

DRITTENS: Immer noch auf besseres Wetter harrend, fing ich ein Buch an, das ich in Phoenix gekauft hatte, *Die heilige Pfeife*, den Bericht des Schwarzen Elchs über die alten Riten der Ogala-Sioux. Im Gegensatz zur guten und geraden roten Straße des Lebens ist die blaue Straße der Weg eines Menschen, »der außer sich ist, der von seinen Sinnen beherrscht wird und für sich selbst eher als für sein Volk lebt«. Ich war wie vor den Kopf geschlagen: War es Rassen-Reminiszenz, die mich dazu getrieben hatte, siebentausend Meilen auf blauem Highway zu fahren – ein Begriff, von dem ich dachte, ich hätte ihn erfunden.

Und da öffnete sich etwas wie eine Jalousie, die unerwartet in einem dunklen Raum hochrasselt. Ein plötzlicher, neuer Lichtstrahl. Warum sollte man nach Lookingglass, Oregon, fahren, wenn man doch während der ganzen Fahrt durch das Land sein eigenes Ebenbild gesehen hatte? De la Mare hatte recht: ein Spiegel mag den Geist nicht reflektieren, aber die eigene Reaktion auf Landschaften, Gesichter, Ereignisse war selbst ein Spiegel. Meine beengte Vision war die eines Menschen, der sich selbst ansieht, indem er das ansieht, was ihm vor Augen kommt. Ein Mensch, der sich beobachtet: *das* war das Trugbild auf dem Wagenfenster in der Wüste von Nevada.

Hatte ich mir nicht sogar den großen Poeten des Ego zum Reisegefährten gewählt, den, der von sich selbst singt, der verspricht, »Egoismus zu verströmen und ihn hinter allem zu erweisen«, der die Erde als sein Ebenbild empfindet? Whitman:

> Zu mir hin streben, bei mir vereinigen sich
> immerzu alle Dinge des Alls.
> Alle sind an mich geschrieben, und ich
> muß erforschen, was ihre Inschrift besagt.

Mein Geld halb alle, war ich bei ein bißchen Selbsterkenntnis in kleiner Münze gelandet.

Weil ich nicht wußte, was ich sonst tun sollte, fuhr ich nach Westen: Die Straße rollte von den Bergen ins Becken des Willamette River, der eine weite Mulde war mit mindestens so vielen verschiedenen Grüntönen, wie die Iren sie auf ihrer Insel zählen können. Das ebene und grünende Land hätte nach soviel Stein und Felsigkeit, soviel Auf und Ab eine Wohltat sein sollen, aber ich saß da, eingekapselt in meinem trüben Koller.

Die alte Oregon-Straße 99 führte in die saubere Collegestadt Corvallis. Ich hatte keinen Nerv für noch mehr Straße. In einer Grocery kaufte ich sechs Flaschen Blitz- und sechs Flaschen Buffalo-Bier und ein großes Stück Räucherlachs, fuhr auf den Campus der Oregon State University und parkte unter einem blühenden Kirschbaum mit mächtiger Krone. Ich spazierte hinaus in den Regen, kam bei Dunkelheit zurück, setzte mich in den Wagen, trank ein Blitz, dann ein Buffalo, aß etwas Lachs, und trank noch eins und dann noch eins. Ich starrte bloß hinaus in den tristen Regen und sah zu, wie nasse Blüten die Fenster runterglitten.

Und da fiel mir die Schnecke ein. Jetzt war es für Fotos zu spät. Ich knipste das Licht an, um das verdammte Ding rauszulassen. Es war nicht im Eimer, und es war nicht in der Box, in der der Eimer stand; ich konnte es nirgendwo entdecken. Unmöglich. Da der Wagen dicht verschlossen war, konnte die Schnecke nicht rausgekrochen sein, aber der Regen hinderte mich daran, Geistertanz auszuräumen.

Vom Bier etwas angesäuselt, kroch ich herum auf der Jagd nach einer der primitivsten und unansehnlichsten Kreaturen der Erde. Ich suchte nach der legendären Kriechspur. Nichts da. Ob Schnecken Ohren haben oder nicht, ich rief nach ihr. Schließlich, höchst unbehaglich, zog ich mich aus und ging zu Bett.

Irgendwo im Auto war eine Schnecke – fett und mit Fühlern, glatt von urzeitlichem Schleim, und frei, sich ihren fußlosen Weg, während ich schlief, überallhin zu erschleichen: die Wände hoch, auf die Bettkoje, über Augenlider, quer über die Lippen. Und ausgerechnet in dieser Nacht!

Das größte Hindernis beim Dazulernen ist die Angst, sich zum Narren zu machen. Aber dies hier war lächerlich. Mit dieser Art Demütigung hatte ich nicht gerechnet.

3

Zwei Tage lang, zwei Tage im Nieselregen, wartete ich darauf, daß die Schnecke ihren Zug machte. Im westlichen Oregon kann es mehr als zwei Meter pro Jahr regnen, wodurch das Wetter so trostlos ist, daß selbst ein Seebär wie Sir Francis Drake schon vor vierhundert Jahren darüber klagte, als er auf der Suche nach der Nordwestpassage mit der Goldenen Hindin hierher segelte. Diese zwei Tage lang lief ich in Corvallis herum, mehr entgeistert als erbaut von der Idee des blauen Highways. Ich lief und lief. »Nichts«, singt Homer, »ist für den Sterblichen schlimmer, als umherzuziehn.« Deshalb haben auch Travel und Travail denselben Ursprung.

In jenen Tagen war ich auf Telefone fixiert, und viermal warf ich Münzen ein und viermal legte ich den Hörer wieder auf. Beim fünften Mal nicht.

»Hallo«, sagte die Cherokesin.

»Ich bin's.«

Eine Pause. »Kann ich zurückrufen?« Seht, Jungs, da habt ihr's. Um mir alles aus dem Kopf zu schlagen, ging ich in die Universitätsbibliothek, um herauszukriegen, warum Lookingglass (= Spiegel), die Stadt, die ich nicht zu sehen bekommen hatte, so hieß, wie sie hieß. Eine Theorie war, daß Lookingglass ein Indianer aus der Gegend war, der sich selbst so bewunderte, daß er immer einen kleinen Spiegel bei sich trug. Schön, Jungs.

Noch eine Etymologie: Corvallis, eine lateinische Bildung, soviel wie: im Herzen des Tals. Für mich war es mehr ein Tal des Herzens. Kein Wunder, daß Pascal alles Unglück des Menschen darauf zurückführt, daß er nicht ruhig in seinem Zimmer bleiben kann.

Im Dunkeln und im Regen verließ ich die Bibliothek. Ich kämpfte gegen die Furcht an, daß ich die Nerven ganz verlieren und einfach heimfahren könnte. Gott ja, ich fühlte es kommen. Die alten Navajos singen, wenn sie um die Erneuerung der geistigen Kraft beten, »Auf den Wegen der Vergangenheit laß mich gehen«, aber mein Gesang ging genau umgekehrt.

Die Oregonier, die man auch Schwimmfüßler nennt, lernen mit dem Regen zu leben wie die Texaner mit dem Wind. Vor mir ging ein Mann mit einem kleinen weißen Hund. White Fong. Ich dachte an den alten Kalifornier und seine Visitenkarte. Und da ging eine Jalousie hoch: Was mir nottat, war weiterzumachen, war noch ein Versuch, die Hieroglyphen zu lesen, und noch eine Wahrnehmung der Dinge (wie Whitman sagt), »die meine Ansichten vor der Wirrnis bewahren und ihnen Gestalt geben«.

Ich war ein Mensch gewesen, der einen seltsamen dunklen Raum betritt, das Licht anmacht, sich in einem unerwarteten Spiegel sieht und zurückspringt. Jetzt war es Zeit, weiterzuziehen, Zeit zu sehen, was zum Teufel da noch kommt.

4

In der Nacht wehte der Wind von der Küste her und blies den Himmel so klar, daß er wie destilliert aussah. Während die Sonne lange Morgenschatten warf, fuhr ich westwärts in die Berge, Richtung Philomath und Burnt Woods. Entweder die Wiederkehr der Sonne oder die Nachwirkung eines Stücks Maisbrot aus einem Café in Kalifornien gaben mir das Gefühl, daß ich die Fahrt neu begann. Was die Schnecke betraf, so hatte ich sie nicht gefunden.

U.S. 20: ein Gekritzel von Straße, eine von einem zittrigen Ingenieur gezogene Linie. Die Strecke führte an kleinen Farmen – eine mit einer überdachten Brücke – und kleinen Weiden und Berghängen mit Ahorn und Tannen und Erlen und naßgrünem Moos vorbei. Das schräge Sonnenlicht verwandelte die Blüten des Besenginsters in einen gelben Schimmer, der die Straße illuminierte. Siedler hatten die Pflanze aus Schottland mitgebracht, um damit Besen zu binden; aber sie brach aus der Kultivierung aus und ist jetzt ebenso ein Ärgernis für die Farmer an der Küste wie ein schönes Ornament des Frühlings.

Die Straße quetschte sich durch einen engen Paß und fiel dann zur Yaquina-Bucht mit ihren langen Brückenbögen ab. In der Ferne schoß der Pazifik Silber bis weit zum Horizont. Ich war am andern Ende des Kontinents angelangt.

Newport war seit mehr als einem Jahrhundert Touristenstadt, und das merkte man: eine vierspurige Promenade mit Imbißständen und Muschel-Läden; Uferstrecken, an denen Bungalows wie Schiffsplanken auf dem salzigen Kiesstrand aneinandergefügt waren. Weiter nach Norden bis nach Agate Beach. Der Strand, wo ich vor fünfzehn Jahren gezeltet hatte, bestand jetzt aus gläsernen Bauten mit Eigentumswohnungen, und der Weg zum Meer war für Unbefugte gesperrt. Wieder nordwärts zu einem Stückchen Strand zwischen Neubauprojekten in der Nähe von Cape Foulweather. Die Brandung rollte, wie ein Wasserfall, mit ununterbrochenem Tosen heran, anders als das pausierende Krachen, das ich in North Carolina gehört hatte. Im Schutz eines großen Büschels von Seegras aß ich mein Lunch, dieweil Möwen, die über den Sand dahinglitten und im Seewind gierten und schwankten, mir zusahen, wie ich ihnen zusah. Es ist eine komische Empfindung, wenn die Natur zurückblickt.

Ich blieb so lange, daß schwarze Wolken aufkamen und sich an den Bergen stauten, wie Strandgut, das an die Küste gespült wird. Dann begann es zu hageln. Cape Foulweather (Mieswetter), von Captain James Cook vor genau zweihundert Jahren so genannt, machte seinen Namen wahr, und ich fluchte und rannte zum Wagen. Aber als ich Depoe Bay, ein paar Meilen die Küste hinauf, erreicht hatte, war der westliche Himmel wieder klar, und die Nachmittagssonne glänzte vom Meer, als käme der Widerschein fern aus dem Orient. Zyklen. Die kalten Wellen, die ungehindert zehntausend Kilometer weit aus Japan kamen, peitschten hart gegen die Felsen, und die hohe Brandung kämpfte so heftig, als wollte die See aufs Land hinauf oder die Küste mit sich ins Wasser nehmen.

Der hohe Betonbogen einer Brücke überspannte einen schmalen Zickzack-Einschnitt eines Meeresarms, der zu einem kleinen Hafen unterhalb der Klippen führte. Depoe Bay war mal ein pittoreskes Fischerdorf; jetzt war es nur noch pittoresk. Die Fischlokale waren bis auf einen Saisonbetrieb verschwunden, verschwunden war auch die Fischerflotte, und an ihre Stelle waren die Boote der Sportfischer gekommen sowie Läden für Souvenir-Aschenbecher und T-Shirts. In Depoe Bay war jetzt der Tourist der große Fang, und wie der Ährenfisch tauchte er zu gewissen Jahreszeiten in Schwärmen auf.

Mehrere Straßen kerbten die Stadt, aber man konnte sie alle bis auf die große vergessen: U.S. 101. Das Geschäftsleben spielte sich an der 101 oder am Wasser ab. Zwei Restaurants lagen am Highway: eins hieß Happy Harpuner oder ähnlich albern; das andere hatte kein sichtbares Schild. Eine Stampe, die keinen Namen brauchte, mußte gut sein. Als wäre es oberhalb des Hafens aufgehängt, saß das Lokal auf einer Klippe und bot komplette Aussicht aufs Kommen und Gehen von Menschen und Booten und Tiden und Wind.

Ich nahm einen Teller mit Grundfisch, Muschelsuppe und Krautsalat. Am Nachbartisch saßen vier Seeleute von einem Charterboot; ihre Schirmmützen hatten sie eng über die Schädel gezogen; sie beugten sich über den Dampf ihrer Kaffeetöpfe und sprachen über kaputte Motorwellen, Lecks im Tank, Umweltschutzbestimmungen, kreosotgeschütztes Holz. Unten im Hafen gingen Kabinenlichter an und bewegten sich in der Dämmerung auf und ab. Ich fragte einen Seemann, der für sich saß, ob ich über Nacht am Wasser parken könne. »Die Station der Küstenwache hat die Dinge da unten ziemlich scharf im Blick«, sagte er. »Warum nehmen Sie nicht einen offiziellen Campingplatz?«

»Ich möchte lieber Oregon sehen als Trailer aus Ohio.«

Der Mann betrieb eine Charterboot-Gesellschaft, die an Touristen vermietete. Er sagte dies: »Depoe Bay war mal eine gute Stadt für kommerziellen Fischfang, aber man hat diese Ecke des Pazifiks überfischt. Dann sind die Laichplätze der Umweltvergiftung zum Opfer gefallen. Vielleicht kommen die großen Schwärme wieder, vielleicht nicht. Mir egal. Sportboote vermieten ist leichter, und das Einkommen ist sicherer – man fängt nicht immer einen Grünling, aber man kann immer einen Kalifornier ködern. Aber es gab Zeiten, wo all diese Holzhäuser an der Bucht unsern Fang verarbeitet haben, damals, als die Kommission Fischereilizenzen an jedermann ausgab. Bis dann ein paar unverantwortliche Fischgangster kamen und die Fanggründe ruinierten. Wenn man im nächsten Jahr eine Lizenz will, muß man sechzig Prozent seines Einkommens durch Fischen verdienen. Wird die Plünderer fernhalten.«

»Veränderungen überall.«

»Diese Küste ist eine einzige Geschichte darüber, wie eins

nach dem andern verschwindet – nur die Leute nicht. Wir haben kaum noch Seeottern heutzutage, aber früher konnte man sie sehen, wie sie sich auf dem Rücken treiben ließen, mit einem flachen Stein auf den Bäuchen, auf dem sie die Muscheln knackten. Scheidenmuscheln sind ganz selten geworden. Am Strand gab's Achatstücke, versteinertes Holz, japanische Schwimmnetze – diese bunten Glaskugeln für die Netze, wissen Sie. Teile havarierter Schoner. Die Küste war voller Skookums – wie die Chinooks ihre Geister nennen. Wissen Sie, was man heute bei 'ner Strandsuche findet? Clorax-Töpfe. Die Straßenbehörde hat sogar alte indianische Muschellager ausgegraben, um Material für die Strandwege zu bekommen. Heute streiten sich die Leute, wenn jemand unerlaubt an den Strand geht. Lieber Gott, sogar der Supreme Court mußte sich damit befassen.«

»Wieso denn?«

»Weiß es auch nicht ganz genau, aber jedenfalls hat das Gericht die ganze Küste von Oregon für öffentlich erklärt. Hat mich verblüfft. Wer will denn da jetzt überhaupt noch hin?«

»Die Leute, die nicht wissen, wie es mal war.«

»Ich sag' Ihnen was über Menschen. ›Menschen sind Bestien‹, hat Alexander Hamilton gesagt. Zuviel Leute, die Fische fangen, Muscheln graben, die Küste aufkaufen. Zuviel Dreck in den Strömen. Mehr und mehr Leute, und immer weniger von allem andern außer Vorschriften.«

»Können denn Vorschriften Fische oder Muscheln zurückbringen?«

»Was sonst soll man machen?«

Ich fuhr zum Hafen hinunter, drückte mich an der Küstenwache vorbei und parkte am Kai. Ich verließ mich darauf, daß mein Auto einem Lieferwagen ähnlich genug sah und also keinen Verdacht erregte. Kalter Wind frischte die Brandung auf, aber der kleine Hafen lag ruhig da. Von einem Boot hörte ich Gelächter und Kartenspiel, und draußen vom Pazifik kam der tiefe Schmerzensruf der Heulbojen, in deren Ketten (wie die Seeleute sagen) die Todesangst ertrunkener Matrosen widerhallt.

5

Im Jahre 1788 ankerte die Lady Washington, das erste amerikanische Schiff auf Fahrt an der Nordwestküste, innerhalb der Tillamook Bay, damit eine Gruppe an Land gehen und frische Früchte für die an Skorbut leidende Besatzung sammeln konnte. Während der Unternehmung versuchte ein farbiger Seemann ein Entermesser zurückzuholen, das von den Indianern gestohlen worden war. Der Maat, Robert Haswell, hat den Vorfall beschrieben:

»Mitten in einer sehr großen Gruppe von Eingeborenen war der arme Schwarze mit dem Dieb am Kragen, laut um Hilfe rufend, beteuernd, daß er den Dieb gefaßt habe; als die Hauptgruppe der Eingeborenen sah, daß wir uns eilends näherten, tauchten sie sofort ihre Messer und Speere in den Körper des unglücklichen Jungen. Er ließ von seinem Griff ab, und fiel hin, erhob sich aber wieder und taumelte auf uns zu, bekam aber einen ganzen Schwarm Pfeile in seinen Rücken, und fünfzehn Meter vor mir brach er zusammen und starb alsbald, während sie seinen leblosen Körper zerfleischten.«

Fast zwei Jahrhunderte später erwarb sich Fort Stevens im Norden der Tillamook Bay die Reputation, als letzter Ort in den 48 Staaten von einer fremden Macht – den Japanern im Juni 1942 – angegriffen worden zu sein. Die sechshundert Kilometer lange Küste Oregons ist wie fast jedes Gebiet im Land eine Gegend von Konfrontation und Konflikt gewesen.

Am Morgen fuhr ich auf der U.S. 101 längs der blauen Küste mit ihren hohen Landzungen und den zerborstenen Felssäulen im Wasser, die die alte Uferlinie markieren. Die Strecke war ein gutes Stück Geschichte und Schönheit (»romantisch« nennt sie Meriwether Lewis schon 1805), wenn man absah von den holzverschalten Motels am Meer, den Jolly Whaler-Restaurants und den abgeschnittenen Berghängen, an denen große Baumstümpfe vom Salzwind zu Grabsteinen gebleicht worden waren. Vor Jahren hatten die Holzfäller versucht, das starke Ausfließen von Harz dadurch zu mindern, daß sie die Bäume höher als üblich schnitten. Doch es war dieser Überfluß an Harz in den Küstentannen, der den Siedlern das Roden des Landes so leichtmachte:

Ein Farmer brauchte bloß zwei Löcher in den Stamm zu bohren, eins horizontal und ein zweites schräg in das erste, um für Zug zu sorgen; er steckte das Harz im ersten Loch in Brand, und eine Siebzig-Meter-Tanne wurde zu einem lebenden Docht.

Die 101 erschien erst an der Küste, nachdem das Bundesstraßengesetz 1921 den Straßenbau koordiniert, standardisiert und vorangetrieben hatte; aber Tausende von Jahren lang waren die flachen Strände ebenso wie die gefährlichen Tidenströmungen die Wege für Clatsops und Tillamooks, Coos und Siuslaw, später auch für die Spanier auf der Suche nach den mythischen Wasserstraßen von Anian, der Passage nach Osten.

Der lange Blick die Küste hinab Richtung Süden, den man von den steilen Landzungen bei Neakhahnie Mountain hatte, schien die ganze Länge Oregons zu erfassen. Nach Norden zu stand Haystack Rock, ein hundert Meter hohes Riff, das oben eine Kappe aus schneeweißem Vogeldreck hatte und wie der abgebrochene Zahn eines Wals aussah. Und es passierte tatsächlich in der Nähe des großen Monolithen, daß 1806 ein Wal an die Küste schwamm; Lewis und Clark, die etwas nördlich davon ihr Lager hatten, erfuhren von dem Seeungeheuer. Sacagewea, die Shoshone-Indianerin, die dem Entdeckungscorps – wie Jefferson die Expedition nannte – als Führerin diente und von den beiden nie etwas für sich erbeten hatte, bestand nun darauf, den schweren Treck zum Wal zu machen. Sie und die Entdecker kosteten von dem Walspeck und fanden ihn, in Lewis' Worten, »weiß und dem Schweinefett nicht unähnlich, obwohl das Gewebe schwammiger und irgendwie gröber war«. Clark dankte der Vorsehung, daß er ein Stück des Leviathan zu schlucken bekam statt umgekehrt, wie bei Jonas. Jahre später, so geht die Story, als Sacagewea zu den Shoshones zurückgekehrt war, erzählte die Vogelfrau von allen Dingen, die sie beim Corps erlebt hatte, immer wieder die Geschichte vom großen gestrandeten »Fisch«, der Milch gab.

Nördlich von Haystack, in der alten Sommerfrische Seaside, gab es noch die Feuerstelle zu besichtigen, wo die Expedition, zur Vorbereitung des langen Rückwegs nach Osten, Seewasser einkochte, um Salz zu gewinnen, das ihnen beim Treck nach Westen ausgegangen war. Lewis schreibt:

»Mein Freund Captain Clark erklärt, ihm sei es gleichgültig, ob er Salz habe oder nicht; was mich angeht, so gestehe ich, daß der Mangel daran eine empfindliche Unannehmlichkeit gewesen ist; der Mangel an Brot macht mir nichts aus, sofern ich fettes Fleisch bekomme; denn es macht mir wenig aus, welche Art Fleisch es ist, da ich an das vom Hund, Pferd und Wolf durch Erfahrung so gewöhnt bin wie an irgendein anderes; und ich denke mir immer, wenn das Seil, das Seele und Körper aneinanderbindet, nur genügend stark ist, so kommt es nicht so sehr darauf an, aus welchem Material es besteht.«

Obwohl Clark glaubte, daß die gesündeste Ernährung für die Expedition Hundefleisch sei, war der beliebteste Braten, wenn sie ihn bekommen konnten, Biberschwanz.

Etwas landeinwärts von Seaside, nahe dem Fuß des Nordwestzipfels von Oregon, der in die Flußmündung des Columbia hineinreicht, schlugen Lewis und Clark ihr Winterlager auf, die letzte Station vor der Heimkehr. Hier in Fort Clatsop feierten sie das erste amerikanische Weihnachten im Nordwesten. Die Männer, die rauchten, bekamen Tabak geschenkt, die anderen Tücher; Sacagewea überreichte Clark zwei Dutzend Wieselschwänze, und Lewis schenkte ihr ein paar Socken. Ihr Essen an jenem »regnerischen, nassen und scheußlichen Weihnachten«, so berichtet Clark, bestand aus »dürrem Elch, der so verdorben war, daß wir ihn aus schierer Notwendigkeit aßen, etwas verdorbenem zerstampftem Fisch und ein paar Wurzeln«. Alles ohne Salz. Trotz der Plage durch Flöhe und Moskitos war die Gruppe »den ganzen Morgen über fröhlich«.

Das große Mündungsgebiet des Columbia erstreckt sich in einer Breite zwischen etwa fünf und fünfzehn Kilometern und wird seit neuestem bei Astoria von einer Brücke überspannt. Was Gefälle und Kraft angeht, kommt kein anderer amerikanischer Fluß diesem gleich; in der Nähe der Mündung ziehen plötzliche Wasserwirbel Holzbalken in die Tiefe, um sie dann bis zu zwölf Meter hoch in die Luft zu schleudern. Der Columbia, einst Oregon genannt, hat seinen Namen vom Schiff des Captain Robert Gray, des ersten Amerikaners, der über die gefährliche Sandbank an der Mündung gesegelt ist. Der Mann aus Boston dachte sich, der neue Name werde den Anspruch der Vereinigten

Staaten auf dieses Territorium, das man den Engländern streitig machte, stützen. Aber Grays eigentliche Mission war nicht, Ansprüche geltend zu machen, sondern wertvolle Seeotterfelle zu kaufen (ein eiserner Spieker für einen Biberpelz, aber ein Kupferblech für ein Otterfell), die dann wiederum für den lukrativen China-Handel gebraucht wurden. Auf diese Weise halfen die Chinesen den Amerikanern, Oregon für sich zu reklamieren – das einzige Stück der Vereinigten Staaten, das nie unter europäischer Vorherrschaft war. Der Nordwesten kam direkt von den Indianern.

Astoria, die älteste Stadt am Fluß und jetzt ein Industriezentrum, war im Anfang ein Handelsplatz, der von den Pelzhändlern John Jacob Astors eingerichtet wurde. Bald nach der Gründung sammelten sich die Indianer, um die Weißen zu vernichten; einer von Astors Partnern, ein gewitzter Mann namens Duncan McDougal, kam auf die Idee, die Gesellschaft zu retten, indem er damit drohte, eine schwarze Phiole, die Pockenkrankheit enthalte, zu entkorken; die Stämme willigten schleunigst in Frieden ein, und Astoria überlebte. Es waren natürlich die Pocken, die mehr als Repetiergewehre zur Unterwerfung der Indianer beigetragen haben. Aber McDougals List rächte sich dann an späteren Siedlern. Die Geschichte der Phiole verbreitete sich unter den Eingeborenen, und Jahre danach, als die Pocken wirklich ausbrachen (zum Teil durch infizierte Decken, die man den Stämmen absichtlich geschenkt hatte), begannen die Indianer, die Pioniere abzuschlachten – weil sie kleine schwarze Fläschchen zerstören wollten.

McDougal suchte die Position der Gesellschaft – und seine eigene – zu stärken, indem er eine hochgeschätzte Tochter des Chinook-Häuptlings heiratete. Am Hochzeitstag erschien die Prinzessin mit rotem Ton bemalt und mit heiligem Fischöl gesalbt. Die entsetzten Weißen schrubbten sie unter den Augen der beleidigten Indianer ab. Washington Irving beschreibt das in seinem Buch *Astoria:*

»Vermittels reichlicher Waschungen wurde sie von jeglicher aufgetragener Farbe und Parfümierung befreit und ging in den Ehestand ein als die sauberste Prinzessin, die es je im etwas öligen Stamm der Chinooks gegeben hatte.«

Die U.S. 30 bog sich, wo der Columbia sich bog, aber auf einem großen Teil der Strecke versperrten Hügel den Blick aufs Wasser. Gelegentlich konnte ich Sandbänke sehen, wo in früheren Jahren ausgediente Pferde von der Straßenbahn in Portland oder von der Feuerwehr, bis zum Bauch im Wasser, dreihundert Meter lange Schleppnetze zogen, die übervoll waren mit silbernen, um sich schlagenden Lachsen. Jetzt ist das Fischen mit Pferden verboten.

St. Helens, Oregon, hoch über dem Fluß, zeichnete sich an diesem Tag durch einen herrlich klaren Blick auf die weißen Gipfel von vier großen Vulkanen aus: Rainier, St. Helens nach Norden zu, über den Fluß hinweg; Adams in Washington, und den Mount Hood südostwärts in Oregon. Jeder hat seine Besonderheit: Hood ist der bemerkenswerteste amerikanische Berg, der nach einem gegnerischen Militärführer benannt ist (Admiral Samuel Hood, stellvertretender Kommandant der britischen Flotte während des Unabhängigkeitskrieges); Mount Rainier ist, selbst nachdem er sechshundert Meter seiner Spitze weggesprengt hat, immer noch der höchste Vulkan im Land; Mount St. Helens (Lord St. Helens war ein englischer Botschafter in Spanien), der jüngste unter den Gipfeln, war wieder ruhig, aber köchelnd; die Klickitat-Indianer haben einen besseren Namen für ihn: Tawonlatkla, »Feuerberg«. Und dann noch Mount Adams; armer Adam, nur zweitgrößter nach Rainier. Obwohl er in der Art, wie er sich so isoliert von seinem Umland erhebt, mindestens so imponierend ist wie die andern, bleibt er doch der größte Unbekannte unter den amerikanischen Bergen. Wenn man mich fragt, kommt die Anonymität von seinem Namen (nach dem zweiten Präsidenten). Man hätte ihn geradesogut Mount Jones oder Schwartz Peak nennen können.

Für die Einwohner von St. Helens hatten die Namen ohnehin keine Bedeutung. Ich fragte drei Leute, um festzustellen, welcher Berg welcher war; während alle drei sich über die Lage von Hood einig waren, gab es Debatten über die Gipfel in Washington. Vor solcher Größe so ahnungslos zu sein, ist das Vorrecht des echten Einheimischen.

6

Wäre eine Münze anders gekippt, so hieße Portland, Oregon, heute Boston, Oregon. Asa Lovejoy aus Massachusetts und Francis Pettygrove aus Maine, die Besitzer des Landstrichs am Willamette River, wollten beide, daß ihre neue Stadt zu Ehren der wichtigsten Städte ihrer Heimatstaaten deren Namen bekäme: also warfen sie eine Münze. Ein Mann sagte mir: »Zwei Portlands schaffen Verwirrung, ja, aber niemand hier beschwert sich. Wir hätten ja auch in Lovejoy, Oregon, landen können.«

Die Uferstraße führte von den Hügeln hinab ins tiefgelegene Industrieviertel von Portland und ließ nur den Weg durch die City zu; aber nun einmal mittendrin, hielt ich Ausschau nach Austern in jener Gegend von Downtown-Portland, wo vor hundert Jahren Trinken (Ericksons Saloon hatte mal eine Bar von 250 Meter Länge), Huren und das Shanghaien von Seeleuten zu den Hauptbelustigungen nach Einbruch der Dunkelheit zählten. Hier hatte der nur einsfünfzig große Bunco Kelly nach seinem eigenen Zeugnis mit seiner Standardmethode, durch K.-o.-Tropfen, tausend Landratten gekidnappt, obwohl sein leichtester Fang acht Tramps waren, auf die er im Keller eines Bestattungsunternehmers bei einem kräftigen Schluck Formaldehyd stieß; Kelly sammelte sie auf und brachte sie auf ein Schiff, wo er die sterbenden Männer als Betrunkene ausgab.

Zu Kellys Zeiten nannte sich die Hafengegend von Portland Skidroad, ein Holzfällerwort für eine Art Gleitschiene, über die die Stämme gezogen werden. Aber heute nannten die Leute, die die Geschichte vergaßen und glaubten, das Wort »skid« beziehe sich auf kaputte Bauten und kaputte Typen, das trübe Quartier »skid row«, Slumviertel.

Portland, das sich jetzt darum bemüht, das Skid-Row-Image aus der Welt zu schaffen, nennt die Gegend »Alte Stadt«, obwohl viele Geschäfte dort neu sind. Aber Louies Austern-Bar war eins dieser seltenen Dinge in Amerika: ein Restaurant, das dasselbe Menü im selben Gebäude am selben Ort seit mehr als einer Generation serviert. Wenn man einen Tisch für sich wollte, mußte man sich auf der Ankeny Street anstellen; wenn man mit einem der langen Schiffsmesse-Tische vorliebnahm, konnte man sich gleich setzen. Die Gemeinschaftstafel brachte natürlich mehr Spaß, mehr Geselligkeit, aber nicht viele Gäste wollten die Gesellschaft von Fremden.

Die Speisekarte, in Form einer Auster, sagte: »Iß sie lebendig«, aber auf Empfehlung eines Studenten vom Lewis und Clark College, der mir gegenübersaß, bestellte ich meine Yakina Bay-Austern gebraten. Das Gesicht des Jungen war glatt wie ein neuer Handschuh und von einem Bart mit elf perfekt gezwirbelten Spitzen verziert. An Wochenenden und an Tagen, wenn er keine Vorlesungen hatte, verdiente er sich ein Taschengeld dadurch, daß er Leihwagen nach Boise, Idaho, zurückbrachte, was eine Fahrt von neun Stunden war, – nur hin. »Schadet dem Studium ein bißchen«, sagte ich.

»Muß Geld haben. Autokosten, Zeugs, mein Mädchen. Du weißt ja. Ich brauch' die Woche 50 Dollar, ohne Vatern's Geld, nur bloß so.«

»Das ist das Deprimierendste, was ich auf meiner Fahrt gehört hab'. Wie alt bist du?«

»Zwanzig. Welche Fahrt?«

Seine Augen leuchteten vor *Wanderlust** und Abenteuerfieber, als ich ihm mit dem erzählerischen Elan des Ancient Mariner von meiner Reise berichtete und Routine und Konsumgeist an der Quelle unterminierte. Er hörte andächtig zu. Ich hatte ihn.

»Gott«, sagte er, »ich wünschte, Papa wär' hier. Ich wünschte, er könnte das hören.«

»Hab doch keine Angst vor Papas Meckerei.«

»Meckerei? Du machst, was er irre gern machen würde. Der redet dauernd rum, daß er das Haus verkaufen und den Job hinschmeißen und durchs Land fahren will. Oder zurück ans Studium. Er hat allen Ernstes vorgeschlagen, ich soll das Haus für zwei Jahre übernehmen, während er und meine Mutter wieder aufs College gehen. Ungelogen! Seine Theorie ist, daß ich lernen muß, was er weiß, und daß er das lernen muß, was ich seiner Meinung nach wegwerfe. Er behauptet, wenn ich sein Leben ein Jahr lang führen würde, wüßte ich, was überhaupt

* Deutsch im Original. (A. d. Ü.)

gespielt wird. Ich würde es machen, aber meine Mutter ist dagegen, weil sie weiß, daß ich mein Mädchen mitbringen würde.«

»Du würdest dein Leben mit einem Ehepaar in mittleren Jahren tauschen? Noch dazu mit deinen Eltern?«

»Bei ihrer Kaufkraft, klar. Die Wirtschaft liegt doch bald am Boden.«

»Weißt du nicht, daß Kinder gegen die Werte ihrer Eltern rebellieren sollen?«

»Tu' ich ja. Sie hassen ihr Leben.«

»Willst du nicht mal abhauen nach England oder Japan? Mit 'nem kleinen Probetrip nach Yonkers anfangen?«

»Vielleicht – wenn ich genug Geld hätte, aber ich würde mein Mädchen verlieren.«

»O Gott!«

»Ist was? Mit den Austern?«

7

Nach dem Frühstück im Lewis und Clark College kam ich mir vor wie ein Steinzeitmensch. Das rührte aber nicht vom Essen her – sondern von dem, was ich von den Studenten hörte. Mir schien, das einzig Vernünftige, was ich tun konnte, war, meinen Schwarzen Elch und den alten Whitman zu nehmen und der Gegenwart ade zu sagen. Die Gespräche der Studenten hatten ein einziges Thema: Zugreifen. Die Zeit zum lohnenden Zugreifen wurde knapp: man brauchte sich bloß den Dollar, die Bodenschätze, die Welt, das Land anzusehen. Die Studenten glaubten an das Evangelium des Mitnehmens und folgten zwei Regeln: a) was weniger war als mehr denn genug, war nicht genug; und b) war alles, was nicht taxierbar war, von zweifelhaftem Nutzen: Gemeinschaft, Erkenntnis, und so weiter. Portland, Lebwohl.

Ich fuhr weiter nach Vancouver, Washington, einst Hauptstützpunkt der Hudson Bay Company im Nordwesten – mit Handelsverbindungen nach Russisch-Alaska und Spanisch-Kalifornien. Trotz des zeitlichen Vorsprungs war die alte Stadt nicht in der Lage, mit der neuen Gründung jenseits des Flusses, deren Name durch Münzenwurf zustande kam, Schritt zu halten. In Vancouver verlor ich den Highway, fand ihn wieder, und fuhr ostwärts auf der Staatsstraße 14, den Columbia hinauf, bis er seine große Biegung nach Norden machte. Ich hätte annähernd das gleiche Ziel auch mit der I-80 auf der Südseite des Flusses, dem berühmten Columbia Gorge Highway erreicht (»Kodak auf Schritt und Tritt« hieß der alte Slogan, und selbst Meriwether Lewis hatte sich eine camera obscura gewünscht, um die Schönheit einzufangen); aber da hätte ich die Abgase der Trucks einatmen müssen. Statt dessen roch ich auf dem blauen Highway 14 den frischen Geruch von etwas wie menschlichen Exkrementen. Bei Camas, wo ein Farmer seinen Traktor am Feldrand abgestellt hatte, um eine Sämaschine aufzufüllen, hielt ich an.

»Was ist das für ein scheußlicher Geruch?«

»Was für'n Geruch?«

»Wie Jauche.«

»Das ist die Papierfabrik Crown-Zellerbach.«

»Und da können Sie arbeiten?«

»Ich arbeite nicht da.«

Damit war meine Frage beantwortet. In seinem Verlauf über das steil hüglige Land kurvte der Highway wieder und wieder auf und ab und eröffnete horizontweite Blicke auf Fluß und Berge. Die Kraft des Columbia zeigt sich an der tiefen, weiten Schlucht, die er durch die massive Bodenerhebung gegraben hat; der Flußboden liegt hier siebzig Meter unter dem Meeresspiegel, aber der Columbia hält den Pazifik ab. Obwohl sich das Gebirge Hunderte von Meilen weit nördlich und südlich der Flußufer erstreckt, gibt es nirgendwo sonst in den Cascades eine Öffnung wie diese.

Bei Skamania kletterte die Straße so weit über das Flußtal hoch, daß die Scheunen wie Monopoly-Hotels aussahen und Motorboote Spielzeugkreisel waren. Im Osten stand der Beacon Rock, ein monumentaler, dreihundert Meter hoher kannelierter Monolith aus versteinerter Lava. Lewis und Clark haben hier auf dem Hin- wie auf dem Rückweg ihr Lager aufgeschlagen. In Portland hatte ich De Votos gekürzte Edition ihrer Tagebücher gekauft, so daß ich dieser einzigartigen Expedition von Männern und einer Frau, von Weißen, Roten und Schwarzen, stromaufwärts folgen konnte. Wer in Amerika befürchtet, daß schriftliche Ausdrucksfähigkeit abnimmt, findet in diesen Berichten einen weiteren Beleg. Meriwether Lewis und William Clark haben ihre nach wie vor wichtigen historischen und anthropologischen Aufzeichnungen klar und prägnant abgefaßt, obwohl sie oft unter mühseligen und gefährlichen Bedingungen schrieben. Wer von den Astronauten hätte in unseren Tagen irgendwas von sich gegeben, das sich an Bedeutung oder Sprachgewalt damit vergleichen ließe?

Um die vulkanischen Felsen längs des Highways schwirrten Klippenschwalben, die sich mit ihren spitzen Flügeln irgendwie in der Luft hielten. Hohe Grate senkten sich quer zum Columbia hin als langfingrige Vorsprünge, die von engen Tunnels durchlöchert waren und gelegentlich Bogenfenster mit Blick auf den Fluß hatten. Über jedem Tunnel dasselbe Datum: 1936. Auf dem Highway 14 im Schnee zu fahren, müßte entsetzlich sein, aber an einem klaren Tag tat es wohl, eine Straße zu haben, die nicht bis zur Ödigkeit sicher war. Es tat gut, über einen Highway zu fahren, den die Amerikaner heute nicht mehr bauen würden.

Bei North Bonneville steht der erste der riesigen Staudämme, die das Ingenieurcorps im Abstand von etwa achtzig Kilometern in den Columbia gesetzt hat, wodurch einer der größten Flüsse der Hemisphäre in eine Treppe von Seen verwandelt wurde, auf denen Außenborder rumbrummen. Im Unterschied zum Unterlauf des Columbia hätten Lewis und Clark ihn oberhalb von Bonneville nicht wiedererkannt. Stromschnellen und Wasserfälle, wo die Indianer einst Fische mit Speeren fingen, lagen unter einer Schicht von Unrat; Sandbänke und Wirbel, Strudel und Sogstellen waren verschwunden, und der Aufruhr des Wassers – Strömung gegen Stein –, diese uralte Stimme des Flusses war verstummt.

Natürlich gab es eine neue Stimme: das Grummeln der Turbinen. Der Columbia und seine Nebenflüsse liefern ein Drittel der gesamten Stromenergie, die in den Vereinigten Staaten aus Wasserkraft erzeugt wird. Die Dämme sorgen auch noch für andere Dinge, nach Auskunft des Corps: für Bewässerung, Hochwasserkontrolle, Stauseen für Schiffahrt und Erholung. Aber die Ingenieure sagen nichts davon, daß die Turbinen zehn Prozent der jungen Lachse auf ihrem Weg flußabwärts verstümmeln oder töten, und davon, daß die ausgewachsenen Fische, die zum Laichen aus Alaska und Rußland zurückkehren, durch den hohen Stickstoffgehalt des aus den Überlaufrinnen in die tiefe-ren Becken fließenden Wassers geplatzte Blutadern in den Augen und eitrige Blasen unter den Schuppen bekommen. Die Dämme seien notwendig, behauptet das Corps, und gegen Notwendigkeit kann man nicht argumentieren; trotzdem glaube ich nicht, daß Lewis und Clark oder die alten Chinooks sich viel aus Bonneville gemacht hätten. Aber schließlich sind sie tot, wie der alte Fluß.

Beim Lunch in White Salmon sah ich auf der Karte, auf dem Nordplateau fast im Schatten von Mount Adams, eine Stadt namens Liberty Bond.

Keine Frage, wohin es nun weiterging. Der Highway hatte keine Nummer und nach ein paar Meilen auch keinen Asphalt mehr. Das Land und die Bäume wurden höher, aber die Gegend fing an, nach Wüste auszusehen, und die Straße blieb eine staubige, einsame Angelegenheit.

Orientierungsversuch in Appleton, einem verwitternden Ort mit drei oder vier verwitternden Häusern und einer verwittern-den Schule. Hätte es sonst noch was gegeben, es wäre auch ver-wittert. Niemand zu sehen. Ich fuhr wieder los. Dann ein plötzliches Klappern von Hufen und ein langes »Hallooh!« Ein Pferd wieherte, als eine Frau vor meinem Fenster in die Zügel griff. »Was suchen Sie denn?«

»Ich suche Liberty Bond.«

»Wen?«

»Nicht wen – wo. Eine Stadt. Liberty Bond.«

Sie hatte langes schwarzes Haar, locker über die Schultern. Muskulös und hübsch. Etwa fünfunddreißig. Sehr hübsch.

»Dacht' ich doch, daß Sie Liberty Bond sagten, aber ich konnt' mir nicht vorstellen, daß Sie davon wissen. Nur ein paar Leute hier wissen von Liberty Bond.«

»Was ist denn daran geheim? Steht doch in meiner Straßen-karte hier.«

»Das ist ein Witz.«

»Sehen Sie selbst.« Ich reichte ihr den Atlas. Und ob sie

hübsch war. Haut glatt und weich und dunkel wie ein gut eingerittener Sattel.

»Das ist ja ein Ding«, sagte sie, »sehr seltsam.«

Es dauerte eine Weile mit der Orientierung. Gott sei Dank.

»Warum ist das ein Ding?«

»Liberty Bond gibt's gar nicht.«

»Aber Sie wußten doch davon.«

»Es ist weg. Zusammengefallen. Sieht aus, als wenn die Posaunen von Jericho geblasen hätten. Alles ausgeweidet bis auf den letzten Türknauf. Sogar die Schlüssellöcher abmontiert. Alles, was sie nicht geklaut haben, ist verschwunden. Auf dieser Seite der Cascades verrotten die Dinge nicht – sie verschwinden. Ich weiß es, unsere Ranch ist gleich hinter dem Hügel.«

»Wie lang ist es schon weg?«

»Jahre. Jahre und Jahre. Was wollen Sie denn da oben?«

»Wollte nur mal sehen, was in einem Ort los ist, der Liberty Bond heißt.«

»Fürchte, für den kommen Sie zu spät.« Sie schnellte die Zügel, und das Pferd setzt sich in Gang. Ich fuhr nebenher. Sie war eine Frau, die den direkten Blick eines Mannes ohne Dreistigkeit und ohne Gewöhnlichkeit erwidern konnte.

»Wie wär's, wenn Sie mich auf die Ranch mitnähmen?«

Sie lachte. »Was fällt Ihnen ein?« Einen Moment lang sah ich den Salon einer Ranch vor mir, niedriges Licht durch die Jalousien, das Leuchten von Whiskey in Schwenkern, einen tiefen Spalt und einen Ansatz von Lende. Sie lachte: »Für da ist es auch zu spät.«

»Sie sehen nicht wie verschwunden aus.«

»Könnt' aber sein.« Sie brachte das Pferd in einen Trab.

»Dann sagen Sie mir noch eins. Komm' ich auf dieser Straße Richtung Osten an den Highway 14?«

»Wenn Sie Geduld haben und keinen falschen Abzweig nehmen.« Sie schnalzte die Zügel, und das Pferd stob über eine Wiese davon. Das schwarze Haar im Wind, winkte sie, ohne sich umzuschauen. Wo zum Teufel waren die alten Männer, die auf Veranden sitzen und schnitzen, diejenigen, die man klassischerweise nach dem Weg fragt, wenn man irgendwo im allerletzten Winkel gelandet ist? Seit Salt Creek hatte ich mich angestrengt, die Einsamkeit nicht aufkommen zu lassen. Jetzt hatte ich sie nicht mehr im Griff. Das Mädchen in Tennessee hatte recht: Wenn du von zu Haus wegrennst, nimm einen Hund mit...

8

Ich war down. Die Einsamkeit des Weitgereisten. Versuchs zu vergessen. Schau aufs Land; das ist auch Medizin. Hier schrumpften die Tannen, wenn sich die Wüste näherte, hier gab's offene Hügel mit Sagebrush, Goldastern und purpurner Lupine. Dann ein tiefer Einbruch im Hochland, wo tief unten der blau-grüne Streifen des Klickitat River liegt, der aus einem Gletscher auf dem Mount Adams strömt.

Etwas verdunkelte meine Windschutzscheibe just in dem Moment, als ich an den Rand des hohen Abhangs kam. Ich duckte mich, bremste scharf und lehnte mich raus, um zu sehen, was es war. Hätte ich mir denken können: Ein Mann war gerade mit seinem Drachenflieger vom Berg gesprungen.

Er drehte langsame Kreise über dem Klickitat und den Dächern des Dörfchens Pitt, das zweihundertfünfzig Meter weiter unten lag, dann eine Spirale zu einem ausgedehnten Anstieg, dreihundert Meter über dem Ort. Unter den Flügeln ausgestreckt, sich lehnend und auf die Seite schwingend, beschrieb er eine Acht, dann glitt er hinab, wenige Schritte über zwei Männer hinweg, die in der Nähe standen. »Reinstes Festessen, bis ich den Aufwind verlor«, rief er. Mit jeder Windung der Spirale sank er tiefer und wir sahen jetzt im Canyon auf den Flieger hinab. Nur seine Füße kamen noch unter dem roten Tuch hervor, das in eine möwenflügelähnliche Form gespannt war.

»Tolle Leistung«, sagte ich zu den Männern.

Einer nickte. »Das fliegendste Fliegen. Kein Lärm, kein Dreck.«

Sie fuhren den Abhang hinab, ich hinterher, in den Canyon hinein, durchs Dorf und über den Klickitat hinweg auf ein Luzernenfeld, wo der Flieger zu einer Landung einschwebte, die wirklich gehüpft wie gesprungen war und erst ganz zuletzt mit einem Umkippen endete. Es sah aus wie die verrückte Plumpslandung eines Gooney Bird. Wir rannten alle zu ihm hin. Als wir da waren, lachte er immer noch.

Alba Bartholomew redete schnell, während er seinen Flieger hochnahm und ihn aus dem Feld trug. Sein »Drachen« war ein Wills Wing Cross Country mit einem fünfzig Pfund schweren Dacron-»Segel« über einem Aluminium-Rahmen. Die einzigen Instrumente waren ein Variometer und ein Höhenmesser.

»Hast du oben den Habicht gesehen, Al?« fragte einer der Männer, Garland Wyatt.

»Nur gehört. Die bleiben dir im Rücken, bis sie sich auf dich stürzen. Bin froh, daß er heute nicht auf mein Gesicht gezielt hat.« Der andere Mann, Bob Holliston, fragte nach dem Wind.

»Nicht schlecht, aber ich konnte keinen gleichmäßigen Aufwind finden.«

Wyatt sagte: »Der Hochseilartist, der da neulich abgestürzt ist, Wallenda, sagte immer, der Wind ist der schlimmste Feind.«

»Feind und Freund«, sagte Holliston zu mir. »Unser notwendiges Übel. Die aufsteigenden Luftströmungen machen das Gleiten möglich. Sie machen es auch riskant. Wir fliegen oder sterben durch dieselbe Kraft.«

»Wie haben Sie damit angefangen«, fragte ich Bartholomew.

»Hab' einen Mann im Fernsehn beim Drachenfliegen gesehn. Da wußt' ich, ich müßte es probieren, also kaufte ich mir einen Bastelsatz, baute ihn zusammen und sprang von einem Hügel.«

»Von dem Hügel?« Ich wies auf den hohen Hang, von dem er gerade im Stil eines Flugsauriers heruntergeschwebt war. Alle lachten. »Pitts Berg ist ein Hang-drei-Hügel. Hang-vier ist das äußerste – wie Grand Canyon«, sagte Bartholomew. »Mein erster Flug war von einem Hang-0,1-Idiotenhügel.«

»Einundachtzig Leute sind letztes Jahr beim Drachensegeln ums Leben gekommen«, sagte Wyatt.

»Und wie überwindet man sich, diesen ersten Hüpfer zu machen?«

Bartholomew schüttelte den Kopf. »Weiß nicht. Schätze, ich wollte die paar hundert Dollar, die ich für die Geräteteile ausgegeben hatte, nicht einfach abschreiben. Ich weiß noch, daß ich vor Angst außer mir war. Aber eigentlich ging dann alles glatt, bis ich landete und fast zwanzig Meter Luzerne abmähte. Damals habe ich nur Abfahrtssegeln gemacht – einen Hügel runtergerannt und dann zu Boden gesegelt. Bei einem guten Flug war ich zwanzig Sekunden in der Luft, aber ich hab' auch 'ne Menge Schlittenfahrten erlebt, wo ich einen Hügel nur so runtergeholpert bin. Was Sie gesehen haben, war gleiten.«

Holliston, ein Bauunternehmer, der auch flog, wies auf den Pitt Hill. »Diese Kumulus-Wolken bedeuten warme Aufwinde. Wenn man eine Kumi richtig heißglühend erwischt, kann man sich wie an einem Korkenzieher fast aus der Atmosphäre winden. Wir nennen das ›aushimmeln‹.«

»Und wie fühlt man sich dabei?«

»Schwer zu beschreiben«, sagte Bartholomew. »Vielleicht ist frei das richtige Wort, oder magisch. Man kann's nicht fassen, was man da tut. Ich glaub', so fühlt sich ein Vogel. Oder Superman. Aber Abfahrtssegeln ist anders; wie ein Ritt beim Karneval. Rumms Bumms!«

»Man fühlt sich wie eine verletzte Gans, ehe man losschwebt«, sagte Holliston, »aber wenn sich das Segel füllt und man sich stabilisiert hat, ist es, als wenn einem Flügel gewachsen wären. Man kann den Drachen nicht sehen – nur die Erde oder den Himmel.«

»Haben Sie Angst?«

»Immer 'n Bammel bis man in der Luft ist, und ein bißchen auch dann. Man muß etwas nervös sein, sonst wird man übermütig und sorglos. Dann ist Feierabend.«

»Es ist eine Balance«, sagte Holliston. »Wir müssen bei jedem Mal etwas mehr riskieren, um besser zu werden und über das hinauszukommen, was wir in der Vergangenheit gemacht haben. Das Problem ist, daß wir nicht immer wissen, wann wir uns übernehmen. Wir müssen unsern Bravour-Instinkten trauen, ohne uns ihnen preiszugeben. Das macht es so schwer.«

»Sagen Sie«, fragte ich, »was würde denn passieren, wenn ich mich jetzt in Ihren Flieger hänge und nach ein paar Minuten Einweisung vom Pitt herunterspringe?«

»Vom Pitt?« Bartholomew zuckte die Achseln. »Sie würden's überleben, wenn Sie Ihren Naturinstinkten folgen, aber wahrscheinlich kommen Sie ziemlich verbogen unten an. Das sind fast dreihundert Meter von da oben – etwa so, wie wenn man von der Aussichtsplattform des Empire State Building springt.«

»Wegen der Wenden würden Sie das Steigen oder Segeln wohl nicht schaffen«, sagte Holliston. »Bei der ersten Wende würden Sie überziehen, und das wär's dann schon. Es braucht Zeit, bis man die Wenden raushat.«

»Ich hab' es mir von den Bussarden abgeguckt«, sagte Bartholomew. »Ich hab' gesehen, wie sie auf dem Fallwind-Bein verharren.«

»Sagen wir mal so«, warf Wyatt ein, »Al war der erste, der je vom Pitt los ist, und er hat schon zwei Jahre gesegelt, eh' er es versuchte. Der Absprung muß nahezu perfekt sein.«

»Mein erster wirklicher Drachenflug endete in einem See«, sagte Bartholomew, »was bei der Art, wie ich runterkam, wohl auch der sicherste Landeplatz war. In den ersten zwei Jahren bin ich tüchtig durchgewalkt worden: verrenkter Hals, umgeknickte Knöchel. Aber in den letzten vier Jahren hab' ich mich nicht mehr verletzt. Wobei ich alles andere als ein akrobatischer Typ bin. Ich würde aber trotzdem gern mal vom Mount Adams runtergleiten. Das wär' ungeheuer interessant. Das Problem da sind die scharfen Winde. Ich müßte meinen Drachen zweitausend Meter hoch zum Gipfel schaffen, was auf viertausend Meter hinausläuft, und hoffen, daß ein Wind da ist, aber nicht zu sehr da. Wenn ich je glaube, daß ich eine fifty-fifty-Chance habe, wegzukommen, werd' ich's versuchen. Verfolgen Sie mal die Zeitungen: tot oder lebend.«

»Ihr erster Sprung vom Pitt muß ja die Hölle gewesen sein.«

»Schlimmer als mein erster Flugversuch. Die Bergluft ist rauh – viel rauher als beim Wassergleiten im Kalifornien-Stil. Ich hatte gelesen, daß man eine gute Fluggeschwindigkeit erreichen müsse, um gegen Turbulenzen anzukommen, also wußte ich, daß ich mit Anlauf vom Berg mußte und nicht bloß springen. Ich stand da oben eine lange Zeit und machte mich gefaßt – auf alle Eventualitäten. Ich versprach mir, daß ich wie verrückt rennen würde. Drachenfliegen ist nicht wie Motorradfahren: bei uns heißt es: je schneller, desto sicherer. Ich hatte alles gelesen, was es übers Gleiten gab, was damals nicht viel war. Ich hoffte, ich würde mich dran erinnern, wenn es nottat. Unten auf der Straße standen Leute und sahen mir zu, und ich wußte, daß ich ein gutes Publikum hatte, wenn's schiefging. War nicht schlecht, bei einem spektakulären Sturz ums Leben zu kommen.«

»Wir hassen Publikum«, sagte Holliston. »Verdammter Applaus von schönen Mädchen.«

»Jedenfalls nahm ich Anlauf und sprang. Mein Herz ruhte sich da oben ordentlich aus, als es zu schlagen aufhörte. Mein ganzer Körper sagte: Wie konntest du mir das antun?«

»Die Technik war damals noch primitiv. Das Gleitverhältnis der ersten Drachen war ungefähr drei zu eins – drei Fuß horizontal für einen Fuß vertikal, *wenn* man wußte, was man tat. Diese Drachen waren fliegende Steine.«

»Dieser Flieger«, sagte Bartholomew, »hat einen Gleitweg von zehn zu eins. Vor acht Jahren war es schon was, wenn jemand eine Stunde oben blieb. Heute hängt die Zeit in der Luft mehr vom Wetter und vom Bizeps ab als von der Maschine.«

»Wie hoch kann man eigentlich kommen?«

»Weiß noch keiner. Ein Pilot hat es auf über dreitausend Meter gebracht, aber wenn man keinen guten Aufwind kriegt, sinkt man etwa dreißig Meter pro Minute. Bei einem Dauerbrenner – wer weiß? Ich bin mal eine heiße Säule bis zu siebenhundert Meter über The Dalles hochgeritten.«

»Siebenhundert Meter, nur an einem Stück Dacron hängend? Kein Fallschirm?«

»Nach dreißig Metern kann man ebensogut darauf verzichten. Bis auf ein neues Modell sind Fallschirme zu schwer und hinderlich. Ich würde mir sowieso keinen kaufen, weil ich versucht wäre, ihn auszuprobieren, und ich bin noch nie mit dem Fallschirm gesprungen. Und meinen Drachen wär' ich dann auch los.«

»Drachensegler sind nicht so fipsig wie sie aussehen«, sagte Holliston. »Die werden auf sechs G belastet, während eine Boing 747 nur drei aushalten muß. Natürlich ist das irgendwie relativ.«

Wyatt fuhr nach Haus, und Bartholomew rollte seinen Drachen ein und schnürte das Sieben-Meter-Bündel auf seinen Lieferwagen. Er sagte: »Kommen Sie doch mit uns.«

Holliston rollte mit den Augen: »Trophäen-Zeit.«

Alba Bartholomew lebte in Klickitat, einer Firmenstadt mit siebenhundert Einwohnern im engen Tal des Klickitat River. Sein kleines Holzhaus sah aus wie die andern in der Straße bis auf den Windsack, der auf dem Dach wehte. Er arbeitete in der Sägemühle St. Regis, wo er einen Stapler fuhr. Es war nicht der tollste aller Jobs. Die Mühle bezog ein gut Teil des Holzes aus dem Yakima Reservat zwanzig Kilometer nördlich. St. Regis war der Grund für Klickitat, und wenn erst Yakimas große Ponderosa-Bäume weg waren, so fürchteten die Leute, würde auch die Fabrik dichtmachen und Klickitat hätte dasselbe Los wie Liberty Bond.

Bartholomews Frau grillte Hamburger, und wir saßen im Vorgarten, redeten und tranken Olympia-Bier. Zuerst waren die Themen rein technisch – Flügelspannung, Bughöhen, Belastungsfaktoren –, aber nachdem wir gegessen und noch ein paar Bier getrunken hatten, bekam die Unterhaltung einen anderen Charakter. Vielleicht war es das Tumwasser im Bier.

Barholomew zeichnete die Skizze einer Tragfläche. »Heute sind die Drachenflieger Variationen eines Modells, das ein Mann namens Francis Rogallo um 1949 gebaut hat, obwohl die meisten Veränderungen in den frühen Siebzigern kamen, nachdem die NASA entschieden hatte, sie für die Landung von Raumfähren nicht einzusetzen. Eine neue Technologie für einen neuen Sport.«

»Die Gebrüder Wright fingen ja mit Gleitern an, aber die Idee ist älter«, sagte Holliston. »Leonardo da Vinci hat etwas skizziert, was wie die frühen Gleiter aussieht. Fünfhundert Jahre, eh' der Gedanke in die Praxis umgesetzt wurde.«

»Als ich damit begann«, sagte Bartholomew, »mußte man fast jedes Jahr einen neuen Drachen kaufen, um mit den aerodynamischen Veränderungen Schritt zu halten. Die neuen Modelle waren viel besser und sicherer.« Er holte eine Broschüre über das Drachenfliegen hervor. »Der Mann, der das geschrieben hat, ist durch einen Sturz jetzt gelähmt.« Er brachte das vor, als wenn er erzählte, daß der Mann Linkshänder sei.

»Wenn man lang genug dabeibleibt, muß ja mal was schiefgehen«, sagte ich.

»Wenn ich eine Münze neunundneunzig Mal werfe, und sie

14. Bob Holliston, Al Bartholomew und Garland Wyatt in der Nähe von Pitt, Washington

jedesmal mit dem Kopf nach oben zeigt, stehen die Chancen auch beim hundertsten Mal fünfzig zu fünfzig. Außerdem lerne ich bei jedem Flug was dazu, und Lernen erhöht die Sicherheit.«

»Das ist wahrscheinlich richtig«, sagte Holliston, »aber ich glaube, warum wir wirklich fliegen ist: es macht süchtig. Ein Rausch, alles auf eine Karte zu setzen. Wann immer wir losschwirren, fragen wir unbewußt die wichtigste Frage von der Welt – und fragen sie wirklich laut –: Ist dies mein Tag zum Sterben?«

»Man ist wirklich aufgeputscht, wenn man wieder runterkommt; es ist großartig, oben zu sein, aber hinterher fühlt sich die Erde so gut an und man denkt, daß man wieder einmal davongekommen ist. Immerhin hat es mich ein Jahr Praxis gekostet, eh' ich so weit entspannt war, daß ich das Segeln ein Vergnügen nennen konnte. Selbst Wasser ist ein natürlicherer Aufenthalt für den Menschen als der Himmel.«

»Man ist nicht schon ein Vogel, wenn man wie einer fliegt«, sagte Holliston, »aber man fühlt sich wie einer. Gibt ja keine Kabine um einen rum, so daß man den Wind spürt und hört wie die Vögel. Ältester Traum des Menschen.«

»Man hört den Wind, wenn man drinhängt?«

»Wehe wenn nicht, sonst überzieht man, und dann ist's Zeit fürs letzte Abenteuer. Man taxiert die Sicherheit, also Fluggeschwindigkeit, am Geräusch des Windes.«

»Es ist schwer zu erklären, wie gut man sich fühlt, da oben ganz allein, wo alles vollkommen von einem selbst abhängt. Wenn man nicht diese Freiheit erlebt hat und wie alle Sinne lebendig werden, kann man das Segeln nicht wirklich verstehen.«

»Obwohl Freiheit ein irreführendes Wort ist, denn wir sind nur so lange frei, wie wir Schwerkraft und Aufwinde ausbalancieren. Es ist, als wenn sowohl Himmel wie Erde uns wollen. Beide ziehen sie. Wir können so lange fliegen, wie wir die Dinger in der Balance halten, und das ist das eigentlich tolle Gefühl – wenn wir zwischen Rauf und Runter hängen.«

»Manchmal ist es wie – ich weiß nicht«, sagte Bartholomew geistesabwesend. »Manchmal komm' ich auf den Gedanken, ich kann da immer oben bleiben, wenn ich nur die Balance halte. Man kann so außer sich geraten, daß man bald glaubt, man gehöre in die Luft. Als wenn man da oben geboren wäre. Dann ist es am gefährlichsten – und am schönsten.«

»Sie hören sich an wie Ikarus.«

»Natürlich kann man die Balance nie bewahren«, sagte Holliston.

»Etwas kommt immer dazwischen und verändert die Sache. Das Unten bleibt doch immer Sieger.«

9

Ich folgte der Straße, die Straße folgte dem Klickitat, und der Fluß folgte dem felsigen Tal zum Columbia hinab. Bei The Dalles wieder ein Damm – dieser eingekeilt zwischen hohe Basaltwände. Ehe die Stromschnellen hier verschwanden, fingen die Indianer ein paar tausend Jahre lang Lachs, indem sie ihn mitten in der Luft aufspießten, wenn der Fisch zu seinen Sprüngen die Fälle hinauf hochschoß; die Klickitats räucherten den Lachs über Holzkohlenfeuer, pulverisierten das getrocknete

Fleisch und verpackten es als Wintervorrat in Weidenkörben, die mit Fischhäuten ausgelegt waren, oder sie banden den gegarten Lachs zu Bündeln und tauschten ihn mit anderen Stämmen. Der Fisch hielt sich monatelang, und manche landeten sogar bei Indianern, die östlich der Rockies lebten.

Die Cascades boten so reiche Fischgründe, daß Lewis und Clark The Dalles »den Großen Markt der ganzen Gegend« nannten. Die Eingeborenen fanden eine neue Verdienstquelle, als die weißen Händler mit Booten ankamen, die über die Wasserfälle hinweggetragen werden mußten. Ein Pelzhändler beschwerte sich, gleich vielen der frühen Reisenden, darüber, daß die Indianer zwar freundlich, aber »gewohnheitsmäßige Diebe« seien; aber er bezahlte fünfzig Kriegern, die seine schweren Boote eine Meile flußaufwärts tragen sollten, nur je einen Priem Kautabak.

Östlich des Damms sah das Land aus, als wenn jemand eine Nord-Süd-Linie gegen grünendes Leben gezogen hätte: im Westen Waldstücke; im Osten eine hügelige Wüste, nur mit Gestrüpp und trockenem Gras. Das feuchte Küstenland war vorbei. Kurz vor Sonnenuntergang, im letzten langen Streifen Licht, sah ich auf einem großen, abgerundeten Hügel etwa hundert Meter über dem Fluß einen seltsamen Haufen senkrechter Felsen. Er sah wie Stonehenge aus. Als ich näher kam, sah ich, daß es Stonehenge war – in perfektem Nachbau. Ich verließ den Highway und fuhr zu den Pfirsichhainen am Uferland hinab, von wo ein Feldweg hügelan zu den Steinen führte. Sie standen etwa hundert Meter von etlichen zusammengefallenen Gebäuden entfernt.

In Wahrheit war der Kreis von Menhiren ein Eisenbeton-Henge, aber er war auf seinem Hügel ebenso faszinierend wie das richtige Stonehenge in der Salisbury-Ebene. Von dort aus konnte ich den Fluß sehen, mit dem Lewis und Clark den Nordwesten erschlossen und ein neues Nationalbewußtsein erweckt hatten; ich konnte weit hinüberblicken bis auf ein Uferstück des Oregon Trails, der jetzt unter der I-80 begraben lag. Die untergehende Sonne warf ein unirdisches Licht auf die fünf Meter hohen Megalithe und verwandelte die riesige Pyramide des Mount Hood, achtzig Kilometer weit weg, in ein schwarzes

Dreieck. Wieder empfand ich die merkwürdige Verschmelzung der Zeiten – der Vergangenheit mit der Gegenwart –, die auch die Petroglyphen von Nevada heraufbeschworen hatten.

Ein abblätterndes hölzernes Schild besagte, daß ein Mann namens Sam Hill, Straßenbauer und Eisenbahnmagnat, dessen Grab unten am Hang war, diese Nachbildung in den zwanziger Jahren als Denkmal für Landser gebaut hatte, »die dem heidnischen Gott des Krieges geopfert wurden«. An verschiedenen glatten Schrägen im Beton gab es fast unsichtbare Kritzeleien anderer Besucher: A. J. WILSON NEW YORK CITY. HALLO DOFIE. 1936. BOB UND JANEY WAREN HIER! Das Monument war zu einem Register geworden, und die Inschriften verliehen ihm eine historische Authentizität, die die imitatorische überdeckte. Das zwanzigste Jahrhundert hatte aus den Steinen ein Äquivalent zu den Steinzeichen geschaffen.

Ich las ein abgepelltes Polaroid-Negativ auf – das totemähnliche Opfer des amerikanischen Touristen. Kaum sichtbar war das spiegelverkehrte Bild einer Frau, die vor einem der Monolithe stand, die Arme hochgereckt und den Kopf nach links gesenkt wie bei einer Opferhandlung. Sie war unbekleidet. Ein Scherz – das muß es gewesen sein. Aber im Halblicht einer verschwindenden Sonne, die einen weiteren Tag in ihrem Zweihundertfünfzig-Jahrmillionen-Kreis um die Milchstraße vollendete, und beim Einbruch einer kalten Stille in das Wüstenplateau bekam die Frau mit den Hängebrüsten eine tiefere Bedeutung.

Die Hügel wurden dunkel, der Vulkan verschwand vor dem schwarzen Himmel, eisblaue Sterne leuchteten so dick wie Sprenkel auf einer Forelle. Ein paar Lichter von Biggs, Oregon, einige Meilen jenseits des Flusses, glitzerten im glatten Wasser.

Wieder die Einsamkeit. Jetzt hatte ich nur noch die Idee, daß die Reise mich aufrecht hielt. Der Schwarze Elch sagt, es sei die dunkle Welt zwischen den vielen changierenden Schatten, in der sich die Menschen verlieren. Vielleicht ist alles, was der Mensch, anstelle von Einsicht, gewinnt, nur die Kraft, für eine Weile umherzuziehen. Vielleicht ist die einzige Gabe eine Chance, etwas zu erkunden, doch nichts sicher zu wissen. Eine Mitgift des Staunens und nicht mehr.

Die Sterne leuchteten mit einer Klarheit, die ich noch nie

erlebt hatte. Ich schaute – und sah sie förmlich – in die Vergangenheit. Indem ich hoch in die Dunkelheit blickte, blickte ich in die Zeit. Das alte Licht vom Beteigeuze, fünfhundertzwanzig Lichtjahre entfernt, zeigte den Stern, der da war, als Christoph Columbus ein Junge war, und der Beteigeuze, den er sah, war jener, der gebrannt hatte, als die Wikinger den Atlantik überquerten. Für den Beteigeuze von heute müßte jemand anders das Hinschauen übernehmen. Die Vergangenheit ist für die Gegenwart, die Gegenwart für die Zukunft da.

Die Astronomen sagen, wenn erst Teleskope mit größerer Reichweite gebaut werden, die bis in die Milliarden von Lichtjahren entfernten Krümmungen des Universums hineinsehen können, dann würden sie vielleicht Existenz aus der Zeit der Schöpfung zeigen. Und wenn die Astrophysiker und zahllose Indianer mit ihrem Glauben recht haben, daß ein Menschenwesen aus zersprengten Stückchen himmlischer Materie, aus Milliarden galaktischer Atome besteht, dann können die Astronomen uns wohl alle in den stellaren Winden wahrnehmen. Zu einer Zeit, da die Menschen nur sieben Planeten zählten, hat es Whitman erkannt:

> Weit in der Tiefe seh ich das erste Nichts, wo auch
> ich einmal war;
> ich wartete ungesehen und durchschlief den
> lethargischen Dunst,
> und nahm mir Zeit.

Aus dem Wüstengestrüpp kam ein trockenes Rascheln – ein Skunk, Kaninchen, Coyote. Ich wußte nicht was, aber es zog mich zu Sam Hills Stonehenge zurück, das jetzt nur noch ein Kreis von Schatten war. Die Menschen, die das englische Stonehenge errichtet hatten, benutzten es als Zeitmaschine, bei der das Licht der Sterne – das Licht der Vergangenheit – ihnen eine Zukunft aus Tagundnachtgleichen, Sonnenwenden und Eklipsen anzeigte. Quer durch Amerika hatte ich nach etwas Ähnlichem Ausschau gehalten. Ein alter Drang im Menschen. Es schien, als hätte die Reise hierher geführt.

Was war dies für ein Stück Erde, auf dem ich stand? Achtzig Kilometer entfernt erhob sich der uralte Vulkan, der jenen glich, die die erste Atmosphäre ausgestoßen hatten, und unter mir lag der vulkanische Basaltfelsen, den der Fluß zerschnitten hatte; Tausende von Jahren hindurch waren Chinooklachse und Ketalachse und Alaskalachse stromaufwärts geschwommen, um sich fortzupflanzen; und die Indianer waren den Lachsen gefolgt; und dann kamen neue Leute den Fluß entlang, die alles wollten. Nach Süden zu lag der Oregon Trail unter vier Spuren Beton, die von den gelben Positionslampen des Lastwagenverkehrs markiert wurden; ebenfalls im Süden glitzerten die Gleise der Union Pacific-Eisenbahn. Im Norden zerfiel eine Geisterstadt, und um mich war ein Kreis aus Steinen für die Toten des ersten Krieges, der ein »Weltkrieg« genannt wurde.

Der Astronom Edwin Hubble beobachtete eine Galaxie, die sich mit anderthalb Milliarden Kilometern pro Stunde von der Erde wegbewegt, und er schloß daraus, daß sich das Universum ins Leere ergießt. Mag sein, aber die Dinge, die ich auf dem Berg sah – und andere, die ich nicht sah –, waren alle für kurze Zeit zusammengekommen, während ich Zeuge war. Jetzt sagen die Atomphysiker, die Leute, die dem Tanz des Universums zusehen, daß man in Verfolg der Materie nicht so sehr bei Dingen als bei Verkettungen endet – Verkettungen, die den Einzelheiten nicht nur ihre Bestimmtheit, sondern (was mehr ist) ihren Belang, ihre Bedeutung verleihen. Whitman: »Eine weite Ähnlichkeit verkettet alles«.

Wer kann sagen, wie ein Mensch zu sehen lernt? Ich schien von Grabmälern umgeben: der Vulkan tot, der Basalt gehärtet, der schnelle Fluß aus Katarakten ertränkt, die Indianer und Entdecker und Siedler und dreizehn Infanteristen und Sam Hill auch (sein Grabstein sagte: »Er suchte Ruhe inmitten der großen Unruhe der Natur«) –, sie alle in ihren Gräbern. So nämlich sieht der Mensch das Kontinuum: durch die Spuren, die es hinterläßt.

Sie alle – Fels und Mensch und Fluß – widerstanden dem Wechsel, widerstanden dem Kommen ebenso wie dem Gehen. Mount Hood erwärmte sich und erhob sich langsam, brach die Ebene auf und kühlte langsam über der Ebene ab und begrub sie wieder. Die Dinge leisten Widerstand gegenüber der Veränderung, während Prozesse der Widerstand gegen den Stillstand sind; aber Dinge und Prozesse sind eins, und die Linie vom Anorganischen zum Organischen und wieder zurück ist durchgängig und ohne Bruch.

Die Geistertänzer bewiesen sowohl die natürliche Opposition des Menschen gegen Veränderungen, die er nicht versteht, als auch seine natürliche Niederlage bei solcher Opposition. Aber es liegt im Menschen, daß er zu verstehen versucht, wie alle Dinge aus dem alten, grellen Licht hervorkommen und wie sie in der Dunkelheit der Materie gerade solange verharren, daß sie sich in Energie zurückverwandeln können; – mithin auch zu verstehen, daß Unveränderlichkeit Bedeutungslosigkeit wäre, und zu wissen, daß die einzige Weise, wie sich das Universum zeigen und erweisen kann, die durch Veränderung ist. Aufgabe des Menschen ist es, das zu tun, was er allein tun kann: sich umschauen und die Zeit nutzen.

Der Mensch lebt in den Dingen, und die Dinge bewegen sich. Und er vermag sich nur auf so kurze Frist von ihnen zu lösen, daß es kaum der Rede wert ist. Wenn diese Einsicht die Egozentrik schwächt, die Illusion menschlicher Existenz, dann vergrößert sie zugleich sein Selbst, jenen vielfältigen und doch zusammenhängenden Teil, der er war, sein wird und ist. Das Ego, auf Unterscheidung aus, gehört zur Enge des Jetzt; aber das Selbst, das nach Vereinigung strebt, gehört der Vergangenheit und der Zukunft, dem Kontinuum, der Außenwelt an. Von allen Visionen der Vorväter ist diese die größte: *Um den höchsten Einklang zu suchen, blickt ein Mensch nicht tiefer in sich hinein – er greift weiter hinaus.*

10

Das Licht, sich sacht ausbreitend an jenem Morgen, kam gleichsam zu Fuß über die Hügel, hier eine Mulde ausfüllend, dort einen Schatten vertreibend, schrittweise an den Formen und Farben des Tages arbeitend. Es bleichte die grauen Ostseiten der Megalithe und rollte einen Schatten wie ein großes Speichenrad die steile Böschung hinab; der Schnee auf dem Mount Hood ging im Spektrum von Gelb zu eisigem Weiß über.

Ich spazierte durch das, was von den Straßen der Geisterstadt übriggeblieben war: ein steinerner Brunnen, ein paar Hydranten, vier Gebäude aus Felssteinen. Ein Denkmal hier in der Isolation ergab ja noch einen Sinn, aber nicht eine Stadt, also fuhr ich auf dem Highway wieder zurück zum Maryhill Museum der Schönen Künste (was auch keinen Sinn ergab), nach dem Warum und Wieso zu fragen.

Sam Hill hatte viele Pläne – manche gewitzt, manche Kokolores –, und er hatte Geld, sie auszuprobieren. Sein Plan für Maryhill, Washington (zuerst Columbus genannt), war, eine schmale Zone zu finden, wo die Küstenregen auf Wüstensonne träfen; dieser Gürtel, glaubte er, würde ein landwirtschaftliches Eden werden. Zu Beginn des Jahrhunderts entschied er, daß die Columbia Hills die richtige Stelle wären, und er entwarf eine Stadt mit vierunddreißig Häuserblocks, baute ein Wasserreservoir und ein paar Häuser. Ein paar belgische Quäker brachte er dazu, sich die Ansiedlung zu überlegen, aber ihr Vortrupp sah, kam und ging. Für sie war Hills Eden die Fiktion eines phantasievollen Straßeningenieurs, der, wenn's um Ackerwirtschaft und Klimakunde ging, mehr von Theorie als von Praxis verstand. Und sie hatten recht. Die Stadt lag im Regenschatten der Cascades.

Hill baute aber weiter am großen und kostspieligen steinernen Herrenhaus, das oft, einigermaßen berechtigt, »Maryhill Castle« genannt wurde. Einmal sagte er, es wäre für seine Frau Mary, aber sie weigerte sich offenbar, den Ort auch nur zu besuchen. Bei verschiedenen andern Gelegenheiten sagte er, Maryhill werde a) eine Festung gegen ausländische Eindringlinge sein, oder b) ein Kulturzentrum, das von seiner Northern Pacific-Eisenbahn bedient würde, die am Columbia entlangfuhr und mit der Union Pacific jenseits des Flusses konkurrierte, oder c) »eine universale Schule für alle Leute ... wo Farmerfamilien Lösungen für ihre Probleme finden könnten«, oder d) ein internationales Museum, was es dann auch wurde, wenn Amerika und Rumänien zusammen »international« ergeben.

Was die Stadt anging, so schenkte Hill schließlich das Versammlungshaus zwei Engländerinnen, die jahrelang in seinen Diensten gestanden hatten, und sie machten den Meadowlark

Inn auf, ein Lokal mit gutem Essen und Ruhe. Aber Hill starb, die übrigen Gebäude fielen ein, das Reservoir versandete, die Frauen starben, und 1958 brannte das Lokal ab. Hills Traum war ausgeträumt, und jetzt war der Wüstenhang, bis auf Museum, Monument und die kaputten Mauern, wieder so leer wie eh und je.

Wieder auf dem Highway: bei einem Haufen zugesperrter Gebäude namens Roosevelt merkte ich, daß mein Benzin fast alle war. Die nächste Stadt, laut Atlas, war Moonax, acht Kilometer entfernt. Nach sechzehn Kilometern McCredie, nach fünfundzwanzig Alderdale, nach dreißig Whitcomb. Ich fuhr unbesorgt. Aber Moonax war ein weiteres Liberty Bond. McCredie genauso. Die Nadel ging runter. Tankstellen sah ich – aber die lagen anderthalb Kilometer weiter südlich jenseits des brückenlosen Flusses. Kein Alderdale. Ich hielt die Tachometernadel bei 70 und meine Arme fest ums Lenkrad. Ein Handelsvertreter hat mir mal erzählt, daß man noch meilenweit mit leerem Tank fahren kann, wenn man Arm- und Beinmuskeln fest genug anspannt. Und darauf lief es wohl hinaus. Whitcomb gab es, mehr oder weniger, aber die Tankstelle hatte an Sonntagen geschlossen. Paterson, die letzte Hoffnung. Wenn auch das eine Geisterstadt war, würde ich das Weitere über diese ausradierte Landschaft zu Fuß erkunden. Ich fuhr, verkrampft vom Scheitel bis zur Sohle, und wartete auf das elende stumme Austrudeln. Von den einhunderteinundsiebzigtausend Tankstellen im Land brauchte ich nur eine.

Paterson, unterhalb der Horse Heaven Hills gelegen, hatte eine offene Zapfsäule, wo ich fast hundert Liter einfüllte. Die Ängste machten sich bezahlt. Ich erzählte dem Tankwart – einem griesgrämigen Burschen, der in der Fäulnis seiner Vorderzähne Pilze hätte züchten können – von meiner Suche nach Moonax. Zwei fette Frauen mit Gesichtern, als hätten sie sie in einem Billigmarkt gekauft, brachen auf ihren Aluminiumstühlen in Lachen aus.

»Moonax! Moonax! Moonax!« krähte eine nach der andern.

»Moonax«, wiederholte ich. Ich hätte ebensogut »Mongolei« sagen können. McCredie zu erwähnen, brachte ich nicht übers Herz.

»Da kommst du fünfzig Jahre zu spät, Schätzchen«, sagte eine.

»Moonax ist nix wie'n Loch im Boden.«

Ich kletterte ins Auto. Aus dem dreckigen Raum rief jemand »Moonax«, und sie fingen wieder an zu lachen. Vielleicht konnte ich den Beteigeuze am Firmament unterscheiden, aber Moonax nicht von einem Loch im Boden.

Bei Umatilla, Oregon, fuhr ich über den Columbia und die große Biegung des Flusses hinauf in eine Landschaft, wo der Sagebrush über Menschengröße hinauswuchs. Der Highway kurvte wieder nach Norden und nach Washington hinein und mündete in die U.S. 12 bei der neuen Ortschaft Wallula, einer Stadt, die versetzt werden mußte, als der McNary-Damm einen Abschnitt des Columbia in den Wallula-See verwandelte.

Das alte Wallula war eine jener Flußsiedlungen, die man überall im Lande finden kann und die wegen ihrer geographischen Lage zu Schlüsselstädten prädestiniert sind. Am Zusammenfluß des Walla Walla mit dem Columbia gelegen und nur ein paar Meilen flußabwärts von den Einmündungen des Snake und Yakima in den großen Fluß, war das alte Wallula ein wirkliches Wasser-Treffen (der Name kommt möglicherweise von den Nez Percé-Indianern und heißt »reichliches Wasser«), obwohl man jenseits der Flüsse nur Wüste sieht. Mitten auf dem Idaho Goldrausch-Trail sitzend, hatte Wallula einen guten Start: Bootsverkehr, Kutschentransport, Eisenbahnen, zwei Highways. Aber Geld und Geschichte kamen durch, hielten an und zogen weiter.

Die Zukunft ging ostwärts nach Walla Walla (»kleines schnelles Wasser«) mit seinen vielen kleinen Bächen anstelle schiffbarer Flüsse. Außenstehende mögen über den Namen lachen, bis sie den ursprünglichen erfahren: Steptoeville. Walla Walla, eine angenehme kleine Stadt mit efeubewachsenen College-Gebäuden, war überhaupt nicht so, wie man sich einen Ort mit einem Namen vorstellt, der wie Babygestammel klingt.

Die Straße führte um die Blue Mountains herum ins Palouse, eine der landschaftlich bemerkenswertesten Gegenden in Amerika. Die baumlosen, abgerundeten Hügel, die von Eis und Wind und Wasser zu sinnlicher Nacktheit modelliert worden sind, waren mit einem grellgrünen Flaum von Winterweizen überdeckt. Dieses fruchtbare Hochland, das steilste amerikanische Ackergebiet, ist so ausgedehnt und ergiebig, daß man zur Bearbeitung Spezialmaschinen gebaut hat: zwölfrädrige, sich waagerecht haltende Traktoren und Mähdrescher, die Steigungen von dreißig Grad bewältigen.

Ins Palouse nahm ich die Staatsstraße 126, ein schottriges, enges und heikles Stück hochgelegener Straße, das die Hügel und grasbewachsenen Schluchten mit Bravour durchquerte und dabei herrlich weite Blicke auf das wellige Land bot, ehe sie wieder zur U.S. 12 am Pataha Creek entlang hinabtauchte. Dann über niedrige Berge und zu einem flachen Becken hinunter, wo der Clearwater River in den Snake mündet. Auf der ganzen Strecke kauerten Chukars längs der Bankette, um sich jäh in Deckung zu begeben, sobald ich mich näherte.

Ein paar Meilen südlich der Straße kam der Snake River aus dem 1600 Meter tiefen Hells Canyon, das so unzugänglich ist wie nur irgendein Ort im Lande. Nördlich des Highway lief der Fluß, der von den Reisenden La Maudite Riviere Enragée, der verdammte verrückte Fluß, genannt wurde, wieder in einen Canyon hinein, der siebenhundert Meter tief und fast genauso unzugänglich war. Es war, als ob der Snake, dessen Lauf durch so schwieriges Terrain geht, daß die Forscher erst 1970 seine wirkliche Quelle festgestellt haben, aus der Unterwelt hochklettert, um den Himmel zu sehen, und gleich wieder wegtaucht.

Am Ostende des Clearwater-Beckens liegen die Zwillingsstädte Clarkston, Washington, und Lewiston, Idaho. Clarkston hieß mal Jawbone Flats, bis es Vineland wurde, dann Concord (klar doch, die Reben); 1900 nahm die Stadt den gegenwärtigen Namen an als Pendant zu Lewiston jenseits des Flusses. Die historische Paarung (nach Clark und Lewis) ist ja nett, aber gebt mir Jawbone Flats wieder.

Ein paar Meilen am Clearwater stromaufwärts hatten Lewis und Clark auf der Heimreise nach Osten für ein Essen mit den Nez Percé, Clarks Lieblingsstamm, Rast gemacht. Die Entdekker, deren Tauschwaren fast aufgebraucht waren, mußten Kerzen aus Bärenfett essen und ihre Mantelknöpfe abschneiden, um sie gegen Hunde und Pferde einzutauschen; die schlachteten sie, wenn die Jäger mit leeren Händen zurückkamen. Aber mehr noch als Knöpfe oder Tabak waren bei den Indianern Clarks medizinische Fähigkeiten gefragt; er konnte Wunden versorgen, Abszesse drainieren, Schmerzen lindern. Clark schrieb: »In unserer gegenwärtigen Situation ist es, denke ich, verzeihlich, wenn wir diese Täuschung (als Arzt) aufrechterhalten, denn sie geben uns keine Lebensmittel ohne Gegenleistung.«

Nachdem er einen Indianer behandelt hatte, setzte sich Clark mit der Gesellschaft nieder, um gebratenen Hund, getrocknete Wurzeln und Wurzelbrot zu essen. Er beschreibt die Mahlzeit:

»Während des Essens warf ein Indianerbursche sehr frech einen halbverhungerten jungen Hund auf den Teller von Captain Lewis, als Hohn darüber, daß wir Hundefleisch verzehrten, und lachte herzlich über seine eigene Impertinenz. Captain Lewis war über diese Unverschämtheit so aufgebracht, daß er den Hund nahm und ihn mit großer Heftigkeit auf den Indianer schleuderte, ihm gegen die Brust und ins Gesicht schlug, seinen Tomahawk ergriff und ihm durch Zeichen klarmachte, daß er ihn damit erschlagen würde, wenn er seine Frechheit wiederholen würde. Der Bursche zog sich zu Tode verängstigt zurück, und wir setzten unser Essen ohne weitere Belästigung fort.«

Dank solcher Kombination aus Kühnheit und Menschenfreundlichkeit (und etwas Magie mit Streichhölzern, Magneten und Vergrößerungsgläsern) brachten Lewis und Clark ihre kleine Gruppe 26 Monate lang durch zwölftausend Kilometer Wildnis und verloren nur zwei Indianer und einen Soldaten (offenbar durch eine Blinddarmentzündung; Lewis selbst wäre beinah umgekommen, als ein halbblütiger Bootsmann, Peter Cruzat, ihn für einen Elch hielt und in den Rumpf schoß). Noch fünfundsiebzig Jahre nach den ersten beiden Begegnungen mit dem Expeditions-Corps bekämpften die Nez Percé die Weißen nicht, weil die Anführer sich dabei so umsichtig verhalten hatten.

Lewiston sieht nach Meinung einiger Einwohner wie eine europäische Gebirgsstadt aus – wegen der alten Backsteinhäuser, die ins Tal gezwängt sind. Mag sein, aber die gelbe Staubwolke aus der Potlatch Spanplattenfabrik am Clearwater, die über dem Ort lag, gab ihm das Aussehen irgendeiner Stadt mit spezieller

Industrie. Ein Potlatch war übrigens ein zeremonielles Fest der im Nordwesten lebenden Indianer, bei dem der Gastgeber entweder wertvolle Gegenstände verteilte oder seine eigenen zerstörte, um seinen Reichtum zu beweisen. Zu welchem Schluß die Potlatch-Gesellschaft gekommen war, kann ich nicht sagen.

Die alte U.S. 95 den Lewiston Hill hinauf, siebenhundert Meter quälenden Anstiegs, ist eine so beängstigende Strecke, daß die Autofahrer, wenn sie da lang müssen, oft ein paar Extraunterhosen mitnehmen. Selbst die Ingenieure der neuen Straße haben sich dem »Hügel« nur höchst widerwillig genähert und sie so weitschweifig trassiert, als ob sie Steigung und Gefälle möglichst vermeiden wollten. Aber wenn man erst einmal oben ist, sehen die Straßenstücke wie Rinnsale aus, die das große Becken unten erreichen wollen.

Oberhalb des Hügels bekam das Land wieder das sanfte, wogende Gesicht des Palouse, und grüne Weizenfelder wechselten ab mit gepflügtem braunem Brachland. Ein paar Bäume standen in den tiefen Mulden, die jetzt in der Dämmerung blau wurden; sonst war der Horizont eine geschmeidige Verkettung von Hügeln, die so fruchtbar waren wie die Täler. Als die Siedler hierherkamen, fanden sie das Palouse mit hohem Bartgras bedeckt, das die Indianer des Plateaus für Hütten, Körbe und Kleider benutzten. Die Pioniere rodeten das Gras, pflanzten Weizen und erzielten riesige Ernten trotz eines jährlichen Regenfalls von nur knapp dreißig Zentimetern. Das Geheimnis dieses Landstrichs, der nie eine Mißernte gekannt hat, ist, außer dem guten Boden, der Umstand, daß 85 Prozent des Niederschlags zwischen Oktober und April fällt, wenn er am meisten nützt. Jetzt säen die Farmer, deren Ernten noch immer doppelt so groß sind wie im amerikanischen Durchschnitt, nur noch alle zwei Jahre aus und halten während der Brache das Unkraut in Schach, so daß das Getreide zwei Jahre Feuchtigkeit bekommt. Das Palouse ist jene ideale Mischung aus Regen und Sonne, von der Sam Hill geträumt, aber nach der er am falschen Platz gesucht hat.

Kapitel VII
Nord-Nordwest

1

Ich verbrachte die Nacht in Hog Heaven, wie die ersten Siedler Moscow, Idaho, nannten, nachdem sie das schmatzende Behagen der Schweine beim Aufschnüffeln von Camas-Wurzeln beobachtet hatten. Obwohl die Siedler sich weigerten, diese Knollengewächse zu essen, waren sie ein indianisches Grundnahrungsmittel, das auch der Expedition von Lewis und Clark weiterhalf.

Die Bürger versuchten später, den schweinischen Namen auszulöschen und durch Paradise zu ersetzen, aber das war allzu unglaubwürdig. Im Jahre 1877 bewarb sich ein aus dem Osten hierher verschlagener Mann um eine Postlizenz unter dem heutigen Namen, zu Ehren von Moscow, Pennsylvania. Damit hatte die Albernheit ein Ende; aber soweit ich sagen kann, ist vielen Einwohnern, die sich nicht einigen können, ob der letzte Vokal kurz oder lang ist, der Ortsname Moscow auch nicht lieber als Hog Heaven.

Am Abend, bevor ich auf die Reise gegangen war, hatte ich Fred Tomlins getroffen. Er und seine Frau Peggy lebten in Moscow. Er hatte zu mir, so obenhin wie es die Leute tun, gesagt: »Wenn Sie je in unsere Ecke kommen (ho ho!), rufen Sie uns an.« Und das tat ich.

Tomlins war in Vietnam zweihundertfünfundzwanzig Kampfeinsätze auf der Super-Sabre F-100 geflogen und hatte drei Orden, Distinguished Flying-Kreuze, bekommen. Nach seiner Kriegszeit beendete er seinen Dienst bei der Air Force als Testpilot in Georgia. Er zog nach Nord-Idaho, wo er sich seinen Lebensunterhalt mit selbstgebasteltem hölzernem Spielzeug zu verdienen versuchte, aber das klappte nicht. Er sprach mit mehreren Fluggesellschaften, ob er nicht für sie fliegen könne, aber mit dreißig war er zu alt. Also fing er an der University von Idaho an, um seinen Masters in Wildschutz-Management zu machen. Irgend jemand hatte mir an dem Abend, als ich ihn traf, erzählt, daß Tomlins und seine Frau mehr Zeit vor dem Fernseher verbringen – besonders Quiz-Sendungen – als sonst eine zweiköpfige Familie im Land. Tomlins sagte mir unter vier Augen, daß das eine Lüge sei. Beim Regionalwettbewerb waren sie nur dritte geworden.

Nach dem Frühstück rief ich an. Er schlug vor, wir sollten uns zu Mittag in einem neuen mexikanischen Lokal treffen, das in einer alten Tankstelle untergebracht war. »Weiß den Namen nicht mehr«, sagte er, »aber Sie können es nicht verfehlen. Es ist die einzige Tankstelle auf der Main, die Enchiladas serviert. Allerdings keine Margaritas.« Er war wild auf Margaritas.

Bei Morenos nahmen wir einen Tisch ungefähr da, wo die Abschmiergrube gewesen war. Die Eigentümer boten ein gutes Essen, hatten aber die »Volltanken«-Witze satt. »Wie gefällt Ihnen das Palouse?« fragte Tomlins.

»Ein seltsames Stück Land. Wunderschön.«

»Wollen Sie heut' nachmittag mal drüberfliegen?« Er war kein indirekter Mann.

Nach seiner Nachmittagsvorlesung fuhren wir vierzehn Kilometer hinaus zum Flugfeld bei Pullman, Washington. Pullman, die Heimat der Washington State University, und Moscow sind die »U-Städte«. Wir mieteten eine Cessna 150 und flogen südostwärts in Richtung auf den unteren Snake River Canyon.

»Ich hab' heute gelesen, daß der Humus im Palouse bis zu dreißig Meter dick sein kann!« schrie ich über Motor und Wind hinweg.

»Stimmt nicht. Bis zu siebzig Meter. Das erste Farmland in Amerika, wo der Morgen tausend Dollar gekostet hat.«

»Wie kommt es zu Humus von siebzig Metern?«

»Es ist nicht alles Humus im eigentlichen Sinn, es sind drei Schichten. Die erste ist Schlamm, die zweite ist ein leichterer Boden, und die dritte Schicht ist Löß – vom Wind angewehter eiszeitlicher Staub, altes Erdreich. Es absorbiert und hält das Wasser. Und ganz unten drunter ist vulkanischer Fels. Gletscherstaub über Lava.«

Die meiste Zeit flogen wir so niedrig, daß ich die Männer auf ihren Traktoren sehen konnte, wie sie Stoppeln unterpflügten und große Staubwolken aufwirbelten. Die Fahrzeuge auf den hohen Wogen von Land sahen aus wie qualmende Ozeanfrachter.

15. Fred Tomlins in Moscow, Idaho

Tomlins wies auf eine Herde von Appaloosa. »Diese Züchtung hat ihren Namen vom Palouse. Die Indianer haben die Appaloosa erfunden, und die Weißen haben sie entdeckt. Diese Sorte wär' beinah ausgestorben, nachdem die Nez Percé in den 1870ern von hier vertrieben wurden und die Armee ihre Pferde verkaufte. Aber in den Dreißigern nahmen ein paar Engländer die Zucht wieder auf, indem sie auf reinrassige Tiere zurückgriffen, die die Nez Percé noch hatten. Jetzt gibt es viele Appaloosa.«

Tomlins war ein guter Pilot und hatte nichts dagegen, es zu zeigen. Der Horizont schwenkte um seine Achse wie eine Wippe, der Höhenmesser pendelte hin und her wie ein Scheibenwischer, und mein Magen kroch mir die Kehle hoch.

»Wissen Sie«, sagte er, »was ich am liebsten habe, wenn ich hier oben bin?«

»Ihren Fallschirm?«

»Die Einfachheit. Hier oben hat das Leben nur einen klaren Zweck: wieder runterkommen.«

»Mit Hilfe von Flügeln und Rädern, hoff' ich.«

Er rollte die Cessna auf die Seite, um mir die Hügel zu zeigen.

»Die gelbbraunen Felder sind Linsen und Erbsen. Das Palouse erzeugt neunundneunzig Prozent der Linsen in Amerika und fünfundneunzig Prozent der (getrockneten) Erbsen. Auch ein gut Teil Weizen, im Fruchtwechsel mit Bohnen.«

Er kippte die 150 auf die andere Seite, und ich sah nach, ob die Tragflächen mitgekommen waren. Wir flogen vierhundert Meter über den Feldern, aber wenigstens hingen wir nicht unter fünfzig Pfund Dacron.

»Ich kann es nicht fassen«, sagte er. »Jedenfalls jetzt nicht. Aber manchmal fehlt mir Vietnam. Nicht der Krieg – ich sprech' vom Fliegen und davon, wie eindeutig alles war. Wie die Arbeit. Wir alle wollten vor allem eins – lang genug am Leben bleiben, um heimzukommen.« Er trimmte die rechte Tragfläche, als wir im Spiralflug über einem silbrigen Scheunendach tiefer gingen. Runde um Runde, runter und runter. »Den Wunsch haben Sie doch nicht aufgegeben, oder, Fred?« Wir waren fast im Sturzflug. »Fred?«

»Was? Denk' nur nach.«

»Denkst du an die großartigen Sachen, die lebendige Menschen unten am Boden machen – zum Beispiel die Tic-Tac-Sendung sehen und Margarita trinken? Sachen, die das Leben lebenswert machen?« Wir fielen immer noch. »Captain?«

Er zog am Steuer und fing das Flugzeug ab. »Ich zeig' Ihnen den Snake River Canyon. Einer unserer großen Flüsse, aber kaum zu sehen, weil er so versteckt ist.« Er brachte die Nase in Richtung auf die untergehende Sonne. »Ich mußte gerade an einen Weihnachtstag in Vietnam denken. Hört sich beschissen an, wenn man's erzählt, aber wir waren auf einem Bombenflug nach Laos, weil Nixon gesagt hatte, wir könnten Vietnam zu Weihnachten nicht bombardieren. Das Nape – die Napalmkanister – war wie Bonbonlutscher angestrichen. Im Bordradio brachten sie Creedence Clearwater mit ›Rolling Down the River‹. Ich sang die ganze Zeit mit.« Er sah auf den Höhenmesser und nahm die Nase hoch. »Ich glaub', der Krieg war eine Hundert-Dreißig-Milliarden-Dollar-Verschwendung, aber es war eine tolle Zeit, wenn man sie überlebte.«

Die Cessna machte *Rumms Rumms*, als wir den Snake erreichten. »Die normale Turbulenz über einem Fluß«, rief er. Wir waren rund dreihundert Meter über dem grünen Rand der Schlucht und tausend Meter über dem Fluß, einem gewundenen Band aus Turmalin.

»Schauen Sie gut hin«, sagte Tomlin. »Wenn Sie's das nächste Mal sehen, ist es vielleicht schon ein See. Das Ingenieur Corps plant Staudämme und Kraftwerke auf der ganzen Länge vom Columbia durch den Hells Canyon und noch weiter rauf. Ein paar Dutzend haben sie schon gebaut. Der halbe Fluß ist schon untergegangen und mit ihm eine Menge indianischer Felszeichnungen. Lewiston ist sechshundert Kilometer vom Pazifik entfernt und wegen der Dämme jetzt schon ein Seehafen.«

»Der Job der Ingenieure ist, die freien Flüsse am Gammeln zu hindern. Und außerdem jeden Lachs und jeden Stör durch Karpfen zu ersetzen«, sagte ich.

Wir kreuzten über dem großen Snake hin und her, etwas, was am Boden völlig unmöglich war. »Auf diesem unteren Teil haben Dampfer verkehrt«, sagte er. »Kaum zu glauben, wenn man in diese krumme Geschichte runterguckt.«

Wir flogen nach Moscow zurück. Später, bei der Fahrt in die Stadt, sagte Tomlins: »Ich hasse es, langsam zu fahren. Wissen Sie, was Spaß macht? Drei Meter über dem Boden mit Mach 1, das macht Spaß.« Er schüttelte den Kopf. »Ah ja, heut' abend gibt's die Zwanzigtausend-Dollar-Pyramide. Da wär' der Tag mal wieder gerettet.«

2

Das, was schließlich mein Interesse weckte, war sein kleiner Aluminiumkoffer. Bis auf das »geistliche Material« in seiner Mappe, das hauptsächlich aus getippten Bekenntnissen bestand, war alles, was er besaß, in dem Aluminiumkoffer. Aber den sah ich erst später richtig.

Früher Nachmittag: bedeckt, unfreundlich. Ein paar Meilen nördlich von Moscow sah ich ihn dahinwandern. Der Seitenwind zerrte seinen grauen Bart in rechtem Winkel zu seinem Gesicht, so daß er aussah wie Currys Gemälde von John Brown vor dem Kansas Tornado. Ich hielt an, und der kleine Mann kam angerannt mit einem Humpeln, das mich an Porfirio Sanchez erinnerte. Den Aluminiumkoffer vor sich her schiebend, kletterte er rein, lächelte und stellte sich vor. Er hieß Arthur O. Bakke. Das O stand für Olaf. Er buchstabierte seinen Nachnamen, fragte nach meinem und wie man ihn buchstabiere.

Nun ist die erste Frage eines Hitchhikers immer dieselbe: »Wie weit fahren Sie?« Arthur O. Bakkes erste Frage, nachdem er sich der Schreibweise der Namen versichert hatte, war: »Wollen Sie eine Bibellektion gratis?« O Gott, nicht so was, dachte ich. »Jesus kommt«, sagte er. Erlöse mich, dachte ich und überlegte einen Grund, umzudrehen und in der Gegenrichtung weiterzufahren. Man kann nicht viel tun, um einem Seelenbeschützer Einhalt zu gebieten; selbst Vertreter für Aluminiumfassaden verlieren bei diesen Jungs die Sprache. Er sagte gerade was von »Gottes Strategie«.

»Ich habe nichts gegen Gottes Strategie, aber lassen Sie uns jetzt nicht darüber reden.«

Er sah aus dem Seitenfenster. »Wir kommen in den Wald«, sagte er. »Man vermißt langsam die Bäume im Palouse. Und Felsen – man sieht kaum Felsen oder Zäune hier.« Er sah sich im Wagen um. »Rauchen Sie?« Ich sagte nein. »Ich fahr' nicht gern mit Rauchern. Der Geist rührt sich in Ihnen, aber nichts für ungut.« Er holte ein handflächengroßes Notizbuch hervor, das aus zwei Stücken Linoleum gemacht war. »Wo haben Sie mich aufgelesen?«

»Bei Potlatch, Idaho.«

Er ließ es sich buchstabieren, schrieb es auf, dann trug er meinen Namen und das Baujahr und die Marke des Wagens ein. Als ich an einer Tankstelle hielt, sah er auf die Uhr und sagte laut, während er kritzelte: »›Auftanken in Tensed, Idaho. Aufkommender Regen‹. Würden Sie Tensed buchstabieren?«

Ich tat es. »Woher wissen Sie das mit dem Regen?«

»Meine Hüfte. Dafür ist das Leiden gut.«

»Was ist passiert?«

»Autounfall. Im Schneesturm von einer Gebirgsstraße gekippt. Jesus hat mir vergönnt, beinah zu sterben, um mich in seinen Dienst zu nehmen.«

Ich hatte keine Lust zu fragen, was für 'n Dienst das war.

Tensed ist im Reservat der Cœur d'Alene. Als ein junger Indianer die Windschutzscheibe abwischte, lehnte sich Bakke aus dem Fenster. »Willst du eine Bibellektion gratis?« Der Junge hörte nicht mit dem Wischen auf, aber durch die Scheibe sah er mich an. Ich zuckte die Achseln. »Jesus kommt bald«, piepste Bakke. Der Indianer sagte unsicher: »Nicht lesen Weißmann Wort.«

Bakke überlegte einen Augenblick. Der Junge war mit Wischen fertig, und ich ging mit ihm hinein, um den Kreditbon zu unterschreiben. Als er das Blatt mit einer klaren Handschrift ausfüllte, sagte er: »Was ist denn mit Ihrem Kumpel los?«

»Der ist o.k. Nur ein freundlicher Kerl.«

»Das sagen sie auch in der Klapsmühle.«

Bakke und ich fuhren auf der Straße weiter. Wohlgemut redete er über Felder, Wolken, seine Reisen. Er war 58 Jahre alt und ein Adventist vom 7. Tag. Vor ein paar Jahren hatte er durch seine Scheidung das meiste, was er besaß, verloren und sich dann nicht mehr die Mühe gemacht, wieder etwas zu erwerben. Nachdem er sich von dem Autounfall erholt hatte, ging er auf Achse, um Jesus zu dienen. Mehrere Male sagte er, immer leise: »O ja, wie wir Jesus brauchen!« Er hatte ein Bankkonto in Südkalifornien und eins in Virginia; im übrigen waren alle seine Habseligkeiten zu seinen Füßen oder um ihn herumgewickelt.

»Wo gehen Sie jetzt hin?« fragte ich.

»Nach El Salvador.«

Ich überlegte, eh' ich was sagte. »Wissen Sie, daß wir nur noch ein paar hundert Kilometer von der kanadischen Grenze entfernt sind und direkt Richtung Norden fahren?«

»Aber sicher. Ich steige irgendwo unterwegs aus.«

»Sie steigen in British Columbia aus, um nach El Salvador zu kommen?«

»Nein, nein. Ich steige heute abend in Cœur d'Alene aus, und von da geht's nach Missoula, Montana. Aber ich muß erst noch nach Virginia, ehe ich das Land verlasse.«

Bakke wußte von einer Adventistenkirche in Cœur d'Alene und rechnete mit einem Schlafplatz dort. Es fing zu regnen an – ganze Fladen von Wasser, mit denen die Scheibenwischer nicht fertigwurden. Er nahm sein Notizbuch raus, um die Wetteränderung und unsere Ankunftszeit einzutragen. »Schreibt sich Cœur d'Alene mit Bindestrich?« Ich hielt an einer Tankstelle, um den Weg zur Kirche zu erfragen, und Bakke zog wieder seine Routine ab. »Die Erlösung ist gleich um die Ecke, Bruder.«

Der Tankwart zündete sich eine Zigarette an und sah mich hilflos an. Sein Blick eine Frage: Soll das ein Witz sein? »Ich bin schon bei den Presbyterianern«, sagte er, trat zurück und beobachtete uns genau, als wenn Bakke gesagt hätte: »Ist der Safe gleich um die Ecke?«

Ich fing an, mich dafür zu interessieren, wie die Leute auf das Angebot einer Gratis-Bibellektion reagierten. Wie die Antwort auch immer ausfiel, Bakkes Direktheit nervte sie.

»Der Herr wird dich vom Tabak abbringen.«

Der Mann ging weiter rückwärts und langte hinter sich, um nicht fehlzutreten. Ich dankte ihm und fuhr los. »Glaub', der ist noch nicht bereit«, sagte ich. »Vielleicht kriegen Sie ihn beim nächsten Mal.«

Bakke nahm sein Buch heraus und notierte die Tankstation.

»Gute Idee.« Ich hielt bei einem Supermarkt wieder an, um Brot und Früchte für den nächsten Tag zu besorgen. Er kaufte eine Dose Bohnen und zwei Bananen. Als ich mein Kleingeld wegfummelte, sagte Bakke zur Kassiererin: »Wie steht's mit deinem Glauben heute?« Das gleiche unbehagliche Lächeln. »Ziemlich gut.« Dann leise: »Weiß nicht.« Sie tippte den Kassenbon, und ich half ihr nicht mit Achselzucken aus.

»Jesus kommt früher als du denkst.«

»Dann sollte ich vielleicht nach Hause und 'n bißchen aufräumen«, murmelte sie.

Der Regen hatte nachgelassen, als wir zur Kirche kamen, aber es war immer noch ein elender Abend, und ich sagte ihm, ich würde warten, bis er seinen Platz sicher hätte. Bakke blieb eine Weile drinnen. Als er rauskam, hatte der Regen aufgehört. »Ich hab' ein Quartier für die Nacht gefunden«, sagte er, »und für Sie auch.«

»Ich bleib' in meinem Wagen, aber vielleicht könnte ich mich da waschen.«

»Wir sollen einem roten Lieferwagen folgen. Der müßte gleich rauskommen. Der Gottesdienst wurde aufgehalten von einem berauschten Mann, der seinen Irrtum einsah. Er liegt immer noch auf den Knien und weint.«

»Die werden doch nicht einen Betrunkenen bekehren, oder?«

»Nein, nein. Das ist nur sein erster Schritt. Lassen Sie uns was essen, solang wir warten.« Er legte seinen 30 mal 35 Zentimeter großen Koffer auf den Schoß und öffente ihn. »Ich habe ein Käsesandwich und einen Apfel, das können wir uns teilen«, sagte er. »Und ein Maisbrötchen. Hab' ich von Studenten am Walla Walla College.«

»Ich habe auch was da.«

Bakke sprach ein Gebet über dem Käsesandwich, danach aß er schnell, ganz seiner Mahlzeit hingegeben. »Guter Käse«, sagte er, »Lob sei Jahwe.« Dann machte er sich an den Apfel, indem er ihn in beiden Händen hielt, ihn drehte und von einer Seite bis zur andern abbiß, so wie die Leute Mais vom Kolben essen. Er sah einmal auf und lächelte: »Das ist ein süßer Apfel. Ein Mann, der mich mitnahm, hat ihn mir geschenkt. Ich treffe ein paar wunderbare Leute, gelobt sei der Herr.«

Bakkes Gastgeber klopfte ans Fenster, und wir folgten ihm zu einem Haus, das so neu war, daß es noch nicht einmal einen Rasen gab. Seine Frau war vor kurzem gestorben, und er fühlte sich wohl einsam, obwohl er etwas unbehaglich schien, als auf einmal gleich zwei Leute von der Landstraße in seine gute Stube traten. Es war ein kleines, properes Haus ohne ein einziges Buch außer dem Telefonverzeichnis, der Bibel und einem Brevier mit dem Titel *Philosophische Gedanken*, das ich in die Hand nahm. Eine Fundgrube.

Die Männer unterhielten sich und stimmten in verschiedenen Punkten überein:

a. Konstantin hat uns im Jahr 321 alle zurückgeworfen, indem er ein Gesetz erließ, daß die Menschen den ersten Tag der Woche zu feiern hätten statt des wahren Sabbath – des siebenten Tages, des Samstags.

b. Die Völker sind verflucht, weil sie nicht den Zehnten eines Dollars entrichten wollen, aber sie kommen nicht länger damit durch.

c. Fernsehen ist eine Schlange, die anzustarren beide Männer sich schuldig gemacht hatten. Kinos sind Paläste der Täuschung, aber da hatten sie sich nichts vorzuwerfen.

d. Gott ist ein Er, keine Sie (Genesis 1, 26-27).

Auf Bitten unseres Gastgebers kniete Bakke zu einem gemeinsamen Gebet nieder, bei dem mir die Peinlichkeit passierte, daß ich in dem tiefen Zottelteppich die Balance verlor und mich am Kaffeetisch festhalten mußte. Bakke bat um Kraft für uns alle, und ich hoffte, daß er sich nicht auf mein Stolpern bezog.

3

Das Frühstück hat aber geschmeckt«, sagte Bakke. »Lob sei Jahwe.« Bei einigen strenggläubigen Christen gibt es eine Neigung, nie hungrig zu sein, keinen Appetit zu haben; aber er war jemand, der lustvoll seinen Hunger stillte.

Die Morgensonne warf Lichtstreifen über die Straße. Bakke hatte sich erboten, mit mir bis ins westliche Montana zu fahren, von wo aus er dann nach Missoula weitertrampen wollte.

»Ich habe auch gerade eine Tour durchs Land hinter mir – ähnlich wie Ihre«, sagte er. »Der Meister hat mich überredet, die Mission zu unternehmen, solange das Amerika-Billett für den Greyhound-Bus noch 55 Dollar kostet, bei beliebig vielen Unterbrechungen.«

An diesem Morgen fühlte ich mich der Sache gewachsen, also fragte ich ihn nach seiner Arbeit.

»Jesus trampt in mir. Das ist die Arbeit. Lukas vierzehn, dreiundzwanzig.«

»Ich kenn' die Bibel nicht per Zahlen.«

Aus seiner Brusttasche zog er ein kleines, abgewetztes Buch, das über und über mit Kugelschreiber markiert war: rot, grün und blau. Die roten Markierungen bezogen sich unmittelbar auf die Gottheit, die grünen auf den Menschen, während das Blau die »Domäne des Satans« bezeichnete. Bakke hielt seine Bibel sachte, als wäre sie lebendig, und nie benutzte er sie zu Drohgebärden.

Er las: »›Und der Herr sagte zu dem Knecht: Geh' hinaus auf die Landstraßen und an die Zäune und nötige sie hereinzukommen, auf daß mein Haus voll werde.‹ Vielleicht zehntausend Leute sind schon von Christus durch mich berufen worden, dank meiner Bibelkurse ›Stimme der Prophezeiung‹.«

»Von Christus berufen? Spreche ich denn mit Jesus?«

»Sie versuchen, mich als töricht hinzustellen. Das ist leicht. Paulus sagt: ›Wir sind Toren um Christi willen.‹ Ich red' mit meinen eigenen Worten. Nehm mich nicht so wichtig. Wenn wir doch bloß den Geist Gottes kennten, oh ja!«

»Erzählen Sie mir, wie Sie zum Glauben kamen. Ist das zu persönlich?«

»Ich war ein Tausendsassa bei den Boeing-Werken in Seattle, Washington. Das war ehe mich Jesus berief, also was damals geschah, ist nicht wichtig. Aber meine Frau verließ mich. Drei Jahre lang hat sie mir so sehr gefehlt.« Er schien sich in seiner Erinnerung zu verlieren. Nach einigen Augenblicken sagte er: »Ich frage mich, wie ich mich so lange entziehen konnte. Ich glaub', Gott hat vorausgeschaut und meinen Dienst erkannt, wie bei Paulus.«

Bakke öffnete seine Mappe und nahm eins seiner eigenen Bekenntnisse heraus – ein großes, randloses Blatt voll getippter Wörter –, das überschrieben war: »Eine schicksalhafte Nacht – 9. Dezember 1966. Eine wahre Geschichte von Arthur Olaf Bakke, K.P.«

»Sie können's behalten und lesen«, sagte er schüchtern. »Ich sag' auch gleich, daß ich mich mit dem Englischen schwertu'. Weiß auch nicht, wo man Absätze macht.«

»Warum lesen Sie es mir nicht vor während der Fahrt. Und sagen Sie mir erst mal, was K.P. bedeutet.«

»Königlicher Priester. Erster Brief des Petrus, zwei, neun.« Er schrieb das Zitat auf das Blatt und las mir dann die Passage vor: »›Ihr aber seid das auserwählte Geschlecht, die königliche Priesterschaft‹ und so weiter, ›deshalb sollt ihr die großen Taten dessen verkünden, der euch aus der Finsternis in sein wunderbares Licht berufen hat.‹ Aber ich hab' das K.P. jetzt weggelassen und benutze nur noch I.M.F. für Internationaler Missions-Freiwilliger.«

Bakke erhob die Stimme, einen kraftlosen tiefen Alt, während er sein Bekenntnis vorlas. Der Punkt war der: er wohnte damals in Wenatchee, Washington, wo er sich durch den Verkauf von Fallobst etwas Geld verdiente. Eines Morgens hatte er seinen Plymouth mit soviel Kisten voller Äpfel beladen, daß nur noch für ihn selbst und einen Mixer Platz blieb, mit dem er Apfel- und Karottensaft machte. Er war Vegetarier geworden. Er war auf seiner Lieferfahrt auf der U.S. 2 in westlicher Richtung nach Everett unterwegs. In den Cascades schneite es. Am Westhang des Stevens-Passes überholte er einen Lieferwagen und verlor auf der matschigen, abschüssigen Straße die Kontrolle über sein Auto. Hier sein Bericht:

»Ich rutschte in die Schneebank und krachte hindurch. In diesem Sekundenbruchteil rief ich den Namen des HERRN um Hilfe an, mein Leben zu retten, damit ich die Arbeit tun könne, die ich jetzt tue: Missionsarbeit. Nachdem ich mich beim Sturz von dem etwa siebzig Meter hohen Abhang wieder und wieder überschlagen hatte, fing ein alter Baumstumpf von etwa sechzig Zentimeter Stärke das Auto auf (ich hatte keinen Gurt um – wenn, hätte ich mir womöglich das Genick gebrochen) und schwang es herum, die rechte Seite schräg nach oben, der Kühler unten. Ich spürte, wie meine Hüfte nachgab. Dann bemerkte ich, daß die Windschutzscheibe weg war (kein Zweifel, der Entsafter war da rausgefallen). Dann wand ich mich aus dem Wrack heraus und kroch auf den Kühler. Ich sah hoch und sah eine Taschenlampe oben auf der Straße und rief um Hilfe. Der Mann sagte, ich sollte eine Stunde oder so aushalten, er werde Hilfe holen. Ich war so glücklich, am Leben zu sein. Ich steckte meine Finger in den

Mund, damit sie nicht erfroren. Später kamen sie den Abhang runter mit Seil und Trage und banden mich fest. Sie boten mir eine Zigarette an, aber ich sagte ihnen, ein Christ rauche nicht. ›Ein heilloser Mensch gräbt nach Unheil, und in seinem Munde ist's wie brennendes Feuer.‹ (Sprüche 16, 27).«

Sechs Monate später begann Bakke wieder zu laufen – mit drei Stahlschrauben, die seine Hüfte zusammenhielten.

»Ich hab' mein Wort gehalten. Ich diene dem Herrn, als Ganztagsjob. Zuerst habe ich im Krankenhaus Zeugnis abgelegt. Dann in Kalifornien vor den Hippies von Berkeley.«

»Und wovon leben Sie?«

»Als Invalide bekomme ich von der Sozialversicherung jeden Monat einen Scheck über 218 Dollar und siebzig Cents. Und Leute wie Sie helfen einem unterwegs weiter.«

»Und unterstützt Sie Ihre Kirche?«

»Die schicken die kostenlosen Bibellektionen.«

»Und Sie sind immerzu unterwegs?«

»Manchmal bleibe ich eine Zeitlang an einem Ort. In Virginia, außerhalb von Bowling Green, habe ich einen Baumtempel an der I-95 gebaut. Bin da etwa sechs Monate geblieben.«

»Was ist ein Baumtempel?«

»So etwas wie ein Baumhaus in einem Pinienhain. Ich habe es aus altem Bauholz gebaut – so groß wie Ihr Auto. War für Hitchhiker, zur Übernachtung und zur Einkehr bei Jesus. Dieses Land geht mit Anhaltern ziemlich streng um, nicht so wie Kanada. Ich wollte Baumtempel überall im Land aufmachen, aber die Baptisten wurden böse, weil ich einen anderen Glauben lehrte. Sie sagten, der Tempel würde Tramps anlocken, und sie brachten die Behörden dazu, sich's anzusehen, mich wegzujagen und es abzureißen. Wieder mal ein Fall in der amerikanischen Geschichte, wo man's dem Underdog zeigt. Aber es zeigt auch, daß es viele Mittel gegen die Hackordnung gibt.«

»Sie sollten ein Buch darüber schreiben.«

»Würde nie was drüber schreiben. Diese Welt ist es nicht wert. Geschichten sind schön, doch die Erlösung ist alles. Aber ich sag' Ihnen, vielleicht schreib' ich mal ein Buch über die Erlösung. Würde heißen *Der Tramp Jahwes.*«

In einem Gebirgstal voller Grün und blauem Wasser hielten

wir an, um uns auszustrecken. Auf einer Informationstafel war die Geologie des Beckens erklärt.

Bakke sagte: »Das Schild hat einen Fehler. Dort steht, dies Tal sei vor einer Million Jahren entstanden, aber die Erde ist erst sechstausend Jahre alt.«

Bei Bonner's Ferry, wo die U.S. 2 in einem langen, tiefen Durchbruch die Bitterroot Mountains zerteilte, bogen wir ab in Richtung Montana. Ich fragte, warum er nach El Salvador ginge.

»Meine Verlobte lebt in San Salvador. Ich fahr' dahin, um zu heiraten und Carmen mitzunehmen, wenn ich das Geld aufbringen kann. Sie ist eine wundervolle Frau. Ihre Liebe hat mich von einer zehn Jahre dauernden Hörigkeit gegenüber einer Gospelsängerin befreit. Sie ist sechzig und kann kein Englisch und ich kein Spanisch, drum müssen wir unsere Briefe übersetzen lassen. Aber ich denke, vielleicht können wir gemeinsam an der mexikanischen Grenze Zeugnis ablegen.«

Er nahm einen Umschlag heraus, der an sie adressiert war. Darin waren ein Brief und ein Papierset mit einer Karte von Idaho, der von der staatlichen Rinderzüchter-Vereinigung stammte. Er zeichnete unsere Route für sie ein und strich das Wort BEEF und die Farbfotos mit Rumpsteak und Rippenbraten mit dicken Xen aus.

»Was soll denn das?«

»Nur zur Erinnerung für Carmen, daß wir nicht Dinge essen sollen, die uns schaden: Rind, Schwein, Muscheln, Austern, Krabben. Paulus sagt: ›Fleisch macht uns nicht gottgeweiht.‹«

Ich sagte: »›Denn alles was Gott geschaffen hat, ist gut, und nichts ist verwerflich, denn es wird geheiligt durch das Wort Gottes und Gebet.‹ Das ist auch Paulus. Irgendwo.«

»Sie kennen die Schrift?«

»Hier und da. Die Stelle kenne ich aus Diskussionen mit einem Freund, der eine Zeitlang Vegetarier war.«

»Nun denn«, sagte Bakke und begrub mich unter Zitaten. Ich hatte meine einzige Salve abgeschossen, aber ihn nicht versenkt.

»Wenn die Bibel so viele Deutungen zuläßt, wie wollen Sie wissen, daß Ihre Ansicht richtig ist?«

»Ich deute ja nicht. Ich lese das Wort wie es dasteht und vertraue darauf, daß Gott es mich verstehen läßt. Und noch was:

Das Verstehen hängt davon ab, wie gut man die ganze Bibel kennt und weiß, wie die Teile zusammenhängen.«

»Sie scheinen die ganze Bibel gut zu kennen.«

»Ich kenne das Neue Testament besser als das Alte. An sechs Tagen der Woche lese ich vier Kapitel aus dem Alten und vier aus dem Neuen Testament, so daß ich etwa zweimal im Jahr die ganze Bibel durchhabe. Aber das Neue Testament ist nicht einmal ein Drittel so lang, so daß ich es öfter durchlese.« Bakke wendete sich mir zu.

»Ich habe Sie heut' morgen lesen sehen. War es die Bibel?«

»Die Tagebücher von Lewis und Clark. Lewis beschrieb seinen 31. Geburtstag, den er nicht weit von hier verbrachte –. Er bedachte sein Leben und fand, daß er nicht viel damit angefangen hätte. Er gelobte just an diesem Tag, daß er von nun an für andere so leben wolle, wie er bisher für sich gelebt hatte.«

»In einigen weltlichen Büchern regt sich der Geist.«

Mehrere Meilen lang fuhren wir schweigend, und Bakke dämmerte ein. Ein Vogel schwebte über den Highway und rammte den Kühler. Der Schlag weckte ihn. »Was war das?«

»Hab' einen Vogel getroffen.«

»Warum halten Sie?«

»Möchte sehen, was für 'n Vogel das ist. Oder war.«

Er stieg auch mit aus. Ich hob es auf, ein warmes, zermatschtes flauschiges Knäuel in meiner Hand, die Krallen zu winzigen Fäusten gekrümmt. »Ein Sperber«, sagte ich.

»Werfen Sie's weg.«

»›Es gibt keinen Gegenstand, der so weich ist, daß er nicht Nabe des Weltrades sein könnte.‹ Der Dichter Walt Whitman hat das gesagt.« Bakke lächelte. Wir fuhren am Kootenai River entlang, und er zeigte mir Stellen, die der sichere Tod wären, wenn man von der Straße abkäme.

»Ich möchte Sie etwas Persönliches fragen«, sagte ich. »Alles was Sie besitzen – bis auf Ihre Bekenntnisse und das Schreibpapier – ist doch in diesem Aluminiumkoffer?« Er nickte. »Würden Sie mir zeigen, was da drin ist? Ich möchte wissen, wie Sie Ihre Besitztümer auf diese Schachtel reduzieren konnten.«

»Nennen Sie's nur nicht Besitztümer.« Er öffnete den Koffer und hielt den Inhalt Stück für Stück hoch: zwei Hemden, eine

16. Arthur O. Bakke bei Kalispell, Montana

Hose, Unterwäsche, Zahnbürste und -pasta, ein Stück Seife, Taschenlampe, Kerze, Toilettenpapier, einen Maiskuchen und eine Tüte Popcorn. »Ich versuche, ›durch das Evangelium zu leben‹, wie Paulus sagt.«

»Ich beneide Sie um Ihre Einfachheit.«

»Paulus sagt: ›Trachtet nach dem, was droben ist, nicht nach dem, was auf Erden ist.‹ Kolosser drei, zwei. Der Sinn ist, von den Dingen weg und von uns selbst wegzukommen, von allem wegzukommen und auf Gott zu. Sich Dinge kaufen ist eine Ausflucht. Das zeigt, was man nicht ist. Da liebt man sich selbst.«

Ich betrachtete immer noch den Koffer. »Sie haben das Notwendigste in einer Schachtel, ihre Arbeit in einer Mappe, ihren Glauben in der Hemdtasche. Ich bewundere diese Kompaktheit. Ich wünschte, ich könnte auch alles auf ein paar Schachteln reduzieren. Ich mag Ihre Anspruchslosigkeit.«

»Soviel Anerkennung habe ich nicht verdient. Paulus hat gepredigt, daß der Stolz uns von Gott entfernt.« Er öffnete seine kleine Bibel und las: »›So sage ich nun und bezeuge im Herrn, daß ihr nicht mehr leben dürft wie die Heiden in ihren nichtigen Gedanken, denn ihr Verstand ist verfinstert und sie sind dem Leben, das Gott schenkt, entfremdet durch ihre Unwissenheit und durch die Verstockung ihrer Herzen.‹ Epheser vier, siebzehn.«

»Mag sein, aber was die Grundbedürfnisse angeht, kommen Sie doch der materiellen Anspruchslosigkeit ganz nah.« Bakke saß ruhig da.

»Die Studenten, mit denen Sie reden, müssen ihre Missionsarbeit, Ihre Freiheit doch bewundern.«

»Ich glaube nicht, daß es viele gibt, die mit mir tauschen möchten. Sie vielleicht?«

Es war eine schreckliche Frage.

»Ich habe Ihren Glauben nicht und nicht Ihr Motiv. Aber ich wünschte, ich wüßte, was Sie wissen.«

»›Die Erkenntnis bläht auf, aber die Liebe baut auf. Wenn jemand meint, er habe etwas erkannt, so hat er noch nicht erkannt, wie man erkennen soll.‹ Erster Korintherbrief, acht, eins und zwei. Die Erkenntnis des Herrn ist die Erkenntnis, die zählt.«

»Walt Whitman sagt: ›Sei nicht neugierig auf Gott, denn ich, der ich auf jeden Tag neugierig bin, bin nicht neugierig auf Gott.‹« Bakke lächelte wieder. »Und jetzt sagen Sie gleich, daß das irdische Leben nur ein beschwerlicher Schatten sei, nicht wahr?«

»›Denn was ist euer Leben? Ein Dampf ist's, der eine kleine Zeit währt, darnach aber verschwindet er.‹ Jakobus vier, vierzehn.«

»Ich mag Dämpfe, die kurz währen.«

»›Niemand betrüge sich selbst. Denn die Weisheit dieser Welt ist Torheit bei Gott.‹ Erster Korinther drei, achtzehn und neunzehn.«

»›Warum sollte ich Gott besser zu sehen wünschen als diesen Tag?‹ Whitman, Gesang von mir selbst. Und hier ist noch ein Satz von einem Medizinmann der Sioux mit Namen Schwarzer Elch: ›Was immer du gesehen hast, vielleicht ist es zum Besten der Menschen, daß du es sahst.‹«

»Irrtümer. Gott erkennen, das Reich Gottes erkennen – das ist das einzig wahre Leben.«

»Vielleicht ist dies das Reich Gottes.«

»Wie könnte es? Das Reich Gottes hat Straßen mit durchsichtigem Gold.«

»Das klingt hübsch weltlich. Das ist die Standardvorstellung in der Offenbarung, nicht wahr?«

»Ja, Offenbarung.«

Schweigend fuhren wir nach Kalispell, und Bakke nickte wieder ein. Ich sah ihn an. Er schien einer der Menschen, die ihr ganzes Leben unterwegs sind. In ihm war etwas Ruheloses, und Unbefriedigtes und Antikes. Er fuhr hierhin und dahin und nirgendwohin. Er gehörte an keinen Ort und war überall zu Hause. Er begriff, daß die Bibel, trotz ihres Lichts, kein besonders fröhliches Buch ist, sondern eins mit viel Dunkelheit, und er erkannte, daß daraus ihre Kraft kam.

Aber das Wort, das von ihm zu mir rüberkam, war nicht das vom Reiche Gottes; es hatte mit Einfachheit, Dürftigkeit, Mut, Direktheit, Vertrauen und Liebe im paulinischen Sinn zu tun. Er lebte sauber: Geist, Körper, Lebensführung. Hegel glaubte, daß Freiheit die Einsicht in die Notwendigkeit sei, und Arthur O. Bakke, I.M.F., war ein freier Mann, nur von seiner Liebe und Überzeugung behindert. Und genauso wollte er es auch. Ich weiß nicht, ob er erwählt war, auf die Landstraßen und Zäune hinauszugehen, aber ganz eindeutig hat *er* das erwählt. Trotz der Unterschiede der Lehren erinnerte er mich an einen Trappistenmönch oder einen Hopi-Schamanen. Ich mochte Arthur. Ich mochte ihn sehr.

Kurz vor Kalispell wachte er auf. Ich sagte: »Ich lass' Sie an der Kreuzung der 93 raus, da geht es Richtung Missoula.«

»Ich könnte mit Ihnen weiterfahren. Ich kenn' einen Freund in North Dakota.«

»Ich muß allein weiter, Arthur. Jetzt muß ich erst mal wieder für mich sein. Es kommen noch Zeiten, wo ich mich nach Ihrer Gesellschaft sehne.«

Er hoppelte raus und kam zu meinem Fenster herum, und wieder zottelten Böen kräftig an seinem Bart. Wir gaben uns die Hand, und er sagte: »Gott segne dich, Bruder.«

»Kommen Sie klar bei diesem Wind?«

»›Denn ich habe gelernt, mich mit dem zu begnügen, was ich vorfinde.‹ Philipper vier, elf. Widrigkeiten sind gut. Sie bilden den Menschen.«

»Ich glaube Ihnen.«

4

Der Junge war schwerbehindert. Er lachte bei seinem Versuch, eine große Thermoskanne mit Quellwasser zu füllen, das aus einem Berg östlich von Kalispell, bei Hungry Horse, sprudelte, und er plapperte irgendwas vor sich hin.

Ich hatte keine Ahnung, was er sagte. »Sehr kaltes Wasser, wirklich«, antwortete ich.

Er plapperte wieder was, dann verlor er den Halt und fiel hart auf die nassen Steine. Durch den Aufprall rollte die Kanne weg.

Ich wollte ihm helfen.

»Lassen Sie ihn allein«, rief jemand über das Platschen des Wassers hinweg. Ein Mann, der aussah, als habe er einen Zentner Nägel verschluckt, kam auf uns zu. »Lassen Sie *ihn* das tun. Er muß lernen, sich selbst zu helfen. Er ist mein Sohn. Er kapiert das.«

Der Junge kämpfte sich hoch, rutschte aus, und kämpfte aufs neue.

»Ich geb' ihm nur die Kanne.«

»Er holt sie sich selbst.« Der Junge nahm die Thermosflasche an sich und ging zu der großen Quelle zurück. Er fiel wieder hin, stand auf und versuchte es wieder.

»Halt dich an der Röhre fest«, rief ich, aber er konnte das nicht und gleichzeitig die Kanne halten. Sie fiel in meine Richtung. Ich hob sie auf und reichte sie ihm.

»Er wird nie überleben, wenn man ihn zum Weichling macht«, sagte der Vater.

»Er wird nie überleben, wenn er beim Füllen einer Thermosflasche stirbt.«

»Papperlapapp. Wir sind jetzt unterwegs zum Flathead, um einen Flußarm runterzufahren. Der Strom ist wie ein bockiges

Pferd, und da bleibt man besser oben, sonst haut es einem die Leber raus. Dieser kleine Kerl hat schon mehr Wildwassererfahrung hinter sich als die meisten von diesen Kanuhelden, und er kann nicht mal schwimmen. Kennt einfach keine Angst.«

Der Junge schaffte es, die Kanne zu füllen. Ich ließ meine volllaufen und trank einen halben Liter. Meine Zähne schmerzten von der Kälte, und ich zog eine Grimasse. Der Junge sah mir zu und machte dasselbe, aber seine Grimasse war zu echt.

»Himmel, ist das kalt«, sagte ich zu ihm. »Und gut!«

»Kalten gutt!« wiederholte er.

Der Vater kam heran, um noch ein Gefäß zu füllen. »Auf dem Heimweg«, sagte er mit Autorität, »mach' ich 'ne Zwanzig-Liter-Kanne voll. Ich werd' Ihnen was sagen. Ich habe bis zu sechzig Zäpfchen im Monat gebraucht – zwei pro Tag. Seit dem letzten Jahr nehm' ich das Wasser und misch' es mit einem Teelöffel Cayenne-Pfeffer und gleichen Teilen Muskat und Mehl. Jetzt brauche ich nicht mal sechs Tabletten pro Monat.«

»Sie meinen, das Wasser hat Heilkraft?«

»Das Wasser hat nichts damit zu tun. Es ist der Cayenne, Muskat und das Mehl.«

»Das ist was anderes.«

»Keiner glaubt mir. Wenn Sie je Hämorrhoiden kriegen, versuchen Sie's und den Dank schenk' ich Ihnen. Ich habe mich auch nie bedanken können bei dem alten Knaben, von dem ich's habe.«

Ostwärts: Auf der U.S. 2 durch den langen Canyon vom Mittellauf des Flathead River. Im Norden wehten Böen körnigen Schnee von einem windgepeitschten Gipfel zum andern: Mount Despair, Mount Rampage, Mount Scalplock, Mount Doody. An einem Felsspalt hielt ich an und beobachtete sechs Schneeziegen, die sich in der Canyonwand hielten. Eigentlich sind es gar keine Ziegen, sondern eher Verwandte der Antilope, und eine bewies es, indem sie von Vorsprung zu Vorsprung schnellte und jedesmal wie ein Pfeil richtig auftraf.

Der Highway stieg den westlichen Hang der Kontinentalscheide hinauf. Oben am Marias Pass stand in der Mitte der Fahrbahn ein großer Kalkstein-Obelisk, der die Scheide markierte und gleichzeitig an Teddy Roosevelt erinnerte. Grundform des Mehrzweckdenkmals. Dann lagen die großen Gebirge des Westens hinter mir und weiter ging's auf einer Straße, die Meile für schrecklich weit sichtbare Meile über ein grandios ausgeschliffenes Plateau führte, in die Prärie des Big Sky-Landes.

Der Staat Montana hat Unfallstellen, wo es Todesopfer gegeben hatte, durch kleine Stahlkreuze markiert, die auf Pfählen sitzen: ein Kreuz für jeden Toten. Als der Highway durch das Blackfeet-Reservat führte, häuften sich die kleinen weißen Kreuze wie die Halme der Steppenhexe: ein einzelnes, ein paar, eine Dreierkombination, ein halbes Dutzend, eine Gruppe von Neun. Was als Sicherheitskampagne begonnen hatte, verwandelten die Blackfeet – die einst zu den besten indianischen Reitern gehörten – durch Gebinde aus Plastikblumen in einen Chaussee-Schrein. Irgendwer erzählte mir später, die Vielzahl der Kreuze um das Reservat herum sei ein »Beweis« für chronischen Alkoholismus.

Die Ortschaft Browning innerhalb des Reservats war, anders als Hopi- oder Navajo-Siedlungen, schieres US-Amerika: ein alter Hamburgerstand aus Gußbeton in der Form eines Tipi, aber jetzt durch den Whoopie Burger Drive-In ersetzt, das Warbonnet Blockhaus-Motel, ein Radio Shack-Studio und eine Tastee-Freez-Eisdiele. Östlich der Stadt sah ich wieder eine Informationstafel, auf der stand, daß die Blackfeet-Indianer »an ihren Stammesriten und -traditionen eifersüchtig festgehalten haben«. Gebt also dem Kaukasier, was des Kaukasiers ist.

Bei Cut Bank begannen Weideland und Weizenfelder und Öltürme. Die Leute aus Montana nennen die U.S. 2, die bis zum Huron-See parallel zur kanadischen Grenze verläuft, die »High Line«. Diese verlassenste aller großen Ost-West-Routen bestand aus zwei Spuren geflicktem, zerborstenem, ausgefahrenem, geisttötendem Asphalt, der durch das Land mit seinen himmelschreienden Entfernungen von Horizont zu Horizont führte.

In Shelby hielt ich an. Shelby lag einmal am alten »Rabatz«-Trail, einer Route, die die Whiskeyhändler vom Missouri River benutzten, wenn sie ihr Zeug an die Indianer verkauften. Was die amerikanische Armee nicht geschafft hatte – die Zerstörung der Stammesorganisation –, das machten die Whiskeyhändler mit

Hilfe christlicher Missionare, die die alten Riten unterdrückten. Die weißen Siedler, die hierherkamen, als die Auflösung des Stammes das Land herrenlos gemacht hatte, hätten der Whiskey-Flasche ein Denkmal setzen sollen. Die Blackfeet zum Beispiel haben einmal Jagdgründe gehabt, die doppelt so groß wie Montana waren; jetzt umfaßt ihr Reservat aus Stahlkreuzen und Burger-Kiosken nicht einmal das ganze Glacier County. Die Indianer haben ihr Land nicht wegen des Whiskeys verloren – der Milch des Großen Weißen Vaters –, sie haben es durch ihn nur schneller verloren.

Das Husky Café, Raststätte für Fernfahrer, mit warmem Licht im Frühlingswind, war eins jener Lokale mit einem Ständer für Ulk-Postkarten (Thema: Angelpartien, Klohäuschen, Maultierritte) und für Farbfotos mit gesprenkelten Hirschkälbern und geweihtragenden Eselhasen. An der Theke und an den Tischen saßen die Diesel-Jungs in ihren verstellbaren, luftdurchlässigen Kappen, auf denen stand: Mack, GMC, KENWORTH, WHITE.

Ich gehe selten in Truck-Stops. Wenn ich diese Großspurigkeiten von den selbsternannten »Hundesöhnen des Highway« höre, wenn ich die Geschichten höre, wie bei hundertzehn die runderneuerten Reifen geplatzt sind, wenn ich die Fahrer beobachte, wie sie sich mit Kaffee und Chili aufzumöbeln versuchen, und wenn ich in die Gesichter sehe, deren Augen von den Flachmännern blutunterlaufen sind, und wenn ich ihre lächerlichen Bemühungen erlebe, Volkshelden zu sein, macht es mich sehr nervös, wenn mir beim nächsten Mal einer mit vierzig Tonnen und hundertzehn Sachen entgegenkommt. Aber an diesem Abend in Shelby hatte ich keine Wahl.

Ein Achtzehn-Räder-Hengst sagte zur Kellnerin: »Schatz, du weißt doch, daß alte Trucker nie sterben – die kriegen bloß einen neuen Peterbilt.«

»Den hab' ich schon scheißmillionenmal gehört.« Sie hatte die Haut einer Dresdner Figurine und das Mundwerk eines Fruehauf-Fahrers.

»Man sagt, aus deinem Schalthebel sei der Drive raus.« Automatisch schob sie mir eine Tasse Kaffee unter meine Speisekarte. »Was soll's denn sein, Kleiner?« Wieder wollte einer einen Witz bei ihr loswerden. Mich ansehend und ihm antwortend, sagte sie: »Zeig deiner alten Dame mal, wie man Eier lutscht.«

Ich bestellte trotzdem zwei Eier, Bratkartoffeln und eine Scheibe Schinken. Das Gespräch nebenan ging um einen Fahrer, der bei einem Unfall ums Leben gekommen war. Er war mit einer Überfracht von 50000 Pfund hängender Rinder in einem Kühlwagen weit über dem Tempolimit gefahren.

»Hab' gehört, Bouncer hätte 'ne krumme Tour mit Black Eagle gedreht«, sagte einer. »War er blau?«

Ein redseliger Fahrer, dessen Spitzname Gummilippe war, sagte: »Das war es nicht. Ein Halbtonner auf der Gegenfahrbahn warf einen Stein hoch in die Luft und ließ ihn reinfahren. Der Halbtonner hatte wahrscheinlich seine 120 drauf, also kam der Backstein mit über zweihundert an.«

»Hatte immer Ärger mit der Gewerkschaft.«

»Da kann man ja jetzt viel erzählen, aber dieser Gewerkschaftsquark ist doch nur Ablenkung. Den hat der Olle von so 'nem Bumsmädchen drangekriegt. Der hätte doch eine Schlange gefickt, wenn man ihr den Kopf festgehalten hätte.«

Die Kellnerin flutschte mir einen Teller mit drei Eiern hin.

»Hab' nur zwei bestellt«, sagte ich.

»Die Eier war'n heut' klein.«

5

Was macht ein Reisender am Abend in einer fremden Stadt, wenn er noch Gesellschaft will? In den Vereinigten Staaten gibt es normalerweise nur eine Wahl: eine Kneipe.

Die Oil City Bar lag nördlich der Eisenbahngleise dicht bei der Stelle, wo die Great Northern im Jahre 1891 Shelby versehentlich dadurch gegründet hatte, daß sie einen alten Güterwagen stehenließ. Einer der Autoren des Montana-Projekts für amerikanische Schriftsteller beschreibt Shelby in den neunziger Jahren des vergangenen Jahrhunderts so:

»... die Art von Stadt, wie sie die Produzenten von Westernfilmen seit je in Pappmaché zu rekonstruieren versucht haben ... Die Playboys des Ortes kamen in die *Polizei-Gazette*, nachdem sie eine Operntruppe überfallen hatten, die mit dem Zug durchkam ... Die Männer zerschossen die Scheinwerfer der Lokomotive, die Wagenfenster und die roten Signallampen und zwangen den Lokomotivführer zu einem Holzschuhtanz.«

Ich war auf einem Erkundungsgang, um zu sehen, wie es um den alten Wilden Westen stand, als ich auf die Oil City Bar stieß. Obwohl der Abend kalt und windig geworden war, war nur die Fliegentür geschlossen; die hölzerne stand offen, damit es den Männern in ihren gefütterten Westen nicht zu warm wurde. Ein kaputtes Billiardqueue lag in einer Ecke, und an einer Seite war ein kleiner Raum, der nur vom blauen Flimmern einer Neon-Bierreklame erhellt war – die Art Licht, die einen wahnsinnig machen konnte. Links von einem ausgestopften Zehnender und über den hohen Gläsern mit Eisbeinen und Soleiern hing das große Litho einer wohlgeformten Frau mit einem Gewehr in der Hand. Sie war auf Entenjagd. Außer Gummistiefeln hatte sie nicht ein Fitzchen an.

Ein Mann, etwas größer als der Barhocker und von der Schulter bis zu den Cowboystiefeln in Gelb gekleidet, trank mit der Regelmäßigkeit eines Fließbandes. Er starrte die Jägerin mit Glubschaugen an, versuchte zu sprechen, brachte aber nur ein Gebrabbel heraus.

Was ihm dann passieren sollte, schreibe ich der traditionellen Form amerikanischer Bars zu: eine gerade Theke mit einem Spiegel vis-à-vis, was den Gast zwingt, sich selbst anzustarren oder sich den Hals nach anderen Gästen zu verrenken. Die Engländer bauen ihre Bars im Kreis oder in Hufeisenform oder im rechten Winkel – irgendwie, damit man ein anderes Gesicht in Blickrichtung hat. Ihre Bars sind daher viel geselliger. Der Amerikaner aber starrt in sein eigenes Gesicht oder auf Flaschen mit goldenem Schnaps oder auf das, was über der Bar hängt; das Gespräch versiegt, und das Trinken nimmt überhand. Und wenn das Bild über der Bar eine Nackte ist, wie meist im Alten Westen, hat man eine Ikonographie für die Weckung unerfüllter Sehnsüchte; der Mann sieht sein eigenes Feierabendgesicht unter dem Traumbild perfekten Fleisches.

Ich wandte mich von der Jägerin ab, um einer Billiardpartie zuzusehen. Neben mir gab es einen lauten Plumps. Knie gegen die Brust, lag der Mann in Gelb stockbetrunken am Boden. Er sah aus wie ein Käsekringel. Sein Freund sagte: »Chuckie ist schon ein hübscher kleiner Säufer.«

Eine Frau mit hartem Gesicht, vor zehn Jahren noch hübsch, sah mich immerzu an. Sie hatte ihre Hüften in ein Paar Jeans gezwängt, von denen sie wohl hoffte, daß sie scharf aussahen; die Zigarette in ihrem Mund ging nie aus, und nach jedem tiefen Zug behielt sie den Rauch für sich. Sie war auf Stunk aus, aber ich hielt mich zurück. Mehr oder weniger. Der Mann neben ihr, Lonnie, kam rüber zu mir. Er sah aus, als bestünde er aus Peitschenschnur.

»Gefällt Ihnen die Lady?« fragte er.

»Welche Lady soll das sein?«

»Die Sie fixiert haben?«

»Ohne meine Brille kann ich nicht mal Mann und Frau unterscheiden.«

Das war gelogen.

»Die Lady sagt, Sie hätten sie ganz gut unterschieden.«

Na Jungs, da habt ihr's. Da versucht sich irgendeine verblühende Schönheit noch mal als männermordender Mittelpunkt, um zu zeigen, daß sie uns immer noch bis an unsere Grenzen aufputschen kann.

»Könnte sie nicht mal von hier aus erkennen, wenn's 'ne Bekannte wäre.«

Er rückte dicht heran. Jetzt gab's Ärger. »Erzählen Sie mir nichts«, sagte er. »Passiert dauernd. Sie denkt, die Männer starren sie an.«

»Sehn Sie: Ist nicht bös' gemeint, aber ich hab' kein Interesse an der Frau.«

»Ich seh's ja, und sie sieht's auch, und das ist das Problem. Aber reden wir was.«

Es war eine Show, zu der er gezwungen wurde. Er spielte zum Schein mit. Er verlangte zwei Bier und stellte eins vor mich hin. »Nehmen Sie's«, sagte er. »Wenn ich wieder an meinen Platz gehe, sag' ich ihr, sie hätten sich für's Anstarren entschuldigt, aber sie wär' in Ihren Augen 'ne dufte Biene. Machen Sie mich nicht zum Lügner.« Er ging weg. Das war der blödeste Knatsch, der mir erspart blieb.

Ich ging auf die Toilette. Als ich zurückkam, stand Lonnie an der Bar und die Frau hatte sich zu drei anderen gesetzt. Sie hatte es nicht gebongt, dachte ich. GAMMLER IN BAR ABGEKNALLT.

»Ärger?« sagte ich.

»Vergiß es. Diese Weiber da sind Kolleginnen von ihr. Berechnende Hexen, allesamt.«

Auf einmal gab es Krawall, der laut wurde und sich nach draußen auf die windige Straße verzog. Zwei Männer von Mountain Bell, der Telefongesellschaft, wollten sich schlagen. Sie gingen aufeinander los, umklammerten die ausgestreckten Arme und stemmten sich gegeneinander, wobei sie sich langsam drehten, als kreisten sie im Präriewind. Sie wurden schlapp und drehten sich langsamer, aber keiner ließ nach oder fiel hin. Ein Polizeiauto kam an und hupte. Die Streiter gingen zum Streifenwagen und lehnten sich beide ins Wagenfenster, um sich die Ermahnungen anzuhören. Nach einer Weile schlurften sie in entgegengesetzten Richtungen davon, und das war's dann.

Lonnie und ich sahen von der Bar aus zu. Als es vorbei war, sagte er: »Jack Dempsey hat hier mal wirklich gekämpft.«

»Ein Kampf in dieser Bar hier?«

»Kein Barkampf – ein Schwergewichtsmatch. Shelby hat eine Tribüne dafür gebaut. Vierzigtausend Plätze. Siebentausend Leute kamen. Die Stadt ist beinah pleite gegangen.«

Die Frau kam zu Lonnie rüber und sagte: »Laß uns gehen.« Sie war wütend. Ich ging bald danach und spazierte in die Straßen des neuen Wilden Westens hinaus.

6

Mein erstes Gefühl an jenem Morgen in Shelby: ich kriegte eine Erkältung. Mein Hals fühlte sich an, als hätte eine Katze mit ihrer Kralle hineingelangt und ein Stück rausgekratzt. Dann sah ich den Tag: stürmisch und mies. Dann ging ich wieder in den Husky-Grill und schlug mich mit Bratkartoffeln und Eiern und dem heißen, starken Kaffee voll. Ich versuchte, die Erkältung und das Wetter auszubrennen und mich auf eine lange Passage durch die großen Ebenen des Nordens gefaßt zu machen.

Ein Mann mit Drillichkluft – Hut, Jacke, Hose, Schuhe und vielleicht auch seine Unterwäsche – setzte sich neben mich. »Ist das Ihr Transporter mit der Missouri-Nummer?« fragte er. Ich sagte ja. Er sagte: »Wissen Sie, daß man den Missouri River den ›Montana‹ hätte nennen sollen? Dieser verdammte Fluß, und das soll kein Schimpfwort sein, ist sozusagen ein bißchen südlich von hier geboren. Und wir haben mehr Meilen Fluß als ihr da unten im Süden.«

»Dann kann man den Mississippi genauso gut den ›Minnesota‹ nennen«, sagte ich. »Jedenfalls nannten die Entdecker den Missouri nach den Indianern, die an seinen Ufern lebten.«

»Na, wo haben die denn gelebt?«

»In Missouri.«

»Sag' ich doch. Gibt doch keinen Sinn.«

»Die Männer, die ihm den Namen gaben, wußten nicht, wo er herkommt. Sie haben das untere Ende zuerst gesehen.«

»Ach, so war das.«

Ich fragte ihn, woher er käme. »Aus dem übernächsten County. Liberty County. Gibt nur noch drei andere Liberty Counties in Amerika. Interessant, möchte ich sagen, wo die Amerikaner sich sonst so mit der Freiheit haben. Nennen Sie mir ein County, das nicht nach einem Mann oder einem Indianerstamm benannt ist.«

»Na, da wär' doch . . ., da gibt's . . .« Ich brachte es nicht.

»Dreitausend Counties und ein paar zerquetschte im Land, und die Hälfte heißt Jefferson, Jackson, Johnson, Monroe, Madison, Washington oder Lincoln. Wie heißt Ihr's?«

»Bin im Jackson County geboren, aber ich lebe in Boone.«

Er lächelte. »Ich hab' es studiert. In Montana haben wir Beaverhead, Deer Lodge, Silver Bow, Petroleum, Sweet Grass, Wheatland, Rosebud. Eins heißt sogar Musselshell. Aber die Nation hat ein Problem – gibt keine Counties mehr, die man nach irgendwas benennen könnte. Auch keine Flüsse oder Berge. Jetzt muß man sich schon an die Autobahnen halten.«

Er wollte noch was anderes sagen, als eine Frau ihren Kopf in die Tür steckte und uns mit naßkalter Luft aufstörte. »Clay, wieder zu spät!« rief sie.

»Komme«, sagte er. »Bis dann, Jackson.«

»Da Sie von Namen reden«, sagte ein Mann, der Kartoffelchips verkaufte, und schob mir eine Quittung hin:

SCHNÄPSE – ERSTE UND LETZTE CHANCE
202 Brontosaurus Boulevard
Dinosaurus, Colorado

»Versuchen Sie mal morgens, Brachiosaurus Bypass oder Triceratops Terrasse zu buchstabieren.«

Zeit für die Straße. Leute, die Reisen mit Meilenfressen gleichsetzen, lieben die U.S. 2, weil sie sich über anderthalbtausend Kilometer in einer mehr oder weniger ebenen, geraden Linie durch den Norden zieht. Die großen Gletscher haben die Spitzen der Hügel abgeschliffen und den Moränenschutt in die Täler geschüttet, so daß das Brausen des Windes von den Osthängen der Rockies durch nichts unterbrochen wird.

An diesem Maimorgen hatte ich starken Rückenwind, und das viereckige Heck von Geistertanz diente als Segel; selbst bei nur schwachem Druck aufs Gaspedal schoß ich an Gebäudeansammlungen vorbei, die sich der 2 in den Weg gelagert hatten, damit sie sich Städte nennen konnten: Joplin, Rudyard, Hingham, Gildford, Kremlin. Russische Siedler, von der riesigen Weite und dem Wehen des Präriegrases halb verrückt, glaubten die Zitadelle von Moskau zu sehen. Überlandtrucks, die Nase im Wind, Gas bis zum Gehtnichtmehr, rasten nach Westen, die Fahrer im Funk-Gequatsche ihrer Kabinen eingelullt. Die Berge würden sie bremsen, aber immerhin hatten sie die großen Ebenen hinter sich.

Das einzige bißchen an topographischer Abwechslung kam von Bächen, die das Tafelland durchkerbten. Balsampappeln folgten den Flußbetten wie Rinder, das Wasser suchend und Schutz vor dem Wind. Indianerkinder flochten früher Blätter vom heiligen Baum des Lebens zu Spielzeugtipis, und die Frauen brauten aus der inneren Rinde einen Trank gegen Magenverstimmung; die Schößlinge dienten den Indianerponies im Winter als Futter, die Kätzchen lockten im Frühjahr Waldhühner an, und im Sommer suchten alle die Höhlungen im Stamm nach Honig ab. Ein weißes, inneres Mus lieferte eine Delikatesse, die später »Pappel-Eiskrem« genannt wurde. Die ersten weißen Siedler schlugen die größten Bäume und benutzten das Holz zum Bauen, obwohl es sich leicht verwirft; und die Missourischiffer heizten damit ihre Maschinen. Aber immerhin merkten auch die Weißen, daß sie den Baum brauchten. Sie setzten Tausende von Sprößlingen; aber die Balsampappel hält sich immer noch an die Flüsse, als ob sie das Erstgeburtsrecht des Grases anerkennt.

Der Clear Creek bestand typischerweise aus einer erdigen Schmiere, auf der die Enten leichter laufen als schwimmen konnten, aber er war das einzige oberirdische Wasser weit und breit. Und doch bezieht sich die Sprache der Ebenen auf den Ozean: die Pioniere kamen in »Prärie-Schonern« (einige sogar mit Segeln) und sprachen vom »Grasmeer« und dem »Prärie-Ozean«, und sie kurierten Kater mit Kalbshoden, die sie »Prärie-Austern« nannten. Vielleicht sahen die Bauern im Gewoge des Grases oder in der Weite des Himmels oder in der Ungeschütztheit vor Wind und Wetter so etwas wie eine Seelandschaft. Vielleicht stand den neuesten Einwanderern auch noch ihre Überfahrt vor Augen. Und vielleicht bezeichneten ihre Worte auch ein ahnungsvolles Bewußtsein vom Band zwischen Kommen und Gehen; denn das Büffelgras und der Weizen und der Roggen wachsen auf den zu Kalk gewordenen Knochen von Ichtyosauriern und Plesiosauriern, die unter den steinernen Decken des uralten Seebodens liegen, wo sich die Moleküle in Erdboden und Zellulose verwandeln. Vielleicht kannten diese Leute vom Binnenland den Kreislauf (Whitmans »ewige Übergänge«): einmal Mineral, einmal Frucht, ein andermal Tier, manchmal Mensch.

Das Gras. Meile für Meile für Meile. Meilen. Dann der Meilenstein 465. Am Nachmittag lag die Hälfte von Montana noch immer vor mir, und die noch flacheren Ebenen von North Dakota sollten erst noch kommen. Als ein Staat, dessen Name »Berg« bedeutet, zeigt Montana nur Tausende von Meilen flacher Prärie. Ich habe gelesen, daß, wenn man den freien Raum aller Atome der Erde zusammenquetscht, unser Planet nur einen Durchmesser von etwas über hundert Metern hätte – nicht mal ganz die Entfernung eines guten Homeruns der Oberliga im Baseball. Ich weiß nicht, ob man dieser Zahl trauen darf, aber ich weiß, daß man sie bei der Fahrt durch Montana für ganz und gar unmöglich hält.

Poch-poch, wenn die geteerte Straße Sprünge hat. Poch-poch. Der Tag blieb dunkel. Regenschauer fielen, hörten auf, und fingen wieder an, in der unebenen Fahrbahn sammelte sich Wasser und alle paar Minuten ging die Fahrt in Aquaplaning über. Das Dröhnen des Windes betäubte meine Ohren; das Fieber betaumelte mich. Poch-poch. Erst hielt mich der Highway fest, dann drang er in mich ein, dann war ich der Highway. Poch-poch, poch-poch. Prärie-Hypnose. Ich fuhr Meilen, an die ich mich nicht erinnern konnte, und das Land wurde eine Sequenz nasser Fahrbahnstreifen, und ich sehnte mich nach einem Reisegefährten. Ich saß da blindlings, sprachlos, wie eine verschleierte Sphinx. Um die Meilen abzuschütteln, hielt ich schließlich an und stieg aus und hielt mein Gesicht in den Regen. Ich schüttelte mich. Aber kaum wieder auf der Straße, wurde ich aufs neue Teil der Maschine: Generator, Motor, Humanator. Ich wußte nichts mehr. Ein Häuflein Elend in der großen Prärie.

Östlich der Stelle, wo der moddrige Milk River seinen Rücken an der Straße zu reiben beginnt, hielt ich wieder an, kletterte über einen Zaun und ging zu zwei rostroten Felsen hin, die die Gletscher bei ihrem Rückzug nach Norden liegengelassen hatten. Aus solchen Steinen machten die Indianer Anschlagtafeln, Wertungslisten, Grenzmarkierungen und Gebetbücher. Ich hoffte auf eine Botschaft der ersten Bewohner, aber die Steine waren genauso nichtssagend wie das Land.

Zurück im Wagen, machte ich meinen kleinen Ofen an und setzte Kaffeewasser auf. Ich tat etwas Kakao, als Energiespender, hinzu, und saß da und sah hinaus und trank. Die Prärie war stürmisch und grau, hier und da von den weißen Gesichtern der Hereford-Rinder unterbrochen. Vor hundert Jahren hatten Sioux-Stämme – die Assiniboines (»Steinkocher«) und die Gros Ventres (»Dickbäuche«) –, die hier in den Ebenen den Bison jagten, mit diesen Abkömmlingen des Urelefanten einen vierbeinigen Lebensmittel-, Geräte- und Textilladen aufgetan. Generationen hindurch jagten die Menschen den Büffel, trockneten und pulverisierten das Fleisch und vermischten es mit dem Fett des Knochenmarks und wilden Beeren und verpackten es in Taschen aus Büffelhaut. Pennikan hielt sich unbegrenzt und hatte zehnmal soviel Nährwert wie frisches Fleisch. Gegerbte Bisonhäute dienten den Sioux als Hütten und Bett, für Mokassins, Leggings, Schilde, Boote, Eimer, ja sogar als Kessel, in denen man Essen kochen konnte. Hörner und Knochen wurden zu Spießen, Bohrern, Messern, Schabern, Äxten und Löffeln. Rippen und Kieferknochen ergaben Kinderschlitten. Aus den Hufen wurde Leim gemacht, der Kot diente als Brennmaterial. Wenn ein Sioux mit einem Büffel fertig war, hatte er alles von ihm verwendet, sogar seinen Geist, denn dieser bärtige Büffel, lebendig und gefährlich, fast eine Tonne schwer, schnaubend und reizbar, war das Herz der Rituale und der Religion der Plains-Indianer. Bis zur Generation der Geistertänze – jener, die dem alten Leben den Abschiedskuß gab und sich auf eine feindliche Zukunft einließ – haben die Stämme, die achttausend Jahre lang dieses Grasland beherrschten, die meisten ihrer Kämpfe um Jagdgebiete ausgetragen. Der rote Mann aß Büffel (Transsubstantiation auf Indianisch), er kleidete sich in Büffel, er ahmte ihn nach und redete mit ihm, und er starb für und durch den geheiligten Büffel.

Dann kam die Zukunft mit Schuhen aus Kuhhäuten und Hosen, die auf einer Maschine gewebt waren. Nun war der Bison nur noch ein Ärgernis. Die Tiere nahmen den Rindern wertvolles Gras weg, stampften das Getreide nieder, blockierten Eisenbahnzüge und rissen Telefonleitungen herunter. Und so verschwand der amerikanische Büffel, ein Symbol für Rote wie Weiße, noch rascher als die Lebensform, die er hervorgebracht hatte.

Ich stellte meinen Kaffeepott weg, derweil die kastrierten Hereford-Stiere unfruchtbar in dem Gras weideten, wo einst die Büffelbullen, deren zottiges Glied bis fast auf den Boden hing und deren rote Augen glühend über ihren Kühen wachten, sich getummelt hatten. Ich erinnerte mich, daß ich gelesen hatte, daß eine von neun Kühen heute in einem McDonalds Hamburger endet. Der Himmel war den ganzen Tag über wolkig gewesen, und jetzt hatte ich gerade ein entmutigendes Wort gehört.

Wieder weiter mit dem Poch-poch. Die Straße schüttelte und walkte mich, der Sitz rammte mein Rückgrat, das Lenkrad riß an meinen Fingerknöcheln. Ich fühlte mich wie eine Uhr in einem Timex-Werbespot; ich konnte John Cameron Swayze hören:

»Wir haben diesen Mann zwei Tage lang auf einem Montana-Highway in einem Transporter festgebunden. Er wurde grün und blau geschlagen, aber ...« Und so weiter. Ich drehte das Radio an. Inmitten der Störgeräusche war ein Erweckungsprediger zu hören, dessen Predigt mit wirklichen Donnerschlägen durchsetzt war. Zwischen atmosphärischen Störungen hörte ich seine sanft-beschwörende Stimme: »Du wissest o Herr, daß wir diesen Pfad nur einmal gehen werden.« Amen.

Die Dunkelheit kam früh. Bei Wolf Point ging ein Gewittersturm über dem Uferland nieder, der Regen schlug heftig zu, und ich nahm Zuflucht in der Stadt. Trübe Häuser, durch nichts anderes zusammengefaßt als durch den Missouri im Süden, eins ans andere gezwängt, und die Straßen waren rutschig vor Matsch und voller brauner Pfützen.

Zum Essen mußte ich wieder auf den Highway – in ein Fernfahrerlokal. Etwas bewegte sich drinnen – ich konnte nicht sagen was. Sechs Leute saßen in dem Café, in Licht und Wärme, fast eingekuschelt von der Musikbox, und füllten sich die Bäuche; aber irgendein Dämpfer lag auf ihren Stimmen und ihren Gesichtern. Der Präriesturm dreihundert Meter über uns, der auf das kleine, in der Finsternis leuchtende Lokal sein kaltes Wasser ergoß, nahm uns alle gefangen. Selbst als wir unsere Suppe und das Steak und die Eier aßen, spürten wir den Himmel.

Wieder in die Stadt hinein. In einer Eisenbahnunterführung, wo zwei Autos zusammengestoßen waren, stand öliges Wasser einen Fuß hoch. Ein Blaulicht drehte sich und färbte die Regentropfen violett; hinter einem Wagenfenster das unbewegliche Gesicht eines Mannes. Ich glitt vorbei und fand eine Straße für die Nacht. Feindselig und widerspenstig donnerte der Regen aufs Stahldach. Unfähig, irgendwas in der tiefen Schwärze zu erkennen, kroch ich in den Schlafsack und lauschte dem Tumult.

Einmal im November, in einem andern Jahrhundert, ehe Wolf Point noch einen Namen hatte, beschwerten sich die Einwohner über die Wölfe. Sie kamen zusammen und legten Gift aus, und das Raubzeug starb überall in der Prärie, und die Leute aus dem Ort stapelten Tausende gefrorener Tierleichen zu hohen Mieten auf, die den ganzen Winter über dastanden. Als der Frühling kam, tauten die Stapel und verwesten. Ein Mann glaubte, der

Gestank habe die übriggebliebenen Wölfe vertrieben. Jedenfalls hat nie mehr einer einen lebenden Wolf gesehen, bis heute nicht. In jener Nacht in Wolf Point, Montana, konnte ich mir auch nicht vorstellen, daß jemand da freiwillig hinging, ob Mensch oder Bestie.

7

In Poplar, Montana, wo sich Sitting Bull sechs Jahre nach der Schlacht am Little Big Horn ergeben hatte, kaufte ich Vorräte ein. Nachdem ich fünf Tage lang einem Knabbergelüst widerstanden hatte – vor dem Essen, nach dem Essen, in Augenblicken von Halbschlaf –, gab ich ihm gleich hinter Wolf Point nach und kaufte ein Pfund Rosinen, ein Pfund Erdnüsse, ein Pfund Schokoladenflocken und mixte sie zusammen. Als ich endlich durch North Dakota durch war, war die Tüte leer, die Gier vergangen.

Über Meilen hin folgte die U.S. 2 dem Missouri. Bei der Highline-Ortschaft Culbertson bog ich nach Norden ab in Richtung aufs baumlose Plentywood, Montana, fuhr dann ostwärts weiter auf dem gottverlassenen blauen Highway 5, einer Straße, die buchstäblich auf dem 49. Breitengrad verläuft, was in North Dakota die kanadische Grenze ist. In einer kleinen Stretta von Hügeln, den letzten, die ich für die nächsten paar hundert Meilen sehen sollte, saß auf einem aufgeworfenen Höcker ein Betonkubus mit einer Radarantenne der Airforce, die den weiten Horizont nach feindlichen Echosignalen abkämmte. Ein Martello-Turm des zwanzigsten Jahrhunderts. Unterhalb der Station lag ein schöner, sauberer, aus der Eiszeit stammender See. Fischwinzlinge zischten durchs Schilf, Bläßhühner zirpten an der Oberfläche, und am Ufer saß eine Bisamratte und knabberte Grünzeug. Es war, als ob ich zwischen zwei Welten stünde. Aber sie waren nur eine: ein paar Permutationen des Lebens, mit sich selbst beschäftigt und jede darauf aus, ihren Weg fortzusetzen.

Östlich von Fortuna, North Dakota, nur etwa zwölf Kilometer südlich von Saskatchewan, nahmen die Weizenfelder auf den

Obermoränen die ganze Landschaft ein. Sonst gab es nichts bis auf Steinhaufen, wie Grabhügel der Wikinger, an den Rändern der weiten Flächen und große Maschinen mit stählernen Fingern, die aus dem Gletscherboden Steine aufsammelten, die vom Frost an die Oberfläche gedrückt worden waren; hinter den Maschinen sahen die Felder wie gestaubsaugt aus. An einer Tankstelle sagte ein Mann, der lange auf der Moräne als Farmer gearbeitet hatte, die großen Gletscher seien nur weggegangen, um noch mehr Steine zu holen. »Die kommen wieder. Die kommen immer wieder. Was sollte sie aufhalten?«

Dann hörten die Gletscherhügel auf, und das Land wurde vollkommen flach. Die Straße ging weiter, weiter, weiter. Geradeaus und geradeaus. Sie durchbohrte mich von vorn nach hinten wie ein Pfeil. North Dakota war hier kurvenlos; nicht nur die Straßen, auch das Land, die Leute, sogar der Flug der Vögel. Die Dinge standen in Winkeln: die Zaunpfähle gegen den Himmel, eine Kinnlinie, Gedankengänge, der Stand des Getreides.

Der Highway, oh der Highway. In der Theorie ist kein Ort an sich langweilig. Langeweile liegt nur in der begrenzten Wahrnehmung des Reisenden und seinem Mangel an gründlicher Erkundigung. Nach einer Weile fand ich meine Aufnahmefähigkeit begrenzt. Die großen Ebenen mit ihrer meilenweiten, unverfrorenen Ausdehnung ermüdeten meine Augen; diese Offenheit war überzogen. Die einzige Milderung kam von Gruben, die die Gletscher ausgehöhlt hatten; da waren Ränder und Wasser voller stelzbeiniger Vögel – Pfuhlschnepfen, Flußuferläufer, Regenpfeifer, Rotbrustschnepfen, Säbelschnäbler, Gelbschenkel – und watschelnder Vögel – Bläßhühner, Stockenten, Kanevasenten, blauflüglige Krickenten, Spießenten, Löffelenten, Bergenten, Gänsesänger, Seetaucher und Pfeifenten, Kanadagänse. Wann immer das Brummen der Reifen auf dem Pflaster mir zuviel werden würde, könnte ich anhalten und die Schläfrigkeit unter den Vögeln abschütteln.

Man sollte denken, daß alles, was dieser fast leeren Landschaft Abwechslung verleiht, hochgeschätzt würde, aber als ein eiszeitlicher See in die Quere kam, ging die Straße mitten hindurch, ohne ihre Geradlinigkeit der Natur zu opfern. Wenn man ein Gewehr auf dem Highway abfeuerte, so fände man die Patrone eine Meile weiter östlich in der Mitte des Asphalts.

Hier entleert sich die Erde, wie um ihre Riesigkeit zu erweisen. Gertrude Stein sagt: »In den Vereinigten Staaten ist mehr Raum, wo niemand ist, als wo Menschen sind. Das macht Amerika zu dem, was es ist.« Die unbelebten Weiten des amerikanischen Westens und die verlassenen Meilen der Straßen erzwingen sich die Aufmerksamkeit des Reisenden, weil er in ihnen ganz isoliert ist. Dieser Überfluß an Land ersetzt das Ichgefühl durch Raumgefühl, indem man nach tagelangem Alleinsein und der eigenen kleinen Sphäre müde, sich Trost holt in der Weite draußen – einer Großartigkeit, die nicht nur wegen der Dimension Aufmerksamkeit verdient, sondern auch wegen ihres Alters, ihrer Verschiedenartigkeit, ihrer stetigen Veränderung. Diese isolierende Ausdehnung bringt das zum Vorschein, was an lauteren, geschäftigeren, volleren Orten verschüttet ist. Was für mich zum Vorschein kam, war dies (nur dies): ein Mann, der fast verzweifelt war, weil seine Bedeutung auf einmal nur noch in seinen engen Grenzen lag.

Und weiter durch die fürchterlich gleichförmigen Gegenden North Dakotas, wo Orte mit armseligen Reklameversen für Burma-Rasiercreme kamen und rasch wieder vorbei waren; quer durch Felder, auf denen Farmer Weizen, Roggen, Gerste und Flachs säten, wobei die Traktoren dicht an Zäunen vorbeifuhren, mit denen Raketensilos abgegrenzt waren; im dunklen Untergrund warteten Minutemen wie eine andere, schlimme Saat. Als das Tageslicht schwand, schalteten die Männer, im Wettlauf mit Regen und der kurzen Farmsaison, die Scheinwerfer an ihren International Harvester-Maschinen an. Sie bewegten sich über ein Ackerland, das durch die Wundertaten der landwirtschaftlichen Hochschulen (fremdbestäubte Mischsorten, die gegen alles außer Wachstum und Petrochemikalien resistent waren) für immer verändert war. Der Feind des Farmers war nicht ein Radarecho – es war der wilde Hafer.

Endlich wurde der Horizont vom langen Buckel des Turtle Mountain aufgebrochen, der sich dunkel und struppig gegen den Himmel abhob, und ein Paar schweigsamer Eulen (die Indianer nennen sie »Husch-Flügel«) schwebten durch die

Dämmerung auf der Suche nach verräterischen Bewegungen auf den Feldern.

Ich brauchte eine Dusche. In Rolla, am Rande des Turtle Mountain-Reservats, hielt ich vor einem alten Haus, das in ein kleines Hotel umgebaut war. Trotz eines Widerlings von Portier sah es angenehm aus; aber der Fußboden roch nach Desinfektionsmittel, und die Dusche war eine rostige Box am Ende des Flurs. Ein Strahl traf mich stechend ins Auge, einer auf die Nase, zwei andere liefen über den Vorhang, während das meiste Wasser an der Seite herablief und eisig auf dem zugestöpselten Boden stehenblieb. Ich kriegte die Wut und knallte den Brausekopf hin. Die Neandertaler-Methode.

In einem Hotel im geographischen Zentrum Nordamerikas lag ich, während ein Neonlicht rot durch die kalten Vorhänge schien, ruhig da wie eine kleine Idee in einem leeren Geist.

8

Östlich von Rolla. Nach einem Frühstück im Stadtpark von Langdon, einer nordischen Stadt mit gefegten Straßen und sauberen pastellfarbenen Häusern mit pastellfarbenen Läden an den Aussichtsfenstern, einer Stadt mit dem Geräusch von Baseballschlägen der Jugendliga in der klaren Samstagluft, einer Stadt mit blonden Babys und Müttern, die in hundert Prozent Acryl gekleidet waren, und Ehemännern, die pastellfarbene Autos wuschen, um die Zeit bis zum Spiel der Woche, das die Oberliga bestritt, zu vertreiben, – da passierte folgendes:

Im Park beobachtete mich ein Mann, der mit einem Kind spazierenging, wie ich eine ausgediente Spartan-Rakete musterte, die jetzt offenbar derselben Funktion diente wie früher Kanonen mit Pyramiden aus Kugeln auf dem Courthouse-Rasen. Die weiße Rakete, ein Skelettfinger, der ins Jenseits wies, war völlig verschont von Initialen, Liebesgrüßen, Schulabgangsdaten oder Sprayer-Anarchie. Der einzige Makel war ein schmutziger Ring aus Abdrücken von Kinderhänden, die die Realität des Dings prüfen wollten, und dicht über dem Boden, wie um es zu verstecken, eine Bleistift-Notiz:

Warnung: Der Gesundheitsminister hat entschieden,
daß das Rauchen von ICBMs gesundheitsschädlich ist.

»Ist 'ne Nuklearrakete«, sagte der Vater mit Besitzerstolz. Er hatte die Hemdsärmel hochgekrempelt, und er trug einen ganzen Satz Kugelschreiber in einem Taschenschoner aus Plastik über seinem Herzen.

»Wir können von Glück sagen, daß wir sie hier haben. Kam aus einem Silo unten bei Nekoma. Die Air Force hat unsere Stadt ausgesucht.«

»Habe eine Menge Raketenbasen längs der Straße gesehen.«

»Gibt einem ein gutes Gefühl, nicht? Stolz und wie wenn man ausgesorgt hätte.«

»Ausgesorgt – das ist das richtige Wort.«

»Aus der Entfernung und im richtigen Licht sieht dieser Vogel wie ein Kirchturm aus. Und ich versprech' Ihnen, wenn diese Dinger jemals losfliegen, wird sie die Mutter sein, zu der wir beten.«

»Unsere liebe Frau vom heillosen Boom?«

Er ignorierte mich. »Ich mein' natürlich nicht diese alten Spartan-Dinger. Ich sprech' von den neuen Minutemen. Oder die MX, wenn sie gebilligt werden, – und das werden sie. Zehn Atomsprengköpfe auf der MX.«

Seine Tochter fiel ins Gras. Ohne einen Funken Ironie ermahnte er sie, vorsichtig zu sein.

»Glauben Sie, daß man sie einsetzt?«

»Diese hier ist natürlich entschärft. Aber ich versichere Ihnen, wir sind hier oben auf die Sowjets gefaßt. Die Grenze ist nur 25 Kilometer weit ab. Sie fragen, ob sie je abgefeuert werden. Solange, wie Moskau an seinem Eroberungswahn festhält, möchte ich keine Wette dagegen machen.« Er wartete auf eine Antwort, dann hob er seinen Arm Richtung Nordosten. »Wahalla drüben ist die nächste Stadt, und Sie wissen ja, was das ist.«

»Was ist es?«

»Die Heimat der in der Schlacht gefallenen Krieger. Der Ort, an den die Walküren die Helden bringen. Wir hier im Grenzgebiet sind bereit.«

»Die Air Force ist bereit, meinen Sie?«

»Ich will ja nicht aus der Schule plaudern, aber einige von uns sind auch privat gerüstet.«

»Mit was?«

»Sagen wir mal, in unseren Kellern lagert genug für jeden, der über jene Grenze dringt.«

»Ich hoffe, Sie haben nicht die übrigen ausgemusterten Interkontinentalraketen in Ihrem Hobbyraum?«

»Jeder macht sich Sorgen wegen der ICBMs. Wir hier leben über ihnen, obenauf. Wir produzieren das Brot, das Sie und die Russen essen, direkt über den Raketen. Sie wollen sich Sorgen machen? Machen Sie sich Sorgen um IBM. Oder um Bakterienbomben. Bei dem, was die Generäle drüben in der Ukraine haben – diese Interkontinentalraketen, die zehnmal soviel Kilotonnen wie unsere größten transportieren –, da sollten Sie sich über dieses Baby nicht aufregen.« Er streichelte die Rakete väterlich, dann nahm er die Kugelschreiber aus dem Schächtelchen und steckte sie ordentlich wieder ein, um sicherzugehen, daß er den großen Knall ohne Tintenflecken erleben würde.

9

Die Landschaft hatte etwas Gestrecktes, als wären ihr alle andern Dimensionen als die Länge entzogen. Sie schien unfähig, etwas zu verbergen. Das war es wohl, was mich überraschte, als die Route 5 jäh von den Drift Plains in die andere Dimension des baumreichen Tals des Tongue River abfiel. Der lederfarbene Boden des Westens hatte jetzt die Farbe von Haselnüssen, und ich wußte, daß ich die Prärie fast hinter mit hatte.

Der Spitzname von North Dakota ist »Flickertail State«, Staat der huschenden Schwänze. An jenem Vormittag merkte ich, warum. Meilen um Meilen standen die kleinen Backenhörnchen in Habtachtstellung an der Straße. Wenn mein Transporter näherkam, machte der kleine Nager mit erhobenem Schwanz einen irren Spurt auf die andere Straßenseite, wo er ein paar Schritte vor dem Bankett stoppte, rumwirbelte und im allerletzten Augenblick wieder auf die Seite huschte, von der er gekommen war. Das passierte wieder und wieder. Es sah sich an wie eine Art von verrücktem Spiel, bei dem die Verlierer als zermatschte Fellklümpchen endeten. Über vielen der plattgefahrenen Tiere stand ein zweites; ich dachte, sie trauerten, aber jemand erzählte mir später, daß die Flickertails eine Vorliebe für Flickertailfleisch haben.

Ein Schild wies nach Backoo, im Norden. Backoo, North Dakota, ist vielleicht nicht die einzige Stadt in Amerika, die nach einem australischen Fluß (dem Barcoo) benannt ist, aber vielleicht doch. Ich sah sie mir an, oder vielmehr: ich sah, was noch übrig war, nämlich: die Gleise der Burlington Northern-Eisenbahn, ein Getreidesilo, ein Lebensmittelladen, eine mit Brettern vernagelte Schule, eine Kirche und eine Winzigkeit von einem Postamt. Die Stadt hatte Samstagsruhe, drum fuhr ich auf den Highway zurück, als mich Benzingeruch anhalten ließ. Ich hob die Kühlerhaube. Die Benzinleitung unter dem Vergaser war geplatzt und sprudelte einen feinen Strahl bleifreien Treibstoffs ins Sonnenlicht. Ich wollte sie mit Draht umwickeln, aber das klappte nicht.

Auf zur nächsten Stadt, nach Cavalier. Wäre ich nicht nach Backoo gefahren, wäre die Leitung in Cavalier geplatzt und nicht mitten auf der Landstraße. Soweit die Logik. Aber Tatsache ist, daß Motorpannen nur an Orten wie Backoo, North Dakota, auftreten. Ein Axiom der blauen Straße. Der Anzeiger fiel – zusehends – auf Null, und die langen Meilen dehnten sich. Sie dehnten sich verdammt.

Ich wußte nicht, wieviel Geld ich noch hatte, aber ich wußte, daß Fremde mit kaputten Autos in einsamen Städten ausgenommen werden. Ein Axiom der blauen Straße. Das fünf Zentimeter lange Plastikstück der Benzinleitung konnte natürlich kaum mehr als einen Vierteldollar kosten, aber im Bereich der Hochtechnologie zählt nicht die Einfachheit oder die Billigkeit eines Ersatzteils, es kommt darauf an, ob es auch da ist.

In Cavalier fuhr ich in die erste Werkstatt, die ich sah, und ein Teenager mit dem Bauch eines Mannes kam heraus und starrte mich an. Die Leute im Norden werfen nicht einfach mit Worten herum. Ich machte den Kühler auf und zeigte ihm das Leck. Ich sagte auch nichts.

»Das Scheißauto fängt gleich Feuer«, sagte er.

»Weiß ich. Kannst du's hinkriegen?«

»Fahr das Scheißauto rein und stell es ab. Verdammt!« Er ging in Sicherheit, als ich hineinfuhr.

»Hast du so ein Leitungsstück?« Stunde der Wahrheit, dachte ich. Er zeigte auf eine große Rolle aus Leitungsschlauch, die an der öligen Wand hing. »Kriegen alle Scheißer im Staat hin, wenn's sein muß.« Die geschwärzten Hände des Jungen fummelten an dem Verbindungsstück. Er kämpfte, schnitt sich, fluchte und drehte mit blutendem Finger eine schmerzlindernde Runde um die Abschmierbühne. Ich nahm die Zange auf und versuchte, die Klammer loszumachen. Meine Hand rutschte ab, als die Verklammerung nachgab, und ich schnitt mir in den Finger. Der Junge säbelte ein Stück Schlauch von der Rolle ab und setzte es ein. »Das wär's für den Scheißkerl.«

»Sehr fixer Service. Was schulde ich dir?«

»Zehn Cent fürs Material, und zwei Dollar für die Arbeit – damit wär' das Loch erledigt. Aber das wirkliche Problem unter ihrer Kühlerhaube ist damit keineswegs erledigt.« Also jetzt kommt's dicke. »Die Wasserpumpe ist fast hin.« Er griff in die Blätter des Ventilators und ruckte sie hin und her. »Die Flügel sollten kein Spiel haben. Wenn die Halterungen loslassen, hauen die Blätter durch den Kühler, und das wär's dann.«

»Hab' immer aufgepaßt.«

»Und wie lange schon?«

»Rund neuntausend Meilen, schätze ich.«

Er schlug sich an die Stirn, um meine Blödheit zu demonstrieren.

»Scheißauto!«

»Wollte etwas Zeit gewinnen.«

»Na, da gewinnst du 'n bißchen mehr als Zeit, wenn das Scheißding losfliegt. Ich würd' das Scheißding nicht mal bis Hoople fahren.«

»Wie weit ist's bis Hoople?«

»25 Kilometer.«

»Kannst du's reparieren?«

»Würde es nicht versuchen. Bring das Ding zum Fordhändler.«

Ich tat es. Der Monteur sagte: »Am Samstag krieg' ich keine Ersatzteile. Tatsache, ich hätte eine neue Pumpe erst Montagnachmittag – frühestens. Wir kriegen alles von Grand Forks, und da können Sie ebenso gut selbst hinfahren.«

»Schaff' ich das?« Neuntausend Meilen lang hatte ich mir keine Gedanken gemacht, aber jetzt regte ich mich wegen siebzig auf.

»Quién sabe, Kameratt? Weißt du? Vielleicht kommst du bis nach Hause. Aber andererseits: vielleicht schaffst du es nicht mal bis nach Hoople.«

Ich fuhr die Staatsstraße 18 Richtung Grand Forks und fragte mich, was es mit diesem Hoople auf sich hatte, das als Grundeinheit für Entfernungen im Pembina County in North Dakota diente. Vor fünf würde ich doch nicht in Grand Forks sein, also fuhr ich langsam, in mein Schicksal ergeben. Der Wagen hatte mich an den Atlantischen Ozean gebracht und dann an den Pazifik und halbwegs zurück an den Atlantik. Aber jetzt konnte es natürlich sein, daß das Scheißding nicht mal mehr bis Hoople durchhielt.

10

Wer in Amerika würde vermuten, daß Grand Forks, North Dakota, ein guter Ort war, wenn man mit einer kaputten Wasserpumpe festsaß? Wolkenkratzer aus den Dreißigern, sauber wie eine norwegische Küche, eine Staatsuniversität mit Backstein, großen Bäumen und Efeu. Am Montagvormittag wurde die Pumpe innerhalb einer Stunde für 37 Dollar fünfzig ausgewechselt. Ich hatte damit gerechnet, daß man mir den dreifachen Preis abknöpfen würde, aber ich traf nur ehrliche Leute.

Ich fuhr durchs Tal des Red River des Nordens (der in die Hudson Bay mündet) und dann nach Oslo in Minnesota hinüber. Bei Viking klapperten große Stengel der letztjährigen Sonnenblumenernte im warmen Wind. Schon seit einigen Meilen hatte ich eine Veränderung des Städtebildes in diesem nördlichen Landstrich beobachtet, was damit zusammenhing, daß die Amerikaner ihre Häuser lieber mit wasserlöslicher Farbe streichen, als daß sie die Pinsel mit Terpentin reinigen müssen. In dieser Gegend wurde einst viel Flachs angebaut, aus dem man Leinöl gewinnt; aber mit dem Aufkommen von wasserlöslicher Farbe ging die Nachfrage nach Flachs zurück. An seine Stelle kam ausgerechnet die Sonnenblume, die jetzt zum großen Renner beider Dakotas und Minnesotas wurde – mit jährlich größeren Anbauflächen für die Züchtungen, die aus russischem Saatgut entwikkelt wurden –, weil die »Blume« eine Reihenfrucht ist, die die Farmer nach dem Getreide bequem mit den Mähdreschern abernten können.

Thief River Falls, wieder eine Stadt von norwegischer Properkeit, hat seinen Namen durch eine kuriose Mischung von Geschichte und Sprache. Eine Gruppe von Dakota Sioux lebte hier etliche Jahre in den reichen Jagdgründen. Obwohl die kriegerischen Chippewa das Waldgebiet kontrollierten, brachten die Dakota es fertig, eine abgelegene Siedlung dadurch zu verstekken, daß sie einen Erdwall drumherum bauten und sich dorthin zurückzogen, wenn der Feind anrückte. Sie jagten sogar mit Pfeil und Bogen, um das Geräusch von Schußwaffen zu vermeiden. Aber schließlich stöberten die Chippewa sie doch auf und vernichteten sie. Weil die Erdwälle einen Teil des Flusses verbargen, nannten die Chippewa ihn den »Geheimen Erd-Fluß«. Durch irgendein Mißverständnis war er bei den ersten weißen Siedlern dann der »Verstohlene Erd-Fluß«, und durch einen weiteren Irrtum wurde er dann der »Diebes-Fluß«. Was Crookston weiter flußabwärts betraf, so hatte es seinen Namen von einem Eisenbahn-Ingenieur.

Südlich von Thief River Falls überquerte ich auf der U.S. 59 den Clearwater River; aber dieser machte im Gegensatz zu einem Dutzend andern, gleichen Namens, die ich in den letzten Wochen gesehen hatte, seinem Namen alle Ehre. Er bewässerte ein Land, das zunehmend reicher an Espen, Birken, Kiefern und Rottannen wurde. Ich war am Westrand der nördlichen Wälder angelangt. Die Prärie war verschwunden.

Am Clearwater River und flußaufwärts vom Clearwater-See und die Straße entlang hinter dem Flecken Clearbrook lag Bagley, Sitz des Clearwater County, eine Ortschaft mit Kiefern und einem blauen See, ein Ort, wo die Namensschilder an den

Häusern Lukasson, Olson, Peterson, Lundmark hießen. Ich machte Station für die Nacht und ging ins Wikinger Kaffeehaus, wo ich ein Wikinger-Omelette aß (Käse, Schinken, Paprikaschoten, Zwiebeln) und einen Schokoladen-Milchshake trank. Zur Kellnerin mit ihren langen flachsblonden Zöpfen sagte ich: »Wer ist der berühmteste Sohn von Bagley, Minnesota?«

»Ach du meine Güte! Ich werd' den Koch fragen.« Als sie mit dem Essen kam, sagte sie: »Das müßte Richard Davids sein, der Verfasser von *Wie man mit den Vögeln spricht.*«

Zwei alte Männer mit Brillen wie staubige Fenster saßen da und schlürften Brühe und sprachen darüber, wie die Indianer im Lake-of-the-Woods-Reservat in der Nordwestecke, dem nördlichsten Zipfel der 48 Staaten, mit Netzen Fische fingen.

»Ich habe nie ein Indianernetz zerschnitten«, sagte einer, »aber ich habe auch nie einen Kumpel abgehalten, es zu tun. Keine Rothaut sollte eine Fischlizenz innerhalb des Reservats kaufen müssen, aber er sollte fair fischen.«

Die Worte kamen langsam, mit langen Pausen; in den Fermaten das sachte Klappern von Gebissen. »Die Indianer haben das Vorrecht«, sagte der andere. »Sie fischen für ihren Lebensunterhalt. Du fischst aus Spaß.«

»Gesetz ist Gesetz, oder es ist keins.«

Die Kellnerin sagte: »Seid ihr Jungs mal wieder bei den Fischereigesetzen?«

Sie hatten Mühe, sie zu verstehen, obwohl sie lauter sprach als die beiden selbst. Vielleicht brauchten sie nach so vielen Jahren sich gar nicht mehr zu hören.

Lauter fragte sie: »Wer hat denn heute abend recht behalten?«

»Ich«, sagten sie.

»Eine gute Freundschaft, wenn jeder gewinnt.«

»Wie war das, Kleine?« sagten sie.

Ich spazierte zur Bäckerei, einem Laden mit Mehlsäcken zum Verkauf im Schaufenster und Kegeltrophäen über den Apfeltaschen. Die Leute im nördlichen Mittelwesten – die Schweden und Norweger und Dänen – haben offenbar noch nichts vom Aussterben der selbständigen kleinen Bäckereien gehört; in den meisten ihrer Städte gab es wenigstens eine.

Mit einer Tüte voll Blaubeerschnitten ging ich durch die Mainstreet zu einem blechverkleideten, mit einer Fassadenblende aufgemotzten Lokal namens Michels, nicht weit ab vom Cease-Bestattungsinstitut. Drinnen Holztäfelung und vergilbte Wurzelkiefer. Im Hinterzimmer redeten die Leute der Junior Chamber of Commerce über Kartoffeln, Papierholz, Milchprodukte und jemandes gebrochene Angel. Ich saß an der Bar. Hinter mir hing der Kopf einer Gabelantilope an der Wand, und daneben warf die Fernsehübertragung eines Baseballspiels ein kaltes Licht wie ein phosphoreszierender Schwamm.

»Habt ihr das gehört«, fragte ein mickriges Männlein. Er stammte noch aus der Zeit, als die Jungen Gesichter mit der Aufschrift »Kilroy war hier« auf Straßenzäune malten. »Habt ihr den Ansager gehört?«

»Nicht hingehört.«

»Er sagte: Geschwindigkeit!«

»Geschwindigkeit?«

»Er meint einen Expressball. Kurz vorher hat er verkündet, ein Läufer hätte 'ne gute Beschleunigung. Das ist doch Baseball und kein NASA-Start. Und noch was: Ich hab' seit Jahren schon nichts mehr von Texas-Schlägen gehört.«

»Die heißen jetzt, glaube ich, Weitschläge.«

»Und was ist aus dem Banjo-Schläger geworden und dem Flattermann?«

»Das ist ein Trickball, jetzt.«

Der Mann hatte es fertiggebracht, daß mich das Spiel auf einmal interessierte. Wir sahen zu, tranken Grain Belt-Bier. Er hatte zweiunddreißig Jahre Staatsbürgerkunde in Minneapolis unterrichtet, aber seinen Traumberuf, Sportreporter, nie verwirklichen können.

Jetzt sagte er: »Vor ein paar Minuten haben sie den Expressball von dem Jungen da mit Radar gemessen: einhundertfünfzig Komma-vier Stundenkilometer. Heute faseln wir was von Geschwindigkeit, aber erklären tun sie einem nichts: ›Qualm‹, ›Brummer‹, ›der hohe Harte‹. Ich vermisse die alten Ausdrücke. Die hatten noch Pep. Wer ist schon auf einen Expressball mit Dezimalkomma scharf, wenn er einen ›Heizer‹ abfangen kann. Und noch was: der Ball kriegt heute keine Tätowierung oder Blase mehr verpaßt. Diese grünen Jungs vom Fernsehen ruinieren jedes Spiel, weil sie glauben, man sieht's ja ohnehin, und da verlegen sie sich darauf, die Mannschaftspsyche zu analysieren. Fragen Sie mich, was ich davon halte.«

»Na was denn?«

»Nicht die Bohne halt' ich davon.«

»Nicht die Bohne?«

»Na ja, schon die Namen. Da gab's doch mal die Butterbohne, die Große Kartoffel, Kleine Kartoffel, Schüßchen Gift, Kühlschrank, Joe-Ohne-Schuh, Koffer, Kesse Lippe. Und heute? Rickie und Richie und Reggie. Also bei solchen Namen kommen die mir wie 'ne drittklassige Ersatzmannschaft vor.«

Der Reporter berichtete, der Pitcher wäre »gut positioniert«.

»Du liebes Bißchen. Der meint, das ist ein Effetaugust. Aber wer von diesen Clowns kann überhaupt noch mit Effet werfen? Und die wollen schnell sein! ›Ranzen-Paige‹ – das war noch ein Name – also der brachte den Ball auf hundertsiebzig Stundenkilometer, ehrlich. Oft hat er's nicht gemacht, weil er ihn bei dem Affenzahn nicht mehr sicher plazieren konnte. Aber so wahr ich hier sitze, er hat sich nie was an seinem Arm getan.«

Er nahm einen langen schlürfenden Schluck von seinem Grain Belt. »Es ist eine Schande«, sagte er. »Wissen Sie, was das Fernsehen aus dem Baseball gemacht hat?«

»Was denn?«

»Bohnen, und was davon kommt, 'n Furz.«

11

Hätte es nicht ein Nagetier mit Schwimmfüßen und einen Herrenmodetick im 18. Jahrhundert gegeben, könnte Minnesota heutzutage eine kanadische Provinz sein. Der Biber hat fast so sehr wie das Pferd den Lauf der frühen amerikanischen Geschichte mitbestimmt. Einige Mayflower-Kolonisten bezahlten ihre Überfahrt mit Biberpelzen; ein guter Pelz brachte einem Indianer drei Stahlmesser ein, und für einen anderthalb Meter hohen Stapel gab es sogar eine Muskete. Aber noch einflußreicher waren die Trapper und Fellhändler, die sich durch die große Wildnis im Norden, zwischen dem Mississippi und den Rocky

Mountains, schlugen; denn ihre Anwesenheit trug dazu bei, den Nahen Westen gegen britische Eroberungen aus dem Norden zu schützen; und es waren ihre Expeditionen, die das Herz Amerikas für die weißen Siedler erschlossen. Indem sie Pelze zur Währung der Wildnis machten, legten diese Männer die Grundlage für eine neue Ökonomie, die die alte rasch verdrängte. Und alles nur, weil die europäischen Herren à la mode mit einem Biberhut gekleidet sein mußten.

An jenem Morgen im Clearwater County mußte ich an den Biber denken, nachdem einer ganz in meiner Nähe hochkam, als ich mich hinkniete und aus einem Fluß trinken wollte, der aus einem dunklen, glatten See strömte, von dem spiralförmiger Dunst aufstieg. In einem schmalen Streifen Himmel über dem Bach gelang es einem großen Blaureiher, sich trotz seiner Masse in die Luft zu schwingen, ohne daß die riesigen Flügel und die langen, herabbaumelnden Beine dem dichten Geflecht der Zweige ins Gehege kamen.

Der See war Itasca und das Flüßchen, ein 25 Zentimeter tiefer Schwall kalter Klarheit über Felsbuckel hinweg, war der Mississippi. Ich überquerte ihn mit fünf Schritten. Der Vater der Gewässer, der eine dreitausend Kilometer lange Reise bis zur Quelle aller Gewässer begann, war hier neugeboren – klein und rein.

Der Name »Itasca« kommt, trotz seines indianischen Klangs, von zwei lateinischen Wörtern, *veritas caput* (wahrer Kopf), die Henry Rowe Schoolcraft kombiniert hat. Schoolcraft – von dem Chippewa Yellow Head geführt – folgte dem Mississippi bis nach Itasca, um den alten Streit darüber zu schlichten, wo denn die Quelle des Flusses sei (Tatsache ist, daß der Itasca von mehreren Teichen gespeist wird). In seinem Logbuch berichtete er, daß die Gegend voller »gefräßiger, langschnäbliger, dyspeptischer Moskitos« sei, und ein anderer Entdecker schrieb, daß ein Schwarm sein Laternenlicht ausgelöscht habe. Anderthalb Jahrhunderte später tönte das Gehölz immer noch von ihrem Sirren, und ihre Stechrüssel waren immer noch beunruhigend groß und kräftig. Mit jedem Schlag zermalmte ich ein Dutzend der Viecher auf Hose und Hemd. Ein normaler Moskito kann durch die Haut einer Klapperschlange stechen, aber die Spezies der North Woods dringt selbst durch die Kruste eines Steins.

Der Highway 200 führte mich ostwärts in den Wald, an der No Name Road vorbei. Der Spätfrühling war nach Norden gekrochen, und an diesem Tag brach er plötzlich los. Keiner war auf die 28 Grad eingestellt. In Walker, am Südufer des Leech-Sees, hielt ich vor dem County Museum an; es war geschlossen, aber der Hausmeister, John Day, ließ mich meine Kannen vollfüllen. Er war halb Chippewa, halb Franzose, und sein Sohn war Rechtsberater bei dem streitsüchtigen Chippewa-Stamm, der dort in dem großen Reservat lebt. Day war in der fünften Angriffswelle bei Iwo Jima gewesen und humpelte immer noch von einem Schrapnell, das ihn auf der Insel erwischt hatte.

»Dies könnte Juli sein«, sagte er. »Im Juli kann es bis zu 40 Grad hochgehen, und im Januar bis zu 40 Grad unter Null. Achtzig Grad Temperaturunterschied – damit halten wir das Gesindel fern. Und wenn das nicht reicht, haben wir noch die Moskitos und die Egel. Gäb's die nicht und noch ein zwei andere Sachen, wär' dieses Stück von Gottes Land nur so überlaufen.«

Ich nahm einen Schluck kaltes Wasser aus meiner Kanne und wäre beinah erstickt. Ich hatte gerade eine dieser anderen Sachen rausgefunden: Trinkwasser, das schmeckte, als hätte man Roheisen im Mund. Day sagte: »Sehen Sie?«

Er hatte seinen Beruf als Schulverwalter aufgegeben und lebte jetzt von der Sozialversicherung, einer Invalidenrente der Marine und von einer Pension der Schulbehörde. Im Museum arbeitete er nur, um sich zu beschäftigen.

»Hab' mir nie Sorgen gemacht, *wovon* ich leben soll«, sagte er, »aber ich habe mir Gedanken gemacht, *wie* ich lebe. Manchmal ist es schwer, den Unterschied zu erkennen, und es muß immer schwerer werden, wenn man nach den vielen urteilt, die ihn gar nicht mehr kennen.«

»Was ist der Unterschied?«

»Am besten kann man's so sagen: Wenn man einen tollen Schnitt machen will, schneidet man sich am ehesten ins eigene Fleisch.«

Die Ausfallstraße von Walker ging durch Whipholt, an den Abzweigungen zu den Indianerorten Boy River, Federal Dam und Ball Club vorbei. Das Land wechselte zwischen Marschgebiet und Espengehölzen, aus denen das weiße Gefieder der Wanderdrosseln schien. Bei Jacobson kam ich wieder an den Mississippi und hielt an, um vom heißen Asphalt herunterzukommen. Der Fluß war hier breiter, und ich brauchte drei Anläufe, um einen Stein hinüberzufletschen. Ich ging am Ufer entlang. Noch nicht einmal 150 Kilometer von seiner Quelle entfernt, floß der Mississippi hier schon in olivfarbener Trübung.

Später Nachmittag. Das Zentrum von Duluth hängt, wenn man mich fragt, ein wenig verwegen an einem vulkanischen Felsen, der zweihundert Meter tief zum Lake Superior abfällt. Die Stadt belebte sich in der kühlen Luft, die von dem blauen See hereinkam, der sich weit nach Osten erstreckt und sich so mit dem Himmel vermischt, daß man den Horizont kaum erkennen konnte. Es war, als ob Duluth am Rande einer unendlichen Bläue lag. Der größte Süßwassersee der Welt (sein Volumen ist beträchtlich größer als alle andern großen Seen zusammengenommen) ist von einer solchen Ausdehnung, daß er sogar ein Gezeitengefälle von etwa sechs Zentimetern hat. Ehe der St.-Lawrence-Seeweg Duluth zum westlichsten Atlantikhafen machte, pflegten die Leute zu sagen, die Stadt sei wie eine alte Jungfer, die jeden Abend nach einem Ozean unters Bett guckt. Jetzt hat Duluth seinen Ozean, und einige Einwohner träumen hier von einem neuen Chicago, obwohl ein See, der ein Viertel des Jahres bis zu dreißig Kilometer weit zufriert, da ein gewisses Hindernis darstellt.

Auf der Superior Street aß ich geräucherte Maräne, nahm dann die Brücke über die St. Louis Bay nach Superior, Wisconsin, und fuhr auf der breiten und leeren Belknap Street, die vom Erzhafen kommt und an alten Mietskasernen und Eckkneipen vorbeigeht, auf die Route 35 und aus der Stadt hinaus. Es war dunkel, als ich nach Süden bog, und ich konnte keinen Platz für die Nacht finden. Pattison State Park verscheuchte mich mit einer Tafel voller Vorschriften. Die Karte versprach Moose Junction, Dairyland, Cozy Corners – Orte, die entweder nicht mehr da waren oder aus drei Häusern und einer Scheune bestanden. Irgendwo im Douglas County fing ich an, am Steuer einzuschlafen. Ich bog in einen Feldweg ein.

Als ich mir mit den Fingern durchs staubige Haar fuhr, fühlte mein Daumen einen Auswuchs neben der Schläfe. Ich strich das

Haar zurück und sah in den Spiegel. Eine verdammte Zecke. Noch eins der kleinen Dinge, die das Gesindel aus Gottes nördlichem Land fernhalten. Ich holte sie mit einer Pinzette heraus, zog mich aus und spähte nach weiteren. Eine krabbelte mein Bein hoch, eine andere übers Hemd. Ich hielt ein Streichholz dran. Wenn man eine Zecke in den ersten paar Stunden rauszieht, besteht kaum die Gefahr, eine Krankheit zu kriegen, die durch Blut übertragen wird. Sagt man.

Als ich in der heißen Nacht oben auf dem Schlafsack lag, hörte ich den ersten Moskito. Ich setzte das Fliegengitter ein, aber es war zu spät. Ich schwitzte und fluchte unter den zwickenden Bissen. Während ich mich am Steuerrad nicht hatte wachhalten können, fand ich jetzt im Liegen keinen Schlaf. Es war ein Albtraum, der nicht mir gehörte. »Dies sind die Tage, die dir widerfahren müssen«, sagt Whitman.

Während der Depression hatte das Douglas County Tausende von Morgen gerodeten Landes, die es infolge von Steuerdelikten erworben hatte, im Zuge eines Siedlungsplans angeboten, um die Arbeitslosigkeit in den Städten zu mildern und das Land wieder zu nutzen. Man konnte den Morgen für zwei Dollar in bar oder drei Dollar auf Raten kaufen. Das Land verkaufte sich auch, aber meist an Leute, die es schon hatten; von den wenigen Neuankömmlingen, die sich an der Urbarmachung des Ödlands versuchten, war auch nicht ein einziger ein Arbeitsloser aus der Stadt. Eine Generation später waren wieder Bäume da, aber nicht viele Menschen. Während ich nach einer kühlen Stelle auf dem Schlafsack suchte und den dreißigsten Moskito erschlug, wußte ich warum.

Schließlich gab ich auf, nahm die Gitter von den Fenstern, und mit weit offenen Fenstern fuhr ich auf die Straße hinaus, um die Insekten wegzupusten. In Danbury parkte ich neben der Stadthalle, setzte die Gitter ein und ging zu Bett. Ich zerklatschte einen Moskito und schlief ein.

Ehe ich losgereist war, hatte ich jemandem erzählt, ein Zweck meiner Reise sei auch die Begegnung mit der Unbequemlichkeit, also die Erfahrung, was aus Unterwegssein und zersprengter Gewohnheit entstünde. Die Antwort: schlimmste Reizbarkeit.

12

Ohne am nächsten Morgen auch nur mein Gefährt zu verlassen, fuhr ich aus dem trostlosen Danbury ab und auf den Highway 77 und durch den Rest der Northwoods von Wisconsin. An einem kleinen See westlich von Minong packte ich einen Picknickkorb, zog meine Badehose an und ging am Ufer bis zu einer kleinen baumbestandenen Bucht, wo ich ein kaltes, kurzes Bad nahm und mit einem Stück Elfenbeinseife (»Sie schwebt«) alles abschrubbte, was nicht ich war.

Ich baute ein kleines Feuer, schnitt etwas Wurst auf und setzte die Pfanne mit zwei Eiern auf. Die Kiefer knackte und prasselte in den Flammen, die Wurst zischte wie Schlangen, die warme Luft bewegte sich, und ich war gewaschen. Nächte wie die letzte Nacht brachten einen Morgen wie diesen hervor. Ich hätte ewig unterwegs sein mögen.

Als ich die Pfanne mit nassem Sand abschmirgelte, hörte ich hinter mir das Knacken eines Zweiges. Ich drehte mich um und ging in den See zurück. Am Waldrand stand ein Mann mit einer fransigen Hirschlederjacke und einem tief in die Stirn gezogenen Lederhut. Ein offenes Messer glitzerte in seiner linken Hand. Ich war nur mit einer zusammmenklappbaren Pfadfinderpfanne bewaffnet. Er hob den Arm und wieder blitzte das Messer.

»Hab' dich beobachtet«, sagte *sie*. Und das Messer war nur eine Art Handgong, wie er von Hostessen benutzt wird.

»Du hast mich vielleicht erschreckt«, sagte ich und stieg aus dem See. »Willst du 'n Kaffee?«

»Dann fallen mir die Arme ab.« Sie sprach schnell, und ihre Bewegungen waren fahrig. Sie schob ihren Hut zurück und kratzte sich die Stirn, die von Moskitostichen verschwollen war.

»Hast du die letzte Nacht im Wald geschlafen?« fragte ich.

»Ich weiß nicht. Vielleicht. Warum?«

»Du hast vielleicht Stiche!«

Ich klappte die Pfanne zusammen und verstaute sie, während sie eine Pepsi-Cola-Dose aus ihrer Tasche nahm, sie öffnete und die Lasche in den See warf.

»Die Fische verschlucken das Zeug und reißen sich die Eingeweide auf.«

»Na und? Bist du auch so 'n großer Umweltschützer?«

Ich sammelte mein Zeug auf. Ein vollkommener Morgen verschwand vor einem insektenzerfressenen Teeny. Ich löschte das Feuer.

»War ja auch mal in Ökologie«, sagte sie, »aber es war zu öde.« Sie sah unbehaglich aus. »Fährst du?«

»Muß weiter.« Ich spazierte zum Wagen, wusch die Windschutzscheibe, wendete, und da stand sie an der Straße. Jetzt sah sie verängstigt aus.

»Hey, Sir! Fahr'n Sie nach Green Bay?«

»Und wenn schon.«

Ich fuhr los, drehte oben auf dem Berg um und fuhr zurück. Sie stand da, übersät mit Moskitostichen und mit strähnigem Haar. »Willst du mitgenommen werden?«

»Glaub' schon.« Sie hatte wirklich Angst.

»Lebst du in Green Bay?« Sie schüttelte den Kopf. »Sieh mal, ich nehme keinen Teenage-Stromer mit, wenn ich nicht weiß, was du tust.« Ich schaute immer noch in den Rückspiegel. »Wo wohnst du?«

»Eau Claire.« Sie wehrte sich gegen die Tränen.

»Und was machst du hier?«

»Hör mal, Mensch!« Ich legte den Gang ein. Das Gesicht rot vor Wut, schrie sie: »Bin abgehauen!«

»Was ist in Green Bay los?«

Sie ging ein paar Schritte die Straße lang. »Verdammt. So 'n blödes Auto brauch' ich nicht!«

»Und ich brauch' deinen Ärger nicht.« Wieder legte ich den Gang ein.

Mit knirschenden Zähnen sagte sie: »Meine Großmutter ist in Green Bay!«

Ich sah wieder in den Rückspiegel. Ich dachte nämlich, daß sie für einen Ganoven als Lockvogel diente. »Hey«, sagte sie. »Wenn einer Angst haben müßte, bin ich es.«

»Ich weiß nicht, wie weit ich fahre.«

»Na und?« Sie stieg ein, und ich konnte mir einen weiteren Blick in den Spiegel nicht versagen. ELTERN ERHEBEN KLAGE GEGEN ARBEITSLOSEN!

Ihr Name war irgendwas wie Stacie McDougald, und sie war

zwei Tage vorher mit einem anderen Mädchen ausgerissen, das aber nach der ersten Nacht mit einem Bus wieder heimgefahren war. Stacie wurde dann von einem Jungen mitgenommen, der sie über einen Feldweg hierher gebracht hatte.

»Er hat nie was gesagt, aber als er am See anhielt, kriegte ich's mit der Angst und rannte weg. Er hat im Wald und im Gebüsch nach mir gesucht, aber die Moskitos waren echt schrecklich, und da hat er aufgegeben.«

Sie hatte sich die ganze Nacht in den Bäumen versteckt, ein paar Süßigkeiten gegessen und schließlich ihren Kopf in die Tasche gesteckt, um sich vor den Moskitos zu schützen, die sie gerettet hatten.

»Tut mir leid, daß meine Sachen so dreckig sind.« Sie nahm eine Ampulle aus ihrer Jacke. »Nur noch drei da.« Abwesend starrte sie das Röhrchen an, schüttelte eine Pille raus und spülte sie mit einem Schluck Pepsi runter.

»Was für 'ne Pille ist das?«

»Muß sie nehmen. Bin überaktiv. Sind Dämpfer.«

Die Ampulle hatte kein Etikett. »Auf Rezept?«

»Sozusagen. Wie's halt so ist. Hab' schon als Kind Ritalin genommen.«

»Hast du je was anderes gegessen als Kinderdrops und Seelentröster?«

»Wenn ich zu viel esse, werd' ich dick und fett.«

Östlich von Hayward kamen wir in ein Feriengebiet, wo Reklameschilder und kleine schäbige Motels den Highway säumten. Das Pflaster stieg und fiel, rauf und runter, und das Auto schwankte wie ein Beiboot. Das Mädchen schlief ein. In Park Falls hielt ich zum Tanken an. Sie erwachte und ging mit ihrer Tasche aufs Klo. Als sie zurückkam, trug sie saubere Sachen, und ihr langes blondes Haar war naß und hinten zusammengebunden. Bis auf die Insektenstiche war ihr Gesicht glatt und leer und unnatürlich bleich wie die Unterseite eines Arms. Ich sagte, sie solle ihre Großmutter anrufen, aber sie wollte nicht. Bei Fifield fuhren wir ostwärts auf Minocqua zu. Der Chequamegon Forest bestand aus Bäumen und Sandboden, in dem Wachslilien blühten. »Kannst du mir sagen, warum du weggerannt bist?«

»Glaub' schon. Ich mein', wen geht das was an?«

Sie öffnete wieder eine Dose warmes Pepsi und nahm – heimlich – wieder eine Pille, diesmal aus einem etikettierten Röhrchen. Nachdem sie mit Ritalin und Quaaludes angegeben hatte, versteckte sie ihr Midol.

»Angus ist mit 'nem Imbiß-Kettenladen auf den Arsch gefallen, und zu Haus war der Teufel los. Na, wie's so geht. Das Geschäft immer schlechter, und für mich und Kevin war's schlimmer als die Hölle.«

»Wer ist Angus und Kevin?«

»Black Angus ist mein Dad. Kevin mein Bruder. Na jedenfalls, die Art wie Angus auf die Nase fiel, ich mein', der würde immer ein'n Grund finden, auf uns rumzuhacken als wären wir minderwertig, oder mit dem Deckel vom Buttertopf zu schmeißen, also wir kriegen's ab, weil *er* sich in die Hose macht. Wobei Kevin wirklich gerissen ist. Ist immer Sieger geblieben. Wenn er einen Test versaut hatte, prügelte Angus ihn durch und riß ihn an den Haaren. Nannte ihn ›Affe‹ und ›Feigling‹ und so Sachen. Jedenfalls an dem Abend, als seine Partner und er den Laden aufgaben, kriegte Angus wieder so ein verzerrtes Gesicht, wie immer, wenn er unter Dampf steht. Mom sagte, wir sollten tun, als wenn wir Schularbeiten machten, auch wenn nicht. Gott! Zwei Tage später versuchte er, rückwärts einzuparken, und Kevin hat ihm nicht gesagt, daß er zu nah an einen Pfeiler kommt, und Angus beulte einen Kotflügel ein. Und gleich da beim Supermarkt fängt er zu kreischen an und Kevin zu schlagen. Kevin sagte überhaupt nichts, aber an dem Abend rannte er weg. Er ist jetzt in New York, aber ich bin die einzige, die weiß, wo da. Er ist bei den Hare Krishna.«

»Der hat es ja nicht sehr gut gehabt.«

»Als er jünger war, hat er auf LSD gestanden. Dann fand er Jesus. Er hat Jesus in einer Telefonzelle gesehen.«

»Telefonzelle?«

»Er sagte, Jesus hätte mit der Vermittlung gestritten, weil sie sein Gespräch mit Gott unterbrochen hätten. Letzten Monat hat er mir geschrieben und gesagt, er könnt' nicht mehr mit mir korrespondieren, wenn ich meine falschen Werte nicht über Bord werfe. Ich sagte ihm, das wär' toll, aber ich wüßte nicht, was meine falschen Werte sind. Ich mein', wo ich sowieso nicht für so große Versprechen gemacht bin.«

Wir bogen bei Minoqua nach Süden auf die U.S. 51 ab. Motels und Restaurants in Form von Scheunen und ländlichen Läden begleiteten den ganzen Weg; die meisten hatten Andenkengeschäfte und einige sogar Tiere im Käfig zum Streicheln. Dann die Eßlokale, alle nach ihren Besitzern benannt. Bei Merrill fuhr ich nach Osten, um wieder Landschaft zu sehen.

»Ich werd' nie im Leben heiraten«, sagte das Mädchen. »Aber wenn ich's doch will, und Mom sagt, heirate den Kerl nicht, dann tu' ich's nicht. Ich meine, wenn sie auf Nana gehört hätte, wäre ich jetzt das Kind von jemand anderm.«

»Angus wird ja nicht ewig da sein.«

»Nana sagt, Angus hätte uns nie vergeben, daß wir sein Leben verändert haben. Wir haben ihn abgehalten, ein berühmter Schriftsteller zu werden. Aber Nana sagt, es kam nur daher, daß er Angst hatte, es von sich aus zu probieren. Ich mein', ohne Mom macht er sich nicht mal an seine Arbeit, aber am liebsten sollen die Leute ihn Big Mac nennen. Alles Scheiße. Groß ist er nur, wenn er Kinder rumschubsen kann.«

»Aber er muß euch doch auch mal anständig behandelt haben.«

»Ach nee? Etwa, wenn er uns ›Hunderttausend-Dollar-Dofies‹ nannte, weil er gelesen hatte, was die Erziehung eines Kindes kostet. Oder er nannte uns ›zweibeinige Argumente für Abtreibung‹. Und wenn wir was Gutes gemacht hatten, drehte er dran, bis er selbst gut dastand. Immer er. Neben seinem Stuhl hängt eine Zeichnung – er selbst als Superman verkleidet –, dabei predigt er uns dauernd, wir wären eingebildet. Hat gar keine Ahnung von uns. Kevin ist nicht eingebildet – er haßt sich selbst.«

»Zeit zum Lunch.« Sie hörte mich nicht. Sie konnte nicht genug von dem Gift loswerden.

»Kevin nannte ihn immer Anus. Nehm' an, Sie wissen, was das ist. Eines Abends hörte Anus das, und er prügelte ihn ziemlich schlimm durch. Später lag Kevin weinend auf seinem Bett. Dann fängt er an zu lachen. Ich kriegte Angst. Ich dachte, er dreht durch. Ich sag': ›Was is' los?‹ und Kevin sagt: ›Bin hungrig‹. Ich sag': ›O Gott!‹ Ich mein', er hatte Blut und Zeugs auf seinem Hemd. Und er sagt: ›O ja, ich hatte gerade einen Big Mac-Anfall.‹ Gott, haben wir gelacht.«

Als wir aßen, sagte sie: »Letztes Jahr, als ich anfing, allein auszugehen, sagte Angus immer, eh' der Junge mich abholte – das ist ziemlich wüst –: ›Denk dran, ein steifer Schwanz hat kein Gewissen‹. Er sagte das jedesmal, wenn ich ausging. Neulich abend, als er es sagte, kreischte ich ihn an. Ich konnte es nicht mehr aushalten. Ich mein', es ist so mies. Er fing an, mich mit seinem Daumen zu stubsen, und er sagte dem Jungen, ich könnte nicht weg. Das war unverschämt, weil der Junge wirklich prima war. Ich glaub', endlich war ich so weit wie Kevin. An dem Abend haute ich ab.«

Sie knabberte ein Stück Pommes, dann sagte sie abrupt: »He, können wir das Thema wechseln? Ich mein', was Sie so in Wisconsin machen?« Ich gab einen halbminütigen Bericht.

Sie sah mich abwesend an und sagte »Hmmm«, mit rasch befriedigter Neugier. »Wenn Sie mich bis Green Bay mitnehmen, könnten Sie die Fähre über den Michigansee kriegen. Sie brauchten nicht durch Chicago. Ja? Bitte.«

Ich willigte ein, obwohl ich nun Wisconsin durchfahren würde, ohne wirklich was davon mitzukriegen. Später, als wir auf der State 29 durch eine Moränengegend mit Milchfarmen und schönen alten Scheunen fuhren und den Embarrass River überquerten, kam mir zu Bewußtsein, daß ich *doch* was von Wisconsin mitgekriegt hatte. Was ich nicht von Wisconsin mitgekriegt hatte, war meine Vorstellung vom blauen Highway Wisconsins. Nichts gibt dem Reisenden solche Befriedigung, als wenn er merkt, daß er etwas zu sehen versäumt, was er vor der Abreise an diesem oder jenem Ort zu finden glaubte.

Bei Green Bay wehte ein deutlicher Geruch vom Lake Michigan herein. Das Mädchen dirigierte mich zum Haus ihrer Großmutter. Als wir ankamen, wurde sie aufgeregt, sprang raus und lief zum Bungalow. Dann rannte sie zum Wagen zurück.

»Hey! Wie heißen Sie?« Ich sagte es ihr. »Okay. Gute Fahrt weiter.« Geistertanz schien leer, und ich war einsam wie nach jedem Mitfahrer, der sich ein paar Meilen mit mir geteilt hatte.

Das ging vorbei, aber eine Weile lang fiel mir die Stille immer noch auf die Nerven.

Kewaunee liegt am Ostende der Halbinsel, die die goldähnliche Green Bay vom offenen See trennt; das Geschäftsviertel grenzt ans Wasser, während die Wohnhäuser dreißig Meter höher auf nackten Felsen standen, die steil zur Küste abfielen. Es war, als wenn jemand eine Salatschüssel halbiert, auf dem Boden eine Spielzeugstadt errichtet und kleine Häuschen oben auf den Rand gesetzt hätte.

Am Fährkai sah ich nach dem Fahrplan. Ich wollte keine Überfahrt bei Dunkelheit, aber am nächsten Mittag fuhr wieder ein Schiff. An einem Wellenbrecher in der Nähe der Stelle, wo Pater Marquette im siebzehnten Jahrhundert eine Messe gefeiert hatte, aß ich ein Sandwich, während Regenpfeifer in langen Gleitflügen über den Strand strichen. Ich war sehr allein.

13

Auch ganz banale Unterhaltung ist nicht zu verachten. Nachdem ich bei der Verkäuferin in der Grocery meinen Joghurt bezahlt hatte, sagte ich noch: »Ein schöner Tag.«

Sie lächelte. »Sonst noch was?«

»Das wär's, danke. Ich nehm' heut' die Fähre.«

Mit einem Nicken machte sie sich wieder daran, die Preise auf Aspirinröllchen zu stempeln. Ich ging wieder zu meinem Wellenbrecher, um zu frühstücken. Ein Mann fischte. »Glück?«

»Keins.«

»Was angeln sie denn?«

»Barsch.«

»Und Ihr Köder?«

»Elritze.«

Und so weiter. Als mir die Fragen ausgingen, war der Austausch vorbei. Während der ganzen Fahrt durch den Mittleren Norden war es schwierig gewesen, ein Gespräch in Gang zu bringen. Die Menschen waren höflich, aber reserviert; oft hatten sie wohl nur Scheu, daß sie zu neugierig wirken könnten, während sie mitunter einfach zu wortkarg waren, um die Banalitäten und Klischees auszutauschen, die als Grundlage eines Gesprächs nun mal nötig sind.

Wenn ich durch die Städte des Nordens spazierte, sahen die Leute mich an und fragten sich, wer der Außenseiter war; sowie ich aber nickte, blickten sie runter, rauf, rechts, links, oder machten kehrt, als habe sie ein Unsichtbarer gerufen. »Fremder«, sagt Whitman, »der du mich unterwegs triffst und mit mir zu reden begehrst, warum solltest du nicht mit mir reden?« Ich versuchte es sogar mit meinem alten Trick, eine leere Wand zu fotografieren, um einen Passanten zum Stehenbleiben und zur Frage zu veranlassen, was in aller Welt ich denn da knipse. Nichts zerstreut den Argwohn gegenüber einem Fremden besser als Neugier – außer im Norden; was auch immer da besser wirkt – ich hab' es nicht herausgefunden. Für mich hatte das den Effekt, daß ich mich dort einsamer fühlte als je in der Wüste. Ich sehnte mich nach dem Süden, wo jedes Thema wenigstens ein kurzes Gespräch wert ist. Und so fuhr ich quer durch den Mittleren Norden und sah viele Leute und erfuhr doch kaum je, wo unser Leben gemeinsamen Boden betrat.

Um Mittag überfiel die Fähre Kewaunee mit ihren Signalhörnern und manövrierte in das Anlegebecken, so wie es seit 1892 gemacht wurde. Es war die über hundert Meter lange *Viking*, die 1925 gebaut und 1965 von Dampf auf Diesel umgestellt worden war. Das Boot verschluckte einen Schub Güterwagen, ein paar Autos, dann Geistertanz, der sich klein ausnahm gegen die großen Stahlräder der Eisenbahnwaggons. Sich wie eine Kompaßnadel drehend, machte die Viking im Hafen einen Neunzig-Grad-Schwenk, fuhr am gedrungenen Leuchtturm vorbei und nahm dann einen geraden Kurs durch das glatte Wasser auf Elberta, Michigan, zu. Die Temperatur fiel um fast zehn Grad, und das Wasser wechselte von trübem Grün zu kräftigem Blau.

Niemand holt mehr drei Zentner schwere Störe aus dem Michigansee wie früher die Indianer, aber die Verschmutzung durch städtische Abwässer und Industriegifte ist seit den Sechzigern erheblich zurückgegangen, und das Sportfischen kommt wieder auf; aber der Anteil an Insektiziden, PCB und Quecksilber ist immer noch zu hoch, als daß man wieder mit kommerziellem Fischfang beginnen könnte.

Ich setzte mich aufs Achterdeck und sah zu, wie Wisconsin kleiner wurde. Ich hatte immer schon wissen wollen, ob in der Mitte des Michigansees (der Name bedeutet »Großes Wasser«) die Küste rundum verschwindet. Jetzt würde ich's bald wissen. Als die Fähre in Kewaunee beladen wurde, war auch eine ganze Plage von Mücken und Schnaken mit an Bord gekommen, und sie sirrten mit nervtötender Präzision in Augen und Ohren. Aber als wir auf dem Wasser waren, kamen daumengroße Fliegenschnäpper aufs Schiff und hüpften und flitzten und liefen hinter den Insekten her. Ein Vogel setzte sich auf die Lehne meines Stuhls, warf ein Auge auf mich, pickte eine Mücke auf, wippte mit seinem winzigen Schnurrbart, piepte, und flog weiter zum nächsten Stuhl. Ich überlegte, wie viele Schnaken es brauchte, um den Bauch eines Fliegenschnäppers zu füllen, ein Organ, das kaum größer als eine Feldbohne sein kann, als ein Mann an der Reeling eine ungeschälte Erdnuß aus der Tasche nahm und sie aufs Deck legte, um einen der Vögel anzulocken.

»Die Erdnuß ist ja fast so groß wie der Vogel«, sagte ich.

Er sah mich bloß an; seine braunen Augen glänzten wie Kastanien, die man in der Hosentasche getragen hatte, sein Kopf war ein faltiger lederner Beutel, den man aus einem dänischen Torfmoor ausgegraben haben konnte. Der Mann nahm sich einen Stuhl und erklärte, daß die Fliegenschnäpper der Fähre von Küste zu Küste folgen.

»Das mit der Erdnuß ist nur Spaß.« Er wohnte in Muskegon und hatte eine seiner Töchter in Menominee besucht. In Bayern geboren, war er in den Dreißigern mit seiner Mutter nach Detroit ausgewandert. Einige Jahre lang hatte er eine doppelwellige Kniegelenk-Kotflügelpresse bei den Chrysler-Autowerken bedient. »Ein Druck von einer Million Pfund gegen den Stahl, um die Kotflügel zu machen. Aber das Bum-Bu-Bum schadet dem Gehör.« Er zog an seinen langen Buddha-Ohren.

Von unten kam ein schreckliches Krachen, und ich sagte, hoffentlich hätten die Güterwaggons nicht meine Karre zerquetscht. Seine Augen wurden groß, und er sagte: »Güterwaggons? Da kann ich Ihnen was erzählen.« Es folgte eine lange, verwickelte Geschichte, voller Details über das alte deutsche Schienensystem und über Forellenfang.

Der Witz, soweit ich ihn verstand, war der: Karl (so nannte er sich selbst), ein Junge von vierzehn, ging mit einem Freund fischen. Sie fingen vier Forellen, aber es dauerte den ganzen Tag. In der aufkommenden Dunkelheit nahmen sie Eisenbahngleise als den kürzesten Weg nach Haus. Der Freund hatte gehört, daß der Weg nicht schwierig war, wenn man vor Hängebrücken über vier tiefe Schluchten keine Angst hatte. Die Jungen kamen bald an die erste Brücke; sie hofften, daß ihnen auf der Mitte der Brücke kein Zug entgegenkam, und sie kletterten so rasch wie möglich drüber. Es war schrecklich, zwischen den Schwellen hinabzusehen.

»Auf den Brücken«, sagte er, »gab's kein Ausweichen, wenn der Zug kommt.«

Sie versuchten, nicht hinunterzusehen und schafften die zweite; die Gleise gingen durch einen Wald und führten dann über die dritte Schlucht, die tiefer war als die zweite; wieder rasch hinüber und wieder in den Wald und hinaus auf die letzte Brücke. Inzwischen war es so dunkel, daß sie nicht mal mehr ihre Füße sehen konnten. »Wir hielten uns an den Händen und tappten weiter. Wir fast drüben, da blendet uns ein großes Licht.«

Es war eine Lokomotive, die um eine Kurve kam. Die Jungen kehrten um und liefen zurück, aber sie konnten im Dunkeln nicht rasch genug über die Schwellen springen. Blieb nur eins übrig: sich flachlegen, zwischen den Schwellen durchrutschen und sich mit den Armen dran festhalten. Die Lok, die über sie hinwegdröhnte, blies ihnen Funken in die Augen und schüttelte sie beinah ab. Und dann kam Waggon auf Waggon. Schließlich klackte der letzte vorbei. Sie versuchten, wieder hochzukommen, aber ihre Arme waren zu schlapp.

»Wir hingen da wie Hühner auf'm Markt.«

Der Kamerad versuchte es mit Schwung, verlor aber fast den Halt, und so hingen sie da und überlegten, ob sie sich fallenlassen sollten; vielleicht landeten sie ja im Fluß.

»Wie wir rüber sind, hatten wir keine Angst, unser Leben aufs Spiel zu setzen, aber wie wir dahingen, hatten wir Angst, unser Leben zu retten. Leben ist so.«

»Wie lange kann ein Junge an seinen Armen hängen?«

»Wenn's drum geht, an allem zu hängen, wer weiß?«

Der Freund war für Fallenlassen, aber er brachte es nicht als erster übers Herz. Dann verabredeten sie, daß jeder abwechselnd alle paar Minuten schrie. Sie hingen da und hingen. Der Zug hatte auch die Verschnürung des Fischbeutels gelöst, und vier tote Forellen zappelten vor ihren Gesichtern. »Wenn wir uns bewegen, der Fisch küßt uns.« Sie blieben hängen. Die nächste Lokomotive würde sie abschütteln.

»›Ich sag' zu mei'm Kamerad: ›Bald werden wir sterben.‹«

Die Jungs wimmerten, und Karl wünschte sich, er wäre seiner Mutter ein besserer Sohn gewesen und hätte die Priester nicht so oft angelogen. Er gelobte Gott, er wolle sich bessern. Dann tanzte ein Lichtstrahl unter der Brücke hervor über sie.

»›Schnell‹, rufen wir, und eine Stimme sagt: ›Was ist denn hier los?‹ Ich seh' große Augen, die in meine gucken. Die Augen blinzeln, und ich seh' das Gesicht von einem Mann, wie es sagt: ›Was macht ihr dummen Jungs denn da?‹ Wir gucken runter und sehen seine Stiefel. Er steht im Schlamm. Wir hingen mit unsern Fischen zwanzig Zentimeter über dem Boden.«

Ob nun wahr oder erfunden, die Geschichte des Mannes hatte mich gepackt, und ich hatte ganz vergessen zu sehen, ob die Küste aus dem Blick verschwand. Ich sprang auf. Wir waren fast über den See. Es würde ein Mysterium bleiben. Als ich mich umwendete, war der alte Bursche verschwunden.

Die Sanddünen von Michigan glänzten rosa in der späten Sonne, und an der Einfahrt zum Hafen von Elberta gab es einen großartigen Anblick: Kleine Silberflöckchen sprangen auf ihren Schwänzen über das blaue Wasser. Es waren Maifische, die ganz und gar wie tanzende Löffel aussahen. Dies waren die Fische, die früher während der starken Verschmutzung an die stinkenden Strände gespült wurden.

Die Viking legte wieder mit ihren Sirenen los, die Crew machte fest, spurtete über den Kai und zu den Wagen und raste zum Abendessen, und ich wünschte mir, die Viking würde den ganzen Weg bis zum Atlantik fahren.

14

Manche Abende unterwegs liefen wie dieser: Östlich von Elberta, jenseits des Betsie River, auf der 115, wurde ich wählerisch in bezug auf Übernachtung. Auf der Suche nach einer Stadt, die nicht vor allem den Tourismus bediente, fuhr ich an Reihen von Birken vorbei, aus denen Urlauber Rindenringe als Souvenirs geschält hatten, durch eine Gegend voller Motels und Campingplätze mit Sanitäranschlüssen. Nicht das Wahre.

Nach einer Stunde war ich unerwartet auf der U.S. 27, einem Highway nur für Schnellverkehr. Obwohl ich nicht die mindeste Lust auf Vorschriftsstraßen hatte und schon gar keine auf Schnellverkehr, war ich nun gerade auf so eine Hauptstrecke geraten, ohne Wendemöglichkeit, mit Mindestgeschwindigkeit, und für Traktoren mit Holzladung verboten. Ich war irritiert, aber es sollte noch schlimmer kommen.

Durch die Ölfelder des mittleren Michigan, mit dem letzten Lichtstrahl nach Mount Pleasant hinein und auf den Campus der Universität von Central Michigan. Ich öffnete die Kühlbox und fand nur einen Kanten Brot, eine verschrumpelte Orange und die Dose Leberhaschee. Hin also zu einem Kalender-Café mit Michigan-Gerichten –, aber ich landete in einem Schuppen mit Sandwiches vom Fließband.

Ich stand da mit den anderen wandelnden Verdauungsröhren und las die von innen beleuchtete Speisekarte an der Wand, die mit Farbwiedergaben von Hamburgern und Pommes Frites in zwölffacher Lebensgröße geschmückt war. Ein Kartoffelschnitz, der groß genug war, daß man Gleise drüber legen konnte, sah nicht verlockend aus. Alle Preise hörten mit einer 9 auf. Ich bestellte, die Kasse summte, die Mechanik wuselte, ließ eine rote Nummer aufleuchten, und ein Verkäufer schob mir mein gemasertes Ersatzteil in seinem Styropor-Sarg rüber. Ich setzte mich zu den übrigen Essern, deren Kaumuskeln zum Teil schon begonnen hatten, an Hamburgern herumzuwürgen, die nach ihrem Gewicht benannt wurden.

Klebrig vor Hitze, machte ich mich auf noch eine warme Nacht im Wagen gefaßt. Ich ging zum Campus zurück und blieb an einem alten, steinernen Dormitory stehen. Obwohl das Frühjahrssemester vorbei war und die Sommerkurse noch nicht begonnen hatten, war das Gebäude bewohnt. Niemand zu sehen. Ich hörte ein Geräusch aus einem Duschraum, also ging ich rein und fing an zu rufen, bis ich einen Abfallbehälter für Tampons sah. EINDRINGLING VERHAFTET. Ich rasch und leise zurück, und wie ich mich umdrehe, renne ich in einen nackten Körper. »Was ist hier los?« Die Stimme eines jungen Mannes.

»Das Personal«, stammelte ich. »Der stellvertretende Heimleiter. Ich such' ihn.«

»Ausgegangen. Was brauchen Sie?«

»Wollte mir ein Duschbad spendieren.«

»Na dann los.«

»Ist das nicht ein Mädchen-Dormitory?«

»Normalerweise. Jetzt wohnen gerade ein paar Geschäftsleute hier, die an einem Seminar teilnehmen.«

Als ich aus der Dusche kam, bot mir der Student ein leerstehendes Zimmer an. Es würde kühler sein. Ich war fast eingeschlafen, als das Licht anging und ein Mann reinkam, etwa vierzig, mit einem babyblauen Frottéhut – die Sorte, mit der man ein verschwitztes Gesicht abwischen kann – und einem blinkenden, programmierbaren, digitalen Mehrzweck-Chronometer, der ihm fortwährend abzulesen erlaubte, in welcher Mikrosekunde, Sekunde, Minute, Stunde, an welchem Tag und in welchem Monat er sich befand, ebenso wie Rundenzeit, Zwischenzeit und ob er an erster oder zweiter Stelle lag. Er setzte zwei Koffer mit Monogramm ab, sah mich an, sagte nichts, machte einen Koffer auf, zog sich aus, wickelte ein Handtuch mit Initialen um seine Blöße, schloß den Koffer ab, steckte seine Brieftasche nach Art eines Revolverhelden ins Handtuch, spazierte raus, wobei er das Licht anließ. Nach zehn Minuten stand ich auf und knipste es aus.

Als er wiederkam, roch er nach Babypuder, drehte das Licht an, besah sich sein mickriges Gesicht im Spiegel, nahm sein Rasierzeug und spazierte wieder weg, wobei er das Licht anließ.

Nach fünf Minuten stand ich auf, knipste es aus. Er kam zurück, drehte das Licht an, setzte sich, rülpste, wischte seine quastenverzierten Schuhe ab, zündete sich eine Mentholzigarette an, nahm eine Nummer von Consumer Reports und eine von Penthouse nebst einem Plastikhefter heraus, auf dem irgendwas wie North Central Versicherungs-Gruppe draufstand. Ein Mann lachte im Flur, und er spazierte wieder raus.

»Larry«, sagte eine Stimme. »Bist du geflogen?«

»Bin mit dem Kombi da. Sag' mal, wer ist denn das Ekel da in meinem Zimmer?«

»Nigger?«

»Nein. Tonto-Typ.«*

»Keine Ahnung.«

Ich stand auf und drehte das Licht aus. Ich war fast eingeschlafen, als die Tür aufknallte und mir eine Taschenlampe ins Gesicht schien. Das war's wohl. Ich sprang auf.

»Was zum Teufel soll das. Nehmen Sie das Licht aus meinen Augen.«

»Wie ist Ihr Name, Freundchen.«

»Sparkle Plenty. Was zum Teufel soll das?«

»Sind Sie eingetragen?«

»Ich bin kein Kommunist. Was soll das?«

Ein leuchtendes Zifferblatt reichte hinüber und knipste das Licht an. Larry hatte einen Wachmann mitgebracht. Ich erzählte ihm von dem Angebot des Studenten, aber der Wachmann glaubte es nicht und sagte, ich solle verschwinden. Ich zog mich an und rollte mein Bettzeug zusammen. So langsam wie möglich. Als ich ging, sagte ich zu Larry: »Vergessen Sie nicht, Sam Spade herzuholen, wenn die zwei Betten nicht groß genug sind für ihren fetten Arsch.«

»Halt mal den eigenen Arsch, du Freak.«

Der Wachmann unterbrach unsern Gedankenaustausch, und ich ging zum heißen Wagen zurück und legte mich in kalter Wut hin. Ich konnte nicht einschlafen, darum verfaßte ich einen kleinen Bericht. Als ich fertig war, ging ich zurück und pinnte ihn an die Tür:

Autopsie – Bericht über
Larry Soundso

* Tonto = spanisch für Dummkopf.

Die Untersuchung: Es stellte sich heraus, daß das Leben des Dahingeschiedenen nur aus der Sorge um Sicherheitsbonds, Reingewinn-Margen und Dividenden bestand. Als Kenner der Versicherungsstatistik (das heißt, daß die Toten uns sagen, wie wir unser Geld anlegen sollen) hat der Verstorbene Larrys Gesetz aufgestellt, das zu einem Renner unter den Schreibtisch-Plaketten geworden ist: Riskier nichts.

Todesursache: Akuter Herzinfarkt aufgrund kontinuierlichen Zusammenklaubens und Addierens von Sachwerten auf Sachwerten und Besitzgier auf Besitzgier, verstärkt durch die dauernde Furcht, daß der Verstorbene sich eines Tages ohne Führerschein und Armbanduhr fände.

Zusammenfassung: Wie eine schlecht ausgestellte Police wird dieser Mann mit seinen billigen Sorgen vom Erstunterzeichneten für null und nichtig erklärt.

Ergebenst überreicht,
S. Plenty

15

Quer über ihrem T-Shirt stand SKI: Sie blätterte durch den *Umgang mit wildem Asparagus.* Ich war in der Mitte von Michigan und suchte nach einem Ort, wo ich als nächstes hinfahren konnte, also fragte ich sie, ob sie in Mount Pleasant wohne; aber sie schaute nicht auf. Ich berührte ihren Arm.

»Ich bin aus Missouri. Auf Reisen. Ich wüßte gern einen Ort in Michigan, wo sich's hinzufahren lohnt.« Sie sah mich an, sagte aber nichts. »Vielleicht wissen Sie 'ne hübsche Stelle.« Sie starrte nur. Diese Nordleute treiben ihre Wortkargheit aber wirklich zu weit, dachte ich.

Ein Angestellter kam heran und sagte: »Sie ist taub. Tut sich wahrscheinlich schwer, Ihre Lippen zu lesen.« Er wiederholte meine Frage.

Sie sagte »Oh!« und legte das Buch weg. Sie hob ihre rechte Hand wie ein Hollywood-Indianer beim »Hugh« und sagte »Taum«.

»Taub«, wiederholte der Mann; er habe es mir schon erklärt.

»Taum Miß Gin«, sagte das Mädchen und wackelte mit ihrem rechten Daumen.

»Daumen von Michigan?«

Das Mädchen lächelte, wackelte wieder mit dem Daumen und nickte: »Tanz Bummelbar.«

»Es ist ganz wunderbar«, dolmetschte der Angestellte.

Ich sah auf ihr Ski-T-Shirt und fragte: »Kann man da Skifahren?«

»Schuh platt. Aber Wasserski.«

»Da oben ist es zu flach zum Skilaufen. Und sie sagt, daß sie Abba Vaserci heißt.«

Und so landete ich am Daumen von Michigan.

Auf einer Karte sieht das untere Michigan wie ein Fausthandschuh aus, bei dem die flache Halbinsel zwischen der Saginaw Bay und dem Huronsee den Daumen bildet. Ich brauchte als Köder nicht mehr als eine Gegend, die so besonders war, daß sie einen Namen hatte, aber es schadete auch nichts, wenn es da Städte gab mit schönen, unaussprechlichen Namen wie Quanicassee, Sebewaing, Wahjamega, oder andere Namen wie Pigeon, Bad Axe, Pinnebog, Rescue, Snover und – was wohl der schlimmste Stadtname in Amerika ist – Freidberger (= Bulette). Die Leute vom Daumen kommen aus vielen Ländern, aber Deutsche und Polen dominieren.

Ich fuhr durch das flache Land genau nach Osten, an dem großen Industriekomplex von Dow Chemical in Midland vorbei, vorbei an viktorianischen Häusern in Bay City. Bei Quanicassee wurde die Straße von Entwässerungskanälen flankiert, die den Ackerbau in diesem Feuchtgebiet möglich machten. In den Gräben schossen immer wieder heftige Blitze aus polierter Bronze aus dem schlammigen Wasser hoch. Ich hielt an, um zu sehen, was es war. Die heißen modrigen Uferränder schäumten vom Paarungswirbel vierzig Zentimeter langer Karpfen. Die Männchen mit ihren Fu Man Tschu-Barthaaren und mit metallischen Schuppen, die wie Spiegelscherben glänzten, schlugen mit den orangefarbenen Schwänzen und schlangen sich in Bauchrollen um die Weibchen, denen sie das Recht auf die Fortpflanzung ihrer Milch demonstrierten.

Abseits von Bucht und See war das Daumengebiet Ackerland:

Zuckerrüben, weiße Bohnen, Silofutter; aber an der Bucht selbst erstreckte sich von Caseville bis nach Port Austin ein einziges Geklump von Ferienhäusern, Touristenhütten, Motels und kleinen Geschäften, die Plastikflamingos für den Rasen und Blumentöpfe aus zerschnittenen alten Reifen verkauften. Die Häuser und Badehütten und Läden standen dicht an dicht, und an den paar Stellen, wo der Strand direkt an die Straße ranreichte, standen Schilder: Betreten verboten.

Wer immer die Amerikaner ein »wurzelloses« Volk genannt hat, hat nie die Westküste des Daumens gesehen, wo Häuser, die acht Wochen im Jahr benutzt werden, den See das ganze Jahr hindurch, Tag für Tag, versperren. Wenn die Amerikaner wirklich wurzellos sind, warum hat man dann nicht ein paar Touristenzentren und Hotels gebaut und die Küste im übrigen unversehrt gelassen, wie die »verwurzelten« Europäer es wohl gemacht hätten? So wie's aussieht, fährt die wurzellose Familie von Ypsilanti rauf und verbringt ihre zugemessene Zeit damit, den Rasen zu mähen, das Bootshaus zu streichen und das chemische Klo zu säubern.

Aber die Nordostküste war eine andere Geschichte: offen. Farmen und Felder kamen bis dicht an den See, und die Menschen hatten sich in Städten zusammengefunden, statt sich am See zu verlieren. Wenn das westliche Daumenland ungehemmtes Amerika war, dann war der östliche Daumen eine Art bestes ländliches England – besiedelt, aber nicht verstopft.

Harbor Beach ist ein Fabrikort, aber ein angenehmer. Hafen und Strand sind durch einen langen steinernen Wellenbrecher geschützt. Es gab auch einen Betrieb, der Plastik fabrizierte, einen für Gewürze, einen für Pharma-Erzeugnisse, und ein großes Kraftwerk. Leute, die behaupten, daß hübsche Städte und Industrie nicht miteinander leben können, sollten sich in Harbor Beach umschauen.

Ein sehr langer hölzerner Pier führte hinaus bis zum Wellenbrecher. An diesem Freitagabend muß der ganze Ort zum Angeln dort draußen gewesen sein; obwohl keiner was fing, war in der Nacht zuvor ein irrer Schwarm Barsche hereingeschwommen.

»Das Wasser hätten Sie sehen sollen«, sagte ein Angler. Er

hatte jenen ausdruckslosen Blick, den man kriegt, wenn man jahrelang eine monofile Angelschnur im sanften Wasser verschwinden sieht. »Die Fische haben unsere Köder attackiert.« Normalerweise fischte er nach allem, was so kam – Barsch, Stahlkopf, Döbel; im Winter schlug er das Eis auf und angelte Hechte. Den größten Teil seines Lebens hatte er als Facharbeiter in Detroit gearbeitet und Teile für Benzin-Lötlampen hergestellt.

»Heutzutage wissen die Jungs nicht mal mehr, was eine Lötlampe ist, aber das waren wunderhübsche Dinger, die haben das Land aufgebaut. Präzise Messinggeräte, die auf kritische Toleranzen zugeschnitten waren. Die bliesen wie Donner und liefen wie Dampfmaschinen und hielten ewig, weil sie entworfen und gebaut waren und nicht bloß zusammengeschraubt. Die Propanflasche zum Wegwerfen hat uns aus dem Geschäft gebracht. So Sachen sind für den Müll, und so werden sie auch gebaut. Aber die echte Lötlampe! Die erbte ein Sohn von seinem Vater. Ich hab' meine Arbeit geliebt, weil ich wußte, jemand würde sich mein Werkstück aufheben.«

Er rollte eine angenagte Elritze hoch und steckte eine neue an. »Der Krieg hat alles verändert. In den Vierzigern stellte unser Laden auf Bremsbacken für Jeeps um. Spaß war da nicht bei, außer gutes Geld und daß wir unsern Jungs halfen. Als der Krieg aus war, brach alles langsam zusammen, kann man sagen, und damals kamen ich und meine Frau hier öfter mal hoch. Damit fing's an.«

1942 hatte er eine kleine Farm am Daumen gekauft. »Es war eine gute Zeit zum Kaufen, weil ich Geld hatte, und Land genug da war und auch billig, wenn man Weißer war. Die Leute hatten Angst, die Schwarzen könnten aufrücken und die Rüstungsarbeit in der Fabrik übernehmen – ich glaub', es war eine Pulverfabrik –, drum haben sie billig an Weiße verkauft. Mir kam's zupaß. Aber ich glaub' nicht, daß Schwarze da überhaupt je gearbeitet haben.«

Er warf seinen Köder aus, sagte dem Wasser »Hallo?«, und dann senkte er die tote Elritze rein. »Jetzt gefällt mir meine Rolle – ganz ohne jede Konsequenz.« Er sah sich um, was am Pier sonst noch los war. »An so einem Freitag wie heute hab' ich mich entschlossen, mich hier einzukaufen. Kam aus dem Laden nach

Haus und merkte sofort, daß ich dann nur noch auf den Montag wartete. Komisch, und von da an mochte ich den Job nicht mehr.«

Als er sein Angelzeug einpackte, fragte er, warum ich in Harbor Beach sei. Ich sagte, mir wäre nach einem anständigen Hamburger. »Dann sollten Sie ins Krähennest, wenn Sie vor zehn Uhr da sind«, sagte er. »Und sehen Sie sich ja das Gemälde an. Das Ding macht fast so viel Wirbel wie ein schneller Schwarm Barsche.«

16

Im Krähennest tranken wir »Amerikas einziges feuergebrautes Bier«, ein Gebräu, das bemerkenswert leicht mit jedem anderen amerikanischen Bier zu verwechseln war. Vielleicht reicherte es ein Mann namens Stitch deshalb mit einem Schuß Ingwer-Schnaps an. Er trug Overalls und ein Fischgrätjackett mit einem Buddy-Knopf am Revers. Er war alt und sah noch älter aus. Ehe es ihm die zusammenhängende Sprache verschlug, kriegte ich noch verschiedenes aus seinem Wortgegurgel mit. Zum Beispiel: »Mit sechzehn Jahren wurde ich geheilt. An einem Mittwochabend in einem Gemeindesaal wurde ich geheilt. War nie ein religiöser Mensch, aber seitdem bin ich gläubig.«

»Von was wurden Sie denn geheilt?«

»War mit einem Leiden geschlagen. Hatte Füße platt wie Pfannkuchen.«

Er erzählte die Geschichte, wie er einem paar Coyoten nachspürte, die die Hühner seiner Mutter fraßen. Die lange Schilderung der Jagd, die er wohl schon viele Male zum besten gegeben hatte, war zugleich eines der Ereignisse, durch die ein Mensch sich selbst einen Halt gibt; wo auch immer er sonst versagt haben mochte, die Coyoten hatte er erledigt.

Über der Bar hing das Gemälde, das der Fischer erwähnt hatte. Auf schwarzem Samt war eine üppige Blondine mit schimmerndem Haar und bronzefarbenem Körper zu sehen, die ein Haarband und einen Lendenschurz nach Indianerart trug. Das war alles, was sie anhatte, es sei denn, man zählte auch ihren

Gesichtsausdruck noch hinzu. Eine der üblichen Nackten hinterm Bartresen, mehr albern als aufreizend, dachte ich. Ich fragte das Barmädchen, das selbst eine stattliche Blondine war, ob der Wirbel um das Bild mit der Verspottung indianischer Tradition zu tun hätte.

»Indianische Tradition? Was wollen Sie denn mit den Indianern? Sind die bloßen Titten, Schatz.«

»Ach so.«

»Paar Leute haben auf mich getippt, weil's ein Gerücht gab, ich hätte Modell gestanden.« Während sie ein Bier zapfte, starrte sie das Bild an. »'türlich bin ich das nicht. Das sind ja Fantasiekullern. Sehen wie Muskeln aus.«

Allerdings. Um 9 Uhr kamen fünf etwas angejahrte Jünglinge mit Zigaretten in den Ärmeln ihrer T-Shirts und richteten ihre Band ein. Sie hatten Lautsprecher von der Größe von Wandschränken, ein Verstärkerpult wie das Schaltbrett von Kalamazoo, eine Sirene, um den ganzen Lake Huron zu alarmieren, und genug Strahler, um einen Flughafen zu beleuchten, und mehr Drums als alle Indianerstämme zusammen.

Um 10 Uhr schlugen sie zu. Ich verstand, warum ich vor zehn Uhr hätte wieder weg sein sollen. Ich hörte die Band durch meine Ellbogen auf der Bar, hörte sie gegen meine Stirn. Der Gitarrist zog sein Hemd aus und paradierte mit einer gewölbten Brust, die weiß war wie die Bauchseite eines Katfischs. Und er sang. Ich merkte es daran, daß er seinen Mund auf und zu machte, und essen tat er nicht.

Ein Bursche in einem blauen Anzug, der auch für einen Tanzpartner noch gereicht hätte, pirschte sich an die Bar. Er paffte eine Swisher Sweet und hustete nicht sehr. Zum Barmädchen sagte er: »Schönste Lady, dem Mann hier ist nach Boogie.«

»Weiß das sonst noch jemand, Shortie?«

Zwei junge Frauen saßen da bei Scotch und Coke und warteten auf Tänzer. Die eine, mit tiefen dunklen Augenschächten, bearbeitete unbarmherzig ein Stück Kaugummi. Die andere – in kniehohen Stiefeln aus Schlangenleder und hautengen goldenen Hosen, fast wie Blattgold – war schlank und hatte die Augen eines Luchses. Jungen in verblichenen Hemden forderten sie nacheinander zum Tanzen auf. Sie stelzte nur. Aus der Hüfte heraus tanzend, wirbelte sie wie Rauch um sie herum, wippte zurück, wich zur Seite aus. Die Sirene ging los, und im Licht der aufgrellenden Strahler bekam sie etwas von einem Irrwisch. Die Jungs verzehrten sich nach ihr, aber sie wurden betrunken und setzten sich hin. Sie tanzte allein weiter gegen die verstärkten Drums und bewegte sich durch die Schatten der anderen Tänzer. Sechs College-Studenten von Ann Arbor kamen herein, bestellten Heinekens, und einer versuchte ein paar Drehungen mit dem Luchs, aber nur seine Schultern und Hände tanzten. Keiner von den anderen versuchte es auch nur.

Um halb zwölf flogen die Türen auf und ein paar Dutzend Leute – Männer mit karierten Hosen und Frauen in schwingenden Kleidern – schwappten herein. Ich fragte das Barmädchen, wer sie wären.

»Wochenendler. Hausfrauen und Zahnärzte und so Typen. Ein Bursche macht in Maniküre. Das sind Leute, die nie mit ihren eigenen Partnern tanzen.«

Die Männer bewegten sich wie die College-Boys, aber mit etwas mehr Eifer und etwas weniger Erfolg, während die Frauen beim Tanz in seltsame Posen fielen: eine legte ihre Hände zwischen die Schenkel und bewegte die Beine vor und zurück; eine andere tanzte mit hocherhobenem Arm, als wenn sie einen Direktball erwartete, eine dritte ließ ihre Arme gegen den Körper pendeln, wie wenn sie jemandem auf einem abfahrenden Boot zuwinkte; aber die beste tanzte mit den Händen in den Taschen und bewegte die Beine, als stünden sie von den Drums her unter Spannung. In den Frauen steckte eine verzweifelte Sexualität, obwohl ich nicht glaube, daß die Ehemänner – ähnlich wie der Karpfen in seinem Teich – etwas davon mitbekamen.

Um Mitternacht zog eine der sich drehenden Tänzerinnen an einem Band um ihre Taille, ihr Kleid öffnete sich wie ein Fallschirm, sie stieg darüber hinweg und wirbelte es über ihrem Kopf. Sie trug einen Bikini, der aus weniger Material bestand als das Waschetikett im Hemd ihres Mannes. Aber die Männer verloren das Interesse, als sie merkten, daß es sich nicht um Unterwäsche handelte.

Lärm und Rauch trieben mich schließlich zum Rückzug. Als ich ging, hatte der Luchs zu guter Letzt hinter dem Podium der

Band doch noch einen passenden Partner gefunden: einen großen Spiegel.

Das war's also, was an einem Freitagabend im Mai in Harbor Beach, Michigan, los war.

Kapitel VIII
Nord-Nordost

1

Die Wischer nützten nichts. Eine schwarze Sturmfront war so rasch aufgezogen, daß ich nur von der Straße runter und warten konnte, bis das wüsteste Unwetter vorbei war. Ich war auf der Staatsstraße 142, knapp westlich der Farmerstadt Bad Axe, und wollte nach Ivanhoe. Später als ich – anscheinend – in Ivanhoe war, hatte ich nur eine Kirche gefunden, also weiter nach Osten durch Ubly, dann am Rand des Daumens lang, an weiteren Küsten-Ferienhäusern vorbei, nach Port Huron. Der Regen ließ nach, hörte aber nicht auf.

Ich mußte mich entscheiden, entweder für die Oststrecke durch Detroit, Toledo und Cleveland, oder für den kürzeren Nordostbogen durch Kanada. Über den St. Clair River kam ich nach Sarnia, Ontario, hinein und hielt an der kanadischen Zollstation, um den Beamten zu versichern, daß ich weder dieses noch jenes bei mir hätte und genug Geld für den Aufenthalt, daß ich unbewaffnet war, keine lebenden Tiere mit mir führte und mich nur ein paar Stunden im Land aufhalten würde.

»Benennen Sie den Zweck Ihrer Reise«, sagte der Inspekteur.

»Durchreise.«

»Dann viel Spaß.«

Es wurde keiner. Die Schauer machten weiter, der Verkehr war stark, ich verfuhr mich in London und dann wieder in Brantford; schließlich fuhr ich einfach drauflos, sah nichts und wollte nur noch weg von der Straße.

Aber es war eine lange Strecke von fast 400 Kilometern durch die Provinz. Als ich endlich beim amerikanischen Zoll angelangt war, hatte der Regen aufgehört, und als ich die Brücke über den Niagara, nördlich der Fälle, überquerte, ließ die kanadische Sonne, in perfektem Timing, die östlichen Klippen orange leuchten.

Ich war in New York: dem Land von Texas-Hots, Beefsteak am Stiel und Jenny Cream Ale, wo Hamburger Hamburgs sind und Frankfurter Frankfurts. Ich war auch auf dem letzten Drükker mit meinem Benzin. Ich wagte zu hoffen, daß es nach Lewiston links abging; wenn nicht, saß ich wieder mal in der Patsche. Aber da war es und sah ein Jahrhundert älter aus als die Michiganstädte, von denen ich herkam.

In der Tat war Lewiston zwei Jahrhunderte älter, obwohl die ältesten Gebäude, die noch standen, erst gebaut wurden, nachdem die Engländer die Stadt 1813 gebrandschatzt hatten. Ich hielt an einer Tankstelle neben einem alten steinernen Hotel, wo, wie mir der Tankwart sagte, James Fenimore Cooper den *Spion* geschrieben hatte. »Das soll ein Buch sein!« sagte er. »Aber klar«, fügte er hinzu, »daß unser Laden damals noch nicht da war.«

Die sechzehntausend Kilometer blauen Highways hatten mich geschafft, besonders nachdem ich die letzten 450 im Regen gefahren war. Ich hatte nicht das Reisen über, und ich hatte keinen Grund heimzufahren, aber ich wollte das Steuer mal aus der Hand haben und ein paar Tage lang nichts von diesen gestreiften Fahrbahnen sehen. In der Nähe von Canandaigua Lake hatte sich ein Freund, den ich seit Jahren nicht gesehen hatte, ein Blockhaus im Wald gebaut. Keine Ahnung, ob er zu Haus war, aber da fuhr ich hin.

Im Licht, das noch übrig war, folgte ich dem Ontario River Richtung Ontariosee und ging dann auf die New York 93: durch Warrens Corners (gleich bei Wrights Corners), durch Lockport (eine alte Stadt am Eriekanal und früher Herstellungsort von Merchants Gurgelöl – »Gut für Mensch und Tier«), an den alten Heinz-Gemüsefarmen mit ihren 57 Sorten vorbei, dann auf die State 5 und nach Batavia hinein (wo um 1800 der Old Snake Den Inn Betten anpries »mit sauberen Laken, kaum drin geschlafen seit der Anschaffung«) und nach Le Roy (früher berühmt durch J-E-L-L-O) und weiter durch die Dunkelheit zum Westufer des Canandaigua-Sees.

Ich wußte den Namen der Straße, in der mein Freund wohnte, aber nichts sonst, also hielt ich an einer Farm auf der 21 und fragte nach dem Weg. Der Farmer brachte mich zur Straße, und die Straße brachte mich zum Haus, das von oben bis unten erleuchtet war, ohne daß jemand dagewesen wäre bis auf die Hunde. Ich ging in meine Koje zurück. Später, als die Bäume den Mond verdeckten, gab es einen Riesenlärm durch heftiges metallisches Klopfen gegen den Wagen.

»Hey dadrin. Verdammt! Mach die Sardinendose auf.«

Es war mein Freund. Scott Chisholm sagte: »Ich will dich nicht aufwecken und fragen, warum du in meinem Wald schläfst. Ich wollte dich nur fragen, ob du nicht doch lieber im Haus übernachtest?«

»Zu müde für den Umzug.«

»Na schön. Dann bis zum Frühstück. Ich sag' dir nur eins: Ich werde bestimmt nicht schlafen, wenn ich weiß, daß du hier bist.«

»Bin doch ganz harmlos.«

2

Beim Frühstück sagte mir Linda, Chisholms Frau, er hätte wie ein gefällter Baum geschlafen. »Ich wußte es«, sagte ich, »aber mir gefiel der Gedanke, daß er dachte, er würde es nicht«.

Scott Chisholm, aus Kanada gebürtig und von Ojibway-Indianern und Schotten abstammend, hatte länger hier als in Kanada gelebt und mochte die Vereinigten Staaten, was er aber nicht zugab. Er hätte dann nämlich eine Wette verloren, die er vor Jahren, als er zuerst »rüberkam«, eingegangen war: die USA seien ein Land, das ein Kanadier nie lieben könne. Er war Lehrer im Empire State College-System.

1975 baute er ein zweistöckiges Blockhaus in den Hügeln westlich des Canandaigua-Sees, des »Daumens« der Finger Lakes. Chisholm bohrte einen Brunnen und stieß bei etwa zwölf Metern auf Süßwasser. Der Brunnen ergab fast 24 Liter pro Minute.

Obwohl ja der Mensch zum Überleben nicht mehr als einen halben Liter Wasser pro Tag braucht, entschied Chisholm, daß seine Familie von 33000 Litern am Tag nicht leben könne. Also bohrte er bis in 24 Meter Tiefe und förderte 50 Liter pro Minute – 50 Liter von gasigem, schwefligem Zeug. Vermutlich das Amerikanischste, das er je gemacht hat.

Er und Linda und ihre beiden Kinder Sean und Caitlin teilten das Haus mit einem dreibeinigen Hund namens Teddy, einem vierbeinigen Hund, der sein Fell verloren hatte und Chops hieß, und Murray, einem dicklichen Meerschweinchen, das sich gerade den Fuß aufgeschnitten hatte und auf der New York Times am Boden seines Käfigs rote Fleur-de-lis-Tapfen hinterließ. Die Familie hatte auch noch zwei Katzen. Die waren vollständig und unversehrt.

Chisholm machte Frühstück: eine große Schüssel mit »geheimen Ingredienzien« (hab' vergessen, was), Rührei, Wurstringe, Muffins, Melone, Milch. Der Bursche redet oder er redet nicht – das heißt, er redet intensiv oder er schweigt intensiv. Er ist der lauteste schweigende Mann, der mir je untergekommen ist. An jenem Morgen redete Chisholm, etwas, was er gut kann (er wollte mal Mormonenpriester werden, ehe ihm die innere Berufung abhanden kam).

»Ich schreib' an einem Film-Treatment für einen Western, über Asa T. Soule, einen Mann, der Rochester ein Baseball-Team spendiert hat«, sagte er. »Zu seiner Zeit war Soule für Rochester so was wie Kodak und Xerox zusammen. Er fabrizierte Patent-Mixturen. Der große Renner war Hopfenbitter, von dem er behauptete, wörtlich: das sei der größte Blutreiniger, Leberregulator und Lebens- und Gesundheitstrank der Welt. Er braute auch den Indianischen Hustensaft, Herbstblätter-Extrakt für Frauen, Herzmittel aus Seetang und Moorzeugs. Wurde irrwitzig reich. Manche Leute wurden von seinem Gebräu sogar gesund. – Aber genug davon, worauf hast du Lust?«

»Mach bloß keine Umstände.«

»Ich muß meine steinerne Stützmauer bauen.«

»Dann woll'n wir sie bauen.«

Wir fingen an. Es gab nichts als eine Ausschachtung vor einer Böschung, und die Steine lagen noch im Creek, in den Hügeln, in den Wäldern. Wir rollten, rutschten, schubsten und stapelten die Brocken entlang der Straße auf, luden sie dann in den Gepäckraum seines Fiatkombi. Es war heiß, und zehn Raupen krabbelten über den Boden wie die Chinesische Armee, und Bienen summten in den Blüten der Roßkastanien. Während wir arbeiteten, redete Chisholm dies und das: von einem Freund, der nichts als Studebaker sammelte und fuhr und dem ein Mann, vor lauter Bewunderung über das alte Auto, hinten reinprallte. Von Harold Outhouse, der einen Hund besaß, der einen Stier an der Nase herumziehen konnte; von einer schwarzen Familie, die

17. Scott Chisholm in der Nähe von Cheshire, New York

hier herausgezogen war und mit dem Bau eines Hauses begonnen hatte, ehe man sie vertrieb – obwohl die Gegend ein Halt auf der Untergrundeisenbahn* gewesen war.

Eine junge Frau preschte in ihrem Dodge an uns vorbei, hüllte uns in Staub, und ich fragte, was das zum Teufel solle. »Die hat sich ihr Leben lang in der kleinen Straße da oben verkrochen. Sie ist rechthaberisch und zänkisch und schimpft auf alles, was sie nicht versteht, was beinah alles ist.«

Das Ziehen und Heben und Schwitzen renkte mir meine Gelenke nach dem Sitzen am Steuerrad wieder zurecht. Nie hatte mir, glaube ich, körperliche Arbeit so gut getan. Chisholm rollte einen dicken, runden Stein unter den Bäumen hervor. Ich griff zu und zog. Ich hätte ihn heben können, aber es ging so hart an die Grenzen meiner Kraft, daß ich es doch lieber ließ. Hätte ich mit jemandem gearbeitet, den ich weniger gut kannte, ich hätte ihn hochgehoben; aber vor diesem alten Freund konnte ich meine Grenzen zugeben; so nahm der Stein an mir Maß. Nichts

* Der Geheimweg, auf dem die aus den Südstaaten entflohenen Negersklaven in den Norden geschleust wurden. (A. d. Ü.)

zeigte unsere Freundschaft besser als der Stein, von dem ich abließ. Chisholm nahm ihn hoch, wankte und ließ ihn in den Fiat plumpsen. Dann zog er einen noch größeren Brachmann aus dem Bach. Er wollte es jetzt wissen, wollte sehen, mit welchem Gewicht er fertig wurde. Dies war zu riskant. »Na, nicht noch mal diese Atlas-Nummer. Laß mich mit anpacken.« Aber er bog sich wie ein Fragezeichen um den Granit und wuchtete ihn rein.

Wir luden die Steine vor der Böschung ab, dann gab's Lunch. Es wurde wenig geredet; meist kippten wir Eistee in uns rein und hingen in unsern Sesseln wie nasse Lappen. Um zwei ging es wieder weiter. Das Verlegen der Steine war einfacher. Dann passierte etwas Seltsames. Wir verspürten eine Art Geheiß in den Steinen, einen Drang, so und nicht anders zu liegen, auf bestimmte Weise eingepaßt zu werden, daß sie Halt boten gegen den Druck der Erde, gegen die Windungen der Wurzeln. Sie fügen sich nur auf *eine* Weise ein, auf keine andere. Es war, als wären die Steine, wie die Indianer glaubten, lebendig. Die Steine bestimmten unsere Bewegungen.

»Bist du Determinist?« fragte ich.

»Wie könnte ein Mensch in diesem Land leben und Determinist sein?«

»Ich auch nicht, aber diese Mauer ist der Beweis, wenn du je deine Meinung änderst. Die weiß, wo sie hin muß. Wir jedenfalls treffen die Entscheidungen nicht.«

Chisholm hielt inne. »Du, ich hab' das auch gespürt.«

Wir folgten einfach dem Willen der Mauer, dem Willen, der von den Steinen kam, und die rohe, ausgehobene Böschung begann, sich eine Decke aus Fels anzulegen. Wir arbeiteten wie Besessene – Chisholm wie im Fieber, ich langsamer und mit Pausen, um ihn zu beobachten, um zu sehen, wie ihm der Schweiß in Perlen aus dem Bart tropfte. Der Staub haftete an uns, und wir rochen mehr nach Erde als nach Mensch. Wir konnten nicht aufhören. Meine Beine verwandelten sich in Nudeln, meine Hände kriegten Krämpfe, und wir fingen an, Steine fallenzulassen, aber wir machten weiter. Als das Licht nur noch niedrig durch die Bäume einfiel, richteten wir uns auf und schauten. Kein Granit mehr. Wir hatten rund sieben Meter geschafft.

Chisholm wollte die Steine waschen, säubern, den Feinschliff besorgen, und er hätte es tun sollen. Es war seine Mauer. Er hatte mehr gearbeitet. Aber ich, als Opportunist, war eher am Schlauch. Kies und Staub floß von den Felsen; die runden sahen dabei wie Menschenschädel aus, die flachen wie ihre Grabsteine. Dieser Wall würde nun dasein, bis andere Menschen kämen und ihn, mit Mühe, wieder wegschafften. Vielleicht würde nichts von dem, was er oder ich je getan hatten, so lange Dauer haben wie diese Mauer.

Am Abend knipsten die Glühwürmchen ihr Licht an und aus, Grillen zirpten, und Caitlin lag neben Murray und hielt einen Silberlöffel gegen eine Schramme an ihrem Bein, um so den Schmerz zu stillen. Wir saßen auf der Veranda aus Kiefernholz, Chisholms Zigarre glühte im Dunkeln. Wir fühlten uns erfüllt. Es war, als hätten wir was getan.

Später, als ich im Bett lag, war ich froh, daß ich hier Station gemacht und ihn besucht hatte. Ich hatte Arbeit und vertraute Gesichter um einen Eßtisch nötig gehabt; ich hatte auch Geschichten nötig, die verlegen machen, weil sie unbestreitbar sind, Geschichten, die nur alte Freunde einem erzählen können, weil nur sie sie kennen. Und es schien mir jäh, als wenn ich auch nicht eine Meile auf meiner Reise hätte weiterfahren können, wenn nicht diese Leute gewesen wären. Ich nehme an, daß das nicht stimmte, aber es kam mir so vor.

3

Pete Marvin war auch Pierangelo Masucci – sie waren ein und derselbe. Nun, nur beinah. Er sagte, er habe mehr wie ein Italiener gedacht, solange die Leute ihn Masucci nannten, aber das kam jetzt nicht mehr oft vor. Sein Bruder hatte den Namen Ende der Dreißiger geändert, als Schuljunge, weil er es leid war, wie die Lehrer an Masucci herumstotterten und die Kinder darüber lachten. Pete sagte: »Wenn keiner den Namen sprechen kann, dann hast du keinen.«

Er lebte auf einer 75 Morgen großen Farm hoch auf den Glazialhügeln oberhalb des Canandaigua-Sees. In seiner Garagenwerkstatt bastelte er an einem neuen Buick herum, den er günstig gekauft hatte, weil die Frontseite bei einer Testfahrt beschädigt worden war. Während Hausschwalben aus- und einschwebten, kaute Pete Winters Zigarren-Stumpen und arbeitete an dem Wagen. Es hatte bei der Transaktion Ärger mit dem Händler gegeben, und Pete hatte Chisholm, seinen Nachbarn, gebeten, ihm einen Beschwerdebrief zu schreiben. Chisholm war nach Rochester gefahren und hatte mir die Schreibarbeiten übertragen. »Sprachmäßig«, sagte Pete, »mit Schreiben und so, bin ich nicht so gut«. Er gab mir Block und Bleistift.

»Und an wen geht der Brief?« fragte ich.

»Ralph Nader.«

Es war kein Witz, also schrieben wir gemeinsam den Brief – eine heiße, dampfende Sache, wie Pete es wollte.

Er und seine Frau Pauline waren in Rochester geboren, Pete 1910, sie 1914. Seine Mutter Filomena, Jahrgang 1884, stammte aus Neapel. Die drei lebten in einem 105 Jahre alten Farmhaus. Pete und Pauline waren in den späten Vierzigern von Rochester in das Weinbaugebiet des Staates New York, zwischen Cheshire und Naples, umgesiedelt und hatten das große Haus in jahrelanger Arbeit wieder aufgebaut – indem sie einen Schuppen abrissen und dafür eine Küche hinsetzten, Heizung und Wasserrohre installierten. Das war eine Leistung, um so mehr, als Pete an Krücken ging, schon seit seiner Kindheit. Bei der Zimmermannsarbeit mußte Pauline mit ran – hochreichen, klettern und festhalten; Pete maß aus, schnitt zurecht und bohrte Löcher, in die sie dann die Nägel hineintrieb. Aber als er ein neues Dach auf die große Garage setzte, wollte sie nichts damit zu tun haben, und er krabbelte hoch und deckte es allein.

Auf Anregung seines Schwagers war Pete mit seiner Familie auf diese Farm gezogen, um in die Aufzucht von Hähnchen einzusteigen. »Was wußte ich schon von Hühnern?« Er bog Daumen und einen Finger zu einer Null. »Also lernt man erst mal, was man tun will.« Er ging in eine Bibliothek um zu erkunden, wie man Regenställe fürs Geflügel baut. »Jesses, im ersten Jahr lag der Preis bei zwei Dollar pro Huhn. Gutes Geld. Ich dachte, wir hätten es geschafft. Aber die Aufkäufer kamen, nahmen die besten Tiere und ließen mir den Ausschuß zurück. Wir fütterten die übrigen wie verrückt, machten sie fett und verkauften sie von

Tür zu Tür für etwa dreifünfzig und machten damit ein bißchen Geld. Also kaufte ich weitere siebenhundert. Im nächsten Jahr war der Preis ganz unten. Schließlich sagte ich mir: Scheiß auf die Hühner.«

In diesen ersten Jahren auf der Farm nahmen er und Pauline Jobs in Fabriken in Canandaigua an, um mit den Hypothekenzahlungen zurechtzukommen. Erst arbeiteten sie bei Velo-King, einem Betrieb, der Dreiräder für das Versandhaus Sears, Roebuck, herstellte. Dann arbeiteten sie bei der F. A. Smith Company, die Elektromotoren fabrizierte. Aber Pete mochte die Arbeit in der Halle nicht, und er kriegte das Geräusch der Lochpressen nicht aus den Ohren. Selbst auf dem Acker hörte er noch die Pressen.

Anfang der Fünfziger gaben sie die Fabrikarbeit auf und verlegten sich ganz auf die Landwirtschaft. Sie legten einen Garten und einen Weinberg an, pflanzten Brombeeren und Reben und zogen sich eine Herde von vierzehn Milchkühen heran. Diese Holsteiner behielten sie bis in die sechziger Jahre.

»Da kam auf einmal die Regierung an und verlangte irgendwelche Installationen, wenn man seine Milch verkaufte. Neue Techniken, die die Milch von der Luft abschließen. Da mußte jetzt die Milch direkt von den Titten in den Tank laufen. Wir konnten uns nichts dergleichen leisten. Und wir konnten uns auch nicht eine so große Herde anschaffen, daß das Großgeschäft gelohnt hätte. Kamen einfach mit den Vorschriften nicht zurecht. Können Sie sich an diesen Butz noch erinnern, diesen Landwirtschaftsminister? Der sagte: ›Groß, oder gar nicht.‹ Also gar nicht, für uns. Also sagte ich mir: Scheiß auf die Kühe.«

Pete schimpfte auf den Buick. »Ingenieure! Fünfzigtausend Dollar pro Jahr, um Mistzeugs zu machen, und fünf Jahre im College, um zu lernen, wie man's macht. Ich hatte ein 27er Chevy-Coupé – altes, verbeultes Ding mit gerissenem Motorblock. Denken Sie, wir hätten das Geld gehabt, um es schweißen zu lassen? Wir nahmen den Motor raus, setzten ihn auf den Küchentisch und füllten den Riß mit Lötmasse. Bin noch fünf Jahre damit gefahren. Das war noch Ingenieurarbeit.«

Er hörte mit dem Buick für eine Weile auf, schloß die Kühlerhaube.

»Wir haben's dann mit Brombeeren versucht, aber das Pflükken war für die alten Herrschaften zu schwer und die Kinder stibitzen immerzu. Wir zahlten den Pflückern zehn Cents pro Quart und verkauften für zwölf. Ist das Profit? Und ein Brombeerbusch hält sich nur drei oder vier Jahre, nachdem er zum erstenmal getragen hat. Also sagte ich schließlich: Scheiß auf die Brombeeren.«

»Jetzt sind Sie bei Reben?«

»Wir haben die Trauben von Hand gepflückt. Jetzt haben sie so 'n mechanischen Pflücker, der schüttelt sie ab. Fünf oder sechs Morgen Weinberg – davon konnte man früher mal leben. Sechshundert Weinstöcke pro Morgen. Heut' kommt man damit nicht mehr zurecht, außer man hat hundert Morgen. Sechzigtausend Pflanzen – um seinen Mann zu ernähren. Meine Felder sind wieder völlig verwildert wie 'ne Menge von den andern alten Weinbergen auch. Wir haben Tausende von Concords gepflanzt. Die Weinbauern hier haben früher die Löcher mit der Hand gegraben. Ich konnte das nicht, also montierte ich einen Pfahlbohrer hinten an meinen Trecker. Und wissen Sie was? Die Leute hörten davon und sagten: ›Dieser Pete hat 'ne tolle Idee. Hat man mir auch nur soviel dafür bezahlt? Aber genau so werden heute die Rebstöcke gepflanzt.«

Er sah den Brief an Ralph Nader durch und sagte nichts.

»Wir bauten Concord-Reben an und verkauften sie an die Winzereien Widmer und Taylor. Widmer ist gleich unten auf der Straße nach Naples. Dann, Anfang der Siebziger, hört Widmer zu kaufen auf. Da fingen sie nämlich an, kalifornischen Traubenmost in Tankwagen herzuschaffen, weil es billiger war als wenn sie hier gekauft hätten. Die Weingärten in der Umgebung gingen alle zur Hölle. Eine Menge guter Pflanzen starb weg, und die Weinbauern verlegten sich auf Erbsen und Bohnen. Generationen bester Rebstockwurzeln einfach ausgerissen. Eine Rebwurzel kann hundert Jahre leben. Dann kam ein New Yorker Gesetz raus – oder wer's auch immer gemacht hat –, daß man's nicht New-York-Wein nennen dürfe, wenn der Most aus Kalifornien käme. Also fingen die Winzereien wieder an, hier herum zu kaufen. Zu spät für mich. Nitrat und Potasche als Dünger wurden zu teuer. Ich war sechsundsechzig Jahre alt und konnte die Pflanzen nicht mehr bemuttern. Also sagte ich: scheiß auf die Reben. Aber oho! Wir machten immer noch unsern eigenen Traubensaft und Wein und Traubenpie und -gelee. Wir aßen und tranken Trauben auf jede nur mögliche Art. Ich kriegte eine rote Nase wie Pa.«

Pete fing jetzt an, an seinem alten Ford-Traktor rumzumurksen. Die einzige Modifikation für ihn bestand in einer Handkupplung.

»Man muß ganz schön früh aufstehen, wenn man mit diesen Winzerei-Jungs klarkommen will«, sagte er. »Während der Prohibition hat Widmer Traubensaft verkauft, um im Geschäft zu bleiben. Aber wer wollte Traubensaft? Also klebten sie ein Etikett auf die Flasche, wo drauf stand, der Saft könnte gären, wenn er nicht kühl gehalten würde. So wurde das Gesetz bedient.«

Als Pauline aus der Werkstatt kam, redete sie leise auf italienisch mit den Schwalben. Sie wollte mir den Obstgarten zeigen, den sie gerade angepflanzt hatten. Die Bäume – Kirschen, Pflaumen, Äpfel, Birnen – waren noch nichts als Angelruten. »Ich seh' beim Kochen aus dem Küchenfenster die Blätter«, sagte sie. »Eines Tages, so Gott will, werde ich Äpfel und Pflaumen sehen.«

Wir gingen zum Brunnen, und sie pumpte etwas Wasser hoch. »Schmecken Sie mal, ist süß wie Zucker, und sagen Sie mir dann, ob dies nicht ein guter Platz ist.«

Pete sagte: »Jetzt *spielen* wir nur noch Farmer. Ich hab' die Felder an einen jungen Burschen verpachtet. Netter, kleiner Italiener. Hat Saubohnen gepflanzt dies' Jahr. Aber verkaufen würde ich die Farm nicht. Jedenfalls solange nicht, wie keiner mit dem großen Geld vor meiner Nase rumwedelt.« Er zeigte zum See hinunter. »Gutes Weinbaugebiet. Die Hügel lassen die kalte Luft zum Wasser runtergleiten, und wir haben nicht so viele Fröste im Spätfrühling.«

»Wir haben unsern eigenen Wein gemacht«, sagte Pauline. »Pete hat's von seinem Vater gelernt.«

»Na ja, Pa machte mehr Moussierweine. Er hat in Neapel gelernt, die alte italienische Art. Hier in Rochester machte er Wein im Keller aus Little Black Joe-Reben. Jetzt heißen sie Zinfandel. Hatte den Weinkeller immer verschlossen und den

Schlüssel um den Hals. Er kam rauf und sagte: ›Il vino fa'l sangue sano!‹, Wein macht gutes Blut. Sein Frühstück war ein großes Glas Rotwein mit zwei rohen Eiern drin.«

Pete hatte ein langes Lächeln, und er lächelte oft, und immer lächelte er, wenn er von seinem Vater sprach.

»Wissen Sie, woher wir wußten, wann wir die Flaschen zukorken mußten? Wie wir rausfanden, wann die Gärung vorbei war?«

»Keine Ahnung.«

»Dann lernen Sie was dazu, mein Freund. Das ist die alte Italiano-Methode: Wir zogen einen Kinderballon über den Flaschenhals, um Luft und Dreck abzuschirmen, und ließen Gas in den Ballon entweichen. Und wenn der Ballon nicht mehr größer wurde, fingen wir mit dem Zustöpseln an.«

»Die verflixten alten Tage«, sagte Pauline, und sie lächelte ihnen nach.

»Die sind vorbei, Honey.« Pete wedelte einen Krückstock himmelwärts. »Mein Großvater pflanzte seine Reben nach Sternen und Mond. Die Jungs hier heute pflanzen sie nach der Cornell University.«

Wir gingen hinein zum Essen. Pete goß zwei Schnapsgläser Seagrams Seven Crown ein und reichte mir eins rüber. »Kein gutes Blut drin, bloß bißchen Hitze.«

Filomena kam dazu. Das Gespräch berührte viele Dinge: Ernte, Tischlerei, Maschinen, Italien, Essen. Zuweilen war die Rede von jemandem, der ein Versprechen nicht gehalten oder irgendeinen Schmu versucht hatte – der war dann für sie unten durch.

Pauline bereitete das Essen mit dem, was sie aus dem Garten und vom Feldrand mitgebracht hatte – Salat aus Löwenzahn und wilden Senfblättern, in Olivenöl und Essig, gekochte Gemüsekarde, die mit einer Knoblauch-Ei-Panade in schwimmendem Fett gebraten wurde, gekochter und gezuckerter Rhabarber, und ein kleines Stück gebratenes Wild aus einem Einwecktopf.

»Habe nie eingemachtes Wild gegessen«, sagte ich.

»Schmeckt es nach mehr?«

»Die Karde, ja.«

»Und etwas Rhabarber doch auch noch«, sagte Pauline. »Wissen Sie, wir haben von diesem Lokal McDonalds gehört. Vor zwei Wochen sind wir dahin, um ein Hamburg-Sangwich zu essen.« Ihr Gesicht verzog sich. »Fleisch so dünn wie Käserinde. ›Das ist kein Hamburg-Sangwich‹, sag' ich, ›das ist ein Witz‹.«

Filomena konnte unser Essen nicht beißen. Sie nahm gekochten Spinat und Brot, wobei sie das Brot in den Spinat stippte und alles aufaß. Sie war noch rüstig, nur mit dem Gehör haperte es.

»Sie ist 94«, sagte Pete.

»Ich bin 94.«

»Ich hab' ihm gerade erzählt, daß du 94 bist, Ma.«

«Ich war glücklich, ganzes Leben.«

»Sie kam mit 18 nach Amerika.«

Pete sprach eine Art Bronx-Tonfall, seine Frau und seine Mutter mit starkem italienischen Akzent. Manchmal stellte ich Fragen, nur um ihre Worte zu hören.

»Wenn wir über amerikanische Dinge sprechen, sprechen wir amerikanisch. Sind's italienische, sprechen wir Italiano«, sagte Pete. »Ich sprech' es nicht so gut, aber Pauline, herrje, die redet wirklich die alte Sprache. Auf italienisch reden die mich unter den Tisch, aber fürs Amerikanische bin ich zuständig.«

Filomena, Fanny genannt, beendete ihr Mahl und lehnte sich zurück, zuhörend so gut sie konnte, auf nichts besonderes sehend. Ihre Hände, gefleckt und geädert wie Mottenflügel, flatterten von Zeit zu Zeit auf und ab und landeten sanft auf dem Tisch, auf ihrem Schoß.

Ich fragte sie: »Mochten Sie die alten Zeiten?«

»Ha!« sagte sie. »Da denken sie mehr an Pferd und Esel als an Menschenkind. Nie mir Lesen beigebracht.«

»Wir Frauen wurden erzogen, wie Mäuschen zu sein«, wisperte Pauline. »Wir waren so still.«

»Arbeiten immerzu, alles was machen, alles wir«, sagte Filomena. »Konnten nicht kaufen Kekse, Kuchen. Alles muß machen. Nix kaufen.«

»Es gab zwei Möglichkeiten für Mittag- und Abendbrot«, sagte Pete. »Pasta fasol oder nichts. Alle Tage aßen wir Pasta fasol. Immer auf dem Herd Pasta fasol, Pasta fasol. Makkaroni und Bohnen. Scheiß drauf.«

»Sie hatten's satt?«

»Was kannst du tun, mein Freund? Wir aßen arm, lebten arm, schliefen arm.«

»Wie schläft man arm?«

»Fünf in einem Raum.«

»Meine Mutter, sie hatte acht Kinder«, sagte Pauline. »Alle geboren mit Hebamme. Sie geht zum Doktor zum ersten Mal im Leben, wie sie 65 ist. Arm war nicht alles schlecht.«

Pauline räumte den Tisch ab und bereitete den aufgegangenen Teig für den Ofen vor. Kurz ehe sie das Blech hineinschob, machte sie das Zeichen des Kreuzes und küßte ihre zwei ersten Finger und berührte den Teig damit. Ich fragte sie, was das bedeute. »Ich weiß nicht, aber meine Mutter hat das Brot immer gesegnet; wenn sie Brot wegwarf, küßte sie es. Es war Sünde, was zu vergeuden.«

»Hartes Leben«, sagte Pete.

Pauline lächelte: »Aber Leben war gut. Du hattest deine Band.«

»Meine Band? Teufel! Das einzig Gute war das Essen am Sonntag.«

»Sonntag wir machen ein kleines Spezial«, sagte Pauline. »Sonntag war Spaghetti-Tag. Aber es gab noch andere schwere Dinge in Rochester, selbst wenn man in Amerika geboren war wie wir. Wenn dein Name mit Vokal endete, ging man nicht aufs College.«

»Was hat ein Vokal damit zu tun?«

»Masucci, Zambito, Gambrini, Barsetta. Man war Italiener, mein Freund. Alles, was sie zu einem sagten war ›Schnauze!‹ oder ›Verpiß dich‹.«

»Die Polen kommen in unsern Garten und stehlen Knoblauch«, sagte Pauline. »Dabei hatten wir nichts übrig.«

»Rochester war hart. Wenn man ein Deutscher vom Boot war, kriegte man ein' guten Job. Kodak oder Bausch & Lomb wollten Deutsche. Die dachten, jeder Kraut ist schon ein guter Fachmann für Objektive und Filme. Aber wenn man Italiener war, kriegte man Schaufel und Spitzhacke. Die fragten nicht, die antworteten nicht. Mein Bruder kriegte schließlich einen Job bei einem Zimmermannsmeister, aber der Alte behielt seine Künste für sich – hatte Angst, der Junge könnte ihm seine Arbeit wegnehmen.«

»Arbeit immerzu«, sagte Filomena. »Arbeit, Arbeit.«

»Arbeit war ihr Gott. Pa war Maschinist bei der Straßenbahn-Gesellschaft von Rochester. Die ganze Familie arbeitete. Ich fuhr als Aushilfe einen Müllwagen.«

»Du bist Lastwagen gefahren, als du mich kennengelernt hast«, sagte Pauline.

»Ich sah, wie sie Wäsche wusch, in einem Kessel, unter einem Baum. Ich transportierte Dreck in einem 125-Dollar-Truck. Hatte den Truck, einen Strohhut, und eine Zigarre. Großer Mann, verstehst du? Ich hupte, und sie lächelte, und das war's.«

»Pete und ich, wir gehen in den Park. Mein Bruder und meine Schwester immer mit uns.«

»Ich also auf Freiersfüßen«, sagte Pete. »Ihr Vater, Sam Zambito, paßte auf, mußte gefragt werden. Kein Rumgeschmuse. So ein alter Sizilianer weiß, wenn die Birne reif ist, fällt sie schon von selbst zu Boden.« Pauline grinste dazu. »Aber nachdem ich sie geheiratet hatte, stand Sam mir bei. Ohne ihn hätte ich diese Farm hier nicht bekommen. Nämlich, er kam zuerst hierher. Er lebte oben an der Straße, oben am toten Ende, wo jetzt der Bestattungsunternehmer wohnt.«

»Der Bestatter lebt am toten Ende?«

»Hey«, sagte Pete. »Die Witze überlaß mir. Ich bin der Joker.« Er reichte mir einen Whiskey. Ich fragte: »Waren Sie je bitter wegen der Krücken?«

»Bitter? Wo war Zeit, bitter zu sein?«

»Ich gebetet für ihn«, sagte Filomena.

»Hat nichts genützt, Ma.«

»Hätte ein Arzt helfen können?«

»Wer weiß? Meine Eltern hatten kein Geld, kein Wissen. Sie glaubten alles.«

»Ich gebetet für ihn. Gebetet, ja.«

»Okay, Ma.« Pete goß sich noch einen ein. »Einmal haben sie mich zwei Meilen weit im Kinderwagen zu Aimee Semple McPherson, der Wunderheilerin, hinkutschiert. Wir waren oben auf einer Bühne. Sie machte ein Kreuzzeichen in Öl auf meine Stirn und sah mich an und sagte: ›Wirf diese Krücken weg! Wirf sie nieder!‹ Ich wußte, ich konnte es nicht tun. Glaubst du denn, ich hätte es nicht tausendmal versucht? ›Wirf diese Stöcke weg, Junge!‹ Sie kreischte mich an. Ich hab's trotzdem nicht

18. Pete, Pauline und Filomena Masucci in der Nähe von Cheshire, New York

getan. Das Publikum rief uns zu. Jesses, waren die verrückt auf ein Wunder.«

Petes Mutter sah bekümmert aus, als er die Geschichte erzählte. »Ich gebetet für ihn«, sagte sie still.

»Und dann haben sie mich zu einem andern Heiler gebracht. Das sollte ein Inder sein. Der siebte Sohn des siebten Sohnes. Den haben sie auch wegen Betrug drangekriegt. Jetzt klopfen Jehovas Zeugen an die Tür und wollen mich heilen. Ich sag' ihnen: Scheiß auf diese Heilung.«

Wir gingen hinaus an den Rand der Felder. Pete sagte: »Mit dem Garten und dem andern Grünzeugs und den Obstbäumen haben wir unsere Rente. Was Pauline im Keller an Vorräten hat – das ist ein Lebensmittelladen. Wir hatten immer unser eigenes Fleisch, aber wir haben den letzten Stier vor einem Jahr geschlachtet und das letzte Schwein vor dreien. Jetzt ist das für uns auch vorbei.« Pauline zeigte auf die Karde, die am Zaun entlangwuchs, und sagte: »Gottes grüne Erde.«

Pete schüttelte den Kopf. »Zeitlang machten wir auch unsern

eigenen Käse und verkauften den von Tür zu Tür und zogen unsern eigenen Weizen und ließen ihn drüben in Pittsford mahlen. Wir brachten Äpfel runter nach Canandaigua und ließen Apfelwein keltern. Wir hatten Enten und Puten. Haben alles versucht. *Old MacDonald had a farm.*«

»E-I-E-I-O«, sang Pauline. »Nur Schafe haben wir nie gehabt. Als wir die Milchkühe hatten, hab' ich die Ställe innen jeden Tag gewaschen. Man konnte drin essen, so sauber war es. Und als Pete den Traktor gefahren hat, hab' ich hinter ihm gesessen, um nicht im Wind zu sein. Wo er hinging und arbeitete, war ich auch.«

»All das Zeug ist vorbei, Honey.«

»Jetzt können wir uns nicht mehr so bewegen, und ich hab' Zucker.«

»Sie meint Zucker-Diabetes.«

»Das beste waren die Kinder. Wir hatten vierundzwanzig Pflegekinder hier bei uns, seit wir 1945 hergezogen sind, aber wir hatten nie eigene.«

»Im Dutzend billiger«, sagte Pete. »Einmal hatten wir sieben gleichzeitig. Paar hatten Probleme, aber sie waren gut in Schuß, wenn sie wieder gingen. Ein Junge aus Puerto Rico will uns am Memorial Day besuchen.«

Pauline sah auf die Uhr und ging eilig ins Haus zurück.

»Soap Opera«, sagte Pete. »Ich mach' mir gar nichts aus dem TV-Zeug. Ich arbeite. Was soll man sonst machen? Ich war wie neu geboren, als wir hierherkamen. Ich wär' längst tot, wenn wir nicht hier rausgezogen wären.« Er blieb stehen und stocherte mit einer Krücke in einem Kardengewächs. »Da gibt's was, nach dem ich hier immer gesucht habe. Ich dachte, ich find' es.«

»Und was ist das?«

»Es muß doch zu was gut sein, daß ich in dieses Land gestellt wurde, aber ich weiß zum Teufel nicht, zu was.«

»Sie haben es mir eben erzählt.«

4

Ich blieb drei Tage im alten Weinbergland. Chisholm und ich redeten und arbeiteten, ich schrieb ein paar Briefe, säuberte die Kameras, wir aßen, wir tranken etwas Genesee-Bier. Mal waren wir verschiedener, mal waren wir einer Meinung, und wir fragten uns, wo wir in einem Jahr oder in zehn Jahren sein würden und wo nicht, wenn wir's verhindern könnten.

An meinem letzten Abend bei ihm gingen wir die Straße hinauf, und er machte mich auf eine Quelle im Berg hoch oben über dem See aufmerksam, wo Indianer viele Jahre lang ihr Lager gehabt hatten. Unter dem Gras waren noch große, dunkle Ringe, die Umrisse der Senecahütten, zu erkennen. »Es scheint, sie haben nichts zurückgelassen«, sagte er, »als hätte es sie nie gegeben. Aber ihre Signatur ist immer noch da, wenn man zu sehen weiß«.

Er sprach zornig von der Sullivan-Clinton-Kampagne, die George Washington 1779 im Staat New York veranlaßt hatte, um die dort lebenden Indianer für ihre Unterstützung der Engländer zu bestrafen und gleichzeitig die Region für weiße Siedler frei zu machen. Die Stämme der Irokesen, unter Führung des Onondaga-Häuptlings Hiawatha, lebten in Häusern, bestellten das Land und waren, alles in allem genommen, zivilisiert.

Doch einige Siedler fanden diese Idee unerträglich und betrieben die Vernichtung der Irokesen. Um neue Ansiedlungen zu fördern, schenkte die Regierung sogar Stücke indianischen Landes den Veteranen des Unabhängigkeitskrieges, aber die meisten Soldaten verkauften ihren Anteil dann für ein paar Cents pro Morgen an Spekulanten.

Wir machten uns auf den Heimweg.

»Dies ist immer ein seltsames Stück Amerika gewesen«, sagte Chisholm. »Etwas liegt um diese Seen, das bringt das Mythische in den Menschen zum Vorschein. Diese Gegend hier ist voll von Propheten, religiösen Eiferern und Spiritualisten gewesen, die heiße Drähte zu Gott hatten, zu den Toten. Joseph Smith, Jenina Wilkinson, die Schwestern Fox. Das war ein Paar. Die riefen in ihren Séancen Geister an und brachten sie zum Pochen. Später gestanden sie bei der Untersuchung, daß sie die Geräusche aus der andern Welt mit ihren Zehengelenken machten.«

Im Mondlicht gingen wir über einen verlassenen Weinberg. Die Pfähle waren umgefallen, und Rebenranken suchten nach irgendeinem Halt, um emporzukommen; eine hatte sich um ein rostendes Stück Metall gewunden, eine andere einen zerbrochenen Pflug erklettert. Wir passierten die Grundmauern einer Farm, die zusammengefallen war, einen eingestürzten Schornstein und eine Senke voller Unkraut, wo ein Kühlhaus gestanden hatte. »Das sind alles Träume, über die wir hier gehen«, sagte ich.

Chisholm sah mich seltsam an und blieb eine Weile schweigsam. Als er wieder zu reden anfing, sprach er von den Hunden. Nachher, glaub' ich, verstand ich sein Schweigen: Ich hatte den Steinwall, den wir gebaut hatten, unsere Errungenschaft, unterhöhlt. Der Wall sah dauerhaft aus und würde eine Weile seinen Zweck erfüllen, aber es würde eine Zeit kommen, wo er nur noch ein Haufen Steine ohne Sinn war. Ich hatte den größten aller Träume unterhöhlt – den von Dauerhaftigkeit. Vielleicht war es das, was wir wirklich in den Steinen gespürt hatten: Wie sehr der Mensch das Werkzeug seiner Träume ist, von Träumen, die nur aufsteigen, um zur Erde zurückzufallen.

Mittwochnachmittag fuhr ich. »Ziehst du los?« sagte Chisholm. »Du hast Flügel an den Füßen.« Ich fuhr am Canandaigua-See entlang, vorbei an den Sommerhäusern der Firmenleute von Kodak und Bausch & Lomb und Xerox, vorbei an Bungalows mit Namen wie »Schau mal rein« oder »Sommer-Lust«, am Roseland-Vergnügungspark mit Eislutschern und türkischem Honig, vorbei an rosa und hellblauen Motels, dann durch Canandaigua mit seiner breiten Main Street, die von Backsteinhäusern aus einem andern Jahrhundert gesäumt war.

Am oberen Ende der Straße, inmitten der neoklassizistischen Häuser, stand das alte Courthouse von Ontario County – fast so groß wie das Capitol eines Bundesstaates –, das Haus, wo Susan B. Anthony* schuldig gesprochen wurde, weil sie an einer Wahl

* Susan B. Anthony (1820-1906): Eine der führenden Frauen Amerikas im Kampf um das Frauenwahlrecht. Hielt Vorträge gegen Sklaverei und Alko-

teilgenommen hatte; daneben, im selben Stil gebaut, die Freimaurerloge. Chisholm hatte mir erzählt, die Ähnlichkeit und Nähe beider Häuser besage etwas über die Handhabung des Rechts hier im 19. Jahrhundert. Es war im westlichen New York, wo um 1820 herum eine Freimaurerloge in Batavia einem Mann namens William Morgan die Mitgliedschaft verweigerte, obwohl er schon Mitglied in Rochester war. Er drohte, die innersten Geheimnisse des Ordens zu enthüllen. Das letzte Mal, daß ein Nichtmitglied ihn lebend sah, war in Lewiston; ein paar Tage später spülte der Ontariosee einen Körper an, der der von Morgan gewesen sein könnte. Der Vorfall mobilisierte eine Gruppe von Leuten, eine Anti-Freimaurer-Partei zu gründen. »Das«, hatte Chisholm gesagt, »war die Macht, die die Freimaurer hier besessen haben.«

5

Joseph Smith, ein achtzehnjähriger Knabe mit kleinen Händen und großen Füßen, ein stiller und »unfroher« Junge, traf den Engel Moroni, den Sohn Mormons, auf einem Moränenhügel neben einer kleinen Straße südlich von Palmyra. Das war 1827. Die Straße ist jetzt New York 21, und der Hügel, ein stromlinienförmiger Buckel aus Gletscherboden, wird Hill Cumorah genannt. Es ist kein Berg Sinai und kein Ararat, sondern ein viel bescheideneres Ding, aber offenbar immer noch von hinreichender Majestät für Engel und Gott, daß sie ihn als den Ort auserkoren haben, um zu Smith zu sprechen. Hier grub er die goldenen Tafeln aus, von denen er sagte, daß sie die Quelle des Buchs der Mormonen seien. Mit Hilfe zweier altertümlicher optischer Instrumente, dem Urim und dem Thummin, die Smith bei den Platten fand, war er in der Lage, die »revidierten« ägyptischen Hieroglyphen zu entziffern, obwohl er darauf bestand, hinter einem Vorhang zu bleiben, als er den Schreibern seine Übersetzung diktierte.

hol. 1872 stellte sie das 14. Amendment, das den Frauen das Wahlrecht einräumt, auf die Probe. Sie wurde angeklagt, der Prozeß zur cause célèbre. (A. d. Ü.)

Ich sah auf den Hügel Cumorah und versuchte ihn mir zu Smiths Tagen vorzustellen. Die Mormonen haben eine Säule dort errichtet, auf der jene Gläubigen abgebildet sind, die die Echtheit der Tafeln und der himmlischen Verkündigungen bezeugt haben, aber nach meiner Meinung war das Monument selbst zuviel Protest. Irgendwie begraben Denkmäler die Geschichte mehr, als daß sie sie markieren. Bunker Hill (eigentlich Breed's Hill) heute zu sehen, wie er sich unscheinbar zwischen Arbeiterhäusern erhebt, heißt die historische Fantasie auf die Probe stellen, denn er gehört jetzt mehr zur vorgestellten als zur wirklichen Vergangenheit.

Palmyra war eine saubere Stadt aus dreistöckigen Ziegelhäusern; dort bog ich nach Osten auf die New York 31 und fuhr die Strecke am Erie-Kanal entlang: durch Dörfer und Felder mit tiefem Grün, unter blühenden Robinienbäumen hindurch, vorbei an verfallenen Scheunen und Wohnmobilen, die betrüblich wenig mobil, aber auch keineswegs wohnlich aussahen. In Savannah fand ich die nicht markierte Straße nach Conquest (über eine Straße, die von Victory kam) leicht genug, aber draufzubleiben war eine andere Sache. Die Haupttrasse von den Abzweigungen zu unterscheiden und durch dauerndes Anpeilen des abgewetzten gelben Streifens beizubehalten, erwies sich als wirrer Höhepunkt meiner Erfahrungen mit Blauen Straßen. Nach ein paar Meilen hatte ich keine Ahnung mehr, wo ich war. Ich rief fünf Männern zu, die irgendwas ins Kurbelgehäuse ihres Überland-Trucks schütteten. Dies waren die Männer, die an die bewahrende Kraft von STP glaubten wie die Chinesen ans Rhinozeroshorn. »Ist dies die Straße nach Conquest?«

Sie antworteten fast gleichzeitig: »Ja. Wohin? Nein! Conquest?« Aber geehrt, als Kenner der Gegend angesprochen zu werden, kamen sie alle zu mir ans Fenster. Jeder beantwortete die Frage ausführlich, und meist mindestens zwei zugleich. Sie korrigierten, modifizierten, versicherten, verunsicherten und wiederholten ihre jeweiligen Angaben. Zuletzt verstand ich gar nichts mehr. »Na schön«, sagte einer, »also so: diese Straße immer geradeaus, und du kannst es nicht verfehlen.«

Also los, in der Hoffnung, Conquest werde mich finden. In diesem Milchfarmgebiet wimmelte es von wiederkäuenden Holsteinern und Guernsey-Kühen mit wedelnden Schwänzen und zuckenden Fellen. Jenseits der Johnny Cake Road lag Conquest. Dann fing ich das Spiel von neuem an: auf der Suche nach Cato. Beiderseits der Straße Kleinstbetriebe, wo es Pfähle für Wäscheleinen, purpurne Mauerschwalben, Topfpflanzen und Welpen mit Stammbaum-Garantie gab.

In einem alten Hotel in Cato wollte ich ein Sandwich essen, aber alles, was sie hatten, war gepökelte Wurst an der Bar, also nahm ich eine und trank ein Bier, und das, so stellte sich heraus, sollte an diesem Tag mein ganzes Essen sein. Durch die gewellten Scheiben alter Fenster konnte ich Kinder sehen, die auf die Hauptstraße guckten und wie wild den Lastwagen zufuchtelten. Immer wenn ein Fahrer auf die Hupe drückte, sprangen sie auf und schrien vor Vergnügen. Das einzige Spiel an diesem Abend in Cato.

Kurz nach Dunkelwerden kam ich in Central Square an und konnte keinen Parkplatz für die Nacht finden. Schließlich fuhr ich in eine stille Seitenstraße hinein. Nach zehn Minuten war auch die Polizei da. »Was suchen Sie hier?« fragte einer.

»Bin auf dem Highway müde geworden.«

Er gab eine umständliche Erklärung ab über Einbrüche, jüngst, in der Nachbarschaft. »Mit andern Worten, Missouri, mach dich auf die Socken.«

»Aber ich schlaf' ein am Lenkrad.«

»Such ein Motel.«

»Ich will kein Motel. Ich leb' in dem Transporter. Ich mag keine Motels. Sie haben ja mein Kennzeichen. Ich zieh' jetzt hier kein Ding ab.«

»Können Sie beweisen, daß der Wagen Ihnen gehört?«

Voller Wut schlenzte ich meine Brieftasche auf, daß die Kreditkarten rausflogen. Ein älterer Cop, Fleischkloß auf Beinen, kam dazu.

»Was soll denn das Gequatsche?« Seine Hände waren Knüppel, die es sichtbar juckte, irgendwo zuzuschlagen.

»Er möchte 'n Platz zum Schlafen.«

»Hat er Geld, oder haben wir es hier mit einem Penner zu tun?«

»Er hat Geld«, sagte ich, »aber er hat nicht vor, es zu beweisen, außer Sie schreiben ihn auf. Er hat gerade seinen Ausweis gezeigt und daß er Eigentümer des Fahrzeugs ist, aber das reicht, da er ja kein Gesetz übertreten hat.«

»Fahr runter zum Park neben dem Friedhof«, sagte der Fleischkloß. »Da geht es in Ordnung.«

»Und wenn die Nachtschicht kommt, gibt es dasselbe Theater?«

»Wir sind die Nachtschicht. Wir passen schon auf dich auf.«

Zu wessen Schutz wußte ich nicht, aber ich fuhr zu dem winzigen Park und hielt mich in der Mitte zwischen den Grabsteinen und dem Baseball-Schlagmal. Ich war zehntausend Meilen weit gefahren und nicht einem einzigen Ganoven begegnet. Aber ich selbst war schon mehrmals für einen gehalten worden.

6

Auf der Speisekarte stand: »Beachten Sie unser Schneemobil-Wochenend-Pauschal-Angebot«. Ich ließ das sein und bestellte ein normales Reisefrühstück. Ben und Bernies, ein schindelverkleidetes Café, bot einen breiten Ausblick auf den Lake Oneida. Auf den Tischsets waren Italienkarten, und der Mann neben mir aß Bagels und Frischkäse. Keine Frage: dies war der Nordosten.

Der Küstenstrich des Oneidasees war warm – zu warm – für Mai, obwohl der Ahorn an der Straße sich schon zu kühlendem Schatten geöffnet hatte. Der ewige Frühling, dem ich durchs Land hindurch gefolgt war, hatte sich nahezu vollendet. Auf einer Karte sieht der Lake Oneida wie ein Pottwal aus, und meine Fahrt an jenem Vormittag ging das Rückgrat runter, von den Flossen bis zum Maul. Überall entlang der Küste gaben sich die alten Häuser, große Häuser, vom Klima geschlagen, und meilenweit sah man nur Verfall und Verwahrlosung.

Der See bildete früher ein dreißig Kilometer langes Verbindungsglied im Erie-Kanal, und knapp östlich von Oneida hatten im Jahre 1817 die Ausschachtungen für den Wasserweg begonnen. Ich stoppte in der Nähe dieser Stelle an einem Stück des aufgegebenen Kanals und ging den alten Treidelpfad lang, der jetzt eine Trasse für Schneemobile ist. Der Kanal, in seinen Anfängen nur gerade eineinviertel Meter tief, war jetzt eine stinkende, zugewachsene, froschreiche Mulde. Aber es waren genau jene 122 Zentimeter Wasser, die so viel dazu beigetragen haben, das westliche New York und den Mittelwesten für Besiedlung und Handel zu erschließen. »Clinton's Folly«, wie der Kanal im Volksmund hieß, als er gebaut wurde, folgte dem Tal des Mohawk, dem einzigen natürlichen Durchbruch durch die Appalachen in diesen Breiten.

Vom Eriesee zum Hudson (363 Meilen, 83 Steinschleusen, 13 Aquädukte) bewegte der Kanal Menschen und Sachen zwischen der Mitte der Nation und dem Ozean; es war dieser Wasserweg, so gut wie irgendwas sonst, der New York City zum führenden Atlantikhafen gemacht hat. Reisende mit etwas Geld konnten ein Paketboot mit Fenstern und Kojen nehmen, während ärmere Einwanderer, die ins Landesinnere wollten, auf die billigeren und miesen Linienboote angewiesen waren. Zehn Jahre nach der Eröffnung von Clinton's Folly hatte sich die Bevölkerung von Syracuse, Rochester und Buffalo um 300 Prozent vergrößert; der Kanal, der sich allein in diesem Jahrzehnt bezahlt machte, hatte die Nordwestecke von Amerika verändert. Keine üble Leistung für ein Projekt, das selbst für den visionären Thomas Jefferson hart am Rande der Verrücktheit schien.

Und weiter auf dem Highway, nach Rome, New York. Dem Erscheinungsbild nach hätte es London im Jahr 1946 sein können: das Zentrum ausgeweidet bis auf ein paar alte Sandsteinkirchen, ein neues Einkaufszentrum mit dreigeschossigem Parkhaus und einer vom National Park Service besorgten Rekonstruktion des Fort Stanwix (aus dem 18. Jahrhundert), die mehrere Blocks auf der Ostseite einnahm. Wenn auch das Palisadenfort minutiös wiederaufgebaut war, so machte es doch Rome nicht wieder zu einer Stadt, und während der Bau von Reihenhäusern an den Highways für wirtschaftliches Leben sorgte, so schuf er doch für Rome keinen urbanen Mittelpunkt. Der Ort sah aus, als wäre er an Herzfäule gestorben, – von innen nach außen.

Ich fuhr in die Adirondacks hinauf an einem Punkt, wo sie buchstäblich eine Wand bilden, und Geistertanz mühte sich mit dem Anstieg. Keine Sonne in den Wäldern und gleich mehrere Grade kälter. Die urzeitlichen Berge der Adirondacks sind viel älter als die anschließenden Appalachen; infolgedessen sind sie überwiegend rund mit nur gelegentlichen scharfen Zacken. Adirondack (Borkenesser) war eine verächtliche Bezeichnung der Mohawks für einige degenerierte Stämme, die so arm waren, daß sie Bäume essen mußten.

In Alder Creek tankte ich und fragte den Tankwart, wie der Winter hier in den Bergen wäre. »So«, sagte er, und hielt den Stummel seines kleinen Fingers hoch. »Abgefroren. Dreieinhalb Meter Schneefall letztes Jahr, 45 Grad minus, im Wind unter sechzig. Das ist unser Winter.«

Der Wald wurde dichter, der Himmel dunkler, die Berge wurden höher und die Siedlungen spärlicher. Die paar Menschen, die hier lebten, waren zudem an diesem Tag von Kriebelmücken und Wetter ins Haus verbannt. Tiefe Wolken segelten unter einem hochverhangenen Himmel und brandeten wie Segelschiffe gegen die Gipfel. Obwohl Elch und Karibu schon lange ausgestorben sind, fühlte ich mich doch im Herzen einer großen Wildnis, wie es sie im Osten der Vereinigten Staaten urwüchsiger nur noch in den Northwoods von Maine gibt. Ein gelegentlicher hölzerner Andenkenladen oder ein Burger-Stand im Chaletstil änderten nichts an der Übermacht, Düsterkeit und Unnahbarkeit des Waldes, noch konnten sie die seltsamen Rufe der Vögel in den dunklen Schierlingstannen zum Schweigen bringen. Dann blies ein kalter Regen herab, wurde zu Hagel, ebbte wieder zu einem nieseligen Nebel ab. Es war früher Nachmittag, aber die Scheinwerferlichter verschwanden schon nach zwanzig Metern, als wenn der Dunst die Strahlen ausgelöscht hätte. Birken, Erlen, Koniferen – meilenweit nichts als Bäume und Wasser und Nebel.

Östlich des Dorfes Blue Mountain Lake, das von einem blauen Buckel der Adirondacks beherrscht wird, fiel die Straße zu einem kleinen Gebäude hin ab – halb Wohnhaus, halb Kneipe –, das sich an einen bewaldeten Hügel kuschelte und von dampfenden Bergen umgeben war. Der Nebel glühte orangefarben von einer Neon-Bierreklame. Das Gebäude – weiße, rotverfugte Schindeln mit einem silberfarbenen Blechdach – war die Forsthaus-Lodge. In Wahrheit war es keine Lodge, sondern etwas noch besseres: ein altes Weghaus. Das Roadhouse – Institution und Name – ist aus Amerika fast verschwunden.

Ich aß ein Schinken-Käse-Sandwich und trank ein Genesee Cream Ale. Die blasse Kellnerin unterhielt sich ruhig mit einer alten Frau; immer, wenn ein Donnergrollen einsetzte, hörten die Frauen mit Reden auf. Es gab keine anderen Geräusche, keine anderen Menschen. Der Raum war fast ganz aus Kiefer – makellos bearbeitete, handpolierte Kiefer, die wie Lack glänzte. Jede Tischplatte, jede Wand, jeder Stuhl und jede Bank leuchtete warm in dem weichen, unaufdringlichen Licht, und die Flaschen mit Rum und Brandy und Whiskey glühten von innen. Es war, als ob die verwelkte alte Frau ihr Leben darauf verwendet hätte, alles immerzu zu diesem Glanz aufzupolieren, und dadurch ihren eigenen verloren hatte. Außer dem Foto eines aus dem Winterschlaf erwachten Bären gab es auch noch ein Bild der ersten Forsthaus-Lodge vom Jahr 1885, als sie noch Ausspann-Station war. Das jetzige Gebäude, das aus den Dreißigern stammte, schien aber das Kontinuum der Geschichte bewahrt zu haben.

Von Zeit zu Zeit zischte ein Holztransporter durch die Nässe die Straße herunter und wirbelte den Dunst auf, der gleich darauf aufs neue die geputzten Fenster beschlug. Ich saß lange da, ganz entspannt, und empfand nichts als einfach Freude. Was fehlte, war, daß ich sie mit jemandem hätte teilen können.

Ein junger Mann und ein Mädchen kamen herein, spannungsgeladen wie wenn eine nichtexplodierte Granate zwischen sie gefallen wäre. Er hatte geschwollene Stirnadern und sprach mit wütendem Zähnefletschen, aber sie war eine kleine und zierliche Frau, eine, die sich beim Lieben leicht bewegen würde. Ich war dankbar für die Gesellschaft und nötigte ihnen ein Gespräch über die Adirondacks auf, wobei ich schließlich zu einem Vortrag über die Izaak Walton Liga auflief.

Der Mann sagte: »Wildnis! Ist doch alles Tineff heutzutage. Vor drei Jahren bin ich in Äthiopien mit dem Floß den Blauen Nil runter. Nach ein paar Tagen kamen wir in ein Gebiet, wo die Eingeborenen so gekleidet waren wie auf den alten Bildern – die Männer fast nackt mit Speeren. Die Frau vom Gürtel aufwärts auch nackt. Sie wissen schon, tiefstes Afrika. Ich fotografierte, als ein Mädchen, das eine Kugelschreiberkappe an einem Band um den Hals trug, den Arm ausstreckte. Sie hatte eine kaputte Timex an. Sie sagte: ›Nix Tick Tack.‹ Das hat mir fast die Reise verdorben. Dasselbe hier – ein Fußabdruck auf jedem Quadratmeter der Adirondacks.«

»Wildnis bedeutet ja nicht unberührt.«

»Dann bedeutet es, daß es überhaupt nichts bedeutet.«

»Wenn Sie einen Ort wüßten, der von uns zivilisierten Menschen noch nie betreten worden ist, würden Sie da wegbleiben?«

»Würde ich. Ganz klar würde ich das.«

»Würdest du nämlich nicht«, sagte die Frau. »Du würdest jeden Fußbreit betreten und mit deinem Erlebnis angeben und dich weigern, irgendwem sonst zu verraten, wo es ist.«

»Das wär's«, sagte er. »Nimm deinen Mantel.«

7

Unsere Anfänge verraten nicht, zu welchem Ende wir geraten – der Hudson River ist da ein gutes Beispiel. Ein Stück östlich von Bad Luck Ponds kam der Hudson zwischen Felsen hervor und jagte neben dem Highway 28 daher: ein Bergbach, klar, kalt, seicht und laut. Hier, nur ein paar Meilen vom Lake Tear-in-the-Clouds entfernt, wo er, eine Meile hoch, auf dem Mount Marcy entspringt (der Indianername für den Berg ist besser: Tahawus, Wolkenspalter), hier, dreihundert Flußmeilen entfernt von den tausend öligen Piers von Hoboken, Weehawken und Manhattan, hier war er noch nichts als eine Wasserstrecke für Kanuten. Oberhalb des kleinen Hudson kamen Nebelschwaden aus den Bergen wie Rauch von Lagerfeuern.

Route 8 führte aus den Adirondacks hinab zum Lake George, und die Straße war gesäumt von Ferienhäusern und Sommercamps, wie sie auf den hinteren Seiten des New York Times Magazine annonciert werden. In Hague fuhr ich nordwärts und folgte dem Wasser durch ein schmales Tal nach Ticonderoga und durchfuhr die Stadt bis zum Ufer des Lake Champlain, wo ich, unter der dunklen Braue des Forts, das von den Engländern gegen französische und indianische Angriffe gebaut worden war, auf die Fähre wartete.

Diese Fähre, nur hin und wieder während des Unabhängigkeitskrieges lahmgelegt, hatte es an dieser schmalen Stelle des langen Sees schon seit den 1740ern gegeben. Das Boot von 1759, groß genug für eine Kutsche, hatte ein Segel, aber an windstillen Tagen wurde es von Bootsleuten mit einem einzigen, zehn Meter langen Ruder hinübergestakt. Nachdem Ethan Allan und Benedict Arnold 1775 Fort Ticonderoga erobert hatten, wurde die Fähre zu einem wichtigen Mittel in dem Bemühen, die Nordwestecke der Kolonien zu halten, obwohl die Engländer Fort und Fähre zwei Jahre später zurückeroberten, ehe sie dann doch wieder den Amerikanern zufielen. Als die Engländer schließlich nach zwei Kriegen das Land verlassen hatten, kamen sie als Touristen wieder. Einer, namens James Buckingham, schrieb 1838:

»Wir stiegen zur Fähre am Lake Champlain hinab und überquerten ihn auf einem der urigsten Boote, die ich je gesehen habe. Es war nicht viel mehr als ein länglicher Trog ... Mit einem einzigen Segel, der Bootsmann mit einem langer Ruder steuernd, überquerten wir den See und landeten an der Station Shoreham.«

Fast anderhalb Jahrhunderte später machte ich dieselbe Überfahrt mit nur ein paar technologischen Veränderungen hie und da: Segel und der Mann am Ruder waren durch ein außer Dienst gestelltes, umgebautes Landeboot der Marine ersetzt, das mit einem Frachtkahn gekoppelt war. Am andern Ufer aber stand immer noch das alte Steinhaus, das auch Buckingham passiert hatte; es war im Jahre 1823 aus großen Steinblöcken gebaut worden, die man aus dem zerstörten Fort Ticonderoga geholt und über den gefrorenen See geschlittert hatte; jetzt war es ein Antikshop.

Der Sturm blies gen Westen, und ein weiches, bernsteinfarbenes Licht fiel über Vermont und gab den welligen Erhebungen der Felder tiefes Relief und Farbe. Durch die Dörfer Orwell, Sudbury und Goshen Corners, vorbei an alten Läden, die SALADA TEE mit Goldbuchstaben in ihren Schaufenstern anpriesen, und dann in die Green Mountains hinein, in die Grünen Berge (was eben »Vermont« auf französisch ist – während zynische Wortklauber auf den »Würmer-Mountains« bestehen).

Der White River führte durchs Hochland auf die Route 12. Ehe ich es überhaupt mitgekriegt hatte, war ich fast durch den schmalen Staat hindurch. Ich fuhr an den Delectable Mountains (nach Pilgrims Progress) vorbei und kam zu einem Ort, der von allen Seiten durch noch mehr Berge eingekesselt und nur durch zwei felsige Bäche zugänglich war. Es sah wie die Szenerie eines Andy Hardy-Films aus – und auch sacht nach den Idyllen Norman Rockwells. Um einen kleinen grünen Platz standen Häuser im georgianischen und im Kolonialstil mit weißen Staketenzäunen und Pferdepfosten, daran angrenzend, im Stadtzentrum, zwei- und dreistöckige Granitgebäude, alle mit einer großen Anzahl von Sprossenfenstern. An den Zäunen um das Grün blühten Flieder- und Apfelbäume. Vielleicht war das Städtchen nicht das schönste in Amerika, aber wenn die Einwohner es behauptet hätten – ich hätte ihnen nicht widersprochen. Es war Woodstock, Vermont.

Die Straßen verliefen sich vom Platz aus in Windungen und spotteten jeglichen Orientierungssinns, wie sie da zwischen Mount Tom und Mount Peg und zwischen Ottauquechee River und Kedron Brook herumquirlten. Viel ebene Fläche gab es in der Senke nicht, so daß das alte Feuerwehrhaus über dem Bach hing, und ein anderes Gebäude setzte einen Stützpfeiler ins Wasser. Trotz ihrer Winzigkeit hatte die Stadt sieben Brücken – eine davon eine schöne überdachte Konstruktion. Die meisten der großen Ulmen waren auch hier eingegangen, aber durch Artenwechsel waren der Stadt noch große Ahornbäume erhalten geblieben, so daß es nicht die Nacktheit anderer Orte in Neuengland gab, aus denen die Ulmen verschwunden sind.

Obwohl mit 1200 Einwohnern zur Zeit so groß wie nie, besaß die Stadt früher einmal eine medizinische Fakultät und fünf Zeitungen. Damals wurden hier Kämme, Rohrblätter für Oboen, Kamintüren, Klaviere, Brandy und Keramik hergestellt. Heute ist Woodstock, bis auf eine kleine Fabrik für Skilifte, eine Angestelltenstadt: in den Schaufenstern Vermont-Käse, Ahornbonbons, Ahornsirup, handgemalte Tapeten, Williamsburg-Reproduktionen, Stilmöbel, altes Schmiedeeisen, naive Malerei, Zinnsachen, chinesisches Import-Porzellan, englische Antiquitäten, Strickpullover, neues Holzspielzeug, alte Puppen, Blechgeräte, Küchen-Krimskrams, alte Drucke mit Waldhühnern, Leuchter aus Messing und Kupferkessel. Es gab Gasthöfe, Restaurants und ein Dutzend Immobilienbüros (die Hälfte des Wohngebietes und der landwirtschaftlichen Umgebung gehört Auswärtigen). Auf den Bergen ringsum Skihänge und Wander- und Reitwege, und am südlichen Ende des Tals Tennisplätze, eine Eisbahn und ein Golfplatz. Mit andern Worten: die Stadt lebt von Touristen – den betuchten Touristen. Aber wenige Orte im Land bringen Tourismus und Stadt so gut überein. In Woodstock sind sie Teil eines Ganzen.

Jede Stadt in Neuengland, die auch nur ein bißchen koloniales Salz geschmeckt hat, hat wenigstens eine Glocke, die aus der Gießerei von Paul Revere stammt. Wie ein DAR-Zertifikat* ist das ein Beweis von historischer Authentizität. Hier konnten sie gleich mit vier aufwarten.

Aber so zivilisiert war es in Woodstock nicht immer zugegangen. Der erste weiße Mann vor Ort, Ensign Richardson, schrieb 1761, daß das enge Tal ein »Rottannen-Hurrikan« sei und nicht bewohnbar, außer für Indianer. Aber die Siedler kamen dennoch und rodeten eine Fläche zum Weiden, legten Vorräte an, setzten einen Schandpfahl und rodeten den tiefer gelegenen Wald, um Merinoschafe zu züchten. Jetzt waren die Schafe verschwunden und die Wälder auf die Berge zurückgekehrt; verschwunden war auch jeder Hinweis, wo auf dem Green das gekochte Herz eines Kindes, das man für einen Vampir hielt, begraben liegt.

Trotz der Ansicht Ensign Richardsons war die Stadt durch ihre Waldlage und die landwirtschaftlichen Möglichkeiten drumherum geradezu gesegnet. Aus Massachusetts und Connecticut brachten die ersten Siedler schon erprobte Kulturen mit, denn die Entlegenheit des Dorfes zwang sie, das Lebensnotwendige selbst anzubauen und herzustellen: erst als die Eisenbahn durchkam, gaben sie ihre Selbstversorgung auf und verließen sich mehr und

* DAR = Daughters of the American Revolution, ein exklusiver, konservativer Frauenverein. (A. d. Ü.)

mehr auf die Waren von außerhalb, und die kleinen, unabhängigen Gewerbebetriebe verschwanden. Dann begann die Eisenbahn, Leute anzutransportieren, die nach Rottannen-Hurrikanen verlangten: Vogelschützen, Wildjäger, Forellenfischer, Reiter, Skifahrer (der erste Schlepplift in Amerika war auf der Farm des alten Gilbert außerhalb der Stadt), dann Wanderer, die dem Appalachen-Trail folgten, der nur wenig nördlich vorbeiführt. Und immer weiter: Golfer, Tennisspieler, Ferienkinder, Reitschüler und pittoreske »Land«-Schulen. Und Käufer.

Eine Broschüre der Handelskammer behauptete, die Bürger hätten sich eifrig bemüht, »Woodstocks Entwicklung und Wachstum an den Wechselfällen vorbeizuführen, die fast das ganze übrige Land erfaßt haben«; vielleicht stimmte das, wenigstens zur Zeit. Immerhin gibt es in der Stadt keine Remmidemmi-Straßen mit goldenen Girlanden, keine Einkaufszentren (um eine Textilfabrik aus dem 19. Jahrhundert hatte man Laden-Arkaden gezogen), und das Herz der Stadt ist dort geblieben, wo es immer gewesen war, auf dem Green. Nachts, wenn die Autos auf den Straßen weg waren, bot Woodstock das Bild eines anderen Jahrhunderts, weil anstelle der alten, ausgestorbenen Gewerbe – Hutmacher, Bäcker, Sattler, Blechschmied, Tuchmacher, Gießer, Stellmacher, Müller – neue Geschäfte die alten Gebäude auf neue Art nutzten, so daß Woodstock weder Restaurierung noch gar Renovierung darbot, sondern eher eine Stadt – wie die besten englischen Orte – mit einer ununterbrochenen und spürbaren Vergangenheit.

Die sorgsamen Yankees, die sowohl ihre Vergangenheit wie ihre Zukunft bedachten, brachten es fertig, eine Klasse von Urlaubern anzulocken, die eine Woche oder einen Monat lang blieben und Geld mitbrachten, obwohl Woodstock nicht merklich teurer war als irgendein massentouristischer Firlefanz.

Wenn der Ort doch einen Fehler hatte, dann war es einmal die Selbstgefälligkeit angesichts der eigenen Pittoreskheit, und zum andern waren es die Touristen mit ihrem neuen Geld und ihren neuen Fassaden. Während ich durch die Straßen spazierte, wurde ich das Gefühl nicht los, daß die Männer, die immer noch ihre Club-Krawatten trugen, alle im College-Gesangverein gesungen und die Frauen Universitäten besucht hatten, wo ihre Servietten in Extra-Kabinetten aufbewahrt wurden.

8

Wenn man im Geist die Dinge in Amerika Revue passieren läßt, denen man den Abschiedskuß geben muß, gehört auch das Touristenheim dazu. Als Institution ist es noch nicht passé, aber doch so gut wie, und dies dank der Sucht des amerikanischen Urlaubers nach Motels mit dem Reklameappeal eines Feuerwerks. Mit ihm ein Badezimmer zu teilen wäre so, als wollte man seine Zahnbürste mitbenutzen. Doch ein richtiges Touristenheim ist nur ein Drittel so teuer und doppelt so sauber wie jedes Betonzellen-Motel, und es kann manchmal so sein, als wenn man bei Großmutter Ferien macht.

In Woodstock quartierte ich mich im Bagley Tourist Home ein, einem großen Holzhaus auf einem Hügel mit weitem Blick auf den Ottauquechee und die Green Mountains. Ein Kleiderschrank und ein Bett mit gedrechselten Pfosten nahmen den meisten Raum in dem tapezierten Zimmer ein; vor dem Fenster besprenkelte ein Apfelbaum den Insektenschutz mit seinen Blüten. Das Badezimmer, sauber und rosageblümt, war am Ende des Flurs.

Raymond Bagley war ein Ingenieur im Ruhestand und seine Frau eine ehemalige Lehrerin, die den Laden schmiß und Marmeladen und Gelees verkaufte. Eine Zeitlang dachte ich, die Beschaulichkeit könnte mich überwältigen, aber das Gefühl wich, als ich mit den Bagleys in der Hollywoodschaukel auf ihrer Eingangsveranda saß und redete. Viel von dem, was ich über Woodstock erfuhr, verdanke ich den zwei Abenden auf der Veranda. Er und seine Frau waren in Woodstock aufgewachsen; im Unterschied zu einigen anderen Ansässigen – viele aus anderen Bundesstaaten – zeigten sie gegenüber den »Flachländern« (jeder jenseits der Green und White Mountains), von denen die Stadt ja lebte, keinerlei Animosität.

Nach Sonnenuntergang ging ich in den Ort hinunter zum Essen; ich kehrte bei Bentleys ein, einem Lokal (nach Auskunft der Speisekarte) »mit der Würde alten Holzes und üppiger tropischer Pflanzen«. Die Gäste trugen hochhackige Schuhe und Van Fürstenberg-Kleider oder Jagdhemden und Wanderschuhe von L.L. Bean. Die Männer hatten kernige, deftige Namen wie Dirk und Derek und Pyke. Ich kriegte Gespräche über Grand-Marnier-Crêpes und glasierte Früchte und über die Honorarfrage bei den Ballettstunden für die Töchter mit. Ein verlobtes Paar zerbrach sich den Kopf, ob sie für die Hochzeit ihre Schuhsohlen einkremen und blankputzen sollten – schließlich würden sie ja vor der Gemeinde knien. Weil ich noch nie ein Hirschkalb-Omelette gegessen hatte, bestellte ich eins in der Befürchtung, es unter die nutzlosen Erfahrungen einreihen zu müssen, aber ich hätte beinah noch eins bestellt.

Rundum, und auf und ab, spazierte ich durch die Stadt und sah zu, wie der Kedron Brook den Steinen zusetzte. Das Plätschern und das Omelette machten mir Durst, drum ging ich in den Woodstock Inn, ein großes piekfeines Etablissement, auf Hochglanz getrimmt, mit einem achtzehner Golfplatz hinter der Gartenterrasse. Das Lokal gehörte Laurance Rockefeller, der eine Frau aus dem Ort geheiratet hatte und immer noch mit dem Hubschrauber einflog, um sich hier zu erholen.

Die Wagen, die davor auf dem Parkplatz standen, waren entweder Modelle mit auffallenden Kühlerfiguren oder Saabs, die Volkswagen der Efeu-Liga. Auf einem BMW war ein Stoßstangen-Sticker: POLO in SKIDMORE. Auf einem Mercedes ein Zusatz-Kennzeichenschild: STYLE. Überall dieser Zwang zur Angeberei, etwas, was diese Leute wohl so brauchen wie der Pfau seine irisierenden Federn.

In der getäfelten Schankstube saß ich neben einem Tisch mit zwei Männern und ihren Frauen, die in den Farben dieses Frühlings gekleidet waren: Rosa und Kelly-Grün in Weiß abgesetzt. Die Frauen war so perfekt getrimmt wie Friedhofsrasen, und die Ehemänner trugen Anzüge für den Mann, der weiß, worauf's ankommt. Sie tranken Preiselbeer-Likör und Cream-Sherry mit Schuß. Das Gespräch drehte sich um die passenden Geschenke für die Kinder zu Haus bei den Großmüttern. Die Entscheidung: Volleybälle für die Jungen, ausgestopfte Känguruhs für die Mädchen, flambierte Aprikosenkuchen für die Großmütter.

Ich fragte mich, was wohl die Jungs in Sonny's Place in Dime Box, Texas, gerade machten.

9

Die Träume waren von der Sorte, daß ich mir wünschte, die Polizei hätte mich daraus aufgescheucht: Verquaste Entstellungen von Wunsch und Wahrheit, die alle darauf hinausliefen, daß die Chirokesin mir eine neue Ehe anbot. Schließlich erwachte ich und fand mich in dem tapezierten Touristenzimmer wieder. Die Trostlosigkeit schien Tempo zu haben, so hart traf sie auf. Ich goß mir einen Whiskey ein, sah, wie die Apfelblüten die Fenster betupften, und wartete auf das Ende der Nacht.

Ich verbrachte den Tag auf dem Mount Tom. Hätte ich ein Geisterhemd gehabt, ich wäre wie irr um den ganzen Berg herumgetanzt. Statt dessen versuchte ich, nicht in mich zu sehen, versuchte nach außen zu greifen, aber, wie der Schwarze Elch sagt: gewisse Dinge unter den Schatten eines Menschenlebens müssen nicht erinnert werden, – sie erinnern sich von selbst.

Gegen Abend war alle Überlegung dahin, und ich rief zu Haus an. Ich redete schnell, redete, redete, wollte rauskriegen, wo wir standen, wie unsere Chancen wären. Sie redete. Wie sehr wir uns auch mühten, unsere Wörter – verhext – liefen verquer, und wie üblich landeten wir bei gegenseitigen Vorwürfen. Keiner von uns wußte weiter. Da blieb nichts übrig als auflegen. Aber als ich den Hörer einhängte und hörte, wie die Verbindung abbrach, versuchte ich den Fehlschlag damit zu bemänteln, daß ja übers Telefon ohnehin nie was klappt.

Die Tür der Zelle klemmte, ich kriegte die Wut, knallte gegen das Ding und fluchte. Die Leute drehten sich um. Ich ging weg, auf Einsicht wartend, aber es gab nur neue Trostlosigkeit.

Der Schwarze Elch, als er sein Volk auf der blauen Straße sieht, sagt: »Ich wußte nicht, wieviel damals zu Ende war.«

10

Manche Männer tragen ihre kaputten Ehen zu kirchlichen Workshops. Ich trug meine auf die Highways und versuchte, sie fast elftausend Meilen lang wegzustauen. Ich hatte in alle möglichen Dinge an den Seitenpfaden hineingestochert und mich die ganze Zeit vor meinem eigenen Versagen versteckt. Ich hatte es nicht vergessen – ich hatte nur gewisse Gedanken niedergepreßt wie ein Mörder eine Person, die er zu ertränken versucht.

Nicht eigentlich um zu essen als um mich zu beschäftigen ging ich in ein namenloses, dreikalendriges, zehnstuhliges Café mit Wänden aus Linoleum. Einfach nur so fragte ich die Köchin, die heiße Topfdeckel mit den Zipfeln ihrer Schürze abhob: »Wie heißt euer Lokal?«

»Die Wespe«, sagte sie im Tonfall der Green Mountains.

»Sie meinen wie die white-Anglo ...?«

»Ich mein' wie das Highschool-Maskottchen. Der erste Besitzer hier war Lehrer.«

»Netter, einfacher Laden.«

»Wir geben uns Mühe. Woodstock wird mir allmählich zu hochtrabend.«

Zwei Männer, einer trug einen kleinen Halbmond am Schlüsselring, sprachen über einen neugeborenen Jungen. Ich achtete nicht drauf, bis der Vater sagte: »Das hat unsere Ehe gerettet.« Mein Kopf schnellte hoch, als wenn jemand meinen Namen gerufen hätte.

»Babys retten doch keine Ehen«, sagte der Freund.

»Dies doch. Ich kam mit mir selbst nicht mehr klar, als wir herausfanden, daß Claudia nicht schwanger werden konnte, meinetwegen. Sie war traurig, aber sie hätte damit leben können. Nur ich nicht. Und dann fing ich an, überall mal rumzubocken und es auszuprobieren.«

»Na, und wie hat es denn dann doch gefunkt?«

»Ich hab' meine Unterhosen gewechselt.«

Der Freund lachte: »Und dann einen Eimer voll Austern gegessen.«

»Der Doktor fand raus, ich hatte zu wenig Sperma. Sagte,

meine Slips wären zu eng – zu viel Hitze. Enge Hosen lassen die Körperwärme nicht raus, und die hohe Temperatur tötet die Spermien. Als ich wieder anfing, meine alten Armeeschlüpfer zu tragen, war Claud innerhalb von drei Monaten schwanger.«

Ich beendete mein Frühstück und fuhr auf den Highway 4, voller Neid auf einen Mann, der seine Eheprobleme durch schieren Slip-Wechsel lösen konnte. Die Straße kreuzte den Quechee Gorge, eine unerwartete fünfzig Meter tiefe Schlucht, die sich durch die steinigen Flanken des Bergs schnitt; ein Paar hielt sich ängstlich am Geländer fest, als sie unbehaglich in die Tiefe starrten. Dann über den Connecticut River und nach Hanover, New Hampshire. Der Morgen war heiß – der heißeste bisher –, und ich hatte keine Lust mehr auf die Straße.

Ich vertrieb mir die meiste Zeit des Tages damit, auf dem Dartmouth Campus herumzuwandern. Der Pfarrer Eleazar Wheelock hatte das College mit seiner eigenen Bibliothek und einer Blockhütte in den Wäldern gegründet mit dem Ziel, »für die Bildung und Erziehung der Jugend der indianischen Stämme in diesem Land betreffs Lesen, Schreiben und all jener Fertigkeiten zu sorgen, die dazu dienen mögen, die Kinder der Heiden zu zivilisieren und zu christianisieren«. Das Motto von Dartmouth ist Ausdruck dieses Ursprungs: Vox clamantis in deserto. Aber jetzt war die in der (Halb)-Wildnis rufende Stimme die der indianischen Amerikaner, die nur noch ein Prozent der Studentenschaft ausmachten und sich beschwerten über den inoffiziellen Spitznamen des Athletik-Teams – The Indians –, über den Anfeuerungsruf »Skalpiert sie!«, über die Wandgemälde in der Professorenmensa, auf denen Indianer bei Zechgelagen gezeigt wurden, und über ein populäres Spottlied:

O Eleazar Wheelock, das war ein frommer Herr,
Indianer zu bekehren zog in die Wildnis er.
Die Fibel und die Bibel, 'ne Trommel nahm er mit,
Und obendrein ein Riesenfaß mit neuenglischem Sprit.

Soweit ich sah, wären Studenten, Professoren und Universitätsverwaltung ganz gern bereit gewesen, das »Indianer«-Geheul durch den andern Team-Namen, »The Greens«, zu ersetzen. Das Problem aber waren die alten Herren, die Alumni. Mochten sie graduierte Frauen noch tolerieren, aber ihren offiziellen Schlachtruf Wah-hoo-Wah aufzugeben, das war zuviel. Und so wurden die Wandgemälde sorgfältig vertäfelt, aber nicht abgerissen.

Am Nachmittag fuhr ich weiter. In der Nähe von West Canaan hielt ich bei Al's Hotdog-Tankstelle. Ein handgeschriebener Zettel: Essen und Tanken! Al's war zu. Der Himmel verdunkelte sich, ein Schauer duschte die Straße und kühlte die Dinge in den White Mountains ab. Die Dörfer schienen die Hänge hinab in die Täler an den Flüssen zu sickern, wo Menschen aus einer anderen Zeit vielfenstrige Fabriken und Wassermühlen aus Stein und Ziegel gebaut hatten. Die meisten der alten Gebäude und Mühlenwehre waren von billiger Elektrizität und zentralisierter Industrie erledigt worden. Aber schon war wieder die Rede davon, die ungenutzte Energie der Flüsse Neuenglands durch kleine, computergesteuerte Turbinen anzuzapfen.

Ich nahm die Route 104 hin zum Motel-Gewimmel am Lake Winnipesaukee – dem See mit hundertdreißig verschiedenen Schreibweisen und mindestens ebensovielen Übersetzungen aus dem Indianischen (wobei die schönste »Das Lächeln des großen Geistes« ist) – und dann ums Nordufer herum in stillere Gegenden. An dieser Ecke des Sees gab es dann statt Kombis mit nassen Badeanzügen an Antennen und Türgriffen klapprige Pickups, von denen jeder mit mindestens einem rostigen Etwas beladen war.

Bei Sonnenuntergang war ich in Melvin Village, einem winzigen Ort zwischen den Ossipee Mountains und dem Nordostufer des großen Sees. Zwischen den alten Häusern mit ihren weißen Schindeln und schwarzen Läden herrschte eine fast absolute Stille. Das einzige Geräusch kam von dem kläglichen Melvin River – in Wahrheit ein Bach –, der über einen entsprechend großen Damm spülte. Hinter dem Damm, wo das Wasser dunkel durchsichtig und nahezu eingekreist war von Ahorn und den steilen Hängen der Ossipees, paddelten ein paar Enten schweigend und platschten dann los zu einem langen Aufstieg ins Zwielicht.

Die Stadt, reinstes Neuengland, war so einfach, daß sie fast nackt wirkte. Ich fuhr die Main Street rauf und runter und suchte nach einem Platz für die Nacht. Am Rande der Stadt hielt ich an der Snack Bar, einem hölzernen Gebäude mit einer moskitogeschützten Veranda. Es war später Mai, aber der Abend hatte schon die Wucht des Mittsommers.

Ich aß einen Grinder – anderswo Torpedo, Hero, Submarine, Sub oder auch Armes Tier genannt – und trank einen Schokoladenflip – anderswo Milchshake oder Eisschoko genannt. Obwohl der wahre Milchshake östlich der Appalachen nicht existiert, war der Grinder das beste, was mir an diesem Tag untergekommen war: dünn geschnittenes Rind und Schinken, dazu Tomatenschnitze, geschnittenen Salat, gehackte Pepperoni, alles in Essig und Öl. Ich ging zum Fenster und bestellte noch einen.

»Schmeckt Ihnen mein Sandwich?«

»Ganz und gar köstlich.«

Der Besitzer, Bert LaFrance, hatte mal einen Talentwettbewerb gegen Danny Kaye verloren und trat früher mit seinem Bruder als Sänger und Tänzer in reisenden Zelt-Shows auf, die die Fabrikstädte Neuenglands und später die Goldminengebiete von Ontario bespielten, Orte, wo die Straßen aus Matsch bestanden und alles aufgebuddelt war. »Zwanzig Dollar die Woche«, sagte er. »Wer machte sich was aus Geld? Wir schon. Aber die Arbeit bedeutete mehr. Ich war der Desi Arnaz des kleinen Mannes: sang und tanzte zu Titeln wie Night and Day und That Ol'Black Magic. Wurde alles auf Conga-Trommeln gespielt. Wir traten mit Benny Goodman, Sarah Vaughn, den Three Sons zusammen auf. Später, da arbeitete ich mit ein paar Mädchen zusammen, hatten wir eine Zwölf-Minuten-Nummer mit sechs Kostümwechseln. Aber um die Zeit starben die Zelt-Shows schon aus. Gegen das Kino kamen sie an, aber nicht gegen das Fernsehen. Solange es ging, war es eine gute Sache, sogar im Krieg. Ich war bei der Navy und kam zu einer Unterhaltungs-Einheit, die auftrat, um für Kriegsanleihen zu werben. Ich dachte, ich hätte es geschafft. Da kommt eines Tages ein Offizier an und erklärt uns, wir gingen nach Übersee. Ich fragte wohin. ›Frag nicht!‹ sagte er. Nach vier Wochen gingen wir von der Bühne ab nach Guadalcanal.« LaFrance schüttelte den Kopf. »Leben! Aber was zum Teufel, schließlich gilt ja Melvin Village als hübsches Städtchen!«

»Wer ist Melvin?«

»Melvin? Ach, Sie meinen Melvin wie in Melvin Village? Fragen Sie Len.«

»Wer ist Len?«

Len stand hinter mir. Er und seine Frau waren von Boston hergezogen, um den Hänsel-und-Gretel-Geschenkeladen zu übernehmen. »Fürchte, ich weiß es auch nicht«, sagte er. »Aber ich weiß, wer's weiß. Wenn Sie über Nacht bleiben, mach' ich Sie morgen bekannt. Sie ist – wenn irgendwer – Melvin Village. Ein richtiger Yankee Doodle Dandy.«

»Am 4. Juli geboren?«

»Die reicht viel weiter zurück.«

II

Marion Horner Robie war nicht in all den achtzig Jahren ihres Lebens Melvin Village gewesen; in den ersten sieben Jahrzehnten war sie nur eine Mitbürgerin unter den knapp fünfhundert übrigen, obwohl sie schon zu der Zeit, als sie Postamt, Grocery, Textilgeschäft, Telefonvermittlung und Feueralarm gleichzeitig betrieb, (zugegebenermaßen) »das große Tier« war.

Ihr weißes Schindelhaus, ein langes, zweigeschossiges Gebäude mit einer hölzernen Straßenveranda und roten Geranienkästen, stützte seine Nordfundamente, ein wenig flußabwärts des Dammes, in den Melvin River. Die Westhälfte des Gebäudes war jetzt ein Stoff- und Wolladen; auf der andern Seite lebte Mrs. Robie.

Sie saß auf ihrem Sofa, das mit Geschichtsbüchern und zwei ausgestopften Tieren beladen war, in dem alten Raum mit seiner Preßblechdecke, den großen Fenstern, dem Kamin, einem Porzellanschrank und dem langsamen Tock einer Pendeluhr. Ihre langjährige Freundin Mrs. Ramsbotham klapperte in der Küche, wo sie Fleisch für ein Stew durchdrehte.

Mit breiten Neuengland-Vokalen erzählte Mrs. Robie: »Ich hatte nie vor, das große Tier zu werden, verstehen Sie. Das kam so wie in der Lotterie. Nämlich als junges Mädchen habe ich das Dorf verlassen; das Leben beim YWCA in Boston schien mir aufregender. Aufregender jedenfalls als die Farmarbeit in unseren Hügeln. Zwei Winter lang, 1918 und 1919, besuchte ich die Handelsschule in Boston. Dann arbeitete ich in der Stadt als Buchhalterin für die Chester I. Campbell Company. Wir arrangierten Industrieausstellungen. Nach meiner Bostoner Zeit landete ich wieder hier, nicht wegen der Aufregung in Melvin Village, sondern wegen anderer Dinge, aus einem Gefühl der Zugehörigkeit – zum Land und zur Geschichte. Ich versuchte mich ein Jahr als Lehrerin, aber zum Unterrichten bin ich nun mal nicht geschaffen, also wurde ich Verkäuferin bei meinem Vater. Und später Postmeisterin. Sie müssen sich vorstellen, daß wir damals drei Läden im Ort hatten, und das Postamt wurde je nachdem, ob der Präsident Demokrat oder Republikaner war, über die Straße hin und her geschoben. Mr. Roosevelt bestallte mich 1939, obwohl ich nicht von seiner Couleur war. Das Postamt war eine Ehre und gut fürs Geschäft, aber das Spannendste war der Klappenschrank fürs Telefon. Mein Vater hat die Tuftonboro Telefon-Gesellschaft in diesem Haus hier gegründet, und später waren wir die ersten innerhalb der Continental Telephone, die heute die drittgrößte im Lande ist.«

»Was war denn so spannend?«

»Feuer. Wenn eins ausbrach, drehte ich mit der rechten Hand am Dynamo, und mit der linken drückte ich alle Knöpfe runter und ließ jedes Telefon im Dorf klingeln – dreimal lang, dreimal kurz. Wer immer konnte, half dann bei der Brandbekämpfung.«

»Dann haben Sie den größten Teil Ihres Lebens in diesem Haus verbracht?«

»Ich und die Continental Telephone Company – beide in diesem Haus geboren. Hoffe auch hier zu sterben. Warum nicht? Die ersten und die letzten Erinnerungen am selben Ort. Als Baby verwahrten mich meine Eltern in einem Karton unter der Theke, gleich neben den Uneeda-Keksen.«

»Ein schönes, altes Haus.«

»Der älteste Teil ist von 1816. Damals rollten sie Rumfässer in unsern Keller. Den nächsten Rum gibt's heute in Wolfeboro, und das ist ganz gut so. Unser Laden war von Anfang an der Treffpunkt für Jägerlatein und Unterhaltung. Wenn ein Wagen mit Mehlfässern ankam, machten sich die Männer einen Spaß daraus, zu probieren, wer das schwerste heben konnte. Würde Ihnen das Spaß machen?«

»Wo ist die Kelle, meine Liebe?« rief Mrs. Ramsbotham dazwischen.

»Oh, ist schon gut, ich hab' sie in der Hand.«

»Ich erzähl' Ihnen was über Melvin Village aus der Zeit der Mehlfässer – so um 1850«, sagte Mrs. Robie. »Es war noch nicht so hübsch wie jetzt. Nicht so malerisch, will ich mal sagen. Doch, wir hatten den Teich an der Kornmühle – ein wunderschöner Platz zum Eislaufen –, aber um 1915 kam ein Hochwasser aus den Bergen und spülte ihn weg. Jetzt ist da der Damm und der Teich für die Lachse. Aber sonst war es damals nicht so eine hübsche Stadt. Als die Straße gepflastert wurde, war Schluß mit Staub und Matsch. Die Männer, die da oben auf dem neuen Bald Peak-Anwesen arbeiteten – ein ziemlich luxuriöser Besitz –, diese Leute sahen, was ein bißchen Schreinerei und Gärtnerei, ein bißchen Farbe und Putzerei ausmachte. Und dann, nach einer Weile, fing es auch hier unten an, sich zu bessern. Aber am meisten hat die Erziehung unserer Kinder uns geholfen.«

»Vergiß nicht die neuen Familien«, sagte Mrs. Ramsbotham zwischen heftigen Rühraktionen.

»Es ist besser, wenn Leute aus Lust und Liebe in einen Ort ziehen, als wenn sie irgendwo zu leben gezwungen sind. Die Zugezogenen hier haben sich hübsche Häuser gebaut oder die alten erhalten. Haben Besitzerstolz mitgebracht. Die haben bemerkt, daß der besondere Reiz unseres Dorfes darin liegt, daß die Dinge hier etwas beständiger sind.«

»Jemand hat mir erzählt, Sie wären hier am Ort die Stimme der Vergangenheit.«

»Wenn man lang genug lebt, wird man ein Stück Geschichte, ganz egal, wieviel man weiß. Aber was ich nicht erlebt habe, habe ich nachgelesen. Der See zum Beispiel. Zwei Drittel seiner Geschichte habe ich studiert, das andere Drittel habe ich miterlebt. Ganz früher gab's die großen Baumflöße, die den See hinunter zu den Sägemühlen schwammen. Und feine Seedampfer wie die Cork Leg. Als ich nach Boston ging, nahm ich die Governor Endicott bis hinunter nach The Weirs. Gute Dampferverbindungen damals den See hinauf und hinunter und sogar zu einigen Inseln. Es gibt mehr als dreihundert Inseln da draußen – eine für jeden Tag des Jahres, sagen wir.« Sie lachte. »Da haben Sie also diese alte Dame mit ihren Erinnerungen. Auch die Überlandkutschen kamen hier durch. Boote und Kutschen waren wichtig für uns, weil wir nie an irgendeiner Hauptstrecke gelegen haben. Die Leute versuchten's zu ändern, aber es wurde nichts draus. Jetzt seh' ich ein, daß unsere – unsere Abgeschiedenheit, sagen wir mal –, daß unsere Abgeschiedenheit uns bewahrt hat.«

»Erzähl ihm doch von den Menschenmengen, wenn die Lachse zu wandern beginnen«, sagte Mrs. Ramsbotham über das Klappern ihrer Geräte hinweg.

»Der große Lachs-Sonntag jedes Jahr im November. Die Rogenernte. Da kommen wir groß raus. Sehen Sie, der Winnipesaukee hat mehr Volumen als Oberfläche – ist tiefer, als er breit und lang ist. Hundert Meter tief. Klares Wasser mit genügend Sauerstoff, so daß hier eine bestimmte Lachsart überleben kann, obwohl sie nie zum Meer gelangt. Wenn das Wasser kälter wird, wandern sie flußaufwärts, aber sie sterben nicht nach dem Laichen wie Seelachse. Die Leute von der Fischschutz-Kommission kommen dann her, um die Lachse in Gehegen unterhalb des Damms einzufangen und den Rogen für Züchtereien abzustreifen. Da ist hier was gefällig, und im Schulhaus gibt's ein Unterhaltungsprogramm, das sich meist zu einem ziemlich üblen Schwof auswächst. Aber einmal im Jahr überleben wir das.«

»Diese Ecke des Winnipesaukee ist viel ruhiger als das Süd- und Westufer«, sagte ich.

»Wir haben auch Feriengäste, aber nicht die von der eiligen Sorte, aus dem einfachen Grund, daß man sich hier selbst vergnügen muß. Auf der andern Seite kriegt man hier schon sein Vergnügen. Wir hängen an der Idee, daß wir ein besonderes Dorf sind.«

»Sommergäste müssen doch aber was Neues sehn. Die Stadt sieht so unverändert aus.«

»Aber nicht doch. Seit den 1880ern. Damals kamen die Familien mit der Eisenbahn oder dem Dampfschiff von Boston an; wollten aus der Hitze raus. Die Väter nur zum Wochenende, aber die übrige Familie den ganzen Sommer über. John Greenleaf Whittier machte in jenen Tagen hier Ferien. Besucher haben bei uns schon seit dem Bürgerkrieg eine wichtige Rolle gespielt. Denn damals haben unsere Soldaten entdeckt, daß es im Westen Land gab, das mehr Erde als Felsen enthielt, und unsere Einwohnerzahl schrumpfte. Sind nur noch ein Häuflein seit der Zeit. Haben immer noch keine Postzustellung.«

Mrs. Ramsbotham rief aus der Küche: »Der Salzstreuer hat sich mal wieder verkrochen, aber ich werd' ihn bald haben.«

»Jetzt sind wir ein friedlicher Ort, aber dieser Gegend ist es schlimm ergangen«, sagte Mrs. Robie. »Die Franzosen haben einmal die Indianer bezahlt, damit sie englische und amerikanische Siedler, die hierherkamen, töten. Das ist zum Teil der Grund, weshalb wir nicht so alt sind wie manche Städte in Kentucky oder Tennessee. Die Leute kamen nur langsam hierher.«

Wieder Mrs. Ramsbotham: »Erzähl ihm, daß Whittier uns besucht hat.«

»Whittier, ja. Und Robert Frost. Whittiers Gedicht ›Das Grab am See‹ handelt von Melvin Village.« Sie zitierte:

Wo des Sees Sonnenglanz
Um die hundert Inseln tanzt,
Der granit'ne Berg sich steil
Stürzt ins Wasser wie ein Keil:
Da ruht zwischen grauem Stein
des Riesen mächtiges Gebein.

»Klingt nach Whittier.«

Sie nahm ein Buch heraus, so daß ich das ganze Gedicht lesen konnte.

»Gefällt es Ihnen jetzt besser?«

»Ich mag die Zeile ›Entflammt in diesem Erdenkloß‹.«

»Also kein Whittier-Liebhaber! Aber sehen Sie doch, er hat genau das Gefühl der Zugehörigkeit ausgedrückt, das man hier verspürt. Hören Sie nur:

Doch irgendwo, was auch ihr Sinn,
Lebt die dunkle Seele noch.
Und irgendwo treibt des Atomes Joch
Das leichtgewicht'ge All dahin.

19. Marion Horner Robie in Melvin Village, New Hampshire

Whittier muß dieses Gefühl besonders stark gehabt haben, als er von dem alten indianischen Riesen gehört hat, den man 1818 fand, wie die Straße am Fluß entlang zur Küste gebaut wurde. Bei Ausschachtungsarbeiten wurde ein großes Grab freigelegt, in dem ein Indianer von gewaltigen Ausmaßen aufrecht saß. Niemand hatte damals eine Ahnung von Archäologie, und die Ausgräber konnten nur fantasievolle Mutmaßungen über den Mann und die Bedeutung des Grabes anstellen. Und was wir jetzt an Archäologie haben, ist Whittiers Gedicht. Alles was wir wissen ist das, was ein Mensch aus einer andern Zeit über einen Menschen aus noch einer anderen Zeit gesagt hat. Selbst wenn der Vers holpert, ist die Gesinnung doch wichtig.«

Aus der Küche: »Hast du schon von Robert Frost erzählt?«

»Er lebte oben auf dem Berg, als seine Freundin mit ihrer Schwester den Sommer 1895 hier verbrachte. Die Mädchen wohnten in dem alten Parkhotel oben auf dem Ossipee Mountain, aber Frost war zu arm, um sich da ein Zimmer leisten zu können, also traf er ein Abkommen mit Henry Horne. Frost konnte in einem fast verlassenen Haus auf dem Berg umsonst wohnen und mußte dafür auf einen großen Vorrat von Cider-Schnaps aufpassen, den Horne im Keller aufbewahrte. Frost schrieb ein Stück über sein Wächteramt, ich glaub' mit dem Titel *Der Wächter*, aber es ist wohl nie veröffentlicht worden.«

Mrs. Ramsbotham brachte in einem Marmeladenglas einen Strauß Maiglöckchen herein. »Wir sind bald soweit, Liebe«, sagte sie, »aber ich fürchte, die Kelle ist wieder weg.«

Zu mir sagte Mrs. Robie: »Wenn Sie wirklich das Gespür für unsern Ort bekommen wollen, dann nehmen Sie die Straße und fahren bis an den Fuß des Berges. Zur Bald Peak-Farm. Sprechen Sie mit meinem Cousin – Schwippvetter, um genau zu sein – Tom Hunter. Er ist ein Zucker-Farmer und gehört zu einer der wenigen ganz alten Familien, die immer noch ihr ursprüngliches Land bebauen. Da oben ist das Gespür. Und vielleicht auch das Ende einer Ära.«

Ich war schon an der Tür, als ich mich besann, weshalb ich gekommen war. »Wer ist Melvin?«

»Wer auch immer das beantworten konnte, der liegt bestimmt schon so lange wie der indianische Riese im Grab. Aber was wir wissen ist, daß nach Lovewells Krieg –«

»Ein Krieg namens Lovewell?«

»Ich hab' ja gesagt, wir sind ein besonderer Ort. Also die Geschichte: Während des Krieges mit den Indianern, in den zwanziger Jahren des 18. Jahrhunderts, hat ein Siedler offenbar den Flußlauf erkundet und ein Zeichen oder einen Baum mit der Einkerbung *Melvin* gefunden. Vielleicht irgendwas, das einer von Lovewells Soldaten hinterlassen hat. Von jenem Wort hat der Fluß seinen Namen. Was diesen Melvin betrifft, so hatte er keine Ahnung, was er in Gang setzte. Und das meine ich mit beständig. Die Dinge bleiben, selbst wenn wir es nicht vermuten.«

12

Tom Hunter sagte, Bald Peak sei nicht mehr so kahl wie zu Beginn des Jahrhunderts, als ein Waldbrand die Granitkrone bloßgelegt hatte. In dem Maße, wie die Bäume nachwuchsen, büßte der Name Bald Peak (= Kahler Gipfel) an Logik ein; möglich, daß ihn in ein, zwei Generationen nur noch die alten Einwohner verstanden. Aber nicht wahrscheinlich.

»Da oben wird es immer mehr Blitze als Wald geben«, sagte Hunter.

Ich hatte den Weg zur Farm, nördlich der Stadt, unterhalb des Gipfels, durch dichten Wald gefunden. Hunter zeigte mir die Saftküche, wo er Ahornsirup machte. Sie war voller Töpfe und vorgestriger Kalender und lag jenseits der Straße, die von Steinwällen begrenzt wurde – Mauern, die von den ersten drei Hunter-Generationen angelegt worden waren –, in einem Hain großer Zuckerahornbäume; darunter entfalteten sich sanfte Schwertfarnblätter in der Sonne.

Auf und neben der Ladefläche eines Anhängers, der an seinen alten McCormick-Traktor gekoppelt war, standen fünfzehnhundert galvanisierte Zwölf-Liter-Eimer für Saft, einige schon fürs nächste Frühjahr ausgewaschen, andere noch klebrig von der Ernte dieses Jahres; in Haufen lagen gewaschene und ungewaschene Pfropfen herum – die Tüllen, durch die der Saft aus den Bäumen fließt. Hunters Vater hatte das Zuckerhaus 1922 gebaut. Das Gebäude, nicht mehr als ein sieben Meter langer Schuppen, hatte ein Wellblechdach und Wände aus Kieferschindeln, die vom Wetter in der Farbe dunkelsten Ahornsirups patiniert waren. Der weißgestrichene Pfosten der Schiebetür verzeichnete die Geschichte der Hunterschen Sirup-Ernten seit 1925, wobei die Saftertäge Jahr für Jahr und für jeden der »Obstgärten« separat eingetragen waren: 1936: 305 Eimer; 1944: 226; 1947: 434. Das knappste Jahr war 1945 und das beste 1965. Das waren mehr als nur so Vergleichsziffern – hier waren Leistungen festgehalten wie Daten und Rekorde auf dem Preispokal eines Sportturniers. Was für andere Leute Fotoalben sind, das war dieser Türpfosten für Tom Hunter.

Sein Tonfall war ausgesprochenes Hochland-Yankee. »Ich

betreibe die Zuckerwirtschaft hier an diesem Platz in fünfter Generation. Aber die sechste Generation – alle Neune – kommt und hilft während der Saison. Selbst der Junge auf dem alten Maine-Gehöft. Die siebente entwickelt sich schon. Wir zapfen Bäume an, die schon meine Großeltern angezapft haben. Wir sehen das so: Ein Maisfarmer kann von denselben Feldern essen, die schon seine Vorfahren bebaut haben, aber er kann nicht von demselben Strunk essen. Aber eine alte Sirupfamilie ißt vom selben Baum.«

»Eine lange Kontinuität.«

»In Wahrheit noch länger. Manchmal, wenn wir einen alten Ahornbaum in unserer Sägemühle zerschnitten haben, ist die Säge auf einen Zapfen gestoßen, den einer meiner Vorfahren versehentlich steckenließ und über die der Baum hinweggewachsen ist. Aber noch aufregender ist es, auf indianische Zapfspuren zu stoßen – Kerben wie ein großes V oder manchmal auch ein eingebranntes Loch. Die Weißen haben sich beim Sirupmachen auch nicht mehr einfallen lassen als die Abenaki. Wir können's nur schneller.«

»Es überrascht mich, daß Sie Ihre Bäume zu Bauholz machen.«

»Bauholz? Nur wenn der Baum hinüber ist. Wäre unverzeihlich, einen gesunden Zuckerbaum zu zersägen. Dafür haben wir genug andere – Eichen, Kiefern, Rottannen, Schierlingstannen, Pappeln, Buchen, Eschen. Aber heutzutage schlagen wir nur noch Klafterholz. Unsere Sägemühle hat die kommerzielle Holzverarbeitung eingestellt. Die Arbeitslöhne lohnen den Aufwand nicht mehr. Also machen wir derzeit nur 25 Klafter Holz fürs Sirupkochen und etwas Kaminholz fürs Haus.«

»Kann mir nicht vorstellen, wie man mit Ahornsirup sein Geld verdient.«

»Für die Steuer reicht's. Wir haben noch einen Frachtboot-Service, der Material und Gerät auf die Inseln bringt. Und Bulldozer und Schaufelbagger für Erdarbeiten und einen Trailerpark für 25 Fahrzeuge unten am See.«

»Wie steht's mit Kühen und Feldern?«

»Die Farm betreiben wir nur noch für den Hausgebrauch. Diese Bergfelder sind zu klein, um wirtschaftlich zu sein. Aber sie waren mehr als groß genug, wie ich ein Junge war und sie pflügen mußte.«

»Haben Sie Land verloren?«

»Wir haben was dazugekauft. Aber ich mußte damals mit Ochsen oder Pferden pflügen.«

»Heißt das alles, daß Ahornsirup nicht viel abwirft?«

»Doch, schon. Erstklassiger Sirup bringt dies Jahr ungefähr zwölf Dollar die Gallone, und ich verdiene um die fünftausend Dollar mit Sirup. Bin mit dem Preis zufrieden. War ein gutes Jahr. Vierhundert Gallonen im Durchschnitt der letzten beiden Jahre. Aber vor zwei Jahren gab's nur zweihundertfünfzig.

»Woher kommt der Unterschied?«

»Das Wetter im Frühjahr, hauptsächlich. Frostnächte und warme Tage – dann läuft der Saft am besten. Aber auch die Zahl der Blätter der Baumkrone hat was damit zu tun. Und Alter und Gesundheit auch.«

»In einem guten Jahr, kommen Sie denn da mit fünfzehnhundert Eimern aus?«

»Wenn's sehr gut läuft, sind wir dauernd den Berg auf und ab unterwegs und füllen den Sammeltank mit dreihundert Gallonen voll. Unsere Zuckerwälder gehen bis halbwegs zum Bald Peak hinauf, da läuft schon mal was über oder vorbei. Wir haben eine neue Methode ausprobiert, wo der Saft durch Plastikschläuche zu einem zentralen Sammeltank läuft und dann zum Zuckerhaus transportiert wird. Aber da muß man dauernd die Schläuche kontrollieren. Gefiel uns nicht. Wie man's auch macht – vom 10. März bis zum 20. April ist es furchtbar hektisch, und der Eindämpfer brennt Tag und Nacht, bis die Frösche zu quietschen beginnen. Dann läuft nichts mehr, sozusagen.«

Das 1930 gebaute Eindämpfgerät war eine sechs Meter große, zinnbeschlagene Vorrichtung über einer langen Feuerstelle, die man mit meterlangen Holzscheiten bedienen konnte. Aus dem Einfülltank floß der rohe, klare Saft ins obere Ende der Verdampferpfanne, wo er bis zu einem schaumigen Brei auf etwas über 100 Grad erhitzt wurde; wenn der Schaum den Verdampfungsprozeß behinderte, tat Hunter ein Stück gesalzenes Fleisch oder einen Schuß Milch hinzu; dann lief die dicker werdende Flüssigkeit über zahlreiche kleine Wannen hinunter durch den

Filter zum Abfluß. Wenn das Feuer die richtige Temperatur erreichte, wurde aus dem Saft mit seinen 2 bis 4 Prozent Zuckergehalt in etwa vier Stunden ein Sirup aus 85 Prozent Zucker. Es ist der kritische Eindämpfprozeß, der über Farbe und Geschmack des Sirups und über den Gewinn entscheidet. Sirup der Spitzenklasse Premium, von der Farbe hellen Bernsteins, bringt den höchsten Preis. Die Klasse A ist dunkler, etwas bitterer, und B noch dunkler und kräftiger im Geschmack. Es hat seine historische Bewandtnis, daß die milderen Sorten die teuersten sind: früher, als der Hauptzweck des Ahornsirups in der Zuckerproduktion bestand, wollten die Frauen nicht, daß ihr ganzes Gebäck nach Ahorn schmeckte.

Ein zwei Meter hoher Stuhl bot Übersicht über den Verdampfer und den großen Temperaturanzeiger: Wer immer da oben saß, entschied nicht nur über den Profit, sondern auch darüber, ob die Geschichte in Gang bleiben sollte – wenn das Feuer zu heiß wurde und den Saft zum Kochen brachte, konnten der Zinnbeschlag und die gelöteten Verbindungsstellen der Pfanne wegschmelzen.

Wir gingen ins Freie, wo Hunter mir einen großen Zuckerahorn zeigte (wegen des harten Holzes und des steinigen Bodens, auf dem er wächst, auch Felsenahorn genannt). Viele Arten Bäume produzieren Sirupsaft, aber keiner so ergiebig und süß wie der Zuckerahorn. Um zu einem Jahresdurchschnitt von etwa 300 Gallonen Sirup zu kommen, braucht man etwa 12000 Gallonen Saft aus 1200 angebohrten Bäumen.

»Ein großer Felsenahorn wie dieser kann vier oder fünf Zapflöcher vertragen. Zwei Männer mit 12-Volt-Elektrobohrern und Batterie können dreihundert Löcher am Tag setzen, also dauert bei uns das Anzapfen vier bis fünf Tage. Unser ›Garten‹ ist ja nicht wirklich groß, aber eben alles Zuckerahorn und alles natürlich gewachsen. Wir haben keine künstlichen Pflanzungen wie auf einer Pekannuß-Plantage.«

»Was passiert mit dem Baum, wenn Sie den Stopfen rausziehen?«

»Das Loch schließt sich und bildet Narbengewebe. Ist für immer trocken. Dauert 25 Jahre, bis man überhaupt wieder in die Nähe kommen kann. Und da hilft eben Schneefall. In Jahren, wo viel Schnee fällt, können wir höher am Stamm ansetzen. Sonst müssen wir weiter unten bohren. Wir haben Schneejahre und Matschjahre. Mag sie beide nicht.«

Wir gingen zur Straße zurück, wo sich der Bald Peak deutlich zeigte.

»Wenn man bloß aufs Hauptbuch schaut, ist Zuckermachen für uns nichts als Geschäft. Aber in jeder anderen Hinsicht ist die Saft-Saison auch die Zeit, wo die Kinder nach Haus kommen und meine Frau zwei Stunden lang für uns elf Leute kocht. Dann leben wir wie die Hunters in alten Zeiten. Ich sag' Ihnen – der süße Duft des köchelnden Sirups und der kalte Wind draußen und das brennende Holz auf der Feuerstelle – das geht einem ins Blut. – Wette, wenn Sie mich anzapfen, kriegen Sie fünf Prozent Saft. Und ganz zum Schluß feiern wir den Zucker ab. Pfannkuchen, Waffeln, French Toast. Schneeballschlachten, Basketball, und soviel Ahornsirup, wie auf eine Waffel draufgeht. Auch Ahornkrem. Wenn's etwas gibt, das besser schmeckt, hab' ich es nie gegessen. Das ist zweimal gekochter Sirup, fast kristallisiert.« Hunter schüttelte den Kopf. »Mal ehrlich, ich könnte natürlich mit andern Sachen als diesem Sirup mehr Geld machen, aber im Frühling wär' ich verloren. Wäre das ganze Jahr außer Tritt.«

»Und Sie verkaufen alles, was Sie produzieren?«

»Habe seit der Depression nicht mehr inseriert. Unser ganzer Sirup ist schon vorbestellt. Hab' eine Warteliste. Manche Familien kaufen schon seit vierzig Jahren bei uns. Das einzige, was sich in der Zeit verändert hat, sind die Gefäße – von irdenen über Blechkannen bis zu Plastik.«

Während wir die Straße langgingen, pfiff ein Wind vom Bald Peak herunter und wehte unsichtbare, kleine Stechmücken (Hunter nannte sie »Mingies«) mit sich. Hunter erledigte mit einem Schlag, wozu ich zehn brauchte. »Der Regen kommt mit dieser Brise«.

»Ein sehr schöner Berg«, sagte ich.

»Ich hab' mein ganzes Leben unter ihm gelebt und erst vor einem Jahr herausgekriegt, daß es ein alter Vulkan ist, ein abgebrochener Vulkan. Wußte niemand. Wir sind da jahrelang zum Picknick hochgeklettert, zu einer Stelle, wo man die Blaubeeren

20. Tom Hunter in der Nähe von Melvin Village, New Hampshire

nur so vom Busch schütteln kann. Was für 'ne Stelle da oben! Hab' gern von da runtergekuckt auf unser Land. Auf die Felder, die wir gerodet haben, die Bäume mit dem Saft. Jede Generation hat ein bißchen mehr Land dazugefügt, und jetzt gehören uns sechshundert zusammenhängende Morgen Land. Das Haus da oben an der Straße gehört meiner Mutter. Steht da seit 1815. Von wo wir jetzt stehen, kann ich die Straße rauf- und runterschauen und nur unsern Besitz sehen. Nichts, was mehr Spaß macht, als einfach zu kucken. Aber ich habe mir diese Hügel schon bekuckt, als man sie noch für'n Appel und Ei kriegte und ich mich fragte, wer außer mir sie wohl haben wollte. Jetzt könnte ich mir mein eigenes Land nicht mehr leisten.«

»Würden Sie es verkaufen?«

»Ich könnte Teile davon als Grundstücksparzellen verkaufen und brauchte dann nicht mehr zu arbeiten. Aber ich würde mehr verlieren als nur unser Land. Die alten Familien der Gemeinde unten sind so ziemlich verschwunden oder zerstreut, und die alten Wohnhäuser verschwinden auch immer mehr. Die jüngeren Leute müssen fast wegziehen, um anständige Arbeit zu finden. Es ist ein herrlicher Ort, aber kein guter für einen intelligenten jungen Menschen. Ich hab' den College-Vorbereitungskurs an der Tilton School besucht und bin dann zwei Jahre lang auf die University von New Hampshire gegangen. Aber ich bin zurückgekommen. Schien damals nichts besonderes, wieder nach Hause zu gehen. Heute kommt es einem vor wie etwas, das man nicht noch mal erlebt.«

Wir waren ins Schlendern geraten, aber plötzlich ging Hunter schneller. Dann blieb er stehen. »Wenn ich oben am Gipfel bin und runterschaue, stell' ich mir manchmal vor, wie die Ahornwälder und Weiden in einer Generation aussehen. Oder in fünf Generationen. Ich stell' mir verschiedene Möglichkeiten vor, aber immer ende ich bei den Feldern, auf denen ich als Junge Heu geharkt habe. Da schlagen wir jetzt unser Holz. Die Leute – die von außerhalb – regen sich auf, weil wir Bäume fällen. Die sehen nicht, daß die Bäume in einem alten Feld wachsen. Soviel weiß ich: was einer denkt, hängt von seinem Gesichtspunkt ab. Ich weiß nicht, wo Ihrer ist, aber meiner ist da oben auf dem alten Vulkan.«

Kapitel IX
Ost-Nordost

I

Der blaue Highway 109 führte aus Melvin Village und dann aus den Ossipee Mountains heraus in Richtung Meer und spulte sich bei der kurvenreichen Fahrt durch düsteren Rottannenwald wie eine aufgerollte Angelschnur ab. Ich kam über die Staatsgrenze nach Maine, wo Nadelbäume die Hitze auffingen und der Himmel sich verdunkelte. Seen glühten im Widerschein des letzten Lichts, und vom Wasser stieg spillriger Dunst in die kalte Luft.

Obwohl ich noch Meilen vom Ozean entfernt war, kam schon ein dichter Nebel auf, umhüllte den tiefen Wald und lag über dem Land wie eine Decke aus schmutzigem Musselin. Ich sah keine Autos, keine Menschen, nur wenige Lichter in den Häusern. Die Scheibenwischer, den Nebel striegelnd, fuhren hin und her wie ein Katzenschwanz. Ich verlor mich an den monotonen Rhythmus und die Dunkelheit, während Vergangenes und Gegenwärtiges sich vermischten und dämmrige Dinge in einem Stakkato von Momenten, die durch Meilen von Dunkelheit getrennt waren, auf- und wieder wegtauchten. Beim Unterwegssein, wo Veränderung so ausdauernd und sichtbar ist, bleibt die Zeit gewissermaßen auf der Strecke; der Reisende muß sie eher dazudenken. Zeit ist nicht seine vierte Dimension – die Veränderung ist es.

Die Städte – Springvale, Sanford, Kennebunk – glitten als wässrige Wirbel aus blauem Licht im kalten Regen an den Wagenfenstern vorbei. Ich stellte die Wischer auf Schnellgang, aber der Regen hielt mit.

Ich fuhr weiter, bis die Straße bei Kennebunk, der fünftältesten Stadt in Maine, mit einer kleinen Zugbrücke über eine Flußmündung führte. Direkt oberhalb dieses schon von der Tide erfaßten Wasserlaufs hielt ich an. Ich war wieder am Atlantik.

2

Kennebunkport war eine Stadt mit wechselvollem Schicksal und damit allen andern gleich. Etwa vierhundert Meter vom Meer flußaufwärts am Nordufer hatten die Einwohner früher große hölzerne Boote gebaut und am Südufer, mehr zur Mündung hin, den Fisch entladen. Am Regierungshafen luden sie immer noch Fisch und Lobster aus, und auch der Bootsbau war, wenngleich in kleinerem Maßstab, immer noch im Gange.

Seinerzeit haben die Baptisten eine schöne Holzkirche errichtet, die auf die Flußmündung hinabschaut. Und auf den Turm haben sie eine Wetterfahne in Form eines goldenen Fischs gesetzt. Ich fragte vier Leute, was für ein Fisch das sei. Einer sagte: »Welcher Fisch?« Einer sagte, das sei nur ein allgemeines christliches Symbol. Zwei andere sagten Cod-Fisch. Ich glaube zwar nicht, daß die Baptisten den Fisch angebetet haben, aber es sah so aus. Aber Cod gibt und Cod nimmt, und die Cod-Fischerei war längst nicht mehr das, was sie mal war. Wenn die Baptisten heute eine Wetterfahne anbringen wollten, müßten sie einen großen goldenen Traveller-Scheck nehmen.

Der Sturm zog ab ins Land hinein, und am Morgen war der Himmel klar und warm und vom Kreischen der Möwen erfüllt, die sich im Fluge kratzten. 1830 hatten die Einwohner mal ein Seeungeheuer gesichtet, aber heute waren die Dinge ruhiger, außer im Sommer, und das war nun schon seit hundert Jahren der Fall. Ich tat, was man in Kennebunkport tut: spazierte durch die Winkel und jähen Knicke der engen Straßen und Sackgassen, an den ausgebleichten Schindelhäusern vorbei, stieg die Außentreppen zu den oberen Stockwerken hoch, stiefelte um Hummerkörbe und umgekippte Dingis herum.

Die Sommersaison stand vor der Tür, und schon führten Matronen in mittleren Jahren, mit rutschfesten Sohlen und Wickelröcken, ihre mittelbetuchten Ehemänner in Geschäfte voller Makramee, zu den Regalen mit parfümierten Kerzen, Buntglas-Mobiles, Badelaken, kupfernen Dreifuß-Kesseln, Keramiktassen aus Japan, Käsebrettern mit Spieluhr und Marienkäfer-Schmuck. Die Verkäufer, eine Generation jünger, sahen mit einem Ausdruck zu, der aufgepappt war wie ein Abziehbild. Die meisten dieser Feriengäste blieben auf der Nordseite des Flusses mit den Geschenkläden und den Galerien, den Motels, Restaurants und Tourenboot-Molen; nur wenige fanden den Weg ans Südufer mit den kleinen und windschiefen Pinten, die mit Stützpfeilern aufs Wasser hinausragten; und ein paar Leute schauten sich sogar in den Werften um, wo Winden und Kräne die alte Hafenmusik ertönen ließen.

Ich fuhr an die Küste. Menschen lagen im Sand eines schmalen Strandes, der an beiden Enden von großen, zerklüfteten Felswänden begrenzt war. Kinder buddelten Löcher, Mütter lasen dicke Schmöker von Frauen mit drei Namen, und Väter lasen die feuchten T-Shirts der jungen Mädchen. Später würden sich die Frauen auf Badetüchern ausstrecken, die Männer unter dem Wallstreet Journal eindösen und die Kinder nach einer Beschäftigung abseits des sandwirbelnden Windes, des kalten Wassers und der zweihundert Meter gesalzener Menschheit Ausschau halten.

Ich fuhr über eine hügelige Nebenstraße ein paar Meilen die Küste entlang nach Cape Porpoise, einem Dorf mit weißen Zäunen, das um eine kleine, vom Meer fast ballonförmig abgeteilte Bucht lag. Hier hatten die Engländer 1629 die erste sogenannte permanente Siedlung in Kennebunkport errichtet. Sechzig Jahre später »entvölkerten« die Indianer Cape Porpoise. Diese erste Siedlung war auf Stage Island, das jetzt eine zugewachsene Anhöhe ist, auf der Seetaucher und Möwen herumschwirren.

Am Ende der Mole des Ortes stand ein Lobsterhaus. Lobster konnte ich mir nicht leisten, aber ich kaufte zwei Pfund gekochte Venusmuscheln (auch »Schmalhälse« oder »Kirschsteine« genannt, wenn sie klein sind), spazierte zur Grocery der Bradbury Brothers und kaufte ein Stück Butter und zwei Flaschen Molson Ale. Ich nahm meinen eingedellten Aluminiumtopf und den Schwedengrill und ging durch die Sumachsträucher und die wilden Strandrosen zu einem felsigen Aussichtspunkt oberhalb einer von den Fluten ausgespülten Höhle, die wahrscheinlich schon die Wikinger gesehen hatten. Bei einsetzender Ebbe schmolz ich die Butter, wärmte den Muschelsaft, stippte die Muscheln in Butter und Brühe und aß, gegen den Granit gelehnt, trank das Bier und beobachtete das Wasser.

Die Ebbe legte die flachen Stellen mit ihren wasserwüsten Dingen trocken, die einst an der Luft gewesen waren und jetzt für kurze Momente wieder dahin zurückkehrten: gesunkene Stechkähne, kaputte Lobsterkörbe, muschelbesetztes Holz, Glasflaschen. Und es tauchten Felsbänke auf mit glänzenden, stahlblauen Muscheln, die fester verschlossen waren als die Lippen Gottes. Früher hatten nur die Möwen die Miesmuscheln geerntet, aber als die besseren Sorten und der Lobster seltener wurden, begannen auch die Menschen, diese Muscheln einzusammeln und zu kochen, und jetzt gab es auch davon nicht mehr allzu viele.

Heringsmöwen, in der Sonne weiß blitzend, schwebten kreisend abwärts und ließen ihr übliches Gekreisch hören, pickten auf den Felsen herum und warfen ein sorgsames Auge auf die kleinen, von der Ebbe zurückgelassenen Pfützen, die voll von orangenem Blasentang und irisierendem Schaum waren, der sanft hin und her geschwemmt wurde. Sie bestickten den glatten schwarzen Schlamm mit einem Muster aus Möwenfüßen.

Ich ging zum Hafen zurück. Alte Männer waren in Valiant- und Dodge-Dart-Autos hergekommen, um den Fischerbooten zuzusehen. Jemand sagte, sie kämen jeden Tag, gerade wie die Möwen. Immer, wenn einer hinsterbe, käme ein anderer und nehme seinen Beobachtungsplatz ein.

Es hatte ein starker Westwind geweht, und die kleine Flotte von Cape Porpoise kam früh zurück; jedes Boot zog eine Schleppe geschwätziger Möwen mit sich, die es umkreisten, während die Fischer den Fang ausnahmen, und die dann das Wasser auf der Jagd nach den Eingeweiden bestürmten. Lastwagen von Bostoner Fischlokalen warteten unter dem Hebezeug, als nun die Fischfässer hochgehievt wurden. Wandnetzfischer zerrten ihre Makrelen heraus und warfen sie in die Körbe. Die Makrele ist ein herrliches Stück Design: ein schlanker silbriger Körper mit einem Anflug von Indigo. Einer der alten Kiebitze sagte: »Eine Makrele sieht besser aus als sie schmeckt, außer man ist 'ne Katze.«

Der Trawler Allison E. machte fest, um seinen Fang an Flundern, Kabeljau, Schellfisch und Seehecht zu löschen. Der Skipper stieg die Kaileiter hoch und sagte: »Mir ist nach Steak und

Kartoffeln, Jungs.« Er hielt ein Auge auf den Kutter, während seine Mannschaft die letzten Fische ausnahm, und er zählte die Fischkörbe, die auf den Lastwagen verladen wurden. Die ganze Zeit stand ich neben ihm und stellte ihm Fragen.

Schließlich sagte er: »Wenn du wirklich wissen willst, wie eine Flunder von zwanzig Meilen weit draußen in den Supermarkt kommt, dann sei morgen früh halb vier am Pier. Wenn du nicht seekrank wirst, kannst du mit raus.«

Die Allison E. war die letzte, die gelöscht hatte. Als sie lostukkerte, um im kleinen Becken festzumachen, hatte sich die Trawler-Mole geleert. Am späten Nachmittag kamen Schulkinder mit ihren Zebcos, um nach Schellfisch zu angeln. Sie klauten Kabeljau- und Flunderstücke aus dem Abfallschuppen, wo Fischreste als Lobsterköder vor sich hinfaulten; je stärker der Köder, um so größer die Chance, einen Lobster zu erwischen. Ein kleiner Junge schnappte sich einen gewaltigen Kabeljaukopf, dessen zahniger Rachen, gut 30 Zentimeter breit, weit genug aufgerissen war, daß er ihn hätte verschlingen können. Im Hafen paddelten und tauchten und schlangen rotbrustige Seetaucher, aber die Jungen hatten kein Glück und gingen nach Haus, als Himmel und Meer im Osten in eine tintendunkle Dämmerung versanken.

Ich stellte Geistertanz auf einem flachen Felsvorsprung gleich über dem Hafen ab; runde gelbe Flechten überwucherten die Steine wie Zierdeckchen, und überall lagen zerbrochene Muschel- und Krabbenschalen umher, die die Möwen hatten fallenlassen. Von meiner Koje aus konnte ich durchs Rückfenster das Blinklicht auf Goat Island sehen – eine Felsenkette, die einst zwischen Engländern und Kolonisten hart umkämpft war. Von weiter draußen, vom tiefen Wasser, kam wieder das sorgenvolle Gedröhn einer Heulboje.

Damit ich um drei Uhr aufstehen konnte, ging ich früh zu Bett, konnte aber nicht einschlafen. Immerzu hörte ich Musik, eine alte Art Musik, die über den Hafen hinüber aus dem Dorf kam. Die Melodie klang so sehr nach einer anderen Zeit, daß ich meinte, ich bildete sie mir bloß ein, aber sie driftete sachte immer weiter über das Becken hinweg wie ein Traum. Ich stand auf und folgte dem Klang die Straße entlang bis zur Atlantic Hall, einem Schindelbau aus dem letzten Jahrhundert, der als lokaler Treffpunkt, Bücherei und Tanzsaal diente. Drum herum parkten Volkswagen, Saabs, Peugeots, Renaults und ein alter umgebauter Transporter mit einem Kanu-Träger. Jede Stoßstange verkündete eine Botschaft: SPALTET HOLZ, NICHT ATOME, RETTET DEN WAL, DEATH IS SO PERMANENT, VIVA LA BICICLETTA.

Aus der oberen Etage der Halle Musik und das Stampfen von Füßen. Unter den Dachbalken ließ eine Band – Klavier, Fiddle, Flöte und ein riesiges Banjo – einen Barndance los, zu dem die Tänzer auf und ab hüpften; dazwischen tranken sie mal einen Schluck Wasser aus Emailletöpfen. Der kalte Seewind blies durch den Saal und pustete die verschwitzte Luft in die Nacht hinaus.

Auf den Stufen ruhte sich ein Student der Boston University aus, der nach Kennebunkport gekommen war, um hier Studien über Flutmühlenbau zu treiben. »Ich studiere die alte Kornmühle am Kennebunk River«, sagte er. »Ist jetzt ein Restaurant; aber bis vor ein paar Jahren arbeitete die Mühle noch. Zweihundert Jahre lang von derselben Familie betrieben. Einfache Technik, aber genial. Yankee durch und durch.«

Er erklärte mir, wie es funktionierte: bei steigender Flut floß das Wasser durch ein Tor im Mühlendamm in den Teich. Beim Höchststand schloß der Müller das Tor und fing so das Wasser ab. Mit einsetzender Ebbe lief der Teich durch eine Turbine ab, die mit dem Mühlstein verbunden war.

»Das klappte nur zweimal alle 24 Stunden – einmal bei Nacht –, aber die Energie war umsonst, unerschöpflich und unschädlich. Ich interessier' mich für ein Modell, das mit Flut und Ebbe funktioniert, so daß es nahezu immer Energie gibt. Ein bißchen nach Norden zu, vielleicht weißt du das, ist die Bay of Fundy. Da steigen und fallen zweimal am Tag hundert Milliarden Tonnen Wasser um fünfzehn Meter. Zweihundertmillionen PS jeden Tag.«

Er zeichnete mir die alte Mühlenturbine, mit seinen Modifikationen, auf.

»Die Leute meinen, Wasserkraft sei wie der Grand Coulee-Damm – groß. Aber klein ist sie auch wertvoll, besonders in Neuengland, wo Heizöl teuer ist und Tidenwasser billig. Eine

Menge Gezeiten- und Flußenergie wird heutzutage verschwendet. Und du glaubst nicht, wie viele kleine Wasserkraftanlagen an lokalen Stauwehren in den letzten dreißig Jahren aufgegeben worden sind. Wenn wir nur zehn Prozent der schon vorhandenen kleinen Dämme in Amerika aktivieren würden, könnten wir ein paar hundert Millionen Barrel Öl pro Jahr sparen. Wie ich's sehe, ist die Kornmühle vielleicht die älteste Geschichte in Kennebunkport, aber sie ist auch die zukunftsträchtigste.«

3

Drei *Uhr dreißig:* Himmel schwarz, See schwärzer. Das Licht von Goat Island blinkt alle fünf Sekunden durch einen stillen Regen. Flut auf dem Höhepunkt. Wind von der See, in die Strandrosen und Sumachbüsche hinein. Geruch nach Blüten und Salzwasser. Das Quietschen eines Rumpfes gegen den Pier, das ferne Läuten einer Bimmelboje.

Drei Uhr vierzig: Wegen Sturmwarnungen für kleine Boote hat es drei Tage lang so gut wie keinen Lobsterfang gegeben, und der Köderschuppen riecht wie das Arschloch irgendeiner großen ungewaschenen Kreatur. Die alten Kiebitze in ihren Wagen warten schon in der Nähe, als nun die Fischer mit klapprigen Lieferwagen ankommen und die Wettervorhersage bereden: östliche Winde mit fünf bis zehn Meilen, später am Nachmittag auf West drehend. Und auf die Westwinde muß man achtgeben. Die Fischer gehen zu ihren Booten.

Wir nehmen den Kahn, der mit uns vier Mann tief liegt, und fahren zur Allison E. hinüber. An Bord: Skipper Tom West; sein Bruder und erster Bootsmann, Kenn; der zweite Bootsmann Ron Jeffers. Ich bin Erster Beobachter.

Drei-fünfzig: Noch immer so früh, daß selbst die Möwen Ruhe geben. Wir fahren. Die Positionslampen zeigen Geprassel von Regen auf dem Wasser, und unsere Gesichter leuchten grün im Schein der Navigationsinstrumente. Die Maschine macht mehr Krach als Fahrt. Seit drei Jahrhunderten haben die weißen Männer auf diese Weise Grundfische gejagt – jene besondere Spezies, die im Halbschlaf auf dem Meeresgrund dahindämmert.

Vier Uhr: Auf See. Zehn Knoten Fahrt, schnell genug, um eine Kielwelle zu erzeugen, die so hoch wie das Heck ist. Die dreizehn Meter lange Allison E. reitet die Wellen hinauf und auf der andern Seite wieder hinunter. Rauf, runter, rauf, runter. Sie ist ein neuer Trawler, aber auf die alte Art gebaut: Zederplanken über Eichenspanten, -kiel und -steven.

In der Vorderkajüte liegt Ron und schläft gekrümmt zwischen den Zwei-Gallonen-Kannen mit frischem Kühlwasser für den Motor, den Kühlboxen für den Proviant, einem Kasten Seven-up, drei Fünf-Gallonen-Eimern mit Maschinenöl, einem Paar Rettungsringe und einem Verbandskasten. Ken neben ihm schläft nicht, ist aber auch nicht richtig wach.

Im kleinen Ruderhaus checkt Tom die Instrumente mit Hilfe einer Taschenlampe und beobachtet die Doppelreihe der sechsstelligen Digitalanzeige auf dem Loran.* Ein Schornstein über seinem Kopf läßt ihn wie einen Zinngießer aussehen. »Wir wollen noch ein paar Kojen einbauen, aber Wunsch und Gelegenheit sind noch nicht übereingekommen«, sagt er. »Wir machen den Ausbau nämlich selbst, um die Kosten gering zu halten.«

Um ihn herum 15000 Dollar an elektronischer Ausrüstung: ein Wesmar Sonar, ein Fischortungsgerät (der »Fisch-Finder«), Seefunkradio, CB, Radar und das Loran C. Dazu Ferngläser, fünf Fischmesser Marke Dexter, Schleifstein, ein halbes Dutzend zusammengerollter Karten (die guten Fischkoordinaten schrecklich verdreckt), Bleistiftzahlen auf den Schotts und an der Decke.

An Deck, hinter dem Ruderhaus und um die Winde herum stehen dreißig Fischkörbe, die von den Fischhändlern stammen: John Nagle & Co., P. Markos Seafoods, H.R. Drake & Sons. Die Container, die wie Wäschekörbe aussehen, haben verschiedene Farben, aber nur einer ist blau. Ebenfalls an Deck: zwei Propangasflaschen, der Mast, Ladebaum, Ausleger, Netz, Vorratsbox und die Hathaway-Winde – ein Zwei-Spulen-Modell, bei dem jede Trommel 225 Faden an Ketten und Stahltrossen enthält. Das Kabel läuft über drei Taljen zum Ladebaum hoch, wo es an beiden Enden mit dem 22 Meter langen Netz (Marke Yankee 35) verbunden ist. Am vorderen Ende des Netzes sind

* Longrange Navigations-System.

die »Pforten« – ein Paar vierhundert Pfund schwerer, stahlbewehrter Eichenstücke, die dazu dienen, den Mund des langen Netzes beim Schlepp über dem Meeresgrund offenzuhalten. Oben auf dem Ruderhaus ein Vier-Mann-Rettungsboot mit hydraulischer Auslösung.

Vier-fünfzig: Die Lichter von Cape Porpoise am Horizont verschwunden. Himmel im Osten kalt und grau. Tom sagt: »In einem guten Jahr können wir nur an ungefähr zweihundert Tagen fischen. Was immer wir auch am Fischfang verdienen, müssen wir in dieser Zeit verdienen. Einen verlornen Tag holen wir nicht mehr auf. Die einzige Alternative ist, Sportfischer rauszufahren, aber die werden anspruchsvoll. Die blättern einem 400 Dollar hin und wollen – ob Nebel, ob Wind – auf Teufel komm raus loslegen – haben keine Ahnung, was See heißt. Also fährt man sie 'ne halbe Meile raus und läßt ihnen das Gefühl, das sei nun Hochseefischen. Man hofft, daß sie einen Fels-Kabeljau erwischen, damit sie glücklich heimziehen und ihr Leben und unsers und das Boot verschont bleibt. Wir fischen zwanzig Meilen weit draußen mit der küstennahen Flotte. Die Allison E. ist nicht groß genug für Nacht-Törns.«

Fünf-zehn: Die Bootsleute ziehen Gummistiefel und gelbes Ölzeug an. Ron ist als erster fertig – keine geringe Leistung bei der rauhen See. Er kräht, als er seinen Südwester aufsetzt. Alle sind jetzt aufgedreht. Die Crew fummelt sich durch ein unmögliches Durcheinander von Nylonnetz, und Tom hält das Ruder mit der Linken, während er das Flackern auf dem Fisch-Finder beobachtet und dem Tschet-tschet-tschet des Sonargeräts lauscht. Gelegentlich sieht er auf den Monitor des Tiefenmessers, fast wie durch das Guckloch einer Peep-Show, um eine elektronische Übersicht über den Meeresboden tausend Fuß voraus zu haben. Sowie die Allison E. eine Kante zackiger Felsen passiert, winkt er, und die Crew, den wild schwankenden Netzpforten aus dem Weg springend, läßt das Netz runter. Ken geht zur Winde und rollt gleichmäßig die Trossen ab, indem er die Trommeln unabhängig voneinander mal laufenläßt oder anhält. Die Trossen krachen und ächzen, während sie abspulen, die Spannung in ihnen ist ungeheuer. Wenn eine reißt, könnte sie einen Menschen zerschneiden. Die linke Trommel klemmt, und

Ron schlägt die Trosse mit dem Hammer los. In acht Minuten sind die 125 Faden Trosse abgerollt, und das Netz hängt vierzig Faden tief in der See.

Fünf-dreißig: Der Regen hört auf. Das Boot ist zehn Meilen vor der Küste und schleppt das Netz bei einer Geschwindigkeit von drei Knoten über ein Gebiet im Golf von Maine, das als Perkins-Grund in der Bigelow Bight bekannt ist. Achtzig Meter tief unten scheucht das Netz im Schlamm, Sand und Kies den Grundfisch auf, der dann in die »Schleppe« hineintaumelt und weiter in den hinteren Netzteil, der das »Cod-Ende« genannt wird.

Fünf-vierzig: Die Crew zieht das Ölzeug aus. Wir machen uns an die Kühlboxen. Kaffee und Sandwiches überlagern ein paar Minuten lang den Seegeruch. Ein elektronisches Schnörkel flippt über den Fisch-Finder: ein Schwarm Heringe. »Sardinenfang ist hier in Maine vor die Hunde gegangen«, sagt Tom. Während wir essen, berichtet er von der Seefunk-Meldung: das relativ ruhige Wetter werde nicht bis zum Abend anhalten. Über CB-Funk erfahren wir die Tagespreise für die »Platten« (Plattfische): Flundern (Scharben oder Skoder, Blackbacks, Klieschen oder Goldbutt, gemeine Seezunge oder Hexenflunder) werden auf dem Markt von New Bedford, der ersten Auktion, zu 35 Cents das Pfund gehandelt. Seltenere Fische – Heilbutt (eine Flunderart), Kabeljau, Schellfisch, Seehecht, Hechtdorsch – bringen vierzig bis fünfzig Cents pro Pfund. Was der Fischer für einen halben Dollar verkauft, kostet im Supermarkt zwei Dollar, nachdem der Fisch noch den Transporteur (zehn Prozent), den Großhändler (nochmal zehn Prozent) und die Verarbeitung, wo er zum Filet wird, hinter sich hat.

»Im Winter, wenn wir wegen des Wetters nicht rauskönnen«, sagt Tom, »wird der Nachschub knapp und die Preise klettern aufs Dreifache. Aber der Fang ist kleiner, und wir müssen zweimal so weit draußen fischen, also bleibt unser Einkommen konstant.«

»Verkaufen Sie Ihren Fisch in Boston?«

»Hauptsächlich, aber er geht überall hin. Manches, wie der Sandhai, geht sogar nach England, für Fish and Chips. Plattfische, die für den Verkauf zu klein sind – wir nennen sie ›Fensterscheiben‹ –, enden als Lobsterköder am Pier.«

Der Vier-Zylinder-General-Motors-Diesel, der sich wie ein überladener Bus anhört, arbeitet schwer und übertönt unsere Worte. Schreien beschränkt unsere Unterhaltung auf ein Minimum. »Mit dem Lastwagen einen Berg hoch ist nicht so mühselig wie das Schleppen«, sagt Tom, »besonders gegen die Tide. Man kann mit oder gegen die Tide fischen. Wenn man sie seitlich nimmt, kippen die Pforten um und verschließen das Netz. Wir verbrauchen etwa siebzehn Liter pro Stunde, und wir versuchen, zehn Meilen weit, das sind drei Stunden, im kleinen Gang zu bleiben. Wir schaffen gern drei lange Schleppfahrten bis zum Sonnenuntergang. Die Nachtschlepperei bringt nicht viel. Mit einem guten Schleppzug holen wir eine Tonne Fisch und mehr hoch. Als Fischer weiß man nie, was rauskommt, eh' der Sack oben ist. Deswegen muß man nach der Uhr fischen. Bei der Schlepperei nach Gefühl denkt man leicht, man hat den Sack voll, dabei ist es nur der Tidendruck.«

West bewegt sich mit seinem Schleppnetz meist in einer Spirale von innen nach außen. Die große Sorge ist, daß Netz (1500 Dollar) oder Pforten (800 Dollar) oder Trossen (700 Dollar) an einem Hindernis, Felsen oder auch anderen Dingen, hängenbleiben.

Ein paar Wochen zuvor hatte er sich in den Wanten eines alten Segelschiffes verfangen; als das Netz sich losriß, brachte es einen vierzehn Meter langen Balken und Kohlenschlacke mit hoch. Er vermutet, daß es ein Dampfer mit hölzernem Rumpf gewesen ist. »Ein Freund hakte sich an einem deutschen U-Boot aus einem der Kriege fest, und ein anderer Fischer verhedderte sich in einem alten Flugzeug und mußte sein Netz kappen. Man kann es nicht immer loszurren. Ich habe es mal übertrieben und dabei ein Ventil zum Platzen gebracht. Ein anderer Trawler hat mich abgeschleppt. Wenn man da so im Wasser treibt, macht die See mit einem, was sie will.«

Sechs Uhr: Ron ist wieder vorn und schläft. Ken erklärt mir das Funktionieren von Winde und Ladebäumen. Er hat ein Studium am »Schlepp-College« absolviert, das von der University of Rhode Island in Wickford eingerichtet worden ist; da hat er Dieselmaschinen, Netzstruktur, Marketing, Navigation, Deckausrüstungen und Überlebenstechnik gründlich kennengelernt.

Zum Abschluß schenkten ihm seine Eltern einen dreihundert Dollar teuren Rettungsanzug aus Neopren, der vor allem gegen Unterkühlung schützen soll. Die Wassertemperatur ist zu jeder Jahreszeit der Feind. Seine Ausbildung trägt zu besseren Fangergebnissen bei, aber sie kann auch hilfreich sein, wenn er sich eines Tages nach einem Kredit für ein eigenes Boot umsieht.

Tom hat ein Semester am Parsons College in Iowa studiert, sich dann als Skilehrer in New Hampshire betätigt und danach fünf Jahre als Bauleiter gearbeitet. Bevor er die Allison E. kaufte (die nach seiner Tochter benannt ist), hatte er schon sein eigenes Lobsterboot betrieben und seine Reusen auf die in Maine herkömmliche Art aufgestellt und die Grundlagen der Seefahrerei gelernt. Investitionen und Risiko sind beim Schleppnetzfischen größer, die Gewinne aber auch. Er verkaufte das kleine Boot. Auf dem Trawler versuchte er sich an einer neuen Fangmethode mit einem schottischen Schlagnetz, für dessen Installation er seine gesamte Deckausrüstung umbauen mußte. Es funktionierte aber nicht richtig und wurde ein kostspieliges Experiment.

Ron, in Philadelphia geboren, lebt seit zehn Jahren immer mal wieder in Maine. Bei schlechtem Wetter repariert er Ölheizungen und fährt einen Truck, aber lieber geht er zur See. Auch er hofft eines Tages auf sein eigenes Lobsterboot.

An einem Tag mit einem guten Fang kann man einen Bruttogewinn von 2000 Dollar erzielen; davon entfallen auf die Crew vierzig, auf das Boot sechzig Prozent; der Skipper zahlt die Betriebskosten. Ein guter Bootsmann auf einem guten Boot kann in einem guten Jahr bis zu 40000 Dollar nach Hause bringen. Aber die Arbeit ist nicht nur beschwerlich, sondern auch gefährlich. »Wenn es nach den Versicherungsleuten geht, ist es der zweitgefährlichste Beruf. Nur Bombenräumer sind noch schlimmer dran.«

Acht Uhr: Die Sonne. Ken und Ron wieder in Ölzeug: »In fünfzehn Minuten werden wir mal sehen, ob es in diesem Teich überhaupt einen verdammten Fisch gibt.« Wellen kommen unter dem Heck hoch, heben das Boot, gleiten darunter hinweg und lassen es plumps wieder fallen. Ken beginnt, das Netz einzuholen, während Ron darauf achtet, daß sich die Trossen nicht verheddern.

Die Trossen zucken und peitschen Wasser empor. »Wenn sie reißen, dann höchstwahrscheinlich jetzt!« schreit Tom vom Ruderhaus. Das Gewicht des Netzes zieht das Boot nach achtern, bis wir direkt darüber sind. Eine Aura erwartungsvoller Spannung. Die Crew kriegt als Bezahlung nur ihren Anteil am Fang. Es gibt keinen festen Lohn.

Möwen, die die Aktivität an Deck spitzgekriegt haben, kommen aus dem Nirgendwo und stürzen sich ins Wasser, wo sie schaukelnd treiben und warten. Weiß auf Blau. Dann durchbrechen die orangenen Schwimmer die Oberfläche, dann die Pforten, und dann ist der vordere Teil des Netzes, der »Square« oben. Etliche kleine Seesterne – weiße und braune – haben sich darin verfangen, ebenso wie ein Hering. Ron springt auf, um zu verhindern, daß die Pforten gegen den Ladebaum krachen. Das Netz ist jetzt ganz aus dem Wasser und schwingt wie ein riesiges Pendel über dem Deck. Ken faßt unter das Cod-Ende und zieht an einer Schnur, die mit einem Laufknoten geknüpft ist, das Netz öffnet sich und siebenhundert Pfund Grundfisch platschen über das ganze Deck. Wir stehen bis zu den Knöcheln in maritimem Quecksilber und opalisierenden Augen. Aber kein einziger Fisch rührt sich.

Ich frage: »Was ist denn mit den Fischen los?«

»Die sind tot.«

»Doch nicht jetzt schon.«

»Sieh sie dir an.«

Der rasche Druckabfall hat ihre Augen zu Kugeln aufgetrieben. Aus einigen Münden quellen Eingeweide, und hinten kommt Gedärm heraus. »Der Luftdruck«, sagt Tom. »Du solltest mal erleben, wenn der Sack mit einer großen Ladung Kabeljau hochkommt. Fast, als wenn er aus dem Wasser heraus explodiert, so knallen die Fische. Ihre Luftsäcke platzen wie Ballons – und alle zur gleichen Zeit.« Der Fang besteht hauptsächlich aus Flundern, aber auch ein paar Schellfische sind dabei, Seehechte, Kabeljau und Engelhaie, zwei Rochen (manche Händler stechen kreisrunde Stückchen aus den ›Schwingen‹ und geben sie als Kammuschel-Fleisch aus), ein Lobster, ein Krebs, zwei Seepferdchen, vier Arten Seesterne (einer handtellergroß, ein anderer nicht größer als ein Daumennagel) und zwei Coca-Dosen.

Während Ken das Netz wieder richtet, spült Ron die Fische mit Seewasser ab, dann geht das Netz wieder ins Wasser. Tom übernimmt das Ruder, und wir ziehen von neuem los.

Acht-dreißig: Mit einer einzigen Bewegung ziehen beide Bootsleute ihre Fischmesser (abgesägter Besenstiel mit einem Nagel durch ein Ende) durch den Fisch, sortieren ihn in Gedanken und schmeißen ihn in die entsprechende Kiste.

Grundfische haben eine Neigung zum Primitiven und Urzeitlichen. Es ist, als wenn das Netz wie eine große Kelle einen Schwapp vorsintflutlicher Brühe heraufgeholt und über das Deck gegossen hätte. Die Kartographen der alten Welt, die den unbekannten Ozean im Westen einzeichneten und auf ihren Karten vermerkten: »Hier dürfte es fremdartige Bestien geben«, könnten solchen Grundfisch gemeint haben. Die Flunder zum Beispiel: Dieses Fossil von einem Fisch, selten mehr als zweieinhalb Zentimeter dick, aber oft dreißig Zentimeter lang, verbringt sein ganzes Leben auf der linken Seite; infolgedessen wird sie eine Art Bauch. Und das trifft sich: denn die Flunder ist so platt (daher der Name Plattfisch), daß sie eigentlich keinen nennenswerten Bauch hat. Wenn sie geboren wird, hat die Flunder zwei normal sitzende Augen. Aber bald wandert das linke Auge nach »oben«, so daß die rechte Seite beide Augen beherbergt, und der Mund dreht sich, damit er sich, wie andere Münder, horizontal öffnen und schließen kann. Die neue Bauchseite verliert ihr graues Tarngesprenkel und wird weiß wie sonst ein Fischbauch.

Noch urtümlicher ist der Seeteufel – auch der Anglerfisch genannt –, wobei der zweite Name von der flexiblen Wirbelsäule herrührt, die vorn ein Anhängsel in Form eines Angelhakens hat, den der Fisch vor dem eigenen Maul zappeln läßt. Wenn nun ein kleineres Etwas angeschwommen kommt, um den »Köder« zu fressen, reißt der Seeteufel sein gewaltiges Maul auf und verschlingt, was immer in der Nähe ist. Diese Todesfalle von Mund ist eine Art Höhle, die nicht so sehr mit Zähnen als mit Stalagmiten und Stalaktiten bewehrt ist. Und weiter: Auf der oberen Seite des Körpers sind seltsame Hautauswüchse, die Meerespflanzen ähneln und einem still daliegenden Seeteufel das Aussehen eines alten überwachsenen Steines geben. Hinter dem Maul, wo die Brustflossen sein müßten, hat er, wie Hände, zwei klauenartige Flossen, mit denen der Fisch die Mulden gräbt, in denen er sich auf die Lauer legt. Wer je den Film *Die Kreatur der Blauen Lagune* gesehen hat, weiß, wie der Seeteufel aussieht.

Ron, ein großer Mann, müht sich mit einem 120 Zentimeter langen Exemplar, damit ich ihm in den Mund sehen kann. »Sie werden manchmal bis zu zwei Metern lang. Dies ist nur ein mittelgroßer.« Er läßt ihn wieder aufs Deck fallen, holt sein Messer hervor und schneidet den knochigen Kopf ab, so daß nur der wesentlich kleinere Schwanzteil übrigbleibt, der nur einen Knochen enthält. »Keiner würde einen Kopf essen, der einen selbst essen kann. Besonders, wenn er so häßlich ist.«

»Und wer, bitte, soll den Schwanz essen?« frage ich. Das Fleisch ist wabbelig, fast wie Aspik. »Verdammt, da wird einem ja schlecht.«

»Hast du mal einen Fisch-Burger gegessen? Denkst du, da ist Schnapperfisch drin? Der Seeteufel nimmt den Geschmack von allem an, womit er zusammen gekocht wird.«

Der Lobster geht über Bord, obwohl er höchstwahrscheinlich gefressen wird, ehe er den Meeresgrund erreicht. Ein Trawler darf laut Gesetz keine Lobster behalten, denn das Schleppen ist eine so »gründliche« Fangmethode, daß die Trawler in ein oder zwei Jahren mit den Schalentieren aufgeräumt hätten. »Der größte Lobster, der je gefangen wurde, kam zufällig in einem Schleppnetz hoch. Vierzig Pfund.«

Die Flundern, die wie sommersprossige, zugespitzte Tischtennisschläger aussehen, brauchen nicht geputzt zu werden, obwohl zwei Drittel des Fisches Abfall ist; aber Kabeljau, Seehecht und Schellfisch müssen ausgenommen werden, damit sie frischbleiben. Das Heckwerk ist naß von Schleim und Blut und Eingeweiden. Seevögel erheben sich in einem gewaltigen wirbelnden und wogenden Schwarm, schnappen sich ein Stückchen Fisch und das Kleinzeug, das über Bord geschippt wird. Ein Vogel fliegt mit einem ganzen Fisch los, den er aber nicht runterbringt; er würgt wie wild, um ihn nicht zu verlieren, bis ein größerer Vogel heranjagt und ihm den halbverschlungenen Hering wieder aus dem Rachen zieht.

Das letzte Stück vom Fang, das bearbeitet werden muß, ist ein großes, bösartiges Ungetüm, das eher eine Reihe von Fängen als Zähne hat. Ich stoße es mit meinem Stiefel an.

»Willst du 'n Zeh loswerden?« ruft Ron. »Leg dich nicht mit einem Seewolf an.«

»Er ist doch tot.«

»Das ist der einzige, bei dem man's nicht genau weiß. Die beißen dich noch hier an Deck in den Hintern. Die schnappen noch zu, wenn man ihnen den Kopf absäbelt.«

»Wer ißt Seewolf?«

»Weiß nicht. Frag Mrs. Paul.«

Als der Fang gesäubert und verpackt ist, nimmt Ron die Coca-Dosen hoch. Eine davon ist eine Pfanddose. Die andere geht über Bord.

»Fünf Cents«, sagt er.

»Hätte nie gedacht, daß es ein Rückgaberecht noch aus vierzig Faden Tiefe gibt.«

Neun-zwanzig: Der Tag ist kalt genug, so daß man nicht, wie im Sommer, einen Zentner Eis mit an Bord haben muß. Die Crew spritzt Deck und Ölzeug ab. Die Möwen machen noch einen Vorstoß zu den treibenden Fischresten, dann drehen sie ab.

Ron und ich klettern auf das schwankende Ruderhaus, um uns in die Sonne zu legen, während die Allison E. ihren Kurs über die Dünung nimmt. Ron, ehe er einschläft, schnuppert und sagt: »Komisch ist das: wenn man an Land ist, riecht man die See; wenn man auf See ist, riecht man das Land.«

Elf-zehn: Die Bootsleute ziehen das Ölzeug an und holen aufs neue das Netz ein. Ein kleiner Fang, etwa 370 Pfund. Sie reden wenig, während sie Fische sortieren und säubern. Ron packt einen fast meterlangen Kabeljau am Schwanz und schüttelt ein halbdutzend Shrimps aus dem Maul. »Das ist das Frühstück. Mal sehen, was die Große Mama gestern zum Abendessen hatte.« Er spießt das Messer unterhalb der Schwanzflosse hinein und schlitzt den Bauch auf. »Sieh mal.« Drinnen liegt ein ganzer Lobster, rot wie aus dem Kochtopf.

Ich frage: »Kann man einen Lobster essen, der im Magen eines Kabeljaus gekocht ist?«

»Beiß rein, und sag's mir.«

Elf-dreißig: Ron fragt Tom, ob er den blauen Fisch-Container über Bord werfen darf. Tom nickt. Ab geht er und schwimmt davon wie ein kleiner Kahn.

»Was war denn mit dem Ding los?«

»Es ist blau.«

»Und?«

»Keine blauen Sachen an Bord«, sagt Ken. »Bringt Unglück. Fast so schlimm, wie wenn man ein Messer ins Deck sticht oder einen Lukendeckel falschrum liegen läßt. Oder S-C-H-W-E-I-N sagt, oder Walnüsse an Bord ißt.«

»Sie glauben wirklich, wenn ich Schwein sag'...?«

»Kein Mensch glaubt es, wir tun's einfach nicht.«

Zwölf-zehn: Tom beobachtet sorgenvoll das Sonar-Gerät. »Scheint, wir kriegen Ärger, Jungs.« Er drosselt den Motor, und keiner spricht. Die milchigen Augen der Fische glotzen leer durch die Schlitze in den Körben. Schließlich sagt Tom: »Macht euch fertig und holt's rauf.« Die zwei ziehen sich an und spurten nach achtern. Wieder ein kleiner Fang, diesmal wegen des abgebrochenen Schlepps. Ron murmelt nur ein einziges Wort: »Blau«. Ich frage Tom, was passiert ist. »Ich hab' uns in einen Canyon manövriert. Felswände zu beiden Seiten. Kein Platz zum Wenden, ohne daß sich das Netz verhakt. Vierhundert Dollar im Eimer.« Nach der schichtentektonischen Theorie hat der Atlantik vor 160 Millionen Jahren noch nicht existiert. Dieses Wasser war Land. Für einen Schleppfischer ist es das immer noch.

Ein Uhr zwanzig: Die Allison E. fischt an einer neuen Stelle. Ich frage Tom, wie es um die Zukunft der Grundfischerei in Maine bestellt ist.

»Gut, schlecht, so lala. Von allem etwas. 76 hat die Regierung die Hoheitsgewässer von drei Meilen auf zweihundert Meilen ausgedehnt, um die Fremden fernzuhalten. Mußte sein. Russen und Deutsche und Japaner kamen mit einer Armada von Booten und Fabrikschiffen, die den Fang gleich verarbeitet und eingefroren haben. Sowie sie auf eine gute Stelle stießen, blieben sie da und fischten sie leer. Ein Fabrikschiff kann einen Halbjahresfang aufnehmen, so daß die Fischer zum Auftanken oder Entladen

21. Tom West in Cape Porpoise, Maine

nicht in den Hafen zurück müssen. Und sie benutzten Rollnetze, so daß sie an Stellen fischen konnten, wo es für uns nicht ging, und sie fischten mit Fünf-Zentimeter-Maschen, während wir Netze mit Zwölf-Zentimeter-Maschen benutzen müssen, damit die kleinen durchschlüpfen können. Die Europäer und Japaner haben ihre sämtlichen Boote im Krieg verloren, so daß ihre Regierungen in den sechziger Jahren Neubauten subventioniert haben. Ihre Flotten sind neuer und besser ausgerüstet als unsere Yankee-Boote. Wir kamen da nicht mit. Aber seit der 200-Meilen-Grenze ist unser Fang mächtig nach oben geschnellt.«

»Das ist das Gute, was ist das Schlechte?«

»Ziemlich ein und dasselbe – die Regierung. Die beaufsichtigt jetzt alles hier draußen. Der Hubschrauber, der vorhin vorbeigeflogen ist – das waren Beobachter. Die Meeresbiologen setzen für uns Fangquoten fest, obwohl kein Mensch eine Ahnung hat, wieviel Fische wirklich da unten sind. Man kann sie nicht zählen wie Elefanten. Vor einem Jahr haben wir die gesamte Ostküsten-Quote für Schellfisch an zwei Tagen rausgeholt. Ein paar Vorschriften spotten einfach der Vernunft. Dies ist einer der reichsten Fischgründe der Welt. Deshalb ist Neuengland in seinen frühen Jahren so wohlhabend geworden. Deshalb haben sie siebzehnhundertundnochwas einen goldenen Kabeljau im Statehouse von Boston aufgehängt.«

»Ist die Regierung Ihr Hauptproblem?«

»Regierung, See, Wetter, Felsen, das Gehirn der Flunder, Dornhaie, die die Netze zerreißen, um an den Fang zu kommen. Verdammt. Auch die Kirche, die ihren fleischlosen Freitag sausen läßt. Piratenboote von Gloucester aus – alte Boote, die dauernd untergehen. Neulich erst hat einer quer zum Kurs von fünfzehn Trawlern gefischt und alles ineinander verhakt. Wenn das nicht Idiotie war.«

Zwei-vierzig: Starker Wind vom Land her. Die See ein tiefes Blau-Schwarz. Als der Wind auffrischt, winkt Tom und sagt: »Holt das Zeug ein.« Wieder ein abgebrochener Schlepp. Was als guter Fangtag begann, hat mit Nieten geendet. Die Männer, die den Fisch ausnehmen, haben Mühe, sich auf dem nassen, stampfenden Deck auf den Beinen zu halten. Die Rückfahrt in den Hafen durch die schwere See, mit zwanzig Knoten, ist ein Holterdipolter von Hexenritt mit Rauf und Runter und Salzspritzern und einem Gefolge von Möwen. »Such mal 'ne glattere Straße, Captain«, schreit Ron. »Ich rutsch' sonst mit dem Messer aus und schneid' das Schot durch.«

Als alles abgespritzt und gesichert ist, holt Ron zwei große Gelbschwänze heraus. Mit schnellen Schnitten fährt er hinter die Kiemen, die Wirbelsäule entlang, schnellt den Fisch herum und macht dasselbe noch mal, dann schneidet er mit zwei raschen Bewegungen das Filet heraus. »Halt mal deine Nase dran«, sagt er und streckt mir die Flunder hin.

»Ich riech' nur was Süßes.«

»Süßes ist richtig. Sie ist frisch. Wenn du erst einmal eine richtige ehrliche frische Flunder gegessen hast, dann können sie dir mit dem, was die Landratten frischen Fisch nennen, nicht mehr kommen. Wie 'ne Frau nach'm Zungenkitzler – immer unbefriedigt.« Er tut ein Filet in eine Tüte. Ken sagt: »Koch's dir heute abend in deinem Auto. Aber iß es heute noch, sonst erfährst du nie, was frischer Fisch ist.«

Vier-zwanzig: Die Allison E. hat am Pier festgemacht. Tom und ich sehen zu, wie der Fang auf dem Lastwagen eines Großhändlers verladen wird. Tom ruft runter: »Hebt mir einen schönen Schellfisch für die Schwiegermutter auf.« Zu mir sagt er: »Wir mußten heute dreimal frühzeitig einholen, das kostet uns um die tausend Dollar. Dieser Fang bringt uns nur etwa achthundert. Jeder Törn unter tausend kostet Geld.« Während wir aufs Ende der Verlade-Aktion warten, frage ich Tom nach seinem ungewöhnlichsten Erlebnis auf See.

»Das Atmen der Wale«, sagt er. Ich lache. »Im Ernst.«

»Genau. Wenn die trompeten und blasen, ist es, als wenn sich der Höllenschlund auftut.«

Vier-fünfzig: Tom fährt den Trawler zum Ankerplatz im Hafen und kommt mit dem Kahn zum Pier zurück.

»Und was tun Sie jetzt nach der Tagesarbeit auf hoher See?«

»Was alle tun – fernsehen.«

Fünf-zehn: Bis auf das Schwappen der Flutwellen liegt der Pier still da, ohne Boote, Möwen, Trucks und Fische, und ohne die Männer, die mit Schiffen zur See fahren und heimkehren, um eine Fernsehserie anzukucken.

Ich gehe zu meiner Karre, dünste die Flunder in Butter und Pfeffer, und esse. Ron hat recht. Ich bin jetzt die Frau nach dem Zungenkitzler.

4

Die Hauptsache hier war Beton. Blaue Highways entlang der Nordostküste zu finden, sollte sich nicht als schwierig erweisen – es war schlicht unmöglich. Nach meiner Theorie (die im Süden, Westen und Norden funktioniert hatte), daß eine Autobahn meist eine Parallelstraße vom Verkehr entlastet, versuchte ich es mit der U.S. 1; das ist eine so berühmte Strecke, daß es sogar ein Buch darüber gibt, *U. S. One*, das buchstäblich von Meile zu Meile beschreibt, wie die Straße 1938 aussah. Von New York bis nach Eastport, Maine, folgt die 1 meist der alten Bostoner Poststraße, die ihrerseits Indianerpfaden folgte.

Straßenstatistik: Seit 1930 hat sich das Streckennetz der amerikanischen Fern- und innerstädtischen Straßen nur um achtzehn Prozent vergrößert, während der Verkehr mit Personenautos um fünfzig, der mit Lastwagen um siebzig Prozent zugenommen hat. Aber der Hauptzuwachs neuer Straßen verdankt sich den Vororten. Obwohl in den Vereinigten Staaten (außer Alaska und Hawaii) auf jede Quadratmeile eine Straßenmeile kommt, machen die eigentlichen Highways weniger als ein Prozent der drei Millionen Quadratmeilen des Landes aus.

Ich wußte, daß die U. S. 1, die sich von der kanadischen Grenze bis nach Key West hinzieht, das Zeug hatte, einen für die eine oder andere geschlossene Anstalt reif zu machen – so ist es jedenfalls mal gewesen. Aber ich hoffte, daß sich da was geändert hatte.

Mitnichten. Der Highway war immer noch wie ein Alptraum vom zwanzigsten Jahrhundert, eine vierspurige Straße, die (wie H. L. Mencken formuliert hat) »die amerikanische Lust am Monströsen, das Entzücken an der Häßlichkeit als solcher« dokumentierte. Nach einer Stunde gab ich auf, nahm die Interstate 95 und wurde Richtung Boston mitgerissen.

Noch etwas Statistik: Wenn man allen Sand, Schotter und Zement der amerikanischen Autobahnen in eine zweieinhalb Meter dicke und drei Meter hohe Mauer gießt, würde sie fünfzigmal um die Erde reichen. Ich absolvierte die Autobahn-Meilen – fuhr und fuhr und fuhr. Für jede Meile braucht man 25 Morgen – das wäre Ackerland für 40000 Laibe Brot. Hab' ich mir sagen lassen.

Lastzüge (die pro Tonne Fracht zwei Drittel mehr Treibstoff verbrauchen als eine Lokomotive) pesteten mich den ganzen Weg bis nach Boston an. Dann fand ich, nach Westen zu, fünfzig Minuten vom Haymarket Square, die Massachusetts 16, eine ruhige Straße aus Wellesley hinaus, die durch Baumgruppen von Ahorn, Birken und Kiefern führte, an Bächen entlang, durch Marschland und kilometerweit an flechtenbedeckten Steinmauern vorbei.

Viele der Steinzäune in Neuengland, die zwischen 1700 und 1875 gebaut worden sind, wurden von Arbeitskolonnen angelegt, die soundsoviel pro Rute bezahlt bekamen. Edwin Way Teale schreibt, daß es gegen Ende des letzten Jahrhunderts, ehe die wirtschaftliche und soziale Entwicklung etliche dieser Mauern links liegenließ, rund hunderttausend Meilen an solchen Feld-Begrenzungen in Neuengland gegeben habe. Selbst heute haben sich viele nur durch das Ausmaß der Flechten verändert, dieser grazilen felsfressenden Algenart, die neunhundert Jahre alt werden kann.

Bei Holliston hielt ich an und nahm ein Sandwich und eine Flasche Moxie (einst annonciert als »die einzige unschädliche Nervennahrung, die gegen Potenzstörungen, Schwachsinn und Hilflosigkeit gut ist«) mit auf den alten Friedhof der Stadt; während des Essens ging ich zwischen den schrägstehenden Schiefer-Grabsteinen umher und las die Inschriften. Es gab gemeißelte Urnen, Stundengläser und Trauerweiden; zwischen den mors vincit omnia-Tröstungen standen einige gutgeschnitzte Totenköpfe und Engelfiguren. Oft war es schwer festzustellen, was was war: die Totenköpfe hatten sich in Engel verwandelt, die Engel in Cherubine, und die wieder in Porträts der Toten.

In der Nähe des Südteils des Friedhofs lag unter einer großen Esche das Grab von Lieutenant Joseph Mellen. Dieser Freiwillige starb 1787, im Jahr der Verfassung, im Alter von vierzig Jahren. Am unteren Teil des Steins war ein Gedicht eingraviert, das auf vielen Gräbern der Kolonialzeit in zahlreichen Variationen auftaucht. Mellens Version lautete:

Du siehst mich hier in ew'ger Ruh'.
Wo ich einst war, da bist jetzt du.
Wo ich jetzt bin, da wirst du sein.
Du folgst mir bald, o Bruder mein.

Früher war ein Friedhof für die Menschen ein Ort der Kontemplation. Neben dem Grabstein lag ein zerknülltes Blatt Reispapier. Ich glättete es und hatte, als halbfertigen Wachsabdruck der alten Matrix auf Mellens Stein, eine Figur des Todes oder der Erlösung vor mir – je nachdem.

Mochte der Friedhof zum Nachdenken, zur Einkehr einladen

– der strahlende Tag tat es nicht, und ich hatte keine Lust, mein dunkleres Selbst (diesen verbissenen Kämpfer in den Indianerkriegen) ernst zu nehmen. Ich nahm den Abdruck mit, klebte ihn in meinem Wagen an die Wand und fuhr weiter – ohne zu wissen wohin.

»Unser Ziel«, sagt Henry Miller, »ist nie ein Ort, sondern stets eine neue Betrachtungsweise.«

Südostwärts auf der Straße 115 nach Taunton. Ich mußte auf die Straßenschilder für den entgegenkommenden Verkehr achten, um nicht vom Weg abzukommen. Regel der blauen Straße: Die Richtung, aus der man kommt, ist immer besser gekennzeichnet, als die, in die man fährt.

Vielleicht von den vergangenen Tagen inspiriert, fand ich mich auf der Fahrt Richtung Narragansett Bay, in eine Gegend, wo ich in den Sechzigern meinen Marinedienst geleistet hatte. Die ganze Zeit hielten mich die glänzenden, wächsernen Augen des alten Steingesichts, wie die von Uncle Sam auf den Musterungsplakaten, fest im Blick.

5

Fall River, Massachusetts, ist mir hauptsächlich als jene Fabrikstadt in Erinnerung, durch die ich nie gekommen bin, ohne mich zu verirren. Wenn ich erst da bin, werde ich – unfehlbar, unerklärbar, aber total – von den Betonknoten durcheinandergebracht. So kam ich mir an diesem Tag, herumirrend, wie in alten Zeiten vor. Vielleicht war das der Grund, daß ich dachte, auch Newport müsse noch wie früher sein.

Die Insel Rhode Island ist wie ein unförmiger Stiefel in der Narragansett-Bucht; gleich oberhalb des Rists steht das alte Stadtzentrum von Newport, und um die Sohle herum, die in den Atlantik hineintritt, liegt das andere Newport: das der exklusiven, eleganten »Cottages« am Meeresstrand, ganz entrückt durch Lage, Aussehen und Geschichte. Das alte Hafenviertel von Newport war trotz aller seiner Tradition nie gemütlich; es war viel zu stämmig und robust dafür. Auch war es nie ein so behütetes Überbleibsel wie Wickford oder so pittoresk niedlich wie Little Compton, zwei andere Städtchen auf Rhode Island. Kurz: es war eine wirkliche Hafenstadt.

Ich hatte einen Teil meiner Marinezeit unten in der Thames Street (auch als Bloody Alley bekannt) verbracht, die immer als *die* Passage am Hafen gedient hatte, obwohl sie etwas außer Kurs geraten und keineswegs mehr die Hauptgeschäftsstraße war. Aber im 17. Jahrhundert hätte nur ein Verrückter oder ein Seher voraussagen können, daß der Emporkömmling New York mal eine Avenue haben würde, die wichtiger war als die Alley.

Thames Street – eine schmale, dunkle, grabenähnliche Gasse unter Walmdächern und Giebeln und Oberlichtern über alten Toreingängen – hatte Leute erlebt wie Captain Kidd, Roger Williams, Benjamin Franklin, George Washington, Lafayette, Rochambeau, Kosciuszko, Baron Steuben, Graf von Fersen (ein Geliebter von Marie Antoinette), Nathanael Greene, Gilbert Stuart, Stephan Decatur, Oliver Perry (Schlacht am Eriesee), Matthew Perry (Öffnung Japans), Herman Melville, und die meisten der Vanderbilts, Astors, Rockefellers und Kennedys, sowie Abertausende von Fischern und Seeleuten. Nicht übel für eine Straße, die mal als Sumpf angefangen hat.

Am Nordende der Alley haben die Einwohner von Newport Piraten aufgehängt, auf den Werften der Thames Street besserten Freibeuter und Kaufleute ihre Schiffe aus, und die Engländer preßten amerikanische Seeleute, die über den »Strand«, wie die Straße auch genannt wurde, bummelten. Die ersten Pflastersteine wurden von den Zollgebühren bezahlt, die für jeden aus Afrika importierten Sklaven erhoben wurden (später konnte jeder Neger, der Schwein und Stall besaß, an der Ecke Thames und Farell Street in einer Scheinwahl einen schwarzen Gouverneur wählen). In einem Haus dicht daneben saß mal ein Junge auf dem Arm seines Vaters und sagte, nachdem er George Washington gesehen hatte: »Aber Vater! General Washington ist ja ein Mensch!« Worauf der General sagte: »Ja, nur ein Mensch.«

Nachdem die Engländer im Unabhängigkeitskrieg während einer dreijährigen Besatzung die Stadt ausgeplündert und verwüstet hatten, schossen danach in der Umgebung der Thames Street neue Betriebe empor: Zuckerraffinerien, Rum-Destillationen, Malzbrauereien, Abfüllungen für das Öl der Pottwale. Die Kinder der Seekapitäne, die auf ein Mitbringsel in Gestalt eines Affen oder eines Papageis aus Brasilien hofften, kamen auf die Thames Street, um ihre Väter von den Schiffen abzuholen. Schiffsoffiziere spazierten zwischen Stapeln türkischen Messings, chinesischen Porzellans, persischer Teppiche, japanischer Lackwaren, indischer Gewürze umher; und sie zechten in Clubs, wo sie Newport-Punsch aus Rum, Limonellensaft, Arrak und Hutzucker tranken.

Vor dem Bürgerkrieg schlenderten Sommerfrischler aus Charleston, Mobile, Havanna und den westindischen Inseln über den »Strand«, obwohl nur wenige bis nach Einbruch der Dunkelheit blieben. Fischer warfen Pennies hoch und schlossen Wetten auf improvisierte Hundekämpfe ab, und auf der Bannister-Werft verkauften sie Fisch aus Schubkarren. (Pero Bannister, ein Austernfischer mit langer Nase, starb plötzlich und konnte nur in einem Behelfssarg begraben werden, der so flach war, daß der Bestatter ein Loch für Peros Nase hineinbohren mußte.)

Als ich die Thames Street in den Sechzigern zum erstenmal sah, war sie immer noch eine dunkle gassenähnliche Angelegenheit voll vom Geruch nach Bier und Frittiertem und billigem Parfüm; und an Geräuschen gab es Musik, Rufe, Gelächter und Möwengekreisch. Hauptkundschaft war nach wie vor die Marine. An einem Sommernachmittag gegen fünf, wenn die Alley wirklich zu sich kam, sah man die weißen gebügelten Uniformen der Matrosen, glänzende schwarze Halbschuhe und Old-Spice-getränkte Gesichter. Aber wenn sich die Straße in den dunklen Morgenstunden leerte, die Uniformen dreckig und zerknautscht und voll Biergestank waren, dann gab es Gekotze und manchmal auch Schlägereien. Wenn auch die Bezeichnungen wechselten, so war Thames Street für die Seeleute und die High Society (»die Vierhundert«) gleichermaßen der »Arsch von Newport«. Nur wenn zu den Cup-Rennen Regattazeit in der Stadt war, ließen sich die Vierhundert und die Herren vom Kriegs-College zur Thames Street herab und flirteten mit dem Seeleben. Dann hieß die Parole: Seeleute und Hunde draußen bleiben.

Die Unternehmer von Newport vernachlässigten die Thames Street, weil sie glaubten, daß der Broadway und die Straßen des

Nordens das zunehmende Geschäftsleben beherbergen sollten; so daß die Einkaufszentren dort die Alley vor dem 20. Jahrhundert bewahrten. Zwischen dem einen und dem andern Krieg gab es nur kleine und sachte Veränderungen an der Waterfront, und die Vergangenheit hielt sich, sämig, süffig, lebhaft. Ich fand Gefallen an der Straße. Sie hatte etwas Ungewöhnliches.

Jetzt kam ich nach fast fünfzehn Jahren wieder in die Gasse, dort, wo der Washington Square – eigentlich mehr ein gleichschenkliges Dreieck – auf die alte Long Wharf stößt. Die Hafenseite der Straße war verschwunden. Wo Häuser aus dem 17. und 18. Jahrhundert gestanden hatten, waren jetzt Parkplätze und eine Promenade. Meine Erwartung sank, als wäre sie mit einem Wasserabzug runtergespült. Der Großteil der Straßenfront zur Stadt hin (mit dem neuen Namen America's Cup Avenue) war modernisiert worden; Geschäfte aus Beton und Glas verkauften Plastik-Schnitzereien, Lampen aus Treibholz, beleuchtete Wellhornschnecken, grelle Seelandschaften und Gürtelschnallen in Form von Marihuana-Blättern.

Die Seemannspinten hatten Geschäften mit alt-stilisierten Schildern Platz gemacht: Branntwein und Kolonialwaren, Zur glücklichen Grog-Stunde. Die Marineausrüster beherbergten Schuhgeschäfte für Damen, alte Tätowierschuppen, Parfümerien. Wo Teerjacken mit dem schwankenden Gang, den die See lehrt, langgeschlendert waren, da wackelten jetzt Studentinnen vom Seven Sisters College auf geschnäbelten Schuhen mit dem werten Hintern, und Matronen in bügelfreien Kleidern, die Bäuche in Spandex-Korsetts sicher eingespannt, die Armmuskeln frei im Wind, schleppten Handtaschen in Seesackgröße mit sich.

Ich hielt auf ein Bier. Der Mann an der Bar brachte mir ein Narragansett. Ich fragte ihn, was mit der Thames Street passiert sei. »Stadtentwicklung in einem Bruchbudenviertel.« Die Bar war rappelvoll. America's Cup Avenue war offensichtlich eine Goldgrube. Ein Mann, jung, sagte: »Die haben die Gegend verhunzt, um sie zu retten. Der amerikanische Plan.«

»Wieso denn das?«

»Kaum noch Marine. Und die Geschäftsleute wollten Touristen, die mehr ausgeben als Seeleute.«

»Aber die Geschichte.«

»Amerikanische Geschichte – das sind Parkplätze.«

Der Raum war voller Mädchen mit orchideenfarbenen Lippen, signierten Hosen und Disco-Pumps; ihre Hände voller geschmacksveredelter Zigaretten und zuckriger, tagesschwipsiger Drinks; die Gesichter aufgeputscht mit dem Flitter und Firlefanz der neuen Thames Street. Sie quasselten mit jungen Männern jeden Alters.

Ich war mürrisch und sauer und nahm an all und jedem Anstoß. Das Gequatsche überschwemmte mich. Eins der aufgedonnerten Mädchen hatte den einen Arm hinter sich gerenkt und wedelte damit herum; ich dachte, sie ziehe sich auf, aber sie kratzte sich nur den Rücken. »Herrjeh!« sagte sie. »Ich kaufe Kleider, als wenn sie demnächst außer Mode kommen.« Ein Mann mit einer Stimme, die hohl klang wie Wassertropfen in einem leeren Topf, jammerte: »Sie ist eigentlich nicht hübsch – na ja, Eitelkeit reicht sowieso nicht unter die Haut.« Ein untersetztes Mädchen, das sich um eine beiläufig-verführerische Beinstellung bemühte, sagte: »Er ist so banal. So redet man einfach nicht.«

Ich dachte an einen alten Fischer, den ich mal in einer Kneipe getroffen hatte, dort, wo jetzt die Parkplätze waren. Er hatte durch einen Knoten im Tau einen Daumen eingebüßt, aber er war überzeugt, ein gutes Leben zu haben. Um den Hals hatte er eine kleine Schnitzerei hängen, die ein grobes aber deutliches Abbild der Jungfrau Maria war; das war aus dem Knöchel seines Daumens geschnitzt. »Der eigene Knochen«, sagte er, »wenn das kein Glück bringt.«

Und ich dachte an ein anderes Gespräch, das ich jenseits der Straße miterlebt hatte. Ein Kanonier erzählte einem Schiffsjungen, wie er, fünf Tage nach seiner Beschneidung, den Verband abgewickelt und eine haitanische Hure gevögelt habe. Das war nicht gelogen. An dem Tag, an dem wir Port-au-Prince verließen, hatte ich die Infektion gesehen.

Irgendwo zwischen der lasterhaften Vergangenheit und der lustlosen Gegenwart, irgendwo zwischen Trödel und Trend, muß es doch andere Möglichkeiten für die Thames Street gegeben haben, Chancen, die die Bürger von Newport verpaßt hatten.

Kein Sinn, dazubleiben; das, weshalb ich gekommen war, war dahin, von Dingen verdrängt, die man überall in den Vereinigten Staaten haben konnte.

Auch die Newport-Jameston-Fähre gab es nicht mehr; sie war jetzt von einer drei Kilometer langen Brücke ersetzt. Ich sagte zu dem Mautwächter: »Verdammt teure Brücke – die Gebühr, meine ich.«

»Wir haben hier 'n Witz: Sie ist hoch, weil sie hoch ist. Kapiert? Sie haben sie so gebaut, damit die Flugzeugträger von Quonset Point drunter wegkönnen. Aber kaum war die Farbe trocken, zog die Marine ihre ›Vogelfarmen‹ aus der Narragansett Bay ab.«

»Wozu ist die Brücke überhaupt gut?«

»Öffnet Newport für den Verkehr von New York City. 'ne Menge neuer Geschäfte, die jetzt hier in Schwung gehalten werden müssen.«

Ebensogut hätten sie den Hafen für die vier apokalyptischen Reiter öffnen können. Ich fuhr weiter nach Quonset Point, dem Heimathafen des Schiffes, auf dem ich Dienst getan habe. Die U.S.S. Lake Champlain, ein Flugzeugträger aus dem Zweiten Weltkrieg, hielt mal den Geschwindigkeitsrekord für Atlantiküberquerungen, und sie hat auch den ersten amerikanischen Raumfahrer, Alan Shepard, aus der See gefischt. Ich hatte gehört, das Schiff sei als Schrott verkauft worden, aber ich wollte die Boote sehen, die jetzt ihren Liegeplatz übernommen hatten – wenn ich die Erlaubnis bekam, an den Pier zu fahren.

Wie sich herausstellte war die Sorge wegen der Erlaubnis unnötig. An der Westseite des Stützpunktes, wo Marinepioniere die Quonset-Hütte erfunden haben, war ein Jahrmarkt. Die neue Marine, dachte ich. Ich fuhr die lange Straße zum Flugzeugträgergelände und überlegte, wie ich da reinkäme – was kurios war nach all der Zeit, die ich vor Jahren mit der Überlegung zugebracht hatte, wie ich bloß rauskäme.

Aber die Tore waren offen, die Wachhäuschen unbesetzt, der drei Meter hohe Kettenzaun zerfetzt und schiefhängend. Dennoch rechnete ich jeden Augenblick mit den Sicherheitsleuten. Eine der Messen trug einen Namen wie ein Restaurant. Die neue Freiwilligen-Marine.

Der Pier am Ende der Straße, eine Meile weit im Gelände, war leer. Nichts als rostende Pfosten und Poller, und über den Gleisen wuchs Gras. Die ganze Bucht lag offen und leer da. Früher füllten die Champs, die Essex, die Wasp den Himmel mit ihren grauen Massen von Rumpf, Geschützen und Antennen. Die großen Flugzeugträger waren verschwunden, und mit ihnen Schleppboote, Leichter, die großen Kräne, Hubschrauber, Düsenflugzeuge; die Rufe, das Geräuschgewirr, das Durcheinander von Seeleuten und Maschinen und Flugzeugen – alles verschwunden.

Am Wasser setzte ein Mann Lobsterfallen aus. Lobsterfallen? »Was zum Teufel ist denn hier passiert?« Ich rief zu ihm hinüber, aber es trug nicht. Ich ging zum Pier, wo mich eine einsame Seeschwalbe beobachtete. Früher hatte es für jeden Seemann eine Möwe gegeben. Lobsterfallen! Ich war wütend – das also war aus meiner Dienstzeit geworden! Lebendig und halbtot war ich über diesen Pier gegangen, und viele Male hatte ich von dem Tag geträumt, da ich als Zivilist zurückkommen würde, frei von der Tyrannei der Pfeife und der Flüche des Bootsmannes, frei von der Maloche in einem 50 Grad heißen Stahlkasten. Ich fühlte mich betrogen.

Wo zum Teufel war das Dieselöl von gestern? Wo die miesepetrigen Gesichter, wenn wir losfuhren, wo die Was-kostet-die-Welt-Gesichter, wenn wir wiederkamen, wo die Seeleute, die die Mädchen küßten und sich abschleppten mit Seesäcken, Mahagoni-Statuen, Messingtabletts, Strohhüten und Gemälden mit Stieren und nackten Eingeborenen-Schönen auf schwarzem Samt – während der Seewind das Gösch am Bugspriet knattern ließ und der letzte Rauch aus dem großen Schornstein uns mit Rußflocken eindeckte. Ich weiß, daß man nie wirklich wieder nach Hause kommt, aber noch niemand hatte mir gesagt, daß man auch nicht auf seinen alten Marinestützpunkt heimkehren kann.

Ein Horn tutete. Ein Mann mit einem knubbligen wulstigen Kopf rief: »Hast du hier dienstlich zu tun, Mac?« Na, so schon eher. Er war ein Wachmann der Hafenbehörde von Rhode Island mit der Kommando-Statur eines Waschlappens, aber er war besser als nichts. Als er mein Kennzeichen auf seinen Clip-

Block notierte, tat er sein Bestes, sich offiziell zu gebaren. »Wie heißt du, Mac?« Das war schon weit eher so.

»Ich war hier auf der Champ stationiert, CVS dreißig-neun. War ein U-Boot-Jäger.«

»Wie heißt du?«

»Drexel.«

»Vorname?«

»Das ist er ja. Drexel. Drexel Twitty. Kann nicht fassen, daß alles weg ist.«

»Hab's nie zu sehen gekriegt, ehe die Marine es an uns übergeben hat. Okay, Seemann, mach dein Lookie-Lookie, und verfrachte deinen Körper hier weg, ehe es dunkel wird.« Er fuhr weiter, und das war denn meine triumphale Rückkehr zur Marinefliegerstation von Quonset Point.

Am Abend fuhr ich am Pettaquamscutt River entlang zum Sund, um beim Narragansett Pier nach einem Restaurant namens The Sunnyside zu suchen; es war die Art von Eßlokal, von der die Leute so zu reden anfangen: »Ich kenn' da ein tolles kleines Ding...« Wir aßen da ›Kirschsteine‹, Muschelsuppe, Jonnycakes und Wurst und tranken Ballantine Ale dazu. Nach allem, was ich erlebt hatte, rechnete ich nicht mehr damit, daß es noch existierte – und so war's. Statt dessen Eigentumswohnungen und Tennisplätze. Also aß ich im Green Inn zu Abend, einem riesigen, grünverschalten Hotel aus der viktorianischen Zeit, nicht weit ab von den Überresten des Towers-Casinos aus dem letzten Jahrhundert, das die Uferstraße überbrückte. Ich aß Littlenecks und trank Ballantine Ale (früher das charakteristischste amerikanische Bier, bis Falstaff die Gesellschaft aufkaufte und den Brauprozeß modernisierte). Aus dem Fenster konnte ich im letzten Licht den Horizont des Atlantiks sehen, wie er vom alten Glas zu einer sanften Parabel gebogen wurde. Plastikschnitzereien, Jahrmarktsrummel, Eigentumswohnungen. Dann öffnete sich mir ein Gedanke wie ein nachts blühender Cereus: Vielleicht war der ganze Sinn der Seefahrt der, eines Tages Platz zu schaffen für Lobstertöpfe und Achterbahnen. Kriegsschiffe in Riesenräder umzuschmelzen, mußte doch Fortschritt sein. Vielleicht war ich um nichts weiter betrogen worden als um eine vorgefaßte Meinung, wie die Zukunft aussieht.

Nach dem Essen parkte ich für die Nacht auf einem Außenpier, der in den Sund hineinragte, und spazierte am Kiesstrand entlang. Brecher schubsten die runden Steine hin und her und entlockten ihnen merkwürdig metallische Töne. 300 Jahre lang waren Kriegsschiffe durch die Bucht gefahren. Jetzt ersetzten Dodge 'em-Autos die Kanonenpötte.

Aber das alles war nur eine Fortschrittsfiktion. Es gab jetzt mehr Sprengköpfe als zu der Zeit, da ich zur See gefahren war. Veränderungen ja, aber keinen Schritt weg von der Kriegsmaschinerie. An einem andern Strand in einem andern Jahrhundert hat Matthew Arnold von ahnungslosen Armeen gesprochen, die bei Nacht aufeinandertreffen.* Gegenwärtiger Lagebericht: wie sie in Selma sagen – nix verändert.

6

Ein Engländer hat mal mächtig gelacht, als ich ihn fragte, wie weit es nach Chichester sei, denn ich sprach den Namen nicht annähernd richtig aus. Ich versuchte noch drei andere Intonationen und kriegte es immer noch nicht hin. Er hielt sich die Seiten. »Mann, ihr Yanks schafft mich einfach.«

»Okay, Freund«, sagte ich. »Sag mir mal das Gewässer, an dem Seattle liegt. Müßte leicht sein – nur fünf Buchstaben.« Ich fing an, sie ihm vorzusagen.

»Kann ich selber, Junge. P-u-g-e-t. Und ich sprech's auch aus. Pagit. Ich lachte, und er versuchte es mit »Puhgett.« Mein erneutes Lachen machte ihn so verzweifelt, daß er sich aufs Französisch warf, die letzte Zuflucht aller Engländer: »Poujai.«

»Ach was. Es heißt Pjudschitt. Ihr Tommies bringt einen glatt um.«

»Sieh mal«, sagte er, »wenn du Chichester aussprechen willst, mußt du nur die Vokale dämpfen und mehr verschlucken als sprechen.«

Die Engländer müßten in Rhode Island gut zurechtkommen – bei all dem Dämpfen und Verschlucken, das erforderlich ist, um

* Gemeint ist die Zeile: »Where ignorant armies clash by night« aus dem Gedicht »Dover Beach« von Matthew Arnold. (A. d. Ü.)

die plastischen Namen der Algonquin-Indianer rauszubringen: Chepiwanoxet, Annaquatucket, Usquepaugh, Woonasquatukket, Nannaquaket, Quonochontaug, Quanatumpic (wer den Buchstaben Q mag, muß das kleine Rhody mit seinen großen Namen lieben). Jemand hat mal gesagt, wenn die Niagarafälle in Rhode Island wären, hätten die englischen Siedler sie wie »Niffel« ausgesprochen.

Gott sei Dank gibt es hier auch noch andere Namen, zwar ebenso extravagant, aber doch sprechbar. Zum Beispiel die für die mäandrierenden Landstraßen, die in den meisten Staaten mit Zahlen oder Buchstaben gekennzeichnet sind: Willie Woodhead Road, Widow Sweets Road, Hog House Hill Road, Molasses Hazard Road, Biscuit City Road, Boom Bridge Road, Yawgoog Road, Poppasuqash Road. Oder die kleine Elder Ballon Meetinghouse Road, eine Gasse, die man rascher durchfährt als buchstabiert.

In der Nacht zuvor hatten Meer und Himmel dieselbe Farbe – schwarz –, bis auf das flüssige Glitzern des Widerscheins, der das eine vom andern unterschied. Als ich aufwachte, hatten sie wieder dieselbe Farbe, diesmal die von geschmolzenem Saphir. Direkt in Höhe des Piers schaukelte ein Lobsterboot, während der Fischer seine Fallen mit einer Hand ins Wasser ließ.

Ich fuhr die Küste hinab. Wenn hinab »südwärts« heißt und man sich die Atlantikküste als Längengrad vorstellt, dann verliert man in Rhode Island und Connecticut bei der Fahrt am Meer entlang die Orientierung. Die Küste verläuft hier fast genau in östlicher und westlicher Richtung. Daher der Name Westerley, Rhode Island, für eine Stadt, die dicht am Atlantik und weiter westlich liegt, als irgendwas sonst in diesem Staat.

Hier in Westerley war General John B. Stedman während der Dorr-Rebellion im Jahre 1842 damit beauftragt, das Kriegsrecht in der Stadt aufrechtzuerhalten. Einmal, als er mit einem unmittelbar bevorstehenden Angriff rechnete, sagte er zu seinen Truppen: »Jungs, wenn ihr den Feind seht, feuert und rennt. Und weil ich schon ein bißchen lahm bin, renne ich jetzt schon.« – Hab' ich gelesen.

Als ich über den Pawcatuck River nach Pawcatuck, Connecticut, kam, merkte ich, daß ich auf dem besten Wege direkt nach

New York City war. Ich hatte zwei Möglichkeiten: entweder weit ins Land hinein und drumherum fahren, oder die Fähre New London – Orient Point nach Long Island zu nehmen und durch das untere Ende des Apfels zu schneiden. Ich fuhr Richtung New London, durch Mystic, wo sie mal die Schnellsegler gebaut haben.

Die Indianer nannten New London »Nameaug«, die weißen Siedler nannten es nach einem Stamm »Pequot«, und ihre Nachfahren tauften es in New London um, weil sie im Ernst glaubten, das kleine Dorf mit seinem Tiefwasser-Hafen würde eines Tages eine der größten Städte der Ostküste sein. Sie machten aus dem Monhegin River sogar eine Themse. Und damit waren die Eingeborenen-Namen erledigt.

Das einzige, was in New London an das richtige London erinnerte, war das Straßensystem der Alten Welt – nirgends ein wirklich quadratischer Platz, der dem Namen Square recht gegeben hätte, nirgends ein rechteckiger Häuserblock zwischen Shaw's Cove und Winthrop's Cove. Auch daß Benedict Arnold die Stadt 1781 in Brand gesteckt hatte, machte sie hinterher nicht viel gerader. Ein Streifenpolizist winkte mich an den Straßenrand, weil ich eine Einbahnstraße in der falschen Richtung befuhr. Ich war nur vier Blocks von der Anlegestelle der Fähre entfernt, aber ich mußte erst mächtig herumkurven, ehe ich durch das Labyrinth kam.

Die Fähre, ein alter öliger Kahn mit Platz für etliche Autos, gondelte den tiefen Fluß hinab, der schon indianische Kanus, Kaperschiffe im Unabhängigkeitskrieg, Walfänger, Rum-Jäger der Küstenwache und drei Generationen U-Boote erlebt hatte. Ich stand an der Reling und versuchte, beide Uferseiten zu sehen: die Westbank mit grasbewachsenen Grundstücken und die Groton-Werften am Ostufer.

Ein Ingenieur von Singer (wo man früher nur Nähmaschinen machte, jetzt aber auch »Systeme« für den Unterwasserkrieg produziert) stand neben mir. Sein Gesicht war ein Quirl von Linien wie bei einem Fingerabdruck. Ich fragte, wo sie die U-Boote bauten, und er zeigte auf einen dolchförmigen Schatten. »Das schwarze Ding ist die Ohio. Sie ist die erste Trident. Der orangefarbene Rumpf auf dem Dock wird die Michigan.«

»Wie kann sich so ein großes Ding überhaupt auf dem Wasser bewegen?«

»Sie sind länger als das Washington-Denkmal. Die Ohio wird mit 24 Raketen bestückt, jede mit einem Dutzend Sprengköpfen: 288 atomare Explosionen. Ein Höllenhund – und zwölf weitere Geschwister für je eine Milliarde Dollar kommen noch dazu.« Er bot mir einen Kaugummi an. »Sie haben früher die Schlachtschiffe nach Staaten benannt, weil sie die Großkampfschiffe der See waren, aber das hier sind die Schlachtschiffe des nächsten Krieges.«

»Welcher nächste Krieg?«

»Glauben Sie, es ist Schluß mit dem Krieg? Wie auch immer der Frieden aussieht – er kommt durch diese Teufelsdinger. Hatte einen Onkel, der Handfeuerwaffen sammelte und oben bei Colt in Hartford arbeitete. Er hatte einen Colt von 1870, den man ›Friedensstifter‹ nannte, weil er so tödlich war. Diese Tridents sind die neuen Friedensstifter, aber heute heißt das ja Abschreckungswaffen.«

»Nach dieser Logik müßte ja der größte Friedensstifter eine Weltuntergangsmaschine sein.«

»Denken Sie an eins: Kreml ist das russische Wort für Festung. Wenn diese unzivilisierten Wahnsinnigen in der Festung je zur Vernunft kommen, dann können wir vielleicht was ändern. Ist ja heutzutage nicht mehr Mode, an militärische Macht zu glauben, aber das kommt schon wieder dahin, und wenn's so weit ist, werden die Leute diese explodierenden Zigarren lieben. Ich hab' beide Seiten kennengelernt. – Ich war in der Schläger-Marine.«

»Was ist die Schläger-Marine?«

»Wo Schlägertypen die Schmutzarbeiten machten. Ich war am Roten Strand 1944. Ich kann immer noch das blaue Wispern hören, das auf uns zukam. Ein kleiner Streifen blauer Rauch, und ein Gezisch, und man war hin. Ich hatt' solchen Schiß, daß ich lieber tot gewesen wäre.«

Während der ganzen Zeit unserer Unterhaltung beschäftigte auf der andern Seite neben mir ein Vater sein Baby mit dem Blinken seiner Digitaluhr; das Kind, mit einer Strickmütze, auf der der Name Paulie stand, plapperte mit den roten Zahlen und streckte eine unbeholfene halbe Faust danach aus. Paulie wußte es nicht, aber vis-à-vis baute die General Dynamics Electric Company eine neue Welt für ihn zusammen.

Ich sagte zu dem Ingenieur: »Ist diese Fähre nicht irgend so ein altes Marinemodell?«

»Ein Landeboot, das sie nach dem Krieg aus dem Pazifik hergeschafft und mit neuen Aufbauten versehen haben. Macht diese Fahrt seit 1949, aber das ist jetzt der letzte Monat. Das neue Boot, Spezialanfertigung, ist so gut wie fertig.«

Als John Steinbeck 1960 seine Tour durch die Vereinigten Staaten begann, die er in seinem Buch »Reise mit Charlie« beschrieben hat, hat er den Sund von Long Island mit eben diesem Boot überquert und sich schon Sorgen über die Atom-U-Boote einer früheren Generation gemacht. Aber auch ein paar Jahrzehnte später hatte der große Lichtblitz der Menschheit noch immer nicht den Ausweg gewiesen. Als die Werften aus dem Blickfeld verschwanden, sagte der Ingenieur: »Vielleicht ist es eine verrückte Art, bei Verstand zu sein, aber die Menschen sind am vernünftigsten, wenn sie Angst haben.«

»Haben Sie je ein in die Enge getriebenes Tier gesehen?«

»Wir sind keine Tiere.«

Wir passierten das östliche Ende des Sunds, einen Streifen Wasser, der »The Race« heißt, und kamen an einer kleinen, buschbewachsenen Insel vorbei, die obenauf einen Schornstein hatte. »Apropos Tiere«, sagte er, »das hier macht mir wirklich Sorge – Plum Island. Das Laboratorium für gefährliche Tierkrankheiten.«

»Was meinen die mit gefährlichen Tieren?«

»Die Krankheiten sind gefährlich, nicht die Tiere. Aber ich kann auch nicht genau sagen, was die da eigentlich forschen. Rotzkrankheit, Tularämie, Pest – bin nicht sicher. Weiß nicht mal, ob das Pentagon bei der Geschichte seine Hand im Spiel hat. Aber einem Krieg mit Krankheiten zieh' ich allemal noch einen Atomsprengkopf vor. Doch die Zeit kommt schon noch, wo wir mit Bakterien Krieg führen. Schon vom Wirtschaftlichen her; ist ja billiger, mit Bazillen als mit Stahl zu töten. Mit einem Kanister Cholera verglichen ist die Trident doch ein Schmuckstück.«

»Ich selbst habe immer lieber Ohrenweh als Zahnweh gehabt.«

7

Wenn man auf Entstellungen und Vorurteile mit einem kräftigen Schuß dogmatischer Rechthaberei aus ist, hat man die Wahl zwischen drei Lokalitäten – außer kuppelgekrönten Regierungsbauten und Gebäuden mit Kirchtürmen –: Bars, Sportstadien und Tankstellen (die Friseurgeschäfte können da nicht mehr mithalten, weil die Haarföne im Zeitalter der Elektronik zu viel Krach machen). Da aber die Tankstellen immer weniger Garagen und Treffpunkt, da sie kaum mehr als teure Zapfhähne sind, verlieren auch sie an Boden. Aber in der Vergangenheit konnte sich der Reisende auf die örtlichen Schmierfexen verlassen, wenn er Fragen hatte a) nach dem besten Weg irgendwohin, b) nach dem besten Eßlokal (obwohl da die Empfehlungen der Bibliothekare besser sind) und c) nach dem, was die Einheimischen über alles mögliche dachten. Jetzt ist es womöglich schon zu spät für einen Doktoranden, der untersuchen will, wie weit sich die öffentliche Meinung Amerikas in der Wartezeit während des Auftankens bildet.

Orient Point, Long Island, bestand nur aus ein paar Häusern und einem eingefallenen Gasthof aus dem Jahr 1810, also fuhr ich weiter nach Greenport, um zu tanken. An einer altmodischen Tankstelle kam der Besitzer selber raus, zapfte das bleifreie Benzin und wischte doch tatsächlich die Windschutzscheibe ab. Ich bezeichnete ihn, ohne zu überlegen, als New Yorker.

»Nennen Sie mich nicht New Yorker. Dies ist Long Island.«

»Ich meinte den Staat, nicht die Stadt.«

»Manhattan ist hundertsechzig Kilometer weit weg. Wir sind näher an Boston als an New York. Long Island hängt unterhalb von Connecticut. Sehen Sie sich die Häuser hier an, die alten. Das ist reinster Neuengland-Stil, weil die Leute, die sie gebaut haben, aus Connecticut kamen. Die Orte hier sehen aus wie Connecticut. Und wenn die City auch die halbe Insel in einen Vorort verwandelt – wir bleiben doch Connecticut-Yankees. Vielleicht sollten wir der siebte Staat von Neuengland sein. Diese Insel ist größer als Rhode Island, wie immer man auch mißt. Die ganze Geschichte bringt mich auf die Palme. Wir waren mal Heimathafen für einen Teil der Walfangflotte aus Neuengland, und das war eine reine Yankee-Angelegenheit. Sie nannten diesen Teil der Insel die »Schwanzflosse«, weil Long Island selbst wie ein Wal aussieht. Aber wenn Sie jetzt runter an den Hafen fahren, sehen Sie nur Boote aus New York und einen großen Windjammer, der Fahrten unternimmt für Leute aus Mamaroneck und Scarsdale.«

Er echauffierte sich so, daß er den Tank überlaufen ließ, aber auch das dämpfte ihn nicht. »Wenn der East River sechzehn Kilometer breit gewesen wäre, hätte das uns gerettet.« Er nahm den Zapfhahn und klinkte ihn in die Halterung. »Wir hätten 'ne Bucht gebraucht, und statt dessen haben wir einen Bastard von Fluß, nicht breiter als ein Strahl Pisse.«

Solchermaßen kasteit, nahm ich eine angenehme kleine Straße mit der Nummer 25, die an der Nordflosse entlang, durch propere Gemüsefarmen mit ihren typischen anderthalbgeschossigen Häusern, vorbei an schmalen Buchten mit Schwänen, nach Riverhead führte. Vor mir ein Lieferwagen, auf dessen Ladefläche vier ausgeweidete Haie lagen; es sah aus wie eine Dose bösartiger Sardinen in Ketchup.

Die Nebenstraße hörte auf, und ich wurde auf eine Schnellstraße gelenkt, als wenn ich Teil eines Eisenbahnzuges wäre. Ich schnallte den Gurt an, nahm ein Stück Bubblegum, setzte meine filterstärkste Sonnenbrille auf und machte mich auf *die* City gefaßt. Man hätte meinen können, daß ich im Gazastreifen auf Fahrt ging. Aber die Orte hießen Islip, Babylon, Amityville, Merrick, Oceanside. Der Belt Roadway führte die Kehrseite der Suburbs vor, nebst Meilen von Teppichmustern, unabgeholter Fracht, Fabrikdependancen und Möbelmärkten – die Hälfte davon schon abgewirtschaftet, die übrigen mit riesigen Preisschildern vor den Fenstern. Die Dinge jagten vorbei wie die sprunghaften Bilder eines Nikelodeons: liegengelassene und ausgeschlachtete Autos am Straßenrand, zwei Anhalterinnen, die mangels Haltmöglichkeit von niemandem mitgenommen werden konnten, ein Reklameschild ISS WURST, SEI HAPPY, Jumbos beim Landeanflug auf Kennedy International, die Rennstrecke bei Ocean Park, Halden von Schutt, mit dem die Marsch der Jamaica Bay aufgefüllt werden sollte, die lange und gerade Flatbush Avenue, die Sheepshead Bay, Coney Island, und wie Stummel am gelb-violetten Horizont das World Trade Center. Dann eine vertrackt-gewundene Auffahrt auf die Verrazano-Narrows-Brücke (das Silver Gate der Ostküste) mit dem längsten Mittelspann der Welt, und unten die Bucht, wo die Great Eastern, die Monitor, die Bonhomme Richard und die Half Moon schwammen.

Die niedrige Sonne tauchte die Upper Bay in orangenes Licht. Frachter zerrten am Anker oder nahmen Kurs auf den Atlantik, und im Norden, in der Entfernung, gab es ein kleines Gefunkel aus kupfrigem Grün, die Freiheitsstatue. Ich bremste, um zu glotzen, wurde prompt angehupt, der Fahrer überholte in einer Wolke aus Abgasen und zeigte mir einen Vogel.

Die Fahrbahn senkte sich und schnellte mich durch Staten Island; kurz bevor es zu spät war, verzog ich mich aus der Verkehrsmühle, fuhr die Richmond Avenue hinab und suchte nach der Brücke über Arthur Kill nach Perth Amboy, jenen Ort, der dich schafft, eh' du ihn schaffst. Ich weiß nicht, wie ich mich auf einer so großen Durchgangsstraße wie der Richmond verirren konnte, aber ich verirrte mich. Ich konnte Perth Amboy riechen, erreichen konnte ich es nicht. Statt dessen erreichte ich Great Kills, Eltingville, Huguenot Park, Princess Bay und Tottenville. Ich fragte einen nervösen Teenager, der entweder seine Zündung einstellte oder einen Verteiler klaute, nach dem Weg.

Just als es ganz dunkel wurde, kam ich nach New Jersey und beschloß, auf der U.S. 9 den Staus zu entgehen und nach Pine Barrens zu fahren, zur letzten großen natürlichen Unterbrechung in der Megalopolis, die von Boston bis nach Washington reicht. John McPhees Buch über die Pines hatte mich davon überzeugt, daß, wer sie sehen wollte, keine Zeit mehr zu verlieren hatte – angesichts des Ansturms von parzellierenden Bauunternehmern, Industriegeländen, Wasserreservoirs und Flughäfen für Ultraschalljets.

Vierzig Minuten später war ich schon in Lakewood, halbwegs durch den Staat. Ich machte Rast für die Nacht, immer noch verwundert darüber, daß ich den Tag in Rhode Island begonnen hatte. Mir war die Fähigkeit abhanden gekommen, in den zusammengeschrumpften Entfernungen des Nordostens zu denken.

8

Es ist noch nicht allgemein bekannt, daß die Nachfahren der Jolly Roger-Piraten dem Flug eines Luftschiffs ein Ende gesetzt haben. Das jedenfalls wurde mir beim Frühstück aufgetischt, das ich in einem Diner zu mir nahm. In Wahrheit war es ein richtiges Restaurant, aber es hatte als Diner angefangen. Es war mit roten Draperien und Kutscherlaternen aufgemotzt, und am Eingang stand ein Beton-Cupido in einem trockenen Springbrunnen, der von einer Ligusterhecke aus Plastik umgeben war. Die Eier waren in Vitalismargarine gebacken, und die Kartoffeln hatten einen kernigen Holzgeschmack. Ich fühlte mich trotzdem wohl.

Die Kellnerin, mit einem Gesicht wie ein einziger Vorwurf und einer goldenen Kette, die ihr in den geschwollenen Knöchel schnitt, jammerte sich herum. Jeder schien sie zu mögen, obwohl sie für niemanden ein gutes Wort hatte.

»Hast du nicht genug Schlaf gekriegt letzte Nacht?« fragte sie mich.

»Weiß nicht. Bin noch bei Dunkelheit gefahren. Hätte New Jersey beinah' verpaßt.«

»Jersey verpaßt? Was'n da zu verpassen?«

»Na, New Jersey.«

»Kein Mensch kommt nach Jersey, um Jersey zu sehen.«

»Ich schon. Ich will in die Mitte von New Jersey, will mir das ansehen.«

»Mitte? Was soll das für eine Mitte sein? Da gibt's die Küste, und da gibt's Philadelphia. Mitte? Gibt keine Mitte. Fort Dix ist die Mitte.«

»Die Pine Barrens. Heißt, da wachsen zwanzig Sorten Orchideen. Und fleischfressende Pflanzen.«

Sie rollte die Augen. »Sie sind jetzt auf der Schmuddelseite. Fragen Sie die Lastwagenfahrer da. Wenn Sie Orchideen wollen, gehen Sie besser zum Floristen.«

Ein Mann neben mir hatte ein Hemd an, das immer wieder ORO! sagte. Um und um begleiteten die Worte seinen Bauch, seine herabhängenden Schultern, seine vergilbten Achselhöhlen; zwischen den OROs waren goldene Dinge zu sehen: Münzen,

Uhren, Medaillons, Krönchen. »Erzähl Ihnen was über die Pines«, sagte er. »Vielleicht haben Sie von der Hindenburg gehört – dem Zeppelin –, aber ich werd' Ihnen mal die wahre Geschichte verklickern. Ich hab' hier mein Lebenlang gelebt, und ich weiß, was passiert ist, auch wenn die Regierung so ahnungslos tut.«

Der Kern seiner Story war der: ein Sturm zwang die Hindenburg in eine Warteposition (das war ein Umstand, den ich recherchieren konnte). Das Luftschiff umkreiste Zentral-New Jersey zwei Stunden lang, hundert Meter hoch. Lakehurst, wo es zu landen versuchte, liegt am Rande der Pines, und jeder weiß, daß die Pineys niemanden dulden, der in ihre Wälder eindringt. Die dachten, der Zeppelin wäre ein Regierungsflieger auf Jagd nach ihren Destillationen, wo sie Blaubeeren in Whiskey verwandelten, also beschossen sie das Ding und fetzten Löcher in das Gewebe. Als dann die Hindenburg festmachen wollte, war genug Wasserstoff ausgeströmt, um das Luftschiff ins Königreich der Zukunft zu schicken, und so geschah es.

»Die offizielle Erklärung war ein Elmsfeuer«, sagte er. »Statische Elektrizität. Aber ein Elmsfeuer hat nie ein Fluggerät in Brand gesetzt. Die Leute mögen ja ruhig glauben, daß es ein Sabotageakt gegen die Nazis war, aber ich sag' Ihnen die Wahrheit. Es waren Schüsse aus dem Hinterhalt, die die Pineys abgefeuert haben, und das war bei denen nichts Neues. Sind ja schließlich Abkömmlinge von Piraten und Schmugglern, die sich mal in den Wäldern versteckt hatten. Bißchen vermischt mit Tories und Hessen.«

Als ich bei der Kellnerin bezahlte, war sie ganz mütterliche Ratgeberin. »Schau her. Du bist ein netter Junge. Fahr an die Küste. Fahr nach Atlantic City. Aber fahr um Himmels willen in keine Mitte. Die Pineys vermehren sich da wie die Fliegen. Leben wie Tiere.« Solche Sprüche hatte ich überall im Land gehört. Es war fast ein Axiom, daß jeder, der abseits der großen Straßen lebte, ein Tier war und sich wie die Fliegen vermehrte. Eine Stunde später, die Junihitze kam schon auf, fuhr ich auf der New Jersey 70 Richtung Mitte. Ich hielt am Marineflughafen Lakehurst, um einen Blick auf die Luftschiffhangars zu werfen, diese 650 Meter langen, zwanzig Stockwerke hohen Gebäude, wo die Pineys angeblich die Zigarre in Brand gesteckt hatten. Hier übrigens hatte auch eine andere Ära der Fliegerei geendet: Lakehurst war die letzte Stelle, wo die Marine Brieftauben ausbildete.

Die Straße durch den sandigen Wald war eine Sequenz leichter Kuhlen; mein Kopf wackelte, als wenn mein Hals nur ein loses Drahtknäuel wäre. Gewippe, Gewippe meilenweit. Die Mitte machte mir Spaß. Die Straße führte mitten durch die sechshundertfünfzigtausend Morgen (das entsprach dem Nationalpark des Grand Canyon) dürrer Kiefernlandschaft. Es gab da außer Pechkiefern auch noch Eichen und weiße Zedern. Obwohl die Bäume meist eher spindelschlank waren, war das Land selbst keineswegs dürre in dem Sinne, daß dort nichts gedieh. Stellenweise lichtete sich der Wald, um Preiselbeergebüschen und Blaubeersträuchern Platz zu machen.

Der Himmel war wolkenlos, nicht im üblichen Sinn, sondern vom grellen Licht zu jener Farbe gebleicht, die im Visavis zweier Spiegel entsteht – weder blau noch grau, sondern eher farbfahl. Bäume, Gebüsch, der Tag – alles war in der feuchten Hitze zur Totenstille erschlafft, und wo immer die Pineys waren, auf der Straße waren sie nicht.

Irgendwo südlich von Jenkins, Einwohnerzahl 45 (fünf war plausibler), gab ich vor Hitze auf und hielt unter Bäumen an einer kleinen Brücke an. Ein Flüßchen, halb so breit wie die Straße, bewegte sich mit flotter Strömung dahin. Ich hielt es für den Wading River. Eisenhaltige Sumpferde (die Kanonenkugeln von Valley Forge wurden hier gemacht) und Gerbsäure verliehen dem durchsichtigen Wasser die Farbe von Kirschcola. Dieses Zedern-Wasser, wie man es nennt, wurde früher von den Seekapitänen auf lange Fahrten mitgenommen, weil es sich länger als anderes Süßwasser frischhielt. Selbst heute noch ist es bemerkenswert frei von Verschmutzungen, weil alle Bäche, die durch die Pines fließen, ihre Quelle hier haben. Ich folgte einem Pfad in den Wald hinein; toter Farn und Kiefernnadeln dämpften meine Schritte. Ein Schweigen, als wäre die Zivilisation verschwunden. Während die Ruhe real war, war die Einsamkeit Illusion: das Stadtzentrum von Philadelphia lag nur sechzig Kilometer weit ab. Ja mehr noch: McPhee schreibt, daß man an einem klaren

Abend in den Pines das Licht vom Empire State Buildung sehen kann.

Ich kam zurück ans Flüßchen, zog mich aus und ging ins Wasser. Es gab keinen Schock, nur kühlende Erfrischung. Ich trieb mit der Strömung atlantikwärts, paddelte zurück und überließ mich wieder dem Strom. Eine schwarze Dosenschildkröte, rotgerändert, tauchte auf, sah mich vorbeischwimmen, blinkte mit den Augen und tauchte wieder unter. Ich stieg aus dem Wasser, ließ mich von der Hitze trocknen und aß.

McPhee berichtet, daß eine Zeitung in Philadelphia in den zwanziger Jahren Parzellen in den Pines als Prämien für neue Abonnenten ausgesetzt hatte, daß während der Depression manche Kinos Anrechtscheine für kleine Stückchen Land als Besucherpreis verteilten, und daß Grundstücksmakler hier Fünf-Dollar-Parzellen verkauften. McPhee schreibt:

»Wenn dann die Kaufinteressenten kamen und das Land in Augenschein nahmen, banden die Promoter Birnen und Äpfel in die Zweige der Kiefern und setzten Fischer auf den Pine Barrens-Seen in kleine Boote; diese Leute hatten tote Hechte an der Angelschnur, und sie mußten sie alle zehn Minuten aus dem Wasser ziehen.«

Aber niemand wollte dieses Reklameland haben, und selbst jetzt noch, wo die Pines an den Rändern schon unter dem Ansturm von Gewerbeansiedlungen zurückwichen, gehörte das Herz des Burlington County – die Mitte der Kiefernlandschaft – immer noch der Stille und den Pineys. Das letzte Stück Beton, das die Megalopolis Boston-Washington komplettiert, wird wahrscheinlich in den Pines hingeklatscht.

Ich fuhr weiter nach Süden, durch Weekstown; einmal ein Schild, nachlässig an einen Baum genagelt: IN EWIGER ERINNERUNG – PETE. Die südlichen Ausläufer des Waldes erreichte ich bei Egg Harbor City, einer Stadt ohne Wasser und über zwanzig Kilometer von Great Egg Harbor entfernt. Der Plan eines Kanals von der Stadt zum Great Egg Harbor River, der vor Jahren ventiliert worden war, ließ sich nicht verwirklichen. Es war nicht das erste Mal, daß der sogenannte Fortschritt in den Pines verlorenging.

9

Am Nachmittag, als ich unten an der Delaware Bay war und herauszufinden versuchte, wie Othello, New Jersey, zu seinem Namen gekommen war, stieß ich auf eine Geschichte aus Vergangenheit, Zukunft, Gegenwart.

Während die Kiefernlandschaft verschwand, nahm der Staat unterhalb von Millville südlichen Charakter an; Millville ist eine alte Glasbläserstadt am Maurice River, der durch die Siliziumablagerungen des unteren Jersey fließt. Hier in der Nähe wurden die ersten Weckgläser gemacht. Außerhalb von Bridgeton zeigte sich der Südstaatenaspekt ganz deutlich: große Felder mit Sojabohnen, Mais, Kohl, Erdbeeren nebst brachliegenden Äckern von staubigem Braun und Hängen mit Pfirsich- und Apfelplantagen. Schwarze beackerten kleine Stücke Land, und mit Rohrstöcken fischten sie in den moddrigen Creeks des Marschlandes, wo die Silberreiher gravitätisch durch das Watt stelzten.

Ich fuhr hin und her. Die Karte brachte mich nicht nach Othello, und die Straßen taten es auch nicht. Ich kam nach Greenwich (Greenwitch gesprochen), in einen Ort an einer einzigen breiten Straße, die »Ye Greate Street« heißt und von einem verrottenden Bootssteg aus drei Kilometer nach Nordwesten verlief, meist von alten Wohnhäusern und anderen Gebäuden flankiert. Im 17. Jahrhundert hieß »greate Street« soviel wie Hauptstraße, aber heute traf »greate« im Sinn von groß und großartig auch zu.

Von den etwa hundert Häusern an der dreihundert Jahre alten Durchfahrt waren neunzig Prozent vor 1880 gebaut, und mehr als ein Viertel stammte noch aus dem 18. Jahrhundert. Selbst die Tankstelle befand sich in einem Haus, das 1760 errichtet worden war. Obwohl die alten Gebäude gesund wirkten, waren nur wenige restauriert.

Greenwich war ein anderes Williamsburg, mit dem Unterschied, daß es nicht ausgegraben und wieder aufgebaut worden war. Und auch dadurch unterschied es sich, daß es nicht das unnatürlich vornehme, keimfreie Aussehen des Ortes in Virginia hatte, der immer wie ein Museum wirkt. Denn ganz bestimmt ist das ursprüngliche Williamsburg eine ziemlich klamaukige Frontier-Stadt gewesen, ein Schauplatz von Krawall und Krieg, wo man die Wäsche raushängte und die Hunde in die schlammigen Gossen pinkelten, wo es stark nach Mist und Pferdeschweiß roch. Eine gute Sache für Williamsburg, daß man es hat wiederauferstehen lassen und daß man die Vergangenheit nachspielt. Im Fall von Greenwich war es anders. Wie es da versteckt im hohen Marschgras des Küstenlandes lag, war der ehemalige Seehafen, der einst mit Philadelphia konkurrierte, ein bemerkenswerter Ort.

Ich hielt bei Arnold's (Grocery, Postamt und Tankstelle – zwei Zapfsäulen unter einer Überdachung im Südstaatenstil). Für hiesige Verhältnisse war das Gebäude von 1860 eher ein Neubau. Als ich die Kühltruhe nach einer Limonadenflasche durchsuchte, sah mir die Verkäuferin mißtrauisch zu. Im Tonfall von »Mach schon, Freundchen« fragte sie mich: »Können wir Ihnen helfen?«

»Vielleicht ja. Ich suche Othello.«

»In der Kühlbox finden Sie's bestimmt nicht.«

Als ich an der Kasse stand, um mein Getränk zu bezahlen, sah ich draußen einen schmächtigen alten Typ, der sich mein Kennzeichen aufschrieb. Kein Wunder, daß sich die Geschichte aus der Stadt rausgehalten hatte.

Als ich noch eine Doppelwaffel aus Schokoladen- und Blaubeereis mitnahm, lockerte sich die Miene der Frau, aber ich war schon an der Tür, ehe sie in beinah südlichem Dialekt rausbrachte: »Sie finden Othello ein paar Kilometer weiter an der Greate Street. Ist nicht beschildert, aber Sie können beim Griffin fragen, dem Antikshop.«

Von der Tür der Poststelle aus nahm mich der Alte ins Visier. »X-sechs-P-sechs-dreißig-neun« rief ich laut, und er verzog sich nach drinnen, als ob meine Worte Steine wären.

Draußen vor dem Griffin traf ich die Besitzerin im Gespräch mit ihrem Neffen. Ich sagte ihr, daß ich auf der Suche nach Othello wäre, und sie sagte: »Sie stehen mittendrin.«

»Ist das hier nicht Greenwich?«

»Für 'n paar Leute, ja.«

»Und warum heißt es Othello?«

»Warum heißt irgendwas irgendwie? Wer kennt schon die Wahrheit?«

»Und wo könnte ich die Wahrheit erfahren?«

»Ich hab' echt keine Zeit«, raunzte sie, »aber kommen Sie mit in den Laden. Will gerade zumachen. Sie müssen rasch lesen.« Sie gab mir ein dickes Buch, das im letzten Jahrhundert gedruckt war. Es sagte mir nichts.

Barbara Rizzo, eine Frau, die auch in dem alten Gebäude lebte, sagte: »Warum wenden Sie sich nicht an Roberts Roemer. Der kennt sich mit Greenwich aus. Ein umgänglicher Mann, außer wenn Sie das Gespräch auf A. C. E. bringen. Dann kann's aus sein mit seiner südlichen Gastfreundschaft.«

»Was ist A. C. E.?«

»Fragen Sie ihn. Der wird Ihnen schon eine ausgewogene Antwort geben. Ist stark genug, damit fertig zu werden. Wenn Sie uns fragen, könnte es leicht ins Auge gehen. Er ist draußen auf der Cohansey Farm.«

Also fuhr ich zur Farm hinaus, zu einem schönen Fleckchen Erde, mit Blick auf den sich schlängelnden Fluß, der wenige Meilen später in die Delaware Bay mündet. Hinter dem stattlichen alten Haus pinselte Roemer einen Gartenstuhl. Er war Vizepräsident des Corporate Development für die Wheaton-Betriebe, ein in Millville ansässiges Unternehmen, das Glasgefäße vornehmlich für die pharmazeutische und kosmetische Industrie herstellt, obwohl neuerdings wieder die Weckgläser mit Drahtbügeln in den Boutiquen populär geworden sind.

Roemer hatte eigentlich Architekt werden wollen, aber sein Schuldirektor hatte ihm das ausgeredet. Nachdem er im Zweiten Weltkrieg als Chiffrier-Techniker Dienst getan hatte, ging er aufs Middlebury College, wo er mit einem Grad in Bildender Kunst und einem Zusatzkurs in Differential- und Infinitesimalrechnung abschloß. Aber sein Herz gehörte immer noch der Architektur.

Ich fragte nach Othello. »Die Geschichten, die ich gehört habe«, sagte er, »haben nicht viel für sich. Othello ist das, was sie heute den ›Kopf von Greenwich‹ nennen. Ich sag' Ihnen aber, wen Sie fragen sollten. Wenn der alte Historiker keine Antwort weiß, dann lassen Sie's sein.« Roemer schrieb mir den Namen und die Adresse auf. »Ich rufe vorher an und sage, daß Sie Lehrer sind – sonst redet er vielleicht nicht mit Ihnen.«

»Deshalb bin ich eigentlich gar nicht gekommen. Aber was ist A. C. E.?«

Er runzelte die Brauen. »Also, wenn Sie wiederkommen, erzähl' ich's Ihnen bei einem Glas Gin und Tonic. Wenn Sie Hunger haben, gibt's auch was zu essen.«

10

Der Mann mit der möglichen Erklärung für den Namen Othello öffnete die Tür seines alten Hauses nur um wenige Zentimeter. »Was gibt es?«

»Ich bin der, der wegen Othello kommt.«

Die Tür öffnete sich weiter: Es war der Mann, der sich mein Kennzeichen notiert hatte. »Was wollen Sie wissen. Was steckt dahinter?« Zum Teufel mit diesem Argwohn. So neugierig war ich nun wieder auch nicht. Eigentlich trieb mich nur das Beharrungsvermögen der allerersten Frage weiter. »Nicht so wichtig«, sagte ich. »Ehrlich gesagt, allmählich finde ich, daß die Antwort kaum die Frage lohnt.«

Der Mann, der dünn war und etwas gebeugt, sagte: »Schon gut, kommen Sie rein.« Die gelben Jalousien waren heruntergezogen, über dem Kamin hing ein dunkles Porträt, auf einem Tisch lag Walpoles *Tagebuch* und auf dem Sofa Aubreys *Frühvollendete*. Ich nahm Platz in einem tiefen, samtbezogenen Stuhl, der an den Rändern abgewetzt war, als hätten ihn Mäuse angeknabbert.

»Eh' ich Ihnen irgendwas erzähle«, sagte er mißmutig, »nehmen Sie bitte zur Kenntnis, daß Sie meinen Namen rauslassen, falls Sie über unser County rumfabulieren wollen. Und noch was – ehe ich rede, möchte ich Sie reden hören. Mal sehen, was Sie für eine Einstellung haben. Was tun Sie hier?«

»Fahr' im Land rum und versuch', einen Einblick zu kriegen.«

»Ganz allein?«

»Mit Menschen, Orten, Dingen, Ideen – wenn Sie das allein nennen.«

»Homo viator?« Er prüfte mich.

»Homo spectans.«

Er feixte. »Thoreau ist ausgiebig in Concord herumgereist.«

»Und Sokrates hat nichts von Feldern und Bäumen begriffen.«

Die Grimasse ging beinah in ein Lächeln über. »Lass' ich mir gesagt sein. Vielleicht haben Sie doch die richtige Einstellung. Also, wie ist nun Othello zu seinem Namen gekommen? Ich sag's Ihnen, und alle anderen Versionen können Sie vergessen. Im Cumberland County haben wir eine Gruppe von Siedlern, die sich ›Tri-Bloods‹ nennen, Leute, die ihre Geschichte – oder Legende – auf eine maurische – eigentlich algerische – Prinzessin zurückführen, die bald nach der Gründung dieses Staates bei einem Schiffbruch an Land kam. Die Indianer nahmen sie auf, und aus der daraus sich ergebenden Blutmischung – später gab es auch noch eine kleine Infusion von seiten der Neger – entstand eine aus drei Rassen gemischte Gruppe. Die ›Mohren von Delaware‹ werden sie genannt. So etwas Ähnliches wie die ›Goldspechte‹ aus Carolina.

In den Dreißigern und Vierzigern taten sich die Regierungsbeamten – besonders in Delaware – schwer, die Tri-Bloods einzuordnen, weil sie sich selbst weder als weiß, rot oder schwarz ansahen. Meist wurden sie als Extragruppe eingestuft, eine so kleine, daß man sie vergaß. Bis auf den heutigen Tag halten sich diese Menschen, man kann schon sagen: abseits, und soweit möglich bestehen sie auf ihrer Unabhängigkeit. Clanartig, fast geheimbündlerisch. Waren immer Landbesitzer und Farmer, nie Sklaven. Trotzdem sind sie – um den Ausdruck zu benutzen – Farbige, und deshalb verdächtig, besonders in Grenzstaaten – wobei ihr Aussehen mehr indianisch als negroid ist. Adlernase, glattes Haar, hohe Backenknochen.«

»Ich habe in Greenwich noch keine Schwarzen gesehen.«

»Kann schon sein. Die leben ein Stück die Straße runter in Springtown; war eine der ersten Stationen auf der Untergrund-Eisenbahn. Der Name kommt von einer Stelle, wo die Neger um ihre Freiheit springen konnten. Ein Sprungbrett. Aber ich red' jetzt von den Negern, nicht von den Mohren. Die Leute bringen das durcheinander.«

»Und was ist jetzt mit Othello?«

»Das obere Ende der Greate Street war immer presbyterianisch. Das untere Ende, am Cohansey, gehörte den Quäkern. Ihr Versammlungshaus steht da immer noch. Beide Gemeinden hielten sich an ein unausgesprochenes Kastensystem und gaben sich nicht mit ›Menschen von Farbe‹ ab. Die Leute an diesem Ende der Straße, die etliche Jahre lang drei Kilometer weit nach ihrer Post gelaufen waren, bewarben sich schließlich um eine eigene Poststelle unter der Rubrik ›Head of Greenwich‹. Aber die Postbehörde, die Verwechslungen befürchtete, lehnte das ab. Die Leute trafen sich und überlegten was anderes. Damals hatten wir hier eine Shakespeare-Lesegesellschaft, die ihre Darbietungen in der presbyterianischen Kirche abhielt. Eine Frau, die sich für eine Aktrice hielt und sich vielleicht über irgendeinen Spott geärgert hatte, kam auf einmal mit dem ironischen Vorschlag, man solle die Stadt Othello nennen. Man muß sich vorstellen, daß die Neger unten an der Straße und die Mohren oben an der Straße wohnen, aber beide Gruppen nicht in der Stadt. Die Weißen stimmten zu, doch ohne sich klarzumachen, daß Othello, der Mohr von Venedig, wie es im Stück heißt, ›als ein alter schwarzer Schafbock ein weißes Lämmchen‹ bespringt.«

»Das ist eine ziemlich verwickelte Beleidigung.«

»Machte aber nichts, weil die Leute die Quelle nicht kannten. Und heute, obwohl das Interesse am alten Namen wiederauflebt, nehmen die Leute den Ort als Teil des stolzen und historischen Greenwich.«

»Und wie steht's mit Greenwich? Wo kommt der Name her?«

»Um 1680 kamen Siedler aus Connecticut – Quäker und Presbyterianer – aus dem dortigen Greenwich hierher –, veranlaßt von Gabriel Thomas, einem Beauftragten William Penns. Viele von ihnen wollten der strengen Theokratie Neuenglands entkommen. Thomas erzählte ihnen von dem guten Boden hier und dem Fischreichtum, vom Überfluß an Schalentieren und Holz, vom milderen Klima. Als die Presbyterianer am Othello-Ende der Straße ankamen, richteten sie eine Schule mit kostenlosem Unterricht ein – damals was ganz Unerhörtes. Und sie lehrten – im Unterschied zu den mehr praktischen Quäkern – klassische Bildung. Für sie zählte Lesen und Schreiben zu den Beigaben zivilisierten Lebens in der Wildnis –, und in veränderter Form gilt das ja immer noch. Jetzt haben wir Italiener anstelle der Indianer.«

Er wollte sehen, wie ich das aufnahm. »Auch die Quäker haben was geleistet«, sagte er. »Sie haben sich immer daran gehalten, das Land von den Indianern zu kaufen. Sie haben Ländereien nie gestohlen, weil für ihre Denkweise ein Rechtstitel etwas sehr Wichtiges ist. Ein Quäker will seinen Nachkommen immer mehr Land hinterlassen, als er übernommen hat. So bildete sich eine starke Gruppe von Grundeigentümern heraus, die an Law and Order interessiert waren. Sie hatten nie Konflikte mit den Indianern. Die Taktik der Friedfertigen, verstehen Sie. Sie begründeten Stabilität und Wohlstand. Einer der Quäker aus Connecticut brachte so viel Silberzeug auf seinen Pferden mit, daß seine Frau den ganzen Weg zu Fuß gehen mußte. Das Quäker-Ideal haben Sie in diesem County immer noch vor Augen – vom Land, das um 1690 erworben wurde, leben die Leute heute noch. Ihre Losung heißt Bewahren. An diesem Prinzip ist nie, *nie* zu rühren.«

Der alte Jersey-Mann erhob sich. An der Tür blickte er wieder auf mein Nummernschild. »Wenn die alten Inkas durch das große Berg-Imperium reisten, mußten sie immer die jeweilige besondere Stammeskleidung tragen, damit man sie erkennen konnte. Und was haben wir heute? Ein Nummernschild? Ach was, die Stammeskleidung des Menschen sind seine Ideen.«

Ich wollte etwas sagen, aber er winkte ab und legte einen Arm auf meine Schulter. Er sagte: »Descartes war der Meinung, Reisen sei wie ein Gespräch mit Menschen aus anderen Jahrhunderten. Haben Ihre vielen Meilen Sie von der Weisheit des alten Sprüchemachers überzeugt?«

»Durchaus.«

»Haben Sie denn, mein lieber Pilger, auf Ihrer Wanderschaft auch schon den Menschen der Zukunft getroffen?«

»Müßt' ich mal überlegen. Zurückblicken.«

»*Zurück*blicken nach dem Menschen der Zukunft? Die Logik eines Lehrers. Die Zukunft ist normalerweise nicht ein nach vorn projiziertes Gedächtnis, aber ich lass' es gelten. Als Historiker bin ich Optimist, und wenn ich vorausschaue, blicke ich zurück. Ich seh' den Menschen wieder aus dem Urschlamm kriechen.«

»Ein seltsamer Optimismus.«

»Lassen Sie mich Ihnen das sagen – das Pendel schwingt in Richtung Auslöschung des Menschengeschlechts. Wie ist Ihre Einstellung dazu?«

»Ich weiß nicht, worauf Sie sich beziehen.«

»Wieder die Antwort eines Lehrers. Ich will mal eine versuchen –: in meinem Leben hat es dies County weit gebracht. Ich bin nicht mehr da, wenn Greenwich rundum von Industrie eingekesselt ist, aber Sie schon, und um die Zeit, wo diese Ecke der Bucht ein industrieller Schrottplatz wird, sind sie noch jünger als ich jetzt. Gibt alle möglichen Gründe, hier Industrie anzusiedeln, und der größte ist der Drang des Menschen nach Veränderung. Viele Gründe mehr, zum Beispiel auch, daß ein Gesellschaftsunternehmen keine Seele hat. Wir haben einen Punkt erreicht, wo wir entweder unser Schicksal in die eigenen Hände nehmen oder die Erbschaft des Ausgelöschtwerdens antreten müssen.«

Er unterbrach sich und starrte mich an. »Ihre Miene sagt, daß Sie mich nicht verstehen, aber Bob Roemer kann Ihnen die Geschichte erzählen, wie wir Rom zum Heulen brachten.«

»Ist das die Sache mit dem sogenannten A.C.E.?«

»Es geht um das begrenzte Begriffsvermögen der Menschen, begrenzt, weil sie Zeit nach ihren eigenen Maßstäben messen. Es geht um Menschen, die die Gründe nicht wahrnehmen und deshalb die Folgen nicht absehen können. Es geht um Menschen, denen die Einsicht verschlossen ist, daß Zufluchtsmöglichkeiten irgendwo das Wichtigste an unserer Geschichte sind. Es geht um Menschen, die jeden Tag eine Spezies von Lebewesen abtöten.«

Wieder bearbeitete er meine Schulter. »Sie sehen mich trotzdem unbesorgt, daß die natürlichen Vorgänge letztlich doch erhalten bleiben aus dem einfachen Grund – und dem einzigen Grund –, daß die Überlebenskraft der Natur es verlangt. Ihre Energie ist größer als unsere. Selbst wenn wir die Zeit zur Zerstörung nutzen. Aber das wär' der Kernpunkt meines Optimismus.« Er ließ von meiner Schulter ab. »Und dann gibt's noch einen Grund.«

»Und der wäre?«

»Zufälle, Entdeckungen, selbst Aufklärung. Jede Projektion muß davon ausgehen, daß der Mensch seine Geschichte ändern kann – eine Macht hat, die nur der Naturgewalt unterlegen ist. Jede Projektion muß den freien Willen einbeziehen, denn er allein verwirft oder beargwöhnt oder fürchtet das Unbekannte nicht, auch wenn er weiß, daß die Zukunft kein besserer, sondern nur ein anderer Ort ist. Jede Prognose muß in Betracht ziehen, daß der Mensch seinen Gesichtswinkel und damit seine Zukunft verändern kann.« Er mußte erst wieder zu Atem kommen, ehe er sagte: »Und wenn Ihnen das alles zuwider ist, dann sagen Sie mit Tertull: Credo quia absurdum.«

11

Am Fuß der Straße vor Roberts Roemers Domizil, wo die Maple Street mit der Greate Street ein T bildet, hat James Josiah Ewing 1834 ein Haus gebaut. Er setzte es absichtlich der Maple Street entgegen, damit die Straße nicht bis zur Delaware Bay verlängert und sein Besitz zerschnitten würde. Damals hielten die Leute es für schieren Eigennutz, einen so umwegigen Straßenverlauf zu erzwingen, aber jetzt sahen etliche Einwohner das Ewinghaus als Bewahrer des Zusammenhalts der Greate Street und vielleicht sogar von Greenwich an. Die Reaktion auf dieses Haus bewies, ob ein Mensch »die Einstellung« hatte.

Von Roemers Haus aus, das 1830 von einem Schulmeister der Quäker gebaut worden war, konnten wir Silberreiher sehen, die in dem von der Ebbe freigelegten Uferstreifen des Cohansey nach den Krebsen pickten, die im braunen Schlamm herumschwärmten. Aus dem hohen Marschgras kam das Geflöte von Weißschnäbeln und von Norden her ein Duft nach Erdbeerfeldern. Roemer reichte mir einen Gin and Tonic und erzählte dann die Geschichte von A.C.E., der Atlantic City Electric Company.

Die Quintessenz: A.C.E. fing um 1966 an, Land in der Umgebung von Greenwich aufzukaufen, indem sie eine Tarnfirma namens Overland Realty und ortsansässige Vertreter vorschickte. Nach drei Jahren gehörte ihnen ein Großteil des Landes an der Bucht. Obwohl die Verkäufer nicht wußten, wozu das Land genutzt werden sollte, »gelobten« sie der Overland-Firma, daß sie nie gegen irgendeine Nutzung des Terrains Einspruch erheben würden. Unbekümmert darum, daß ein solcher Einspruchsverzicht ein Verstoß gegen die Bürgerrechte war, erkaufte sich die A. C. E. das Schweigen von fast einem Fünftel der Bevölkerung.

Zweiundneunzig Einwohner, meist Farmer, verkauften 4500 Morgen (etwa zwanzig Prozent des zur Stadt gehörenden Geländes) für zweieinhalb Millionen Dollar an die Overland. Einige verkauften blindlings, weil der Seabrook-Tiefkühlkost-Betrieb, der früher die hiesigen Erzeugnisse verarbeitet hatte, dichtgemacht hatte. Arbeitskräfte waren unerschwinglich geworden, und um die Zukunft der Spargelfelder stand es schlecht, weil sie von Hand geerntet werden müssen und vom Schädlingsbefall bedroht waren. A.C.E. erschien den Gemüsebauern als rettender Engel. Andere Einwohner, schon in Pension oder kurz davor, brauchten rasches Kapital. Aber ein paar Leute weigerten sich zu verkaufen, weigerten sich selbst dann, als immer wieder Feuer ausbrach und verlassene Schuppen auf unverkauftem Gelände einäscherte. Teenager-Vandalismus, hieß es.

Als Overland das meiste Land aufgekauft hatte, wurde es für viereinhalb Millionen Dollar der Prudential-Versicherung übertragen (ein Vorstandsmitglied von denen saß auch im Vorstand der Overland), und die Tarnfirma löste sich auf. Und dann wurde die Sache klar. Unerklärliche Telefonleitungen, die die New Jersey Bell in der leeren Marsch verlegt hatte, bekamen auf einmal Sinn, und der Bau eines Kernkraftwerks nur zwanzig Kilometer nordwestlich von Salem würde demnächst Strom liefern für neue Industrie.

»Abgesehen von der Camouflage«, sagte ich, »sehe ich darin noch nichts Alarmierendes.«

»Das Alarmierende war, daß Industrie am Stadtrand von Greenwich eine Stadt bedroht, die älter ist als Philadelphia. Greenwich und Salem sind die ersten ständigen englischsprechenden Ansiedlungen an der Delaware Bay. Wegen seiner großen Zahl alter Bauten ist dieser Ort so bedeutsam wie Jamestown. Einzigartig. Und nicht zu ersetzen, wenn er erst einmal zerstört ist. Und als rauskam, daß der Plan bestand, drüben in Bayside, fünf Kilometer von hier, Öltanks zu bauen für die Tanker, die vor Cape May ankern, und ein weiterer Plan, das Öl mit der Bahn auf der alten Kaviarlinie direkt durch unsere

Stadt zu transportieren, kriegten ein paar von uns es mit der Angst. Bayside liegt noch im Stadtgebiet.«

»Die Kaviarlinie?«

»Bayside besteht heute nur noch aus ein paar Fisch-Schuppen, aber es war mal ein florierender Ort mit dem Beinamen ›Kaviar‹, wegen des Störs, den man da fing. Der Gleiskörper runter ans Wasser ist noch da. Und dann erfuhren wir von dem Plan, hier Industrie anzusiedeln, und daß ein weiteres Kernkraftwerk hier bei uns gebaut werden sollte. Plötzlich befürchteten die Leute, daß bald Wohnanhänger neben einem Haus aus dem Jahr 1737 stehen würden und eine Hamburger-Filiale sich einquartierte, wo mal der Britische Tee verbrannt worden ist. Wir sahen das Ende vor uns. Die Sache kam zur Krise, als der Stadtrat, so wie er damals zusammengesetzt war, den Bebauungsplan änderte, so daß A.C.E. mit dem Land machen konnte, was es wollte. Greenwich ade. Trotz der von der Stadt bestellten Gutachter und dem Landschützer des Countys, die alle gegen die Ansiedlung von Schwerindustrie waren, widmeten sie die Bebauung um. Dies ist Marschland – Tidengebiet.«

Roemer schloß sich mit anderen Bürgern zum Greenwich-Notkomitee zusammen, das Klage gegen den dreiköpfigen Stadtrat erhob, um die rücksichtslose Zerstörung eines Ortes zu verhindern, der dreihundert Jahre lang ungestört am Ende der Straße dahingeträumt hatte. Das Komitee betrieb die Wahl eines neuen Stadtrates, alarmierte auch die, die sich bisher nicht um die Angelegenheit gekümmert hatten, und hielt Ausschau nach neuen, unschädlichen Ertragsquellen für die Farmer.

»Der Kampf ging um den Nachweis, daß eine gewisse freie Fläche Land absolut notwendig ist, nicht nur für die Atmosphäre des Ortes, sondern auch für seine Gesundheit und Überlebenskraft. Wir alle sind ja Zeugen der fortwährenden Schrumpfung geschichtlichen Bodens. Überall werden Häuser abgerissen oder versetzt. Das Postamt von Greenwich wurde in ein »antikes« Touristendorf verfrachtet. Wir mußten zeigen, daß ein guterhaltenes historisches Bauwerk soviel wert sein kann wie die Steuer aus einem 100000-Dollar-Einkommen. Wir wollten verhindern, daß historischer Boden zum Industriegebiet verkommt.

Der Gouverneur hat die Zweihundertjahrfeier hier eröffnet, aber sein Besuch führte zu nichts, obwohl er die historische Bedeutung von Greenwich pries. Schließlich brachte das Komitee den Fall vor den Obersten Gerichtshof des Staates in Atlantic City. Wir verloren und hatten nicht die 10000 Dollar für das Berufungsverfahren. Aber zu der Zeit sah auch alles nicht mehr so düster aus. Veränderungen in und um Greenwich machten das Weiterverfolgen des Falles nicht mehr so nötig. Das Not-Komitee hatte einen neuen Stadtrat durchgesetzt, und man änderte den Bebauungsplan, der übrigens 33 Fehler aufwies. Dieser Plan verbot Öl-Lager und Kernkraftwerke an der Bucht, gab aber ein Gebiet nördlich von uns bei Springtown für Gewerbebetriebe und ein anderes im Westen für leichte Industrie frei. Aber mehr noch: Es gelang uns, den Großteil des Ortes unter den Schutz für Nationaldenkmäler zu stellen, so daß jede geplante Veränderung vom Innenministerium geprüft werden muß.

Selbst der Staat von New Jersey erkennt jetzt ein denkmalgeschütztes Gebiet vom Cohansey bis nach Othello an. Aber mit unserem Vorstoß, im neuen Bebauungsplan ein eigenes Amt für Denkmalspflege festzuschreiben, kamen wir nicht durch. Und andere Veränderungen, meist in Washington, haben uns auch geholfen –: der Wetlands Act schützt das Gezeitengebiet, der Farmland Assessment Act beteiligt uns an Erträgen aus anbaufähigem Ackerland. Es gibt auch subtile Veränderungen; so hat die Landwirtschafts- und Handelsbank ihre neue Filiale im Backsteinstil und nicht auf Neuamerikanisch gebaut. Und Privatleute restaurieren ihre Häuser auf eigene Faust.

Und schließlich haben die Sojabohnen Greenwich gerettet. Weil sie maschinell gesät, bearbeitet und geerntet werden können, haben sie unserer Gegend auch wieder Wert als Farmland gegeben. Und die jüngeren Mitglieder der Familie Seabrook haben bei Bridgetown eine neue Konservenfabrik aufgemacht.

Wir hatten Zeit, uns zu organisieren und etwas zu ändern, weil der Bedarf an Energie in den Siebzigern nicht so anstieg, wie die A.C.E.-Leute voraussagten. Und technische Probleme beim Kernkraftwerk in Salem verschafften uns ebenfalls Zeit. Wenn Sie mich fragen, arbeiten jetzt sowohl Vorschriften als auch die Zeit für uns – für die Geschichte. Es ist leichter, einen Unterneh-

22. Roberts Roemer in Greenwich, New Jersey

mer unter einem leisen, aber ständigen Druck zu halten, damit er mit Verantwortung für das Gemeinwohl handelt. Aber für uns war es ein Erwachen am Abgrund.

Das Problem für uns liegt in der Abwägung, was Nutzen und was Last der Vergangenheit ist. Wir versuchen ja nicht, die Zukunft auszuklammern, aber wir glauben, daß das, was in Greenwich geschehen ist, so wichtig ist wie das, was noch geschehen kann. Die Zukunft sollte aus der Vergangenheit erwachsen und sie nicht austilgen.«

Als Roemer mit der zweiten Runde Tonics ankam, sagte er: »Die Zeugen der Geschichte – ob Archive oder Architektur – sind rar und erhaltenswert. Sie sind wichtig und nützlich. Und hier sogar schön. Vielleicht haben mich die alten Quäker beeinflußt, die es als eine Frage der Moral ansahen, daß man immer darauf achtet, was man hinterläßt. Warum auch nicht. Das ist ja kein schlechter Wertmaßstab für einen Menschen – das, was er hinterläßt.«

12

Richter William Hancock, wohlhabend und einflußreich, hatte in seinem letzten Lebensjahr gar kein Glück. Bei Hancock's Bridge, ein paar Kilometer außerhalb von Greenwich, baute er sich 1734 ein großes Haus, aus dem er Jahre später fliehen mußte, als die Bürgerwehr das südliche Jersey besetzte. In der Nacht des 20. März 1778, als die Briten die Gegend zurückeroberten, entschloß sich der Loyalist zur Heimkehr; er wußte nicht, daß fast hundert Revolutionäre in seinem Haus kampierten. Sie nahmen ihn gefangen. Hancock wäre in den Händen seiner Feinde vermutlich sicher gewesen, wenn sich nicht zweihundert Loyalisten im grünen Rock entschlossen hätten, das Gebäude in derselben Nacht zu befreien. Sie überfielen die Patrioten im Schlaf und machten sie nieder, selbst als sie um Pardon flehten. In dem finsteren Gemetzel töteten Hancocks Gesinnungsgenossen auch ihn. Das Haus steht immer noch, ein Monument seiner unseligen Ortswechsel.

Salem, eine Stadt der Kolonialzeit, ist überreich an alten Gebäuden, die überall im Lande als Museum gegolten hätten, hier aber meist dem Verfall preisgegeben waren. Viele hatten schon gestanden, als die Leute von Salem Rinder nach Valley Forge trieben, um George Washingtons Truppen vor einer Hungersnot zu retten. Hier in Salem ist Zadock Street geboren, ein Mann, der 1803 die Stadt verließ und zu den neuen Territorien im Westen aufbrach. Auf seinem Weg gründeten er und seine Söhne in Ohio, Indiana und Iowa Städte, die sie alle Salem nannten. In Ohio allein gab es Nord-Salem, West-Salem, Süd-Salem, Nieder-Salem und Salem-Center. Die Amerikaner können froh sein, daß Zadock Street nicht in Freidberger oder in Quonochontang geboren ist.

Unter einem milchigen Industriehimmel, der sich in der Nachmittagssonne safranfarben tönte, überquerte ich südlich von Wilmington die Mündung des Delaware. Die Brücke war nur knapp vierzig Kilometer Luftlinie von Greenwich entfernt. Durch die Gunst der Geschichte und der Geographie hatte das Dorf überlebt, aber bei der Ausdehnung von Industrieanlagen entlang dem Fluß schien das wie ein Wunder.

Delaware, historisch der erste Staat (der Konvent von Delaware hat die Verfassung als erster ratifiziert), ist der zweitkleinste und hat nur zwanzig Kilometer Autobahnen, die Durchgangsstraßen von Wilmington mitgerechnet. Im Glauben, daß ich in eine Gegend von blauen Highways gekommen wäre, nahm ich die Delaware 9 an der Küste der Bucht entlang. Und in der Tat war die Straße ein angenehmes Asphaltband durch zwei Meter hohes Marschgras und bebaute Felder, auf denen Seevögel herumpickten. Nur wenige Häuser, noch weniger Orte am Weg. Obwohl ich die Bucht nicht sehen konnte, roch ich sie doch und fand sie auch belegt durch einen alten stählernen Leuchtturm, der etwas unmotiviert am Rand eines Maisfelds in der Nähe von Leipsic stand. Aber östlich von Dover hörte die Route 9 auf. Die blauen Straßen von Delaware gehen in Ost-West-Richtung, und die Nord-Süd-Strecken sind Schnellstraßen.

In Dover parkte ich für die Nacht. Ich spazierte rum, hätte gern geredet, aber ein Unwetter ließ die Leute zu Hause bleiben und mich in den Wagen klettern. Die alten Augen des Wachsgesichts von Mellens Grab sahen mir zu. Whitman: »Ich kenne weder Spott noch Streit – ich beobachte und warte.«

13

Auf dem Dorfplatz von Dover haben die Bewohner am hellichten Tag und mit Erfolg den Geist eines Obersten Richters, Sam Chew, begraben. Um 1745 hatte der Schatten des Richters die Angewohnheit, nachts auf dem Platz herumzuspuken und Passanten anzugehen. Das Nachtgespenst seiner Ehren hielt die Leute von den Straßen fern, und die Wirte beschwerten sich. Also gruben die Einwohner ein symbolisches Grab und läuteten im hellen Sonnenschein die Glocken, während Geistliche um Frieden für die ruhelose Seele beteten.

Außerhalb von Dover nahm ich die Straße zur Delaware Bay; vorbei an einem Brathähnchen-Stand, über den Muderkill River ins Sussex County, eine Gegend, die die englischen Siedler mal Hurenkill nannten, ein Name, den sie von den Holländern übernahmen, die Lewes Creek als Hoerekill (»Hurenfluß«) bezeichneten, nachdem sich holländische Seeleute dort mit Indianerfrauen eingelassen hatten. Die Behörden behaupten, daß der holländische Name eigentlich Hoornkill, nach einem holländischen Ort namens Hoorn sei, aber gewiß ist die amerikanische Geschichte nicht immer so astrein, wie sie uns erzählt wird. Südlich von Rehoboth Beach frühstückte ich am Wasser. Obwohl der Himmel klar war, zeugte die Brandung noch immer von der stürmischen Nacht. Im Rücken hatte ich zwei siloähnliche Beobachtungstürme, Relikte aus dem Zweiten Weltkrieg. Oben hatten sie schmale Öffnungen wie böse Augen. Ein Schwarm Spatzen flog durch die Schlitze ein und aus, und die schrillen Vogelschreie hallten schaurig in dem hohlen Beton. Die Türme waren historische Kuriositäten aus dem schlimmsten Krieg der Menschheit, der diesen Strand jedoch nie erreicht hat. Wären sie in der entfernteren Geschichte des Unabhängigkeitskrieges oder des Bürgerkrieges gebaut worden, so hätten sie wohl schon Denkmalscharakter. Wann eigentlich ereignet sich Geschichte?

Ich spazierte die Mündung entlang. Eine Krabbe von Basketballgröße lag am Rand des Wassers. Im Frühling kommen die Hufeisenkrabben, anscheinend aus irgendeiner Devon-Tiefe erwachend, in die seichten Gewässer der Delaware Bay, um sich zu paaren. Die Hufeisenkrabbe sieht weder wie ein Hufeisen noch wie eine Krabbe aus, und sie ist auch keins von beiden, und auch ihr anderer Name, Königskrabbe, ist irreführend. Denn während die Königskrabben aus Alaska (die wirkliche Krabben sind) eine der kulinarischen Köstlichkeiten der See sind, füttert man mit dieser Kreatur des Atlantiks, diesem Huftier unter den Gliederfüßlern, nicht einmal mehr die Hühner. Aber noch vor einer Generation machten sich die Kinder einen Spaß daraus, barfuß durch die Bucht zu waten, die Tiere anzustipsen und dem Griff der spießähnlichen Scheren zu entgehen, mit denen die Indianer früher ihre Fischspeere bewehrten. Die Krabbenfischer von Delaware verfütterten die Krabben an Hühner und Schweine oder trockneten sie an der Sonne, um sie zu Dünger zu zermahlen. Heute können sich die Hufeisenkrabben wieder ungestört vermehren – wenn sie nicht von den alten Feinden am Meeresgrund ereilt werden.

Ich fuhr weiter Richtung Süden. In der Nähe von Ocean City

wurde die Küste zu einem sechsspurigen Streifen mit Motels und Eigentumswohnungen, die durch elektrische Leitungen miteinander verbunden waren. Spielwiese für Baltimore und Washington. In der Hoffnung, wieder in ruhigere Gegenden zu kommen, fuhr ich zum unteren Ende des Ostufers der Chesapeake Bay, nach Crisfield, in die »Krabbenmetropole der Welt«. Die Mainstreet hier war breit, weil da mal die Bahngleise zum Pier führten. Hier am Pier, wo die Fischer früher Austern und Krabben in die Waggons geladen hatten, stieß ich auf Captain's Galley, ein mit Austernschalen verkleidetes Lokal. In der kleinen Bar kündigte ein Zettel vis-à-vis der Reklameschilder für Bier und unzerbrechliche Kämme das nächste Treffen der Austernfischervereinigung von Maryland im Feuerwehrhaus an. Die Wasserleute, wie sie sich selber nennen, saßen beim Bier und erzählten sich ihre Geschichten in einer Schnellsprache, die teils Südstaatenjargon, teils Londoner Cockney war. Alle langen »i« kamen wie »eu« heraus, und aus der Auster wurde eine Arster.

Ein Mann mit weißen Locken wie Sturzwellen sagte: »Tommy, ich habe über CB-Funk gehört, du hättest beim Telefoneuren mit deiner Schweugermutter den Hörer aufgelegt.«

»Hab' ich nicht«, sagte Tommy. »Spinnst du? Bei der würden doch die Sicherungen neu durchbrennen. Außerdem mag ich das alte Mädchen veul zu sehr, um einfach aufzulegen. Ich hab' nur das Telefonkabel aus der Wand gezogen.«

Ein Austernmann, dessen krustige Hände aussahen wie der Boden eines Bootes, das zu lange im Wasser gelegen hat, erzählte, wie er vor Jahren mal an einem sengend heißen Julitag Eisbarren auf einem Kipp-Lastwagen ausgefahren hatte. »Wir hatten einen geplatzten Reifen. Als wir ihn repariert hatten, war das Eis ganz weggeschmolzen. Also sag' ich: Jungs, wir können nur eins machen: Gehen wir baden. Ich versuchte es mit Rückenschwimmen auf der Ladefläche, und Tommy fand eine Arster und aß sie.«

»Kam neulich ein Mann rein zum Lunch«, sagte ein Hafenarbeiter, »war kein Amerikaner, und fragt mich – war wohl ein Holländer –, fragt mich, was ist 'n das, 'ne Arster? Eine Arster, sag' ich zu ihm, eine Arster ist irgendwas zwischen Fisch und Bisamratte, das ist 'ne Arster.«

Jemand fing mit einer Runde von Geschichten über einen Burschen namens Weed an, dessen Räusche und Begriffsstutzigkeit Legende waren. Der mit den Locken sagte: »Habe ihn letzte Woche mit seinem Fahrrad gesehen, wie er eine dreizehn Meter lange Ausziehleiter transportierte und dabei immer umkippte.«

»Das ist ja nichts Neues.«

»Aber ja doch. Hatte die Leiter nicht zusammengeschoben. Sag' ich zu ihm: Weed, häng mal lieber eine rote Fahne an deine Leiter. Sagt er zu mir: Macht nichts, Frank, die schrammt sowieso die meiste Zeit über den Boden.«

Im Nebenraum kaufte ich fürs Mittagessen ein; Lichtreflexe von der Bucht blinkten an der Wand. Es war Weichkrabbenzeit, und ich schaffte vier davon. Die Kellnerin sagte: »Manche finden, es wär', wie wenn man Spinnen ißt.«

»Gut. Dann ist die Konkurrenz nicht so groß. Wo kommen die her?« Sie zeigte aus dem Fenster. »Von da draußen.« Die Mole für die Passagierboote zu den Inseln war gleich nebenan, deshalb fragte ich sie nach dem Fahrplan.

»Wollen Sie nach Tangier oder Smith?«

»Tangier, nehme ich an. Von Smith habe ich nie gehört.«

»Alle fahren nach Tangier. Warum probieren Sie's nicht mal mit Smith Island? Könnten meine Tante in Ewell besuchen. Die hat da schon gelebt, als es noch keine Elektrizität gab. ›Miz Alice‹ sagen sie zu ihr. Nur Hotels gibt's da nicht. Müßten bei irgendwem übernachten.«

Sie telefonierte und gab Bestellungen auf. Ich holte meinen Dufflecoat aus dem Auto und ging an den Pier, um zu warten. Ein vierschrötiger Mann fragte: »Nach Smith oder Tangier?«

»Smith.«

»Aha. Zur Methodisten-Insel. Ganz andere Welt da draußen. 98 Prozent da drüben leben vom Wasser. Wasser, Wasser, Wasser. Halten sich nur ans Wasser. Sind alle, bis zum letzten Mann, Amateur-Meeresbiologen. Vielleicht kommst du gar nicht zurück.«

»Wieso nicht?«

»Das Essen.«

»Ist es verdorben?«

»Verdorben? Das wirst du sein. Die kochen, als wenn jeden Tag Erntedankfest ist.« Der Mann hieß Bob Goldsmith und war Bauunternehmer in Crisfield.

Er fragte: »Hast du Crisfield schon besichtigt?«

»Was gibt's denn da zu sehen?«

»Steig ein«, sagte er.

»Aber mein Boot.«

»Kommt nicht vor 'ner Stunde.« Er holperte mit seinem Pickup über die Mainstreet. »Früher fuhr die Eisenbahn hierher, um den Fang abzutransportieren – Krabben und Austern. Gab damals 46 Schälbetriebe, aber 40 sind hin. Die Gleise liegen einen Meter tief unter dem Teer. Unser Fang war so groß, daß sie dieses ganze Ende der Stadt auf Austernschalen gebaut haben. Stich mit dem Spaten rein, dann siehst du's noch.«

»Verraten Sie mir mal, warum sich die Bucht nicht mit Schalen aufgefüllt hat?«

»Kann ich nicht sagen. Das Problem liegt auch eher umgekehrt. Gibt viel zu wenig Schalen in der Bucht, so daß der Staat jetzt die Hälfte der leeren wieder ins Wasser schüttet, damit die jungen Austern ein Bett haben, an das sie sich halten können.« Er bog von der Main ab und fuhr langsamer. »Würdest du gern reich sterben?«

»Wenn ich die Wahl hätte, würde ich lieber reich leben.«

»Also dann: erfinde mal eine Maschine, mit der man Austern aufbrechen und Krabben schälen kann.« Er hielt an und zeigte vor sich hin. »Hier hast du den Blick der Blicke in Crisfield.«

»Wo?«

»Da drüben. Die Pyramide. Eine maßstabsgetreue Nachbildung der Cheopspyramide in Kairo. Und genau so ausgerichtet. Am 21. Dezember zeigt die Spitze des Schattens auf den gleichen Kompaßpunkt wie in Ägypten – bis auf eine kleine Abweichung, die mit dem Breitengrad zusammenhängt.«

Die Große Pyramide von Crisfield war nur knapp zwei Meter hoch – nicht mal so groß wie ein Wachhäuschen der Marine. Goldsmith und seine Söhne hatten das Betonmonument zur Zweihundertjahrfeier der Unabhängigkeitserklärung entworfen und gebaut; innen hatten sie Fotos, Pfeilspitzen der Nanticoke, Schallplatten und andere Dinge untergebracht.

»Wenn die das im Jahr 2076 aufmachen, stoßen sie vielleicht auf den einzigen 47er Mercury-Außenbordmotor der Welt.«

»Könnte mir vorstellen, daß hier eine große Austernschale aus Beton die angemessene Zeitkapsel wäre«, sagte ich. »Innen hohl, und genauso fest zu.«

Goldsmith war geplättet. »Eine normale Auster ist schon häßlich, aber erst eine zwei Meter große?«

Wir fuhren zum Pier zurück. Er zeigte in Richtung Janes Island, auf ein Stück grasbewachsenes Marschland, das nur knapp über dem Flutwasser lag. »Ich hab' da über fünftausend Pfeil- und Speerspitzen gefunden«, sagte er. »Das da draußen ist fast mehr Fels als Insel. Die Nanticokes haben da gejagt, aber gelebt haben sie auf dem Festland. Die Inseln sind ganz schön hergenommen worden. Jane sieht nach nicht viel aus, aber das kleine Stückchen Land hat ein paar tausend Jahre lang eine Menge Indianer ernährt.«

Das Boot zum Smith Island, die Captain Jason, hatte festgemacht. An Bord waren zwei Mann Besatzung, drei Frauen und ein Sack mit Lebensmitteln, die ein Inselbewohner bestellt hatte. Clarence Tyler war am Steuer, und Glenn Marshall, der eine Mütze mit der Aufschrift KAPITÄN trug, stand neben ihm. Er hatte in St. Louis Computer-Programmierung studiert, bis er herausfand, daß er viel lieber ein Arbeitsboot in der Chesapeake Bay betrieb. Er kehrte zurück, fand in Tyler einen Partner, und 1977 kauften die beiden Männer dieses Boot. Seit der Zeit hatten sie die siebzehn Kilometer lange Tour über den Tangier-Sund an jedem Tag des Jahres zweimal täglich gemacht – bis auf den Monat, wenn die Bucht zufror; dann gab es eine Eisschicht von dreizehn Metern und die Leute befuhren den Sund mit Autos.

»Das hier ist ein guter Job«, sagte er. »Keine Bosse auf dem Wasser, bis auf einen – das Wetter. Und keine Bosse ist besser als Geld.«

Nach fünfzig Minuten fuhren wir in eine kleine Bucht zwischen zwei Marschinseln und machten am Pier von Ewell fest, dem Hauptdorf auf Smith Island; das Boot würde über Nacht in Tylerton bleiben, am südlichen Ende des Potpourris von Inseln, aus denen Smith besteht. Marshall beschrieb mir den

Weg zum Haus von Miz Alice. »Die Wetterfahne besteht aus einem kleinen Skipjack-Boot. ›Zur Böe‹ heißt ihr Haus.«

Ich warf meinen Dufflecoat über die Schulter und ging durch die sandigen Wege, am Kirchturm vorbei, zur Westseite des Ortes. Da lag ›Zur Böe‹, ein dreigeschossiges Haus aus roten Schindeln mit Blick auf ein verwirrendes Netz von kleinen Buchten und Wasserpassagen inmitten eines Marschgebietes, das so ausgedehnt war, daß ich die Bucht nicht sehen konnte. Auf die Vordertür war HINTEREINGANG! gekritzelt. Und da ging ich hin.

14

Alice Venable Middleton war eine von jenen Achtzigjährigen, bei denen das Alter so aussieht, daß man es ja nicht versäumen möchte. Sie stand in der Küche und sah durch's Fenster zu, wie ich um ihren Garten mit Gemüse und Mais herumschritt.

»Kommen Sie rein und sperren Sie den Wind aus. Ich bin Alice. Sie tun sich also hier bei uns um. Also, Gallia est omnis divisa in partes tres. Das gilt auch für Smith Island. Wir sollten besser von Inseln sprechen. Wie steht's mit Ihrem Cäsar?«

»Liegt schon ein paar Jahre zurück, aber die drei Teile Galliens weiß ich noch.«

»Hab' hier unterrichtet, mehr Jahre als es Austern auf dem Grund gibt. Seit achtzehn Jahren pensioniert. Sie sind auf dem Weg hierher an meiner Schule vorbeigekommen.«

»Ich bin, glaube ich, an allem vorbeigekommen – Schule, Grocery, Kirche.«

»Haben Sie die historische Gedenktafel an der Kirche gesehen?«

»Die hab' ich gelesen.«

»Und ich geschrieben. Auf den offiziellen Tafeln muß man mit zweiundvierzig Worten auskommen. Nicht viel, aber dafür wird alles in Bronze gegossen. Das mag ich. Liegt in der Familie. – Mein Vater war Eisenfabrikant – gelernter Schmied. Hat sein Lebtag mit den Wasserleuten gearbeitet. Segelschiffe repariert.

Der hatte vielleicht Kunst in seinem Hammer!« Sie schwang ihren Arm, um es mir vorzuführen. »Etwa so: Tap, tap, tap, tap, PENG! Als sie mich zur Akademie in Baltimore abschoben, wollte ich irgendwas Handwerkliches lernen – wie Eisenschmied, weil das eine kräftige und dauerhafte Sache ist. Als meine Großmutter davon erfuhr, kriegte sie sich nicht mehr ein. Der Beruf kam für ihre Enkelin nicht in Frage. Heute könnte ich die älteste lebende Schmiedin an der Bucht sein. Miß Schmitty von Smith Island. Soviel dazu.«

Alice Middleton stammte aus dem Somerset County an der Ostküste, zog aber schon 1915 auf die zehnmal sieben Kilometer große Insel. Ihr Mann und ihre älteste Tochter waren vor einigen Jahren gestorben und ihre jüngere Tochter lebte in Princess Anne an der Küste, so daß Miz Alice jetzt allein war mit ihrer Katze Jersey Red und einem namenlosen zugelaufenen Hund, der auf alles losging, was sich bewegte.

»Elektrizität haben wir erst seit neunundzwanzig Jahren, Telefon noch nicht einmal so lang. Wir waren hier richtig hinter dem Mond.« Sie unterbrach sich. »Tee oder ein Gläschen Wein?«

»Schluck Wein, wenn's Ihnen nichts ausmacht.«

»Holen Sie sich ein Glas aus dem Schrank – aber nehmen Sie sich kein angeschlagenes.« Sie setzte einen kleinen Topf Wasser auf, wir hockten uns an den Küchentisch, und sie redete. Als das Wasser nach zehn Minuten immer noch nicht kochte, sagte sie: »Sehen Sie mal nach, ob da ein Frosch drinsitzt.«

Ich sah nach. »Kein Frosch, aber 'ne Million Blasen.«

»Na, dann wär' das auch geklärt.« Sie schob die *Baltimore Sun* vom Vortag beiseite und holte sich eine Tasse mit ihrem Lieblingsmuster – kupferfarbenes Teeblatt-Lustre – heran, um den Tee darin aufzubrühen. »Ich erzähl' Ihnen mal die Geschichte von John Smith, dem Pocahontas John Smith. War der erste Weiße, der auf die Insel kam. Ist nach ihm benannt. Kam 1608 hierher, um für die Jamestown-Siedlung nach Anlegestellen und nach Salz zu suchen. In seinem Tagebuch erwähnt er die Insel und schreibt, das Gewässer wimmele derart von Fischen, daß er mit einer Pfanne auf Anhieb mehrere Sorten rausgeholt habe. Wurde dabei von einem Rochen gestochen, aber er mochte die

Inseln in der Bucht. Er war der Meinung, daß Himmel und Erde gemeinsam nie einen idealeren Platz für den Menschen geschaffen hatten. Er sagte es am besten mit vier Worten: ›Das Land ist sanft.‹ Irgendwo in Amerika sollten sie das auch mal in Bronze gießen. Ganz groß. DAS LAND, MEINE FREUNDE, IST SANFT. Aber jahrelang ist dies auch ein düsteres und blutiges Gelände gewesen; das war die Zeit, als sich die Wasserleute von Maryland und Virginia bekämpften. Die Austernkriege. Brachten sich wegen ein paar Zentimetern um. Dann starben die Austern am unteren Ende der Bucht langsam aus – durch einen Parasiten mit der Bezeichnung MSX –, und damit hörten auch die Feindseligkeiten auf. Die Leute sagen, MSX wär' die Hand Gottes gewesen.«

»Eine Methodisten-Insel, hab' ich mir sagen lassen.«

»Bis aufs letzte Krümelchen. 1938 äscherte ein Brand die Kirche ein. Die Leute beteten auf Knien die Straße rauf und runter. Unsere Häuser stehen dicht beieinander, weil es hier nicht viel festen Grund gibt. Deshalb auch sind unsere Straßen so eng. Das Feuer hätte beinah den ganzen Ort erfaßt. Und plötzlich, die Leute lagen immer noch auf Knien, drehte der Wind, und nur die Kirche brannte ab. Die Hand Gottes, hieß es.«

Ich schenkte ihr den Tee und mir den Wein ein, während Miz Alice in ihren Schilderungen fortfuhr.

»Ein Lehrer sollte sich an ein Thema halten – eine Art Refrain für Ideen. Mein's war das, was sie heute Ökologie nennen. Ich brachte den Kindern erst ihre eigene Welt bei. Später war dann Grammatik und Rechnen dran. Dafür bleibt immer noch Zeit. Ich wollte ihnen zeigen, daß es für Erziehung nur einen Ort gibt – die Schule des Denkens. Regeln lernen ist nützlich, aber Erziehung bedeutet das nicht. Erziehung heißt denken, und denken heißt, von sich selbst auszugehen und die Außenwelt erkunden und nicht bloß hinnehmen, was einem eingetrichtert wurde. Und dann setzt man die Beobachtungen zusammen. Es ist mehr als schwierig, die Kinder heute zu eigener Anschauung zu bringen. Die möchten, daß ihre Visionen Televisionen sind. Augen auf! hab' ich zu ihnen gesagt. Wenn man die eignen Augen aufmacht, kann man sehen, was um einen herum vorgeht und daß Geschichte keine Sache der Vergangenheit ist. Man sieht, daß das

Land sanft ist. Aber es ist schwer, aus den Leuten hier Liebhaber der Natur zu machen, wo sie so viel davon im Rohzustand vor der Tür haben. Auf unserer Insel gibt es die Meinung, daß Gott schon für alles sorgt – Austern, Krabben, Wasser, Gänse. ›Ich fang' heut' soviel Krabben, wie ich halt fang'‹, so reden wir hier. ›Morgen sind es dann vielleicht mehr.‹ Jetzt sind wir ganz unten angelangt und haben uns nicht groß um Nachschub bemüht. Haben die Baby-Austern jahrelang rausgefischt. Aber schließlich, denk' ich, zählen die Taten der Menschen. Alles zählt. Wir leben ja in Abhängigkeit, nicht unabhängig. Aber erzählen Sie das mal einem Insulaner, und er macht sie fertig. Und erzählen Sie ihm bloß nicht, daß kein Mensch eine Insel ist.« Sie schlürfte ihren Tee. »Wollen uns da nicht zu sehr reinsteigern. Wenn man nur das sagen könnte, was die Leute für gut und richtig halten, wär' der Ort längst stumm. Frag' mich, was wir dann zu hören bekämen.«

»Scheint doch, als ob es immer noch viele Austern gäbe.«

»Aber nicht mehr so ein Gewimmel wie früher. Immerhin sind die Höfe unserer Häuser mit Austernschalen gedüngt. Ein Eimer Schalen, ein Eimer Sand, und im Handumdrehen hat man einen Garten. Hier braucht man keine grüne Hand. Wir liegen einen guten Meter über dem Meeresspiegel – vielleicht jetzt schon anderthalb, soviel Schalen wie wir aufgeschüttet haben. Aber Sie können nicht ermessen, was ich damit meine, wenn ich Ihnen nicht dazu verrate, daß ich in diesem Haus drei Hurrikane mitgemacht und nie auch nur einen Tropfen Wasser drin gehabt habe. Nie einen Sturm in dieser Küche.« Sie hielt inne. »Aber worüber haben wir geredet? Bestimmt nicht über die Tide. Mein Tee muß rein verhext sein.«

»Über Chesapeake-Austern.«

»Ein Geschmack wie zwischen Himmel und Erde. Da kommen unsere großen Häuser her.«

»Vom Himmel?«

»Von den Austern. Vom Austerngeld. Was Krabben angeht – die hat ganz früher gar keiner gemocht. Schon die Indianer nicht. In ihrem Küchenabfall gab's keinerlei Krabbenreste, und ich glaub', ich weiß warum. Die Leute freundeten sich erst mit den Krabben an, als Austern rar wurden. Sie wußten, daß Krabben die Bussarde der Tiefe sind – die Straßenkehrer auf dem Meeresgrund. Wenn man Krabben fangen will, muß man Angel oder Reuse mit Räucheraal beködern. Geräuchert und stinkend wie Aas. Das ideale Krabbenmenü. Dafür läßt er sein Leben. Und heute essen die Leute lieber ein gebackenes Schälchen als eine frische Auster.«

»Was ist ein Schälchen?«

»Ein Schalentier. Hier sagen sie Schälchen, und Schleppen heißt Schlappen. Das Schälchen bedeutet eine Metamorphose, nur nennen's die Fischer nicht so. Bei allem, was nicht gerade mit Schiffen zu tun hat, reicht ihnen das einfachste Vokabular. Nur wenn's um Boote geht, muß man zwischen Bugeye und Batteau genau unterscheiden. Das Schälchen spaltet seine Schale auf, damit es wachsen kann. Weichkrabben heißt das in den Restaurants. Der Krabbenfang beginnt zeitig im Frühjahr, wenn die Männchen die Bucht hochkommen, um nach den weiblichen Tieren Ausschau zu halten. Paarungszeit. Manchmal findet man einen Doppler – Mann und Frau Arm in Arm. Man kann Reusen aufstellen oder Angeln auslegen oder auch mit Kaulquappen fischen. Im Sommer ist Krabbenzeit, im Winter dreggt man Austern. Auch Zangenfallen werden gern benutzt.« Sie nahm Zollstock und Besen, kreuzte sie wie eine Zange, um mir vorzuführen, wie eine Fangzange für Austern funktionierte. »Sehen aus wie sieben Meter lange Rechen, die in der Mitte zusammengekettet sind, aber es braucht schon einen Quasimodo-Buckel, um die Austern loszustemmen. Jetzt gibt es Patent-Zangen, elektrische Geräte, die den Boden abschürfen. Zehnmal soviel Zangen wie Schleppnetze heutzutage. Fragen Sie mich nicht, was die Maschinen an den Austernbänken anrichten. Weiß es selber nicht. Aber so viel weiß ich, daß Maschinen auf die Dauer alles kaputtmachen.« Sie hielt wieder inne. »Bin ich reaktionär?«

»Weiß ich nicht.«

»Bin selber nicht mehr ganz sicher.« Sie stand vom Tisch auf.

»Ich zeig' Ihnen ein Buch, was ich geschrieben habe, und dann noch was anderes, falls ich's finde.«

Das Buch war eine Broschüre. *Marylands rechte, echte Insel.* »Der Titel stammt von mir, und er trifft es. Das Buch ist die einzige Geschichte der Insel. Aber bedenken Sie, daß die Hälfte der Geschichte aus Geschichten besteht. Nach bestem Wissen. Aber um unsere rechte, echte Insel wirklich zu verstehen, sollten sie das *Leben von Joshua Thomas* lesen, dem Inselpfarrer. Ein ›wortmächtiger Donnerer‹ soll er gewesen sein. Hat die ganze Ostbucht zum Methodismus bekehrt. Er kam während des Krieges von 1812 von Potato Neck aus auf die Inseln. Kam mit seinem Holzkahn *Methodist* hier an. Einmal sagte er zu einer Mutter, deren plärrendes Kind die Predigt störte: ›Madame, würden Sie die Güte haben, dem Baby eine Kartoffel zu geben?‹ Eine süße Kartoffel, meinte er. Vielleicht hilft das. Bei mir allerdings nicht. Süßes krieg' ich nicht runter. Muß eine saure Gurke essen, um den Zuckergeschmack aus der Kehle zu bekommen.«

Sie ging weg, um etwas anderes zu holen. Ich hatte die Broschüre fast durch, als ich sie von weit her rufen hörte. Sie war oben im dritten Stock auf der steilen Treppe. »Kann's nicht finden«, sagte sie. »Hab' eine Speerspitze so lang wie mein Handballen gesucht. Hab' sie neulich am Strand gefunden. Ein Kunstwerk. Hat mich an die Arbeiten meines Vaters erinnert. Na, egal.«

Sie zeigte mir ein Halsband und Ohrringe, die aus Töpferscherben der Kolonialzeit gemacht waren; auch die hatte sie am Strand gesammelt. »Schmuck sollte eine Bedeutung haben. Können Sie die Ziffer 4 hier entdecken? Soll das vier Gallonen bedeuten? Vier Quart? Weiß es nicht, aber irgendwas mit vier ist es.«

Sie winkte mich zum hohen Fenster, wo wir nach Westen zu das Geflecht der Buchten und Wasserrinnen zwischen dem Marschgras sehen konnten und in der Ferne die graue Linie des von der Dämmerung verschleierten Wassers.

»Chesapeake«, sagte sie mit Emphase. »Gibt nicht viele Gewässer auf der Welt, die derart fruchtbar sind. Dabei hundert Kilometer lang. Ein Binnensee. Tief unten fließt eine Strömung weit in den Atlantik hinein. In zehntausend Jahren, wenn das Ostufer weggespült ist, wird die Bucht zum Meer gehören. Direkt gegenüber mündet der Potomac in die Bay, und der ist so breit wie das obere Ende der Bucht.«

Die Fischer hatten während des Unabhängigkeitskrieges das Labyrinth der kleinen Buchten als Hinterhalt für Angriffe auf vorbeifahrende englische Schiffe benutzt. »Unsere Schiffer fanden an der Sache so viel Gefallen, daß sie noch fünfzig Jahre nach dem Krieg damit weitermachten. Als sie die Piraterie aufgaben, schossen sie mit den auf die Boote montierten Kanonen nach Enten und Gänsen. Mit einem Schuß konnten sie hundert Vögel abknallen. Mehr als ein Wildhüter wurde auf den Boden des Wassers versenkt. Wir haben unser Teil Gesetzlosigkeit erlebt.«

Der Kirchturm an der Westseite markierte den Rhodes Point. »Zuerst hieß er Rogues Point, Schurkenpunkt. Piraten. Als der Ort solide wurde, änderten sie den Namen. Klang genauso, nur der Sinn war anders. Haben ihn nach Cecil Rhodes benannt – der auch in Rhodesien steckt. Sind jetzt alles Fischer hier – aber wie ich höre, wollen sie jetzt auch die Jacht-Meute herlotsen. Von Piraten zu Jachtbesitzern – so sieht unsere Geschichte aus.«

Aus ihrem Mansardenfenster hatte Miz Alice noch die großen Segelschiffe bei der Ausfahrt aus dem Hafen von Baltimore gesehen und viele der zweitausend Austernboote jeder Bauart, Boote, die bis auf die Skipjacks jetzt alle verschwunden waren. »Kurz vor Sonnenuntergang färbte das Licht die Segel golden wie Engelsflügel. Sah herrlich aus.«

Kleine Hügel bedeckten die Insel. Auf einem wuchs eine Gruppe Kiefern. Dort hatte mal ein Landhaus gestanden. »Stand jahrelang leer. Voller alter Sachen. Die Tylers sind da einfach ausgezogen. Weiß nicht warum. Und vor fünfzehn Jahren ist es bei einem Marschfeuer abgebrannt. Ein Stück verlorener Geschichte, und ich wüßte nicht mal zu sagen, ob das Feuer sonst auch passiert wäre.«

Sie schwieg; ich sollte die große flache Weite in mich aufnehmen. »Von diesem Fenster aus hat mich mein Mann beobachtet, als ich über's Eis gewandert bin, nachdem ich eine Nacht lang auf der *Island Belle* verbracht hatte. Waren auf der Heimfahrt im Eis steckengeblieben. Welch eine Nacht! Die Bucht, das Boot und wir. Nichts verlorengegangen, nicht mal die Belle. Als das Eis schmolz, fuhr sie weiter.«

Miz Alice wies auf eine Insel im Norden. »In ein paar hundert Jahren wird die verschwunden sein. Hab' schon ein paar versinken sehen. Holland Island ist schon fast weggespült. Die Leute haben ihre Häuser per Boot nach Crisfield transportiert. War um 1910.« Sie zeigte mit dem Daumen nach Süden, Richtung Tylerton. »Der dritte Ort auf der Insel. Das sind da ziemliche Querköpfe, das ist mal sicher. Aber die Familien auf der Insel sind untereinander verwandt, wie ich nachweisen kann. Alle aus England oder Cornwall. Mir liegt das wegen meiner jüngeren Tochter besonders am Herzen. Sie ist eine von zwei Personen auf der Insel mit multipler Sklerose. Zwei von nur 750 Menschen. Ich möchte, daß man sich mal um die Erbzusammenhänge bei dieser Krankheit kümmert, und das hier wäre der richtige Ort für so eine Untersuchung.«

Sie zeigte hinaus auf das Netz der Wasserrinnen. »Die verlaufen in allen möglichen Richtungen, aber sie bewegen sich nur zur See hin. Tausend Richtungen innerhalb einer Hauptströmung. Kommen wie die Krabben im Seitwärtsgang vorwärts. Bekommen dadurch Raumgefühl. Anfangs schmal, an der Küste breiter. Das Abbild eines gut gelebten Lebens, möchte ich meinen.«

Aus dem Ostfenster zeigte sie mir Point Comfort Island, eine unbewohnte Insel voll kleiner Kiefern, nur etwa hundert Meter jenseits der kleinen Bucht des Ewell Pier. »Unsere Menschen wollen da nicht hinziehen. Zu weit ab von allem. Außerdem ist es eine Insel.«

»Und was ist Smith?«

»Land, das von Wasser umgeben ist. Wie Australien.«

Wir gingen wieder nach unten. Miz Alice holte ein großes knöchernes Ding hervor, das eine vage Ähnlichkeit mit einem Schädel hatte. »Fischer haben das aus der Bucht geholt. Haben einen ganzen Schwung Knochen rausgefischt. 1959 haben meine Schüler zwei Pakete mit den Knochen ans Smithsonian Institut geschickt. Hier ist deren Auskunft.« Sie reichte mir ein Schreiben mit herzlichem Dank und der Information, daß die Knochen von einer ausgestorbenen Walart stammten. »Walwirbel! Sehen Sie genau hin.« Sie stellte den massiven Knochen hin. »Hier sind Augen, Mund, Nase. Sieht das nicht wie ein Monsterschädel aus?«

»Ich tendiere zum Wirbelknochen.«

»Ihr Götter und kleinen Fische! Das Leben spielt schon verrückt.« Sie sah aus der Eingangstür. »Na, was halten Sie nun von unserer rechten, echten Insel?«

»Gefällt mir.«

»Na also. Und morgen machen wir eine Tour nach Rogues Point.«

Miz Alice rief eine Freundin an, die Frau eines Fischers, und bestellte mir ein Quartier für die Nacht. Ich ging zum Hafen und aß in Ruke's Grocery zu Abend, einem alten Lokal mit einer kaputten Registrierkasse, die voll war und offenstand. Treibgut vom Strand hing überall herum: bossierte Flaschen, die vor Alter opalisierten, ein zerfetztes Netz, zerbrochene Töpfe, ein abgewetzter Flaschenzug. Die Fischer tranken Kaffee mit zerlassenem Käse obendrauf und hockten da im süßen Duft frischen Gemüses und brutzelnder Krabbentörtchen. Fünf Jungen, die alle gleich aussahen, obwohl nur zwei von ihnen Brüder waren, schnippten Pfennige über den Boden, der wellig war wie eine hölzerne See.

In der kühlen Abendluft streifte ich durch die Insel und gegen acht zog ich zum Haus von Mrs. Bernice Guy, die mir mein Zimmer zeigte. Ein kleines Kämmerchen mit durchgelegenem Bett und oval gerahmten Fotos von anno dazumal. Sie sagte: »Auf unserer Insel ist es schön, aber die Leute kommen nur einmal her und dann nicht wieder. In Ihrem Bett hat sogar mal Henry Cabot Lodge geschlafen.«

Am nächsten Morgen stapften Miz Alice und ich den staubigen Weg lang nach Rogues Point, über Rinnsale hinweg und durch das hohe Gras. Sie nannte mir die Namen der spärlichen Bäume: Loblolly-Kiefern, Eichen, rote Zedern, Pappeln, ja sogar ein Granatapfel- und ein Feigenbaum waren darunter. Die größten Bäume hatten Pfahlwurzeln, mit denen sie bis ins salzige Wasser reichen konnten. Sie zeigte mir dies und jenes: ein Haus, wo sechs Jungen und sechs Mädchen aufwuchsen, einen Reiher, der pickte und schluckte.

Ein heranbrausendes Auto ohne Schalldämpfer zwang uns an den Rand.

»Wo immer Hoss hin will, wird er bald sein«, sagte sie. »Als ich auf die Insel kam, waren wir noch alle gut zu Fuß. Und wenn die jungen Leute miteinander gingen, mußten sie wirklich gehen oder in der Kirche zusammen singen. Wir latschten auch bei Nacht über die Wege. Kühe muhten aus dem Dunkeln, und vor Angst ließen wir die Laternen fallen. Die Rinder schliefen, wo sie wollten, weil wir nicht genug hochgelegenes Weideland haben, aber wir brauchten nie unseren Rasen zu mähen. Fußsoldaten waren wir damals.«

Das Auto jagte wieder zurück. »Na so was!« sagte sie. »Hier ist kein Weg länger als anderthalb Kilometer, und doch sind die Leute keine Fußgänger mehr. Sie halten sich zwei Autos, eins auf der Insel, eins in Crisfield. Und für die Kinder gibt's nur eins: Von Ewell nach Rogues Point kariolen, hin und her, langsam oder schnell, egal wie. Die kennen jeden Zentimeter Weg, aber sie können einen Silberreiher nicht von einem Kranich unterscheiden.«

Die Marsch war ein schönes Stück Land, aber oft lag Müll am Wegrand: Matratzen, rostige Kanister, Werkzeug, ein Ganghebel, Reifen, ein Sofa. Bei einem Rinnsal voller Büchsen sagte Miz Alice: »Eines Tages erleb' ich noch, daß eine Dose Bohnen keimt. Kann nicht mehr lange dauern.« Sie schüttelte den Kopf. »Das Grab ist gut für Leute, die genug gesehen haben, aber wie kann man mit zwanzig genug gesehen haben? In der *Sun* stand, die Kinder fühlten sich heute bindungslos. Wie kann das angehen, wo doch Bindungen wie Sternenstaub über dem Land liegen. Die leben im Land des flüchtigen Grußes.«

Wir kamen zu einem großen Stapel rostiger Autos, wo ein Teenager die Räder von einem schwelenden Pickup abmontierte. »Der hat mal einen Ertrunkenen mit einer Tasche voller Geld gefunden«, sagte sie. »Was Einkaufsmöglichkeiten angeht, sind wir nicht gerade gesegnet. Gibt keinerlei Reparaturservice auf der Insel, so daß alles, was erst mal hier ist, auch hier bleibt. Wir sind am Ende des Fließbands, und hier sehen Sie's. Nicht genug Platz, um uns vor unserem Müll zu verstecken. Man könnte denken, wer so dicht am Abfall lebt, sollte was dagegen tun, aber wir haben uns einfach daran gewöhnt. Wir halten es für den Lauf der Dinge.«

»Liegt das an der Armut?«

»Bei uns gibt es keine Armen außer denen, die es sein wollen – die überall arm wären wie 'ne Kirchenmaus, die nur arbeiten, um gleich wieder aufzuhören. Nein, der Grund ist die Erziehung. Nicht genug von der richtigen Art zur rechten Zeit.«

Sie erzählte von der Organisation der Insel: Kein Bürgermeister, kein Gefängnis, keine Gemeindesteuern, keine Wasserrechnung außer der zwanzig Dollar für die Instandhaltung der artesischen Brunnen. Das Wasser, das köstlich und kalt ist, kommt aus den Blue Ridge Mountains. »Eine natürliche unterirdische Pipeline von Virginia bis zu uns. Ich glaube, unser gutes Wasser hat schließlich dazu geführt, daß wir anstelle der Sickergruben eine Kanalisation gelegt haben. War höchste Zeit.«

Wir kamen nach Rhodes Point, das aus einer einzigen Straße mit pfützenbedeckten Höfen bestand, auf denen Fischernetze aufgehängt und Krabbenreusen aus Stalldraht gestapelt waren. Überall lagen Austernschalen herum, deren perlenfarbenes Innere wie Stücke eines zerbrochenen Colliers schimmerten. Wir traten immer wieder in die Höfe ein, und Miz Alice zeigte mir weitere Sehenswürdigkeiten: Ein Vogelbauer, das von drei Plastik-Seepferdchen getragen wurde (»gehört eigentlich auf eine Geburtstagstorte«), ein eigenartiges Haus mit einem Schornstein über der Eingangstür (»Kommt man da durch den Kamin hinein?«) und oberhalb der Bay ein altes Haus mit einem neuen Aussichtsfenster im zweiten Stock (»Möchte da oben nicht bei einem Nordweststurm hocken, außer chloroformiert«). Als wir zu einem Vorplatz mit einem Gedenkstein für Job A. Evans kamen, der im Tangier Sund ertrunken war, fragte ich, warum der nicht im Friedhof stünde.

»Ist nicht wirklich ein Grab. Haben den Mann nie gefunden. Die Bucht behält ihre Toten. Aber die Insulaner schaufeln in der Tat manchmal Gräber in ihrem Hof, weil das Land so kostbar ist.«

Neben der alten Methodistenkirche stand ein großes Holzgebäude, dessen Ausmaße gar nicht zu dem kleinen Fischerdorf paßten – es überdachte den Friedhof mit den Grabsteinen, die mit allerlei Schiffsornamenten verziert waren.

Miz Alice blieb an einem frischen Grab stehen. »Fünfzehn Jahre alt. Saß abends in seinem Wagen, gab einen leisen Ton von sich und kippte um – Drogen. War auf der Beerdigung. Selbst hier draußen kommen die Jungen an den Stoff.«

An einem leerstehenden Teleskophaus sahen wir durch die zerbrochenen Fenster. »Bin meine Neugier nie losgeworden«, sagte sie. »Paar Leute sitzen rum und warten, daß die Welt zu ihnen kommt. Mitten in dieser alten Kuriositätenbude von Welt sagen sie: Komm zu mir, Welt. Nun, man muß sehen, daß die Herausforderungen nicht nachlassen. Muß sie, wenn nötig, selber schaffen.«

Am Ende der Straße, wo auch das Ende des festen Bodens war, wurde die Insel zu einem Gemisch aus Wasser und Pflanzenzeug, weder fest noch flüssig, sondern ein tückisches Zwischending, das sich fast bis nach Tylerton erstreckte. An der Buchtseite von Rhodes Point standen Krabbenschuppen und Fischfallen mit abbröckelnden Korkschwimmern, in denen die Schalentiere gehalten wurden, bis sie sich häuteten. »Wenn die Krabben sich schälen, muß man sie sofort aus dem Wasser holen, oder sie werden wieder hart. Das heißt, wenn sie nicht, solange sie noch weich sind, von anderen Krabben gefressen werden.«

Am Pier lag die Island Belle, ein schmächtiges altes Holzboot mit seltsamem Umriß. Miz Alice sagte: »Hören Sie mal gut zu: Die Island Belle hat unser ganzes Leben hier verändert. Werden nicht alle hier hören wollen, aber es stimmt. Sie hat ihre erste Fahrt vor 65 Jahren gemacht, im selben Monat, als ich herkam. Ist nie untergegangen, und das will hier was heißen.«

»Wieso hat sie die Insel verändert?«

»Eh' es die Belle gab, fuhren die Leute einmal im Jahr ans Ostufer, zu Weihnachten. Sie hat den Verkehr gebracht. Ständiges Kommen und Gehen. Wir kamen nach draußen, und die draußen zu uns. Hat unsere Isolation beendet. Hat Post und Pillen befördert, Kranke und Sterbende. Hat Zeitungen rangeschafft, Lebensmittel, Benzin, Kaminholz. Sogar Ideen, möchte ich sagen. Gibt nicht viele Orte im Land, wo man auf ein Ding zeigen und sagen kann: Das da ist das Ding, das uns verändert hat. Das hat uns zu dem gemacht, was wir jetzt sind.«

»Schwer vorstellbar.«

»Stellen Sie sich vor, was Amerika ohne Autos wäre, dann ermessen Sie, was diese Insel ohne die Belle wäre. Jetzt fahren die Teenager mit dem Bootbus zur High School nach Crisfield. Bin nicht sicher, ob wir überhaupt noch eine Insel sind.«

Sie blickte hinab in eine schmale Wasserrinne. »Die Flut kommt. Kehren wir um. Ich krieg' bald lahme Knie.«

Der Heimweg nach Ewell verlief ruhiger und gemächlicher.

23. Alice Venable Middleton auf Smith Island, Maryland

Miz Alice fragte, was mich nach Maryland geführt habe. Ich erzählte es ihr und benutzte dabei Whitmans Wort vom »Einsammeln menschlicher Ideen«.

Sie sagte: »Als die Reisenden in den früheren Zeiten unterwegs waren, hatten sie oft ein Buch bei sich, das sie Album Amicorum nannten und in das sie Autogramme und Äußerungen studierter Männer eintrugen, die sie besucht hatten. Machen Sie so was?«

»Ich hab' mir meinen Treck eher so vorgestellt wie der Bär, der über den Berg geht, um zu sehen, was er da sehen kann.«

Ich holte meinen Dufflecoat, den ich bei ihr gelassen hatte, um das Nachmittagsboot nach Crisfield zu erreichen. »Ich habe noch eine Frage an Sie«, sagte ich. »Was ist das Schwerste, wenn man auf einer kleinen Marschinsel in der Chesapeake Bay lebt?«

»Ich weiß es, und ich habe nicht 63 Jahre gebraucht, um es herauszufinden. Hier ist es, als Paket verpackt, hören Sie gut zu. Den Verstand zu haben, auf eigene Weise zu leben, und dazu die Vernunft, auch alle anderen auf ihre Weise leben zu lassen. Das ist das Schwerste, punktum.«

15

Das Teleskophaus mag nicht typisch für die östliche Buchtseite sein, aber hier gab es mehr davon als irgendwo sonst. Der Name rührt von der Verbindung dreier Häuser her, von denen jedes etwas größer ist, so daß es aussieht, als könnten die zwei kleineren sich wie bei einem Teleskop ineinander und ins größte schieben. Die Bauweise hat wirtschaftliche Gründe: eine junge Familie baut ein kleines Zwei-Zimmer-Haus; wenn Familie und Einkommen wachsen, fügen sie einen Flügel von üblicherweise vier Zimmern an, später dann noch einen Anbau mit sechs Räumen. An den Straßen nördlich von Crisfield gab es viele, meist mit geschweißten Metalldächern.

Auf einer Halbinsel zwischen den Flüssen Choplank und Tred Avon lag Oxford, ein im 17. Jahrhundert gegründeter Ort mit Backsteinpflaster und Häusern des neunzehnten. Nur ein paar kleine Wege zweigten von der Hauptstraße, der Robert Morris Street, ab; einer Passage mit ästhetisch zusammenpassenden Häusern und Vorhöfen, die mit sogenannten Oxford-Zäunen umgeben waren – einer Art, die oben auf den Latten eine Verzierung in Form eines Kreuz-As mit einem Loch drin haben. Die Zäune erfreuten sich großer Beliebtheit, obwohl das Auspinseln der Löcher das ganze Frühjahr in Anspruch nahm.

Am unteren Ende der Morris Street, beim Anlegesteg der Tred Avon-Fähre, stand der Robert Morris Inn, dessen ältester Teil 1710 von einem Schiffsbauer errichtet worden war und Robert Morris – Vater und Sohn – als Wohnhaus diente, einer Familie mit wechselvollem Schicksal. Der Vater starb, als die Füllung einer Kanone, die ihm zu Ehren abgefeuert wurde, ihn in den Arm traf. Der Sohn, einer der reichsten Männer im Amerika des 18. Jahrhunderts und Geldgeber für die Revolution, wurde nach einer Reihe finanzieller Rückschläge zu drei Jahren im Schuldgefängnis von Philadelphia verurteilt; eine seiner Pleiten bestand darin, daß die neue Regierung seinen Kredit an die Kontinentalarmee nicht zurückzahlte.

Wie etliche andere Häuser auf der Morris Street war auch der Gasthof um 1940 baufällig geworden, nachdem Oxford, ein Einfuhrhafen von ähnlicher Bedeutung wie einst Annapolis, seinen

Handel und später auch einen Großteil seiner Fischflotte verlor. Aber im letzten Jahrzehnt hatten Leute aus Baltimore, Washington und Philadelphia die Ruhe und Schönheit des kleinen Hafens wiederentdeckt, und die neuen Brücken über die Bay bei Annapolis machten diesen Ostteil leicht zugänglich. Die neuen Leute begannen mit der Restaurierung der alten Gebäude. Jetzt schwammen Motorsegler und Schaluppen und Kabinenkreuzer an den Liegeplätzen; im Gasthof blätterten versandhausausgerüstete Jachtbesitzer und ihre Frauen durch Fotobücher mit Jagdszenen: das war das neue alte Oxford. Aber zwischen Gasthof und Hafen lag das alte alte Oxford: ein enger Haufen ramponierter Häuser, das Quartier der Schwarzen.

Ich nahm die Fähre, nach dreihundert Jahren die älteste noch intakte kabellose Fähre in den Vereinigten Staaten, nach Bellevue und durchfuhr die doppelfingrige Halbinsel Richtung Tilghman-Insel. Am Weg lag St. Michaels, »die Stadt, die die Engländer zum Narren hielt«, indem sie die Verdunkelung erfand.

Während des Krieges von 1812 brachten die Bewohner in Erfahrung, daß ein Nachtbeschuß bevorstand. Die Leute löschten alle Lichter bis auf Kerzen in den Fenstern der oberen Etagen und Laternen, die sie in die Baumwipfel hängten. Die britischen Kanoniere ließen sich durch die Lichter täuschen, berechneten die Flugbahnen falsch und schossen über die Stadt hinweg. Die List bewahrte zahlreiche Gebäude aus der Kolonialzeit vor der Zerstörung, darunter ein Haus, wo eine verirrte Kanonenkugel durchs Dach schlug und an der entgeisterten Hausfrau vorbei die Treppe hinunterkullerte.

Bei Dämmerung war ich auf Tilghman Island, das nur durch ein kleines Flüßchen namens Knapps Narrows zur Insel wird. Ich parkte am Hafen, wo ein gut Teil der letzten segelbetriebenen Fischflotte Amerikas festgemacht hatte. Gegen den wolkigen Himmel konnte ich die großen Masten und die langen Bugspriets der Skipjacks erkennen, von Booten, die bis zu hundertfünfzig Meter Segel setzen können, um an Backbord und Steuerbord Schleppnetze über die Austernbänke zu dreggen.

Sturm kam auf, und ich spurtete zum Geistertanz. Drinnen hörte ich zu, wie der Regen seine harte stählerne Nummer aufs

Dach hämmerte. Da mir noch nicht nach Schlaf war, legte ich mich in die Koje und sah in die elektrische Nacht hinaus.

Der Schwarze Elch liebte Gewitter, weil er in ihrem »schnellen Feuer« die Großen Stimmen erkannte. Ich selbst erlebte mehr die Hejokas, diese Blitzgeschöpfe, diese tanzenden menschlichen Clowns, die alles in närrischem Krebsgang tun. Zu seiner Zeit hörte der visionäre Schwarze Elch auf der blauen Straße oft Stimmen aus den Wolken; ich hörte in meiner Saison auf den blauen Highways die Stimmen von Menschen – Menschen, die dem Stolpern nicht wie Götter zusehen, sondern selber stolperten. Aus diesem Grunde besaßen ihre Worte eine Kraft, die die Wolkenstimmen nicht hatten.

Wenn die Wolken dem Schwarzen Elch seine Visionen eingaben, so machten sie mich nur naß. Aber wie jeder Mann von normalem Zuschnitt hörte ich manchmal menschliche Stimmen, die nicht die Macht der Vision, aber die der Revision hatten, die Macht, mit neuen Augen zu sehen und sich zu korrigieren.

Blitze, die den Wagen erhellten, beleuchteten das wächserne Abbild des alten Steingesichts der Erlösung oder des Todes vom Grabstein des alten Soldaten in allen Farben des Spektrums. Whitman:

> Wer könnte denn die Zeichen des Besten
>   beim Blick in den Spiegel erkennen?
> Gibt es nichts Größeres, nichts anderes?
> Liegt denn alles bei dir selbst?

Etwas eröffnete sich mir. Nennen wir es das Spiegelsyndrom.

Wie ein wildgewordener Feind, der Amok lief, hatte mein Ego, dieser exzessive Blick ins eigene Innere, sich in den Indianerkriegen ausgetobt, und jetzt war das alte Leben mit der Cherokesin verloren. Aber nicht verloren war die Chance eines neuen Aufbruchs, wie der Schwarze Elch sagt. Der Mensch kann sein Ego nicht erneuern, weil es, wie ein Einzeller, nur an Größe wachsen kann. Als geschlossene Form, die ihre Struktur nicht verändern kann, ist es immer nur, was es ist. Nicht so der Blickwinkel – wie der alte Mann aus Jersey es genannt hatte – da konnte der Mensch einen neuen Aufbruch wagen. Um seine Lebenskraft, seine Hoffnung zu erneuern.

Der Mensch ist ja kein Wachsbild, kein lebloser Abdruck irgendeines steinigen Gesichts. Weit eher ist er ein Freiwilliger oder ein besessener Kämpfer, der die Möglichkeit hat, den Spielraum der Vergangenheit, so gut es geht, auszufüllen. Er vermag das Muster wahrzunehmen und sich, wenn auch in Grenzen, von ihm abzuheben. Und wenn er sich weder auf die Wiederholung des alten Lebens noch auf das Wagnis seiner Liquidation einläßt, kann der Mensch auch so etwas wie die Kraft zu einem neuen Anfang erlangen. Seine eigentliche Natur besteht nicht in der Wiederholung, sondern in der Variation alter Muster. Will es allen Anforderungen gewachsen sein, bedarf das biologische Überleben der genetischen Veränderung: es ist angewiesen auf die Abkehr von ausgemusterten Reproduktionsweisen. Und die Geschichte? War die etwas anderes?

Etymologie: Edukation, Erziehung, kommt vom Lateinischen educare, herausführen.

Kapitel X
Westwärts

1

Niemand hier kannte sich genau mit den Zahlen aus. Ein Hafenarbeiter meinte, von den Hunderten von Skipjacks, die früher Austern aus der Chesapeake Bay geholt hätten, wären vielleicht noch ein Dutzend auf Tilghman Island und noch mal die gleiche Anzahl auf Deal Island übriggeblieben; ein anderer Mann sagte, in der ganzen Bucht gebe es vielleicht noch vierzig. Zwei Leute sagten, Skipjacks hätten keine Chance mehr; aber ein anderer meinte, der teure Treibstoff würde sie wieder zurückbringen. Er glaubte, die alten Schiffe würden, mit einigen Neuerungen, die neuen Schiffe sein, und die Dieselboote, die an Stelle der Skipjacks getreten waren, seien nur eine Übergangserscheinung.

Obwohl seit 1956 keine neuen Skipjacks mehr gebaut worden sind, hat die alternde Flotte doch dank einem Gesetz des Staates Maryland überdauert, das das Überfischen verhindern wollte und deshalb Schleppnetzfischerei mit Motorbooten nur an Montagen und Dienstagen erlaubt. Und noch etwas trug zum Erhalt dieses Einmasters mit seinen zwei Segeln und den niedrigen und majestätischen Umrissen bei: Nachdem die Bugeyes verschwunden sind, betrachten die Leute hier den Skipjack als *das* Symbol des Ostufers. Es ist für sie, was der Bohnentopf für den Bostoner ist.

Ich fuhr nach Norden, durchquerte die Chesapeake Bay und hielt am City-Markt von Annapolis, inmitten von Straßen aus dem 18. Jahrhundert, um an Hammons Steintheke ein Dutzend frische Muscheln zu essen. Für unterwegs kaufte ich ein Stück geräucherten Döbel, ein Viertel Kohlsalat und sechs Flaschen Black Horse Ale. Ich nahm die Maryland 2 über die Hügel an der Bucht, bog in Prince Frederick nach Westen ab, fuhr über den breiten Patuxent River, kam durch Burnt Store und Allen's Fresh und überquerte den noch breiteren Potomac. Dann die Virginia 218, eine alte, jetzt fast vergessene Straße. Die Ortschaften bestanden charakteristischerweise aus nichts als einem Laden und ein paar Häusern an der Straßenkreuzung: Osso, Goby, Passapatanzy.

In Fredericksburg (dem Heimatort von George Washingtons

Bruder, Colonel Fielding Lewis, einem Kanonenfabrikanten, den die Episkopalisten an einem Ehrenplatz unter den Stufen der St. George's Church begraben haben – salve lucrum) hielt ich an einer Tankstelle mit Selbstbedienung – einem dieser Dinger, wo man seine Kreditkarte dem wachhabenden Kommandeur der Benzin-Insel durch einen Schlitz zuschiebt. Ich fragte nach dem Luftschlauch. »Haben keine Luft.« Fast, als wäre ich an einem Hydranten vorgefahren. Zeitalter der Selbstbedienung.

Ich bekam einen Anfall von Nostalgie: Vernon's Service, das war noch in der Ära der Schlauchreifen, verkaufte tatsächlich Benzin und Service. Vern trug eine kleine schwarze Klemm-Fliege und eine mit Quittungsbons gepflasterte Kappe, die ihm das Aussehen eines verdreckten Motorrad-Polizisten gab. Mit einem aus seiner Hosentasche hängenden ausgebleichten roten Wischtuch zog Vern jahrelang seinen öligen Pfad zwischen den Benzinpumpen und der Abschmiergrube. Er wusch die Windschutzscheiben mit richtigen Schwämmen, die er durch einen kleinen Wringer neben der Äthylpumpe drehte; ich glaub', seine Frau wusch sie zweimal die Woche aus. Aber das Männerklo war auch nicht sauberer als jetzt, und einen Heißwasserhahn hat es damals nicht gegeben; nur brauchte man keinen Schlüssel, um reinzukommen, und seine Mutter duldete nicht, daß er Automaten für Präservative aufstellte.

Bei Vern gab es nur zwei plakatierte Sprüche (einer davon ein alter Tankstellen-Refrain): WIR WOLLEN IHNEN GEFALLEN, GEFALLEN SIE UNS AUCH. Der andere, KEIN GERÄTE-VERLEIH, war nötig, weil die Leute Vern mochten und dauernd bei ihm Werkzeug ausborgen wollten. Werkzeug: Vern hatte keinerlei diagnostisches Gerät außer einem guten Ohr und Auge, und er konnte ein erstaunliches Sortiment von Problemen nur mit Schraubenzieher und Engländer beheben.

Aber schon damals war Vern ein Anachronismus. Wir Jungen, die wir bei ihm tankten, nannten ihn natürlich nicht so. Wir nannten ihn, wenn ich mich recht erinnere, »einen alten Furz«. Vern glaubte auf seine altmodische Art, daß man von jedem, der sich hinters Lenkrad setzte, auch erwarten konnte, daß er seinen Wagen zu führen statt bloß zu fahren verstand; schließlich kriegte man ja keinen Fahrer-, sondern einen Führerschein. Er glaubte, je mehr an Arbeit der Mensch tat, um so weniger müßte das Auto tun; und je weniger es zu tun hatte, um so einfacher und zuverlässiger und leichter zu reparieren war es. Er schimpfte auf die zunehmende Kompliziertheit der Automobilmechanik. Aber, wie gesagt, er war ein altmodischer Mensch. Er glaubte sogar an die schmalen Reifen (billiger und mit weniger Reibung), an Speichen (weniger Gewicht) und an die stromlinienförmigen »Airflow«-Karosserien des Chrysler-Autos um die Mitte der Dreißiger – Modelle, die Chrysler geradezu abrupt aufgab, als die Firma anfing, das größte Heckflossen-Ungetüm überhaupt zu bauen. Wir Jungen der fünfziger Jahre liebten diesen Brontosaurier-Koloß.

Ein anderes von Vernons Themen, über die wir uns kaputtlachten, war seine Vorliebe für die – im Vergleich – größere Wirtschaftlichkeit und Sicherheit von Dreirädern (er selbst fuhr ein Motorrad mit Beiwagen) im Stadtverkehr. Er sagte immer zu uns: »Zwei Räder sind nicht genug, und vier sind zuviel. Was also bleibt uns da übrig, Jungs?« »Drei Räder!« schrien wir zurück, voller Spott. »Denkste, es bleibt Geld in deiner Tasche übrig.«

Soviel zum Thema altmodisch. –

Zum Übernachten fuhr ich nach Spotsylvania, einem durch den Bürgerkrieg bekanntgewordenen Ort. Die schweren Kämpfe um die Beherrschung der wichtigen Straßenkreuzung vor dem County-Gerichtsgebäude von Spotsylvania spielten sich ein paar Meilen weit weg in den Feldern und Wäldern ab, und jetzt verband diese Ecke die blauesten aller Nebenstraßen, eine Kreuzung von so minimaler wirtschaftlicher, logistischer und strategischer Bedeutung, daß der Konflikt zwischen Lee und Grant imbezil erschien. Das große Schlachtfeld außerhalb der Stadt ist heute die nationale Erinnerungsstätte für eine ganze Reihe von Schlachten, die an einem Ort namens »Die Wildnis« begann.

Oben auf einem Hügel – Wald hinter sich und offenes Gelände vor sich – schlugen die Truppen an einer leichten Krümmung der Brustwehr im wohl längsten und wildesten Mann-gegen-Mann-Kampf des Krieges die Schlacht von Bloody Angle. Die gegnerischen Truppen standen sich im nassen Frühjahr 1864 so nah gegenüber, daß Kanoniere, knöcheltief im Matsch, nur noch

Kernschüsse abfeuerten; daß die Soldaten, sich durch qualmenden Regensturm dahinschleppend, Mündung gegen Mündung kämpften, mit den Bajonetten zustachen, Schwerter zwischen die Balken der Brustwehr hieben, sich gegenseitig von Morgengrauen bis Mitternacht in den aufgeweichten Boden niederknüppelten und die Gefallenen in den Morast trampelten, bis nichts mehr von ihnen zu sehen war. Das heftige Gewehrfeuer sägte Eichen, die einen halben Meter dick waren, einfach durch. Ein Soldat, Horace Porter, schrieb: »Wir hatten nicht nur eine Armee, sondern auch einen Wald niedergeschossen.«

An jenem einen Tag des 12. Mai starben fast 13000 Mann im Kampf um eine Quadratmeile Land, die etliche Tage später von beiden Seiten aufgegeben wurde. Diese Schlacht hätte ein für allemal die Sinnlosigkeit des Stellungskrieges beweisen können; so blieb sie eine Lektion, die dann im Ersten Weltkrieg um einen noch höheren Preis noch einmal zu lernen war.

Bei diesem »Biwak der Toten«, wie es auf einem Gedenkstein hieß, aß ich den geräucherten Fisch. Auf der andern Seite der Wiese stand eine Säule, zum Gedenken an die Soldaten aus Ohio: unter den eingeschnitzten Namen: Sashem Arnold, Elam Dye, Lewis Wolf, Enos Swinehart.

Drei Jungen stürmten unter den Eichen hervor über das Gras, um die Schlacht nachzuspielen; mit ihren kindlichen Kehlen machten sie die Gewehrschüsse nach. Sie stritten kurz, wer wer sein sollte: einer wählte die Amerikaner; einer die Deutschen, einer nahm die Iren. Die schmächtigen Schreie der Kinder, die Insekten mit ihrem letzten Frühlingstanz und die Sonne machten aus Bloody Angle fast so etwas wie eine Idylle. Nur die Geschichte spielte nicht mit. Wenn auch Titan- und Trident- und MX-Raketen »das rote Geschäft«, wie Whitman es genannt hat, nicht zu einer Sache der Vergangenheit gemacht haben, so sind doch in Zukunft keine Schlachtfelder mehr denkbar, die später als Parks für kriegspielende Kinder dienen könnten – es sei denn, die Wissenschaftler finden eine Möglichkeit, Monumente in den Himmel zu hängen.

2

Captain Jack Jouett hatte wahrscheinlich keine Chance gegen den Ruhm Paul Reveres, aber Jouetts Tat war ganz ähnlich: Am 4. Juni 1781 ritt Jack seinen Braunen, Sallie, sechzig Kilometer weit von Cuckoo Tavern nach Charlottesville, um Thomas Jefferson, Patrick Henry und dieses Nest von Aufrührern, die General Assembly von Virginia, davor zu warnen, daß Bloody Tarletons Grüne Dragoner anrückten. Jouett ritt in einem durch, während die englischen Angreifer dreimal Halt machten – einmal, um einen Troßwagen zu verbrennen – und damit die Gefangennahme der Rebellen und ihre Chance zu einer dramatischen Aktion verpaßten. Eine gute Sache für die amerikanische Geschichte. Und für Henry Wadsworth Longfellow. Denn auf Jouett einen Reim zu finden, ist verteufelt schwer.*

Cuckoo, Virginia, hielt meiner Besichtigung nur mit einer historischen Tafel und ein paar Häusern an der Kreuzung stand. Ich fuhr auf der U.S. 33 weiter, bis das Gewoge der Hügel zu einem langen, bläulichen Wall quer über den westlichen Horizont wurde. Hinter Stanardsville in den Blue Ridge Mountains hielt ich an einer Schlucht an und wanderte am Swift Run entlang, einem schönen Flüßchen mit Strudeln und Schnellen, bis ich einen kühlen Platz zum Essen fand. Bis zum Sommer war es noch ein paar Tage hin; die Hitze war schon voll da.

Spinnen und Käfer beschrieben Winkel und Kurven auf den seichten Pfützen abseits der Strömung, in denen sich Zirruswolken spiegelten, die über die Felsgrate dahinzogen. Sie würden vor mir in West Virginia sein. Ich saß am Fuß der Ostseite der Appalachen; wenn ich wieder aus den Bergen rauskam, war ich schon im Mittelwesten. Noch 16 Dollar in der Tasche. Die Reise ging ihrem Ende zu.

Was hatte ich in diesen Monaten auf den blauen Straßen voll-

* Angespielt wird hier auf Longfellows berühmtes Gedicht »Paul Revere's Ride«, das ein historisches Ereignis balladenhaft verherrlicht: Der Silberschmied Paul Revere war 1775 von Boston nach Lexington und Concord geritten, um die Miliz der Siedler vor den anrückenden Engländern zu warnen. Das Gedicht wurde zu einem der »Kult«-Texte der frühen Vereinigten Staaten. (A. d. Ü.)

bracht? Ich war nicht in einer Badewanne über den Atlantik gesegelt oder mit einem Ziegenkarren durch die Wüste Gobi gezogen oder mit dem Fahrrad nach Kap Horn gestrampelt. In meinem eigenen Land war ich aufgebrochen zu Begegnungen, Mitleidenschaften. Ich war ein Zeuge geworden.

Ich nahm einen Schluck Swift Run, ging zur Straße zurück und fuhr weiter, den Massanutten Mountain hinauf. Wieder eine kurvenreiche und langsame Strecke. Kurz vor Sonnenuntergang erreichte ich West Virginia und fuhr noch bis Franklin; das war, nach Art vieler Orte in den Appalachen, eine Reihensiedlung an der Main Street, die sich ein Tal mit einem kleinen Fluß teilte. Über dem South Fork, oberhalb einer Heuwiese und unter den Bergen, parkte ich für die Nacht.

Nach einem kleinen Mahl im Auto zeichnete ich auf einer Karte den ausschweifenden Kreis meiner Reise ein, die aus dem Kernland heraus und weit herumgeführt hatte. Ein blauer Zirkelschlag um diesen Mittelpunkt. »Alles, was die Kraft der Welt tut, wird in einem Kreis getan«, sagt der Schwarze Elch. »Selbst die Jahreszeiten mit ihrem Wechsel bilden einen großen Kreis und kehren an ihren Ausgangspunkt zurück. Das Leben des Menschen ist ein Kreislauf von Kindheit zu Kindheit wie bei allen Dingen, in denen Kraft am Werke ist.«

Dann sah ich das Muster: Da auf der Karte war das Labyrinth der Wanderungen, wie es die alten Hopi einst in den Stein gekerbt hatten. Für mich war es eine Wanderung zu Orten und Momenten blitzartiger Erhellung gewesen. Zu lauter herrlichen Geschenken.

3

Das Staatswappen von West Virginia ist nicht ein abgefahrener Reifen auf einem Zaunpfahl und die Staatsflagge kein zerfetztes Tuch, das als Tankverschluß dient. Aber es hätte mich nicht gewundert. In Höfen aufgestapelt, von Hügeln herabrutschend, an Bäumen und Pfosten aufgehängt: überall alte Reifen. Es schien, als läge West Virginia am Fuß einer Halde, wo die Amerikaner alljährlich hinkamen, um ihre 200 Millionen gebrauchte Reifen wegzuwerfen.

Den Highway 33 säumten Hardscrabble-Farmen*, wie man sie in den Dreißigern genannt hatte, Farmen mit felsigen Äckern und mickrigen Erträgen, Häusern, die in zwei oder drei verschiedenen Farben gestrichen waren, mit Klettertrompeten, die durch die Gitter von Eisenbetten emporrankten, und Stechäpfeln, die sich an verbogene Zäune mit fünf Querschienen hielten (bei aufgesprungenen Lippen die Mittelschiene küssen!). An den wenigen Stellen, die groß und flach genug für richtige Felder waren, luden Männer Heu mit der Hand auf.

Die Straße, die einem Aal das Rückgrat hätte verrenken können, ging in jeder Beziehung auf die Berge ein: auf, ab, drumherum, drüber, hindurch, drunterweg und dazwischen. Man hat mir erzählt – wer soll's nachprüfen –, daß West Virginia, als Pfannkuchen ausgerollt, so groß wie Texas wäre. Wo es inmitten dieser Gebirgigkeit nur möglich war, hatten sich Orte angesiedelt: Judy Gap, Mouth of Seneca, Elkins.

Bei Buckhannon fuhr ich auf der Staatsstraße 4 nach Südwesten. Eine schöne Landschaft trotz der mit kaputtem Gerät und Autowracks übersäten Hügel, die die Kinder in Abenteuerspielplätze verwandelt hatten. Wer nach dem Verbleib eines Teils der 600 Millionen Tonnen Schrott sucht, die in Amerika vor sich hinrosten, sollte mit West Virginia anfangen.

Dann Sutton, im Herzen des Staates in Berghängen versteckt, eine Stadt, deren Geschichte 1805 begann, als John O'Brien sich hier in einer hohlen Sykomore am Elk River einrichtete. Jetzt war Sutton ein alter Ort mit grauhaarigen und verkrüppelten Männern, die die letzten Überlebenden der Unions-Armee hät-

* Hardscrabble = Schinderei, Abrackern. (A. d. Ü.)

ten sein können: dem einen fehlte die rechte Hand, dem andern die linke, einer hatte ein verbundenes Auge, einer war ohne Nase, ein anderer ohne Ohr; was Humpelnde und Bucklige anging, so konnte ich sie nicht alle zählen. Und die Zähne! Abgebrochen, verfault, vorstehend, schief, gesplittert. Ein Paradies für einen Kieferorthopäden. Aber nicht das war's, was mich an Sutton so verblüffte. Was mich verblüffte, war die Ähnlichkeit der Gesichter, als wenn der Vater eines Mannes sein Bruder und sein Onkel zugleich sein Vetter war. Eine Stadt mit mehr Kind als Kegel. Sutton, glaube ich, ist der Ort, wo die Leute hinfahren, die man an Bushaltestellen nachts auf den Lumpensammler-Expreß warten sieht.

In dem verwitterten, verwahrlosten Flecken schien alles – Menschen, Straßen, Gebäude – dem Ende zuzugehen. In einem der noch überlebenden Lokale, Elliotts Fountain (ums Fenster annonciert: ZIGARREN, BONBONS, DIVERSES), an dessen Eingang ein Thermometer und eine Waage (mit Schicksalsdeutung) angebracht waren und das drinnen mit einem Rautenmuster gefliest war, trank ich einen Hamilton Beach-Schokomilchshake, die Sorte, die meist im Umkreis dieses Mixbechers aus rostfreiem Stahl serviert wird.

Der Besitzer, Hugh Elliott, legte mir ein Foto aus dem Jahr 1910 hin, aus der Zeit, als man hier noch eine frisch zubereitete Salbe oder ein Abführmittel kaufen konnte, oder ein Brom-Seltzer vom Hahn, oder ein Beruhigungsmittel; obwohl die Arzneien jetzt verschwunden waren, gab es doch immer noch Brom oder etwas zur Beruhigung. Die Fotografie ließ noch eine weitere Veränderung erkennen: Was mal ein geräumiges Lokal mit mehreren Stahlrohrstühlen und -tischen gewesen war, quoll jetzt von oben bis unten mit Ware über; was mal ein Ort für Geselligkeit gewesen war, präsentierte sich jetzt als Kramladen für alles mögliche. Überall in Amerika war aber diese Veränderung typisch für den Verfall des alten Drugstores mit seinem Sodawasser vom Faß.

Eine dürre alte Dame, die ihre Uhr mit dem elastischen Armband fast am Ellbogen trug, um sie vor'm Abrutschen zu sichern, süffelte einen Kirschsprudel und zeigte mir auf dem Foto den Tisch, wo ihr Mann – der jetzt zwanzig Jahre tot war – ihr den

Heiratsantrag gemacht hatte. Sie sagte: »Ich geh' nie zu seinem Grab. Hier, mit meinem Sprudel, fühle ich mich ihm viel näher.«

Als ich aus Sutton wegfuhr, zogen Wolken auf und der schwere Himmel troff von Nieselregen. Das war ein Teil der 140 Zentimeter jährlichen Niederschlags hier. Ich kämpfte ein paar Meilen lang dagegen an, gab dann auf und hielt in der alten Eisenbahnstadt Gassaway an einem Lokal namens Elk Lunch, das früher mal die Landwirtschaftsbank gewesen war. Vertikal auf die abgewetzten dorischen Säulen gemalt: LUNCH BIER. Ich bestellte beides.

Neben mir sagte ein Mann, dessen Bauch am Hals anfing und unterhalb der Leiste aufhörte: »Sind nicht von hier, wie ich sehe.«

»Wie bitte?«

»Sie haben die Bierflasche abgewischt, ehe Sie sie zur Brust genommen haben.«

Während ich meinen Hamburger aß, erklärte mir der Mann, wie man am besten einen Katfisch fängt. Während der langen Lektion, die an Detailliertheit einem Izaak Walton Konkurrenz machte, bildete der Mann von Zeit zu Zeit mit Daumen und Zeigefinger einen Trichter und streute Salz in seine Flasche mit Falls City Bier. »Soll Zeiten gegeben haben, wo das Bier in diesem Land noch geschmeckt hat«, sagte er. Sein Angelrezept war dies: Erst einmal ein Katfisch-Loch drei Wochen lang mit Luzerne und Schweinefett »anfüttern«; dann in der Nacht vor einem Regen ein verschlossenes Weckglas mit einer Everready-Batterie ins Wasser lassen, so daß es genau vor dem Köder hängt.

»Und das funktioniert?«

»Manchmal ja.«

Als ich weiterfuhr, hatte sich der Tag in Nebel aufgelöst, roter Dreck spritzte von der Fahrbahn und glasierte die Windschutzscheibe, wie wenn man durch ein großes blutunterlaufenes Auge sieht. Die Staatsstraße 4 folgte dem Elk River durch ein zugewachsenes grünes Dickicht, das auch zerteiltes Erbsenpüree hätte sein können. Der Fluß sorgte für ein schmales Bankett, und die Menschen hatten da ihre Häuser hingesetzt, obwohl der Fluß zwischen ihnen und der Straße lag und Hunderte von kleinen selbstfabrizierten Stegen nötig machte – viele davon Hängebrükken, die das Emblem der Appalachen sind. An Felskanten, die der Highway aufgebrochen hatte, hingen galvanisierte Eimer, um das Frühlingswasser, das aus kleinen Rinnsalen herabtropfte, aufzufangen.

Und wieder das Gefühl, das ich den ganzen Morgen über gehabt hatte: daß ich mehr eine Fahrt in die Zeit als in den Raum hinein gemacht hatte und in die dreißiger Jahre geraten war. Das einzige Indiz einer späteren Zeit waren die Pickups: die waren, im Gegensatz zu den klappernden, kaputten Personenautos, proper und neu.

West Virginia 36, eine schnörkelige Straße, führte mich in noch entlegenere Gegenden, und die Fahrbahn war so schmal, daß meine rechten Reifen öfters vom Pflaster abrutschten. Die Orte: Valleyfork, Wallback und Left Hand (Schule, Kirche, Postamt und ein großes Loch, wo mal die Exxon-Tankstelle gewesen war). Weiter westlich lag das Pennzoil-Gebiet mit seinen kleinen Tälern, die mit rostigen Bohrtürmen gespickt waren, deren große Schwungräder sich langsam drehten, unerbittlich wie die Mühlen Gottes, die außerordentlich fein mahlen.

Ich krümmte mich hinters Lenkrad, als wenn ich unter den Wolken drunterwegsehen wollte. Immer noch konnte ich das Gefühl, in einer anderen Epoche unterwegs zu sein, nicht abschütteln. Vielleicht war es die Gegend, vielleicht auch die langsam dämmernde Einsicht, daß der Mensch sich nie ganz von der Vergangenheit lösen kann. Es zu versuchen, ist typisch amerikanisch; aber solches Gespür für unablässige Vergangenheit befreit auch die Zeit von ihrer jeweiligen Aufgedonnertheit; denn was die Zeit eigentlich ramponiert, ist nicht das Kontinuum, sondern nur die Fülle der Details. Auch wenn man nur ein Klümpchen in der ewigen Vergänglichkeit ist, hat man doch die Chance zu sehen, die Chance, das Mysterium zu erblicken. Was sonst ist die blaue Straße als eine Gelegenheit, dem Noch-nie-Gesehenen auf die Spur zu kommen, und die Hoffnung, das Noch-nie-Gesehene werde auch unsere Spur aufnehmen.

In Spencer fuhr ich auf der U.S. 33 nach Westen. Die Appalachen mäßigten sich zu Hügelstärke, und die Scheunenwände gehorchten wieder dem Imperativ: KAUT MAIL POUCH TABAK. Mit dem letzten Rest des Tages kam ich über den Ohio und ins alte Gallipolis, in eine Stadt mit einem Dutzend verschiedener Aussprachen und einem Aussichtsturm auf dem Platz, eine Stadt, die von den Franzosen im 18. Jahrhundert angelegt worden ist. Obwohl ein Priester Gallipolis einst mit einem Fluch belegt hat – warum, weiß ich nicht –, behaupten die Einwohner heute, es sei die hübscheste französische Stadt am Ohio.

4

FRAGEN SIE NACH DEM WEG! hätte an der Straße stehen sollen. Nach den zwanzigtausend Kilometern Highway, die ich in den letzten Monaten gefahren war, setzte die Ohio 218 durchs Gallia County noch einmal einen neuen Maßstab für schlechten Straßenzustand: das Pflaster war so rumpelig, daß ich mich auf die Stellen freute, wo der Asphalt ganz weg war. An den Banketten lagen ausgeweidete Autos, vermutlich von Fahrern, die aufgegeben hatten. Aber das sonnige County war ein schönes Stück Land mit regenfrischem Gras, blitzenden Jagdhundaugen, Spinnweben, scharfkantigen und runden Felsen – und vielem andern mehr.

In Ironton nahm ich die Straße am Fluß, die ein Stück weit an Elektrizitätsleitungen, Eisenbahnschienen, Wasserrohren und Telefonkabeln vorbeiführte (die Vögel schlafen jenseits des Wassers in den bewaldeten Kentucky-Felsen, sagte man mir). Für die alten Uferstädte – Franklin Furnace, New Boston, Portsmouth, Friendship, Manchester, Utopia – war der Ohio jetzt mehr Bedrohung als Lebensspender, und sie hatten sich nach Norden zu an den Highway geknüpft wie Knoten in einem Seil. Ich hatte keine Lust anzuhalten. God's speed – Gottes Eile – hatten die Menschen einstmals dem Reisenden gewünscht.

Cincinnati umfuhr ich rasch auf der Interstate-Autobahn und kam dann auf die Indiana 56, wo Mais, Tabak und Blue Sailor kniehoch wuchsen, dazu wilde Möhren, Flohkraut und Gelbdolde.

Die Äpfel wurden schon knallgrün, Schmetterlinge zappelten über die Straße, und den ganzen Weg lang erfüllten Mähmaschinen Geistertanz mit dem süßlichen Duft frisch geschnittenen

Grases. Jede Stadt hatte ihre Futter- und Getreidesilos, jede Farm ihren Kornbehälter und Maisspeicher. Und so rollten wir dahin – Landschaft, Straße, Wagen.

Dann Richtung Süden, nach New Harmony, Indiana, etwa zwanzig Kilometer flußabwärts von Grayville, Illinois, wo ich jene erste trübselige Nacht verbracht hatte. New Harmony schmückt sich im Juni mit ganzen Fontänen aus Goldregen, der hier »Torbaum« genannt wird. Die Stadt ist durch zwei Sozial-Experimente bekannt geworden, die beide scheiterten. Aber noch diese Fehlschläge setzten Strömungen in Gang, die die fernere Entwicklung beeinflußt haben: die Abschaffung der Sklaverei, die Gleichberechtigung der Frauen, fortschrittliche Erziehungsprogramme und den Kampf gegen die Armut. Diese zukunftszugewandte Stadt war früher sogar mal der Sitz der amerikanischen Geologie-Kommission.

Rappiten aus Pennsylvania schufen die Stadt Harmony im Jahre 1814 mitten im buschbedeckten Uferland des Wabash River. Sie bauten Weizen, Gemüse, Reben, Äpfel und Hopfen an; sie produzierten Wein, Wollsachen, Zinngeräte, Schuhe und Whiskey. Die Goldene Rose der Rappiten wurde, wie bei den Shakern schon der Name, zu einem Qualitätsmerkmal, zu einer Handelsmarke. Ein Jahrzehnt später jedoch, als der härteste Lebenskampf überstanden war, fanden die Sektenmitglieder mehr Zeit zum Nachdenken; um der wachsenden Unzufriedenheit Herr zu werden, verkaufte der Gründer, George Rapp, die Stadt an Robert Owen und brachte seine Gemeinde nach Pennsylvania zurück, wo die Leute noch einmal ganz von vorn anfangen konnten und in voller Beanspruchung wieder ihren Frieden fanden. 75 Jahre später führte dann ihre Weigerung, sich überhaupt auf die Zukunft einzulassen, ähnlich wie bei den Shakern zu ihrem Verschwinden.

Owen, ein englischer Fabrikant, Utopist und Egalitarier, der an der Schaffung einer von Unwissenheit und Selbstsucht freien Gesellschaft arbeitete, indem er die »Ursachen des Kampfes unter den Individuen« beseitigen wollte (seine Grundthese war, daß »die Umstände den Charakter formen«), benannte die Stadt in New Harmony um und baute eine Gemeinde im Geist gegenseitiger Hilfsbereitschaft auf, eine Gemeinschaft, die sich zu einem Zentrum schöpferischer, sozialer und wissenschaftlicher Ideen im Amerika vor dem Bürgerkrieg entwickelte. Aber noch ehe der erste Siedler starb, hatten Egoismus und Besitzgier das Experiment begraben. New Harmony hat überlebt, aber nur als ein Denkmal für Idealismus und Innovation.

In der Nähe eines Friedhofsgeländes mit namenlosen Gräbern, das die alten Harmonisten mit Tausenden von Indianern teilen, haben die mystischen Rappiten 1820 ein rundes Liguster-Labyrinth gepflanzt, »ein Symbol« (wie es auf einem Schild stand) »für die schwierige und umwegreiche Annäherung an den Zustand wahrer Harmonie«. Mit den Rappiten verschwand auch die Hecke, aber vor etwa einer Generation haben die Einwohner den Irrgarten neu angelegt nach einem Muster, das der Hopi-Karte der Wanderungen verblüffend ähnlich sah. Ich spazierte hindurch, um den Highway aus den Gliedern zu bekommen. Obwohl ich die Abkürzungslöcher verschmähte, die man in die Hecken gebrochen hatte, ging ich durch das Hin und Her und Quer der Wege, ohne auch nur einen falschen Schritt zu tun. Der »rechte« Weg war so fest in den Boden eingetrampelt, daß man ihn nicht verfehlen konnte. Aber ohne die Irrwege, die falschen Biegungen und Sackgassen, ohne Umkehr und Fehlorientierung, ohne Vortasten und Zufallsentdeckungen machte der Gang durch das Labyrinth nicht den mindesten Spaß. Schlimmer noch: Wenn man den Weg wußte, war die ganze Geschichte vollkommen sinnlos.

Ehe ich den Wabash (»weiß scheinend« in der Sprache der Algonquin) überquerte, füllte ich noch mal den Benzintank – genug für die letzte Etappe. Von der Tankstelle aus konnte ich den blauen Highway sehen, wie er sich golden in den westlichen Nachmittag hineinwand. Bei Einbruch der Nacht würde ich in Columbia sein.

Jetzt, wo der Kreis fast geschlossen war, lief der Wagen wie ein Pferd, das den Stall gerochen hat. Nur für mich selbst war die Fahrt alles andere als ein Zirkelschlag. Trotz dieser endlosen Meilen konnte ich nicht sagen, daß ich gelernt hatte, was ich wissen wollte, weil ich nicht wußte, was ich hatte wissen wollen. Aber ich hatte vieles gelernt, von dem ich nicht wußte, daß ich es wissen wollte.

Der Highway vor, unter, hinter mir. Durch Städte, die gegen den Green River mit Uferbefestigungen geschützt waren. Vorbei an Farm-Windmühlen mit der Aufschrift AERMOTOR CHICAGO. Weiter und weiter. Der Mississippi. Dann die Eichenhügel von Missouri.

Der Tankwart, als er nach dem Einfüllen auf mein Nummernschild sah, fragte: »Wo waren Sie denn, in Show Me?«

»Ich war, wo ich war.«

»Wo sonst«, sagte er.

Danksagung

Nicht nur, aber vor allem und von Herzen, danke ich diesen Menschen: Jack LaZebnik, dem Dramatiker, dessen Blick und Biß für Sprache hier überall präsent sind; Edwin S. Miller, meiner sorgsamen Lektorin und frühen Fürsprecherin; dem verstorbenen John Neihardt (Flammender Regenbogen), der seinen Studenten an der Universität von Missouri vom Glanz des *alten Lichts* so viel vermittelt hat; der Stephen College Library und ihren Bibliothekaren; Paul und Doris Milberger, Ken und Lyn Steele, Larry Deck und Nancy Rimsek, die mich alle gastlich aufgenommen und bewirtet haben; Peter Davison und Natalie Greenberg, zwei Herausgebern mit feinem Gespür, und ihrer Assistentin bei der Atlantic Monthly Press, Jennifer Reed; Peggy Freudenthal vom Verlag Little Brown; – und besonders herzlich danke ich Lezlie, der mir auf den Weg geholfen hat, und Linda, die aus der Fahrt auch wieder eine Heimkehr machte.

Ortsregister

105/1/8.94

Amerikanische Literatur in der edition suhrkamp und den suhrkamp taschenbüchern

Raymond Federman: Eine Liebesgeschichte oder sowas. Roman. Aus dem Amerikanischen von Peter Torberg unter Mitarbeit von Ingrid Werner. st 1788

– Die Nacht zum 21. Jahrhundert oder Aus dem Leben eines alten Mannes. Roman. Aus dem Amerikanischen von Gerhard Effertz. st 1849

– Surfiction: Der Weg der Literatur. Hamburger Poetik-Lektionen. Aus dem Amerikanischen von Peter Torberg. es 1667

Paul Goodman: Die Tatsachen des Lebens. Ausgewählte Schriften und Essays. es 1359

John Hawkes: Der Kannibale. Aus dem Amerikanischen von Werner Schmitz. st 1951

– Travestie. Aus dem Amerikanischen von Jürg Laederach. es 1326

William Least Heat Moon: Blue Highways. Eine Reise in Amerika. Roman. Aus dem Amerikanischen von Dieter Hildebrandt. st 1621

Howard Phillips Lovecraft: Azathoth. Vermischte Schriften. Ausgewählt von Kalju Kirde. Aus dem Amerikanischen von Franz Rottensteiner. PhB 230. st 1627

– Berge des Wahnsinns. Eine Horrorgeschichte. Deutsch von Rudolf Hermstein. PhB 258. st 1780

– Cthulhu. Geistergeschichten. Deutsch von H.C. Artmann. Vorwort von Giorgio Manganelli. Übersetzung des Vorworts von Gerald Bissinger. PhB 19. st 29

– Das Ding auf der Schwelle. Unheimliche Geschichten. Mit einem Nachwort von Kalju Kirde. Deutsch von Rudolf Hermstein. PhB 2. st 357

– Der Fall Charles Dexter Ward. Eine Horrorgeschichten. Deutsch von Rudolf Hermstein. PhB 260. st 1782

– Der Flüsterer im Dunkeln. Eine Horrorgeschichte. Deutsch von Rudolf Hermstein. PhB 259. st 1781

– Das Grauen im Museum und andere Erzählungen. Ausgewählt von Kalju Kirde. Aus dem Amerikanischen von Rudolf Hermstein. PhB 136. st 1067

– In der Gruft und andere makabre Erzählungen. Deutsch von Michael Walter. PhB 71. st 779

– Die Katzen von Ulthar und andere Erzählungen. Herausgegeben von Kalju Kirde. Deutsch von Michael Walter. PhB 43. st 625

– Lovecraft-Lesebuch. Herausgegeben von Franz Rottensteiner. Mit einem Essay von Barton Levi St. Armand. PhB 184. st 1306

– Der Schatten aus der Zeit. Erzählung. Aus dem Amerikanischen von Rudolf Hermstein. st 1939

105/2/8.94

Amerikanische Literatur
in der edition suhrkamp und
den suhrkamp taschenbüchern

Howard Phillips Lovecraft: Schatten über Innsmouth. Eine Horrorgeschichte. Deutsch von Rudolf Hermstein. PhB 261. st 1783

– Stadt ohne Namen. Horrorgeschichten. Mit einem Nachwort von Dirk W. Mosig. Deutsch von Charlotte Gräfin von Klinckowstroem. PhB 52. st 694

– Die Traumsuche nach dem unbekannten Kadath. Eine Erzählung. Aus dem Amerikanischen von Michael Walter. st 1556

Howard Phillips Lovecraft / August Derleth: Die dunkle Brüderschaft. Unheimliche Geschichten. Aus dem Amerikanischen von Franz Rottensteiner. PhB 173. st 1256

– Das Tor des Verderbens. Aus dem Amerikanischen von Michael Koseler. st 2287

Der Einsiedler von Providence. H. P. Lovecrafts ungewöhnliches Leben. Herausgegeben von Franz Rottensteiner. st 1626

Harry Mathews: Zigaretten. Roman. Aus dem Amerikanischen von Werner Schmitz. st 2268

Dan McCall: Jack der Bär. Roman. Aus dem Amerikanischen von Harry Rowohlt. st 699

Walker Percy: Der Idiot des Südens. Roman. Deutsch von Peter Handke. st 1531

– Liebe in Ruinen. Die Abenteuer eines schlechten Katholiken kurz vor dem Ende der Welt. Aus dem Amerikanischen von Hanna Muschg. st 614

– Die Wiederkehr. Roman. Aus dem Amerikanischen von Sabine Hübner. st 1899

J. J. Phillips: Moja Hand. Eine orphische Geschichte. Aus dem Amerikanischen von Barbara Henninges. es 1574

Padgett Powell: Edisto. Roman. Aus dem Amerikanischen von Harry Rowohlt. es 1332

– Eine Frau mit Namen Drown. Roman. Aus dem Amerikanischen von Harry Rowohlt. es 1516

Reynolds Price: Kate Vaiden. Roman. Aus dem Amerikanischen von Melanie Walz. st 2216

Adrienne Rich: Um die Freiheit schreiben. Beiträge zur Frauenbewegung. Aus dem Amerikanischen von Barbara von Bechtolsheim. es 1583

105/3/8.94